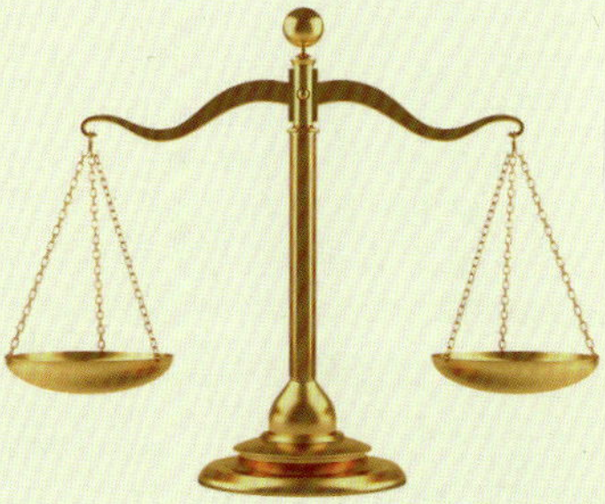

དམངས་དོན་ཁྲིམས་གཞུང་།

ཉེར་སྤྱོད་དེབ་གཅིག་ཀུན་འདུས།

གཙོ་སྒྲིག་པ། ཀུའོ་ཞའོ་མིང་།
ཡིག་སྒྱུར་པ། བཀྲ་ཤིས་བཟང་མོ།

དམངས་གཅེས་དམངས་སྲུང་གི་སྤྱི་ཚོགས་འཚོ་བའི་ཤེས་བྱ་ཀུན་བཏུས་དཔེ་དེབ།

གྱོད་དཔེ་བརྒྱ་ཙམ་དྲངས་ནས་རང་ཉིད་ཀྱི་ཁེ་དབང་སྲུང་སྐྱོབ་བྱེད་སྟངས་གསལ་པོར་བསྟན་པ།

ཁྲིམས་ལུགས་ཁྱབ་བདལ་གྱི་སློབ་ཚན་བཀོད་ནས་ཁྲིམས་ལུགས་ཀྱི་ཤེས་བྱ་གསར་པ་འཆད་འགྲེལ་བྱེད་པ།

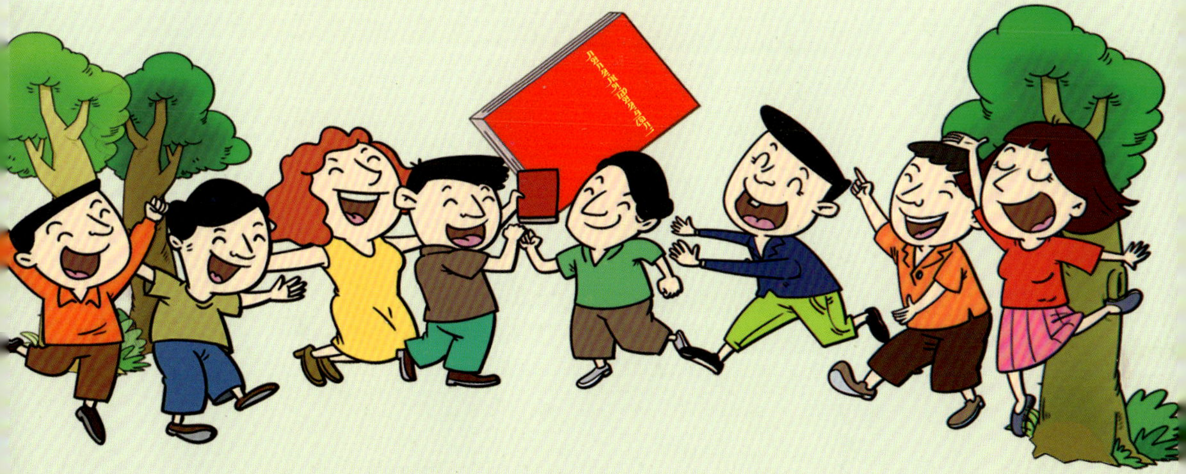

XZCB བོད་ལྗོངས་མི་དམངས་དཔེ་སྐྲུན་ཁང་།

图书在版编目（CIP）数据

民法典:实用一本通: 藏文/郭小明主编;扎西桑姆译.
-- 拉萨 : 西藏人民出版社, 2023.10
ISBN 978-7-223-07505-3

Ⅰ. ①民… Ⅱ. ①郭… ②… Ⅲ. ①民法—法典—中国—学习参考资料—藏语 Ⅳ. ①D923-04

中国版本图书馆CIP数据核字(2023)第145972号

民法典：实用一本通

主　　编：郭小明
翻　　译：扎西桑姆
责任编辑：卓玛措
封面设计：李峰
责任印制：拉姆曲珍
出版发行：西藏人民出版社（拉萨市林廓北路20号）
印　　刷：西藏新华印刷有限公司
开　　本：787×960　1/16
印　　张：17
插　　图：7
字　　数：160千
版　　次：2023年11月第1版
印　　次：2023年11月第1次印刷
印　　数：01—1,000
书　　号：ISBN 978-7-223-07505-3
定　　价：76.00元

དམངས་དོན་བྱེད་པོའི་ཁྲིམས་མཐུན་ཁེ་དབང་སྲུང་སྐྱོབ་བྱེད་པ་དང་། དམངས་དོན་འབྲེལ་བ་སྟོམས་སྒྲིག་བྱེད་པ། སྤྱི་ཚོགས་དང་དཔལ་འབྱོར་གྱི་སྒྲིག་ལམ་སྲུང་སྐྱོང་བྱེད་པ། ཀྲུང་གོའི་ཁྱད་ཆོས་ལྡན་པའི་སྤྱི་ཚོགས་རིང་ལུགས་གོང་དུ་འཕེལ་བའི་བླང་བྱ་དང་འཚམ་པ། སྤྱི་ཚོགས་རིང་ལུགས་ཀྱི་ལྟེ་བའི་རིན་ཐང་ལྟ་བ་དར་སྤེལ་གཏོང་བ་བཅས་ཀྱི་ཆེད་དུ། རྩ་ཁྲིམས་གཞིར་བཟུང་ནས《ཀྲུང་ཧྭ་མི་དམངས་སྤྱི་མཐུན་རྒྱལ་ཁབ་ཀྱི་དམངས་དོན་ཁྲིམས་གཞུང་》གཏན་འབེབས་བྱས་པ་རེད།

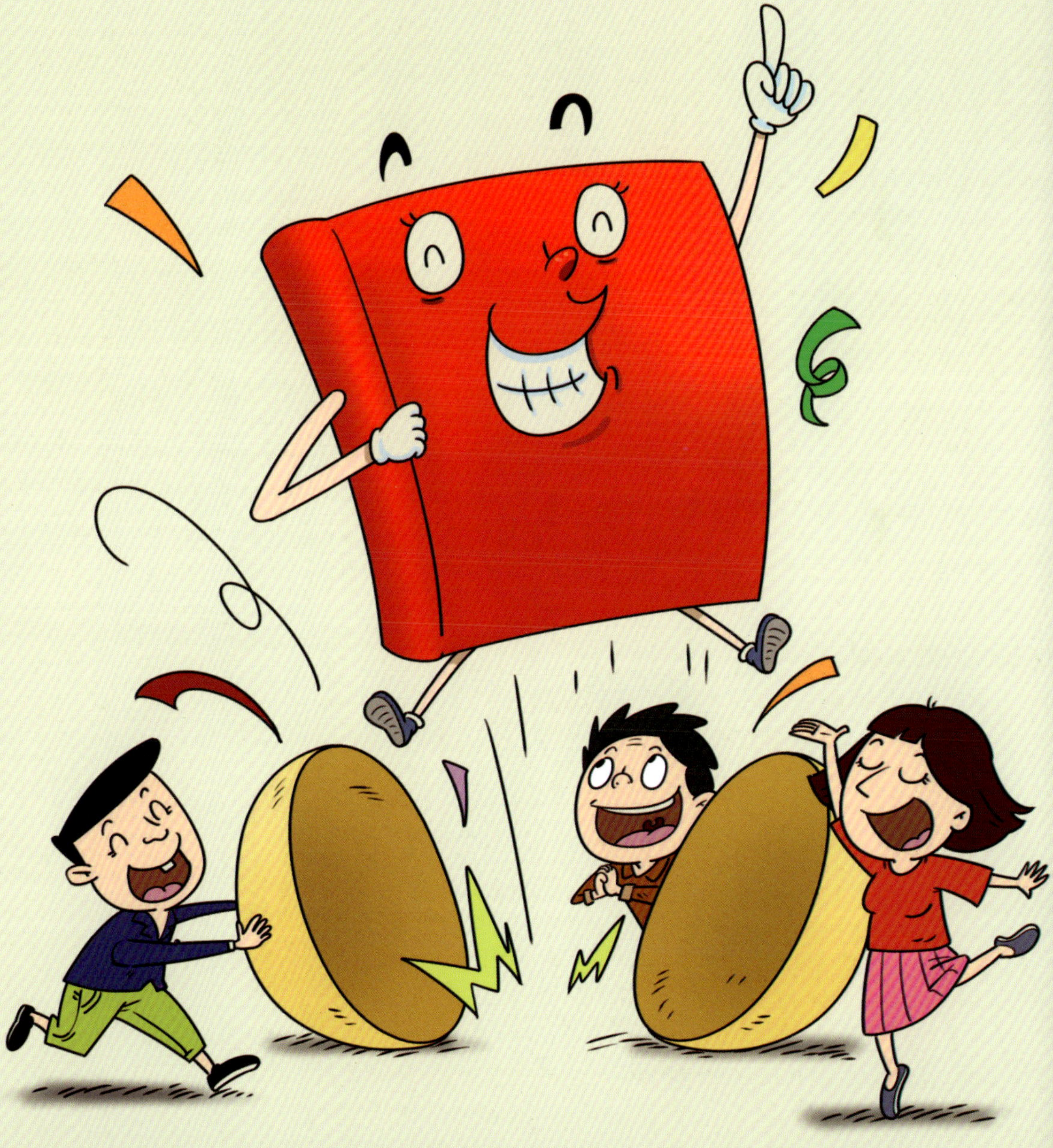

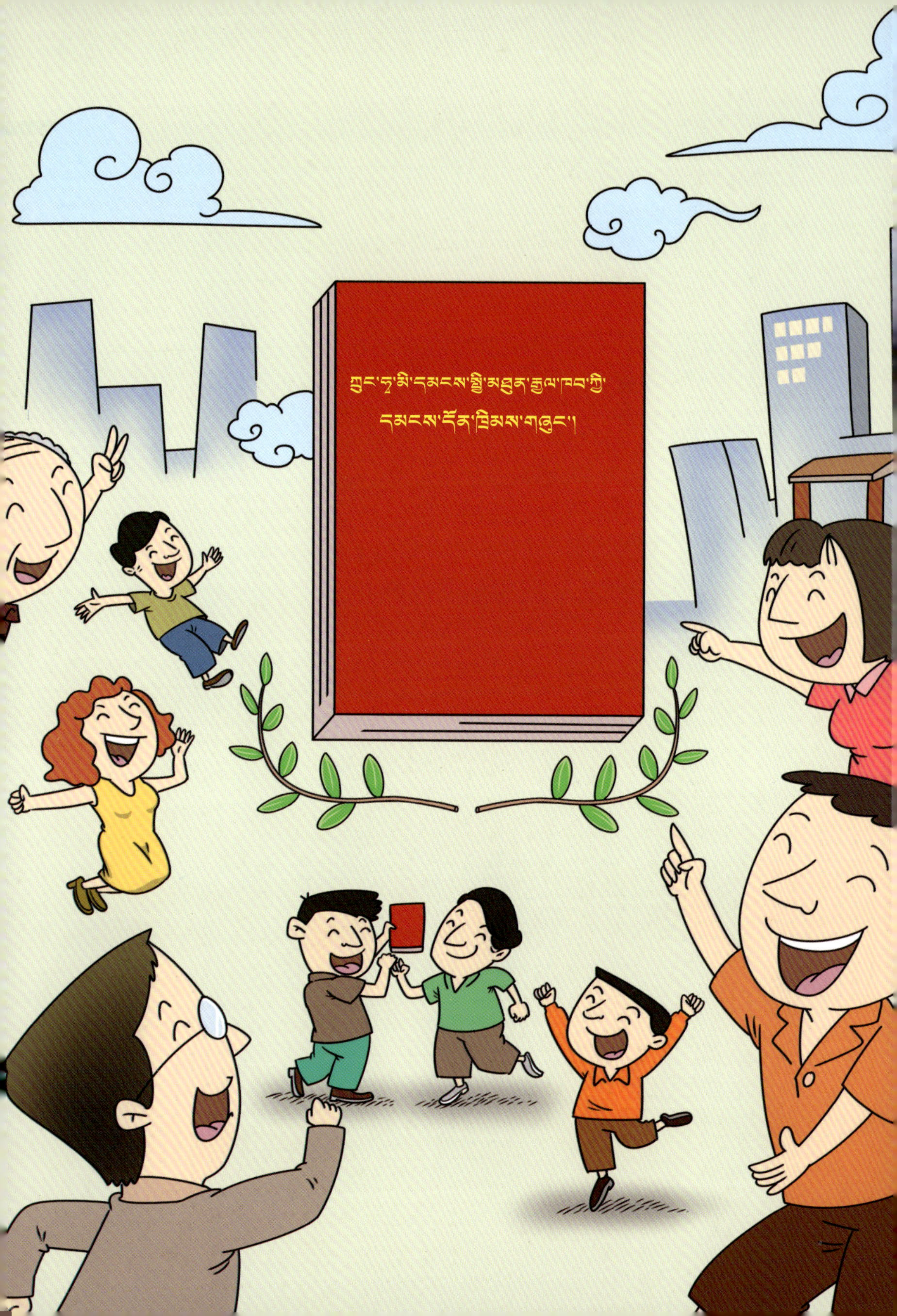
ཀྲུང་ཧྭ་མི་དམངས་སྤྱི་མཐུན་རྒྱལ་ཁབ་ཀྱི་
དམངས་དོན་ཁྲིམས་གཞུང་།

སྤྱི་ལ་དབང་བའི་བརྟན་ནོར་རམ་འགྲུལ་ནོར་ལས་བྱུང་བའི་བྱུན་དབང་དང་བུ་ལོན་ཡིན་ན། སྤྱི་དབང་བདག་པོའི་བར་དུ་ལོགས་སུ་ཁ་ཆད་བཞག་ཡོད་པ་ཕུད། སྐལ་བསྟུན་སྤྱི་དབང་བདག་པོས་སྐལ་གྲངས་ལ་བསྟུན་ནས་བྱུན་དབང་སྤྱོད་ཆོག་ལ་བུ་ལོན་ཡང་འགྲུར་དགོས། བུ་ལོན་འཛལ་སྤྱོད་བྱས་པ་དེ་རང་ཉིད་ཀྱིས་འགྲུར་དགོས་པའི་སྐལ་གྲངས་ལས་བརྒལ་བའི་སྐལ་བསྟུན་སྤྱི་དབང་བདག་པོས་སྤྱི་དབང་བདག་པོ་གཞན་དག་ལ་སྐྱིན་གསབ་བདལ་འདེད་བཏང་ཆོག

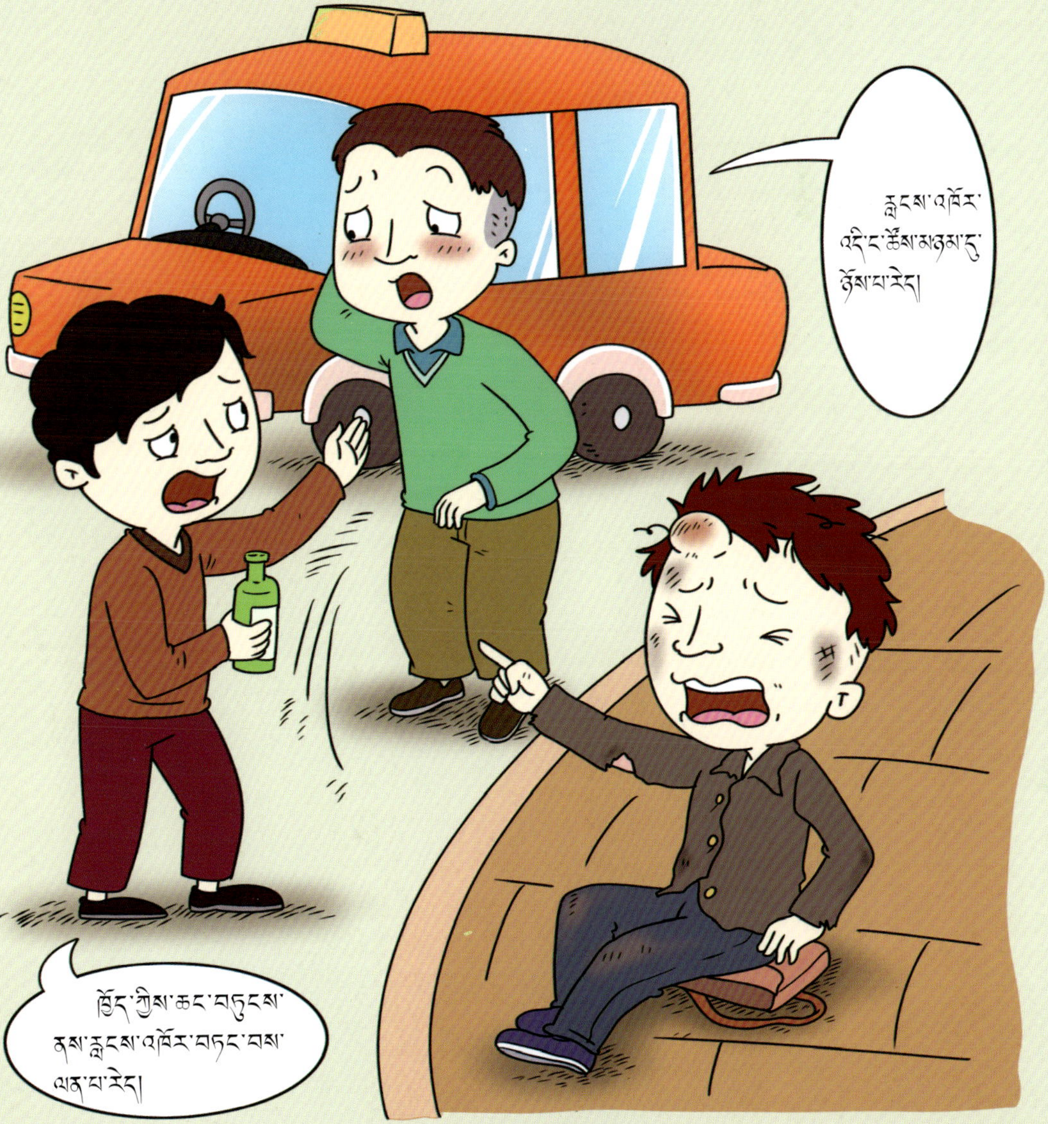

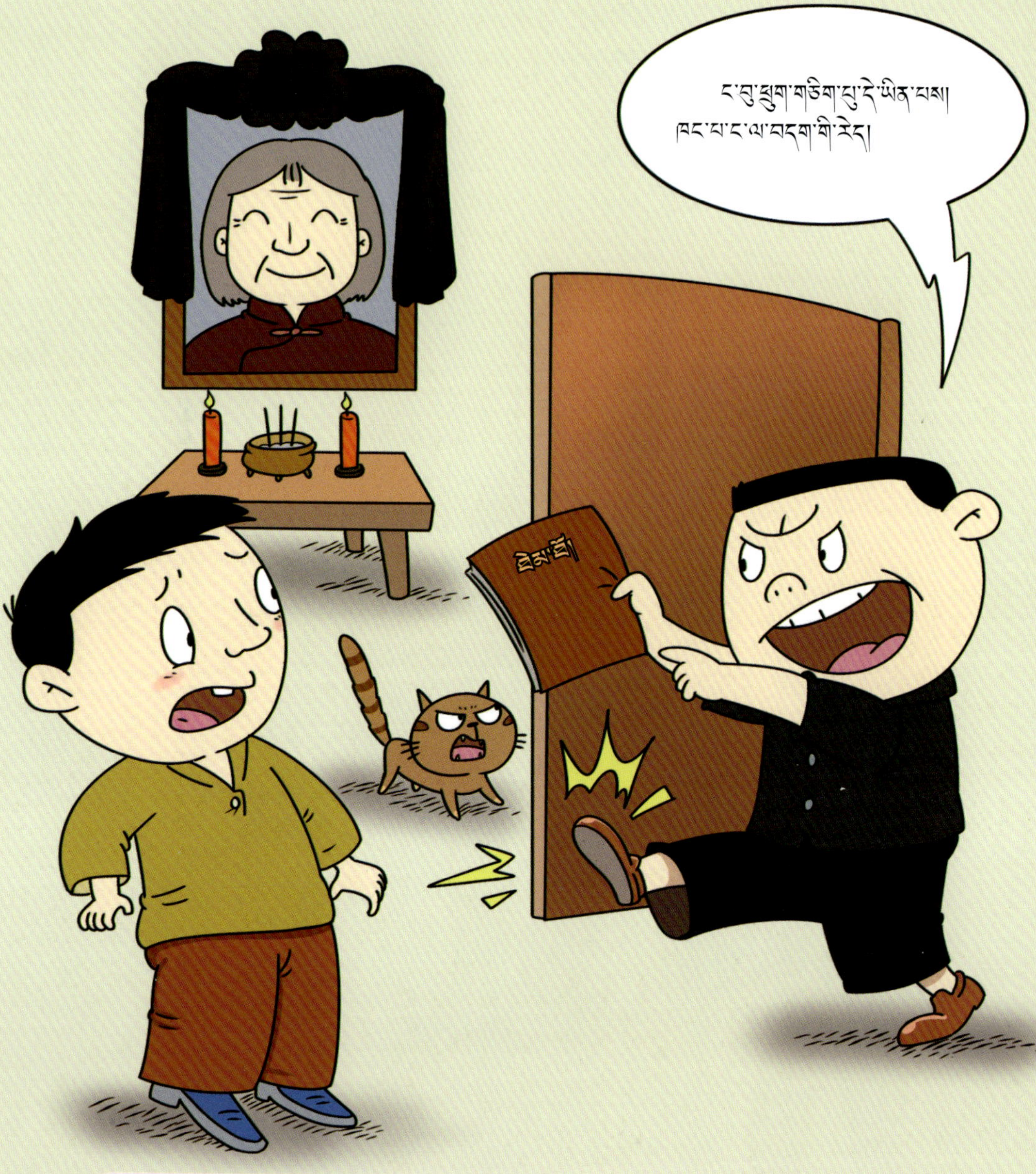

ཁ་ཆེམས་ལྟར་ཤུལ་འཛིན་བྱེད་པའམ་ཤུལ་སྤྲིན་བྱེད་པ་ལ་ཟུར་བཀོད་འོས་འགན་ཡོད་ན། ཤུལ་འཛིན་པའམ་ཤུལ་སྤྲིན་ལེན་མིས་འོས་འགན་དེ་སྒྲུབ་དགོས། ལུགས་མཐུན་གྱི་རྒྱུ་མཚན་མེད་པར་འོས་འགན་མ་བསྒྲུབས་ན། ཁ་གྲོང་གི་འབྲེལ་བ་ཡོད་མཁན་ནམ་འབྲེལ་ཡོད་རྩ་འཛུགས་ཀྱིས་རེ་འདུན་ཞུས་པ་བརྒྱུད། མི་དམངས་ཁྲིམས་ཁང་གིས་མི་དེས་ཟུར་བཀོད་འོས་འགན་ཆ་ཤས་ཀྱི་ཤུལ་ནོར་ལེན་པའི་ཁེ་དབང་ཕྱིར་འཐེན་བྱས་ཆོག

《དམངས་དོན་ཁྲིམས་གཞུང་》ནང་དུ་གཏན་འབེབས་བྱས་དོན། ཁ་ཆེམས་འཇོག་མིས་རང་ཉིད་ཀྱིས་བཞག་པའི་ཁ་ཆེམས་ཕྱིར་འཐེན་དང་བསྒྱུར་བཅོས་བྱས་ཆོག ཁ་ཆེམས་མང་པོ་བཞག་ཡོད་ཅིང་། དེ་ཚོའི་ནང་དོན་ལ་འགལ་ཟླ་ཡོད་ན། ཁ་ཆེམས་མཐའ་མ་དེ་ཚད་གཞིར་འཛིན་དགོས།

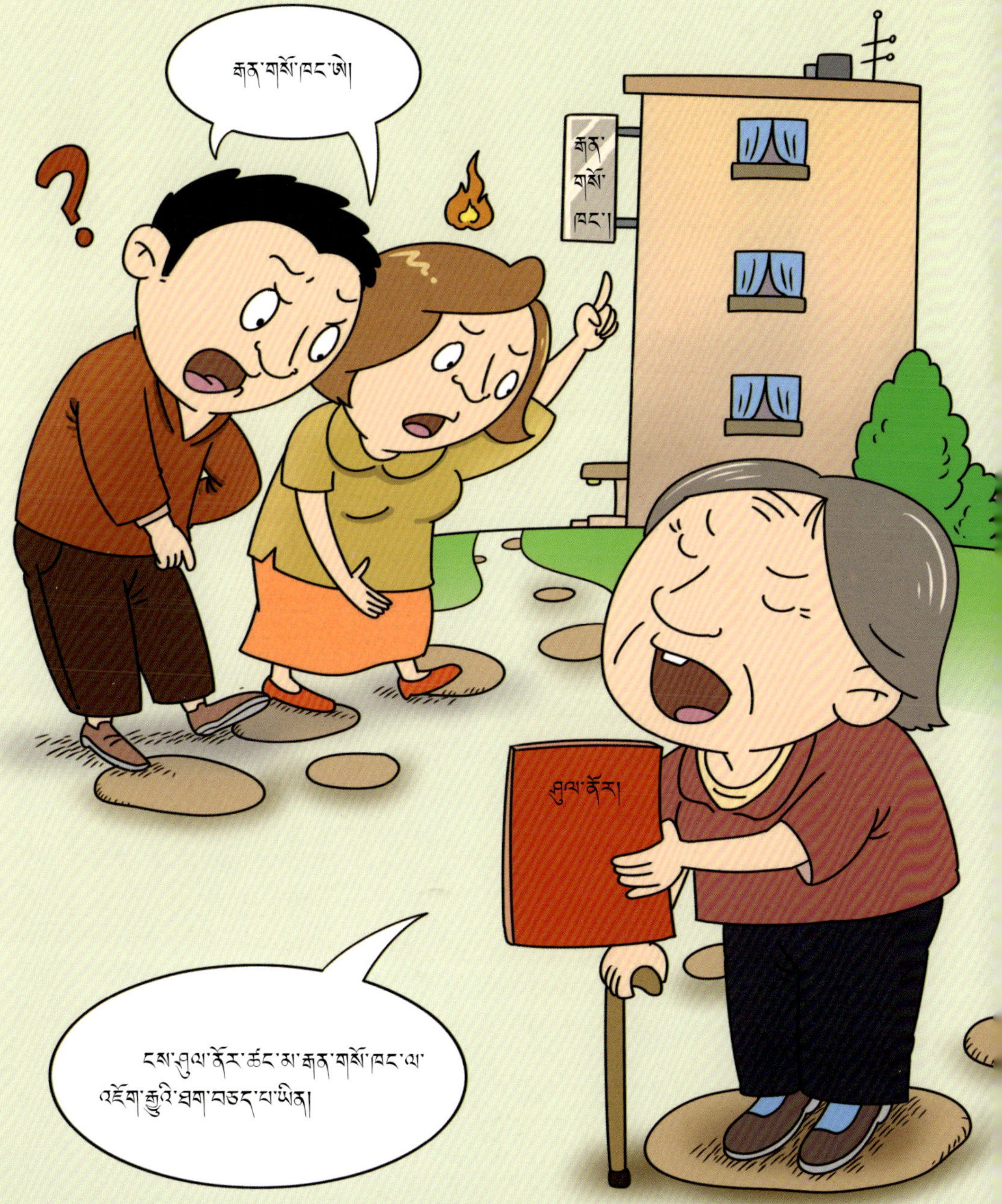

ནར་སོན་པའི་བུ་ཕྲུག་གིས་ཕ་མར་ཞབས་ཏོག་ཞུ་བའི་འོས་འགན་མ་བསྒྲུབས་ན། ངལ་རྩོལ་ནུས་པ་མེད་པའམ་ཡང་ན་འཚོ་བར་དཀའ་ངལ་ཡོད་པའི་ཕ་མས་ནར་སོན་པའི་བུ་ཕྲུག་གིས་རང་ལ་གསོ་རྟེན་གྲོན་དངུལ་སྤྲོད་དགོས་པའི་རེ་བ་འདོན་དབང་ཡོད།

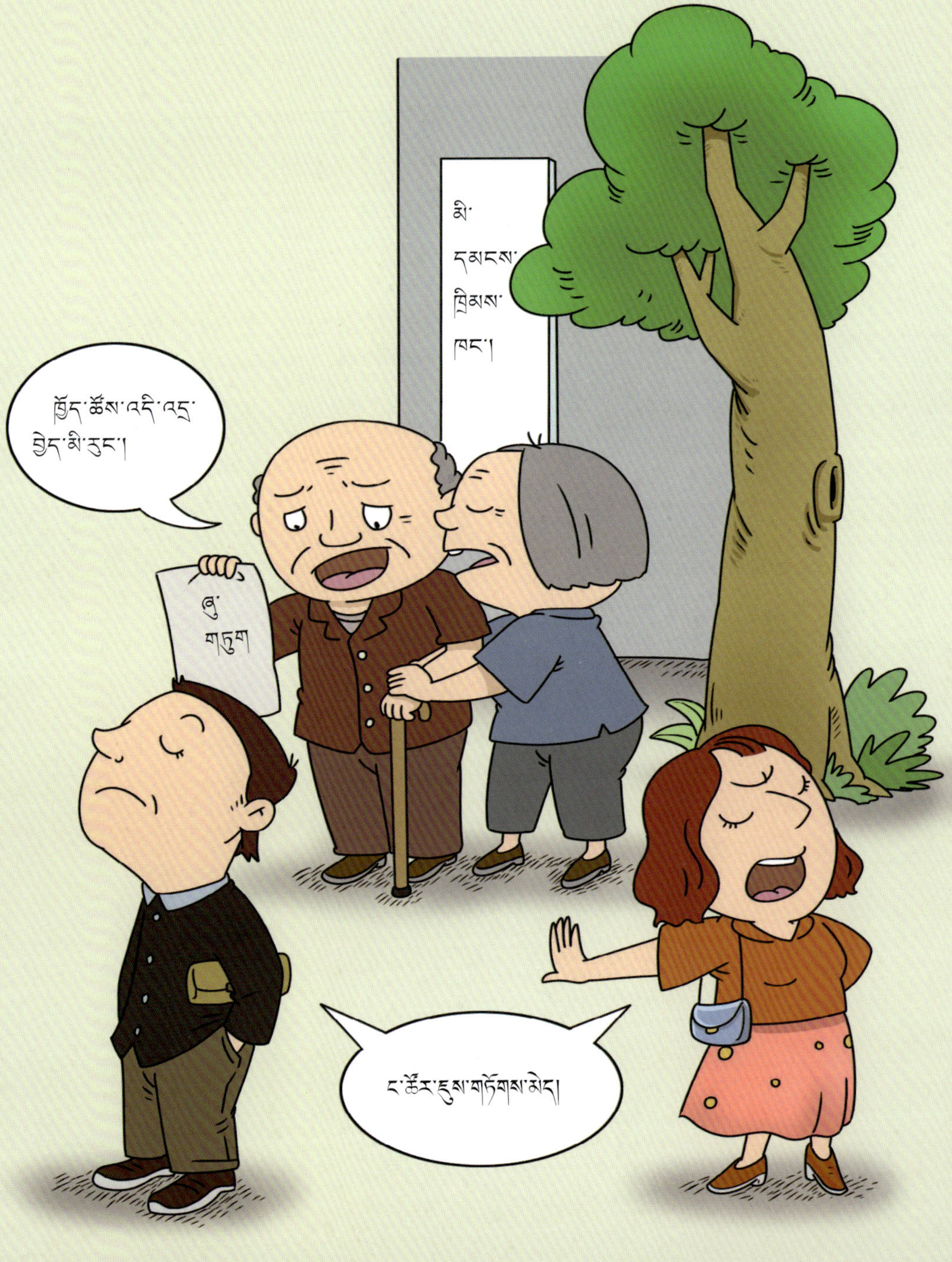

དངོས་དབང་ལེ་ཚན་ནི་དངོས་པོའི་གཏོགས་ཁོངས་དང་བཀོལ་སྤྱོད་ལས་བྱུང་བའི་དམངས་དོན་གྱི་འབྲེལ་བ་སྙོམས་སྒྲིག་བྱེད་པ་དང་འབྲེལ་བ་ཡོད་ཅིང་། དེའི་དམིགས་ཡུལ་ནི་རྒྱལ་ཁབ་ཀྱི་གཞི་རྩའི་དཔལ་འབྱོར་ལམ་ལུགས་སྲུང་སྐྱོང་བྱེད་པ་དང་། སྤྱི་ཚོགས་རིང་ལུགས་ཀྱི་ཚོང་རའི་དཔལ་འབྱོར་གྱི་སྒྲིག་ལམ་སྲུང་སྐྱོང་བྱེད་པ། དངོས་པོའི་གཏོགས་ཁོངས་གཏན་འཁེལ་བྱེད་པ། དངོས་པོའི་ཕན་ནུས་འདོན་སྤེལ་བྱེད་པ། ཁེ་དབང་འཛིན་མཁན་གྱི་དངོས་དབང་སྲུང་སྐྱོང་བྱེད་པ་བཅས་ཀྱི་ཆེད་དུ་ཡིན།

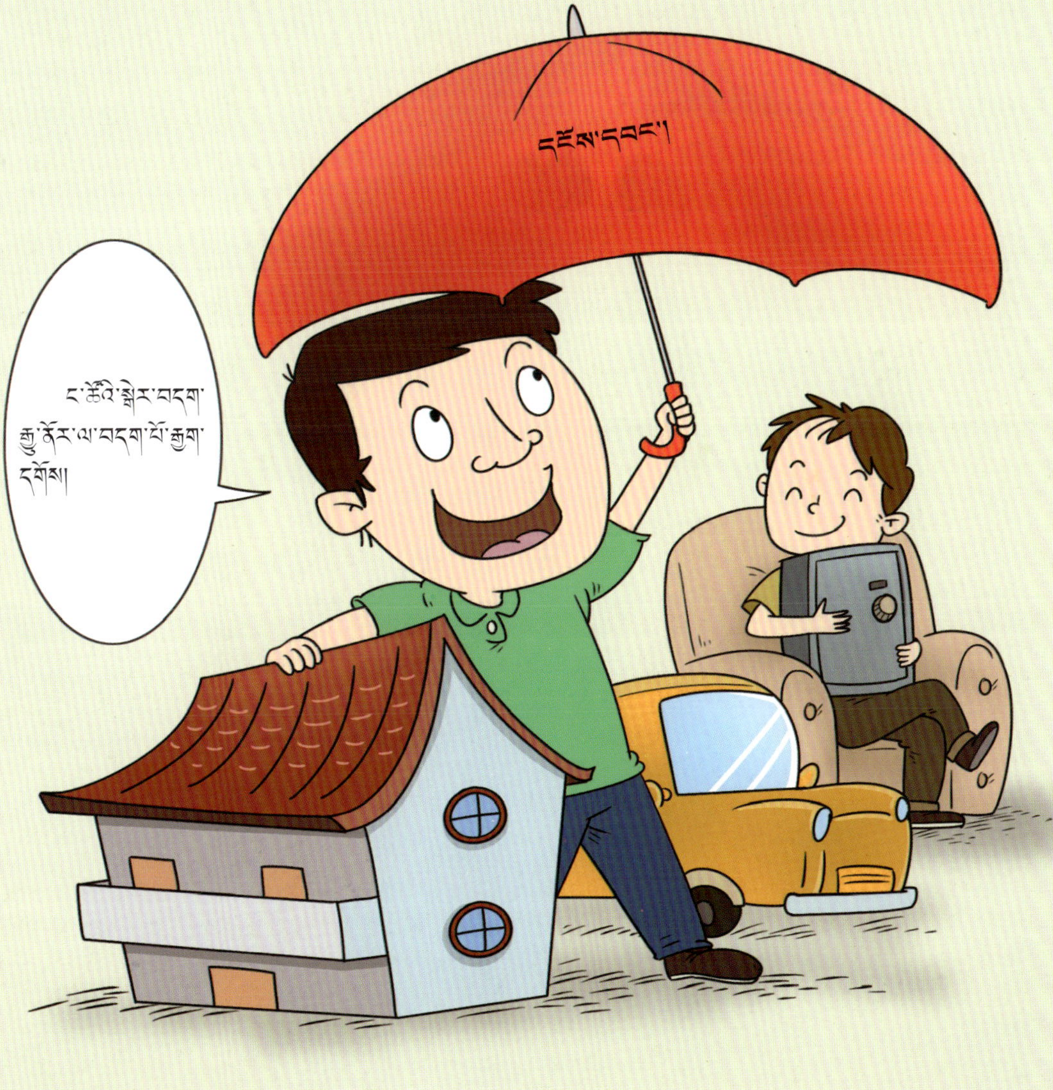

གན་རྒྱའི་ལེ་ཚན་ནི་གན་རྒྱ་ལས་བྱུང་བའི་དམངས་དོན་འབྲེལ་བ་སྙོམས་སྒྲིག་བྱེད་པ་དང་འབྲེལ་བ་ཡོད། དེའི་དམིགས་ཡུལ་ནི་གན་རྒྱ་འཛིན་མཁན་དོ་བདག་གི་ཁྲིམས་མཐུན་ཁེ་དབང་སྲུང་སྐྱོང་བྱེད་པ་དང་། སྤྱི་ཚོགས་ཀྱི་དཔལ་འབྱོར་སྒྲིག་ལམ་སྲུང་སྐྱོང་བྱེད་པ། སྤྱི་ཚོགས་རིང་ལུགས་དེང་རབས་ཅན་གྱི་འཛུགས་སྐྲུན་ལ་སྐུལ་འདེད་གཏོང་བ་བཅས་ཡིན།

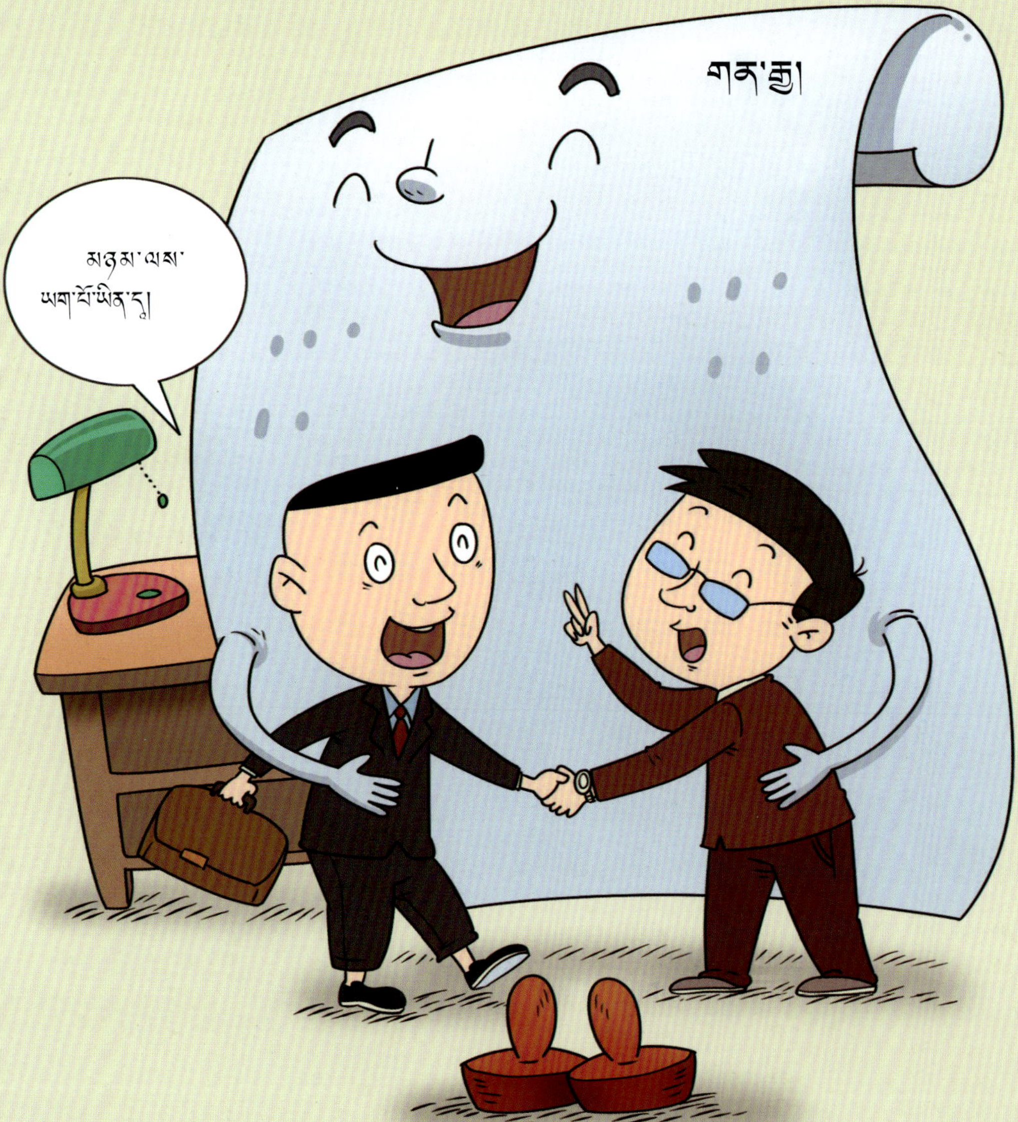

རྡོ་བདག་ཕྱོགས་གཅིག་གིས་མཉམ་སྦྲེལ་དྲ་བ་སོགས་ཆ་འཕྲིན་དྲ་བའི་ཐོག་ནས་ཁྱབ་བསྒྲགས་བྱས་པའི་ཚོང་ཟོག་གམ་ཞབས་ཞུའི་ཆ་འཕྲིན་དག་རེ་ཆེངས་ཀྱི་ཆ་རྐྱེན་དང་མཐུན་ཡོད་པ་ལ། ཕྱོགས་གཞན་དེས་ཚོང་ཟོག་གམ་ཞབས་ཞུ་དེ་རིགས་བདམས་པའི་ཁར་མངག་འཛིན་ཡང་སྤྲད་ན། གན་རྒྱ་གྲུབ་པ་རེད། ཡིན་ནའང་རྡོ་བདག་ལ་ཁ་ཆད་གཞན་དག་ཡོད་རིགས་འདིའི་ནང་དུ་ཚུད་མེད།

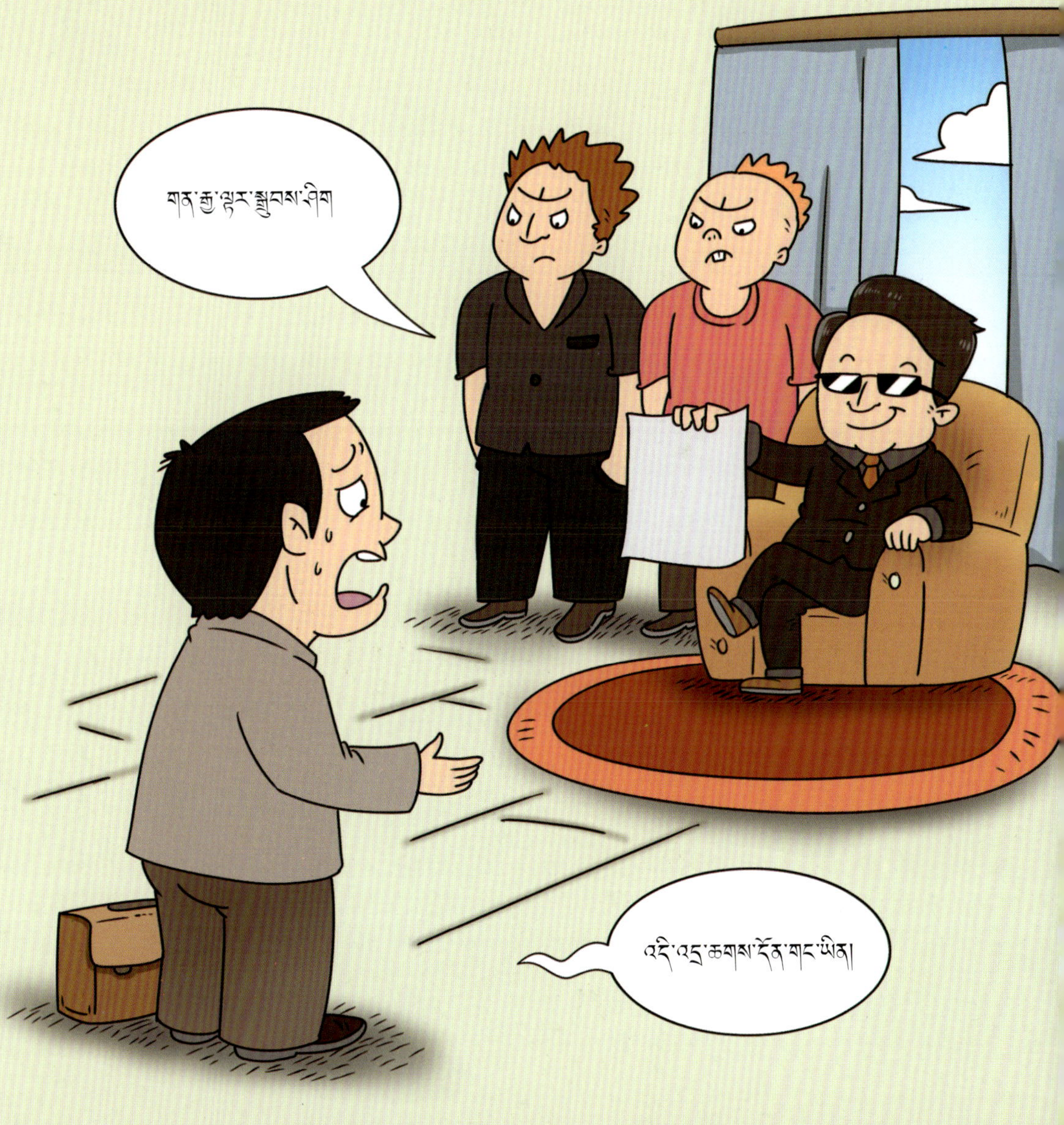

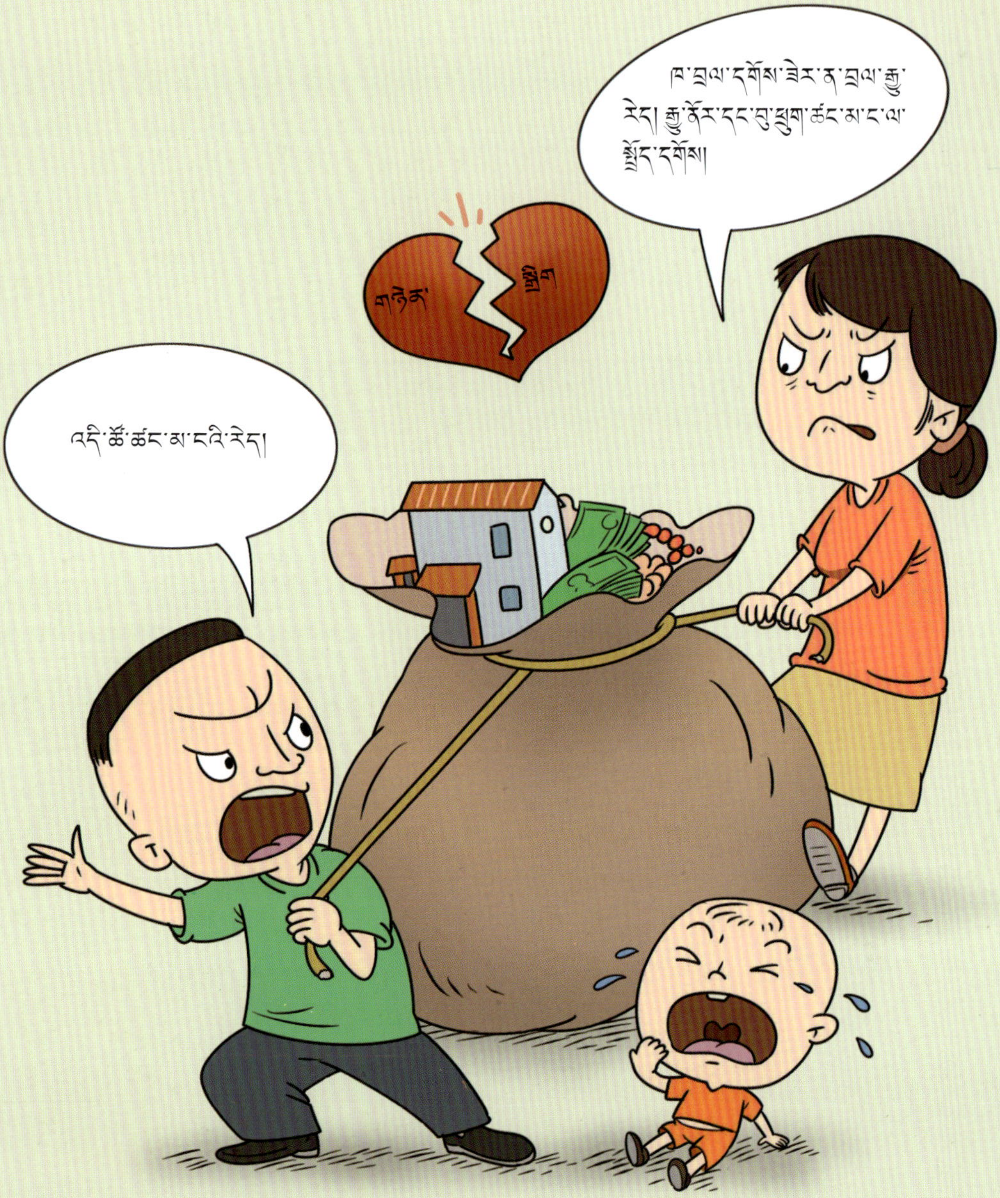

གཉེན་སྒྲིག་ཁྲིམས་ཚང་གི་ལེ་ཚན་ནི་གཉེན་སྒྲིག་ཁྲིམས་ཚང་ལས་བྱུང་བའི་དམངས་དོན་འབྲེལ་བ་སྙོམས་སྒྲིག་བྱེད་པ་དང་འབྲེལ་བ་ཡོད། དེ་ནི་གཉེན་སྒྲིག་ཁྲིམས་ཚང་གི་འབྲེལ་བ་བྱུང་བ་དང་མཚམས་འཛོག་བྱེད་པ་གཏན་འབེབས་བྱེད་པ་དང་། དེ་བཞིན་གཉེན་སྒྲིག་ཁྲིམས་ཚང་གི་བྱེད་པོའི་དབང་དང་གཉེན་ཉེ་གཞན་དག་དབར་གྱི་དབང་ཆ་དང་འོས་འགན་གཏན་འབེབས་བྱེད་པའི་ཁྲིམས་ལུགས་ཀྱི་ཚད་གཞིའི་སྤྱི་བསྡོམས་ཡིན།

ཤུལ་འཛིན་གྱི་ལེ་ཚན་ནི་ཤུལ་འཛིན་བྱས་པ་ལས་བྱུང་བའི་དམངས་དོན་འབྲེལ་བ་སྙོམས་སྒྲིག་བྱེད་པ་དང་འབྲེལ་བ་ཡོད། དེའི་དམིགས་ཡུལ་ནི་སྤྱི་དམངས་ཀྱི་སྒེར་བདག་རྒྱུ་ནོར་ཤུལ་འཛིན་བྱེད་དབང་སྲུང་སྐྱོབ་བྱེད་པ་ཡིན།

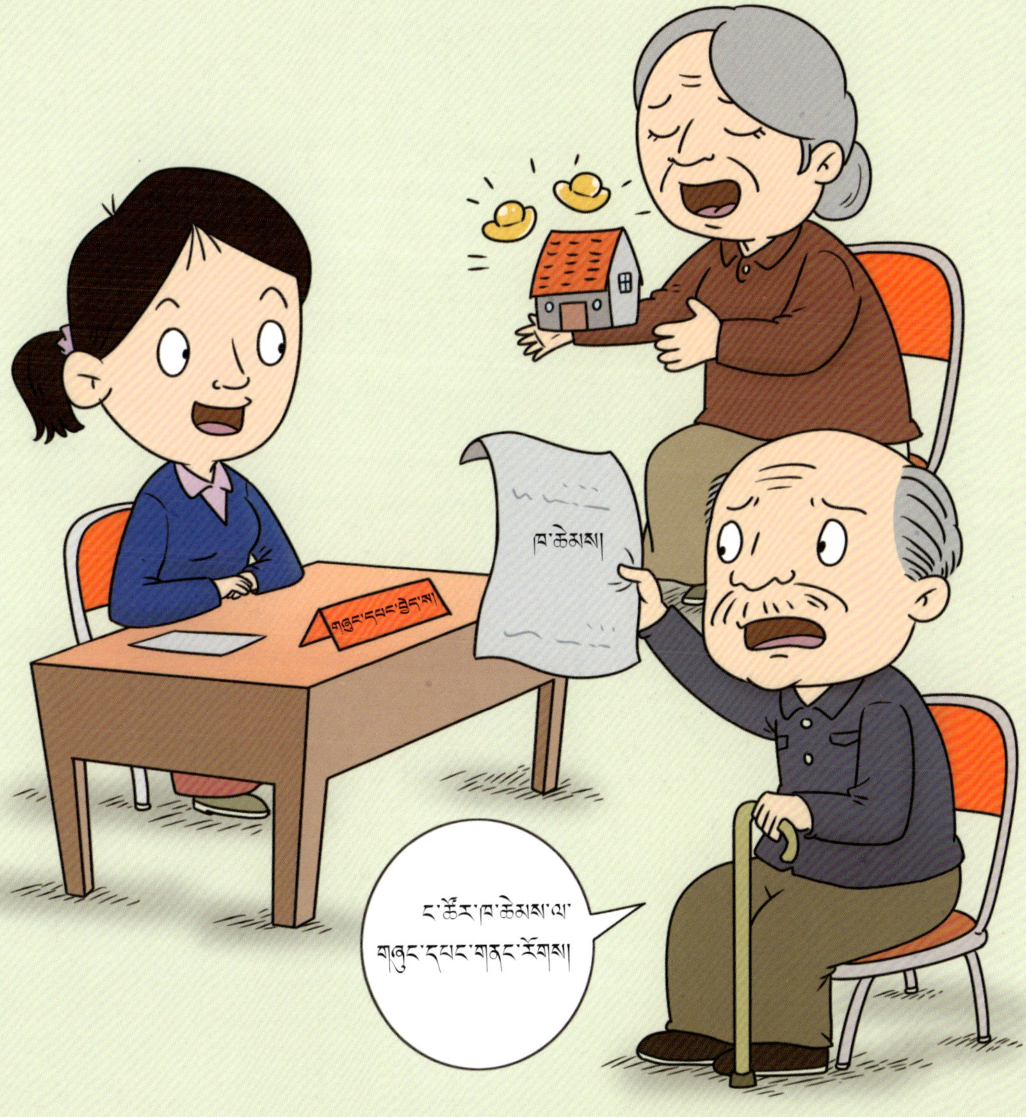

དབང་གནོད་འགན་འཁྲིའི་ལེ་ཚན་ནི་དམངས་དོན་ཁེ་དབང་ལ་གནོད་འཚེ་བཏང་བ་ལས་བྱུང་བའི་དམངས་དོན་འབྲེལ་བ་སྙོམས་སྒྲིག་བྱེད་པ་དང་འབྲེལ་བ་ཡོད། དེའི་དམིགས་ཡུལ་ནི་དམངས་དོན་བྱེད་པོའི་ཁྲིམས་མཐུན་ཁེ་དབང་སྲུང་སྐྱོབ་བྱེད་པ་དང་། དབང་གནོད་འགན་འཁྲི་ཁ་གསལ་བཟོ་བ། དབང་གནོད་བྱ་སྤྱོད་སྔོན་འགོག་དང་བཀག་སྡོམ་བྱེད་པ། སྤྱི་ཚོགས་ཞི་མཐུན་བརྟན་ལྷིང་ཡོང་བར་སྐུལ་འདེད་གཏོང་བ་བཅས་ཡིན།

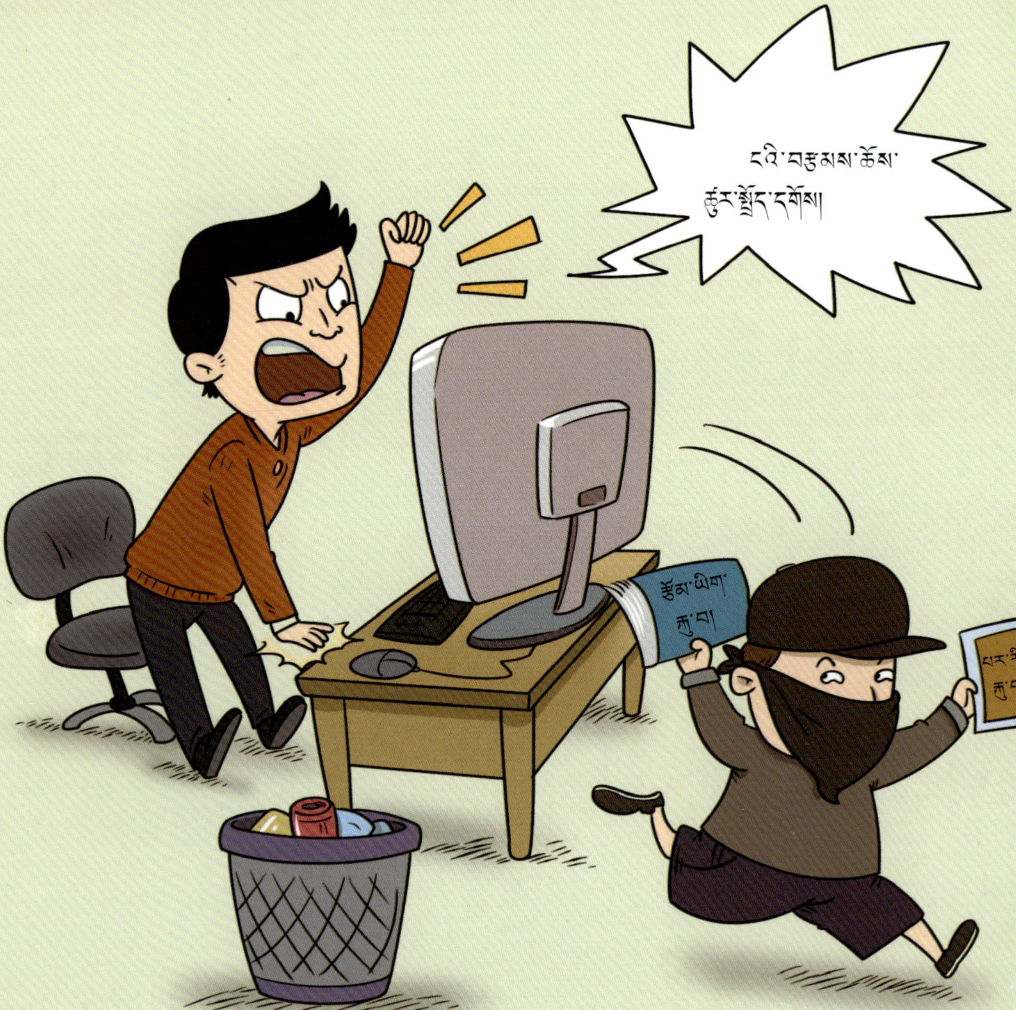

སྔོན་གཞི།

《ཀྲུང་ཧྭ་མི་དམངས་སྤྱི་མཐུན་རྒྱལ་ཁབ་ཀྱི་དམངས་དོན་ཁྲིམས་གཞུང་》འདི་ནི། ཧྲང་གི་སྐབས་བཅོ་བརྒྱད་པའི་ཀྲུང་ཨུ་ཚང་འཛོམས་གྲོས་ཚོགས་ཐེངས་བཞི་པར་ཁྲིམས་འཛུགས་འགན་འཁྲི་བཏོན་པ་ནས་འགོ་བཙུགས་པ་དང་། ལོ་དྲུག་ལྷག་ཙམ་རིང་འབད་བརྩོན་བྱས་ཤིང་། 2020ལོའི་ཟླ5པའི་ཚེས28ཉིན་རྒྱལ་ཡོངས་མི་དམངས་འཐུས་ཚོགས་སྐབས་བཅུ་གསུམ་པའི་གྲོས་ཚོགས་ཐེངས་གསུམ་པའི་ཐོག་གྲོས་འཆམ་བྱུང་བ་བརྒྱུད། 2021ལོའི་ཟླ1པོའི་ཚེས1ཉིན་ནས་བཟུང་ལག་བསྟར་བྱས་ཡོད། དུས་མཚུངས་སུ《གཉེན་སྒྲིག་བཅའ་ཁྲིམས་》དང་།《ཤུལ་འཛིན་བཅའ་ཁྲིམས་》《དམངས་ཁྲིམས་ཀྱི་སྤྱི་འགྲོས་རྩ་སྒྲོལ་》《ཉར་གསོའི་བཅའ་ཁྲིམས་》《ཁག་ཐེག་བཅའ་ཁྲིམས་》《གན་རྒྱའི་བཅའ་ཁྲིམས་》《དངོས་དབང་བཅའ་ཁྲིམས་》《དབང་གནོད་འགན་འཁྲིའི་བཅའ་ཁྲིམས་》《དམངས་ཁྲིམས་སྤྱི་དོན་》བཅས་མེད་པ་བཟོས།

《ཀྲུང་ཧྭ་མི་དམངས་སྤྱི་མཐུན་རྒྱལ་ཁབ་ཀྱི་དམངས་དོན་ཁྲིམས་གཞུང་》ནི"སྤྱི་ཚོགས་འཚོ་བའི་ཤེས་བྱ་ཀུན་བཏུས་ཆེན་མོ"ཞིག་ཡིན་ལ། རང་རྒྱལ་གྱི"ཁྲིམས་གཞུང"ཞེས་མིང་བཏགས་པའི་བཅའ་ཁྲིམས་ཐོག་མའང་ཡིན་ཞིང་། དེས་བཅའ་ཁྲིམས་ཀྱི་མ་ལག་ཁྲོད་དུ་ རྨང་གཞིའི་རང་བཞིན་གྱི་གནས་བབས་བཟུང་ཡོད་ལ། ཚོང་རའི་དཔལ་འབྱོར་གྱི་གཞི་རྩའི་བཅའ་ཁྲིམས་ཀྱང་ཡིན།

《དམངས་དོན་ཁྲིམས་གཞུང་》ནི་སྤྱིའི་རྩ་འཛིན་གྱི་ལེ་ཚན་དང་། དངོས་དབང་གི་ལེ་ཚན། གན་རྒྱའི་ལེ་ཚན། མི་གཞིའི་ཁེ་དབང་གི་ལེ་ཚན། གཉེན་སྒྲིག་དང་ཁྱིམ་ཚང་གི་ལེ་ཚན། ཤུལ་འཛིན་གྱི་ལེ་ཚན། དབང་གནོད་འགན་འཁྲིའི་ལེ་ཚན། ཞར་བྱུང་རྩ་དོན་གྱི་ལེ་ཚན་བཅས་ཁྱོན་དོན་ཚན1260ལས་གྲུབ་ཅིང་། དེས་རྒྱུ་ནོར་བདེ་འཇགས་དང་། ཉོ་ཚོང་སྟབས་བདེ། འཚོ་བ་བདེ་སྐྱིད། མི་གཤིས་ལ་རྒྱ་སོགས་ཕྱོགས་གང་ཅིའི་ཐད་ཀྱི་དབང་ཆར་རྒྱ་ཁྱབ་དང་སྲུང་སྐྱོབ་འདྲ་མཉམ་ཡོད་པ་ངེས་གཏན་

བྱས་ཡོད་པས། “ཁྲིམས་ལྟར་རྒྱལ་ཁབ་སྐྱོང་བ”དང“ཀུན་སྤྱོད་ལ་བརྟེན་ནས་རྒྱལ་ཁབ་སྐྱོང་བ”ཞེས་པ་དེ་གཉིས་གཅིག་ཐོག་གཅིག་བསྡོམས་ན་གཉིས་ལས་ཆེ་བའི་ནུས་པ་ཐོན་ཐུབ།

《དམངས་དོན་ཁྲིམས་གཞུང་》ལག་བསྟར་བྱས་པ་ནི་རང་རྒྱལ་གྱི་ཁྲིམས་ལུགས་འཛུགས་སྐྱོང་ལོ་རྒྱུས་ཐོག་གི་ལམ་ཚད་རྗེ་རིང་ལྟ་བུ་ཞིག་ཡིན་པས། དེས་རྒྱལ་ཁབ་ཀྱི་བཅོས་སྐྱོང་མ་ལག་དང་བཅོས་སྐྱོང་ནུས་པ་དེང་རབས་ཅན་དུ་འགྱུར་བར་སྐུལ་འདེད་གཏོང་བ་དང་། མི་དམངས་མང་ཚོགས་ཀྱིས་མཛོས་སྡུག་ལྡན་པའི་འཚོ་བར་བཅངས་པའི་རེ་སྨོན་རྒྱུན་ཆད་མེད་པར་སྐོང་བར་ནུས་པ་གལ་ཆེན་ཐོན་ཐུབ།

《དམངས་དོན་ཁྲིམས་གཞུང་》ནི་ང་ཚོ་སྤྱི་དམངས་དང་འབྲེལ་བ་དམ་ཟབ་ཡོད་པའི་བཅའ་ཁྲིམས་ཡིན་པས། ང་ཚོའི་འཚོ་བར་སྲུང་སྐྱོབ་དང་རོགས་སྐྱོར་བྱེད་པའི་ནུས་པ་ཐོན་ཐུབ། བྱས་ན། དེས་ང་ཚོ་ལ་འགྱུར་ལྡོག་གསར་པ་གང་དག་ཐོན་སྲིད།

ཁྲིམས་གཞུང་དེ་ནས། ང་ཚོ་ཆུང་མདངལ་ཕྲུག་ནས་བཟུང་རང་གི་ཁེ་དབང་ལ་སྲུང་སྐྱོབ་ཁ་གསལ་ཐོབ་ཐུབ་པས། མི་ཡུལ་དུ་དངོས་སུ་སླེབས་མེད་པའི་ཚེ་སྲོག་ཆུང་ཆུང་ཚོས་ སྤྲ་སྤུར་དུ་འཛིག་རྟེན་གྱི་མཛེས་སྡུག་དང་དྲོ་སྐྱིད་སྙིང་ཚོར་ཐུབ་པ་བཟོས་ཡོད། ད་དུང་དཔེར་ན། ཕ་རོལ་པོས་རང་ལ་འདོད་སྲིད་བརྙས་བསྙེ་བྱས་ཚེ། གནོད་འཚེ་ཕོག་མཁན་གྱིས་བློ་ཁོག་ཆེན་པོས་ཁྲིམས་ལུགས་ཀྱི་ཉི་འོད་འོག་ཏུ་ཉེས་པ་ཐེར་འདོན་བྱས་ཆོག་པ་དང་། དྲ་ཐོག་གི་སྒྲོག་སྤེལ་ལ་ལྟ་སྐུལ་དོ་དམ་བྱེད་ཤུགས་ཆེ་རུ་བཏང་ནས། ང་ཚོའི་མི་སྒེར་གྱི་གསང་དོན་སྲུང་སྐྱོབ་ཡག་པོ་བྱས་ཡོད་པས། གཏམ་འཆལ་དང་། ཁོག་ནག་དཀྲོག་གཏམ་བཟོ་མཁན་ལ་རྒྱབ་ལངས་བྱེད་མཁན་མེད། ཐོག་ཁང་ནས་དངོས་པོ་གཡུགས་པར་སྔར་བཞིན་ཉེས་ཆད་མཉམ་འགེལ་མིན་པར། ངེས་པར་དུ་མང་ཚོགས་ཀྱི་ཁྲིད་དུ་གབ་པའི་ལག་དམར་བ་དེ་ཚུར་བཏོན་ནས། སྤྱི་དམངས་ཀྱི་ཐུན་མོང་ཁེ་ཕན་ལ་འགན་སྲུང་གང་ལེགས་ཐོབ་པ་བཟོས་ཡོད། རྟག་བཟོའི་རྒྱུ་ནོར་ལ་སྲུང་སྐྱོབ་ཐོབ་ནས། དྲ་ཐོག་ཉོ་སྒྲུབ་བྱེད་པར་གཞི་འཛིན་སའི་

ཁྲིམས་ཡོད་པ་བྱས་ཏེ། སྨྱུན་སྦྱོར་གསར་པས་ང་ཚོར་ཞབས་ཞུ་སྟར་བས་ཡག་པ་སྒྲུབ་ཏུ་འཇུག་གི་ཡོད།

མདོར་ན། སྤྱི་ཚོགས་འཕེལ་རིམ་བསྟུན་ནས་ང་ཚོའི་བཅའ་ཁྲིམས་ཀྱང་རྒྱུན་ཆད་མེད་པར་འཕྲུལ་ཚང་དུ་འགྲོ་བཞིན་ཡོད། "དམངས་ལ་རེ་འདོད་ཡོད་ན། ཁྲིམས་ལ་ཨ་ལན་ཡོད"ཅེས་པ་ནི་《དམངས་དོན་ཁྲིམས་གཞུང་》གིས་བརྗོད་ལེན་བྱེད་པའི་མཐར་ཐུག་གི་དམིགས་ཡུལ་ཡིན།

ཏང་དང་སྲིད་གཞུང་གི་དགོངས་དོན་དང་དེ་བཞིན་སྤྱི་ཁྱབ་ཧྲུའུ་ཅི་ཞི་ཅིན་ཕིང་གི་མཇུབ་སྟོན་གཞིར་བཟུང་།《དམངས་དོན་ཁྲིམས་གཞུང་》ཁྱབ་གདལ་གཏོང་བའི་ལས་དོན་དེ"ལོ་ལྔ་ཚན་བཅུ་བཞི་པའི"རིང་གི་བཅའ་ཁྲིམས་ཁྱབ་གདལ་ལས་དོན་གྱི་གཙོ་གནད་ཡིན། ལྷག་པར་དུ་མང་ཚོགས་ལ་རང་རྩོགས་ཀྱིས་ཁྲིམས་སྲུང་བའི་འདུ་ཤེས་ཆགས་དགོས་པའི་ཁྲིད་སྟོན་བྱས་ཏེ། དོན་དག་བྱུང་ཚེ་བཅའ་ཁྲིམས་ལ་བརྟེན་པའི་སེམས་གཤིས་འཛུགས་པ་དང་། གནད་དོན་ཐག་གཅོད་བྱེད་པར་བཅའ་ཁྲིམས་ལ་བརྟེན་པའི་འདུ་ཤེས་དང་ནུས་པ་གསོ་སྐྱོང་བྱེད་དགོས། དེ་བས《དམངས་དོན་ཁྲིམས་གཞུང་》དེ་རྒྱལ་དམངས་ཀྱི་སློབ་གསོའི་མ་ལག་ཏུ་བཙུག་ནས། གཞོན་ནུ་ལོ་ཆུང་ལ་ཁྲིམས་ལུགས་ཁྱབ་གདལ་བྱེད་པའི་སློབ་གསོར་ཤུགས་སྣོན་བརྒྱབ་སྟེ། སྤྱི་ཚོགས་རིང་ལུགས་ཀྱི་ལྟེ་བའི་རིན་ཐང་ལྟ་བ་དར་སྤེལ་གཏོང་དགོས།

ལོ་མང་རིང་གི་ཁྲིམས་ལུགས་ཁྱབ་གདལ་གྱི་ལག་ལེན་ལས། ཁྲིམས་ལུགས་ཁྱབ་གདལ་གྱི་སློབ་གསོ་དེས་བཅའ་ཁྲིམས་ཀྱི་ཤེས་བྱ་ཁྱབ་གདལ་བྱེད་པ་དང་། སྤྱི་དམངས་ཀྱི་ཁྲིམས་ལུགས་འདུ་ཤེས་ཟབ་ཏུ་གཏོང་བ། སྤྱི་ཚོགས་ཡོངས་ཀྱིས་ཁྲིམས་ལྟར་ལས་དོན་སྒྲུབ་པའི་འདུ་ཤེས་ཟབ་ཏུ་གཏོང་བ་བཅས་ཀྱི་ཐད་ནུས་པ་གལ་ཆེན་ཐོན་གྱི་ཡོད་པ་ར་འཕྲོད་བྱུང་ཡོད། ལྷག་པར་དུ་རྣམ་རྐྱོན་དང་། ནར་མ་སོན་པའི་མི། དབང་པོ་སྐྱོན་ཅན། བུད་མེད། གྲོང་གསེབ་ཀྱི་གྲོང་མི་སོགས་ལ་ཕྱོགས་ཡོངས་ནས་བཅའ་ཁྲིམས་ཁྱབ་གདལ་གྱི་སློབ་གསོ་སྤེལ་རྒྱུ་ནི་དམངས་ཡོངས་ཀྱི་བཅའ་ཁྲིམས

བྱང་ཚད་མཐོ་ཏུ་གཏོང་བའི་དགོས་མཁོ་ཞིག་ཡིན། རྒྱ་ཆེའི་མི་དམངས་མང་ཚོགས་ཀྱི་རང་ངོས་ཀྱི་ཁྲིམས་མཐུན་ཁེ་དབང་སྲུང་སྐྱོབ་བྱ་རྒྱུ་ནི་འཆམ་མཐུན་གྱི་སྤྱི་ཚོགས་འཛུགས་སྐྲུན་དང་། སྤྱི་ཚོགས་དང་དཔལ་འབྱོར་གྱི་སྒྲིག་ལམ་སྲུང་སྐྱོང་བྱེད་པའི་རྨང་གཞི་ཡིན།

དེའི་ཕྱིར། ཏང་དང་སྲིད་གཞུང་དེ་བཞིན《དམངས་དོན་ཁྲིམས་གཞུང་》གི་དགོངས་དོན་གཞིར་བཟུང་བ་དང་། འབྲེལ་ཡོད་སྡེ་ཁག་དང་ཆེད་མཁས་པའི་མཛུབ་སྟོན་འོག《དམངས་དོན་ཁྲིམས་གཞུང་ཉེར་སྤྱོད་དེབ་གཅིག་ཀུན་འདུས་》འདི་ཆེད་མངགས་རྒྱ་ཡིག་ནས་བོད་ཡིག་ལ་བསྒྱུར་བ་ཡིན། དེབ་འདིའི་ནང་དུ་གཙོ་བོ་རྒྱ་ཆེའི་མི་དམངས་མང་ཚོགས་ཀྱིས་ངེས་པར་དུ་ཤེས་དགོས་པའི་དོན་དངོས་འཚོ་བའི་ཁྲོད་དུ་བེད་སྤྱོད་ཆེ་བའི་དམངས་ཁྲིམས་ཀྱི་དོན་ཚན་དག་ཚུད་ཡོད་ཅིང་། གསོན་ཉམས་ལྡན་པའི་གྲོད་དཔེ་སྤྱད་ནས་དེ་མཚུངས་ཀྱི་དོན་ཚན་འགྲེལ་བཤད་བརྒྱབ་འདུག་པ་དང་། ཞིབ་ཕྲའི་ལག་བསྟར་བྱེད་སྟངས་སོགས་བྲིས་འདུག་པ་མ་ཟད། ད་དུང་“ཁྲིམས་ལུགས་ཁྲབ་གདལ་གྱི་སློབ་ཚན”གྱི་རྣམ་པའི་ཐོག་ནས་དམངས་ཁྲིམས་ཀྱི་དོན་ཚན་དང་འབྲེལ་བ་ཡོད་པའི་ཐ་སྙད་འགྲེལ་བཤད་བརྒྱབ་པ་དང་། ལག་བསྟར་ཞིབ་སྒྲོལ་སོགས་ཀྱི་ནང་དོན་ལ་ཁ་གསབ་ཕུན་སུམ་ཚོགས་པོ་བྱས་འདུག

དེབ་འདིའི་ནང་དོན་ཁྱབ་རྒྱ་ཆེ་ཞིང་མ་ལག་ཆ་ཚང་བ་དང་། ལྷག་པར་དུ་ནང་དོན་ལ་གཞིགས་ནས་ཟུར་ཟའི་རི་མོ་སྤུས་ལེགས་ཀྱང་ཟུང་འབྲེལ་བྱས་ཡོད་པས། གསོན་ཉམས་དོད་ཅིང་ལྟ་འདོད་འཕེལ་ཐུབ་པ་ཞིག་ཡིན། དེར་བརྟེན་དེབ་འདིར་ལྟ་ཀློག་རང་བཞིན་དང་། སློབ་སྦྱོང་རང་བཞིན། བེད་སྤྱོད་རང་བཞིན། མཛུབ་ཁྲིད་རང་བཞིན་བཅས་ཤུགས་ཆེན་ལྡན་འདུག་པས། དེབ་འདི་ནི་རྒྱ་ཆེའི་མི་དམངས་མང་ཚོགས་ཀྱིས་དམངས་ཁྲིམས་སློབ་སྦྱོང་བྱེད་པའི་དགེ་རྒན་དང་གྲོགས་པོ་བཟང་པོ་ཞིག་ཡིན་ལ། དམངས་ཁྲིམས་དྲིལ་བསྒྲགས་དང་སློབ་གསོ་ཁྱབ་གདལ་ལ་མཛུབ་ཁྲིད་བྱེད་པའི་པར་གཞི་བཟང་པོ་ཞིག་ཀྱང་ཡིན།

དཀར་ཆག

ལེ་ཚན་དང་པོ། སྤྱིའི་རྩ་དོན།

ལེ་ཚན་གཉིས་པ། དངོས་དབང་།

གཉེན་འཐོར།

ཉར་གསོ།

ལེ་ཚན་དྲུག་པ། ཤུལ་འཛིན།

ཁྲིམས་བཀོད་ཤུལ་འཛིན།

ཁ་ཆེམས་ཤུལ་འཛིན་དང་ཁ་ཆེམས་ཤུལ་སྦྱིན།

ཤུལ་ནོར་ཐག་གཅོད།

ལེ་ཚན་བདུན་པ། དབང་གནོད་འགན་འཁྲི།

ལེ་ཚན་དང་པོ། སྤྱིའི་རྩ་དོན།

གཅིག ཕྱི་དབང་རླངས་འཁོར་ལ་ལས་འཛོལ་བྱུང་ཚེ་སུས་འགན་འཁུར་དགོས།

ལི་ཀང་ལས་ཀ་ཤོར་རྗེས། རང་གི་གཅེན་པོ་ལི་མིང་དང་ལི་ལིའང་གཉིས་དང་མཉམ་དུ་མི་རེས་སྒོར་ཁྲི་གསུམ་རེ་བཏང་ནས་རླངས་འཁོར་གཅིག་ཉོས། ལི་ཀང་གིས་རླངས་འཁོར་སློ་རྒྱུགས་ནས་ཡོང་འབབ་གསོག་རྒྱུ་དང་། ཡོང་འབབ་ནས་མི་རེར་གསུམ་ཆ་གཅིག་རེ་བགོ་བཤའ་རྒྱག་རྒྱུའི་ཁ་ཆད་བྱས། ཉིན་ཞིག་ལི་ཀང་གིས་ཆང་བཏུངས་ནས་རླངས་འཁོར་བཏང་པས་ལས་འཛོལ་བྱུང་ནས་ཕང་ཆེ་གེ་མོ་ལ་བརྡུངས་པ་དང་། ཕང་ཆེ་གེ་མོས་སྨན་རིན་སྒོར་ཁྲི1.8བཏང་པ་རེད།

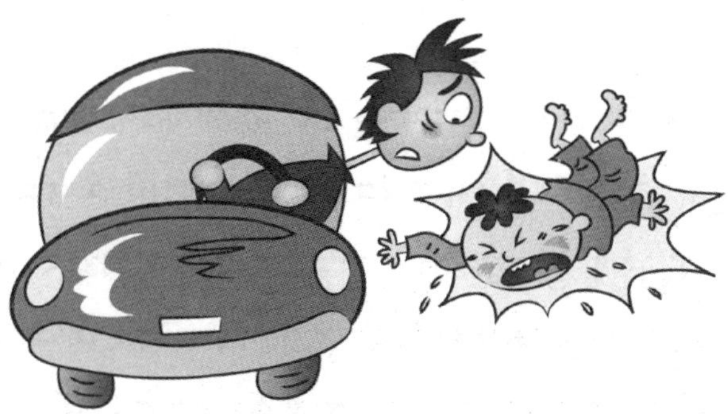

ཕང་ཆེ་གེ་མོས་ལི་ཀང་དང་ཕོའི་གཅེན་པོ་གཉིས་ཀྱིས་མཉམ་དུ་སྨན་རིན་ཚང་མ་འཇལ་དགོས་པའི་རེ་ཞུ་བྱས། འོན་ཀྱང་གཅེན་པོ་གཉིས་ཀྱིས་དོན་རྐྱེན་དེ་ལི་ཀང་གཅིག་པུས་བཟོས་པ་ཡིན་པས་རང་ཉིད་ཀྱིས་སྐྱིན་གསབ་འཇལ་བའི་འོས་འགན་འཁུར་མི་དགོས་སྙམ།

★ ★ ★ ★ ★ ★ ★ ★

《ཀྲུང་ཧྭ་མི་དམངས་སྤྱི་མཐུན་རྒྱལ་ཁབ་ཀྱི་དམངས་དོན་ཁྲིམས་གཞུང་》གི་དོན་ཚན་བཅུ་པའི་ནང་དུ་གཏན་འབེབས་བྱས་དོན། དམངས་དོན་རྩོད་གཞི་ཐག་གཅོད་བྱེད་པར་བཅའ་ཁྲིམས་གཞིར་འཛིན་དགོས། བཅའ་ཁྲིམས་ཀྱིས་གཏན་འབེབས་བྱས་མེད་ན་གོམས་སྲོལ་སྤྱད་འཐུས། འོན་ཀྱང་སྤྱི་སྒྲིགས་སྲོལ་བཟང་དང་འགལ་མི་ཆོག

དོན་ཚན་སུམ་བརྒྱ་དང་བདུན་པའི་ནང་དུ་གཏན་འབེབས་བྱས་དོན། སྤྱི་གཞུང་ལ་དབང་བའི་བརྟན་ནོར་རམ་འགྲུལ་ནོར་ལས་བྱུང་པའི་བུན་དབང་དང་བུན་འགན་ཡིན་ན། ཕྱི་རོལ་གྱི་འབྲེལ་བའི་ཐད་དུ། སྤྱི་དབང་བདག་པོ་ལ་ཞོར་འདྲུད་བུན་དབང་སྤྱོད་རྒྱུ་ཡོད་ལ། ཞོར་འདྲུད་བུན་འགན་འཁུར་དགོས། འོན་ཀྱང་བཅའ་ཁྲིམས་ཀྱིས་ཡོགས་སུ་གཏན་འབེབས་བྱས་ཡོད་པའམ་ཕྱུང་གསུམ་པས་སྤྱི་དབང་བདག་པོ་ལ་ཞོར་འདྲུད་བུན་དབང་དང་བུན་འགན་གྱི་འབྲེལ་བ་མེད་ཚུལ་ཤེས་པ་འདིའི་ཁོངས་སུ་མི་ཚུད། སྤྱི་དབང་བདག་པོ་ནང་ཁུལ་གྱི་འབྲེལ་བའི་ཐད་དུ། སྤྱི་དབང་བདག་པོའི་བར་དུ་ཡོགས་སུ་གྲོས་དན་བཞག་ཡོད་པ་ཕུད། སྐལ་བསྟུན་སྤྱི་དབང་བདག་པོས་སྐལ་གྲངས་ལ་བསྟུན་ནས་བུན་དབང་སྤྱོད་ལ་བུན་འགན་འཁུར་དགོས། ཐུན་མོང་སྤྱི་དབང་བདག་པོས་ཐུན་མོང་ཐོག་བུན་དབང་སྤྱོད་ལ་བུན་འགན་འཁུར་དགོས། བུན་འགན་འཇལ་སྤྲོད་གང་བྱས་དེ་རང་ཉིད་ཀྱིས་འཁུར་དགོས་པའི་སྐལ་གྲངས་ལས་བརྒལ་བའི་སྐལ་བསྟུན་སྤྱི་དབང་བདག་པོས་སྤྱི་དབང་བདག་པོ་གཞན་དག་ལ་སྐྱིན་གསབ་བདའ་འདེད་བྱས་ཆོག

མཐར་ལི་མིང་དང་ལི་ལིའང་གིས་ཕང་ཚེ་གེ་མོའི་བབ་མཚུངས་ཀྱི་སྣུན་རིན་སྐྱིན་གསབ་སྤྲད། རྒྱུ་མཚན་ནི་སླ་གཏོང་རླངས་འཁོར་དེ་ལི་ཀང་དང་ལི་མིང་། ལི་ལིའང་བཅས་མི་གསུམ་གྱི་སྐལ་བསྟུན་སྤྱི་དབང་རྒྱུ་ནོར་ཡིན་པས། ཕང་ཚེ་གེ་མོ་ནི་ལི་ཀང་གིས་བརྫངས་ནས་རྨས་པ་ཡིན་ཟང་། ལི་མིང་དང་ལི་ལིའང་སྐལ་བསྟུན་སྤྱི་དབང་བདག་པོ་ཡིན་པའི་ཆ་ནས་ཕྱི་ཕྱོགས་སུ་ཞོར་འདྲུད་བུ་ལོན་འཇལ་དགོས། དེར་བརྟེན། ཕང་ཚེ་གེ་མོའི་སྣུན་རིན་ལི་མིང་དང་ལི་ལིའང་གཉིས་ཀྱིས་ཀྱང་སྤྲོད་དགོས་པའི་རེ་བ་བཏོན་ཆོག

དེའི་རྗེས་སུ། ལི་མིང་དང་ལི་ལིའང་ཁོང་ཁྲོ་ཟ་ནས་རླངས་འཁོར་དེ་ཐའོ་ཚེ་གེ་མོ་ལ་སླ་བཏང་བ་དང་། ཕྱོགས་གཉིས་ཀས་སླ་གཏོང་ལེན་གྱི་གན་རྒྱ་བཞག་ནས་

སླ་ཡུན་ལོ་གཅིག་གཏན་འཁེལ་བྱས། གཅེན་པོ་གཉིས་ཀྱིས་རླངས་འཁོར་སླ་བཏང་པར་ལི་ཀང་ཤེན་ཏུ་མ་འདོད་ནས། ཁྲིམས་ཁང་ལ་ཞུ་གཏུག་བྱས་ཏེ། ཁོ་གཉིས་ཀྱིས་རང་ཉིད་ཀྱི་མོས་མཐུན་མ་ཐོབ་པར་རླངས་འཁོར་སླ་བཏང་འདུག་པས། སླ་གཏོང་བའི་གན་རྒྱ་དེ་ནུས་མེད་དུ་བཅོས་དགོས་པ་དང་། ཐའོ་ཆེ་གེ་མོས་རླངས་འཁོར་རང་ལ་ཕྱིར་སྤྲོད་དགོས་བཅས་རེ་ཞུ་བྱས།

《ཀྲུང་ཧྭ་མི་དམངས་སྤྱི་མཐུན་རྒྱལ་ཁབ་ཀྱི་དམངས་དོན་ཁྲིམས་གཞུང་》གི་དོན་ཚན་སུམ་བརྒྱ་དང་དང་པོའི་ནང་དུ་གཏན་འབེབས་བྱས་དོན། གཞུང་ལ་དབང་བའི་བརྟན་ནོར་རམ་འགྲུལ་ནོར་ཐག་གཅོད་བྱེད་པ་དང་། དེ་བཞིན་སྤྱི་གཞུང་ལ་དབང་བའི་བརྟན་ནོར་རམ་འགྲུལ་ནོར་ཞིག་གསོ་ཆེན་པོ་བྱེད་པ་དང་། ངོ་བོའམ་སྤྱོད་སྒོ་སྒྱུར་བ་བཅས་བྱེད་ཚེ། སྐལ་གྲངས་ཀྱི་གསུམ་ཆ་གཉིས་ཡན་གྱི་སྐལ་བསྟུན་སྤྱི་དབང་བདག་པོའམ་ཐུན་མོང་གི་དབང་བདག་པོ་ཡོངས་ཀྱི་མོས་མཐུན་འཐོབ་དགོས། ཡིན་ན་ཡང་སྤྱི་དབང་བདག་པོའི་བར་དུ་ལོགས་སུ་གྲོས་དན་བཞག་ཡོད་པ་འདིའི་ཁོངས་སུ་མ་ཚུད།

རླངས་འཁོར་འདི་མི་གསུམ་པོ་ཐུན་མོང་ལ་དབང་བ་ཡིན་ཞིང་། ཐའོ་ཆེ་གེ་མོ་ལ་སླ་གཏོང་བ་དེ་ལི་མིང་དང་ལི་ལིའང་གཉིས་ཀྱིས་མོས་མཐུན་ཡོད་པ་མ་ཟད། ཁ་ཆད་གཞན་བཞག་མེད་པས་གོང་གི་བཅའ་ཁྲིམས་དོན་ཚན་དེ་དང་མཐུན་ཡོད། དེར་བརྟེན། ཁྲིམས་ཁང་གིས་སླ་གཏོང་ལེན་གྱི་གན་རྒྱ་དེ་ནུས་ལྡན་ཡིན་པ་དང་། ལི་ཀང་གིས་ཐའོ་ཆེ་གེ་མོ་ལ་རླངས་འཁོར་ཕྱིར་སྤྲོད་རྒྱུའི་རེ་ཞུ་བྱས་མི་ཆོག་པའི་ཁྲིམས་ཐག་བཅད།

ཁྲིམས་ལུགས་ཁྱབ་གདལ་གྱི་སློབ་ཚན།

1. འགྲུལ་ནོར་དང་བརྟན་ནོར་ཞེས་པ་སོ་སོར་གང་ཞིག་བསྟན།

འགྲུལ་ནོར་ཞེས་པ་ནི་སྔར་ཡོད་ཀྱི་གནས་ལས་བྲལ་ཏེ་གནས་སྤོ་ཐུབ་པའི་མ་རྩ་དང་རྒྱུ་ནོར་ལ་ཟེར། དཔེར་ན། རྒྱུན་འཁོར་མ་རྩ་སྣ་ཚོགས་དང་། ཡུན་རིང་གི་མ་འཛོག་ཁག་དེ་བཞིན་བརྟན་

ནོར་ཕུད་པའི་གཏན་འཛུགས་མ་རྩ་དང་རྒྱུ་ནོར་ཁག་བཅས་ཡིན།

བརྟན་ནོར་ཞེས་པ་ནི་དེའི་དངོས་ཁམས་ཀྱི་ངོ་བོར་གཞིགས་ན་སྤོ་སྒྱུར་མི་ཐུབ་པའམ་སྤོ་སྒྱུར་བྱས་ན་དེའི་དཔལ་འབྱོར་གྱི་རིན་ཐང་ལ་གནོད་འཚེ་ཚབས་ཆེན་བཟོ་སྲིད་པའི་གཟུགས་ལྡན་དངོས་པོར་ཟེར། དཔེར་ན། ས་ཞིང་དང་། ཁང་པ། ནགས་ཤིང་སོགས་ས་ངོས་ཟུར་འབྱར་དངོས་རིགས་ལྟ་བུ།

2. བུན་དབང་དང་བུ་ལོན་གཉིས་སོ་སོ་ཁེར་རྐྱང་དུ་གནས་ཐུབ་བམ།

བུན་དབང་ཞེས་པ་ནི་མི་གཞན་ལ་བྱ་སྤྱོད་ངེས་ཅན་ཞིག་བྱ་རྒྱུའི་བྱེད་པའམ་མི་བྱེད་པ་རེ་འདུན་ཞུས་པའི་དམངས་ཁྲིམས་ཐོག་གི་ཁེ་དབང་ལ་ཟེར། ཁེ་དབང་དང་འོས་འགན་གཉིས་བསྡོམས་བཅས་ཡིན་པའི་རྩ་དོན་ལྟར། བུན་དབང་མཁན་གྱི་བསྡོམས་བཅས་ནི་བུ་ལོན་ཡིན་པས། ངེས་པར་དུ་བྱ་སྤྱོད་ངེས་ཅན་ཞིག་གི་བྱེད་པའམ་མི་བྱེད་པ་དམངས་ཁྲིམས་ཐོག་གི་འོས་འགན་ཞིག་ཡིན་དགོས། དེར་བརྟེན། "བུན"ཀྱི་འབྲེལ་བ་དེ་ངོ་བོའི་ཐོག་ནས་བཤད་ན་ཁྲིམས་འཛིན་ཐོག་གི་བུན་དབང་དང་བུ་ལོན་གྱི་འབྲེལ་བ་ཡིན་པས། བུན་དབང་དང་བུ་ལོན་གཉིས་ཀ་ཁེར་རྐྱང་དུ་གནས་མི་ཐུབ། དེ་ལས་ལྡོག་ན་དོན་སྙིང་ཤོར་སྲིད།

3. སྐལ་བསྟུན་སྤྱི་དབང་ཞེས་པར་གོ་བ་ཇི་ལྟར་ལེན་དགོས།

སྐལ་བསྟུན་སྤྱི་དབང་ཞེས་པ་ནི་སྤྱི་དབང་བདག་པོས་གཏན་ཁེལ་ཟིན་པའི་སྐལ་གྲངས་ལྟར་སྤྱི་དབང་རྒྱུ་ནོར་ལ་ཁེ་དབང་སྤྱོད་པ་དང་འོས་འགན་འཁུར་བར་ཟེར། དཔེར་ན། ཞིང་པAདང་། B Cབཅསགསུམགྱིསསོསོསསྔར་ཁྲི་གཅིག་རེ་བརྟོན་ནས་མཉམ་དུ་ཞིང་སྤྱོད་སྐྱེལ་འདྲེན་ རླངས་འཁོར་ཞིག་ཉོས་ན། Aདང་། B Cབཅས་ཀྱིས་རླངས་འཁོར་འདི་ལ་སོ་སོས་གསུམ་ཆ་གཅིག་གི་དབང་ཆ་སྤྱོད་རྒྱུ་ཡོད་པ་དང་། གསུམ་ཆ་གཅིག་གི་འོས་འགན་འཁུར་དགོས། སྐལ་བསྟུན་སྤྱི་དབང་གི་བདག་པོ་སོ་སོའི་སྐལ་གྲངས་མང་ཉུང་དེ་བཅའ་ཁྲིམས་ཀྱིས་གཏན་འབེབས་བྱ་རྒྱུ་དང་། བཅའ་ཁྲིམས་ཀྱིས་གཏན་འབེབས་བྱས་མེད་ན། སྤྱི་དབང་བདག་པོས་མཉམ་དུ་གྲོས་མོལ་བྱས་ནས་ཁ་ཆད་འཇོག་དགོས། རྩ་དོན་ཐོག་སྤྱི་དབང་བདག་པོ་སོ་སོའི་མ་དངུལ་འཇོག་གྲངས་ཀྱི་བསྡུར་ཚད་ལྟར་དེའི་སྤྱི་དབང་གི་སྐལ་གྲངས་གཏན་འཁེལ་བྱ་རྒྱུ་རེད།

གཉིས། ཐོན་དབང་བདག་བཟུང་འི་ཐོ་འགོད་མ་བྱས་ན། ཁང་པའི་ཉོ་ཚོང་གི་གན་རྒྱར་ནུས་པ་ལྡན་ནམ།

ཆུས་ཆེ་གེ་མོས་རང་ཉིད་ལ་དབང་བའི་ཁང་པ་ཧྲའོ་ཆེ་གེ་མོར་བཙོངས་པ་དང་། ཕྱོགས་གཉིས་པོས《ཁང་པ་ཉོ་ཚོང་གི་གྲོས་ཆིངས་》བཞག་ནས། ཁང་རིན་སྒོར་ཁྲི5བྱས་པ་དང་། ཉོ་ཚོང་གི་འབྲེལ་ཡོད་འགྲོ་གྲོན་ཚང་མ་ཉོ་མཁན་ཧྲའོ་ཆེ་གེ་མོས་སྤྲོད་རྒྱུ་མ་ཟད། འགྲོ་ལུགས་གཉེར་བ་དང་ཆབས་ཅིག་ཁང་པའི་རིན་པ་ཚང་མ་སྐབ་གཅིག་ལ་སྤྲོད་རྒྱུ་བྱས། ཉིན་གསུམ་གྱི་རྗེས་སུ། ཧྲའོ་ཆེ་གེ་མོས་ཆུས་ཆེ་གེ་མོ་ལ་ཁང་རིན་སྤྲད་པ་དང་། ཆུས་ཆེ་གེ་མོ་ཁང་པ་ནས་ཕྱིར་སྤོས་ཏེ། ཁང་པ་ཧྲའོ་ཆེ་གེ་མོ་ལ་སྤྲད། དེ་མུར་ཧྲའོ་ཆེ་གེ་མོ་ཁང་པ་དེའི་ནང་དུ་སྤོས་ནས་བསྡད། འོན་ཀྱང་ཕྱོགས་གཉིས་པོས་ཁང་བདག་བཟུང་བའི་འགྲོ་ལུགས་གཉེར་མེད།

ལོ4ཡི་རྗེས་སུ། ཆུས་ཆེ་གེ་མོས་ཁྲིམས་ཁང་ལ་ཧྲའོ་ཆེ་གེ་མོ་ཞུ་གཏུག་བརྒྱབ་པ་དང་། ཞུ་སྐྱོར་ཕྱི་མ་ཧྲའོ་ཆེ་གེ་མོས་ད་བར་ཁང་བདག་བཟུང་བའི་འགྲོ་ལུགས་མ་བསྒྲུབས་པ་རྒྱུ་མཚན་དུ་བྱས་ཏེ། ཁྲིམས་ཁང་གིས་ཁང་པའི་ཉོ་ཚོང་གི་གན་རྒྱ་དེ་

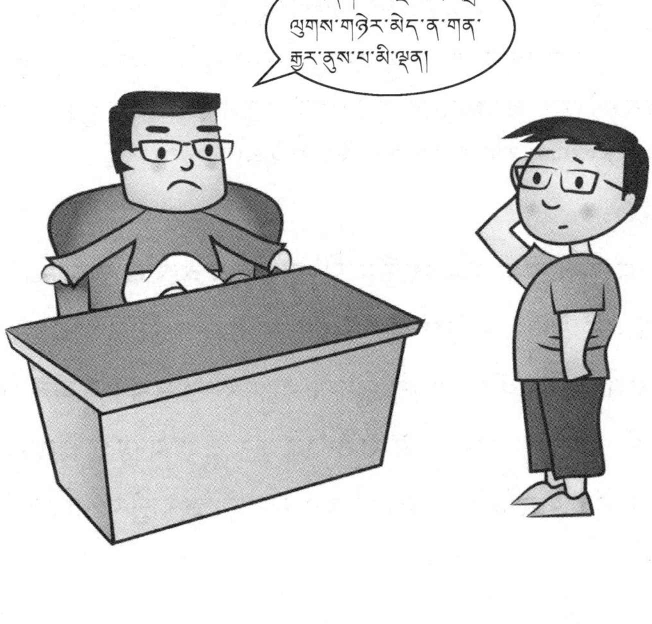

ནུས་མེད་ཡིན་པའི་ཁྲིམས་ཐག་བཅད་ནས་ཁང་པ་རང་ཉིད་ལ་ཕྱིར་སྤྲོད་རྒྱུའི་རེ་བ་བཏོན། ཞུ་སྐྱོར་ཕྱི་མས་རང་ཉིད་ཀྱིས་ཁང་རིན་ཚང་མ་སྤྲད་ཟིན་པ་དང་། ཞུ་སྐྱོར་སྔ་མས་ཁང་པ་རང་ལ་རྩིས་སྤྲད་པ་མ་ཟད། རང་ཉིད་ཀྱང་ཁང་པའི་ནང་དུ་ལོ4བསྡད་པ་རྒྱུ་མཚན་དུ་བྱས་ཏེ། ཉོ་ཚོང་གན་རྒྱ་ཁྲིམས་དང་མཐུན་ཞིང་ནུས་པ་ལྡན་པའི་ཁྲིམས་ཐག་གཅོད་རྒྱུའི་རེ་བ་བཏོན།

《ཀྲུང་ཧྭ་མི་དམངས་སྤྱི་མཐུན་རྒྱལ་ཁབ་ཀྱི་དམངས་དོན་ཁྲིམས་གཞུང་》གི་དོན་ཚན་བརྒྱ་དང་གྱ་དྲུག་པའི་ནང་དུ་གཏན་འབེབས་བྱས་དོན། དོ་བདག་ཕྱོགས་གཅིག་ལ་ཆིངས་འགལ་བྱ་སྤྱོད་བྱུང་བའི་དབང་གིས་ཕ་རོལ་པོའི་མི་ལུས་ཀྱི་ཁེ་དབང་དང་རྒྱུ་ནོར་གྱི་ཁེ་དབང་ལ་གནོད་རྐྱེན་བཟོས་པ་ཡིན་ན། གནོད་རྐྱེན་ཐོག་ཡུལ་ཕྱོགས་ལ་དེས་ཆིངས་འགལ་འགན་འཁྲིའམ་ཡང་ན་དབང་གནོད་འགན་འཁྲི་གདམ་གསེས་བྱས་ནས་འཁུར་དགོས་པའི་རེ་འདུན་འདོན་དབང་ཡོད།

དོན་ཚན་ལྔ་བརྒྱ་དང་གོ་ལྔའི་ནང་དུ་གཏན་འབེབས་བྱས་དོན། ཉོ་ཚོང་གི་གན་རྒྱ་ནི་འཚོང་མིས་དམིགས་རྫས་ཀྱི་བདག་དབང་ཉོ་མི་ལ་སྤོ་སྒྱུར་བྱེད་པ་དང་། ཉོ་མིས་རིན་དངུལ་རྩིས་སྤྲོད་བྱེད་པའི་སྐོར་གྱི་གན་རྒྱ་ཡིན།

དོན་ཚན་ལྔ་བརྒྱ་དང་གོ་དྲུག་པའི་ནང་དུ་གཏན་འབེབས་བྱས་དོན། ཉོ་ཚོང་གི་གན་རྒྱའི་ནང་དོན་ལ་སྤྱིར་བཏང་དུ་དམིགས་རྫས་ཀྱི་མིང་དང་། གྲངས་འབོར། སྤུས་ཀ རིན་དངུལ། ལག་བསྟར་དུས་བཀག ལག་བསྟར་གནས་ཡུལ་དང་བྱེད་སྟངས། ཐུམ་རྒྱག་སྟངས། ཞིབ་དཔྱད་ཚད་གཞི་དང་ཐབས་བཀོད། བསྡོམས་རྩིས་རྒྱག་སྟངས། གན་རྒྱར་སྤྱོད་པའི་ཡིག་རིགས་དང་དེའི་ནུས་པ་ལ་སོགས་དོན་ཚན་ཡོད་པ་ཡིན།

ཁྲིམས་ཁང་གིས་ཁང་པའི་ཉོ་ཚོང་གི་གན་རྒྱར་ནུས་པ་ལྡན་པ་ཁྲིམས་ཐག་བཅད། རྒྱུ་མཚན་ནི་ཕྱོགས་གཉིས་ཀས་《ཁང་པ་ཉོ་ཚོང་གི་གྲོས་ཆིངས་》ལ་མིང་རྟགས་བཀོད་ནས། འབྲེལ་ཡོད་ཀྱི་འགྲོ་ལུགས་བསྒྲུབས་པ་དང་། ཞུ་སྐྱོར་ཕྱི་མས་ཀྱང་ཁང་རིན་སྤྲད་ཟིན་པས། ཁང་པ་ཉོ་ཚོང་གི་གན་རྒྱར་ནུས་པ་ལྡན། ཐོབ་དབང་གི་རྒྱུ་བདག་བཟེ་བའི་ཐོ་འགོད་ནི་ཁང་པའི་ཐོབ་དབང་སྤོ་སྒྱུར་བྱེད་པའི་མཚོན་རྟགས

ཡིན་པས། ཐོན་དབང་གི་རྒྱུ་བདག་བརྗེ་བའི་ཐོ་འགོད་མ་བྱས་ན་ཁང་པའི་ཉོ་ཚོང་གི་གན་རྒྱར་ནུས་པ་མེད་པ་གསལ་བཤད་བྱེད་མི་ཐུབ།

ཁྲིམས་ལུགས་ཁྱབ་གདལ་གྱི་སློབ་ཚན།

1. ཚོང་སྒྱུར་ཁང་པ་ཉོ་བའི་བརྒྱུད་རིམ་གང་དག་ཡོད།

(1) རྣམ་གྲངས་ལ་ལག་ཁྱེར་ཡོད་མེད་བལྟ་བ། སྔོན་ཚོང་ཚོང་སྒྱུར་ཁང་པ་ཉོ་སྐབས། རྣམ་གྲངས་དེར《ཚོང་སྒྱུར་ཁང་པའི་སྔོན་ཚོང་ཆོག་འཐུས་ལག་ཁྱེར》ཡོད་མེད་བལྟ་དགོས་པ་མ་ཟད། ཉོ་རྩིས་ཡོད་པའི་ཁང་པ་དེ་སྔོན་ཚོང་གི་ཁྱབ་ཁོངས་སུ་ཚུད་ཡོད་མེད་ཞིབ་ཕྲ་བལྟ་དགོས་པ་དང་། རྣམ་གྲངས་དེ་ད་ཡོད་ཀྱི་ཁང་པ་ཕྱིར་ཚོང་ཐོ་འགོད་འགྲོ་ལུགས་གཉེར་ཡོད་མེད་བལྟ་དགོས་ལ། ཉོ་རྩིས་ཡོད་པའི་ཁང་པ་དེ་ད་ཡོད་ཀྱི་ཁང་པ་ཕྱིར་ཚོང་ཐོ་འགོད་ཁྱབ་ཁོངས་ནང་དུ་ཚུད་ཡོད་མེད་ཞིབ་ཕྲར་བལྟ་དགོས། གྲོང་ཁྱེར་དེ་རང་གི་ཁང་པ་དོ་དམ་ཅུས་ཀྱི་དྲ་ཚིགས་ཐོག་ཐོ་འགོད་བྱས་ནས《ཚོང་སྒྱུར་ཁང་པའི་སྔོན་ཚོང་ཆོག་འཐུས་ལག་ཁྱེར》དང་ད་ཡོད་ཁང་པ་ཕྱིར་ཚོང་ཐོ་འགོད་འགྲོ་ལུགས་ཀྱི་གནས་ཚུལ་འདྲི་རྩད་བྱས་ཆོག

(2) ཁང་པ་ཉོ་བའི་ཐོབ་ཐང་ཡོད་མེད་བལྟ་བ། སྡོད་ཁང་ཉོ་སྒྲུབ་ཚོད་འཛིན་གྱི་སྲིད་ཇུས་གཞིར་བཟུང་དང་རང་ངོས་ཀྱི་དངོས་ཡོད་གནས་ཚུལ་དང་བསྡུར་འབྲེལ་བྱས་ཏེ། ཁང་པ་ཉོ་བའི་ཐོབ་ཐང་ཡོད་མེད་བལྟ་དགོས།

(3) ཁང་པ་ཉོ་ཚོང་གི་འདོད་མཐུན་འཛོག་པ། ཕྱིར་ཚོང་ཁང་པའི་གྲུབ་ཆ་དང་། སྒྱོད་སྒོ། རིན་འབབ། རྒྱ་ཁྱོན་སོགས་ཀྱི་སྐོར་སྣང་ཚུལ་འཛིན་བྱས་ནས། འདོན་ཚོང་ཁེ་ལས་དང་ཉོ་ཚོང་གི་འདོད་མཐུན་འཛོག་པ་དང་། སྔོན་ལ་འགྱུར་རྐྱེན་སོགས་ཀྱི་དངུལ་སྤྲོད་དགོས་ཚེ་འདོན་ཚོང་ཁེ་ལས་ཀྱིས་སྔོན་ཚོང་མ་དངུལ་ལྟ་སྐྱོང་དོ་དམ་དངུལ་ཁང་དུ་བཙུགས་པའི་ཚོང་ཟོག་སྔོན་ཚོང་གི་མ་དངུལ་ལྟ་སྐྱོང་དོ་དམ་གྱི་རྩིས་ཁྲའི་ནང་དུ་འཇུག་དགོས། ད་ཡོད་ཁང་པ་ཚོང་བ་ཕུད།

(4) གན་རྒྱ་འཛོག་པ། གན་རྒྱ་མ་བཞག་གོང་། འདོན་ཚོང་ཁེ་ལས་ཀྱིས《ཚོང་སྒྱུར་ཁང་པའི་ཕྱིར་ཚོང་དོ་དམ་བྱ་ཐབས》དང་།《ཚོང་སྒྱུར་ཁང་པའི་ཉོ་ཚོང་གན་རྒྱའི་དཔེ་སྟོན་ཡིག་ཆ》《གྲོང་ཁྱེར་གྱི་ཚོང་སྒྱུར་ཁང་པའི་སྔོན་ཚོང་དོ་དམ་བྱ་ཐབས》བཅས་གསལ་པོར་སྟོན་དགོས། ཁང་པའི་རིན་གོང་དང་། རྒྱ་ཁྱོན། ཁང་དབྱིབས། སྡོད་ཁང་སྤྲོད་པའི་ཚད་གཞི། གན་དོན་ལས་འགལ་བའི་འགན་འཁྲི། རྫོད་གཞི་ཐག་གཅོད་བྱ་ཐབས་སོགས་ཀྱི་ནང་དོན་ཞིབ་ཕྲ་གན་རྒྱར་བཞག་ནས། ཕྱོགས་གཉིས་ཀས་མིང་རྟགས་བཀོད་རྗེས། གན་རྒྱར་བཅའ་ཁྲིམས་ཀྱི་ནུས་པ་ཐོན་པ་ཡིན།

（5）གནའ་རྒྱ་ཐོ་འགོད་སྔོན་སེང་བྱེད་པ། གནའ་རྒྱ་བཞག་པ་ནས་ཉིན30ཡི་ནང་དུ། འདོན་ཚོང་ཁེ་ལས་ཀྱིས་རྩོན་ཚོང་ཆ་འཕྲིན་མ་ལག་ལ་བརྟེན་ནས་གྲོང་ཁྱེར་སྲོད་ཁང་དོ་དམ་ཅུས་ལ་ཚོང་སྒྱུར་སྲོད་ཁང་གི་ཉོ་ཚོང་གནའ་རྒྱ་ཐོ་འགོད་སྔོན་སེང་འགྲོ་ལུགས་གཉེར་དགོས། གྲོང་ཁྱེར་སྲོད་ཁང་དོ་དམ་ཅུས་ཀྱི་དྲ་ཚིགས་སུ་ཐོ་འགོད་བྱས་ནས་ཐོབ་ཐང་ལག་ཁྱེར་གྱི་ཨང་གྲངས་དང་གནའ་རྒྱའི་ཐོ་འགོད་ཨང་གྲངས་བཙུག་རྗེས་ཚོང་སྒྱུར་ཁང་པའི་ཉོ་ཚོང་གནའ་རྒྱའི་ཐོ་འགོད་སྔོན་སེང་གི་ཆ་འཕྲིན་འདྲི་རྩད་བྱས་ཆོག

2. ཚོང་སྒྱུར་ཁང་པ་ཉོ་ཚོང་བྱེད་པར་དོ་སྣང་བྱེད་དགོས་པ་གང་དག་ཡོད།

（1）ས་ཞིང་བཀོལ་སྤྱོད་ཁེ་དབང་གཏའ་མ་བཞག་ཡོད་མེད་ལ་ཞིབ་བཤེར་དང་དོ་སྣང་བྱེད་དགོས།

（2）འདོན་ཚོང་པའི་སྒྲུབ་འོས་པའི་ཁྲིམས་བཀོད་འགྲོ་ལུགས་དང་འབྲེལ་ཡོད་ལག་ཁྱེར་ལ་ཞིབ་བཤེར་ནན་ཏན་བྱེད་དགོས།

（3）ཉོ་ཚོང་ཁང་པའི་ཁྲལ་གྲོན་དང་། དངུལ་བུན་གཡར་བའི་ཞིབ་བཤེར་ཚོག་མཚན་གོ་རིམ་གསལ་པོ་འདྲི་དགོས།

（4）གནའ་རྒྱ་འཛོག་སྐབས་དོན་ཚན་ཁ་ཤས་བཟོ་བཅོས་བརྒྱབ་ཚོག་མིན་ནམ་ཁ་སྣོན་བརྒྱབ་ཆོག་མིན་ལ་དོ་སྣང་བྱེད་དགོས།

（5）གནའ་དོན་ལས་འགལ་བའི་འགན་འཁྲིའི་དོན་ཚན་ངེས་པར་དུ་ཞིབ་ཕྲར་བཀོད་དགོས།

（6）གནའ་རྒྱའི་ཟུར་བཀོད་ཡིག་ཆ་ལ་ངེས་པར་དུ་དོ་སྣང་བྱེད་དགོས།

（7）ཚོང་སྒྱུར་ཁང་པའི་ཕྱིར་ཚོང་བརྗ་ཁྲབ་དང་དྲིལ་བསྒྲགས་རྒྱུ་ཆ་ཉར་ཚགས་ལེགས་པོ་བྱེད་དགོས།

（8）ཚོང་སྒྱུར་ཁང་པའི་ཉོ་ཚོང་གནའ་རྒྱའི་ཁྲོད་ཀྱི་འགྱུར་རྐྱེན་གྱི་གནད་དོན་ལ་དོ་སྣང་བྱེད་དགོས།

གསུམ། རང་ལ་འདོད་སྲེད་བཀྲུམ་བསྐྱི་བྱས་ན་ཁ་རོག་སྡོད་དགོས་སམ།

ལྷམ་སྲུན་ལགས་ནི་དྲ་རྒྱའི་ཀུང་སི་ཞིག་གི་ལས་བཟོ་བ་ཞིག་ཡིན་པ་དང་། ཡུས་ཆེ་གེ་མོ་ནི་དེའི་དབུ་ཁྲིད་ཡིན། ཉིན་ཞིག་ལ་ལྷམ་སྲུན་ལགས་ཀྱིས་ཀུང་སི་ལ། མོ་རང་གིས་ཡུས་ཆེ་གེ་མོ་ལ་ལས་དོན་སྙན་སེང་ཞུ་སྐབས། ཡུས་ཆེ་གེ་མོས་རང་ཉིད་ལ་གུས་ལུགས་མེད་པའི་བྱ་སྤྱོད་སྤེལ་བྱུང་ཞེས་གོང་ཞུ་བྱས།

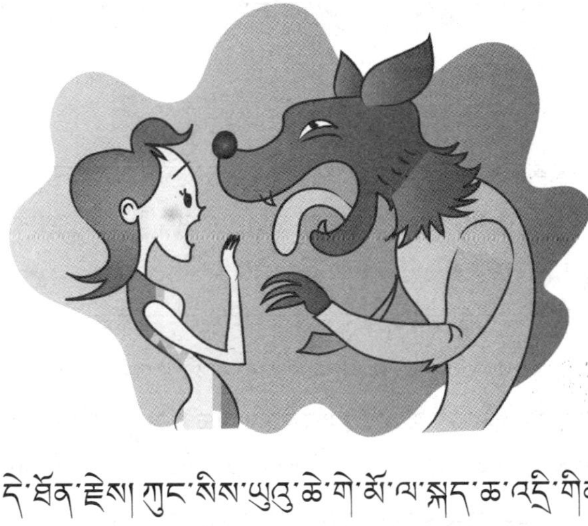

དོན་རྐྱེན་དེ་ཐོན་རྗེས། ཀུང་སིས་ཡུའུ་ཆེ་གེ་མོ་ལ་སྐད་ཆ་འདྲི་གེན་དུ་སྦྲ་ཕབ་ལེན་བྱས། འོན་ཀྱང་ཡུས་ཆེ་གེ་མོས་དོན་དག་དེ་གཏན་ནས་ཁས་མ་བླངས་པ་རེད། ཉིན་གསུམ་གྱི་རྗེས་སུ། ཀུང་སིས་ཡུས་ཆེ་གེ་མོས་རང་གི་མངའ་འོག་གི་བུད་མེད་ལས་བཟོ་བར་སྐད་ཆའི་ཐོག་ནས་དང་། བྱ་སྤྱོད་ཀྱི་ཐོག་ནས་འདོད་སྲེད་བཀྲུམ་བསྐྱི་དང་དམའ་འབེབས་ཐེངས་མང་བྱས་པ་རྒྱུ་མཚན་དུ་བྱས་ནས། ཡུས་ཆེ་གེ་མོ་ལ་ངལ་རྩོལ་གན་རྒྱ་ཕྱིར་འཐེན་བྱ་རྒྱུའི་བརྡ་ཐོ་བཏང་།

ཡུས་ཆེ་གེ་མོ་ཡི་མ་རངས་པར། ཁྲིམས་ཁང་ལ་ཀུང་སིས་རྒྱུ་མཚན་མེད་པར་ངལ་རྩོལ་གན་རྒྱ་ཕྱིར་འཐེན་བྱས་བྱུང་ཞེས་ཞུ་གཏུག་བརྒྱབ།

ཁྲིམས་རའི་ཐོག ཡུས་ཆེ་གེ་མོས་ལས་རོགས་བུད་མེད་ལ་མི་མང་སར་འདོད་སྲེད་

བརྟས་བསྐྱོ་དང་དམའ་འབེབས་བྱས་པའི་སྐོར་སྲུན་ལགས་ཀྱི་ཞུ་ཚིག་མ་གཏོགས་ཀུང་སིས་བདེན་དཔང་གང་ཡང་འདོན་སྤྲོད་བྱ་རྒྱུ་མ་བྱུང་བ་དང་། ཀུང་སིས་དོན་དེར་བརྟག་དཔྱད་དང་སྒྲིང་སོལ་བྱེད་པའི་སྒྲ་ཕབ་ནང་དུའང་། ཡུས་ཆེ་གེ་མོས་གཏན་ནས་ཁས་ལེན་བྱས་མེད་སྐབས། བདེན་དཔང་ཁུངས་བཙན་ཞིག་མ་བྱུང་བ་རེད།

ཁྲིམས་ཁང་གིས་ཁྲུན་ཐག་བཅད་དོན། བདེན་དཔང་གཞན་པ་མེད་པའི་གནས་ཚུལ་འོག ཀུང་སིས་ཡུས་ཆེ་གེ་མོའི་ངལ་རྩོལ་སྐོར་གྱི་གན་རྒྱ་ཕྱིར་འཐེན་བྱ་རྒྱུར་གཞི་འཛིན་ས་མ་འདང་བས། ངལ་རྩོལ་སྐོར་གྱི་གན་རྒྱ་ཕྱིར་འཐེན་བྱས་པའི་བྱ་སྤྱོད་དེ་ལུགས་མཐུན་མིན་པར་ཐག་བཅད།

《ཀྲུང་ཧྭ་མི་དམངས་སྤྱི་མཐུན་རྒྱལ་ཁབ་ཀྱི་དམངས་དོན་ཁྲིམས་གཞུང་》གི་དོན་ཚན་བརྒྱ་དང་དགུ་པའི་ནང་དུ་གཏན་འབེབས་བྱས་དོན། རང་བྱུང་མིའི་མི་ལུས་རང་དབང་དང་། མི་གཞི་དང་ལ་རྒྱར་བཙའ་ཁྲིམས་ཀྱིས་སྲུང་སྐྱོབ་བྱེད་པ་ཡིན།

དོན་ཚན་བརྒྱ་དང་བཅུ་པའི་ནང་དུ་གཏན་འབེབས་བྱས་དོན། རང་བྱུང་མིར་ཚེ་སྲོག་གི་ཁེ་དབང་དང་། ལུས་ཕུང་གི་ཁེ་དབང་། བདེ་ཐང་གི་ཁེ་དབང་། རུས་མིང་གི་ཁེ་དབང་། འདྲ་བརྙན་གྱི་ཁེ་དབང་། མིང་གྲགས་ཀྱི་ཁེ་དབང་། མཚན་སྙན་གྱི་ཁེ་དབང་། སྒེར་གསང་གི་ཁེ་དབང་། གཉེན་སྒྲིག་རང་མོས་ཀྱི་ཁེ་དབང་སོགས་ཁེ་དབང་སྤྱོད་རྒྱུ་ཡོད།

དོན་ཚན་ཆིག་སྟོང་དང་བཅུ་པའི་ནང་དུ་གཏན་འབེབས་བྱས་དོན། མི་གཞན་གྱི་འདོད་བློ་དང་འགལ་ནས་གཏམ་དང་། ཡི་གེ། བརྙན་རིས། ལུས་པོའི་བྱ་སྤྱོད་སོགས་ཀྱི་ཐོག་ནས་མི་གཞན་ལ་འདོད་པའི་ཙ་ཟིང་བཟོས་ན། གནོད་འཚེ་ཐེབས་མི་ལ་ཁྲིམས་ལྟར་བྱ་སྤྱོད་སྙིལ་མིས་དམངས་དོན་འགན་འཁྲི་འཁུར་དགོས་པའི་རེ་འདུན་འདོན་དབང་ཡོད།

ལས་ཁུངས་དང་། ཁེ་ལས། སློབ་སོགས་སྡེ་ཚན་གྱིས་ངེས་པར་དུ་སྔོན་འགོག་ལུགས་མཐུན་དང་། ཞུ་གཏུག་བདག་སྤྲོད། བརྟག་དཔྱད་ཐག་གཅོད་སོགས་ཀྱི་བྱེད་ཐབས་སྤྱད་དེ། འགན་དབང་དང་མངའ་ཞབས་འབྲེལ་བ་སོགས་བེད་སྤྱད་དེ་འདོད་པའི་ཙ་ཟིང་བཟོ་བ་སྔོན་འགོག་དང་བཀག་སྡོམ་བྱེད་དགོས།

དོན་དངོས་ཀྱི་འཚོ་བའི་ཁྲོད་དུ། ལས་མི་སྤྱོད་མཁན་ཚན་པས་ཕྱིར་འཐེན་བྱེད་

དབང་སྒྱུད་པར་ཁྲིམས་འགལ་གྱིས་ཕྱིར་འཐེན་བྱས་པར་ངོས་འཛིན་བྱས་པའི་གྲོད་གཞིའི་ཁྲོད་དུ། ལས་མི་སྐྱོད་མཁན་ཚན་པར་འདོད་སྲེད་བཀྲུས་བསྐོའི་བྱ་སྤྱོད་དངོས་སུ་སྤེལ་བའི་བདེན་དཔང་ཁུངས་བཙན་མེད་པའི་རིགས་སྤྱུར་ཚད་ཀྱི་བརྒྱ་ཆ75ཙམ་ཟིན་གྱི་ཡོད།

རྒྱུ་མཚན་ནི། བཀྲུས་བསྐོ་བའི་བྱ་སྤྱོད་མང་ཆེ་བ་མི་མེད་སར་སྒོ་བུར་དུ་སྤེལ་བ་ཡིན་པས། མི་དཔང་དང་། དངོས་དཔང་། ཡིག་དཔང་སོགས་ཉུང་བས་དཔང་རྟགས་བརྟོན་ཁག་པོ་རེད། གནོད་འཚེ་ཕོག་མཁན་གྱི་བུད་མེད་ལས་བཟོ་བ་མང་པོ་ཞིག་གིས་གཏམ་འཆལ་སྣ་ཚོགས་ཡོང་རྒྱུར་ཞེད་ནས་ཁ་རོག་སྡོད་པའམ་ཡང་ན་ལས་གནས་ལས་ཁ་བྲལ་གྱི་ཡོད་པ་རེད། སྐབས་འཕྲལ་དུ་བཀག་འགོག་བྱེད་མི་ཐུབ་ལ། དོན་དག་བྱུང་རྗེས་དུས་ཐོག་ཏུ་ཐེར་འདོན་ཡང་བྱེད་མི་ནུས་པས། ལས་མི་སྐྱོད་མཁན་ཚན་པས་རྗེས་མཐུད་དུ་དོན་རྐྱེན་དེར་ཐག་གཅོད་བྱེད་པར་དཀའ་ངལ་ཆེ་དུ་ཕྱིན་པར་གདོན་མི་ཟ།

ལག་ལེན་དངོས་ཀྱི་ཁྲོད་དུ། རྩོད་གླེང་བྱུང་དུས་ལས་མི་སྐྱོད་མཁན་ཚན་པས་འདོན་སྤྲོད་བྱས་པའི་བདེན་དཔང་མང་ཆེ་བ་ནི་གནོད་འཚེ་ཕོག་མཁན་གྱི་དཔང་ཚིག་ཁོ་ན་ཡིན་པས། བདེན་དཔང་གཞན་པ་མེད་པའི་སྐབས་སུ་གལ་ཏེ་ལས་མི་སྐྱོད་མཁན་ཚན་པས་གན་རྒྱ་ཕྱིར་འཐེན་བྱས་ན་གྲོད་གཞི་ཕམ་ཉེས་སུ་འགྲོ་བའི་ཉེན་ཁ་ཆུང་ཆེ།

ཁྲིམས་ལུགས་ཁྱབ་གདལ་གྱི་སློབ་ཚན།

1. གང་འདྲ་ཞིག་ལ་འདོད་སྲེད་བཀྲུས་བསྐོ་ཟེར།

སྤྱིར་བཏང་དུ། འདོད་སྲེད་བཀྲུས་བསྐོ་ནི་དགའ་བསུ་མི་ཐོབ་པའམ་དང་ལེན་མི་བྱེད་པའི་བྱ་སྤྱོད་དང་། ཡང་ན་འདོད་སྲེད་ཀྱི་འདུ་ཤེས་ཁྲེར་བའི་འབྲེལ་འདྲིས་ཤིག་ཡིན། གལ་ཏེ་ཕྱོགས་ཅིག་གིས་ཐབས་སྣ་ཚོགས་ལ་བརྟེན་ནས་ཕྱོགས་ཅིག་ཤོས་ལ་བཙར་བའམ་ཚོད་ལྟ་བྱས་ནས་བཙར་བ་དང་། ཕྱོགས་ཅིག་ཤོས་ལ་འདོད་པ་མེད་པ་དང་། སྤྲོ་བ་མེད་པ། དགའ་བ་མེད་པ། ཡང་ན་འདོད་

སྲིད་ཀྱི་འདུ་ཤེས་ལྡན་པའི་འབྲེལ་འདྲིས་དེ་འདྲ་བྱེད་མི་འདོད་པ་ཡིན་ན། དེ་འདོད་སྲིད་བརྟས་བསྐྱོའི་བྱས་ཉེས་སུ་གྱུབ།

2. རྒྱུན་མཐོང་གི་འདོད་སྲིད་བརྟས་བསྐྱོ་གཙོ་བོ་གང་དག་ཡོད།

（1）ལུས་པོའི་ཚོར་བ་རྣོ་བའི་གནས་ལ་ཡང་ཡང་བལྟས་པའམ། ཡང་ན་འདོད་སྲིད་རང་བཞིན་གྱི་སྣང་བའི་ངོས་ནས་དུས་ཡུན་རིང་པོར་བལྟས་པ།

（2）མི་གཞན་གྱིས་རྐང་བཙུགས་ནས་ལུས་པོ་རེག་པ།

（3）མི་གཞན་གྱིས་ཁ་པར་དང་། ལག་ཐོགས་ཁ་པར། ཡང་ན་འཕྲིན་ཡིག་བཅས་ཀྱི་ཐོག་ནས་བརྟས་བསྐྱོ་བའམ་ཡང་ན་འདོད་སྲིད་ཀྱི་གསང་བཟ་བཏང་བ།

（4）མི་གཞན་གྱིས་འདོད་སྲིད་སྐོར་ནས་དམའ་འབེབས་བྱས་པ།

（5）མི་གཞན་གྱིས་ཁེ་ཕན་བཟེ་རེས་བྱ་རྒྱུ་ཆ་རྐྱེན་དུ་བྱས་ནས་འདོད་སྲིད་ཀྱི་རེ་འདུན་བཏོན་པ།

（6）མི་གཞན་གྱིས་འཆལ་སྤྱོད་སྟོན་པ་སྟེ། ལག་བརྡ་དང་མཚན་དབང་ཕྱིར་མངོན་པ་ལྟ་བུ།

（7）མི་གཞན་གྱིས་བཙན་ཤེད་ཀྱིས་བྱིལ་བྱིལ་བྱས་པ།

（8）མི་གཞན་གྱིས་བཙན་ཤེད་ཀྱིས་འཐམས་པ།

（9）མི་གཞན་གྱིས་བཙན་ཤེད་ཀྱིས་ཁ་སྦྱར་བ།

（10）མི་གཞན་གྱིས་བཙན་ཤེད་ཀྱིས་ལུས་འབྲེལ་བྱེད་དུ་བཙུག་པ།

བཞི། རང་གི་ཕ་མས་མ་དངུལ་བཏང་ནས་ཉོས་པའི་ཁང་པ་དེ་གཏན་འཁེལ་རང་གི་རེད་དམ།

ཞའོ་ཕང་ནི་བུ་གཅིག་མ་ཡིན་ཞིང་། 2008ལོར་ཞའོ་ལིའུ་དང་གཉེན་སྒྲིག་ཐོ་འགོད་བྱས། ལོ་གཉིས་ཀྱི་རྗེས་སུ་ཞའོ་ཕང་གི་ཕ་མ་གཉིས་ཀྱིས་མི་ཚེ་གང་གསོག་འཇོག་བྱས་པའི་སྒོར་ཁྲི100དེ་བཏོན་ནས། ཐོག་མའི་འཇལ་དངུལ་དུ་བརྩིས་ཏེ་ཞའོ་ཕང་བཟའ་ཟླ་གཉིས་ལ་ཚོང་སྒྱུར་ཁང་པ་ཞིག་ཉོ་རོགས་བྱས། ཁང་པ་ཉོ་སྐབས་ཀྱི་གན་རྒྱའི་ཐོག་ཏུ་ཞའོ་ཕང་གི་མིང་རྟགས་བཀོད་པ་དང་། སྔོད་ཁང་དངུལ་བུན་དེ་ཞའོ་ཕང་གི་སྔོད་ཁང་སྤྱི་གསོག་མ་དངུལ་ལས་གཉེར་ཞིང་། རྒྱུན་པར་ཞའོ་ཕང་གིས་དངུལ་བུན་འཇལ་གྱི་ཡོད་པ་རེད།

འོན་ཀྱང་ཡུན་རིང་མ་འགོར་བར་ཞའོ་ཕང་དང་ཞའོ་ལིའུ་གཉིས་བརྩེ་དུང་གི་ཐད་མ་འཆམ་ནས་གཉེན་འཐོར་བྱས། ཞའོ་ལིའུ་ཡི་བསམ་པར་ཁང་པ་དེ་ཁྱོ་ཤུག་ཐུན་མོང་གི་རྒྱུ་ནོར་དུ་བརྩིས་ནས་བགོ་དགོས་སྙམ། ཞའོ་ཕང་གིས་དེ་ལ་མོས་མཐུན་མ་བྱས་པར། ཁང་པ་འདི་ནི་རང་ཉིད་ཀྱི་ཕ་མས་ཐོག་མའི་འཇལ་དངུལ་བཏང་བ་མ་ཟད། རང་ཉིད་ཀྱིས་ཐོག་མཐའ་བར་གསུམ་དུ་ཁང་པའི་དངུལ་བུན་འཇལ་བཞིན་ཡོད་པས། ཁང་པ་དེ་ཕ་མས་རང་ཉིད་ལ་སྟེར་བ་ཡིན་ཞིང་སྒེར་གྱི་རྒྱུ་ནོར་དུ་གཏོགས་དགོས་ཞེས་ནན་བཤད་བྱས།

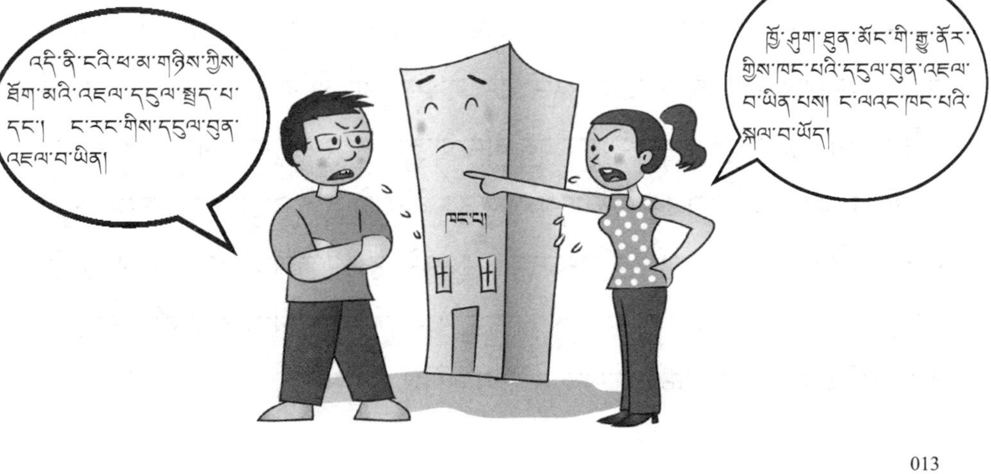

ཁྲིམས་ཁང་ལ་ཞུ་གཏུག་བྱས་ནས། མཐར་ཁྲིམས་ཁང་གིས་ཁང་པ་དེ་ཁྱོ་ཤུག་ཐུན་མོང་གི་རྒྱུ་ནོར་ཡིན་པར་ཁྲིམས་ཐག་བཅད།

《ཀྲུང་ཧྭ་མི་དམངས་སྤྱི་མཐུན་རྒྱལ་ཁབ་ཀྱི་དམངས་དོན་ཁྲིམས་གཞུང་》གི་དོན་ཚན་བཅུ་བཞི་པའི་ནང་དུ་གཏན་འབེབས་བྱས་དོན། རང་བྱུང་མིའི་དམངས་དོན་ཁེ་དབང་སྤྱོད་ནུས་མཐའ་གཅིག་ཏུ་འདྲ་མཉམ་ཡིན།

དོན་ཚན་ཆིག་སྟོང་དང་རེ་གཉིས་པའི་ནང་དུ་གཏན་འབེབས་བྱས་དོན། ཁྱོ་ཤུག་གཉིས་ཀར་གཉེན་སྒྲིག་གི་འབྲེལ་བ་སོར་གནས་ཀྱི་རིང་དུ་ཐོབ་པའི་གཤམ་གསལ་གྱི་རྒྱུ་ནོར་ནི། ཁྱོ་ཤུག་ཐུན་མོང་གི་རྒྱུ་ནོར་ཡིན་ལ། ཁྱོ་ཤུག་ཐུན་མོང་ལ་དབང་བ་ཡིན།

གཅིག གླ་ཕོགས་དང་། བྱ་དགའི་དངུལ། ངལ་རྩོལ་གྱི་ཐོབ་ཆ་བཅས།

གཉིས། ཐོན་སྐྱེད་དང་། གཉེར་སྐྱོང་། མ་འཛུག་བཅས་ཀྱི་ཁེ་འབབ།

གསུམ། ཤེས་བྱའི་ཐོན་དབང་གི་ཁེ་འབབ།

བཞི། ཤུལ་འཛིན་བྱས་པའམ་སྦྱིན་ནས་ཐོབ་པའི་རྒྱུ་ནོར། ཡིན་ན་ཡང་བཅའ་ཁྲིམས་འདིའི་དོན་ཚན་ཆིག་སྟོང་དང་རེ་གསུམ་པའི་ཡང་ཚན་གསུམ་པའི་གཏན་འབེབས་འདིའི་ཁོངས་སུ་མི་ཚུད།

ལྔ། ཐུན་མོང་ལ་དབང་དགོས་པའི་རྒྱུ་ནོར་གཞན་དག་བཅས།

ཁྱོ་ཤུག་གཉིས་ཀར་ཐུན་མོང་གི་རྒྱུ་ནོར་འདྲ་མཉམ་དང་ཐག་གཅོད་བྱེད་དབང་ཡོད།

ཁྲིམས་དཔོན་གྱིས་དབྱེ་ཞིབ་བྱས་དོན། ཞའོ་ཨང་གི་ཕ་མས་ཁང་པའི་ཐོག་མའི་འཇལ་དངུལ་ཁོ་ན་བཏང་པས། མ་དངུལ་ཆ་ཤས་ཙམ་བཏང་པ་སྟེ་ཁང་པའི་བདག་དབང་ཡོངས་སུ་ཐོབ་ཐབས་བྲལ། ཞའོ་ཨང་གི་སྡོད་ཁང་སྤྱི་གསོག་མ་དངུལ་ཡང་ཁོ་གཉིས་གཉེན་སྒྲིག་བྱས་རྗེས་ཁྱོ་ཤུག་ཐུན་མོང་གི་རྒྱུ་ནོར་དུ་གཏོགས་པས། དོན་དངོས་སུ་ཞའོ་ཨང་གིས་ཐོག་མཐའ་བར་གསུམ་དུ་ཐུན་མོང་གི་རྒྱུ་ནོར་སྤྱད་ནས་དངུལ་སྤུན་འཇལ་བཞིན་ཡོད་པ་རེད། འོན་ཀྱང་དངོས་སུ་བགོ་བཤའ་རྒྱག་སྐབས་འདྲ་མཉམ་གྱི་ཚ་དོན་ལྟར་ན། ཞའོ་ཨང་གི་ཕ་མས་མ་དངུལ་བཏང་ཚུལ་ལ་བསམ་གཞིགས་བྱས་ནས་ཞའོ་ཨང་ལ་འོས་འཚམ་གྱིས་མང་ཙམ་འགོས་དགོས།

ཁྲིམས་ལུགས་ཁྲབ་གདལ་གྱི་སློབ་ཚན།

1.《དམངས་དོན་ཁྲིམས་གཞུང་》གི་དོན་ཚན་ཆིག་སྟོང་དང་རེ་གསུམ་པའི་ནང་ཚན་གསུམ་པར་གདན་འཛེབས་བྱས་དོན།

ཁ་ཆེམས་སམ་སྙིར་སྡྲིན་གན་རྒྱའི་ནང་ཕྱོགས་གཅིག་པོ་ནར་དབང་བ་གདན་འཁེལ་བྱས་པའི་རྒྱུ་མཚན་ནི་ཁྱོ་ཤུག་ཕྱོགས་གཅིག་གི་སྙིར་གྱི་རྒྱུ་མཚན་ཡིན།

2.གནས་ཚུལ་ཅི་འདྲའི་སྐབས་སུ་ད་གཟོད་ཁང་པ་ཞའོ་ལྷང་གཅིག་པུར་དབང་བ་ཡིན།

《གཉེན་སྒྲིག་བཅའ་ཁྲིམས་ཀྱི་ཁྲིམས་འཛིན་འགྲེལ་བཤད་གསུམ་པའི》དོན་ཚན་བདུན་པའི་ནང་དུ་གདན་འཛེབས་བྱས་དོན། གཉེན་སྒྲིག་བྱས་རྗེས་ཕྱོགས་གཅིག་གི་ཕ་མས་མ་དངུལ་བཏང་ནས་བུ་ཕྲུག་ལ་ཉོས་པའི་བརྟན་ནོར་ཡིན་ཞིང་། རྒྱུ་ནོར་བདག་དབང་དེ་མ་དངུལ་གཏོང་མཁན་གྱི་བུ་ཕྲུག་གི་མིང་ཐོག་ཏུ་ཐོ་འགོད་བྱས་ཡོད་ན། རང་ཉིད་ཀྱི་བུ་ཕྲུག་ཕྱོགས་གཅིག་ཕྱར་སྦྲད་པར་བརྩི་རྒྱུ་དང་། བརྟན་ནོར་དེ་ཁྱོ་ཤུག་ཕྱོགས་གཅིག་གི་མི་སྒེར་གྱི་རྒྱུ་ནོར་དུ་ངོས་འཛིན་བྱེད་དགོས། འོན་ཀྱང་འདིར་བཤད་པའི་མ་དངུལ་གཏོང་བ་ཞེས་པ་ནི་"མ་དངུལ་ཡོངས་རྫོགས་གཏོང་བ"་ཁོ་ནར་ཟེར་བ་ཡིན།

༤ ཁ་ཆེམས་བཞག་མེད་ན། བྱི་སྡུག་ལ་ཤུལ་འཛིན་བྱེད་དབང་ཡོད་དམ།

ཀྲའོ་ཆེ་གེ་མོ་ནི་ཀྲུང་སིའི་སྤྱི་གཉེར་བ་ཞིག་ཡིན་པ་དང་། ཁོའི་ཕ་མ་གཉིས་ཀ་ཚེ་ལས་འདས་ཟིན། བཟའ་ཟླ་ཞང་ཆེ་གེ་མོ་ཡུན་རིང་ཁྲིམ་ལ་ནད་གསོ་བྱས་ནས་བསྡད་ཡོད་ཅིང་། ཁོང་གཉིས་ལ་བུ་མོ་ཞིག་ཡོད། ཀྲའོ་ཆེ་གེ་མོ་རྒྱུན་དུ་གཞུང་དོན་སྒྲུབ་ཆེད་ཕྱི་རོལ་ལ་འགྲོ་དགོས་པས། ལོ20ཡི་སྔོན་རོལ་དུ་ཚན་ཆེ་གེ་མོ་དང་ངོ་ཤེས་ནས་ལོ་གཉིས་པར་ཚན་ཆེ་གེ་མོས་ཀྲའོ་ཆེ་གེ་མོ་ལ་བུ་ཞིག་སྐྱེས་པ་དང་མིང་ལ་ཞའོ་དབྱང་ཞེས་བཏགས། ཞའོ་དབྱང་ཨ་མ་དང་མཉམ་དུ་འཚོ་བ་སྐྱེལ་གྱི་ཡོད།

ཕྱིས་སུ་ཀྲའོ་ཆེ་གེ་མོར་སྙི་བུར་དུ་ནད་ཕོག་ནས་ཚེ་ལས་འདས། ཁོང་གིས་དངུལ་ཁང་དུ་སྒོར་ཁྲི30བཅོལ་ཡོད་པ་དང་མིང་འོག་ཏུ་སྡོད་ཁང་ཞིག་ཡོད། བཟའ་ཟླ་ཞང་ཆེ་གེ་མོ་ཁྲོ་གའི་ཆེད་དུ་སྡུག་བསྔལ་ཤིན་ཏུ་ཆེ་བའི་སྐབས་དེར། ཚན་ཆེ་གེ་མོས་རང་གི་བུ་ཞའོ་དབྱང་ཁྲིད་ནས་ཁྲིམ་དུ་ཡོང་ཞིང་ཀྲའོ་ཆེ་གེ་མོའི་ཤུལ་ནོར་ཤུལ་འཛིན་བྱ་རྒྱུའི་རེ་བ་བཏོན་པས། ཞང་ཆེ་གེ་མོ་ཁོང་ཁྲོའི་མེ་ལྕེ་འབར།

ཀྲའོ་ཆེ་གེ་མོས་འཚོ་ཞུགས་སྐབས་ཁ་ཆེམས་བཞག་མེད་པས། ད་ཆ་ཁྲིམ་མིའི་བར་ཤུལ་ནོར་ཤུལ་འཛིན་བྱེད་པའི་ཐད་རྩོད་གཞི་བྱུང་བ་རེད།

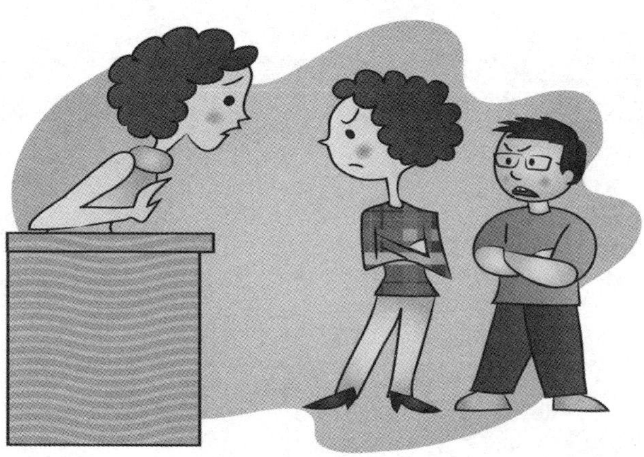

《ཀྲུང་ཧྭ་མི་དམངས་སྤྱི་མཐུན་རྒྱལ་ཁབ་ཀྱི་དམངས་དོན་ཁྲིམས་གཞུང་》གི་དོན་ཚན་བརྒྱ་དང་ཉེར་བཞི་པའི་ནང་དུ་གཏན་འབེབས་བྱས་དོན། རང་བྱུང་མིར་ཁྲིམས་ལྟར་ཤུལ་འཛིན་ཁེ་དབང་སྤྱོད་རྒྱུ་ཡོད། རང་བྱུང་མིའི་ཁྲིམས་མཐུན་གྱི་སྒེར་དབང་རྒྱུ་ནོར་ནི་ཁྲིམས་ལྟར་ཤུལ་འཛིན་བྱས་ཆོག

དོན་ཚན་ཆིག་སྟོང་ཆིག་བརྒྱ་དང་ཉེར་བདུན་པའི་ནང་དུ་གཏན་འབེབས་བྱས་དོན། ཤུལ་ནོར་ནི་གཤམ་གསལ་གྱི་གོ་རིམ་ལྟར་ཤུལ་འཛིན་བྱེད་དགོས།

（གཅིག） གོ་རིམ་དང་པོ། བཟའ་ཟླ་དང་། བུ་ཕྲུག ཕ་མ་བཅས།

（གཉིས།） གོ་རིམ་གཉིས་པ། གཅེན་གཅུང་མིང་སྲིང་དང་། ཕ་རྒྱུད་སྤོ་བོ་རྨོ་བོ། མ་རྒྱུད་སྤོ་བོ་རྨོ་བོ་བཅས།

ཤུལ་འཛིན་བྱེད་འགོ་ཚུགས་རྗེས་གོ་རིམ་དང་པོའི་ཤུལ་འཛིན་པས་ཤུལ་འཛིན་བྱེད་དགོས་ལ། གོ་རིམ་གཉིས་པའི་ཤུལ་འཛིན་པས་ཤུལ་འཛིན་མི་བྱེད་པ་ཡིན། གོ་རིམ་དང་པོའི་ཤུལ་འཛིན་པ་མེད་ན་གོ་རིམ་གཉིས་པའི་ཤུལ་འཛིན་པས་ཤུལ་འཛིན་བྱེད་དགོས།

ལེ་ཚན་འདིར་བརྗོད་བུ་ཕྲུག་ཅེས་པ་ནི་གཉེན་སྒྲིག་སྐྱེས་ཀྱི་བུ་ཕྲུག་དང་། གཉེན་སྒྲིག་སྐྱེས་མིན་པའི་བུ་ཕྲུག གསོས་ཕྲུག འཚོ་སྐྱོང་གི་འབྲེལ་བ་ཡོད་པའི་བུ་གཡར་བཅས་ལ་ཟེར།

ལེ་ཚན་འདིར་བརྗོད་ཕ་མ་ཞེས་པ་ནི་ლུས་སྐྱིན་ཕ་མ་དང་། གསོ་སྐྱོང་བྱེད་མཁན་ཕ་མ། འཚོ་སྐྱོང་གི་འབྲེལ་བ་ཡོད་པའི་ཕ་གཡར་མ་གཡར་བཅས་ལ་ཟེར།

ལེ་ཚན་འདིར་བརྗོད་གཅེན་གཅུང་མིང་སྲིང་ཞེས་པ་ནི་ཕ་གཅིག་མ་གཅིག་གི་གཅེན་གཅུང་མིང་སྲིང་དང་། ཕ་གཅིག་མ་མི་གཅིག་པའམ་མ་གཅིག་ཕ་མི་གཅིག་པའི་གཅེན་གཅུང་མིང་སྲིང་། གསོས་ཕྲུག་གཅེན་གཅུང་མིང་སྲིང་། འཚོ་སྐྱོང་གི་འབྲེལ་བ་ཡོད་པའི་བུ་གཡར་གཅེན་གཅུང་མིང་སྲིང་བཅས་ལ་ཟེར།

《དམངས་དོན་ཁྲིམས་གཞུང་》གི་ཤུལ་འཛིན་སྐོར་གྱི་གཏན་འབེབས་ལྟར་ན། ཚན་ཆེ་གེ་མོ་ཀྲའོ་ཆེ་གེ་མོའི་ཁྲིམས་མཐུན་བཟའ་ཟླ་མིན་ཡང་། ཞའོ་དབྱང་ནི་ཀྲའོ་ཆེ་གེ་མོ་དང་ཚན་ཆེ་གེ་མོའི་གཉེན་སྒྲིག་མ་བྱས་པར་སྐྱེས་པའི་ཕྲུ་གུ་ཡིན་ཕྱིར། ཤུལ་ནོར་ཤུལ་འཛིན་བྱེད་སྐབས་གཉེན་སྒྲིག་བྱས་ནས་སྐྱེས་པའི་ཕྲུ་གུ་དང་འདྲ་མཉམ་གྱི་ཁེ་དབང་དང་འོས་འགན་ཡོད་པས། ཕའི་ཁྲིམས་མཐུན་གྱི་རྒྱུ་དངོས་ཤུལ་འཛིན་བྱེད་དབང་ཡོད་པ་རེད།

ཤུལ་ནོར་དེའི་ཤུལ་འཛིན་པ་ནི་གོ་རིམ་དང་པོའི་ཤུལ་འཛིན་པ་སྟེ་བཟའ་ཟླ་ཕང་ཆེ་གེ་མོ་དང་། བུ་མོ་ཞའོ་ཀྲའོ། ད་དུང་གཉེན་སྒྲིག་མ་བྱས་པར་སྐྱེས་པའི་བུ་ཕྲུག་ཞའོ་དབྱང་བཅས་ཡིན།

ཁྲིམས་ལུགས་ཁྱབ་གདལ་གྱི་སློབ་ཚན།

1.གཉེན་སྒྲིག་མ་བྱས་པར་སྐྱེས་པའི་བུ་ཕྲུག་ལ་ཁེ་དབང་གང་དག་ཡོད།

(1) གཉེན་སྒྲིག་བྱས་ནས་སྐྱེས་པའི་བུ་ཕྲུག་དང་འདྲ་བར། གཉེན་སྒྲིག་མ་བྱས་པར་སྐྱེས་པའི་བུ་ཕྲུག་ལ་ཕ་ཡི་རུས་མིང་ངམ་ཡང་ན་མ་ཡི་རུས་མིང་འདོགས་དབང་ཡོད།

(2) གཉེན་སྒྲིག་བྱས་ནས་སྐྱེས་པའི་བུ་ཕྲུག་དང་འདྲ་བར། གཉེན་སྒྲིག་མ་བྱས་པར་སྐྱེས་པའི་བུ་ཕྲུག་ལ་ལུད་སྐྱེད་ཕའམ་མས་འཚོ་བའི་འགྲོ་གྲོན་དང་སློབ་གསོའི་འགྲོ་གྲོན་སྤྲོད་རྒྱུའི་རེ་བ་འདོན་དབང་ཡོད།

(3) གཉེན་སྒྲིག་བྱས་ནས་སྐྱེས་པའི་བུ་ཕྲུག་དང་འདྲ་བར། གཉེན་སྒྲིག་མ་བྱས་པར་སྐྱེས་པའི་བུ་ཕྲུག་ལ་ལུས་སྐྱིན་ཕའམ་མའི་ཤུལ་ནོར་ཤུལ་འཛིན་བྱ་རྒྱུའི་རེ་བ་འདོན་དབང་ཡོད།

(4) གཉེན་སྒྲིག་བྱས་ནས་སྐྱེས་པའི་བུ་ཕྲུག་དང་འདྲ་བར། ཕ་མ་དང་། ཕ་རྒྱུད་སྤོ་བོ་རྨོ་བོ། མ་རྒྱུད་སྤོ་བོ་རྨོ་བོ་བཅས་ཚེ་ལས་འདས་པའང་ཡང་ན་ལྷ་སྐྱོང་བྱེད་ནུས་མེད་པའི་སྐབས་སུ། གཉེན་སྒྲིག་མ་བྱས་པར་སྐྱེས་པའི་བུ་ཕྲུག་དང་དེའི་གཅེན་གཅུང་མིང་སྲིང་ཡོངས་ཀྱི་ངོས་ནས་བཤད་ན། ཕན་ཚུན་ལྷ་སྐྱོང་བྱེད་དབང་ཡོད།

2.གཉེན་སྒྲིག་མ་བྱས་པར་སྐྱེས་པའི་བུ་ཕྲུག་ལ་འོས་འགན་གང་དག་ཡོད།

(1) གཉེན་སྒྲིག་བྱས་ནས་སྐྱེས་པའི་བུ་ཕྲུག་དང་འདྲ་བར། གཉེན་སྒྲིག་མ་བྱས་པར་སྐྱེས་པའི་བུ་ཕྲུག་ལ་ལུས་སྐྱིན་ཕ་མར་ཞབས་ཏོག་ཞུ་བའི་འོས་འགན་ཡོད།

(2) གཉེན་སྒྲིག་བྱས་ནས་སྐྱེས་པའི་བུ་ཕྲུག་དང་འདྲ་བར། གཉེན་སྒྲིག་མ་བྱས་པར་སྐྱེས་པའི་བུ་ཕྲུག་ནར་མ་སོན་པའི་སྐབས་སུ་མི་གཞན་ལ་གནོད་འཚེ་བཟོས་ཚེ། དེའི་ལུས་སྐྱིན་ཕ་མར་ཡང་དེའི་ཆེད་དུ་དམངས་དོན་གྱི་སྐྱིན་གསབ་སྤྲོད་དགོས་པའི་འོས་འགན་ཡོད།

(3) གཉེན་སྒྲིག་མ་བྱས་པར་སྐྱེས་པའི་བུ་ཕྲུག་ལོ་ན་ཆུང་བའི་སྐབས་སུ་ནར་སོན་པའི་གཉེན་སྒྲིག་བྱས་ནས་སྐྱེས་པའམ་གཉེན་སྒྲིག་མ་བྱས་ནས་སྐྱེས་པའི་གཅེན་པོ་དང་གཅེན་མོ་ལ་ལྷ་སྐྱོང་གི་འགན་འཁྲི་འཁུར་རྒྱུའི་རེ་བ་འདོན་དབང་ཡོད། ཁོ་ཚོས་མི་གཞན་ལ་གནོད་འཚེ་བཟོས་ཚེ། དེའི་ནར་སོན་པའི་གཉེན་སྒྲིག་བྱས་ནས་སྐྱེས་པ་དང་གཉེན་སྒྲིག་མ་བྱས་པར་སྐྱེས་པའི་གཅེན་པོ་

དང་གཅེན་མོས་དེའི་ཆེད་དུ་དམངས་དོན་གྱི་འགན་འཁྲི་འཁུར་དགོས།

3.གཉེན་སྒྲིག་མ་བྱས་པར་སྐྱེས་པའི་བུ་ཕྲུག་ལ་ཁེ་དབང་འགན་སྲུང་གང་དག་བྱེད་ཀྱི་ཡོད།

（1）གཉེན་སྒྲིག་མ་བྱས་པར་སྐྱེས་པའི་ནར་མ་སོན་པའི་བུ་ཕྲུག་ལ་གནོད་འཚེ་གཏོང་བ་དང་མཐོང་ཆུང་བྱེད་པའི་བྱ་སྤྱོད་མཐའ་དག་ལ་བཀག་འགོག་དང་རྟུང་རྩེག་བཏང་ཡོད།

གཉེན་སྒྲིག་མ་བྱས་པར་སྐྱེས་པའི་བུ་ཕྲུག་ནར་མ་སོན་པའི་སྐབས་སུ། ལུས་ཁམས་དང་སེམས་ཁམས་དེ་ཙམ་འཚར་ལོངས་བྱུང་མེད་པ་དང་། རང་ཉིད་སྲུང་སྐྱོབ་བྱེད་པའི་འདུ་ཤེས་དང་ནུས་པ་ཆུང་བའམ་ཐ་ན་མེད་པ་ཡིན་སྟབས། རྒྱལ་ཁབ་ཀྱིས་བཅའ་ཁྲིམས་ཀྱི་བཙན་ཤུགས་དང་། སྤྱི་ཚོགས་ཀུན་སྤྱོད་ཀྱི་ཚད་གཞི། གླིང་ཕྱོགས་ཀྱི་སྟོབས་ཤུགས་བཅས་ལ་བརྟེན་ནས། གཉེན་སྒྲིག་མ་བྱས་པར་སྐྱེས་པའི་ནར་མ་སོན་པའི་བུ་ཕྲུག་གི་མི་ལུས་དང་རྒྱུ་ནོར་གྱི་ཁེ་དབང་ལ་བཙན་གནོད་མི་ཕོག་པ་དང་། མིའི་ཐོབ་ཐང་དང་ལ་རྒྱུར་བརྩི་འཛོག་ཐོབ་པ་བྱས་སྟེ། གཉེན་སྒྲིག་མ་བྱས་པར་སྐྱེས་པའི་བུ་ཕྲུག་དེ་གཉེན་སྒྲིག་བྱས་ནས་སྐྱེས་པའི་བུ་ཕྲུག་དང་འདྲ་མཉམ་གྱི་བཅའ་ཁྲིམས་གོ་གནས་དངོས་སུ་ཡོད་པ་བྱས་ཡོད།

（2）གཉེན་སྒྲིག་མ་བྱས་པར་སྐྱེས་པའི་བུ་ཕྲུག་གི་ལུས་སྦྱིན་ཕ་མའི་ཁེ་དབང་ཁ་གསལ་བཟོས་ཡོད།

གཉེན་སྒྲིག་མ་བྱས་པར་སྐྱེས་པའི་བུ་ཕྲུག་གི་ལུས་སྦྱིན་ཕ་མ་སུ་ཡིན་མིན་གསལ་པོར་ཤེས་ཚེ་གཞི་ནས་གཉེན་སྒྲིག་བྱས་ནས་སྐྱེས་པའི་བུ་ཕྲུག་དང་འདྲ་མཉམ་གྱི་ཁེ་དབང་ལོངས་སུ་སྤྱོད་ཐུབ། དངོས་ཡོད་ཀྱི་འཚོ་བའི་ཁྲོད་དུ། གཉེན་སྒྲིག་མ་བྱས་པར་སྐྱེས་པའི་བུ་ཕྲུག་གི་ལུས་སྦྱིན་ཨ་མ་སུ་ཡིན་མིན་གཏན་འཁེལ་ཡང་དག་བྱེད་ཐུབ། འོན་ཀྱང་གལ་ཏེ་དེའི་ལུས་སྦྱིན་ཨ་ཕས་རང་འགུལ་གྱིས་ཁས་ལེན་མ་བྱས་ན། ངེས་པར་དུ་ཁྲིམས་བཀོད་གོ་རིམ་ངེས་ཅན་ཞིག་བརྒྱུད་དེ་ར་སྤྲོད་དང་ངོས་འཛིན་བྱེད་དགོས། དཔེར་ན། “གཉེན་ཉེ་གསལ་འབྱེད་”བྱ་ཐབས་སྤྱད་དེ་ལུས་སྦྱིན་ཨ་ཕ་སུ་ཡིན་མིན་དང་དེ་བཞིན་ཐོབ་ཐང་ལ་བརྟེན་ནས་བྱུང་བའི་ཁེ་དབང་གཞན་དག་བཅས་ངོས་འཛིན་བྱ་རྒྱུ་རེད།

（3）གཉེན་སྒྲིག་མ་བྱས་པར་སྐྱེས་པའི་བུ་ཕྲུག་གི་ལུས་སྦྱིན་ཨ་ཕས་གཉེན་སྒྲིག་མ་བྱས་པར་སྐྱེས་པའི་བུ་ཕྲུག་ལ་གསོ་སྐྱོང་དང་སློབ་གསོ་བྱེད་པའི་འོས་འགན་བཙན་ཤེད་ཀྱིས་འཁུར་དུ་འཇུག་ནས། བུ་ཕྲུག་དེ་འཚར་ལོངས་བྱུང་ནས་ཁེར་རྐྱང་འཚོ་ཐུབ་པའི་བར་དུ་འགན་ཁུར་འཇུག་རྒྱུ་རེད། དུས་མཚུངས་སུ་གཉེན་སྒྲིག་མ་བྱས་པར་སྐྱེས་པའི་བུ་ཕྲུག་གིས་ལུས་སྦྱིན་ཨ་ཕའི་ཤུལ་ནོར་ཤུལ་འཛིན་བྱེད་དབང་མངོན་འགྱུར་ཡོང་བར་ཁག་ཐེག་བྱས་ཡོད།

ལེ་ཚན་གཉིས་པ། དངོས་དབང་།

བདག་དབང་།

གཅིག སྤྱི་ལ་དབང་བའི་སྒྲིག་ཆས་མི་གཞན་ལ་བརྒྱུད་སྤྲོད་བྱས་རྗེས། ཕྱིར་ལེན་ཆོག་གམ།

ཞའོ་ལི་དང་ཞའོ་ལྷང་གཉིས་ཀྱིས་མཉམ་དུ་གླུ་གར་ཁང་ཞིག་གཉེར་སྐྱོང་བྱས། ཁོ་གཉིས་ཀྱིས་ཁ་ཆད་བྱས་དོན། གླུ་གར་ཁང་དེ་ཞའོ་ལི་དང་ཞའོ་ལྷང་གཉིས་མི་རེས་སྒོར་ཁྲི་བཞི་རེ་བཏང་ནས་མཉམ་སྡེབ་ཀྱི་མ་དངུལ་དུ་འཛུག་རྒྱུ་དང་། བཟོ་ཚོང་དང་ཁྲལ་དོན་སོགས་ཀྱི་སྡེ་ཁག་གི་འབྲེལ་ཡོད་འཛིན་ཡིག་ཞའོ་ལྷང་གིས་འགན་ཁུར་ནས་བསྒྲུབ་རྒྱུ། ཕྱོགས་གཉིས་ཀས་མཉམ་དུ་གཉེར་སྐྱོང་བྱས་ཏེ་ཁེ་ཕན་མཉམ་སྤྱོད་དང་གྱོང་གུན་མཉམ་འཁུར་བྱ་རྒྱུ་བཅས་བྱས་པ་རེད།

ཡུན་རིང་མ་འགོར་བར། ཞའོ་ལྷང་གིས་སྒེར་གྱི་མིང་ཐོག་ནས་བཟོ་ཚོང་དང་།

ཁྲལ་དོན། རིག་གནས། མི་གསོད་བཅས་ཀྱི་སྡེ་ཁག་ཏུ་སོང་ནས་སླུ་གར་ཁང་ལ་མགོ་བའི་འབྲེལ་ཡོད་ཀྱི་ལག་ཁྱེར་དག་བསྒྲུབས། ལོ་ཕྱེད་ཕྱིན་རྗེས། གཉེར་སྐྱོང་ལེགས་པོ་མ་བྱུང་ནས། སླུ་གར་ཁང་ལ་གྱོང་གུན་ཚབས་ཆེན་ཕོག་པས། ཞའོ་ལི་དང་ཞའོ་ཤང་གཉིས་ཀྱི་བར་ལ་འགལ་བ་བྱུང་བ་རེད།

ཞའོ་ཤང་གིས་ཞའོ་ལི་ཕྱི་ལ་བྱ་བ་སྒྲུབ་ཏུ་འགྲོ་བའི་སྐབས་དང་བསྟུན་ནས། སླུ་གར་ཁང་གི་རྒྱུས་སྒྲོས་ཆེ་བའི་སྒྲ་སྣམ་སྒྲིག་ཆས་གཉིས་ཞའོ་ཀྲང་ལ་སྐོར་ཁྲི3བྱས་ནས་བཙོངས། ཞའོ་ཤང་གིས་རང་ཉིད་ནི་སླུ་གར་ཁང་གི་སྒྲིན་བདག་ཡིན་ལུགས་བཤད་པ་མ་ཟད། ཞའོ་ཀྲང་ལ་བཟོ་ཚོང་དང་ཁྲལ་དོན་སོགས་སྡེ་ཁག་གིས་སྤྲད་པའི་ལག་ཁྱེར་ཡང་བསྟན་པ་རེད། ཞའོ་ཀྲང་གིས་དེར་ཡིད་ཆེས་བརྟན་པོ་བྱས་ནས། ཉིན་དེ་རང་ལ་རིན་དངུལ་ཚང་མ་སྤྲད་དེ་སྒྲ་སྣམ་གྱི་སྒྲིག་ཆས་ཆ་ཚང་བ་གཉིས་ཀ་ཁྱེར་ཕྱིན་པ་རེད།

ཉིན་གཉིས་ཀྱི་རྗེས་སུ་ཞའོ་ལི་ལོག་ཡོང་ནས་གནས་ཚུལ་དེ་ཤེས་པས། ལམ་སེང་མཉམ་སྡེབ་གྲོས་མཐུན་ཡི་གེ་ཁྱེར་ནས་ཞའོ་ཀྲང་བཙལ་ཏེ། ཞའོ་ཀྲང་ལ་སྒྲ་སྣམ་སྒྲིག་ཆས་གཉིས་པོ་ནི་རང་ཉིད་དང་ཞའོ་ཤང་གཉིས་ཀར་དབང་བ་ཡིན་པས། ཞའོ་ཤང་གཅིག་པུས་ཐག་གཅོད་བྱེད་དབང་མེད། དེར་བརྟེན་སྒྲ་སྣམ་གྱི་སྒྲིག་ཆས་ཕྱིར་སྤྲོད་དགོས་ཞེས་རེ་བ་བཏོན། ཁོང་ཚོ་གསུམ་པོས་གྲོས་མོལ་ཐེངས་འགའ་བྱས་ཀྱང་འབྲས་བུ་མ་ཐོན་པས། ཞའོ་ལི་ཡིས་ཞའོ་ཤང་དང་ཞའོ་ཀྲང་གཉིས་ཀ་ཁྲིམས་ཁང་ལ་སྐྱུར།

《ཀྲུང་ཧྭ་མི་དམངས་སྤྱི་མཐུན་རྒྱལ་ཁབ་ཀྱི་དམངས་དོན་ཁྲིམས་གཞུང་》གི་དོན་ཚན་སུམ་བརྒྱ་དང་བཅུ་གཅིག་པའི་ནང་དུ་གཏན་འབེབས་བྱས་དོན། ཐག་གཅོད་བྱེད་དབང་མེད་པའི་མིས་བརྟན་ནོར་རམ་འགྲུལ་ནོར་བཤུག་ལེན་བྱེད་མི་ལ་བཤུག་སྤྲོད་བྱས་ཚེ། བདག་དབང་བདག་པོ་ལ་དེ་འདེད་ལེན་བྱེད་དབང་ཡོད། བཅའ་ཁྲིམས་ཀྱིས་ལོགས་སུ་གཏན་འབེབས་བྱས་ཡོད་པ་ཕུད། གཤམ་གསལ་གནས་ཚུལ་དང་མཐུན་པ་ཡིན་ན། བཤུག་ལེན་བྱེད་མི་ལ་བརྟན་ནོར་རམ་འགྲུལ་ནོར་གྱི་བདག་དབང་འཐོབ་པ་ཡིན།

（གཅིག） བཤུག་ལེན་བྱེད་མིས་བརྟན་ནོར་རམ་འགྲུལ་ནོར་དེ་ལེན་སྐབས་སེམས་

བཟང་ཡིན་པ།

（གཉིས།）ལུགས་མཐུན་གྱི་རིན་གོང་ཐོག་ནས་བཤུག་སྤྲོད་བྱས་པ།

（གསུམ།）བཤུག་སྤྲོད་བྱས་པའི་བརྟན་ནོར་རམ་འགྱུལ་ནོར་དེ་བཅའ་ཁྲིམས་ཀྱི་གཏན་འབེབས་ལྟར་ཐོ་འགོད་བྱེད་དགོས་པ་ཐོ་འགོད་བྱས་ཟིན་པ་དང་། ཐོ་འགོད་བྱེད་མི་དགོས་པ་བཤུག་ལེན་བྱེད་མི་ལ་སྤྲད་ཟིན་པ།

བཤུག་ལེན་བྱེད་མི་ལ་གོང་གསལ་ནང་གསེས་དོན་ཚན་གྱི་གཏན་འབེབས་ལྟར་བརྟན་ནོར་རམ་འགྱུལ་ནོར་གྱི་བདག་དབང་ཐོབ་ན། མ་གཞིའི་བདག་དབང་བདག་པོས་ཐག་གཅོད་བྱེད་དབང་མེད་པའི་མི་དེ་ལ་གནོད་རྐྱེན་གྱི་སྙིན་གསབ་འཇལ་དགོས་པའི་རེ་འདུན་བཏོན་ཆོག

ངོ་བདག་ལ་སེམས་བཟང་དང་དངོས་དབང་གཞན་དག་ཐོབ་པར། གོང་གསལ་ནང་གསེས་དོན་ཚན་གཉིས་ཀྱི་གཏན་འབེབས་དཔེ་གཞི་བྱས་ནས་སྤྱད་འཐུས།

མཐར་ཁྲིམས་ཁང་གིས་སྒྲ་སྙམ་སྒྲིག་ཆས་འདི་གཉིས་ཞའོ་ཀྲང་ལ་དབང་བ་ཁྲིམས་ཐག་བཅད། སྒྲ་སྙམ་གྱི་སྒྲིག་ཆས་ནི་འགྱུལ་ནོར་ཡིན་ཞིང་། སྔ་གར་ཁང་ནི་ཞའོ་ལི་དང་ཞའོ་ཡང་གཉིས་ཀྱིས་མཉམ་དུ་མ་དངུལ་བཏང་བ་ཡིན་ལ། སྒྲ་སྙམ་གྱི་སྒྲིག་ཆས་ཀྱང་མི་གཉིས་ཀྱི་ཐུན་མོང་གི་རྒྱུ་ནོར་ཡིན། ཞའོ་ཡང་ལ་རང་ཉིད་གཅིག་པུས་སྒྲ་སྙམ་འདི་གཉིས་ཐག་གཅོད་བྱེད་པའི་དབང་ཆ་མེད་མོད། འོན་ཀྱང་ཞའོ་ཡང་གིས་སྒྲ་སྙམ་གྱི་སྒྲིག་ཆས་རིན་དོད་འདྲ་མཚུངས་བྱས་ཏེ་ཞའོ་ཀྲང་ལ་བཙོངས་པའི་རྐྱེན་གྱིས། ཞའོ་ཀྲང་གིས་གནོང་མེད་དང་སྒྲ་སྙམ་འདི་གཉིས་ཀྱི་བདག་དབང་བླངས་པ་རེད། འདི་ནི་འགྱུལ་ནོར་གྱི་བདག་དབང་གནོང་མེད་ཀྱི་སྒོ་ནས་ཐོབ་པའི་ཁོངས་སུ་གཏོགས་པས། ཞའོ་ཀྲང་ལ་སྒྲ་སྙམ་གྱི་སྒྲིག་ཆས་ཆ་ཚང་འདི་གཉིས་དབང་བའི་དབང་ཆ་ཡོད།

ཁྲིམས་ལུགས་ཁྱབ་གདལ་གྱི་སློབ་ཚན།

1.གང་འདྲ་ཞིག་ལ་བཤུག་ལེན་བྱེད་མཁན་ཟེར།

བརྒྱུགས་ལེན་བྱེད་མཁན་ནི་བསྡོམས་བཅས་ཀྱི་ནང་བརྒྱུགས་གཏོང་མཁན་གྱི་ངོས་ནས་བརྗོད་ན་ཁེ་དབང་ལེན་མཁན་ལ་ཟེར། ནང་བརྒྱུགས་གཏོང་མཁན་གྱིས་རང་ཉིད་ཀྱི་དབང་ཆ་ཡོངས་རྫོགས་སམ་ཆ་ཤས་ཤིག་གན་རྒྱ་དང་། གྲོས་མཐུན། ཡང་ན་སྒྲིབ་པ་བཅས་ཀྱི་བྱེད་སྟངས་ཐོག་ནས་བརྒྱུགས་ལེན་མཁན་ལ་ནང་བརྒྱུགས་གཏོང་བ་རེད། ཁེ་དབང་དེ་མི་ལུས་ཁེ་དབང་ཡིན་མི་རུང་།

2.འགྲུལ་ནོར་བདག་དབང་གནོང་མེད་དང་ཐོབ་པ་ཞེས་པ་དེ་གང་འདྲ་ཞིག་ལ་ཟེར།

འགྲུལ་ནོར་བདག་དབང་གནོང་མེད་དང་ཐོབ་པ་ཞེས་པ་ནི་བདག་དབང་ཡོད་མཁན་གྱི་འགྲུལ་ནོར་དེ་བདག་བཟུང་བྱེད་མཁན་གྱིས་ཁྲིམས་འགལ་དང་མི་གསུམ་པར་བརྒྱུགས་སྤྲོད་བྱེད་སྐབས། མི་གསུམ་པས་འགྲུལ་ནོར་དེ་བདག་བཟུང་བྱེད་སྐབས་གལ་སྲིད་གནོང་མེད་ཡིན་ཚེ། ཁྲིམས་ལྟར་བདག་དབང་ཐོབ་ཆོག་པ་ལ་ཟེར།

3.འགྲུལ་ནོར་གྱི་བདག་དབང་ལེན་སྟངས་དམིགས་བསལ་ཅན་གང་དག་ཡོད།

(1) སྔོན་ལ་བདག་བཟུང་བྱེད་པ། ཞེས་པ་ནི“བདག་དབང་ཡོད་མཁན་”གྱི་རྣམ་པར་བརྟེན་ནས“འགྲུལ་ནོར་”གི་བདག་དབང་འཛིན་པར་ཟེར། སྔོན་ལ་བདག་དབང་འཛིན་མཁན་གྱིས་སྔོན་ལ་བདག་གིར་འཛིན་པའི་བྱ་སྤྱོད་ལ་བརྟེན་ནས་འགྲུལ་ནོར་གྱི་བདག་དབང་ཐོབ་པ་ཡིན།

(2) ཟུར་སྣོན་བྱེད་པ། སྤྱར་གྱི་དངོས་པོར་ཁ་སྣོན་བྱས་ནས་དངོས་པོ་གསར་པར་གྱུར་སོང་། འོན་ཀྱང་བདག་དབང་སྔར་བཞིན་གཅིག་མ་གཏོགས་མེད་པས། དངོས་པོ་གསར་པའི་བདག་དབང་གཏོགས་ཁོངས་གཏན་འཁེལ་བྱེད་དགོས།

ཟུར་སྣོན་བྱས་པའི་དབང་གིས་བདག་དབང་ཤོར་མཁན་གྱིས་ཟུར་སྣོན་ཟིན་པའི་དངོས་རྫས་ཀྱི་བདག་དབང་ཡོད་མཁན་ལ་གུན་གསབ་འཇལ་བའི་རེ་ཞུ་བྱས་དབང་ཡོད།

(3) བོར་བརླག་དངོས་པོ་རྙེད་པ། རྙེད་མཁན་གྱིས་རྙེད་དངོས་ཕྱིར་སྤྲོད་སྐབས། ཉེར་མཁོའི་འགྲོ་གྲོན་སྤྲོད་དགོས་པའི་རེ་ཞུ་བྱས་ཆོག་སོང་། འོན་ཀྱང་ཐོབ་ཆ་སྤྲོད་དགོས་པའི་རེ་ཞུ་བྱས་མི་ཆོག འོན་ཀྱང་གལ་སྲིད་བོར་མིས་བྱ་དགའ་སྟེར་རྒྱུའི་བརྗ་ཁྱབ་བཏང་ནས། བྱ་དགའ་ངེས་ཅན་ཞིག་སྤྲོད་རྒྱུ་བྱས་ཡོད་ན་བློ་འགྱོད་སྐྱེ་མི་རུང་།

(4) སྦས་དངོས་རྙེད་པ། སྦས་དངོས་རྙེད་པ་མ་ཟད་བདག་བཟུང་བྱས་པའི་རིགས་དེ།
“བོར་དངོས་རྙེད་པའི་”འབྲེལ་ཡོད་གཏན་འབེབས་བཀོལ་སྤྱོད་བྱ་རྒྱུ།

གཉིས། ཆུ་ཚོད་བོར་རྗེས་གཞན་གྱིས་བཙོངས་བ་ཡིན་ན། ད་དུང་ཕྱིར་ལེན་ཐུབ་བམ།

མི་ཀ་པས་གྲོགས་པོ་དང་མཉམ་དུ་གསོལ་མགྲོན་ཁང་དུ་ཟ་མ་ཟ་དུས་སྣང་འཛོག་མ་བྱས་པར་རང་ཉིད་ཀྱིས་བཏགས་པའི་སྒོར་ཁྲི5གནས་པའི་ཚོང་རྟགས་གྲགས་ཅན་གྱི་ཆུ་ཚོད་ཅིག་བོར་སོང་བ་རེད། ཆུ་ཚོད་དེ་གསོལ་མགྲོན་ཁང་གི་ཞབས་ཞུ་བས་རྙེད་རྗེས་ས་གནས་དེ་གའི་སྤྱི་བདེ་ལས་ཁུངས་ལ་རྩིས་སྤྲོད་པ་དང་། སྤྱི་བདེ་ལས་ཁུངས་ཀྱིས་བརྙེད་བརྫའི་སྤྱི་བསྒྲགས་སྤེལ་ཅུང་། ལོ་གཅིག་གི་ནང་ཚུན་དུ་རྩིས་ལེན་བྱེད་མཁན་མ་བྱུང་བ་རེད། དེར་བརྟེན་སྤྱི་བདེ་ལས་ཁུངས་ཀྱིས་འབྲེལ་ཡོད་གཏན་འབེབས་ལྟར་རིན་འཚོང་མཁན་ལ་སྤྲད་དེ་རིན་འཚོང་བྱེད་དུ་བཅུག་པ་དང་། མི་ཁ་པས་དེ་ནས་ཉོས།

ལོ་གཅིག་གི་རྗེས་སུ། མི་ཁ་པ་ལུས་སྦྱོང་ཁང་དུ་ཆུ་རྐྱལ་རྒྱག་སྐབས། ཆུ་ཚོད་དེ་གོས་བརྗེ་ཁང་དུ་བཞག་པ་ལ་མི་ག་པས་བརྐུས། དེའི་རྗེས་སུ་མི་ག་པས་ཆུ་ཚོད་དེ་

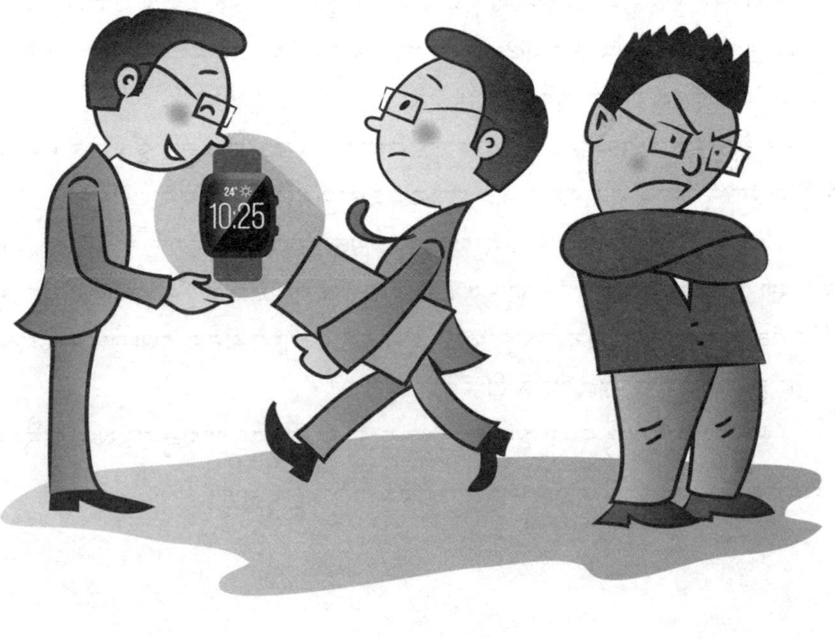

རིན་གོང་སྒོར500བྱས་ནས་གྲོགས་པོ་ང་པ་ལ་བཙོངས། འོན་ཀྱང་མི་ང་པས་ཆུ་ཚོད་དེ་མི་ག་པས་བརྐུས་པ་ཡིན་པ་མ་ཤེས།

ཕྱིས་སུ་སྤྱི་བདེ་ལས་ཁུངས་ཀྱིས་མི་ག་པ་འཛིན་བཟུང་བྱས་ནས། འདྲི་རྩད་བྱེད་སྐབས། མི་ག་པས་རང་གིས་གོང་གསལ་ཆུ་ཚོད་བརྐུས་ནས་བཙོངས་པའི་དོན་དངོས་ངོས་ལེན་ཞུས། སྤྱི་བདེ་ལས་ཁུངས་ཀྱིས་དེ་མུར་མི་ང་པ་ལ་ཆུ་ཚོད་ཕྱིར་རྩིས་སྤྲོད་དགོས་པའི་བླང་བྱ་བཏོན་པ་མ་ཟད་བརྡེད་བརྗའི་སྤྱི་བསྒྲགས་སྤེལ།

སྤྱི་བསྒྲགས་ཀྱི་དུས་བཀག་ནང་། མི་ཀ་པ་དང་ཁ་པ་གཉིས་ཀ་རྩིས་ལེན་བྱེད་པར་ཡོང་བ་རེད། སྤྱི་བདེ་ལས་ཁུངས་ཀྱིས་མི་ཁ་པའི་སྐབས་དེའི་གྱོད་དོན་སྐན་སེང་ཞུ་བའི་ཐེན་ཐོ་དང་། མི་ག་པའི་ངོས་ལེན་ཞུས་པའི་ནང་དོན་སོགས་ཀྱི་ཁུངས་སྣེ་བྱས་ནས་ཆུ་ཚོད་དེའི་བདག་པོ་ཁ་པ་ཡིན་པ་གཏན་འཁེལ་བྱས་པ་དང་། མི་ཁ་པ་ལ་ཆུ་ཚོད་དེ་ལེན་དུ་བཅུག་པ་རེད། འོན་ཀྱང་མི་ཀ་པས་ཀྱང་ཁོ་ཆུ་ཚོད་དེའི་བདག་དབང་འཛིན་མཁན་ངོ་མ་ཡིན་པ་བཤད་པ་མ་ཟད། ཆུ་ཚོད་ཉོས་པའི་འཛིན་ཤོག་ཀྱང་བསྟན་པ་རེད། སྐབས་འདིར་མི་ང་པས་ཀྱང་ཆུ་ཚོད་དེ་ནི་རང་གིས་འགྲོ་སོང་བཏང་ནས་ཉོས་པ་ཡིན་པས། ཆུ་ཚོད་དེ་རང་ལ་དབང་དགོས་པའི་རེ་བ་བཏོན།

མི་ཀ་པ་དང་། ཁ་པ། ང་པ་བཅས་ཕྱོགས་གསུམ་པོས་དེའི་ཆེད་དུ་རྩོད་པ་རྫོགས་མེད་བརྒྱབ་པ་དང་། མི་ཀ་པ་དང་ང་པ་གཉིས་ཀས་ཁྲིམས་ཁང་ལ་ཞུ་གཏུག་བརྒྱབ་སྟེ། ཆུ་ཚོད་དེའི་བདག་དབང་རང་ཉིད་ལ་ཡོད་པ་གཏན་འཁེལ་བྱ་རྒྱུའི་རེ་བ་བཏོན།

《ཀྲུང་ཧྭ་མི་དམངས་སྤྱི་མཐུན་རྒྱལ་ཁབ་ཀྱི་དམངས་དོན་ཁྲིམས་གཞུང་》གི་དོན་ཚན་སུམ་བརྒྱ་དང་བཅུ་གཅིག་པའི་ནང་དུ་གཏན་འབེབས་བྱས་དོན། ཐག་གཅོད་བྱེད་དབང་མེད་པའི་མིས་བརྟན་ནོར་རམ་འགུལ་ནོར་བཤུག་ལེན་བྱེད་མི་ལ་བཤུག་སྤྲོད་བྱས་ཚེ། བདག་དབང་བདག་པོ་ལ་དེ་འདེད་ལེན་བྱེད་དབང་ཡོད། བཅའ་ཁྲིམས་ཀྱིས་ལོགས་སུ་གཏན་འབེབས་བྱས་ཡོད་པ་ཕུད། གཤམ་གསལ་གནས་ཚུལ་དང་མཐུན་པ་ཡིན་ན། བཤུག་ལེན་བྱེད་མི་ལ་བརྟན་ནོར་རམ་འགུལ་ནོར་གྱི་བདག་དབང་འཐོབ་པ་ཡིན།

(གཅིག) བཤུག་ལེན་བྱེད་མིས་བརྟན་ནོར་རམ་འགུལ་ནོར་དེ་ལེན་སྐབས་སེམས་

བཟང་ཡིན་པ།

（གཉིས།）ལུགས་མཐུན་གྱི་རིན་གོང་ཐོག་ནས་བཤུག་སྤྲོད་བྱས་པ།

（གསུམ།）བཤུག་སྤྲོད་བྱས་པའི་བརྟན་ནོར་རམ་འགྱུལ་ནོར་དེ་བཅའ་ཁྲིམས་ཀྱི་གཏན་འབེབས་ལྟར་ཐོ་འགོད་བྱེད་དགོས་པ་ཐོ་འགོད་བྱས་ཟིན་པ་དང་། ཐོ་འགོད་བྱེད་མི་དགོས་པ་བཤུག་ལེན་བྱེད་མི་ལ་སྤྲད་ཟིན་པ།

བཤུག་ལེན་བྱེད་མི་ལ་གོང་གསལ་ནང་གསེས་དོན་ཚན་གྱི་གཏན་འབེབས་ལྟར་བརྟན་ནོར་རམ་འགྱུལ་ནོར་གྱི་བདག་དབང་ཐོབ་ན། མ་གཞིའི་བདག་དབང་བདག་པོས་ཐག་གཅོད་བྱེད་དབང་མེད་པའི་མི་དེ་ལ་གནོད་རྐྱེན་གྱི་སྐྱིན་གསབ་འཇལ་དགོས་པའི་རེ་འདུན་བཏོན་ཆོག

ངོ་བདག་ལ་སེམས་བཟང་དང་དངོས་དབང་གཞན་དག་ཐོབ་པར། གོང་གསལ་ནང་གསེས་དོན་ཚན་གཉིས་ཀྱི་གཏན་འབེབས་དཔེ་གཞི་བྱས་ནས་སྤྱད་འདུས།

《ཀྲུང་ཧྭ་མི་དམངས་སྤྱི་མཐུན་རྒྱལ་ཁབ་ཀྱི་དམངས་དོན་ཁྲིམས་གཞུང་》གི་དོན་ཚན་སུམ་བརྒྱ་དང་བཅོ་བརྒྱད་པའི་ནང་དུ་གཏན་འབེབས་བྱས་དོན། བོར་བརླག་དངོས་པོ་དེ་བརྙེད་བརྡའི་སྤྱི་བསྒྲགས་སྤེལ་ཉིན་ནས་བཟུང་ལོ་གཅིག་ནང་ཚུན་དུ་ངོས་འཛིན་རྩིས་ལེན་བྱེད་མི་མ་བྱུང་ན། རྒྱལ་ཁབ་ལ་དབང་བར་བྱེད་དགོས།

མཇུག་མཐར་ཁྲིམས་ཁང་གིས་ཚུ་ཚོད་དེ་ཁ་པ་ལ་དབང་བ་ཐག་བཅད། རྒྱུ་མཚན་ནི་ང་པས་ཚུ་ཚོད་དེ་ཉོ་སྐབས་ལུགས་མཐུན་གྱི་རིན་གོང་སྤྲད་མེད་པ་མངོན་གསལ་ཡིན་པས། “གནོང་མེད་དུ་ཐོབ་པ”མ་གྲུབ་ནས་ང་པ་ལ་ཚུ་ཚོད་ཀྱི་བདག་དབང་མ་ཐོབ། ཀ་པས་བོར་དངོས་རྩིས་ལེན་བྱེད་པའི་དུས་བཀག་ནང་ཚུ་ཚོད་དེ་ངོས་འཛིན་རྩིས་ལེན་བྱས་མེད་པས། ཚུ་ཚོད་དེ་རྒྱལ་ཁབ་ལ་དབང་བ་དང་། རྒྱལ་ཁབ་ལ་ཐག་གཅོད་བྱེད་དབང་ཡོད། ཀ་པ་ཡི་བདག་དབང་ཤོར་བས། ཚུ་ཚོད་ཕྱིར་ལེན་བྱ་ཐབས་མེད། ཁ་པས་རྟབ་འཚོང་བྱེད་ས་ནས་ཉོས་པའི་དབང་གིས་དོན་དངོས་ཀྱི་བདག་དབང་ཐོབ་ཡོད་པས། དེ་ནི་ཐོག་མ་ཉིད་ནས་ཐོབ་པ་ཡིན་ཞིང་བདག་དབང་འཛིན་མཁན་ཡིན།

ཁྲིམས་ལུགས་ཁྲབ་གདལ་གྱི་སློབ་ཚན།

1.བོར་དངོས་རྗེས་ལེན་སྐབས་གནད་དོན་གང་དག་ལ་དོ་སྣང་བྱེད་དགོས།

（1）བོར་བརླག་དངོས་པོ་དེ་བརྙེད་བརྡའི་སྤྱི་བསྒྲགས་སྤེལ་ཉིན་ནས་བཟུང་ལོ་གཅིག་གི་ནང་ཚུན་དུ་རྗེས་ལེན་བྱེད་མཁན་མ་བྱུང་ན། རྒྱལ་ཁབ་ལ་དབང་བ་ཡིན། དེའི་ཕྱིར་ཁེ་དབང་འཛིན་མཁན་གྱིས་འབྲེལ་ཡོད་སྡེ་ཁག་ནས་གང་མགྱོགས་རྗེས་ལེན་བྱེད་དགོས།

（2）ཁེ་དབང་འཛིན་མཁན་གྱིས་བོར་དངོས་ལེན་སྐབས། རྙེད་མཁན་ནམ་ཡང་ན་འབྲེལ་ཡོད་སྡེ་ཁག་ལ་བོར་དངོས་ཉར་ཚགས་དོ་དམ་སོགས་བྱེད་པར་བཏང་བའི་དགོས་ངེས་ཀྱི་འགྲོ་གྲོན་སྤྲོད་དགོས།

（3）ཁེ་དབང་འཛིན་མཁན་གྱིས་བྱ་དགའ་སྟེར་ཏེ་བོར་དངོས་འཚོལ་བའི་རིགས་ལ། བོར་དངོས་ལེན་སྐབས་ཁས་ལེན་བྱས་པ་ལྟར་འོས་འགན་བསྒྲུབ་དགོས།

（4）རྙེད་མཁན་གྱིས་བོར་དངོས་ཧམ་བཟུང་བྱས་པའི་རིགས་ལ། བོར་དངོས་ཉར་ཚགས་སོགས་སུ་བཏང་བའི་འགྲོ་གྲོན་རེ་ཞུ་བྱེད་དབང་མེད་ལ། ཁེ་དབང་འཛིན་མཁན་ལ་ཁས་ལེན་ལྟར་འོས་འགན་ལག་བསྟར་བྱ་རྒྱུའི་རེ་ཞུ་བྱེད་དབང་ཡང་མེད།

2. བོར་དངོས་དོ་དམ་བྱེད་པར་གཏན་འབེབས་ཅི་འདྲ་ཡོད།

རྙེད་མཁན་གྱིས་བོར་དངོས་འབྲེལ་ཡོད་སྡེ་ཁག་ལ་མ་བསྐྱལ་གོང་དང་། འབྲེལ་ཡོད་སྡེ་ཁག་ཏུ་བོར་དངོས་རྗེས་ལེན་བྱེད་མཁན་མ་སླེབས་གོང་ལ་བོར་དངོས་ཉར་ཚགས་ཡག་པོ་བྱེད་དགོས། ཆེད་མངགས་སམ་ཡང་ན་ལས་འཛོལ་ཚབས་ཆེན་ཤོར་ནས་བོར་དངོས་གཏོར་བརླག་དང་། རྫ་མེད་དུ་སོང་བ་ཡིན་ན། དམངས་དོན་གྱི་འགན་འཁྲི་འཁུར་དགོས།

3.བོར་དངོས་ཧམ་བཟུང་བྱས་ཉེས་ཀྱི་ཀྱོད་དོན་བོ་འགོད་ཆད་གཞི་ཅི་འདྲ་ཡིན།

ཧམ་བཟུང་བྱས་ཉེས་ཞེས་པ་ནི་ཁྲིམས་འགལ་གྱིས་བདག་གིར་འཛིན་རྒྱུ་དམིགས་ཡུལ་དུ་བཟུང་ནས། གཞན་གྱིས་རང་ལ་བཅོལ་བའི་རྒྱུ་དངོས་དང་། བརྗེད་དངོས། སྦས་དངོས་སོགས་ཁྲིམས་འགལ་གྱིས་བདག་གིར་བཟུང་ཞིང་། གྲངས་འབོར་ཆེ་ལ་ཕྱིར་སྤྲོད་གཏན་ནས་མི་བྱེད་པའི་བྱ་སྤྱོད་ལ་ཟེར། བྱས་ཉེས་འདིའི་བྱེད་པོ་ནི་སྤྱིར་བཏང་གི་བྱེད་པོ་ཡིན་ཞིང་། རང་ལོ་བཅུ་དྲུག་ལོན་ཞིང་ཉེས་འགན་འཁུར་ནུས་ཡོད་པའི་རང་བྱུང་མི་ཞིག་ཡིན་ཕྱིན་བྱས་ཉེས་འདི་གྲུབ་ཐུབ།

བྱས་ཉེས་འདི་རང་ངོས་ཐད་ངེས་པར་དུ་ཆེད་མངགས་བྱས་པ་ཞིག་ཡིན་དགོས་པ་སྟེ། གཞན་གྱིས་རང་ལ་བཅོལ་པའི་རྒྱུ་དངོས་དང་། བརྗེད་དངོས། ཡང་ན་སྦས་དངོས་སོགས་ཡིན་པ་ཤེས་བཞིན་དུ་སྟར་བཞིན་ཁྲིམས་འགལ་གྱིས་བདག་བཟུང་བྱས་པ་ཞིག་ལ་ཟེར།

གསུམ། བདག་དབང་སྤོ་སྒྱུར་གྱི་ཐོ་འགོད་འགྲོ་ལུགས་གཞིར་མེད་ན་ཁང་པ་སུ་ལ་དབང་བ་ཡིན།

ཝེའང་ཆེ་གེ་མོས་རང་ཉིད་ལ་དབང་བའི་ཁང་པ་ཞིག་ཀྲའོ་ཆེ་གེ་མོ་ལ་བཙོངས་ཤིང་། རིན་དངུལ་ཚང་མ་སྤྲད་ཚར་རྗེས་བདག་དབང་སྤོ་སྒྱུར་གྱི་ཐོ་འགོད་འགྲོ་ལུགས་གཉེར་རྒྱུའི་ཁ་ཆད་བཞག ཀྲའོ་ཆེ་གེ་མོས་ཝེའང་ཆེ་གེ་མོས་བདག་དབང་མ་བསྒྱུར་གོང་ཁང་པ་ཡང་བསྐྱར་བཙོངས་པར་སེམས་ཁྲལ་བྱས་ནས་སྔོན་བརྡའི་ཐོ་འགོད་བྱས།

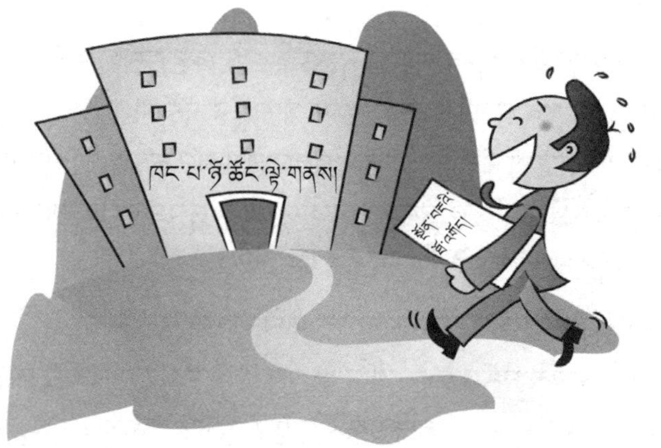

ཀྲའོ་ཆེ་གེ་མོས་ཁང་རིན་ཡོངས་སུ་སྤྲད་མ་ཚར་བའི་རིང་ལ། ཝེའང་ཆེ་གེ་མོས་ཁང་པ་ཀྲོའུ་ཆེ་གེ་མོར་བཙོངས། མཐར་ཕོ་ཚོ་གསུམ་པོས་རྩོད་པ་རྫོགས་མེད་བརྒྱབ་ནས། ཀྲོའུ་ཆེ་གེ་མོས་ཝེའང་ཆེ་གེ་མོ་ཁྲིམས་ཁང་ལ་ཞུ་སྙོར་བྱས་ནས་ཁང་པའི་བདག་དབང་གཏན་ཁེལ་བྱ་རྒྱུའི་རེ་བ་བཏོན།

《ཀྲུང་ཧྭ་མི་དམངས་སྤྱི་མཐུན་རྒྱལ་ཁབ་ཀྱི་དམངས་དོན་ཁྲིམས་གཞུང་》གི་དོན་ཚན་ཉིས་བརྒྱ་དང་ཉེར་གཅིག་པའི་ནང་དུ་གཏན་འབེབས་བྱས་དོན། ད་བདག་བར་ཁང་པ་ཉོ་ཚོང་སྐོར་གྱི་གྲོས་མཐུན་ནམ་བརྟན་ནོར་གྱི་དངོས་དབང་གཞན་དག་སྐོར་གྱི་གྲོས་མཐུན་འཛོག་ཚེ། མ་འོངས་པར་དངོས་དབང་དོན་ཐོག་ཏུ་འགྱུར་རྒྱུ་འགན་ སྲུང་བྱེད་ཆེད། གྲོས་

དན་ལྟར་ཐོ་འགོད་ལས་ཁུངས་ལ་སྔོན་བཟའི་ཐོ་འགོད་བྱེད་པའི་རེ་འདུན་ཞུས་ཚོག སྔོན་བཟའི་ཐོ་འགོད་བྱས་རྗེས། སྔོན་བཟའི་ཐོ་འགོད་ཀྱི་ཁེ་དབང་བདག་པོ་མོས་མཐུན་མ་བྱུང་བར་བརྟན་ནོར་ཐག་བཅོད་བྱས་པ་ཡིན་ན། དངོས་དབང་གི་ནུས་པ་མི་ཐོན་པ་ཡིན།

སྔོན་བཟའི་ཐོ་འགོད་བྱས་རྗེས། བུན་དབང་མེད་པར་བཟོས་པའམ་བརྟན་ནོར་ཐོ་འགོད་བྱེད་འོས་པའི་ཉིན་ནས་ཉིན་དགུ་བཅུའི་ནང་ཚུན་དུ་ཐོ་འགོད་བྱེད་པའི་རེ་འདུན་མ་ཞུས་ན། སྔོན་བཟའི་ཐོ་འགོད་ཀྱི་ནུས་པ་ཤོར་བ་ཡིན།

མཐར་ཁྲིམས་ཁང་གིས་ཀྲོའུ་ཆེ་གེ་མོ་ལ་ཁང་པའི་བདག་དབང་མི་ཐོབ་པ་ཁྲིམས་ཐག་བཅད། རྒྱུ་མཚན་ནི་གཏན་འབེབས་ལྟར་ན། སྔོན་བཟའི་ཐོ་འགོད་བྱས་རྗེས། སྔོན་བཟའི་ཐོ་འགོད་ཀྱི་དབང་ཆའི་བདག་པོས་མོས་མཐུན་མ་བྱུང་བར་བརྟན་ནོར་ཐག་བཅོད་བྱས་ན། དངོས་དབང་གི་ནུས་པ་མི་ཐོན་པ་ཡིན། ཀྲའོ་ཆེ་གེ་མོས་སྔོན་བཟའི་ཐོ་འགོད་བྱས་ཟིན་པས། ལིའང་ཆེ་གེ་མོས་ཡང་བསྐྱར་ཁང་པ་ཀྲོའུ་ཆེ་གེ་མོ་ལ་བཙོངས་པར་ཀྲའོ་ཆེ་གེ་མོའི་མོས་མཐུན་བྱུང་མེད་སྐབས། ཀྲོའུ་ཆེ་གེ་མོར་ཁང་པའི་བདག་དབང་མི་ཐོབ་པའོ། །

ཁྲིམས་ལུགས་ཁྱབ་གདལ་གྱི་སློབ་ཚན།

1.སྔོན་བཟའི་ཐོ་འགོད་ཅེས་པ་གང་འདྲ་ཞིག་ཡིན།

སྔོན་བཟའི་ཐོ་འགོད་ཅེས་པ་ནི་དོ་བདག་གིས་ཁང་པ་ཉོ་ཚོང་བྱེད་པའམ་ཡང་ན་གཞན་གྱི་བརྟན་ནོར་གྱི་བདག་དབང་སྐོར་གྱི་གྲོས་མཐུན་ཡིག་ཆར་མིང་ཐོ་བཀོད་ནས། སླད་ཕྱིན་དངོས་དབང་མངོན་འགྱུར་ཡོང་ཆེད་ཁ་ཆད་ལྟར་ཐོ་འགོད་ལས་ཁུངས་ལ་སྔོན་བཟའི་ཐོ་འགོད་རེ་འདུན་ཞུས་པར་ཟེར། དཔེར་ན། ཚོང་སྒྱུར་ཁང་པ་སྔོན་ཚོང་བྱེད་སྐབས། ཁང་པ་ཉོ་མཁན་གྱིས་ད་དུང་བསྐྲུན་ཚར་མེད་པའི་སྔོད་ཁང་སྐོར་སྔོན་བཟའི་ཐོ་འགོད་བྱས་ཏེ། ཐོན་འབྱེད་ཚོང་པས་བཙོངས་ཟིན་པའི་ཁང་པ་ཡང་བསྐྱར་ཚོང་བའམ་ཡང་ན་གཏའ་མར་འཛུག་པར་ཚོད་འཛིན་བྱེད་ཚོག་ངོ་བོའི་ཐོག་ནས་བཤད་ན། ཐོན་འབྱེད་ཚོང་པས་དུས་བཅད་ཁང་པ་འཚོང་བ་དང་། རྒྱུ་ནོར་འཕོར་རྒྱག་བྱེད་ཚད་མཐོ་རུ་གཏོང་བར་བཅའ་ཁྲིམས་ཀྱི་རྒྱབ་སྐྱོར་བྱེད་ཆེད་ཡིན།

2.སྔོན་བརྡའི་ཐོ་འགོད་དང་སྤྱིར་བཏང་གི་བརྟན་ནོར་ཐོ་འགོད་གཉིས་ལ་ཁྱད་པར་གང་ཡོད།

སྤྱིར་བཏང་གི་བརྟན་ནོར་ཐོ་འགོད་ནི་བརྟན་ནོར་གྱི་རྒྱུ་དངོས་བདག་དབང་ལེགས་གྲུབ་བྱུང་བའི་སྐབས་སུ་ཐོ་འགོད་བྱེད་པ་ཡིན་པ་དང་། སྔོན་བརྡའི་ཐོ་འགོད་ནི་ཕྱིར་འབྱུང་དུ་བརྟན་ནོར་གྱི་རྒྱུ་དངོས་བདག་དབང་བྱུང་བར་འགན་སྲུང་བྱེད་ཆེད་ཐོ་འགོད་བྱེད་པ་ཞིག་ཡིན། སྔོན་བརྡའི་ཐོ་འགོད་བྱས་རྗེས། བརྟན་ནོར་གྱི་རྒྱུ་དངོས་བདག་དབང་གཏན་ཁེལ་བའམ་འགྱུར་བ་ཕྱིན་པ་ཞིག་མ་ཡིན་པར། ཐོ་འགོད་རེ་ཞུ་བྱེད་མཁན་ལ་མ་འོངས་པར་རྒྱུ་དངོས་བདག་དབང་འགྱུར་བ་གཏོང་བའི་རེ་བ་འདོན་པའི་ཁེ་དབང་ཞིག་ཐོབ་པ་ཙམ་རེད། སྔོན་བརྡའི་ཐོ་འགོད་ཀྱི་རེ་ཞུའི་དབང་ཆའི་ནང་བཙུག་ནས། ཕྱིས་སུ་རེ་ཞུའི་དབང་ཆའི་ནང་དོན་དེ་དང་མཚུངས་པའི་བརྟན་ནོར་གྱི་དངོས་དབང་ཐག་གཅོད་ཀྱི་བྱ་སྤྱོད་བྱུང་ན། གཞན་པ་ཕྱིར་འབུད་ཀྱི་ནུས་པ་ལྡན་པས། མ་འོངས་པར་རེ་ཞུའི་དབང་ཆ་དེ་ཉིད་ཀྱིས་རེ་སྒྲུབ་བྱེད་པའི་བཅའ་ཁྲིམས་ཀྱི་མཇུག་འབྲས་ཁོ་ན་འབྱུང་བར་ཁག་ཐེག་བྱེད་ཐུབ།

3.དངོས་དབང་ནང་ལ་གང་དག་ཚུད་ཡོད།

དངོས་དབང་ཞེས་པ་ནི་ཁེ་དབང་འཛིན་མཁན་གྱིས་ཁྲིམས་ལྟར་ངེས་གཏན་རྒྱུ་དངོས་ལ་ཐད་ཀར་བཀོད་སྒྲིག་དང་གཞན་པ་ཕྱིར་འབུད་བྱེད་པའི་ཁེ་དབང་ཡོད་པར་ཟེར། དེའི་ནང་དུ་བདག་དབང་དང་། ཁེ་སྤྱོད་དངོས་དབང་། ཁག་ཐེག་དངོས་དབང་བཅས་ཚུད་ཡོད།

སྤྱོད་ཁེ་དངོས་དབང་།

གཅིག འགན་ལེན་དུས་ཡུན་ནང་གི་ས་ཞིང་ཕྱིར་བསྡུས་ཆོག་གམ།

གྲོང་མི་ཀྲོའུ་ཆེ་གེ་མོ་དང་ཕོ་གནས་སའི་གྲོང་ཚོ་ཨུ་ཡོན་ལྷན་ཁང་གཉིས་ཀྱིས་ས་ཞིང་འགན་གཙང་ལེན་གྱི་གན་རྒྱ་ཞིག་བཞག གན་རྒྱའི་ནང་དུ་གྲོང་ཚོ་ཨུ་ལྷན་གྱིས་གྲོང་ཚོར་དབང་བའི་ས་རྐྱེད་མུའུ15དེ་ཀྲོའུ་ཆེ་གེ་མོར་འགན་གཙང་སྤྲད་ནས་གཉེར་སྐྱོང་བྱེད་དུ་བཅུག་ཅིང་། དུས་ཡུན་ལོ20འགན་གཙང་ལེན་རྒྱུའི་ཁ་ཆད་བྱས།

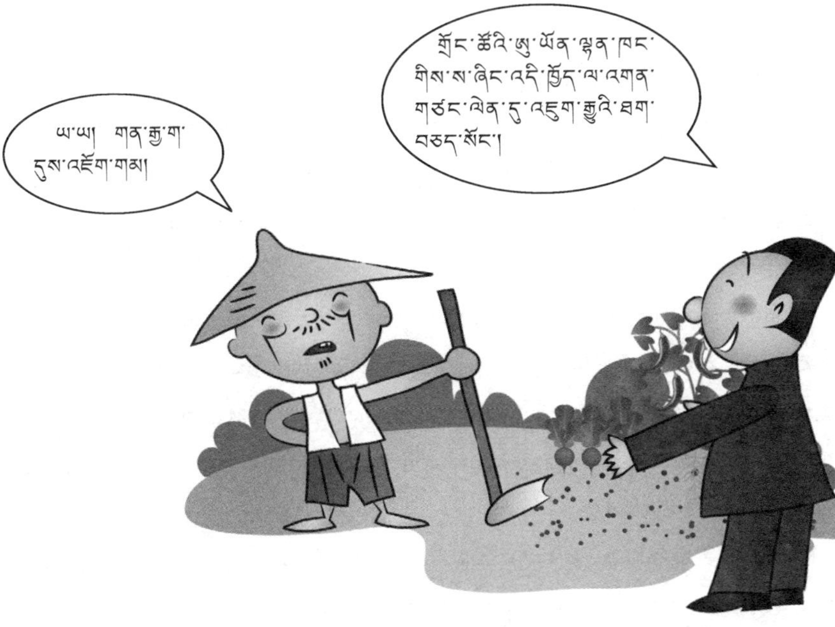

གན་རྒྱ་བཞག་རྗེས། ཀྲོའུ་ཆེ་གེ་མོས་འགན་གཙང་བླངས་པའི་ས་ཞིང་ལ་ཡང་

བསྐྱར་ཚད་ལྡན་གྱིས་ལེགས་སྒྲིག་བྱས་པ་མ་ཟད། འགན་གཙང་བླངས་པའི་ས་ཞིང་ཐོག་ཏུ་ཁྲོན་པ་གཏིང་རིང་ཞིག་བརྐོས།

ལོ་གསུམ་གྱི་རྗེས་སུ། ཀྲུའུ་ཆེ་གེ་མོ་གནས་སའི་གྲོང་ཚོ་ཞུ་ལྷན་གྱིས་ཞུ་ཡོན་གསར་པ་བདམས་ནས་སྐབས་བརྗེ་བྱས། བརྗེས་ཟིན་པའི་གྲོང་ཚོ་ཞུ་ལྷན་གྱིས་དེ་སྔོན་གྱི་གྲོང་ཚོ་ཞུ་ལྷན་གྱིས་ཀྲུའུ་ཆེ་གེ་མོ་དང་ས་ཞིང་འགན་གཙང་ལེན་གྱི་གན་རྒྱ་འཛོག་སྐབས་གྲོང་མིའི་ཚོགས་ཆེན་འཚོགས་མེད་པས། དམངས་གཙོའི་ཐོག་ནས་གྲོས་ཐག་གཅོད་པའི་རྩ་དོན་དང་འགལ་བ་རྒྱུ་མཚན་དུ་བྱས་ནས། ཀྲུའུ་ཆེ་གེ་མོས་འགན་གཙང་བླངས་པའི་ས་ཞིང་དེ་བཙན་ཤེད་ཀྱིས་ཕྱིར་བསྡུས་པ་རེད།

ཀྲུའུ་ཆེ་གེ་མོས་ད་ལྟའི་གྲོང་ཚོ་ཞུ་ལྷན་དེ་ཁྲིམས་ཁང་ལ་སྦྱར་ནས། གན་རྒྱར་ནུས་པ་ལྡན་པ་གཏན་ཁེལ་བྱ་རྒྱུ་དང་། ཞུ་སྦྱོར་ཕྱི་མས་མུ་མཐུད་དུ་གན་རྒྱ་ལག་བསྟར་བྱ་རྒྱུའི་རེ་བ་བཏོན།

《ཀྲུང་ཧྭ་མི་དམངས་སྤྱི་མཐུན་རྒྱལ་ཁབ་ཀྱི་དམངས་དོན་ཁྲིམས་གཞུང་》གི་དོན་ཚན་སུམ་བརྒྱ་དང་སོ་བདུན་པའི་ནང་དུ་གཏན་འབེབས་བྱས་དོན། འགན་གཙང་ལེན་བྱེད་ཡུན་ནང་དུ་འགན་གཙང་སྤྲོད་བྱེད་མིས་འགན་གཙང་ལེན་བྱས་པའི་ས་ཞིང་ཕྱིར་བསྡུ་བྱས་མི་ཆོག བཅའ་ཁྲིམས་ཀྱིས་ལོགས་སུ་གཏན་འབེབས་བྱས་ཡོད་པ་ཡིན་ན། དེའི་གཏན་འབེབས་གཞིར་འཛིན་དགོས།

《ཀྲུང་ཧྭ་མི་དམངས་སྤྱི་མཐུན་རྒྱལ་ཁབ་ཀྱི་དམངས་དོན་ཁྲིམས་གཞུང་》གི་དོན་ཚན་ཉིས་བརྒྱ་དང་རེ་གཅིག་པའི་ནང་དུ་གཏན་འབེབས་བྱས་དོན། ཞིང་པ་ཐུན་མོང་ལ་དབང་བའི་བརྟན་ནོར་དང་འགུལ་ནོར་ནི་ཐུན་མོང་དེའི་ཁོངས་མི་སྤྱི་གཞུང་ལ་དབང་བ་ཡིན།

གཤམ་གསལ་དོན་དག་རྣམས་ཁྲིམས་བཀོད་ལས་རིམ་ལྟར་ཐུན་མོང་དེའི་ཁོངས་མི་ཚོས་ཐག་གཅོད་བྱེད་དགོས།

(གཅིག) ས་ཞིང་འགན་གཙང་ལེན་གྱི་འཆར་འགོད་དང་དེ་བཞིན་དེ་ག་ཐུན་མོང་མིན་པའི་རྩ་འཛུགས་སམ་མི་སྒེར་ལ་ས་ཞིང་འགན་གཙང་སྤྲོད་པ།

(གཉིས།) ས་ཞིང་འགན་གཙང་ལེན་གྱིས་གཉེར་སྐྱོང་དབང་བདག་རེ་འགའི་བར་དུ་འགན་གཙང་བླངས་པའི་ས་ཞིང་སྙོམས་སྒྲིག་བྱེད་པ།

（གསུམ།） ས་ཞིང་གི་གུན་གསབ་གྲོན་དངུལ་སོགས་གྲོན་དངུལ་བགོལ་སྤྱོད་དང་བགོ་བཤའ་བྱ་ཐབས།

（བཞི།） ཐུན་མོང་གིས་མ་རྩ་བཏང་པའི་ཁེ་ལས་ཀྱི་བདག་དབང་སྒྱུར་བ་སོགས་ཀྱི་དོན་དག

（ལྔ།） བཅའ་ཁྲིམས་ཀྱིས་གཏན་འབེབས་བྱས་པའི་དོན་དག་གཞན་དག

ཁྲིམས་ཁང་གིས་སྐབས་དེའི་བཅའ་ཁྲིམས་དང་ཁྲིམས་སྲོལ་གཞིར་བཟུང་ནས། ས་ཞིང་འགན་གཙང་ལེན་གྱི་གན་རྒྱར་ནུས་པ་མི་ལྡན་པའི་ཁྲིམས་ཐག་བཅད། ཞུ་སྦྱོར་སྤྲ་མ་ཀྲོའུ་ཆེ་གེ་མོ་དང་དེ་སྔོན་གྱི་གྲོང་ཚོ་ཨུ་ཡོན་ལྷན་ཁང་གཉིས་བར་ས་ཞིང་འགན་གཙང་ལེན་གྱི་གན་རྒྱ་བཞག་པ་མ་ཟད། ད་དུང་འགན་གཙང་བླངས་པའི་དུས་ཡུན་ཡོལ་མེད་མོད། འོན་ཀྱང་གྲོང་སྡེར་དབང་བའི་ས་ཞིང་འགན་གཙང་ལེན་བྱེད་པའི་རྩུས་གཞིར་ཁོངས་མི་ཐུན་མོང་གིས་ཐག་གཅོད་བྱེད་དགོས་པས། ད་ཆ་གྲོང་ཚོ་ཨུ་ཡོན་ལྷན་ཁང་ལ་ཀྲོའུ་ཆེ་གེ་མོས་འགན་གཙང་བླངས་པའི་ས་ཞིང་ཕྱིར་ལེན་པའི་དབང་ཆ་ཡོད། འོན་ཀྱང་དེར་མཐུན་གྱི་གྲོང་གུན་སྐྱིན་གསབ་འཛལ་དགོས།

ཁྲིམས་ལུགས་ཁྱབ་གདལ་གྱི་སློབ་ཚན།

1.གང་འདྲ་ཞིག་ལ་གྲོང་གསེབ་ཀྱི་ས་ཞིང་འགན་གཙང་ལེན་བྱེད་པ་ཟེར།

གྲོང་གསེབ་ཀྱི་ས་ཞིང་འགན་གཙང་ལེན་བྱེད་པ་ཞེས་པ་ནི་གྲོང་གསེབ་ཐུན་མོང་གི་དཔལ་འབྱོར་རྩ་འཛུགས་ནང་ཁུལ་གྱི་ཁྱིམ་ཚང་གིས་འགན་གཙང་ལེན་བྱས་པ་ལ་ཟེར། ཁྱིམ་ཚང་གིས་འགན་གཙང་ལེན་བྱེད་མི་འོས་པའི་རི་རྒོད་དང་། ཤུར་རྒོད། རི་མ་ཐང་། ཐང་སྟོང་སོགས་གྲོང་གསེབ་ཀྱི་ས་ཞིང་ནི། དམིགས་འགུག་དང་། ཏབ་འཚོང་། ཡོངས་གྲགས་སུ་གྲོས་མོལ་སོགས་ཀྱི་ཐབས་ལ་བརྟེན་ནས་འགན་གཙང་སྤྲད་ཆོག གྲོང་གསེབ་ཀྱི་ས་ཞིང་འགན་གཙང་བླངས་རྗེས་ས་ཞིང་གི་བདག་དབང་གི་ངོ་བོ་མི་འགྱུར་བ་དང་། འགན་གཙང་བླངས་པའི་ས་ཞིང་ཉོ་ཚོང་བྱས་མི་ཆོག

ཞིང་པའི་ས་ཞིང་འགན་གཙང་ལེན་གྱི་ཁེ་དབང་འགན་སྲུང་གང་ལེགས་བྱེད་པ་དང་། གྲོང་གསེབ་ཀྱི་ས་ཞིང་འགན་གཙང་ལེན་གྱི་གཉེར་སྐྱོང་ལམ་ལུགས་སྔར་ལས་འཐུས་ཚང་དུ་གཏོང་བ།

གྲོང་གསེབ་དར་རྒྱས་གཏོང་བའི་འཐབ་རྩུས་ལག་བསྟར་བྱེད་པར་སྐུལ་འདེད་གཏོང་བ་བཅས་ཀྱི་ཆེད་དུ། ཀྲུང་གོའི་ཁྱད་ཆོས་ལྡན་པའི་སྤྱི་ཚོགས་རིང་ལུགས་དུས་རབས་གསར་པར་སླེབས་པའི་འགག་རྩའི་དུས་སྐབས་སུ། ཏང་ཀྲུང་དབྱང་གིས་ས་ཞིང་འགན་གཙང་ལེན་གྱི་འབྲེལ་བ་བརྟན་པོ་མ་ཟད་ཡུན་རིང་འགྱུར་བ་མེད་པ་རྒྱུན་འཁྱོངས་བྱ་རྒྱུ་ནི། ཏང་གི་གྲོང་གསེབ་ཀྱི་ས་ཞིང་སྲིད་ཇུས་རྒྱུན་འཛིན་དང་འཕེལ་རྒྱས་གཏོང་བ་ཡིན་པས། དོན་སྙིང་གལ་ཆེན་དང་ཤུགས་རྐྱེན་ཟབ་མོ་ལྡན་ཡོད་ཅེས་བརྗོད་ནོ། །

2.འགན་གཙང་ལེན་གྱི་གན་རྒྱར་ནང་དོན་གང་དག་ཡོད་དགོས།

ས་ཞིང་འགན་གཙང་ལེན་གྱི་གན་རྒྱ་ནི་འགན་གཙང་སྤྲོད་མཁན་དང་འགན་གཙང་ལེན་མཁན་གཉིས་བར་བཞག་པའི་ས་ཞིང་གི་ཁེ་དབང་དང་འོས་འགན་གྱི་འབྲེལ་བའི་སྐོར་གྱི་གྲོས་ཆིངས་ཡི་གེ་ཡིན།

《ཀྲུང་ཧྭ་མི་དམངས་སྤྱི་མཐུན་རྒྱལ་ཁབ་ཀྱི་གྲོང་གསེབ་ཀྱི་ས་ཞིང་འགན་གཙང་ལེན་གྱི་བཅའ་ཁྲིམས》ཀྱི་དོན་ཚན་ཉེར་གཉིས་པའི་ནང་དུ་གཏན་འབེབས་བྱས་དོན། འགན་གཙང་སྤྲོད་མཁན་གྱིས་འགན་གཙང་ལེན་མཁན་དང་ཡིག་ཐོག་གི་འགན་གཙང་ལེན་པའི་གན་རྒྱ་འཛོག་དགོས།

འགན་གཙང་ལེན་གྱི་གན་རྒྱའི་ནང་དུ་གཤམ་གསལ་གྱི་དོན་ཚན་དག་ཚུད་དགོས།

(1) འགན་གཙང་སྤྲོད་མཁན་དང་འགན་གཙང་ལེན་མཁན་གྱི་མིང་དང་། འགན་གཙང་སྤྲོད་མཁན་ཕྱོགས་ཀྱི་འགན་འཁུར་བ་དང་འགན་གཙང་ལེན་མཁན་ཕྱོགས་ཀྱི་འཐུས་ཚབ་ཀྱི་ཧུས་མིང་དང་སྡོད་གནས།

(2) འགན་གཙང་བླངས་པའི་ས་ཞིང་གི་མིང་དང་། གནས་ཡུལ། རྒྱ་ཁྱོན།གྲངས་ཚད་ཀྱི་རིམ་པ་བཅས།

(3) འགན་གཙང་བླངས་པའི་དུས་ཚད་དང་། འགོ་ཚུགས་པ་དང་མཇུག་སྒྲིལ་བའི་དུས་ཚོད།

(4) འགན་གཙང་བླངས་པའི་ས་ཞིང་གི་སྤྱོད་སྒོ།

(5) འགན་གཙང་སྤྲོད་མཁན་ཕྱོགས་དང་འགན་གཙང་ལེན་མཁན་ཕྱོགས་ཀྱི་ཁེ་དབང་དང་འོས་འགན།

(6) གན་དོན་ལས་འགལ་བའི་འགན་འཁྲི།

3.ས་ཞིང་འགན་གཙང་ལེན་བྱེད་པའི་དུས་ཡུན་ལ་གཏན་འབེབས་གང་འདྲ་ཞིག་ཡོད།

ས་ཞིང་འགན་གཙང་ལེན་བྱེད་པའི་དུས་ཡུན་ལ་གཤམ་གསལ་གྱི་གཏན་འབེབས་ཡོད་དེ།

རྫོ་ཞིང་གི་འགན་གཙང་ལེན་གྱིས་གཉེར་སྐྱོང་བྱེད་ཡུན་ལོ30ཡིན་པ་དང་། ནགས་སའི་འགན་གཙང་ལེན་གྱིས་གཉེར་སྐྱོང་བྱེད་ཡུན་ལོ30ནས50བར་ཡིན། ནགས་སའི་འགན་གཙང་ལེན་གྱིས་གཉེར་སྐྱོང་བྱེད་ཡུན་ལོ30ནས70བར་ཡིན། ནགས་ཤིང་དམིགས་བསལ་གྱི་ནགས་ས་འགན་གཙང་ལེན་གྱིས་གཉེར་སྐྱོང་བྱེད་ཡུན་ནི་རྒྱལ་སྲིད་སྤྱི་ཁྱབ་ཁང་གི་ནགས་ལས་སྲིད་འཛིན་གཙོ་སྐྱོང་སྡེ་ཁག་གི་ཆོག་མཆན་ཐོབ་པ་བརྒྱུད་དུས་འགྱངས་བྱས་ཆོག

གཉིས། གྲོང་མི་རེར་ཁང་ས་གཉིས་ཡོད་ཆོག་གམ།

གྲོང་མི་ཀྲང་ཆེ་གེ་མོ་ལ་སྔར་ནས་ཁང་ས་གཅིག་ཡོད་ཅིང་། རྗེས་སུ་ཡང་བསྐྱར་ཁང་ས་གཅིག་ཐོབ་པ་རེད། ཀྲང་ཆེ་གེ་མོས་གྲོང་ཚོ་གཅིག་པའི་ལྷའུ་ཆེ་གེ་མོ་དང་《ཁང་ས་སྤྱོད་དབང་བཤུག་སྤྲོད་བྱེད་པའི་གན་རྒྱ་》བཞག་པ་དང་། ཁང་ས་དེ་སྒོར་ཁྲི་ལྔ་བྱས་ནས་ལྷའུ་ཆེ་གེ་མོ་ལ་བཤུག་སྤྲོད་བྱས་ཤིང་། ལྷའུ་ཆེ་གེ་མོས་ཀྲང་ཆེ་གེ་མོར་དངུལ་སྤྲད།

འོན་ཀྱང་ལྷའུ་ཆེ་གེ་མོས་དེར་ཁང་པ་སྐྲུན་དུས། ཁྲིམ་མཆོས་ཀྲང་ཆེ་གེ་མོས་བཀག་འགོག་ཐེངས་མང་བྱས་ནས་ཁང་པ་སྐྲུན་ཐབས་བྲལ། ལྷའུ་ཆེ་གེ་མོས་ཁྲིམས་ཁང་ལ་ཞུ་གཏུག་བརྒྱབ་ནས་ཁྲིམ་མཆོས་ཀྲང་ཆེ་གེ་མོས་རང་ཉིད་ཀྱི་ཁེ་དབང་ལ་བཙན་གནོད་བཏང་བ་རྒྱུ་མཚན་དུ་བྱས་ཏེ། དབང་གནོད་གཏོང་མཚམས་བཞག་ནས་འགོག་རྐྱེན་མེད་པར་བཟོ་རྒྱུའི་རེ་བ་ཞུས།

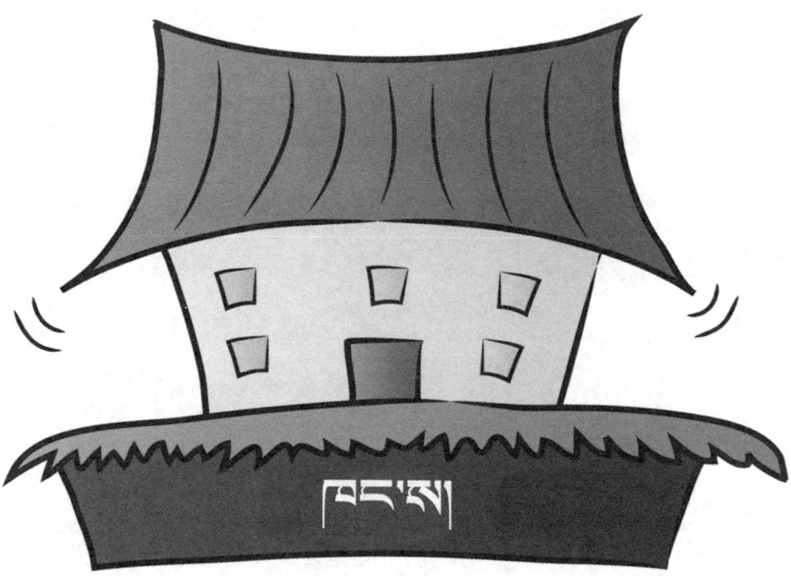

《ཀུང་ཧྭ་མི་དམངས་སྤྱི་མཐུན་རྒྱལ་ཁབ་ཀྱི་དམངས་དོན་ཁྲིམས་གཞུང་》གི་དོན་ཚན་སུམ་བརྒྱ་དང་རེ་གསུམ་པའི་ནང་དུ་གཏན་འབེབས་བྱས་དོན། ཁང་སའི་བཀོལ་སྤྱོད་བྱེད་དབང་འཐོབ་པ་དང་། བཀོལ་བ། བཤུག་སྤྲོད་བཅས་བྱེད་ཚེ། ས་ཞིང་དོ་དམ་སྐོར་གྱི་བཅའ་ཁྲིམས་དང་རྒྱལ་ཁབ་ཀྱི་འབྲེལ་ཡོད་གཏན་འབེབས་སྤྱད་འཐུས།

《ས་ཞིང་དོ་དམ་བྱེད་ཕྱོགས་སྐོར་གྱི་ཀྲུང་ཧྭ་མི་དམངས་སྤྱི་མཐུན་རྒྱལ་ཁབ་ཀྱི་བཅའ་ཁྲིམས་》ཀྱི་དོན་ཚན་དྲུག་བཅུ་རེ་གཉིས་པའི་ནང་དུ་གཏན་འབེབས་བྱས་དོན། གྲོང་གསེབ་ཀྱི་དུད་ཚང་རེར་ཁང་ས་རེ་ལས་ཡོད་མི་ཆོག་པ་དང་། ཁང་ས་དེའི་རྒྱ་ཁྱོན་ནི་ཞིང་ཆེན་དང་། རང་སྐྱོང་ལྗོངས། ཐད་སྐྱོང་གྲོང་ཁྱེར་བཅས་ཀྱིས་གཏན་འབེབས་བྱས་པའི་ཚད་གཞི་ལས་བརྒལ་མི་ཆོག

གྲོང་གསལ་གྱི་བཅའ་ཁྲིམས་ཀྱིས་གཏན་འབེབས་བྱས་པ་ལྟར་ན། ཀྲིང་ཆེ་གེ་མོར་ཁང་ས་ཡོད་པའི་རྨང་གཞིའི་ཐོག་ཁང་ས་གཉིས་པའི་སྤྱོད་དབང་ཐོབ་དབང་མེད། ཀྲིང་ཆེ་གེ་མོ་དང་ལྷའུ་ཆེ་གེ་མོ་གཉིས་ཀྱིས་བཞག་པའི《ཁང་ས་སྤྱོད་དབང་བཤུག་སྤྲོད་བྱེད་པའི་གན་རྒྱ》དེ་ས་ཞིང་དོ་དམ་བཅའ་ཁྲིམས་ཀྱི་གཏན་འབེབས་དང་འགལ་བས་རྩིས་མེད་གན་རྒྱ་ཡིན། དེར་བརྟེན། ལྷའུ་ཆེ་གེ་མོར་ཁང་ས་སྤྱོད་དབང་མེད་ལ། ཁང་པ་སྐྲུན་པའི་ཁེ་དབང་ལ་བཅའ་ཁྲིམས་ཀྱི་སྲུང་སྐྱོབ་མི་ཐོབ་པས། ཁྲིམ་མཆོས་ཀྲང་ཆེ་གེ་མོས་ལྷའུ་ཆེ་གེ་མོའི་ཁེ་དབང་ལ་གནོད་འཚེ་བཏང་བ་མི་གྲུབ། དེར་བརྟེན་མི་དམངས་ཁྲིམས་ཁང་གིས་ལྷའུ་ཆེ་གེ་མོའི་གཏུག་བཤེར་རེ་ཞུ་ཕྱིར་སློག་བྱས།

ཁྲིམས་ལུགས་ཁྲབ་གདལ་གྱི་སློབ་ཚན།

1.གང་འདྲ་ཞིག་ལ་ཁང་ས་ཟེར།

ཁང་ས་ཞེས་པ་ནི་དུད་ཁྱིམ་གྱིས་སྡོད་ཁང་རྟེན་གཞིར་བྱས་ནས་བཟུང་བའི་ས་ཆ་ཡིན། གྲོང་ཁྱེར་དང་གྲོང་རྡལ་གྱི་སྡོད་ཁང་མང་ཆེ་བ་ནི་ས་ཁང་བདག་པོངས་ཀྱི་ཐོན་འཕྱེད་ཚོང་པས་བསྐྲུན་པའི་ཐོག་ཁང་ཡིན་པས། སྤྱིར་བཏང་གི་དུད་ཁྱིམ་ནི་ཁང་ས་ཞེས་པ་དང་འབྲེལ་བ་མེད། ད་ཆའི་ཁང་ས་ནི་གཙོ་བོ་གྲོང་གསེབ་ཀྱི་ཁང་ས་ལ་ཟེར། དེའི་ནང་ཁང་པ་བརྒྱབ་པ་དང་། ཁང་པ་བརྒྱབ་རྒྱུ་ཡོད་པའམ་ཡང་ན་ཁང་པ་རྒྱག་རྩིས་ཡོད་པའི་ས་ཆ། ཁང་པ་བརྒྱབ་པའི་ས་ཆ་དང་། ཁང་པ་

བརྒྱབ་ཟིན་ཡང་ཁང་པའི་ཐོག་མེད་པའམ་ཡང་ན་སྟོད་ཐབས་བྲལ་བའི་ས་ཆ། དེ་བཞིན་ཁང་པ་རྒྱག་རྩིས་ཡོད་པའི་འཆར་འགོད་ས་ཆ་བཅས་རིགས་གསུམ་ཚུད་ཡོད། གྲོང་གསེབ་ཀྱི་ཁང་སའི་བདག་དབང་ནི་གྲོང་གསེབ་ཀྱི་ཞིང་པ་ཐུན་མོང་ལ་དབང་བ་ཡིན།

2.གྲོང་གསེབ་ཀྱི་ཁང་སའི་སྤྱོད་དབང་ལ་ཁྱད་ཆོས་གང་འདྲ་ཞིག་ཡོད།

(1) ཁང་སའི་བདག་དབང་ཞིང་པ་ཐུན་མོང་ལ་དབང་བ་ཡིན།

(2) ཁང་སའི་སྤྱོད་དབང་གི་གྲུབ་ཆ་གཙོ་བོ་ནི་ཐུན་མོང་གི་དཔལ་འབྱོར་རྩ་འཛུགས་ཀྱི་མི་སྣ་ཡིན།

(3) རྩ་དོན་ཐོག་ཁང་སའི་སྤྱོད་དབང་ཉོ་ཚོང་དང་། བཤུག་སྤྲོད། གཏའ་འཇོག་བཅས་བྱས་མི་ཆོག དུས་མཚུངས་སུ་གཞམ་གྱི་ཆ་རྐྱེན་དང་མཐུན་ན་ཁང་སའི་བསྒྱུན་དངོས་དང་མཉམ་དུ་བཤུག་སྤྲོད་བྱས་ཆོག

① ཁང་སའི་སྤྱོད་དབང་དེ་ཁང་སའི་ཐོག་བསྐྲུན་པའི་ཁང་པ་དང་དེ་མིན་བཟོ་བཀོད་ཀྱི་བདག་དབང་སྤོ་སྒྱུར་བྱས་པ་ལས་བྱུང་བའི་ཁང་སའི་སྤྱོད་དབང་གི་བཤུག་སྤྲོད།

② བཤུག་ལེན་བྱེད་མཁན་ནི་ངེས་པར་དུ་ཐུན་མོང་དཔལ་འབྱོར་རྩ་འཛུགས་དེའི་ཁོངས་མི་ཡིན་དགོས།

(4) ཁང་ས་སྤྱོད་དབང་ལ་ཕན་བདེའི་རང་བཞིན་ལྡན། ཞིང་པར་ཁང་ས་སྤྱོད་དབང་ཐོབ་པ་དེ་སྤྱིའི་ཆ་ནས་རིན་མི་དགོས་པ་ཡིན། དེར་བརྟེན་ཁང་སའི་སྤྱོད་དབང་ནི་ཐུན་མོང་གི་དཔལ་འབྱོར་རྩ་འཛུགས་ཀྱི་ཁོངས་མིར་གཟིགས་སྐྱོང་བྱས་པ་ཡིན་པས། ཕན་བདེའི་རང་བཞིན་ལྡན།

3.གྲོང་གསེབ་ཀྱི་ཁང་ས་གཞུང་བཟུ་དང་སྐྱིན་གསབ་བྱེད་པར་འཆར་གཞི་ཅི་འདྲ་ཡོད།

རང་རྒྱལ་གྱི་《ས་ཞིང་དོ་དམ་བཅའ་ཁྲིམས་》ནང་གྲོང་གསེབ་ཀྱི་ཁང་ས་གཞུང་བཟུའམ་བཟུ་སྤྱོད་བྱས་ནས་སྐྱིན་གསབ་སྤྲོད་པའི་ཐད་ལ་གཏན་འབེབས་འདི་ལྟར་བྱས་ཡོད། རྒྱལ་ཁབ་ཀྱིས་སྤྱི་པའི་ཁེ་ཕན་གྱི་དགོས་མཁོའི་དབང་གིས་ཁང་ས་ཚུད་པའི་ཐུན་མོང་གི་ས་ཆ་གཞུང་བཟུ་བྱས་ཆོག ཁང་ས་གཞུང་བཟུ་བྱས་པར་སྐྱིན་གསབ་སྤྲོད་རྒྱུའི་རྣམ་གྲངས་ནང་ས་ཞིང་སྐྱིན་གསབ་འཇལ་དངུལ་དང་། ཟུར་འབྱར་དངོས་རིགས་སྐྱིན་གསབ་འཇལ་དངུལ་སོགས་ཚུད་ཡོད།

(1) ཞིང་སྤྱོད་ས་ཞིང་གཞུང་བཟུ་བྱས་པའི་ས་ཞིང་སྐྱིན་གསབ་འཇལ་དངུལ་དང་། སྟོད་ས་བཀོད་སྒྲིག་བྱེད་པའི་རོགས་དངུལ་གྱི་ཚད་གཞི་ནི་ཞིང་ཆེན་དང་། རང་སྐྱོང་ལྗོངས། ཐད་སྐྱོང་གྲོང་ཁྱེར་བཅས་ཀྱིས་གཏན་འབེབས་དང་ཁྱབ་བསྒྲགས་བྱས་པའི་ས་ཁོངས་ཀྱི་ཕྱོགས་བསྡུས་ས་རིན་ལྟར་གཏན་འཁེལ་བྱ་རྒྱུ་རེད། ས་ཁོངས་ཀྱི་ཕྱོགས་བསྡུས་ས་རིན་བཟོ་སྐབས་ས་ཆའི་དེ་སྔའི་སྤྱོད་སྒོ་དང་། ས་ཆའི་ཐོན་ཁུངས་ཀྱི་ཆ་རྐྱེན། ས་ཆའི་ཐོན་རྫས་རིན་ཐང་། ས་ཆའི་གནས་ཡུལ། ས་

ཆའི་མགོ་སྐྱོང་གི་འབྲེལ་བ། མི་འབོར། དེ་བཞིན་དཔལ་འབྱོར་དང་སྤྱི་ཚོགས་འཕེལ་རྒྱས་ཀྱི་ཚད་སོགས་ཀྱི་རྒྱུ་རྐྱེན་ལ་ཕྱོགས་བསྡུས་ཀྱིས་བསམ་གཞིགས་བྱེད་དགོས་པ་མ་ཟད། ཉུང་མཐར་ཡང་ལོ་གསུམ་རེར་ཞིབ་སྙེག་གམ་ཡང་ན་བསྐྱར་དུ་སྤྱི་བསྡོམས་ཐེངས་རེ་བྱེད་དགོས།

(2) སྟོད་ཁང་འགན་སྲུང་ཐད། དེའི་ཁྲོད་ཀྱི་གྲོང་གསེབ་ཀྱི་གྲོང་མིའི་སྡོད་ཁང་ལ། སྟོན་ལ་ཁ་གསལ་དང་ཐེམ་སུ་གནས་སྟོ་བྱས་ནས། སྡོད་གནས་ཀྱི་ཆ་རྐྱེན་ལེགས་བཅོས་བྱེད་པའི་རྩ་དོན་ལྟར། གྲོང་གསེབ་ཀྱི་གྲོང་མིའི་འདོད་བློར་བསྟུན་ཏེ། ཁང་ས་བསྐྱར་དུ་བཀོད་སྒྲིག་བྱས་ནས་སྡོད་ཁང་རྒྱག་པ་དང་། བཀོད་སྒྲིག་ཁང་པའམ་ཡང་ན་དངུལ་ལོར་དངོས་ནས་སྐྱིན་གསབ་སྤྲོད་པ་སོགས་ཀྱི་བྱ་ཐབས་སྤྱད་དེ། ངང་གཞག་དང་ལུགས་མཐུན་གྱི་སྐྱིན་གསབ་སྤྲོད་པ་མ་ཟད། གཞུང་བཞུ་བྱས་པ་ལས་བྱུང་བའི་གནས་སྟོ་དང་གནས་སྐབས་བཀོད་སྒྲིག་བྱེད་པ་སོགས་ཀྱི་འགྲོ་གྲོན་ལ་ཁ་གསལ་བྱས་ནས། གྲོང་གསེབ་ཀྱི་གྲོང་མིའི་སྡོད་ཁང་གི་ཁེ་དབང་དང་ཁྲིམས་མཐུན་གྱི་སྡོད་ཁང་དང་རྒྱུ་ནོར་གྱི་ཁེ་དབང་འགན་ལེན་བྱེད་དགོས།

(3) སྤྱི་ཚོགས་འགན་སྲུང་གི་ཕྱོགས་ནས། ཇོང་རིམ་པ་ཡན་གྱི་ས་གནས་མི་དམངས་སྲིད་གཞུང་གིས་ས་ཆ་གཞུང་བཞུ་བྱས་རྗེས་ཡོད་པའི་ཞིང་པ་དེ་བབ་མཚུངས་ཀྱི་རྒན་གསོ་སོགས་སྤྱི་ཚོགས་འགན་སྲུང་མ་ལག་ཏུ་འཇུག་དགོས། ས་ཞིང་གཞུང་བཞུ་བྱས་པའི་ཞིང་པའི་སྤྱི་ཚོགས་འགན་སྲུང་གི་གྲོན་དངུལ་དེ་གཙོ་བོ་ཆ་རྐྱེན་དང་མཐུན་པའི་ས་ཞིང་གཞུང་བཞུ་བྱས་པའི་ཞིང་པའི་རྒན་གསོའི་འགན་བཅོལ་སོགས་སྤྱི་ཚོགས་འགན་བཅོལ་གྲོན་དངུལ་འཇལ་བའི་ཐད་ལ་སྤྱོད་དགོས། ས་ཆ་གཞུང་བཞུ་བྱས་པའི་ཞིང་པའི་སྤྱི་ཚོགས་འགན་སྲུང་གྲོན་དངུལ་གྲབས་གསོག་དང་། ད་དུང་བེད་སྤྱོད་བཅས་བྱ་ཐབས་ནི་ཞིང་ཆེན་དང་། རང་སྐྱོང་ལྗོངས། ཐད་སྐྱོང་གྲོང་ཁྱེར་བཅས་ཀྱིས་གཏན་འབེབས་བྱ་རྒྱུ་ཡིན།

གསུམ། གཞིས་སྡོད་བྱེད་དབང་ཤུལ་འཛིན་བྱས་ཆོག་གམ།

ཞོ་ཁྲིན་ཆུང་དུས་སུ་ཕ་མ་གཉིས་ཀ་ཚེ་ལས་འདས་ཤིང་། ཁོ་རྒན་པོ་ལགས་དང་མཉམ་དུ་སྤྱི་ཁང་ཞིག་ཏུ་བསྡད་ཡོད། ཁོ་གཉིས་ལ་ཁང་པ་འདིར་གཞིས་སྡོད་བྱེད་དབང་ལས་གཞན་གྱི་དབང་ཆ་མེད། རྒན་པོ་ལགས་ཚེ་ལས་འདས་རྗེས། ཨ་ཁྲུ་ཡོང་ནས་ཁོ་ལ་རང་ཉིད་ནི་རྒན་པོའི་བུ་ཕྲུག་གཅིག་པུ་དེ་ཡིན་པས། རྒན་པོའི་ཁང་པ་འདིའི་ནང་གི་སྡོད་དབང་ཤུལ་འཛིན་བྱས་ཆོག་ཟེར། དོན་དེའི་ཆེད་དུ་ཕྱོགས་གཉིས་བར་རྩོད་པ་ཤོར་བས། ཞོ་ཁྲིན་གྱིས་ཁང་པའི་གཞིས་སྡོད་བྱེད་དབང་གཏན་འཁེལ་བྱེད་ཆེད་ཨ་ཁྲུ་ཁྲིམས་ཁང་ལ་སྐྱར།

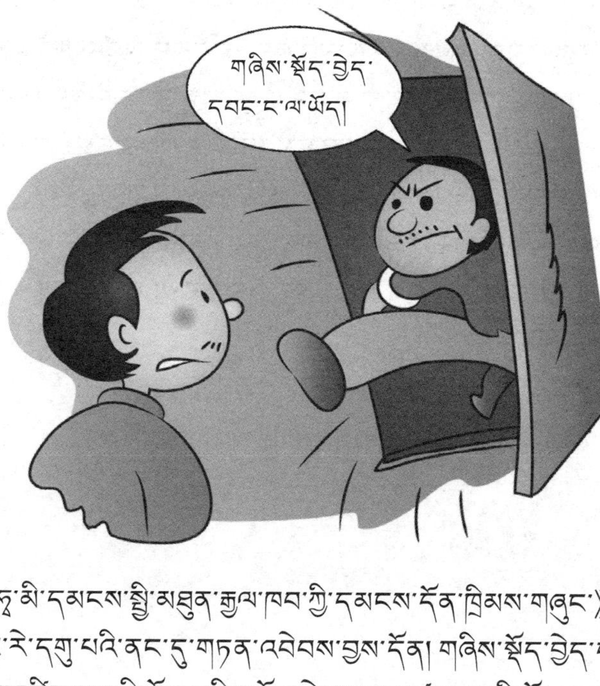

《ཀྲུང་ཧྭ་མི་དམངས་སྤྱི་མཐུན་རྒྱལ་ཁབ་ཀྱི་དམངས་དོན་ཁྲིམས་གཞུང་》གི་དོན་ཚན་སུམ་བརྒྱ་དང་རེ་དགུ་པའི་ནང་དུ་གཏན་འབེབས་བྱས་དོན། གཞིས་སྡོད་བྱེད་དབང་བཤུག་སྤྲོད་དང་ཤུལ་འཛིན་བྱས་མི་ཆོག གཞིས་སྡོད་བྱེད་དབང་ཚུགས་པའི་སྡོད་ཁང་བོགས་མར་བཏང་མི་ཆོག ཡིན་ན་ཡང་དོ་བདག་བར་དུ་ལོགས་སུ་གྲོས་དན་བཞག་ཡོད་པ་འདིའི་ཁོངས་སུ་མི་ཚུད།

《ཀྲུང་ཧྭ་མི་དམངས་སྤྱི་མཐུན་རྒྱལ་ཁབ་ཀྱི་དམངས་དོན་ཁྲིམས་གཞུང་》གི་དོན་ཚན་སུམ་བརྒྱ་དང་བདུན་ཅུ་པའི་ནང་དུ་གཏན་འབེབས་བྱས་དོན། གཞིས་སྤྱོད་བྱེད་དབང་གི་དུས་བཀག་ཡོངས་པའམ་གཞིས་སྤྱོད་དབང་བདག་ཤི་བ་ཡིན་ན། གཞིས་སྤྱོད་བྱེད་དབང་མེད་པར་གྱུར་པ་ཡིན། གཞིས་སྤྱོད་བྱེད་དབང་མེད་པར་གྱུར་ན་དུས་ཐོག་ཏུ་ཐོ་བསྒྱུབ་ཐོ་འགོད་བྱེད་དགོས།

མཐར་ཁྲིམས་ཁང་གིས་ཨ་ཁྲུས་ཞའོ་ཁྲིན་གྱི་རྫོ་བོ་ལགས་ཀྱི་སྤྱོད་ཁང་གི་གཞིས་སྤྱོད་བྱེད་དབང་ཞུས་འཛིན་བྱས་མི་ཆོག་པ་ཁྲིམས་ཐག་བཅད། རྒྱུ་མཚན་ནི་གཞིས་སྤྱོད་བྱེད་དབང་ལ་མི་ལུས་ཀྱི་ངོ་བོ་ཆེན་པོ་ལྡན་པས། གཞིས་སྤྱོད་བདག་དབང་ཚེ་ལས་འདས་ན། དེའི་གཞིས་སྤྱོད་བདག་དབང་ཡང་མེད་པར་གྱུར། དེར་བརྟེན། ད་ཆ་ཁང་པ་དེར་ཞའོ་ཁྲིན་གཅིག་པུ་ཁྲིམས་མཐུན་གྱི་གཞིས་སྤྱོད་བྱེད་དབང་ཡོད་མཁན་ཡིན་པས། ཨ་ཁྲུ་ཁང་པ་དེར་གཞིས་སྤྱོད་བྱེད་དབང་མེད།

ཁྲིམས་ལུགས་ཁྱབ་གདལ་གྱི་སློབ་ཚན།

1.གང་འདྲ་ཞིག་ལ་གཞིས་སྤྱོད་བྱེད་དབང་ཟེར།

གཞིས་སྤྱོད་བྱེད་དབང་ནི་སྤྱོད་ཁེ་དངོས་དབང་གི་རིགས་ཤིག་ཡིན་ཏེ། དེ་ནི་གཞན་ལ་ཡོད་པའི་སྤྱོད་ཁང་དང་དེའི་ཞོར་གཏོགས་སྒྲིག་བཀོད་ཀྱི་བདག་བཟུང་དང་བཀོལ་སྤྱོད་ཀྱི་དབང་ཆར་ཟེར།

2.གཞིས་སྤྱོད་བྱེད་དབང་ཐོབ་སྟངས་ག་ཚོད་ཡོད།

（1）གན་རྒྱ་ལྟར་གཞིས་སྤྱོད་བྱེད་དབང་ཐོབ་པ། དཔེར་ན། ངོ་བདག་ཕྱོགས་གཉིས་ཀྱིས《གཞིས་སྤྱོད་བྱེད་དབང་སྐོར་གྱི་གན་རྒྱ་》བཞག་པ་མ་ཟད། གཞིས་སྤྱོད་བྱེད་དབང་གི་ཐོ་འགོད་འགྲོ་ལུགས་གཉེར་ཟིན་པ།

（2）ཁ་ཆེམས་སོགས་བཅའ་ཁྲིམས་ཀྱི་བྱ་སྤྱོད་ལ་བརྟེན་ནས་གཞིས་སྤྱོད་བྱེད་དབང་ཐོབ་པ། ཁང་པའི་བདག་དབང་འཛིན་མཁན་གྱིས་ཁ་ཆེམས་འཇོག་པའི་ཐབས་ལ་བརྟེན་ནས་མི་གཞན་ལ་གཞིས་སྤྱོད་བྱེད་དབང་སྤྲད་ཆོག

3.སྒྲིར་བཏང་དུ་གཞིར་སྤྱོད་བྱེད་དབང་གི་གན་རྒྱར་དོན་ཚན་གང་དག་ཚུད་ཡོད།

（1）ཪོ་བདག་གི་ཏུས་མིང་ངམ། ཡང་ན་མིང་དང་སྡོད་གནས།

（2）སྡོད་ཁང་གི་གནས་ས།

（3）གཞིར་སྡོད་ཀྱི་ཆ་རྐྱེན་དང་སྣང་བྱ།

（4）གཞིར་སྡོད་བྱེད་དབང་གི་དུས་ཡུན།

（5）རྩོད་དོན་ཐག་གཅོད་བྱ་ཐབས།

འགན་ལེན་དངོས་དབང་།

གཅིག ཁང་པ་གཏའ་མར་འཛུགས་པར། ཐོ་འགོད་མ་བྱས་ན་ནུས་པ་ཐོན་ནམ།

ཨ་ཅག་སྒྲུན་ལགས་ཀྱིས་ས་གནས་དེ་གའི་དངུལ་ཁང་ལ་དངུལ་བུན་གཏོང་རྒྱུའི་རེ་བ་ཞུས། དངུལ་ཁང་གིས་འགན་ལེན་དངོས་པོ་མཁོ་འདོན་བྱེད་དགོས་ཟེར་བས། སྒྲུན་ལགས་ཀྱིས་རང་གི་མིང་འོག་གི་སྡོད་ཁང་ཆ་ཚང་ཞིག་གཏའ་མར་བཞག ཕྱོགས་གཉིས་ཀས《དངུལ་བུན་གཏོང་ལེན་གྱི་གན་རྒྱ》དང《གཏའ་འཛུག་གན་རྒྱ》བཞག་པ་རེད། དངུལ་ཁང་གི་ལས་བྱེད་པས་སྣོད་གཡིང་ཤོར་བའི་རྐྱེན་གྱིས། ཕྱོགས་གཉིས་ཀས་འབྲེལ་ཡོད་སྡེ་ཁག་ཏུ་ཐོ་འགོད་བའི་འགྲོ་ལུགས་གཉེར་མེད།

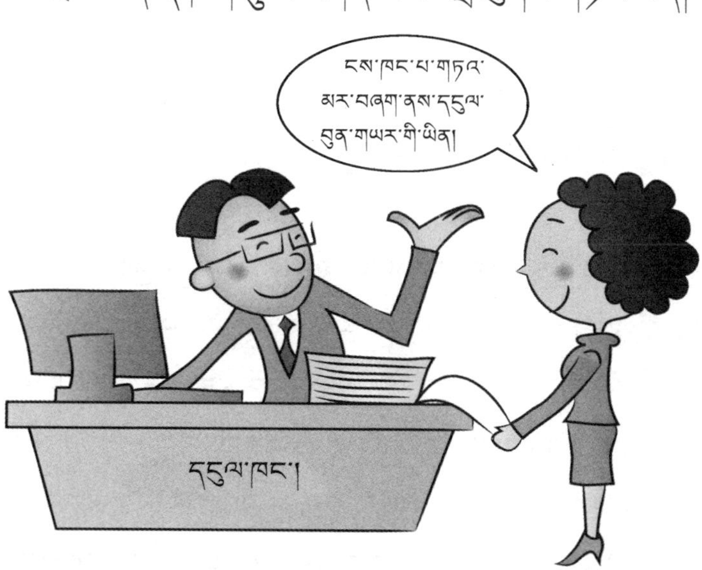

《ཀྲུང་ཧྭ་མི་དམངས་སྤྱི་མཐུན་རྒྱལ་ཁབ་ཀྱི་དམངས་དོན་ཁྲིམས་གཞུང་》གི་དོན་ཚན་སུམ་བརྒྱ་དང་པོ་ལྔ་པའི་ནང་དུ་གཏན་འབེབས་བྱས་དོན། བུན་འགན་འཁུར་མི་འམ་

ཕུང་གསུམ་པར་ཐག་གཅོད་བྱེད་དབང་ཡོད་པའི་གཤམ་གསལ་གྱི་རྒྱུ་ནོར་དག་གཏའ་མར་བཙུགས་ཆོག

（གཅིག） བཟོ་སྐྲུན་དངོས་པོ་དང་ས་ཐོག་གི་ཟུར་འབྱར་དངོས་པོ་གཞན་དག

（གཉིས།） འཛུགས་སྐྲུན་ས་ཆ་བཀོལ་སྤྱོད་བྱེད་དབང་།

（གསུམ།） མཚོ་ཁོངས་བཀོལ་སྤྱོད་བྱེད་དབང་།

（བཞི།） ཐོན་སྐྱེད་སྒྲིག་ཆས་དང་། མ་བཅོས་རྒྱུ་ཆ། ཕྱེད་གྲུབ་རྒྱུ་རྫས། ཐོན་རྫས།

（ལྔ།） སྐྲུན་བཞིན་པའི་འཛུགས་སྐྲུན་དངོས་པོ་དང་། གྲུ་གཟིངས། མཁའ་འགྲུལ་ཡོ་ཆས།

（དྲུག） འཁྲིམ་འགྲུལ་སྐྱེལ་འདྲེན་ཡོ་བྱད།

（བདུན།） བཅའ་ཁྲིམས་དང་སྲིད་འཛིན་ཁྲིམས་སྲོལ་དུ་གཏའ་མར་འཛུགས་པར་བཀག་སྡོམ་བྱས་མེད་པའི་རྒྱུ་ནོར་གཞན་དག

གཏའ་མ་འཛུགས་མིས་ནང་ཚན་གོང་མར་བཀོད་པའི་རྒྱུ་ནོར་མཉམ་སྒྲིགས་སུ་གཏའ་མར་བཙུགས་ཆོག

《ཀྲུང་ཧྭ་མི་དམངས་སྤྱི་མཐུན་རྒྱལ་ཁབ་ཀྱི་དམངས་དོན་ཁྲིམས་གཞུང་》གི་དོན་ཚན་བཞི་བརྒྱ་དང་གཉིས་པའི་ནང་དུ་གཏན་འབེབས་བྱས་དོན། བཅའ་ཁྲིམས་འདིའི་དོན་ཚན་སུམ་བརྒྱ་དང་གོ་ལྔ་པའི་ནང་ཚན་དང་པོའི་ཡང་ཚན་དང་པོ་ནས་ཡང་ཚན་གསུམ་པར་གཏན་འབེབས་བྱས་པའི་རྒྱུ་ནོར་རམ། ཡང་ཚན་ལྔ་པར་གཏན་འབེབས་བྱས་པའི་སྐྲུན་བཞིན་པའི་བཟོ་སྐྲུན་དངོས་པོ་གཏའ་མར་འཛུགས་ཚེ། གཏའ་འཛུགས་ཐོ་འགོད་སྒྲུབ་དགོས། གཏའ་མར་འཛུགས་དབང་དེ་ཐོ་འགོད་བྱེད་དུས་འཛུགས་པ་ཡིན།

《དམངས་དོན་ཁྲིམས་གཞུང་》གིས་གཏན་འབེབས་བྱས་དོན། བརྟན་ནོར་གཏའ་མར་འཇོག་ཚེ། གཏའ་མའི་བདག་དབང་འཛུགས་པར་ངེས་པར་དུ་འབྲེལ་ཡོད་སྡེ་ཁག་ཏུ་ཐོ་འགོད་བྱེད་དགོས་པ་དང་། གཏའ་མར་འཇོག་དབང་དེ་ཐོ་འགོད་བྱས་པའི་དུས་ནས་ནུས་པ་ཐོན་རྒྱུ་ཡིན། ཨ་ཅག་སུན་ལགས་ཀྱི་གཏའ་དངོས་ནི་བརྟན་དངོས་ཡིན་པས། གཏའ་མར་འཇོག་སྐབས། ཁོང་དང་དངུལ་ཁང་གིས་འབྲེལ་ཡོད་སྡེ་ཁག་ཏུ་ཐོ་འགོད་ཀྱི་འགྲོ་ལུགས་བསྒྲུབ་མེད་སྐབས། ཁང་པའི་གཏའ་མའི་བདག་དབང་ལ་ནུས་པ་མི་ཐོན།

དེ་རྗེས་སུ། དངུལ་ཁང་གིས་དེ་འཚམ་གྱི་གྲོང་གུན་གསབ་ཐབས་བྱས་ཏེ། སྔུན་ལགས་ལ་གཏའ་མའི་ཐོ་འགོད་འགྲོ་ལུགས་གསབ་སྐྱུབ་བྱ་རྒྱུའི་རེ་བ་བཏོན། གཏའ་མའི་བདག་དབང་གི་ནུས་པ་ཐོན་མེད་སོང་། འོན་ཀྱང་དངུལ་ཁང་དང་སྔུན་ལགས་བར《གཏའ་འཛིག་གན་རྒྱ》བཞག་ཟིན་པས། གན་རྒྱ་དེ་རྨང་གཞི་བྱས་ནས། དངུལ་ཁང་གིས་སྔུན་ལགས་ལ་གཏའ་མའི་ཐོ་འགོད་འགྲོ་ལུགས་གསབ་སྐྱུབ་བྱེད་དུ་བཙུག་ན་ཁང་པའི་གཏའ་མའི་བདག་དབང་ལ་ནུས་པ་ཐོན་གྱི་ཡོད་པ་རེད།

ཁྲིམས་ལུགས་ཁྱབ་གདལ་གྱི་སློབ་ཚན།

1.གཏའ་མར་བཞག་མི་ཆོག་པའི་རྒྱུ་ནོར་གང་དག་ཡོད།

（1）ས་ཞིང་གི་བདག་དབང་།

（2）ཁང་ས་དང་། རང་བཞག་ས་ཞིང་། རང་བཞག་རི་སོགས་ཐུན་མོང་ལ་དབང་བའི་ས་ཞིང་སྤྱོད་དབང་། འོན་ཀྱང་བཅའ་ཁྲིམས་སུ་གཏའ་མར་བཞག་ཆོག་པའི་གཏན་འབེབས་བྱས་ཡོད་པ་ཕུད།

（3）སློབ་གྲྭ་དང་། བྱིས་གསོ་ཁང་། སྨན་བཅོས་ལས་ཁུངས་སོགས་སྤྱི་ཕན་གྱི་ཆེད་དུ་བཙུགས་པའི་ཁེ་གཉེར་མིན་པའི་ཁྲིམས་མིའི་སློབ་གསོའི་སྒྲིག་ཆས་དང་། སྨན་བཅོས་འཕྲོད་བསྟེན་སྒྲིག་ཆས། སྤྱི་ཕན་གྱི་སྒྲིག་བཀོད་གཞན་དག

（4）བདག་དབང་དང་སྤྱོད་དབང་མི་གསལ་བའམ་ཡང་ན་རྩོད་གཞི་ཡོད་པའི་རྒྱུ་ནོར།

（5）བཅའ་ཁྲིམས་ལྟར་སྒོ་རྒྱ་ཐེལ་གནོན་དང་། བཙན་ཉར། ལྟ་སྐྱུལ་དོ་དམ་བཅས་བྱས་པའི་རྒྱུ་ནོར།

（6）བཅའ་ཁྲིམས་དང་སྲིད་འཛིན་ཁྲིམས་སྲོལ་གྱིས་གཏན་འབེབས་བྱས་པའི་གཏའ་མར་བཞག་མི་ཆོག་པའི་རྒྱུ་ནོར་གཞན་དག

2. ས་ཐོག་གི་ཟུར་འབྱུར་དངོས་རིགས་གང་དག་ཡོད།

ས་ཐོག་གི་ཟུར་འབྱུར་དངོས་རིགས་ཅེས་པ་ནི་ཡུན་རིང་བརྟན་པོའི་ངང་ས་ཐོག་ཏུ་འབྱུར་པའི་དངོས་པོར་ཟེར་ཞིང་། དེ་དང་གལ་ཆེའི་བརྟན་ནོར“གཏན་དངོས”ཀྱི་གོ་དོན་གཞི་རྩའི་ཐོག་ནས་གཅིག་མཐུན་ཡིན། གྲིར་བཏང་དུ་ལྟུང་མྱུག་དང་། ཤིང་སྡོང་། ཉ་རྫིང་། དུར་ས། འཕྲུལ་ཁྲོན་སོགས་ཚུད་ཡོད།

3. མཚོ་ཁོངས་སྤྱོད་དབང་དང་སྤྱིར་བཏང་གི་ཞིང་སའི་སྤྱོད་དབང་ལ་ཁྱད་པར་གང་ཡོད།

མཚོ་ཁོངས་སྤྱོད་དབང་ནི་གཉེར་སྐྱོང་ཆེད་དུ་བཙུགས་པ་རང་ཡིན། མཚོ་ཁོངས་སྤྱོད་དབང་ཐོབ་མཁན་ཚང་མ་གཉེར་སྐྱོང་བྱེད་སྒོ་སྤེལ་མཁན་གྱི་ཁྲིམས་མིའམ་མི་སྒེར་ཏེ་གཉེར་སྐྱོང་བྱེད་པོ་རྐྱང་ཡིན། མཚོ་ཁོངས་སུ་སྤྱོད་མཁན་དེ་གསོ་སྐྱེལ་ལས་རིགས་གཉེར་མཁན་ནམ་ཡང་ན་གཏེར་འདོན་ལས་རིགས་གཉེར་མཁན་གང་ཞིག་ཡིན་ཙང་། ཚང་མ་སྤྱོད་མཁན་གྱིས་ཚོང་རའི་དཔལ་འབྱོར་གྱི་སྒྲིག་སྲོལ་དང་མཐུན་ཆེད་ཡིན་པས་དེའི་རྐྱེན་པས་སྤྱིར་བཏང་གི་ཁྱད་པར་འབྱུང་མི་སྲིད།

སྤྱིར་བཏང་གི་ཞིང་ལས་དང་མི་འདྲ་བར། རྒྱ་མཚོའི་གསོ་སྐྱེལ་ལས་རིགས་ནི་བཟོ་ལས་ཅན་གཉེར་སྐྱོང་བྱེད་སྟངས་ཀྱི་ལས་ཆོད་ཆེ་བའི་ཞིང་ལས་ཡིན་པས། དེའི་མ་དངུལ་གཏོང་བ་དང་ཁེ་འབབ་ཐོབ་པའི་དུས་འཁོར་ཐུང་ཐུང་རེད། ཞིང་ས་སྤྱོད་རིམ་ཁྲོད་དུ་ས་རྒྱུའི་ནུས་པ་རྒྱུན་སྲུང་དང་། ས་ཞིང་ཁྲིམས་འགལ་གྱིས་གཞན་ལ་སྤྱོད་རྒྱུར་སྔོན་འགོག་བྱེད་པ་སོགས་ནི་ཐོག་མཐའ་བར་གསུམ་དུ་ཡོངས་ཁྱབ་དང་ཛ་དྲག་ཆེ་བའི་གནད་དོན་ཞིག་ཡིན་མོད། འོན་ཀྱང་མཚོ་ཁོངས་སྤྱོད་སྐབས་གནད་དོན་དེའི་རིགས་གཞི་རྩའི་ཆ་ནས་ཐོན་གྱི་མེད། རྒྱུ་མཚན་ནི་མཚོ་ཁོངས་རྒྱ་ཤིན་ཏུ་ཆེ་བས། སྐམ་སའི་ཐོག་གི་འཇུགས་སྐྲུན་ལ་མཁོ་བའི་ས་ཆ་དཀོན་པའི་གནས་ཚུལ་མེད། དམིགས་བསལ་གྱི་མཚོ་ཁོངས་སུ་གཏེར་ཁ་སོགས་དམིགས་བསལ་གྱི་ཐོན་ཁུངས་ཡོད་པ་ཕུད། གཞན་གྱི་གསོ་སྐྱེལ་བྱེད་པའི་མཚོ་ཁོངས་དེ་འཇུགས་སྐྲུན་མཚོ་ཁོངས་སུ་བསྒྱུར་ན་དཔལ་འབྱོར་ཐོག་གི་དོན་སྙིང་མི་ལྡན།

དེར་བརྟེན། བྱེ་བྲག་གི་མཚོ་ཁོངས་སྤྱོད་དབང་ནི་སྤྱོད་སྒོ་གང་ཞིག་གི་ཆེད་དུ་བཙུགས་པ་ཡིན་ཙང་། ཚང་མར་གཅིག་གྱུར་གྱིས་མཚོ་ཁོངས་སྤྱོད་དབང་ཞེས་འབོད་ཆོག སྤྱོད་སྒོ་མི་འདྲ་བའི་མཚོ་ཁོངས་སྤྱོད་དབང་ཐད་དམིགས་བསལ་གྱི་བཅའ་ཁྲིམས་དང་ཁྲིམས་སྲོལ་གཞན་དག་སྟེ་དཔེར་ན《ཉ་ལས་བཅའ་ཁྲིམས་》དང་།《མཚོ་ཁམས་སྲུང་སྐྱོང་བཅའ་ཁྲིམས་》གཞིར་བཟུང་ནས་སྤྱོད་སྒོ་རྩིས་སྤྲོད་དོ་དམ་བྱས་ཆོག གཞན་ཡང《མཚོ་ཁོངས་སྤྱོད་དབང་གི་གན་རྒྱའི་》གྲོས་དོན་ལྟར་སྤྱོད་སྒོ་གཙུན་ཐབས་བྱས་ཆོག

གཉིས། བུ་ལོན་འཛལ་བའི་དུས་བཀག་མ་ཡོངས་གོང་ལ། གཏིང་པ་བཙོངས་ཆོག་གམ།

ཉིན་ཞིག་ལ། ཀྲང་ཆེ་གེ་མོས་ལི་ཆེ་གེ་མོ་ནས་སྒོར་ཁྲི2གཡར་ནས། རིན་ཐང་སྒོར་ཁྲི6གནས་པའི་ནང་འདྲེན་སྒྲ་སྣམ་ཕྱུས་མ་ཆ་ཚང་ཞིག་ལི་ཆེ་གེ་མོར་གཏའ་མར་བཞག་སྟེ། ཕྱི་ལོའི་ཟླ་དང་པོའི་ཚེས་གཅིག་ཉིན་མ་རྩ་དང་སྐྱིད་ཀ་མཉམ་དུ་སྤྲོད་རྒྱུ་ཁས་ལེན་བྱས། ལི་ཆེ་གེ་མོས་ཀྲང་ཆེ་གེ་མོ་དང་《གཏིང་འཛོག་དངུལ་བུན་གཏོང་ལེན་གྱི་གན་རྒྱ་》བཞག གན་རྒྱ་བཞག་པའི་ཉིན་དེར། ལི་ཆེ་གེ་མོས་ལག་དངུལ་སྒོར་ཁྲི2ཀྲང་ཆེ་གེ་མོར་སྤྲད་པ་དང་། དུས་མཚུངས་སུ་ཀྲང་ཆེ་གེ་མོས་སྒྲ་སྣམ་ལི་ཆེ་གེ་མོར་རྩིས་སྤྲད།

འོན་ཀྱང་ཕྱི་ལོའི་ཟླ་དང་པོའི་ཚེས་གཅིག་ཉིན་མ་ཟིན་གོང་ལ། ལི་ཆེ་གེ་མོར་སྒོར་མོ་ཤིན་ཏུ་མཁོ་ནས་སྐབས་དེར་ཀྲང་ཆེ་གེ་མོར་དངུལ་བུན་འཛལ་བྱེད་མེད་པས། ལི་ཆེ་གེ་མོའི་བསམ་པར་ཀྲང་ཆེ་གེ་མོས་བུ་ལོན་མི་འཛལ་བས་སྒྲ་སྣམ་རང་ཉིད་ལ་དབང་བ་རེད་སྙམ་ནས་སྒྲ་སྣམ་དེ་བཙོང་རྩིས་བྱས། འོན་ཀྱང་ཀྲང་ཆེ་གེ་མོས་མོས་མཐུན་མ་བྱས་པར་ལི་ཆེ་གེ་མོ་ཁྲིམས་ཁང་ལ་སྐྱར།

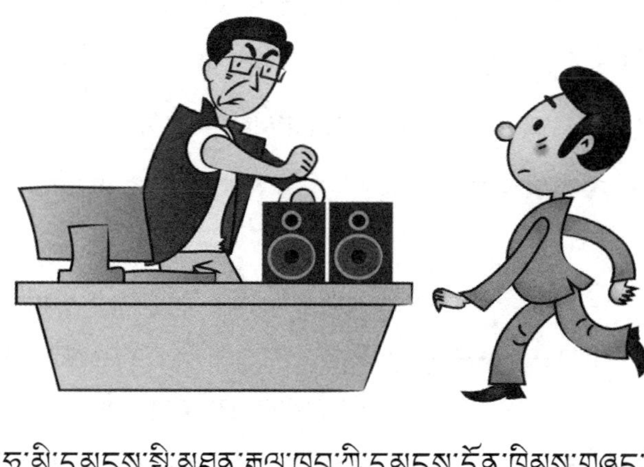

《ཀྲུང་ཧྭ་མི་དམངས་སྤྱི་མཐུན་རྒྱལ་ཁབ་ཀྱི་དམངས་དོན་ཁྲིམས་གཞུང་》གི་དོན་ཚན་བཞི་བརྒྱ་དང་ཉེར་བརྒྱད་པའི་ནང་དུ་གཏན་འབེབས་བྱས་དོན། བུན་འགན་སྒྲུབ་པའི་དུས་

བཀག་མ་ཡོངས་གོང་དུ། གཏའ་འཛོག་དབང་བདག་དང་གཏའ་མ་འཛོག་མིའི་བར་དུ་བུན་འགན་འཁུར་མིས་དུས་བཀག་ཡོངས་པའི་བུན་འགན་མི་སྒྲུབ་པའི་སྐབས་སུ་གཏའ་འཛོག་རྒྱུ་ནོར་དེ་བུན་བདག་ལ་དབང་བ་ཡིན་པ་གྲོས་དན་བཞག་པ་ཡིན་ན། ཁྲིམས་ལྟར་གཏའ་འཛོག་རྒྱུ་ནོར་ཐོག་ནས་འགོ་མ་བྱས་ནས་སྐྱིན་གསབ་འཐོབ་དགོས་པ་རང་ཡིན།

《ཀྲུང་ཧྭ་མི་དམངས་སྤྱི་མཐུན་རྒྱལ་ཁབ་ཀྱི་དམངས་དོན་ཁྲིམས་གཞུང་》གི་དོན་ཚན་བཞི་བརྒྱ་དང་སོ་དྲུག་པའི་ནང་དུ་གཏན་འབེབས་བྱས་དོན། བུན་འགན་འཁུར་མིས་བུན་འགན་བསྒྲུབས་པའམ་གཏའ་མ་འཛོག་མིས་འགན་ལེན་བྱས་པའི་བུན་དབང་ཟླ་སྒྲུར་གྱིས་གཙང་འཇལ་བྱས་པ་ཡིན་ན། གཏའ་འཛོག་དབང་བདག་གིས་གཏའ་འཛོག་རྒྱུ་ནོར་ཕྱིར་སློག་བྱེད་དགོས།

བུན་འགན་འཁུར་མིས་དུས་བཀག་ཡོངས་པའི་བུན་འགན་མི་སྒྲུབ་པའམ་དོ་བདག་བར་གྲོས་དན་བཞག་པའི་གཏའ་མ་འཛོག་དབང་མངོན་དུ་གྱུར་བའི་གནས་ཚུལ་བྱུང་ན། གཏའ་འཛོག་དབང་བདག་གིས་གཏའ་མ་འཛོག་མི་དང་གྲོས་མཐུན་བཞག་ནས་གཏའ་འཛོག་རྒྱུ་ནོར་ལ་རིན་གོང་བཅག་ཆོག་ལ། གཏའ་འཛོག་རྒྱུ་ནོར་ཁབ་འཚོང་དང་འཚོང་སྒྱུར་བྱས་ནས་རག་པའི་རིན་དངུལ་ཐོག་ནས་འགོ་མ་བྱས་ནས་སྐྱིན་གསབ་སྔོན་ཐོབ་ཀྱང་ཆོག

གཏའ་འཛོག་རྒྱུ་ནོར་ལ་རིན་གོང་གཅོག་པའམ་འཚོང་སྒྱུར་བྱེད་དུས་ཚོང་རའི་རིན་གོང་གཞི་འཛིན་ས་བྱེད་དགོས།

རྒྱུ་མཚན་ནི་《གཏིང་འཛོག་དངུལ་བུན་གཏོང་ལེན་གྱི་གན་རྒྱའི་》གྲོས་དོན་དུ་ཀྲང་ཆེ་གེ་མོས་ཕྱི་ལོའི་ཟླ་དང་པོའི་ཚེས་གཅིག་ཉིན་མ་རྩ་དང་སྐྱེད་ཀ་མཉམ་དུ་སྤྲོད་རྒྱུ་བྱས་ཡོད་པས། ད་ཆ་ད་དུང་ཁ་ཆད་བཞག་པའི་དུས་ཚོད་སླེབས་མེད་སྐབས། ལི་ཆེ་གེ་མོས་སྤྲ་སྐམ་རང་ལ་དབང་བ་དང་བཙོངས་བ་སོགས་བྱས་མི་ཆོག

《ཀྲུང་ཧྭ་མི་དམངས་སྤྱི་མཐུན་རྒྱལ་ཁབ་ཀྱི་དམངས་དོན་ཁྲིམས་གཞུང་》གི་དོན་ཚན་བཞི་བརྒྱ་དང་སོ་གསུམ་པའི་ནང་དུ་གཏན་འབེབས་བྱས་དོན། གཏའ་འཛོག་དབང་བདག་ལ་ཁག་འགན་དགྲི་མི་ཏུང་བའི་དོན་རྐྱེན་གྱིས་གཏའ་འཛོག་རྒྱུ་ནོར་ལ་ཆག་སྐྱོན་བཟོས་པའམ་རིན་ཐང་མངོན་གསལ་གྱིས་མར་ཆག་ནས་གཏའ་འཛོག་དབང་བདག་གི་ཁེ་དབང་ལ་གནོད་རྐྱེན་བཟོ་ངེས་པ་ཡིན་ན། གཏའ་འཛོག་དབང་བདག་ལ་གཏའ་མ་འཛོག་མིས

དེར་མཐུན་གྱི་འགན་ལེན་འདོན་སྤྲོད་བྱེད་དགོས་པའི་རེ་འདུན་འདོན་དབང་ཡོད། གཏའ་མ་འཛོག་མིས་འདོན་སྤྲོད་མི་བྱེད་ཚེ། གཏའ་འཛོག་དབང་བདག་གིས་གཏའ་འཛོག་རྒྱུ་ནོར་ཏབ་འཚོང་དང་འཚོང་སྒྱུར་བྱས་ཆོག་པ་མ་ཟད། གཏའ་མ་འཛོག་མི་དང་གྲོས་མཐུན་བཞག་ནས་ཏབ་འཚོང་ངམ་འཚོང་སྒྱུར་བྱས་ནས་རག་པའི་རིན་དངུལ་གྱིས་ཐུ་སྒྱུར་གྱིས་བུན་འགན་གཙང་འཇལ་ལམ་ལེན་ཞར་བྱས་ཆོག

གལ་སྲིད་ཀྱང་ཆེ་གེ་མོའི་སྒྲ་སྒམ་གཏིང་འཛོག་བྱེད་པའི་བརྒྱུད་རིམ་ལ། དེ་ནང་འདྲེན་སྒྲ་སྒམ་རྫུན་མ་ཡིན་པ་དང་། དེའི་རིན་ཐང་གིས་ཁག་ཐེག་དངོས་པོ་བྱེད་མི་ཐུབ་པ་ཤེས་ཚེ། ལི་ཆེ་གེ་མོས་ཀྱང་ཆེ་གེ་མོར་ཁག་ཐེག་དངོས་པོ་གཞན་འཛོག་རྒྱུའི་རེ་བ་བཏོན་ཆོག གལ་སྲིད་ཀྱང་ཆེ་གེ་མོས་དང་ལེན་མ་བྱས་ན་ལི་ཆེ་གེ་མོས་ད་གཟོད་གཏའ་མའི་སྒྲ་སྒམ་བཙོངས་ཆོག

ཁྲིམས་ལུགས་ཁྱབ་གདལ་གྱི་སློབ་ཚན།

1.གང་འདྲ་ཞིག་ལ་གཏིང་འཛོག་ཟེར།

གཏིང་འཛོག་ཅེས་པ་ནི་བུ་ལོན་འཇལ་མཁན་ནམ་མི་གསུམ་པས་རང་གི་དམིགས་བསལ་གྱི་རྒྱུ་ནོར་དེ་བུན་དབང་འཛིན་མཁན་ལ་སྤྲད་དེ་བདག་བཟུང་བྱེད་དུ་བཅུག་ནས་བུན་དབང་གི་འགན་ལེན་བྱེད་པ་དང་། བུ་ལོན་འཇལ་མཁན་གྱིས་བུ་ལོན་མི་འཇལ་བའི་སྐབས་སུ། བུན་དབང་འཛིན་མཁན་ལ་བཅའ་ཁྲིམས་ལྟར་རྒྱུ་ནོར་དེ་དངུལ་ལ་ཕབ་པའམ་ཏབ་འཚོང་དང་། བསྒྱུར་འཚོང་བཅས་བྱེད་པའི་རིན་གོང་ལྟར་སྐྱིན་གསབ་སྔོན་ཐོབ་དངོས་དབང་ཡོད།

2.གཏའ་འཛོག་གན་རྒྱར་ཁྲིར་བཀོད་དུ་དོན་ཚན་གང་དག་ཚང་དགོས།

(1) བུན་དབང་གཏའ་འཛོག་བྱ་ཡུལ་གྱི་རིགས་དང་གྲངས་འབོར།

(2) བུ་ལོན་འཇལ་མཁན་གྱིས་བུ་ལོན་འཇལ་བའི་དུས་ཚད།

(3) གཏའ་འཛོག་རྒྱུ་ནོར་གྱི་མིང་དང་། གྲངས་འབོར་སོགས་ཀྱི་གནས་ཚུལ།

(4) ཁག་ཐེག་བྱེད་པའི་ཁྱབ་ཁོངས།

(5) གཏའ་འཛོག་རྒྱུ་ནོར་ཕྱིར་སྤྲོད་པའི་དུས་ཚོད་དང་སྤྲོད་ཐབས།

3. སྐྱིན་གསབ་སྔོན་ཐོབ་དབང་ཆ་ཞེས་པ་གང་འདྲ་ཞིག་ལ་ཟེར།

སྐྱིན་གསབ་སྔོན་ཐོབ་དབང་ཆ་ཞེས་པ་ནི། བཅའ་ཁྲིམས་ཀྱིས་གཏན་འབེབས་བྱས་པའི་དམིགས་བསལ་གྱི་བུན་བདག་དེ་བུན་བདག་གཞན་ལས་སྔ་བ་དང་། ཐ་ན་དངོས་དབང་འཛིན་མཁན་གཞན་ལས་སྔ་བར་སྐྱིན་གསབ་ཐོབ་དབང་ཡོད་པར་ཟེར།

4. སྐྱིན་གསབ་སྔོན་ཐོབ་དབང་ཆར་ཁྱད་ཆོས་གང་འདྲ་ཡོད།

དང་པོ། དེ་ནི་མ་རྩ་རྫིབ་པའི་གོ་རིམ་བརྒྱུད་མི་དགོས་པར་དམིགས་བསལ་གྱི་རྒྱུ་ནོར་ལ་སྐྱིན་གསབ་སྔོན་ཐོབ་དབང་ཆ་སྤྱོད་ཐུབ་པ་ཞིག་ཡིན། ཁག་ཐེག་བྱེད་དབང་ནི་སྐྱིན་གསབ་སྔོན་ཐོབ་དབང་ཆའི་རྨང་གཞི་ཡིན། ཁག་ཐེག་བྱེད་དབང་བཟོ་དགོས་པའི་བླང་བྱ་འདོན་དགོས་དོན་ནི་གཏའ་འཛོག་དངོས་པོར་བརྟེན་ནས་བུན་དབང་དང་དཔལ་འབྱོར་གྱི་རིན་ཐང་འགན་ལེན་བྱེད་ཆེད་ཡིན། དེ་ལྟར། 《མ་རྩ་རྫིབ་པའི་བཅའ་ཁྲིམས་》ཀྱིས་སྟར་གཏན་ཁེལ་བའི་མི་མ་རྩ་རྫིབ་པའི་གནས་ཚུལ་འོག་ཁག་ཐེག་བྱེད་དབང་དེ་སྔར་བཞིན་ཁྲིམས་ལུགས་ཀྱི་ནུས་པ་ལྡན་པ་ཁས་ལེན་བྱེད་ཀྱི་ཡོད་པས། ཁག་ཐེག་མཁན་གྱིས་མ་རྩ་རྫིབ་པའི་གོ་རིམ་ལྟར་བརྒྱུད་མི་དགོས་པར་ཁག་ཐེག་དངོས་པོའི་ཁྲོད་ནས་སྐྱིན་གསབ་སྔོན་ཐོབ་བྱས་ཆོག

གཉིས་པ། སྐྱིན་གསབ་སྔོན་ཐོབ་དབང་ཆ་དེ་དམིགས་བསལ་གྱི་རྒྱུ་ནོར་ཁོ་ན་སྟེང་ནས་ཐོབ་དགོས། དམིགས་བསལ་གྱི་རྒྱུ་ནོར་ཞེས་པ་ནི་བུན་དབང་འགན་ལེན་བྱས་པའི་རྒྱུ་ནོར་ལ་ཟེར།

གསུམ་པ། སྐྱིན་གསབ་སྔོན་ཐོབ་དབང་ཆ་ནི་མ་རྩ་རྫིབ་པའི་རྒྱུ་ནོར་ནང་འགན་སྲུང་བྱེད་དབང་ཡོད་པའི་དམིགས་བསལ་གྱི་རྒྱུ་ནོར་ཐོག་གཏན་འཁེལ་བྱས་པའི་ཁག་ཐེག་བྱེད་དབང་ལ་ཟེར། དེར་བརྟེན། དེ་མ་རྩ་རྫིབ་པའི་ཁྱབ་ཁོངས་ནང་གི་དམིགས་བསལ་གྱི་རྒྱུ་ནོར་ཁོ་ན་ཡིན་པས། རྒྱུ་ནོར་གཞན་དག་ཚང་མར་སྐྱིན་གསབ་སྔོན་ཐོབ་བྱེད་དབང་སྤྱོད་མི་ཆོག

བཞི་པ། བུ་ལོན་འཇལ་མཁན་གྱིས་མགོ་འདོན་བྱས་པའི་རྒྱུ་ནོར་གྱི་ཁག་ཐེག་དེ་ངེས་པར་དུ་མ་རྩ་རྫིབ་པ་ཁྱབ་བསྒྲགས་མ་བྱས་གོང་གི་དུས་ཡུན་ངེས་ཅན་ཞིག་གི་ནང་དུ་གཏན་འབེབས་བྱས་པ་ཡིན་དགོས། རང་རྒྱལ་གྱི་《མ་རྩ་རྫིབ་པའི་བཅའ་ཁྲིམས་》ཀྱིས་གཏན་འབེབས་བྱས་པ་ལྟར་ན། ཁྲིམས་ཁང་གིས་མ་རྩ་རྫིབ་པའི་གྱོད་དོན་དང་ལེན་མ་བྱས་སྔོན་གྱི་ཟླ་དྲུག་ནས་མ་རྩ་རྫིབ་པ་ཁྱབ་བསྒྲགས་བྱས་རྗེས་ཀྱི་དུས་ཡུན་ནང་། མ་རྩ་རྫིབ་པའི་ཁེ་ལས་ཀྱིས་སྔར་རྒྱུ་ནོར་ཁག་ཐེག་བྱས་མེད་པའི་བུ་ལོན་ལ་རྒྱུ་ནོར་གྱི་ཁག་ཐེག་མགོ་འདོན་བྱས་པར་ནུས་པ་མི་ལྡན།

ལྔ་པ། སྐྱིན་གསབ་སྔོན་ཐོབ་དབང་ཆ་ཡོད་པའི་ཁྱབ་ཁོངས་སུ་རྒྱུ་ནོར་གྱི་ཁག་ཐེག་ཡོད་པའི་བུན་བདག་ཁོ་ན་ཚུད། བུན་བདག་གིས་འགྱུལ་ནོར་རམ་ཡང་ན་བརྟན་ནོར་གང་ཞིག་གཏའ་མའི་བདག་དབང་བཙུགས་ཙང་། རྒྱུ་ནོར་གྱི་ཁག་ཐེག་ཡོད་པའི་བུན་བདག་ཡིན་ཚེ། མ་རྩ་རྫིབ་པའི་གོ་རིམ་ལྟར་བརྒྱུད་མི་དགོས་པར་སྐྱིན་གསབ་སྔོན་ཐོབ་བྱུང་ཆོག

བདག་འཛིན།

གཅིག བདག་འཛིན་བྱས་པའི་འགལ་རྐྱེན་སྔོན་འགོག་ཇི་ལྟར་བྱེད་དགོས།

རྒན་པོ་ཕུང་ལགས་ཀྱིས་ཁོ་རང་འཚོ་བཞུགས་སྐབས་རྒན་པོ་ལི་ལགས་ཀྱི་རྐང་འཁོར་གཡར་ནས། ཕྱིར་སྤྲོད་མ་བྱས་གོང་ཕུང་ལགས་ཚེ་ལས་འདས། ཕུང་ལགས་ཀྱི་བུ་ཞའོ་ཕུང་གིས་རྐང་འཁོར་དེ་ལི་ལགས་ཀྱི་རྒྱུ་ནོར་ཡིན་པ་མ་ཤེས་པས། ཤུལ་བཞག་རེད་སྙམ་ནས་ཤུལ་འཛིན་བྱས་ཏེ། ལས་ཀ་ལ་འགྲོ་དུས་དང་ལས་ཚར་དུ་ཡར་མར་བེད་སྤྱོད་བྱས། ལོ་གཅིག་གི་རྗེས་སུ། ལི་ལགས་ཀྱིས་ཁོང་གི་རྐང་འཁོར་ཕྱིར་རྩིས་སྤྲོད་

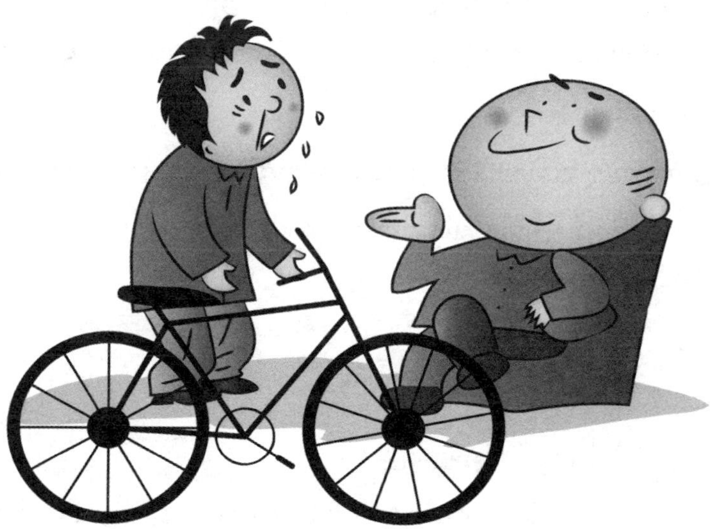

དགོས་པ་མ་ཟད། རྐང་འཁོར་བཀོལ་སྤྱོད་བྱེད་སྐབས་བཟར་ཟད་བྱུང་བར་སྐྱིན་ཚབ་འཇལ་དགོས་པའི་རེ་ཞུ་བྱས། ཞའོ་ཕུང་གིས་དེ་ཁས་མ་བླངས་པ་རེད།

《ཀྲུང་ཧྭ་མི་དམངས་སྤྱི་མཐུན་རྒྱལ་ཁབ་ཀྱི་དམངས་དོན་ཁྲིམས་གཞུང་》གི་དོན་ཚན་བཞི་བརྒྱ་དང་ང་དགུ་པའི་ནང་དུ་གཏན་འབེབས་བྱས་དོན། བདག་འཛིན་བྱེད་མིས་བདག་འཛིན་བྱས་པའི་བརྟན་ནོར་རམ་འགུལ་ནོར་བཀོལ་སྤྱོད་བྱས་པས། བརྟན་ནོར་རམ་འགུལ་ནོར་དེར་གནོད་རྐྱེན་བཟོས་པ་ཡིན་ན། སེམས་གནག་བདག་འཛིན་བྱེད་མིས་སྐྱིན་གསབ་འགན་འཁྲི་འཁུར་དགོས།

ལི་ལགས་ཀྱིས་རང་ཉིད་ཀར་འཁོར་གྱི་བདག་པོ་ཡིན་ལུགས་དང་ཀར་འཁོར་ཕྱིར་སྤྲོད་དགོས་ལུགས་མ་བཤད་གོང་། ཞའོ་ཕྲང་ནི་གནོང་མེད་ཀྱི་བདག་འཛིན་བྱེད་མཁན་ཡིན་པས། ཞའོ་ཕྲང་གིས་ལི་ལགས་ཀྱི་ཀར་འཁོར་བེད་སྤྱད་ནས་བརྡར་ཟད་ཐེབས་པ་དེ་ལི་ལགས་ལ་སྐྱིན་ཚབ་སྤྲོད་མི་དགོས། འོན་ཀྱང་། ལི་ལགས་ཀྱིས་ཞའོ་ཕྲང་ལ་དངོས་པོ་ཕྱིར་སྤྲོད་དགོས་པའི་རེ་ཞུ་བྱས་པ་ནས་བཟུང་། ཞའོ་ཕྲང་གནོང་མེད་ཀྱིས་བདག་འཛིན་བྱེད་མཁན་ནས་སེམས་ངན་གྱིས་བདག་འཛིན་བྱེད་མཁན་དུ་གྱུར། ལི་ལགས་ཀྱིས་ཁེ་དབང་བཙོན་ལེན་བྱས་པ་ནས་བཟུང་། ཞའོ་ཕྲང་གིས་བདག་འཛིན་བྱས་པའི་དངོས་པོར་བརྡར་ཟད་ཐེབས་པའི་ཐད་ལི་ལགས་ལ་སྐྱིན་ཚབ་སྤྲོད་དགོས།

མཐར་ཁྲིམས་ཁང་གིས་ཞའོ་ཕྲང་གིས་ཀར་འཁོར་ཕྱིར་སྤྲོད་དགོས་པ་མ་ཟད། ཀར་འཁོར་བརྡར་ཟད་ཐེབས་པའི་འགན་འཁུར་ནས་ལི་ལགས་ལ་སྐྱིན་ཚབ་སྤྲོད་དགོས་པའི་ཁྲིམས་ཐག་བཅད།

ཁྲིམས་ལུགས་ཁྲབ་གདལ་གྱི་སློབ་ཚན།

1.གང་འདྲ་ཞིག་ལ་བདག་འཛིན་ཟེར།

བདག་འཛིན་ཞེས་པ་ནི་བདག་འཛིན་བྱེད་མཁན་གྱིས་བརྟན་ནོར་རམ་འགུལ་ནོར་ལ་དངོས་སུ་ཚོད་འཛིན་བྱས་པར་ཟེར།

（1）བདག་འཛིན་ནི་ཁེ་དབང་ཞིག་མིན་ཏེ། དོན་དངོས་ཀྱི་རྣམ་པ་ཞིག་ཡིན། དོན་དངོས་ཀྱི་རྣམ་པ་དེ་རིགས་ནི་དངོས་པོར་དངོས་སུ་ཚོད་འཛིན་བྱེད་པ་ཞིག་རེད།

（2）བདག་འཛིན་བྱ་ཡུལ་ནི་དངོས་པོ་ཁོ་ན་ཡིན། འོན་ཀྱང་ངེས་པར་དུ་དོ་སྣང་བྱེད་དགོས་པ་ཞིག་ལ། འདི་རུ་བཤད་པའི་དངོས་པོ་ནི་ངེས་པར་དུ་ཡན་གར་གནས་པའི་དངོས་པོ་ཞིག་ཡིན་མི་དགོས་པར། ཡན་གར་གནས་པའི་དངོས་པོ་ག་གེ་མོ་ཞིག་གི་ཆ་ཤས་ཤིག་ཀྱང་བདག་འཛིན་བྱས་ཆོག

（3）བདག་འཛིན་ཞེས་པ་ནི་དངོས་པོར་དངོས་སུ་དོ་དམ་དང་སྐྱེ་ཁྲིད་བྱེད་པའི་ནུས་པ་ལྡན་པར་ཟེར། དོ་དམ་དང་སྐྱེ་ཁྲིད་ཀྱི་ནུས་པ་དེ་རིགས་ནི་དངོས་པོར་དངོས་སུ་ཚོད་འཛིན་དང་བཀོལ་སྤྱོད་བྱེད་པའི་ནུས་པ་ཡིན། བར་སྟོང་དང་། དུས་ཚོད། བཅའ་ཁྲིམས་བཅས་ཀྱི་ཟུང་འབྲེལ་ནི་དོན་དངོས་ཐོག་གི་དོ་དམ་དང་སྐྱེ་ཁྲིད་ནུས་པར་བརྟར་ཤ་གཅོད་པའི་ཚད་གཞི་ཡིན། བར་སྟོང་སྟེང་གི་ཟུང་འབྲེལ་གྱིས་དམིགས་བསལ་གྱི་དངོས་པོ་དེ་དམིགས་བསལ་གྱི་མིའི་ཚོད་འཛིན་འོག་ཏུ་གནས་ཡོད་པ་མཚོན་ཐུབ་པ་དང་། དུས་ཚོད་ཀྱི་ཟུང་འབྲེལ་གྱིས་ཚོད་འཛིན་དེ་རིགས་ལ་རྒྱུན་མཐུད་རང་བཞིན་ངེས་ཅན་ཞིག་ལྡན་དགོས་པའི་བླང་བྱ་བཏོན་ཡོད། བཅའ་ཁྲིམས་ཐད་ཀྱི་ཟུང་འབྲེལ་གྱིས་ཚོད་འཛིན་གྱི་ནུས་པ་ནན་བཤད་བྱས་པ་ལས་ཐད་ཀར་ཚོད་འཛིན་བྱེད་པ་ནན་བཤད་བྱས་མེད།

2.གང་འདྲ་ཞིག་ལ་གནོང་མེད་བདག་འཛིན་བྱས་པ་ཟེར།

གནོང་མེད་བདག་འཛིན་བྱས་པ་ཞེས་པ་ནི་བདག་འཛིན་བྱེད་མཁན་གྱིས་རང་ཉིད་ལ་བདག་འཛིན་བྱེད་དབང་མེད་པ་མི་ཤེས་པའམ་ཡང་ན་ཤེས་མི་དགོས་པའི་སྒོ་ནས་བདག་འཛིན་བྱས་པ་ལ་ཟེར།

3.གང་འདྲ་ཞིག་ལ་སེམས་གནག་བདག་འཛིན་བྱས་པ་ཟེར།

སེམས་གནག་བདག་འཛིན་བྱས་པ་ཞེས་པ་ནི་གནོང་མེད་བདག་འཛིན་བྱས་པ་དང་བསྡོས་ཟླ་ཡིན། དེ་ནི་བདག་འཛིན་བྱེད་མཁན་གྱིས་རང་ཉིད་ལ་ཁྲིམས་མཐུན་གྱིས་བདག་འཛིན་བྱེད་པའི་གཞི་འཛིན་ས་མེད་པ་ཤེས་པའམ་ཡང་ན་ཤེས་དགོས་ངེས་ཀྱི་སྒོ་ནས་ཁྲིམས་འགལ་གྱིས་བདག་འཛིན་བྱས་པ་ལ་ཟེར།

གཉིས། མི་གཞན་གྱི་འགུལ་ནོར་བདག་འཛིན་བྱས་ནས་ཆག་སྐྱོན་ཤོར་ན་སྐྱིན་ཚབ་འཇལ་དགོས་སམ།

ཞའོ་ཅང་ནི་སྐུ་ཞབས་ཤུའི་ལགས་ཀྱི་ཁ་ལོ་བ་ཡིན། སྐུ་ཞབས་ཤུའི་ལགས་གཞུང་དོན་དུ་ཕྱི་ལ་ཐོན་པའི་སྐབས་སུ། ཞའོ་ཅང་གིས་རང་དགར་སྐུ་ཞབས་ཤུའི་ལགས་ཀྱི་རླངས་འཁོར་བཏང་ནས་སོང་བ་དང་། ལམ་བར་དུ་ལིའང་ཆེ་གེ་མོའི་རླངས་འཁོར་དང་རྡུང་ཁ་ཤོར་ནས། ཞའོ་ཅང་གིས་བཏང་པའི་རླངས་འཁོར་ལ་ཆག་སྐྱོན་ཐེབས། ཞའོ་ཅང་དང་ལིའང་ཆེ་གེ་མོས་གྲོས་སྡུར་བྱས་ནས། ལིའང་ཆེ་གེ་མོས་ཞའོ་ཅང་ལ་སྒོར1000སྐྱིན་ཚབ་སྤྲོད་རྒྱུའི་གྲོས་མཐུན་བྱུང་བ་རེད། སྐུ་ཞབས་ཤུའི་ལགས་ཕྱིར་ལོག་རྗེས་གནས་ཚུལ་དེ་ཤེས་ནས། ཞའོ་ཅང་ལ་སྒོར1000དེ་དང་རླངས་འཁོར་བཟོ་བཅོས་རྒྱག་པའི་འགྲོ་སོང་སྒོར2000ཙམ་སྤྲོད་དགོས་ལུགས་བཤད།

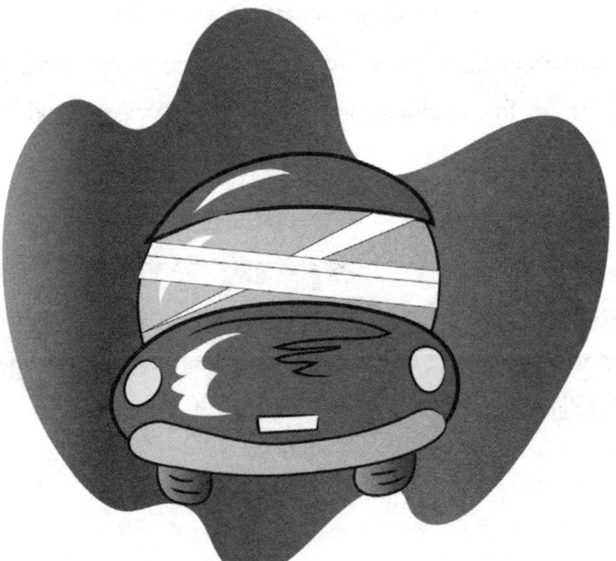

《ཀྲུང་ཧྭ་མི་དམངས་སྤྱི་མཐུན་རྒྱལ་ཁབ་ཀྱི་དམངས་དོན་ཁྲིམས་གཞུང་》གི་དོན་ཚན་བཞི་བརྒྱ་དང་རེ་གཅིག་པའི་ནང་དུ་གཏན་འབེབས་བྱས་དོན། བདག་འཛིན་བྱས་

པའི་བརྟན་ནོར་རམ་འགྱུལ་ནོར་ལ་ཆག་སྐྱོན་བྱུང་བའམ་མེད་བརླག་ཏུ་སོང་བར། བརྟན་ནོར་རམ་འགྱུལ་ནོར་དེའི་ཁེ་དབང་བདག་པོས་སྐྱིན་གསབ་འཇལ་དགོས་པའི་རེ་འདུན་བཏོན་ཚེ་བདག་འཛིན་བྱེད་མིས་ཆག་སྐྱོན་བྱུང་བ་དང་མེད་བརླག་ཏུ་སོང་བ་ལས་ཐོབ་པའི་འགན་བཅོལ་གྲོན་དཔུལ་དང་སྐྱིན་གསབ་གྲོན་དཔུལ་ལམ་གུན་གསབ་གྲོན་དཔུལ་སོགས་ཁེ་དབང་བདག་པོ་ལ་ཕྱིར་སློག་བྱེད་དགོས། ཁེ་དབང་བདག་པོའི་གནོད་རྐྱེན་ལ་སྐྱིན་གསབ་འདད་ངེས་མ་ཐོབ་ན། སེམས་གནག་བདག་འཛིན་བྱེད་མིས་ད་དུང་གྱོང་གུན་སྐྱིན་གསབ་བྱེད་དགོས།

གོང་གསལ་གཏན་འབེབས་ལྟར། མཐར་ཁྲིམས་ཁང་གིས་ཁྲིམས་ཐག་བཅད་དོན། ཞའོ་ཅང་གིས་ལིའང་ཆེ་གེ་མོས་སྐྱིན་ཚབ་སྤྲད་པའི་སྒོར1000དེ་སྨྱུ་ཞབས་ཤུའི་ལགས་ལ་ཕྱིར་སྤྲོད་རྒྱུ་དང་། དུས་མཚུངས་སུ་རྣངས་འཕོར་བཟོ་བཅོས་རྒྱག་བྱེད་ཀྱི་འགྲོ་སོང་སྒོར2000དེ་སྤྲོད་རྒྱུ་བྱས།

ཁྲིམས་ལུགས་ཁྱབ་གདལ་གྱི་སློབ་ཚན།

1.གང་འདྲ་ཞིག་ལ་འགན་བཅོལ་དཔུལ་ཞེས་ཟེར།

འགན་བཅོལ་དཔུལ་ཞེས་པ་ནི་ཉེན་འགོག་འགན་ལེན་བྱེད་མཁན་གྱིས་འགན་བཅོལ་གན་རྒྱའི་ནང་གི་ཁ་ཆད་བྱས་པ་ལྟར། ཉེན་འགན་ལེན་ཡུལ་ལམ་ཕན་ཆ་ཐོབ་མཁན་ལ་སྤྲོད་པའི་དཔུལ་ལ་ཟེར། ཡང་ན་ཉེན་འགོག་འགན་ལེན་གྱི་དོན་རྐྱེན་བྱུང་སྐབས། དངོས་པོའི་གྱོང་གུན་ལ་སྐྱིན་གསབ་སྤྲོད་པའི་དཔུལ་ལ་ཟེར།

2.ཡོངས་སུ་བདག་འཛིན་དང་ཡོངས་སུ་མིན་པའི་བདག་འཛིན་ཞེས་པ་གང་འདྲ་ཞིག་ཡིན།

སྤྱིར་ན་བདག་པོས་བདག་འཛིན་བྱས་པ་ནི་ཡོངས་སུ་བདག་འཛིན་ཡིན། དེར་བདག་འཛིན་བྱས་པའི་དངོས་པོའི་དངོས་དབང་ཆ་ཚང་བ་ཡོད། བདག་པོ་མིན་པས་བདག་འཛིན་བྱས་པ་ནི་ཡོངས་སུ་མིན་པའི་བདག་འཛིན་ཡིན། དཔེར་ན། ཁང་པ་གླ་མཁན་ལ་གླས་པའི་ཁང་པའི་དངོས་དབང་ཆ་ཚང་བ་སྤྱོད་རྒྱུ་མེད།

3.ཁྲིམས་མཐུན་བདག་འཛིན་དང་ཁྲིམས་མཐུན་མིན་པའི་བདག་འཛིན་ཞེས་པ་གང་

འདྲ་ཞིག་ཡིན།

བཅའ་ཁྲིམས་ཀྱི་གཞི་འཛིན་ས་ཡོད་པ་སྟེ། བཅའ་ཁྲིམས་ཀྱི་གཏན་འབེབས་དང་། བདག་པོའི་འདོད་བློ། སྲིད་འཛིན་གྱི་བཀའ་རྒྱ། ཡང་ན་ཁྲིམས་ཁང་གི་ཁྲིམས་གཅོད། དེ་བཞིན་ཁྲིམས་མཐུན་གྱི་རྒྱུ་རྐྱེན་གཞན་དག་གཞིར་བཟུང་བདག་འཛིན་བྱས་པར་ཁྲིམས་མཐུན་བདག་འཛིན་ཟེར། དེ་ལས་ལྡོག་ན་ཁྲིམས་མཐུན་མིན་པའི་བདག་འཛིན་ཡིན།

གསུམ། བདག་དབང་ཡོད་པའི་འགུལ་ནོར་མི་གཞན་གྱིས་ནམ་བཟུང་བྱས་ན་ཇི་ལྟར་བྱེད་དགོས།

ཅེང་ཆེ་གེ་མོ་ནི་མི་རྟེང་ཡིན་པས། ས་ཆ་གཞན་དུ་ཞོར་ལས་འགྲོ་དགོས་སྐབས་ཁྱིམ་གྱི་མེས་པོའི་ཤུལ་བཞག་གནའ་རྫས་དེ་ཁྱིམ་མཚེས་རྡེ་ཆེ་གེ་མོ་ལ་བཅོལ་བ་རེད། ཉིན་ཞིག་ཀྲོའུ་ཆེ་གེ་མོ་རྡེ་ཆེ་གེ་མོའི་ཁྱིམ་ལ་མགྲོན་པོར་འགྲོ་དུས་གནའ་རྫས་དེ་མཐོང་བས། ཁོས་གོ་སྐབས་བཙལ་ནས་གནའ་རྫས་དེ་བརྐུས། ཉིན་འགའི་རྗེས་སུ། གནའ་རྫས་དེ་ཀྲོའུ་ཆེ་གེ་མོས་བརྐུས་པ་རྡེ་ཆེ་གེ་མོས་ཤེས་ནས། ཀྲོའུ་ཆེ་གེ་མོ་ལ་གནའ་རྫས་དེ་ཕྱིར་སྤྲོད་དགོས་པའི་རེ་འདུན་བཏོན།

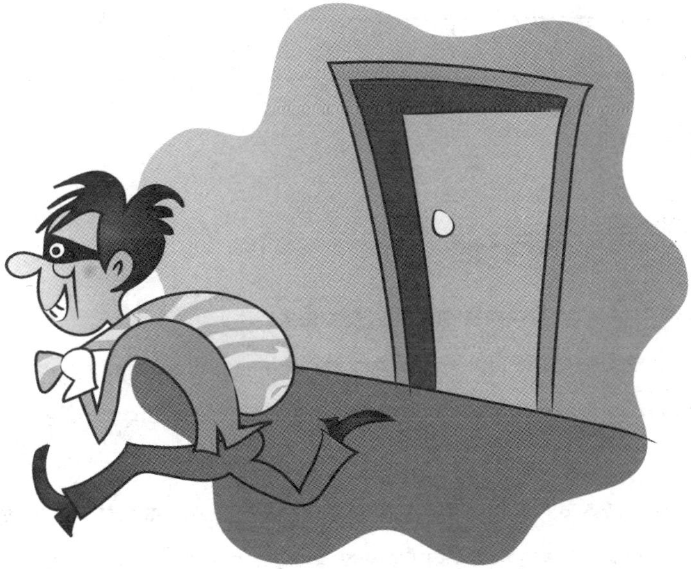

《ཀྲུང་ཧྭ་མི་དམངས་སྤྱི་མཐུན་རྒྱལ་ཁབ་ཀྱི་དམངས་དོན་ཁྲིམས་གཞུང་》གི་དོན་ཚན་བཞི་བརྒྱ་དང་རེ་གཉིས་པའི་ནང་དུ་གཏན་འབེབས་བྱས་དོན། བདག་འཛིན་བྱས་པའི་བརྟན་ནོར་རམ་འགུལ་ནོར་གང་ཞིག་བཙན་འཛིན་བྱས་ཚེ། བདག་འཛིན་བྱེད་མི་ལ་མ་གཞིའི་དངོས་པོ་ཕྱིར་སློག་བྱེད་དགོས་པའི་རེ་འདུན་འདོན་དབང་ཡོད། བདག་འཛིན་བྱེད་པར་འགོག་རྐྱེན་བཟོ་བའི་བྱ་སྤྱོད་ཡིན་ན། བདག་འཛིན་བྱེད་མི་ལ་འགོག་རྐྱེན་སེལ་

དགོས་པའམ་ཉེན་ཁ་སེལ་དགོས་པའི་རི་འདུན་འདོན་དབང་ཡོད། བཙན་འཛིན་བྱས་པའམ་འགོག་རྐྱེན་བཟོས་པའི་རྐྱེན་གྱིས་གནོད་རྐྱེན་བཟོས་པ་ཡིན་ན། བདག་འཛིན་བྱེད་མི་ལ་ཁྲིམས་ལྟར་གནོད་རྐྱེན་སྐྱིན་གསབ་བྱེད་དགོས་པའི་རི་འདུན་འདོན་དབང་ཡོད།

བདག་འཛིན་བྱེད་མིས་མ་གཞིའི་དངོས་པོ་ཕྱིར་སློག་བྱེད་དགོས་པའི་རི་འདུན་འདོན་དབང་དེ་བཙན་འཛིན་བྱ་སྤྱོད་བྱུང་ཉིན་ནས་ལོ་གཅིག་གི་ནང་ཚུན་དུ་མ་སྤྱད་ན། རི་འདུན་ཞུ་དབང་དེ་མེད་པར་གྱུར་པ་ཡིན།

གྱོད་དོན་འདིའི་ནང་། ཙེང་ཚེ་གེ་མོ་གནའ་རྫས་བདག་གིར་འཛིན་མཁན་ཡིན་པའི་ཆ་ནས། གནའ་རྫས་རྐུ་ཤོར་རྗེས་ཀྲོའུ་ཚེ་གེ་མོ་ལ་གནའ་རྫས་ཕྱིར་སློག་དགོས་པའི་རི་འདུན་འདོན་དབང་ཡོད། འོན་ཀྱང་ཙེང་ཚེ་གེ་མོས་ངེས་པར་དུ་ཀྲོའུ་ཚེ་གེ་མོས་གནའ་རྫས་དེ་བརྐུས་པའི་ཉིན་ནས་བཟུང་གི་དུས་ཡུན་ལོ་གཅིག་གི་ནང་ཚུན་དུ་དབང་ཆ་དེ་སྤྱོད་དགོས། དེ་ལྟར་མ་བྱས་ཚེ་ཙེང་ཚེ་གེ་མོ་ལ་རི་འདུན་འདོན་དབང་མེད་པར་གྱུར་འགྲོ།

ཁྲིམས་ལུགས་ཁྲབ་གདལ་གྱི་སློབ་ཚན།

1.གང་འདྲ་ཞིག་ལ་རི་འདུན་འདོན་དབང་ཟེར།

རི་འདུན་འདོན་དབང་ཞེས་པ་ནི་བཙའ་ཁྲིམས་ཀྱི་འབྲེལ་བའི་བྱེད་པོ་ཕྱོགས་གཅིག་གིས་ཕྱོགས་ཅིག་ཤོས་ལ་བྱ་སྤྱོད་ངེས་ཅན་ཞིག་སྤེལ་བའམ་མི་སྤེལ་པའི་རི་འདུན་འདོན་པའི་དབང་ཆ་ལ་ཟེར།

ཁེ་དབང་འཛིན་མཁན་གྱིས་ཁེ་དབང་གི་དམིགས་བྱར་ཐད་ཀར་བཀོད་འདོམས་བྱས་མི་ཆོག་པར། འོས་འགན་ལེན་མཁན་གྱིས་གཞོགས་འདེགས་བྱ་རྒྱུའི་རི་འདུན་དགོས། བུན་དབང་ནི་དཔེ་མཚོན་ཅན་གྱི་རི་འདུན་འདོན་དབང་ཞིག་ཡིན་པས། བུན་དབང་འཛིན་མཁན་རང་ཉིད་ཀྱིས་བུན་དབང་མངོན་འགྱུར་བྱ་ཐབས་མེད་པས། བུ་ལོན་འཇལ་མཁན་ལ་འཇལ་སྤྲོད་ཀྱི་འོས་འགན་ངེས་ཅན་ཞིག་བསྒྲུབ་རྒྱུའི་རི་འདུན་བཏོན་རྗེས་ད་གཟོད་བུན་དབང་འཛིན་མཁན་གྱི་བུན་དབང་མངོན་འགྱུར་བྱེད་ཐུབ།

2.གང་འདྲ་ཞིག་ལ་རི་འདུན་འདོན་དབང་མེད་པར་གྱུར་བ་ཟེར།

བཅའ་ཁྲིམས་སུ་གཏན་འབེབས་བྱས་པའི་ཞུ་སྐྱོར་གྱི་ཡུན་ཚད་ནང་། ཁེ་དབང་འཛིན་མཁན་གྱིས་རེ་འདུན་འདོན་ཆོ། མི་དམངས་ཁྲིམས་ཁང་གིས་འོས་འགན་འཁུར་མཁན་ལ་བཙན་ཤེད་ཀྱིས་འོས་འགན་བསྒྲུབ་ཏུ་འཇུག་གི་ཡོད། འོན་ཀྱང་ཁྲིམས་བཀོད་ཀྱི་ཞུ་སྐྱོར་ཡུན་ཚད་ཐིམ་རྗེས། ཁེ་དབང་འཛིན་མཁན་གྱིས་རེ་འདུན་འདོན་དབང་སྤྱད་ནའང་མི་དམངས་ཁྲིམས་ཁང་གིས་སྲུང་སྐྱོབ་མི་བྱ།

3.གང་འདྲ་ཞིག་ལ་ཞུ་སྐྱོར་གྱི་ཡུན་ཚད་ཟེར།

ཞུ་སྐྱོར་གྱི་ཡུན་ཚད་ཅེས་པ་ནི་དམངས་དོན་གྱི་ཁེ་དབང་ལ་བཙན་གནོད་ཕོག་པའི་ཁེ་དབང་འཛིན་མཁན་གྱིས་ཁྲིམས་བཀོད་ཀྱི་ཞུ་སྐྱོར་ཡུན་ཚད་ནང་དུ་ཁེ་དབང་མ་སྤྱད་པར་ཞུ་སྐྱོར་ཡུན་ཚད་ཐིམ་རྗེས། གཞི་ནས་བུ་ལོན་འཇལ་མཁན་ལ་ཞུ་སྐྱོར་ཡུན་ཚད་ཀྱི་དགག་སྒྲུབ་དབང་ཆ་ཐོབ་པར་ཟེར།

ལེ་ཚན་གསུམ་པ། གན་རྒྱ།

སྤྱི་མཐུན་དོན་ཚན།

གཅིག ཟླ་ཐོག་ནས་ཚོང་ཟོག་ཉོས་པའི་རྩིས་ཐོ་ཚོང་པས་ཕྱིར་འཛིན་བྱས་ཚེ། འཛད་སྤྱོད་པས་ཁེ་དབང་སྲུང་སྐྱོང་ཇི་ལྟར་བྱེད་དགོས།

ཡང་ལོ་གཅིག་དུས་གཅིག་གི་བྲིན་ཚོང་དུས་ཆེན་ལ་སླེབས་པས་ཟླ་ཐོག་ཚོང་པས་གོང་གཅོག་བྱེད་སྒོ་སྣ་ཚོགས་སྤེལ་བ་རེད། ཞའོ་ཡའོ་ཡིས་ཟླ་ཚིགས་ཤིག་གི་ཐོག་ནས་རང་གི་བློ་ལ་བབས་པའི་ཚོང་ཟོག་ཅིག་རིན་གོང་ནམ་རྒྱུན་གྱི་བཅུ་ཆ་གསུམ་ལས་བྱེད་ཀྱི་མེད་པ་མཐོང་བས། དགའ་ཐག་ཆོད་ནས་མྱུར་པོར་ཉོ་དགོས་སྙམ་ནས་རིན་པ་སྤྲད།

ཉིན་གསུམ་པར། ཚོང་པས་ཞའོ་ཡའོ་ལ་བཤད་རྒྱུར། ཚོང་ཟོག་དེ་ཉོ་མཁན་ཏ་ཅང་མང་བས། མིག་སྔར་ཚོང་ཟོག་མ་འདང་བའི་གནས་སུ་ལུས་འདུག ཉིན14ཡི་རྗེས་སུ་ད་གཟོད་ཚོང་ཟོག་བསྐུར་ཐུབ་ཟེར། ཞའོ་ཡའོ་ཡིས་དེ་རྒྱུན་ལྡན་དང་འདྲ་པོ་རེད་སྙམ་ནས་བསམ་ཤེས་བྱས་ཏེ་ཚོང་པའི་རེ་བ་ལ་མོས་མཐུན་བྱས།

འོན་ཀྱང་ཉིན་འགའ་འགོར་རྗེས། ཞའོ་ཡའོ་ཡིས་རང་གི་མངག་ཐོ་དེ་ཅི་ཡིན་འདི་ཡིན་མེད་པར་ཕྱིར་འཛིན་བྱས་པ་ཤེས། སྔོན་ཆད་སྤྲད་ཟིན་པའི་ཟོག་རིན་རྩིས་ཁྲའི་ནང་དུ་ཕྱིར་སློག་ཟིན་མོད། འོན་ཀྱང་རང་ལ་མངག་ཐོ་ཕྱིར་འཛིན་བྱས་པའི་བརྡ་ཐོ་གང་ཡང་འབྱོར་མེད་པས་མོ་རང་ཁོང་ཁྲོ་ཟ་ཐག་ཆོད་པ་རེད།

《ཀྲུང་ཧྭ་མི་དམངས་སྤྱི་མཐུན་རྒྱལ་ཁབ་ཀྱི་དམངས་དོན་ཁྲིམས་གཞུང་》གི་དོན་ཚན་བཞི་བརྒྱ་དང་པོ་གཅིག་པའི་ནང་དུ་གཏན་འབེབས་བྱས་དོན། ངོ་བདག་གིས་འཁྲིན་ཡིག་

དང་། གཞི་གྲངས་གློག་ཡིག་སོགས་ཀྱི་རྣམ་པའི་ཐོག་ནས་གན་རྒྱ་འཛོག་པའི་ཚེ་ངེས་གཟུང་ཡི་གེ་འཛོག་པའི་རེ་བ་བཏོན་པ་ཡིན་ན། ངེས་གཟུང་ཡི་གེ་འཛོག་དུས་གན་རྒྱ་གྲུབ་པ་ཡིན།

ཇོ་བདག་ཕྱོགས་གཅིག་གིས་མཉམ་སྦྲེལ་དྲ་བ་སོགས་ཆ་འཕྲིན་དྲ་བའི་ཐོག་ནས་ཁྱབ་བསྒྲགས་བྱས་པའི་ཚོང་ཟོག་གམ་ཞབས་ཞུའི་ཆ་འཕྲིན་དག་ཆིངས་འགོའི་ཆ་རྐྱེན་དང་མཐུན་ཚེ། ཕ་རོལ་པོས་ཚོང་ཟོག་གམ་ཞབས་ཞུ་གང་ཞིག་བདམས་པ་དང་སྤྲུགས་མངགས་ཐོ་སྤྲོད་གྲུབ་ན་གན་རྒྱ་གྲུབ་པ་ཡིན། ཡིན་ན་ཡང་ཇོ་བདག་བར་དུ་ལོགས་སུ་གྲོས་དན་བཞག་ཡོད་པ་འདིའི་ཁོངས་སུ་མི་ཚུད།

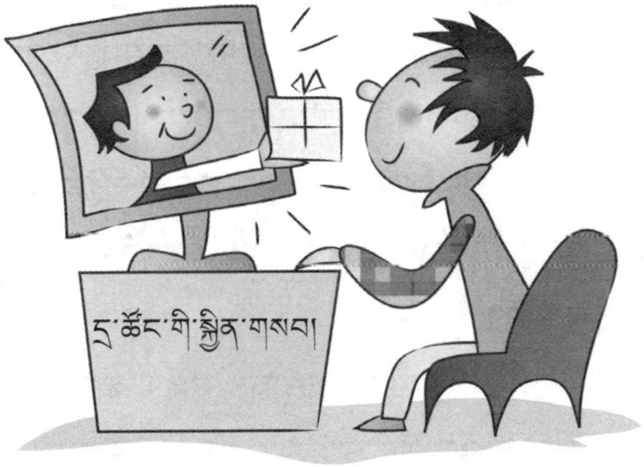

《དམངས་དོན་ཁྲིམས་གཞུང་》གི་གཏན་འབེབས་ལྟར་ན། ཞའོ་ཡའོ་ཡིས་མངགས་ཐོ་སྤྲོད་ཟིན་པས། གན་རྒྱ་གྲུབ་ཟིན་པ་དང་དྲ་ཐོག་ཚོང་ཁང་གིས་ཆིངས་ཡིག་དང་འགལ་ཡོད་པ་མཚོན། དེས་ན་དྲ་ཚོགས་ཀྱིས་འདུམ་འགྲིག་བྱས་པ་བརྒྱུད། དྲ་ཐོག་ཚོང་ཁང་དེས་ཞའོ་ཡའོ་ཡིས་ཉོས་པའི་ཚོང་ཟོག་རྗེས་སྤྲོད་བྱེད་དགོས་པ་དང་ཆབས་ཅིག་རང་ཉིད་ཀྱི་ནོར་འཁྲུལ་ངོས་ལེན་བྱས་ནས་དགོངས་དག་ཞུ་དགོས་པ་བྱས།

ཁྲིམས་ལུགས་ཁྱབ་གདལ་གྱི་སློབ་ཚན།

《འཛད་སྤྱོད་པའི་ཁེ་དབང་སྲུང་སྐྱོབ་བཅའ་ཁྲིམས་》ཀྱིས་དྲ་ཐོག་ཉོ་སྒྲུབ་ཀྱི་ཁེ་དབང་གང་དག་ལ་སྲུང་སྐྱོབ་བྱེད་ཀྱི་ཡོད།

(1) 《འཛད་སྤྱོད་པའི་ཁེ་དབང་སྲུང་སྐྱོབ་བཅའ་ཁྲིམས་》ཀྱི་དོན་ཚན་བརྒྱད་པའི་ནང་གསེས་དང་པོའི་ནང་གཏན་འབེབས་བྱས་དོན "འཛད་སྤྱོད་པ་ལ་རང་གིས་ཉོས་པའམ་བེད་སྤྱོད་བྱས་པའི་ཚོང་ཟོག་གམ། ཡང་ན་དང་ལེན་བྱས་པའི་ཞབས་ཞུའི་གནས་ཚུལ་ངོ་མ་ཤེས་རྟོགས་བྱེད་པའི་ཁེ་དབང་ཡོད།"

འཛད་སྤྱོད་པའི་གནས་ཚུལ་ཤེས་དབང་ལ་བརྩི་བཀུར་བྱེད་པ་དེ་ནི་སྲོལ་རྒྱུན་གྱི་ཉོ་སྒྲུབ་བྱེད་སྟངས་ཁྲོད་ཀྱི་ལྷུ་ཚིགས་དྲ་མ་དང་འབྲལ་ཐབས་མེད་པ་ཞིག་ཡིན་མོད། འོན་ཀྱང་དྲ་ཐོག་ཉོ་སྒྲུབ་ཀྱི་རྟོག་བཟོའི་རང་བཞིན་གྱིས་ཉོ་ཚོང་ཕྱོགས་གཉིས་ཀའི་ཆ་འཕྲིན་ཏ་ཅང་ཁ་གསལ་མེད་པ་ཆགས་ཡོད། འཛད་སྤྱོད་པས་དྲ་ཐོག་ནས་ཅ་ལག་ཉོ་སྐབས། ཅ་ལག་དངོས་སུ་མཐོང་མི་ཐུབ་པ་དང་། ཅ་ལག་ལ་དངོས་སུ་ཞིབ་བཤེར་བྱ་ཐབས་བྲལ་ལ། ཅ་ལག་གི་བྱེད་ནུས་ཀྱང་ཐད་ཀར་མྱོང་རྟོགས་མི་ཐུབ་པས། དྲ་ངོས་ལ་ལྟ་བཤེར་བྱེད་པའི་ཐབས་ཁོ་ནར་བརྟེན་ནས་ཚོང་ཟོག་གི་འབྲེལ་ཡོད་ཆ་འཕྲིན་ཐོབ་ཐབས་བྱེད་དགོས་ཀྱི་ཡོད།

ཚད་ངེས་ཅན་ཞིག་གི་ཐོག་ནས་བཤད་ན། དྲ་ཐོག་ནས་ཉོ་སྒྲུབ་བྱེད་པ་དེས་འཛད་སྤྱོད་པའི་ཚོང་ཟོག་མ་ཉོས་གོང་ལ་ཞིབ་བཤེར་བྱེད་པའི་དབང་ཆ་འཕྲོག་སོང་བ་རེད། དྲ་ཐོག་གི་གཉེར་སྐྱོང་པས་ཀྱང་རྟག་ཏུ་དངོས་ཡོད་དུ་ཉོ་ཚོང་བྱེད་པ་དང་མི་འདྲ་ས་འདི་རིགས་སྤྱད་ནས་ཚོང་ཟོག་གི་སྤུས་ཚད་ཐད་རྫུན་བཟོའམ་ཡང་ན་སྦ་གསང་བྱེད་ཀྱི་ཡོད། བསྡོམས་བཅས་ཀྱིས་བརྗོད་ན། དྲ་ཐོག་ནས་ཉོ་སྒྲུབ་བྱེད་སྐབས་ཚོང་གཉེར་བྱེད་མཁན་གྱིས་འཛད་སྤྱོད་པར་མགོ་སྐོར་གཏོང་ཚད་དེ་བས་ཆེ་བ་ཡོད།

(2) 《འཛད་སྤྱོད་པའི་ཁེ་དབང་སྲུང་སྐྱོབ་བཅའ་ཁྲིམས་》ཀྱི་དོན་ཚན་ཉེར་གསུམ་པའི་ནང་གཏན་འབེབས་བྱས་དོན། "ཚོང་གཉེར་བྱེད་མཁན་གྱིས་ཚོང་ཟོག་གམ་ཞབས་ཞུ་མཁོ་འདོན་བྱེད་སྐབས། རྒྱལ་ཁབ་ཀྱི་གཏན་འབེབས་སམ་འཛད་སྤྱོད་པ་དང་ཁ་ཆད་བཞག་པ་ལྟར། ཚོང་ཟོག་ཉམས་གསོ་དང་། བརྗེ་པོ། ཕྱིར་སློག ཡང་ན་འགན་འཁྲི་གཞན་དག་འཁུར་དགོས་ན། རྒྱལ་ཁབ་ཀྱི་གཏན་འབེབས་སམ་ཡང་ན་ཁ་

ཚད་ལྟར་བསྒྲུབ་དགོས་པ་ལས། རྐང་བཙུགས་ནས་དུས་ཚོད་ནར་འགྱངས་སམ་རྒྱུ་མཚན་མེད་པར་དང་ལེན་མི་བྱེད་པ་སོགས་བྱས་མི་ཆོག"

དྲ་རྒྱའི་རྟོག་བཟོའི་རང་བཞིན་གྱིས་རྐྱེན་པས། དྲ་ཐོག་ཚོང་གཉེར་བྱེད་མཁན་མང་པོ་ཞིག་ལ་ཚོང་གཉེར་བྱེད་ས་སྟེ་གནས་ཡུལ་ངེས་གཏན་ཞིག་མེད། དྲ་བས་རྐྱེན་པས་འཛད་སྤྱོད་པའི་ཉོ་སྒྲུབ་ཁྱབ་ཁོངས་དང་ཚོང་གཉེར་པའི་བྲིན་ཚོང་ཁྱབ་ཁོངས་ཚད་མེད་དང་ཆེ་རུ་ཕྱིན་ཡོད་པས། འཛད་སྤྱོད་པ་དང་ཚོང་གཉེར་བྱེད་མཁན་དབར་གྱི་དོན་དངོས་ཀྱི་བར་ཐག་ཀྱང་ཏ་ཅང་ཆེན་པོར་འགྱུར་སྲིད། མིག་སྔར། གལ་སྲིད་འཛད་སྤྱོད་པས་རང་འགུལ་གྱིས་རེ་བ་མ་བཏོན་ན། དྲ་ཐོག་གི་ཚོང་གཉེར་པས་འབྲེལ་ཡོད་ཚོང་ཟོག་གི་འཛིན་ཡིག་དང་དངོས་ཟོག་ཉོས་པའི་འཛིན་ཡིག་མགོ་འདོན་བྱེད་མཁན་ཏ་ཅང་ཉུང་ཉུང་ཡིན། དེས་ན་རྩོད་གཞི་བྱུང་ཚེ། ཚོང་གཉེར་པས་རྟག་ཏུ་རྒྱུ་མཚན་སྣ་ཚོགས་བཙལ་ནས་ཚོང་ཟོག་ཕྱིར་སློག་གི་མེད། ཐ་ན་སྐབས་འགར་རྣམ་གཞག་གན་རྒྱའི་ནང་དུ་ཚོང་ཟོག་ཁག་གཅིག་ཕྱིར་མི་སློག་པའི་གཏན་འབེབས་ཁ་གསལ་བྱས་ཡོད་པ་དང་། ཕྱིར་སློག་ཆོག་པའི་ཁྱབ་ཁོངས་ནང་གི་ཚོང་ཟོག་ཡིན་ན་ཡང་ཚོང་གཉེར་བྱེད་མཁན་གྱི་གཏན་འབེབས་རེད་ཟེར་ནས་ཕྱིར་སློག་དང་བརྗེ་པོ་རྒྱག་ཐབས་རྩ་བ་ནས་མེད་པར་གྱུར་གྱི་ཡོད།

གཞན་ཡང་དྲ་ཐོག་ནས་ཉོ་སྒྲུབ་བྱེད་སྐབས། སྤྱིར་བཏང་སྟབ་ཐོག་གམ་ཡང་ན་མྱུར་སྐྱེལ་ཀུང་སིས་དངོས་ཟོག་སྐྱེལ་གྱི་ཡོད་པས། ཟོག་འགྲེམས་མྱུར་ཚད་བསྒྲོས་བཅས་ཀྱིས་འགོར་ཙམ་ཡོད་པ་དང་། འཛད་སྤྱོད་པས་དངོས་ཟོག་ཕྱིར་སློག་དང་བརྗེ་ལེན་བྱེད་པར་དུས་ཚོད་མང་པོ་འགྲོ་ཡི་ཡོད་པས། འཛད་སྤྱོད་པས་དངོས་ཟོག་ཕྱིར་སློག་དང་བརྗེ་ལེན་བྱེད་པར་དཀའ་ཁག་ཆེ་རུ་ཕྱིན་ཡོད་པ་རེད། དེ་དང་ཆབས་ཅིག་དྲ་ཐོག་ནས་ཉོ་སྒྲུབ་བྱས་པའི་གྲངས་གཞི་ཅན་གྱི་ཚོང་ཟོག་ཕྱིར་སློག་བྱེད་ཐུབ་མིན་གྱི་གནད་དོན་ཐག་གཅོད་བྱ་རྒྱུ་དེ་ད་དུང་གྲོས་བསྡུར་བྱེད་བཞིན་ཡོད་པ་རེད།

（3）《འཛད་སྤྱོད་པའི་ཁེ་དབང་སྲུང་སྐྱོབ་བཅའ་ཁྲིམས་》ཀྱི་དོན་ཚན་བཅུ

གཅིག་པའི་ནང་གདན་འཕེབས་བྱས་དོན། "འཛད་སྤྱོད་པས་ཚོང་ཟོག་ཉོ་བ་དང་བེད་སྤྱོད་བྱེད་པའམ། ཡང་ན་ཞབས་ཞུ་དང་ལེན་བྱས་ནས་མི་ལུས་དང་རྒྱུ་ནོར་ལ་གནོད་འཚེ་ཕོག་ན། བཙའ་ཁྲིམས་ལྟར་སྐྱིན་གསབ་ཐོབ་པའི་ཁེ་དབང་ཡོད།"

སྲོལ་རྒྱུན་གྱི་འཛད་སྤྱོད་བྱེད་སྟངས་ཁྲོད་དུ། འཛད་སྤྱོད་པའི་མི་ལུས་དང་རྒྱུ་ནོར་ལ་གནོད་འཚེ་ཕོག་ན། འཛད་སྤྱོད་པས་ཐད་ཀར་ཚོང་གཉེར་བྱེད་མཁན་བཙལ་ནས་སྐྱིན་གསབ་སྤྲོད་རྒྱུའི་རེ་ཞུ་བྱས་ཆོག འདི་ནི་འཛད་སྤྱོད་པའི་ཁེ་དབང་ལ་གནོད་འཚེ་ཕོག་རྗེས་ཀྱི་དངོས་པོའི་རིགས་སྐྱོར་ཞིག་ཡིན། འོན་ཀྱང་དྲ་རྒྱའི་ཉོ་ཚོང་ཁྲོད་དུ་འཛད་སྤྱོད་པའི་ཁེ་དབང་ལ་གནོད་འཚེ་ཕོག་རྗེས། སྐྱིན་གསབ་ཐོབ་པའི་བརྒྱུད་རིམ་ཁྲོད་དུ་དཀའ་ཁག་མང་པོ་ཡོད།

གཉིས། གཞན་གྱིས་མགོ་སྐོར་བཏང་ནས་བཞག་པའི་གན་རྒྱ་ཡིན་ན་ཇི་ལྟར་བྱེད་དགོས།

ཞའོ་ཀའོ་ཡིས་རང་ཉིད་ཀྲུང་སིའི་ནང་དུ་འཕེལ་རྒྱས་དེ་བས་ཡག་པ་ཡོང་ཆེད། རང་ཉིད་ཀྱི་སློབ་གནས་མཐོ་རུ་གཏོང་དགོས་སྙམ། དེར་བརྟེན་ཞའོ་ཀའོ་ཡིས་དྲ་རྒྱའི་སྟེང་གི་གསོ་སྐྱོང་ཚན་པ་ག་གེ་མོ་ཞིག་གི་བརྙ་ཁྱབ་བརྒྱུད་དེ་གསོ་སྐྱོང་ཚན་པའི་དྲ་ཚིགས་སུ་ཞུགས་ནས་སློབ་ཁྲིད་སྐོར་འདྲི་རྟོག་བྱས།

ཚོང་འགྲུལ་ཞབས་ཞུ་པས་ཞའོ་ཀའོ་ལ་ཀྲུང་སིའི་གནས་ཚུལ་དང་སློབ་ཚན་བཀོད་སྒྲིག་བྱེད་སྟངས་ཐད་ངོ་སྤྲོད་བྱས་པ་མ་ཟད། ཞའོ་ཀའོ་ཡི་དགོས་མཁོར་དམིགས་ནས་སློབ་སྦྱོང་བྱེད་ལུགས་གྲོས་འགོ་བཏོན། དེའི་ཁྲོད་དུ་ཚོང་འགྲུལ་ཞབས་ཞུ་པས་ཞའོ་ཀའོ་ལ་ཞབས་ཞུའི་གོ་ཆོད་དུས་ཡུན་ལོ་གཉིས་ཡིན་ཚུལ་བཤད་པ་རེད། ཞའོ་ཀའོ་ཡིས་དེ་འཚམ་པོ་འདུག་སྙམ་ནས་སློབ་ཚན་ཉོ་རྒྱུའི་གན་རྒྱ་བཞག

འོན་ཀྱང་། ཟླ་བ་བཅོ་ལྔ་པར་ཞའོ་ཀའོ་ལ་གློ་བུར་དུ་ཁོའི་སློབ་ཚན་ད་དུང་ཉིན་དྲུག་ཅུ་ལས་ལྷག་མེད་ཚུལ་གྱི་གསོ་སྐྱོང་ཚན་པའི་བརྙ་འཕྲིན་ཞིག་འབྱོར། ཞའོ་ཀའོ་ཡིས་གསོ་སྐྱོང་ཚན་པ་ལ་ཁ་པར་བཏང་ནས་སྐད་ཆ་འདྲི་སྐབས། ཚོང་འགྲུལ་ཞབས་ཞུ་བས་ཁོ་ལ་བསྟན་བྱའི་ཞབས་ཞུའི་གོ་ཆོད་དུས་ཡུན་ནི་སློབ་དུས་བཞི་ཡིན་པ་ལས་རང་བཞིན་གྱི་ལོ་རྩིལ་པོ་གཉིས་མ་ཡིན་ཞེས་བཤད།

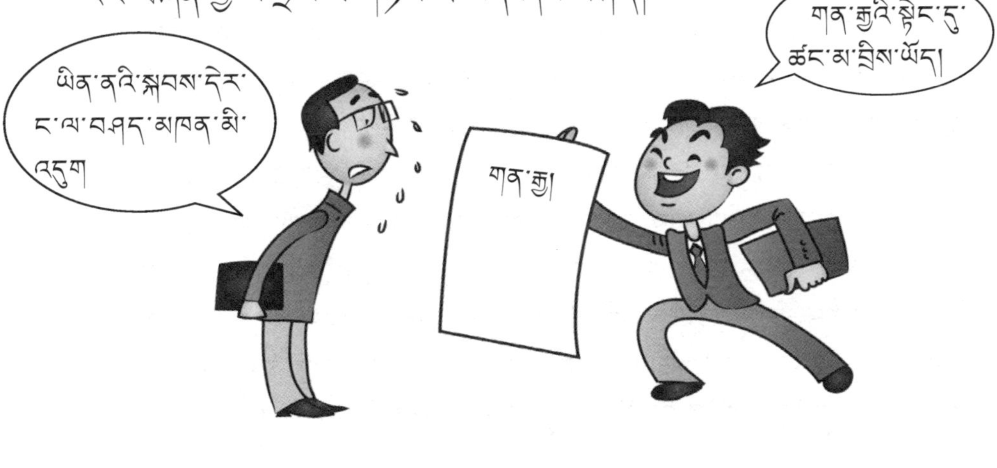

གན་རྒྱ་དེ་ཤོག་ངོས་མང་བས། སྐབས་དེར་ཞའོ་ཀའོ་ཡིས་གན་རྒྱའི་ནང་དོན་ལ་མ་བལྟས་པར་མིང་རྟགས་བཀོད་པ་རེད། འོན་ཀྱང་ཚོང་འགྲུལ་ཞབས་ཞུ་བ་དེས་ལོ་གཉིས་རེད་ཅེས་བཤད་པ་ཁོའི་ཡིད་ལ་ད་དུང་ཡང་གསལ་པོར་དྲན་ཡོད་། ཞའོ་ཀའོ་ཡིས་ཚོང་འགྲུལ་ཞབས་ཞུ་བ་དེས་ཏང་བཙུགས་ནས་མགོ་སྐོར་ལོག་ཁྲིད་བྱས་འདུག་སྙམ་ནས། གསོ་སྐྱོང་ཚན་པ་དེར་རང་གི་ཐོ་བཀོད་གྲོན་དངུལ་ཕྱིར་སློག་དགོས་པའི་རེ་འདུན་བཏོན།

འོན་ཀྱང་གསོ་སྐྱོང་ཚན་པའི་ཚོང་འགྲུལ་ཞབས་ཞུ་བས་གན་རྒྱའི་ནང་གི་ཕྱིར་སློག་དོན་ཚན་གཞིར་བཟུང་ནས་ཕྱིར་སློག་རྒྱུ་ལ་དང་ལེན་མ་བྱས། གན་རྒྱ་དེའི་ནང་གྲོན་དངུལ་ཕྱིར་སློག་རྒྱུའི་ཐད་ཁ་ཆད་བྱས་དོན། གན་རྒྱ་བཞག་པ་ནས་བཟུང་ཉིན7གྱི་ནང་ཚུན་ཡིན་ན་འགན་མེད་པར་གྲོན་དངུལ་ཡོངས་ཕྱིར་སློག་རྒྱུ་དང་། ཉིན30ཡི་ནང་ཚུན་ཡིན་ན་གྲོན་དངུལ་གྱི80%ཕྱིར་སློག་རྒྱུ། ཉིན60ཡི་ནང་ཚུན་ཡིན་ན་གྲོན་དངུལ་གྱི50%ཕྱིར་སློག་རྒྱུ། དུས་ཡུན་ལས་ཡོལ་བ་ཡིན་ན་ཕྱིར་སློག་མི་བྱ་རྒྱུའོ། །

ཞའོ་ཀའོ་ཡིས་གྲོས་མོལ་བྱས་ཀྱང་འབྲས་བུ་མ་ཐོབ་པས། བཅའ་ཁྲིམས་སྦྱད་ནས་རང་ཉིད་ཀྱི་ཁེ་དབང་ལ་སྲུང་སྐྱོང་བྱས།

《ཀྲུང་ཧྭ་མི་དམངས་སྤྱི་མཐུན་རྒྱལ་ཁབ་ཀྱི་དམངས་དོན་ཁྲིམས་གཞུང་》གི་དོན་ཚན་བཞི་བརྒྱ་དང་གོ་དྲུག་པའི་ནང་དུ་གཏན་འབེབས་བྱས་དོན། རྣམ་གཞག་དོན་ཚན་ཞེས་པ་ནི་བསྐྱར་ཟློས་སུ་སྤྱོད་ཆེད་དོ་བདག་གིས་སྔོན་ཚུད་ནས་ཟིན་འགོད་བྱས་ལ། གན་རྒྱ་འཛོག་སྐབས་ཕྱོགས་ཅིག་ཤོས་དང་གྲོས་མོལ་མི་བྱེད་པའི་དོན་ཚན་ཡིན།

རྣམ་གཞག་དོན་ཚན་ཐོག་ནས་གན་རྒྱ་འཛོག་ཚེ། རྣམ་གཞག་དོན་ཚན་འདོན་མཁན་ཕྱོགས་ཀྱིས་དྲང་སྙོམས་ཀྱི་རྩ་དོན་བརྩི་སྲུང་བྱས་ཏེ་དོ་བདག་བར་གྱི་ཁེ་དབང་དང་འོས་འགན་གཏན་འཁེལ་བྱེད་དགོས་པར་མ་ཟད། ལུགས་མཐུན་གྱི་བྱེད་སྟངས་སྤྱད་ནས་ཕྱོགས་ཅིག་ཤོས་ལ་རང་ཕྱོགས་ཀྱི་འགན་འཁྲི་མེད་པར་བཟོ་བའམ་བཅའ་ཡང་གཏོང་བ་སོགས་ཕྱོགས་ཅིག་ཤོས་དང་ཁེ་ཕྱིང་འབྲེལ་བ་ཆེན་པོ་ཡོད་པའི་དོན་ཚན་ལ་དོ་སྣང་བྱེད་པའི་སྣེ་སྟོན་བྱེད་པ་དང་། ཕྱོགས་ཅིག་ཤོས་ཀྱི་རེ་འདུན་ལྟར་དོན་ཚན་དེ་གསལ་བཤད་བྱེད་དགོས།

རྣམ་གཞག་དོན་ཚན་འདོན་མཁན་ཕྱོགས་ཀྱིས་སྔེ་སྔོན་ནམ་གསལ་བཤད་ཀྱི་འོས་འགན་མ་བསྒྲུབས་པར་བརྟེན། ཕྱོགས་ཅིག་ཤོས་ཀྱིས་ཁོ་རང་དང་ཁེ་ཕྱོགས་འབྲེལ་བ་ཆེན་པོ་ཡོད་པའི་དོན་ཚན་ལ་དོ་སྣང་མ་བྱུང་བའམ་གོ་བ་མ་ལོན་པ་བཟོས་ན། ཕྱོགས་ཅིག་ཤོས་ཀྱིས་དོན་ཚན་དེ་གན་རྒྱའི་ནང་དོན་དུ་མི་འགྱུར་བའི་འདོད་ཚུལ་བཏོན་ཆོག

《ཀྲུང་ཧྭ་མི་དམངས་སྤྱི་མཐུན་རྒྱལ་ཁབ་ཀྱི་དམངས་དོན་ཁྲིམས་གཞུང་》གི་དོན་ཚན་བཞི་བརྒྱ་དང་གོ་བདུན་པའི་ནང་དུ་གཏན་འབེབས་བྱས་དོན། གཤམ་གསལ་གྱི་གནས་ཚུལ་གྲས་ཤིག་ཡོད་ན། རྣམ་གཞག་དོན་ཚན་དེར་ནུས་པ་མི་ལྡན་པ་ཡིན།

（གཅིག） བཅའ་ཁྲིམས་འདིའི་ལེ་ཚན་དང་པོའི་ལེའུ་དྲུག་པའི་ས་བཅད་གསུམ་པ་དང་བཅའ་ཁྲིམས་འདིའི་དོན་ཚན་ལྔ་བརྒྱ་དང་དྲུག་པར་བཀོད་པའི་ནུས་པ་མི་ལྡན་པའི་གནས་ཚུལ་ཡོད་པ།

（གཉིས།） རྣམ་གཞག་དོན་ཚན་འདོན་མཁན་ཕྱོགས་ཀྱིས་འོས་མེད་ཀྱི་སྒོ་ནས་རང་ཕྱོགས་ཀྱི་འགན་འཁྲི་མེད་པར་བཟོ་བའམ་བཅའ་ཡང་བཏང་བ། ཕྱོགས་ཅིག་ཤོས་ཀྱི་འགན་འཁྲི་ལྗི་རུ་བཏང་བ། ཕྱོགས་ཅིག་ཤོས་ཀྱི་ཁེ་དབང་གཙོ་བོ་ཆོད་འཛིན་བྱས་པ།

（གསུམ།） རྣམ་གཞག་དོན་ཚན་འདོན་མཁན་ཕྱོགས་ཀྱིས་ཕྱོགས་ཅིག་ཤོས་ཀྱི་ཁེ་དབང་གཙོ་བོ་ཕྱིར་འབུད་བཏང་བ།

ཁྲིམས་ཁང་གིས་ཞའོ་ཀའོ་ཡིས་མགོ་འདོན་བྱས་པའི་བདེན་དཔང་དེར་གཞིར་བཟུང་ནས། གསོ་སྐྱོང་ཚན་པས་གན་རྒྱའི་ཁྲོད་ཀྱི་གལ་ཆེའི་དོན་ཚན་ལ་གསལ་འདེབས་མ་བྱས་པར་མ་ཟད། ད་དུང་མགོ་སྐོར་ལོག་ཁྲིད་ཀྱི་བྱ་སྤྱོད་ཀྱང་སྤྱད་འདུག་པས། གསོ་སྐྱོང་ཚན་པས་ཞའོ་ཀའོ་ཡི་སློབ་ཚན་གྲོན་དངུལ་གྱི30%ཕྱིར་སློག་དགོས་པའི་ཁྲིམས་ཐག་བཅད།

ཁྲིམས་ལུགས་ཁྱབ་གདལ་གྱི་སློབ་ཚན།

1.བཅའ་ཁྲིམས་འདིའི་ལེ་ཚན་དང་པོའི་ལེའུ་དྲུག་པའི་ས་བཅད་གསུམ་པའི་ནང་དོན།

ས་བཅད་གསུམ་པ། དམངས་དོན་བཅའ་ཁྲིམས་བྱ་སྤྱོད་ཀྱི་ནུས་པ།

དོན་ཚན་བརྒྱ་དང་ཞེ་གསུམ་པ། གཤམ་གསལ་ཆ་རྐྱེན་འཛོམས་པའི་དམངས་དོན་བཅའ་ཁྲིམས་བྱ་སྤྱོད་ལ་ནུས་པ་ལྡན་པ་ཡིན།

（གཅིག） བུ་སྐྱོད་སྲིལ་མཁན་ལ་བབ་མཐུན་གྱི་དམངས་དོན་བུ་སྐྱོད་སྲིལ་ནུས་ཡོད་པ།

（གཉིས།） འདོད་བློ་བསྟན་པ་བདེན་ཐུབ་ཡིན་པ།

（གསུམ།） བཙའ་ཁྲིམས་དང་སྲིད་འཛིན་ཁྲིམས་སྲོལ་དུ་གཏན་འབེབས་བྱས་པའི་བཙན་ཤེད་རང་བཞིན་གྱི་གཏན་འབེབས་དང་མི་འགལ་བ་དང་། སྤྱི་སྒྲིག་སྲོལ་བཟང་དང་མི་འགལ་བ།

དོན་ཚན་བརྒྱ་དང་ཞེ་བཞི་པ། དམངས་དོན་བུ་སྐྱོད་སྲིལ་ནུས་མེད་མཁན་གྱིས་སྲིལ་བའི་དམངས་དོན་བཙའ་ཁྲིམས་བུ་སྐྱོད་ལ་ནུས་པ་མི་ལྡན་པ་ཡིན།

དོན་ཚན་བརྒྱ་དང་ཞེ་ལྔ་པ། དམངས་དོན་བུ་སྐྱོད་སྲིལ་ནུས་ཚོད་འཛིན་བྱེད་མཁན་གྱིས་སྲིལ་བའི་ཁེ་ཕན་འཐོབ་རྐྱ་ཁོ་ནར་དམིགས་པའི་དམངས་དོན་བཙའ་ཁྲིམས་བུ་སྐྱོད་དམ་ཡང་ན་དེའི་ལོ་ཚོད་དང་། རིག་སྟོབས། སེམས་ཁམས་བདེ་ཐང་བཅས་ཀྱི་གནས་ཚུལ་དང་འཚམ་པའི་དམངས་དོན་བཙའ་ཁྲིམས་བུ་སྐྱོད་ལ་ནུས་པ་ལྡན་ཞིང་། དམངས་དོན་བཙའ་ཁྲིམས་བུ་སྐྱོད་གཞན་དག་ནི་ཁྲིམས་བཀོད་ལས་ཚབ་པས་མོས་མཐུན་བྱས་པའམ་ཡང་ན་རྗེས་བྱུང་ཁས་ལེན་བྱས་པ་བརྒྱུད་ནུས་པ་ལྡན་པ་ཡིན།

བསྟོས་བཅས་ཀྱི་མིས་ཁྲིམས་བཀོད་ལས་ཚབ་པར་བཟ་ཐོ་འགྱོར་ཉིན་ནས་ཉིན་སུམ་ཅུའི་ནང་ཚུན་དུ་རྗེས་བྱུང་ཁས་ལེན་བྱེད་དགོས་པའི་སྐུལ་བརྡ་བཏང་ཆོག ཁྲིམས་བཀོད་ལས་ཚབ་པས་འདོད་བློ་མ་བསྟན་ན་རྗེས་བྱུང་ཁས་ལེན་ངོ་ལྡོག་བྱས་པར་རྩི་དགོས། དམངས་དོན་བཙའ་ཁྲིམས་བུ་སྐྱོད་ལ་རྗེས་བྱུང་ཁས་ལེན་མ་བྱས་གོང་དུ། གནོང་མེད་བསྟོས་བཅས་མིར་ཕྱིར་འཐེན་བྱེད་པའི་ཁེ་དབང་ཡོད། ཕྱིར་འཐེན་བུ་རྒྱུ་དེ་བརྡ་སྦྱོར་གཏོང་བའི་རྣམ་པའི་ཐོག་ནས་སྒྲུབ་དགོས།

དོན་ཚན་བརྒྱ་དང་ཞེ་དྲུག་པ། བུ་སྐྱོད་སྲིལ་མི་དང་བསྟོས་བཅས་ཀྱི་མིས་གཡོ་རྫུས་ཀྱི་འདོད་བློ་སྟོན་པའི་ཐོག་ནས་སྲིལ་བའི་དམངས་དོན་བཙའ་ཁྲིམས་བུ་སྐྱོད་ལ་ནུས་པ་མི་ལྡན་པ་ཡིན།

གཡོ་རྫུས་ཀྱི་འདོད་བློ་སྟོན་པའི་ཐོག་ནས་སྦ་གསང་བྱས་པའི་དམངས་དོན་བཙའ་ཁྲིམས་བུ་སྐྱོད་ཀྱི་ནུས་པ་ནི། འབྲེལ་ཡོད་བཙའ་ཁྲིམས་ཀྱི་གཏན་འབེབས་ལྟར་ཐག་གཅོད་བྱེད་དགོས།

དོན་ཚན་བརྒྱ་དང་ཞེ་བདུན་པ། གོ་ནོར་ཆེན་པོ་ཐེབས་པའི་ཐོག་ནས་སྲིལ་བའི་དམངས་དོན་བཙའ་ཁྲིམས་བུ་སྐྱོད་ཡིན་ན། བུ་སྐྱོད་སྲིལ་མཁན་ལ་མི་དམངས་ཁྲིམས་ཁང་ངམ་འདུམ་གཅོད་ལས་ཁུངས་ལ་ཕྱིར་འཐེན་བྱེད་དགོས་པའི་རེ་འདུན་ཞུ་དབང་ཡོད།

དོན་ཚན་བརྒྱ་དང་ཞེ་བརྒྱད་པ། ཕྱོགས་གཅིག་གིས་མགོ་སྐོར་བྱ་ཐབས་ལ་བརྟེན་ནས་ཕྱོགས་ཅིག་ཤོས་ལ་འདོད་བློ་ངོ་མ་དང་འགལ་བའི་གནས་ཚུལ་འོག་སྲིལ་དུ་བཅུག་པའི་དམངས་དོན་བཙའ་ཁྲིམས་བུ་སྐྱོད་ཡིན་ན། མགོ་སྐོར་ཐེབས་ཡུལ་ཕྱོགས་ལ་མི་དམངས་ཁྲིམས་ཁང་ངམ་

འདུམ་གཙོད་ལས་ཁུངས་ལ་ཕྱིར་འཐེན་བྱེད་དགོས་པའི་རེ་འདུན་ཞུ་དབང་ཡོད།

དོན་ཚན་བརྒྱ་དང་ཞེ་དགུ་པ། ཕྱུང་གསུམ་པས་མགོ་སྐོར་གྱི་བྱ་ངན་སྤེལ་ནས་ཕྱོགས་གཅིག་ལ་འདོད་བློ་ངོ་མ་དང་འགལ་བའི་གནས་ཚུལ་འོག་སྤེལ་དུ་བཅུག་པའི་དམངས་དོན་བཅའ་ཁྲིམས་བྱ་སྤྱོད་ཡིན་ལ། ཕྱོགས་ཅིག་ཤོས་ཀྱིས་མགོ་སྐོར་གྱི་བྱ་སྤྱོད་དེ་ཤེས་པའམ་ཤེས་དགོས་ན། མགོ་སྐོར་ཐེབས་ཡུལ་ཕྱོགས་ལ་མི་དམངས་ཁྲིམས་ཁང་ངམ་འདུམ་གཙོད་ལས་ཁུངས་ལ་ཕྱིར་འཐེན་བྱེད་དགོས་པའི་རེ་འདུན་ཞུ་དབང་ཡོད།

དོན་ཚན་བརྒྱ་དང་ལྔ་བཅུ་པ། ཕྱོགས་གཅིག་གམ་ཕྱུང་གསུམ་པས་བཙན་སྐུལ་བྱ་ཐབས་ལ་བརྟེན་ནས་ཕྱོགས་ཅིག་ཤོས་ལ་འདོད་བློ་ངོ་མ་དང་འགལ་བའི་གནས་ཚུལ་འོག་སྤེལ་དུ་བཅུག་པའི་དམངས་དོན་བཅའ་ཁྲིམས་བྱ་སྤྱོད་ཡིན་ན། བཙན་སྐུལ་ཐེབས་ཡུལ་ཕྱོགས་ལ་མི་དམངས་ཁྲིམས་ཁང་ངམ་འདུམ་གཙོད་ལས་ཁུངས་ལ་ཕྱིར་འཐེན་བྱེད་དགོས་པའི་རེ་འདུན་ཞུ་དབང་ཡོད།

དོན་ཚན་བརྒྱ་དང་ང་གཅིག་པ། ཕྱོགས་གཅིག་གིས་ཕྱོགས་ཅིག་ཤོས་དཀའ་ཉེན་གྱི་གནས་སུ་གྱུར་བ་དང་བརྟར་ཤ་གཙོད་ནུས་ཞན་པ་སོགས་ཀྱི་གནས་ཚུལ་སྤྱད་ནས། དམངས་དོན་བཅའ་ཁྲིམས་བྱ་སྤྱོད་སྤེལ་སྐབས་དྲང་གཞག་ཤོར་དུ་བཅུག་ན། གནོད་འཚེ་ཕོག་ཡུལ་ཕྱོགས་ཀྱིས་མི་དམངས་ཁྲིམས་ཁང་ངམ་འདུམ་གཙོད་ལས་ཁུངས་ལ་ཕྱིར་འཐེན་བྱེད་དགོས་པའི་རེ་འདུན་ཞུ་དབང་ཡོད།

དོན་ཚན་བརྒྱ་དང་ང་གཉིས་པ། གཤམ་གསལ་གྱི་གནས་ཚུལ་ལས་རིགས་གཅིག་ཡོད་ན། ཕྱིར་འཐེན་བྱེད་དབང་མེད་པར་གྱུར་པ་ཡིན།

（གཅིག）དོ་བདག་གིས་ཕྱིར་འཐེན་གྱི་དོན་རྐྱེན་ཤེས་པའམ་ཤེས་དགོས་པའི་ཉིན་ནས་བཟུང་གི་ལོ་གཅིག་ནང་ཚུན་དང་། གོ་ནོར་ཆེན་པོ་ཐེབས་པའི་དོ་བདག་གིས་ཕྱིར་འཐེན་གྱི་དོན་རྐྱེན་ཤེས་པའམ་ཤེས་དགོས་པའི་ཉིན་ནས་བཟུང་གི་ཉིན་དགུ་བཅུའི་ནང་ཚུན་དུ་ཕྱིར་འཐེན་བྱེད་དབང་མ་སྤྱད་པ།

（གཉིས།）དོ་བདག་ལ་བཙན་སྐུལ་ཐེབས་པ་དང་། བཙན་སྐུལ་བྱ་སྤྱོད་མཇུག་བསྒྲིལ་ཉིན་ནས་ལོ་གཅིག་གི་ནང་ཚུན་དུ་ཕྱིར་འཐེན་བྱེད་དབང་མ་སྤྱད་པ།

（གསུམ།）དོ་བདག་གིས་ཕྱིར་འཐེན་གྱི་དོན་རྐྱེན་ཤེས་རྗེས་སུ་ཕྱིར་འཐེན་དབང་ཆ་སྤང་རྒྱུ་གསལ་པོར་བསྟན་པའམ་རང་ཉིད་ཀྱི་བྱ་སྤྱོད་ཐོག་ནས་གསལ་སྟོན་བྱས་པ།

དོ་བདག་གིས་དམངས་དོན་བཅའ་ཁྲིམས་བྱ་སྤྱོད་བྱུང་ཉིན་ནས་ལོ་ལྔའི་ནང་ཚུན་དུ་ཕྱིར་འཐེན་བྱེད་དབང་མ་སྤྱད་ན། ཕྱིར་འཐེན་བྱེད་དབང་མེད་པར་གྱུར་པ་ཡིན།

དོན་ཚན་བརྒྱ་དང་ང་གསུམ་པ། བཅའ་ཁྲིམས་དང་སྲིད་འཛིན་ཁྲིམས་སྲོལ་གྱི་བཙན་ཤེད་

རང་བཞིན་གྱི་གཏན་འབེབས་དང་འགལ་བའི་དམངས་དོན་བཅའ་ཁྲིམས་བྱ་སྤྱོད་ལ་ནུས་པ་མི་ལྡན་པ་ཡིན། འོན་ཀྱང་བཙན་ཤེད་རང་བཞིན་གྱི་གཏན་འབེབས་དེས་དམངས་དོན་བཅའ་ཁྲིམས་བྱ་སྤྱོད་དེ་ནུས་པ་མེད་པར་མི་བཟོ་བ་ཡིན་ན་འདིའི་ཁོངས་སུ་མི་ཚུད།

སྤྱི་སྒྲིག་སྲོལ་བཟང་དང་འགལ་བའི་དམངས་དོན་བཅའ་ཁྲིམས་བྱ་སྤྱོད་ལ་ནུས་པ་མི་ལྡན་པ་ཡིན།

དོན་ཚན་བརྒྱ་དང་ང་བཞི་པ། བྱ་སྤྱོད་སྤྱིལ་མི་དང་བསྟོས་བཅས་མིས་སེམས་ངན་སྐོག་འབྲེལ་བྱས་ནས་མི་གཞན་གྱི་ཁྲིམས་མཐུན་ཁེ་དབང་ལ་གནོད་འཚེ་བཏང་བའི་དམངས་དོན་བཅའ་ཁྲིམས་བྱ་སྤྱོད་ལ་ནུས་པ་མི་ལྡན་པ་ཡིན།

དོན་ཚན་བརྒྱ་དང་ང་ལྔ་པ། ནུས་པ་མེད་པའམ་ཡང་ན་ཕྱིར་འཐེན་བྱས་པའི་དམངས་དོན་བཅའ་ཁྲིམས་བྱ་སྤྱོད་ལ་ཐོག་མ་ཉིད་ནས་བཅའ་ཁྲིམས་ཀྱི་གཏུན་ནུས་མེད།

དོན་ཚན་བརྒྱ་དང་ང་དྲུག་པ། དམངས་དོན་བཅའ་ཁྲིམས་བྱ་སྤྱོད་ཀྱི་ཆ་ཤས་ཤིག་ལ་ནུས་པ་མི་ལྡན་པ་དེས་ཆ་ཤས་གཞན་དག་ལ་ནུས་པ་ལྡན་པར་ཤུགས་རྐྱེན་མི་ཐེབས་ན། ཆ་ཤས་གཞན་དག་ལ་སྔར་བཞིན་ནུས་པ་ལྡན་པ་ཡིན།

དོན་ཚན་བརྒྱ་དང་ང་བདུན་པ། དམངས་དོན་བཅའ་ཁྲིམས་བྱ་སྤྱོད་ལ་ནུས་པ་མི་ལྡན་པ་དང་། ཕྱིར་འཐེན་བྱས་པའམ་ཡང་ན་ནུས་པ་མི་ཐོན་པར་གཏན་འཁེལ་བྱས་རྗེས། བྱ་སྤྱོད་སྤྱིལ་མཁན་གྱིས་བྱ་སྤྱོད་དེའི་དབང་གིས་ཐོབ་པའི་རྒྱུ་ནོར་ནི་ཕྱིར་སློག་བྱེད་དགོས། ཕྱིར་སློག་བྱེད་མི་ཐུབ་པའམ་ཡང་ན་ཕྱིར་སློག་བྱེད་པའི་དགོས་པ་མེད་ན། རིན་གོང་བཅག་ནས་གུན་གསབ་བྱེད་དགོས། ནོར་འཁྲུལ་ཡོད་མཁན་ཕྱོགས་ཀྱིས་ཕྱོགས་ཅིག་ཤོས་ལ་དེའི་རྐྱེན་གྱིས་བཟོས་པའི་གྱོང་གུན་ལ་སྐྱིན་གསབ་སྤྲོད་དགོས། ཕྱོགས་ཚང་མར་ནོར་འཁྲུལ་ཡོད་ན། རང་རང་སོ་སོས་བབ་མཚུངས་ཀྱི་འགན་འཁྲི་འཁུར་དགོས། བཅའ་ཁྲིམས་ཀྱིས་ལོགས་སུ་གཏན་འབེབས་བྱས་ཡོད་ན། དེའི་གཏན་འབེབས་གཞིར་འཛིན་དགོས།

2. **བཅའ་ཁྲིམས་འདིའི་དོན་ཚན་ལྔ་བརྒྱ་དང་དྲུག་པའི་ནང་གཏན་འབེབས་བྱས་དོན།**

གན་རྒྱའི་ནང་གི་གཤམ་གསལ་གྱི་འགན་འཁྲི་ཐེ་ཆག་བཏང་བའི་དོན་ཚན་ནུས་པ་མི་ལྡན་པ་ཡིན།

（གཅིག） ཕ་རོལ་པོའི་མི་ལུས་ལ་གནོད་འཚེ་བཏང་བ།

（གཉིས།） རྐང་བཙུགས་ནས་བྱས་པའམ་ཡང་ན་ལས་འཛོལ་ཚབས་ཆེན་ཤོར་བའི་རྐྱེན་གྱིས་ཕ་རོལ་པོའི་རྒྱུ་ནོར་ལ་གྱོང་གུན་བཟོས་པ།

3. འདྲ་མཉམ་མིན་པའི་གན་རྒྱར་ཐག་གཅོད་ཇི་ལྟར་བྱེད་དགོས།

འདྲ་མཉམ་མིན་པ་མངོན་གསལ་ཅན་གྱི་གན་རྒྱ་ཡིན་ན། དོ་བདག་ཕྱོགས་གཅིག་གིས་མི་དམངས་ཁྲིམས་ཁང་ངམ་འདུམ་གཅོད་ལས་ཁུངས་ལ་གན་རྒྱ་བསྒྱུར་བཅོས་སམ་གྲོལ་འཛིན་བྱེད་དགོས་པའི་རེ་འདུན་ཞུ་དབང་ཡོད། གན་རྒྱ་བསྒྱུར་བཅོས་བྱ་རྒྱུའི་རེ་འདུན་ཞུ་བའམ་ཡང་ན་གན་རྒྱ་གྲོལ་འཛིན་བྱ་རྒྱུའི་རེ་འདུན་ཞུ་བའི་ཐད་དོ་བདག་ལ་གདམ་ག་བྱེད་དབང་ཡོད། གཤམ་གསལ་གྱི་གན་རྒྱ་བསྒྱུར་བཅོས་སམ་གྲོལ་འཛིན་བྱས་ཆོག

(1) གོ་ལོག་ཏ་ཅང་ཆེན་པོ་ཐེབས་ནས་བཞག་པའི་གན་རྒྱ།

(2) གན་རྒྱ་འཛུགས་སྐབས་འདྲ་མཉམ་མིན་པ་མངོན་གསལ་ཅན། འདིར་བཤད་པའི་"འདྲ་མཉམ་མིན་པ"ཞེས་པ་ནི"གན་རྒྱ་འཛུགས་སྐབས"འདྲ་མཉམ་མིན་པ་ལ་ཟེར།

(3) ཕྱོགས་གཅིག་གིས་མགོ་སྐོར་དང་། བཙན་ཤེད། ཡང་ན་གཞན་ཉེན་སྐབས་བསྟུན་སོགས་བྱས་ནས་ཕ་རོལ་པོར་འདོད་བློ་ངོ་མ་དང་འགལ་བའི་གནས་ཚུལ་འོག་གན་རྒྱ་འཛུགས་སུ་བཅུག་པ།

དཔེ་མཚོན་གནད་རྒྱ།

གཅིག སྤྲིན་པའི་གནའ་རྒྱ་ཕྱིར་འཛིན་བྱས་ཆོག་གམ།

1982ལོར། ཡི་ལགས་བཟའ་ཟླ་གཉིས་ཀྱིས་ཚ་བོ་ལྷུའུ་ཆེ་གེ་མོ་ཉར་གསོ་བྱས་ཏེ་ཉར་གསོའི་འབྲེལ་བ་བཙུགས། 2008ལོར། བཟའ་ཟླ་གཉིས་ཀྱིས་བུ་ཚབ་ལ་ཁས་ལེན་ཡི་གེ་ཞིག་འབྲི་དགོས་པའི་རེ་བ་བཏོན། དེའི་ནང་དོན་གཙོ་བོ་ནི་ཕ་གཡར་མ་གཡར་གཉིས་ཀྱིས་ཁང་པ་ཞིག་རིན་མེད་ངང་བུ་ཚབ་ཀྱི་མིང་འོག་ལ་སྒྱུར་རྒྱུ་དང་། གལ་སྲིད་བུ་ཚབ་ཀྱིས་ཕ་གཡར་མ་གཡར་ལ་ཞབས་ཏོག་ཞུ་བའི་འོས་འགན་མ་བསྒྲུབས་ན། ཕ་གཡར་མ་གཡར་གྱིས་ཁང་པའི་བདག་དབང་ཕྱིར་ལེན་ཆོག་པ་དེ་ཡིན།

ལྷུའུ་ཆེ་གེ་མོའི་"ཁས་ལེན་ཡི་གེ"ལག་ཏུ་འབྱོར་རྗེས། བཟའ་ཟླ་གཉིས་ཀྱིས་ཁང་པའི་བདག་དབང་ལྷུའུ་ཆེ་གེ་མོའི་མིང་འོག་ཏུ་བསྒྱུར། 2020ལོའི་ཟླ4པར། ཕ་གཡར་སྣུན་ནས་ཚེ་ལས་འདས། ཁོང་འཚོ་བཞུགས་སྐབས་བུ་ཚབ་ཀྱིས་ནད་པ་ལ་སྲི་ཞུ་གཏན་ནས་མ་ཞུས་པས། ཕ་གཡར་གྱིས་ཁང་སྤྲིན་གནའ་རྒྱ་ཕྱིར་འཛིན་བྱེད་འདོད་ཡོད་པ་རེད།

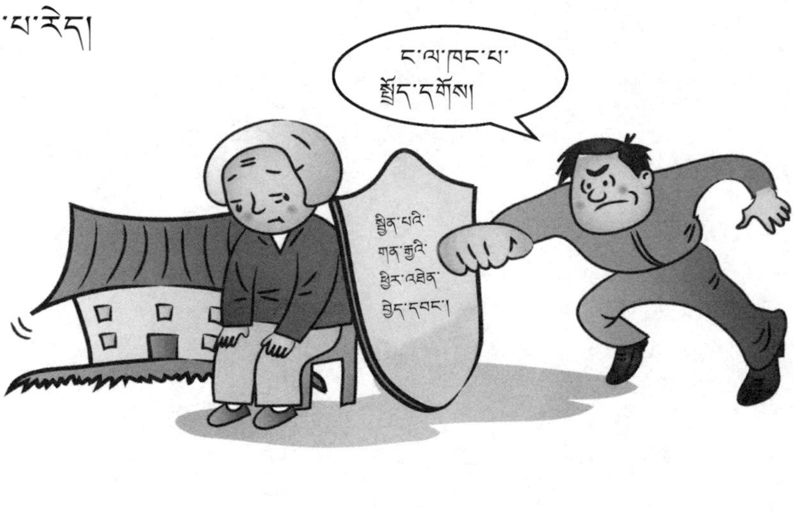

ཕ་གཡར་ཚེ་ལས་འདས་རྗེས། ལྷུའུ་ཆེ་གེ་མོས་ཁང་པའི་བདག་དབང་གཏའ་མར་བཞག་ནས་དངུལ་བུན་ལེན་རྩིས་བྱས་པས། མ་གཡར་ལི་ལགས་དང་ལྷུའུ་ཆེ་གེ་མོའི་བར་གྱི་འགལ་བ་སྤྱར་ལས་ཇ་དྲག་ཏུ་སོང་། མ་གཡར་གྱིས་ལྷུའུ་ཆེ་གེ་མོ་ཁྲིམས་རར་གཏུག་ནས་ཁང་པ་ཕྱིར་ལེན་རྩིས་བྱས།

《ཀྲུང་ཧྭ་མི་དམངས་སྤྱི་མཐུན་རྒྱལ་ཁབ་ཀྱི་དམངས་དོན་ཁྲིམས་གཞུང་》གི་དོན་ཚན་དྲུག་བརྒྱ་དང་རེ་གཅིག་པའི་ནང་དུ་གཏན་འབེབས་བྱས་དོན། སྐྱིན་པ་ལ་འོས་འགན་ཟུར་སྐྱོན་བྱས་ཆོག

སྐྱིན་པ་ལ་འོས་འགན་ཟུར་སྐྱོན་བྱས་པ་ཡིན་ན། སྐྱིན་ཡུལ་གྱི་མིས་གྲོས་དན་ལྷར་འོས་འགན་བསྒྲུབ་དགོས།

《ཀྲུང་ཧྭ་མི་དམངས་སྤྱི་མཐུན་རྒྱལ་ཁབ་ཀྱི་དམངས་དོན་ཁྲིམས་གཞུང་》གི་དོན་ཚན་དྲུག་བརྒྱ་དང་རེ་གསུམ་པའི་ནང་དུ་གཏན་འབེབས་བྱས་དོན། སྐྱིན་ཡུལ་གྱི་མི་ལ་གཤམ་གསལ་གྱི་གནས་ཚུལ་གྲས་ཤིག་ཡོད་ན། སྐྱིན་མིས་སྐྱིན་པ་ཕྱིར་འཐེན་བྱས་ཆོག

（གཅིག） སྐྱིན་མིའམ་སྐྱིན་མིའི་གཉེན་ཚན་གྱི་ཁྲིམས་མཐུན་ཁེ་དབང་ལ་གནོད་འཚེ་ཚབས་ཆེན་གཏོང་བ།

（གཉིས།） སྐྱིན་མི་ལ་འཚོ་སྐྱོང་བྱེད་པའི་འོས་འགན་ཡོད་ཀྱང་མི་སྒྲུབ་པ།

（གསུམ།） སྐྱིན་པའི་གན་རྒྱའི་ནང་དུ་གྲོས་དན་བཞག་པའི་འོས་འགན་མི་སྒྲུབ་པ།

སྐྱིན་མིའི་ཕྱིར་འཐེན་བྱེད་དབང་ནི་ཕྱིར་འཐེན་བྱེད་དགོས་པའི་དོན་རྐྱེན་ཤེས་པའམ་ཤེས་དགོས་པའི་ཉིན་ནས་བཟུང་ལོ་གཅིག་ནང་ཚུན་དུ་སྤྱོད་དགོས།

ཁྲིམས་ཁང་གིས་ལི་ལགས་ཀྱི་གཏུག་བཤེར་རེ་ཞུ་དང་མཁོ་འདོན་བྱས་པའི་དཔང་རྟགས། དེ་བཞིན་ལྷུའུ་ཆེ་གེ་མོར་བརྟག་དཔྱད་བྱས་པའི་འབྲས་བུ་བཅས་ལ་གཞིགས་ནས། བཅའ་ཁྲིམས་ལྟར་ཁྲིམས་ཐག་བཅད་དོན། སྐྱིན་པའི་གན་རྒྱ་ཕྱིར་འཐེན་བྱས་ཏེ། ལྷུའུ་ཆེ་གེ་མོ་ལ་སྐྱིན་པའི་ཁང་པའི་བདག་དབང་ཡང་བསྐྱར་ལི་ལགས་ཀྱི་མིང་འོག་ཏུ་བསྒྱུར་རྒྱུ་བྱས།

ཁྲིམས་ལུགས་ཁྱབ་གདལ་གྱི་སློབ་ཚན།

1.གནས་ཚུལ་གང་འདྲའི་སྐབས་སུ་སྤྲིན་པའི་གན་རྒྱ་ཕྱིར་འཐེན་བྱས་ཆོག

གཅིག་ནི་སྦྱིན་མཁན་གྱིས་སྦྱིན་བྱའི་རྒྱུ་ནོར་གྱི་ཁེ་དབང་སྤོ་སྒྱུར་མ་བྱས་གོང་དུ་སྦྱིན་པ་ཕྱིར་འཐེན་བྱས་ཆོག གཞུང་དཔང་བྱས་པའི་སྦྱིན་པའི་གན་རྒྱའམ་ཁྲིམས་ལྟར་ཕྱིར་འཐེན་བྱས་མི་ཆོག་པའི་རྒུད་སྐྱོབ་དང་། དབུལ་སྐྱོར། དབང་པོ་སྐྱོན་ཅན་ལ་རོགས་སྐྱོར་སོགས་སྤྱི་ཚོགས་ཀྱི་སྤྱི་ཕན་དང་ཀུན་སྤྱོད་ཀྱི་འོས་འགན་གྱི་ངོ་བོ་ལྡན་པའི་སྦྱིན་པའི་གན་རྒྱ་ཡིན་ན། གོང་གསལ་ནང་ཚན་གྱི་གཏན་འབེབས་སྤྱད་མི་འཐུས།

གཉིས་ནི་སྦྱིན་མཁན་གྱི་དཔལ་འབྱོར་གནས་ཚུལ་མངོན་གསལ་དོད་པོས་ཛེ་སྡུག་ཏུ་སོང་བས། དེའི་ཐོན་སྐྱེད་གཉེར་སྐྱོང་ངམ་ཁྱིམ་ཚང་གི་འཚོ་བར་གནོད་འཚེ་ཚབས་ཆེན་ཐེབས་ན། དེ་ནས་སྦྱིན་པའི་འོས་འགན་མ་བསྒྲུབས་ན་ཆོག

2.གནས་ཚུལ་གང་འདྲའི་སྐབས་སུ་སྤྲིན་པའི་གན་རྒྱ་ཕྱིར་འཐེན་བྱས་མི་ཆོག

གཞུང་དཔང་བྱས་པའི་སྦྱིན་པའི་གན་རྒྱའམ་ཁྲིམས་ལྟར་ན་ཕྱིར་འཐེན་བྱས་མི་ཆོག་པའི་རྒུད་སྐྱོབ་དང་། དབུལ་སྐྱོར། དབང་པོ་སྐྱོན་ཅན་ལ་རོགས་སྐྱོར་སོགས་སྤྱི་ཚོགས་ཀྱི་སྤྱི་ཕན་དང་ཀུན་སྤྱོད་ཀྱི་འོས་འགན་གྱི་ངོ་བོ་ལྡན་པའི་སྦྱིན་པའི་གན་རྒྱ་ཡིན་ན། སྦྱིན་མཁན་གྱིས་སྦྱིན་བྱའི་རྒྱུ་ནོར་རྩིས་སྤྲོད་མི་བྱེད་ཚེ། སྦྱིན་ཡུལ་གྱི་མིས་རྩིས་སྤྲོད་བྱེད་དགོས་པའི་རེ་འདུན་བཏོན་ཆོག

3.སྦྱིན་མཁན་གྱི་ཤུལ་འཛིན་པས་སྦྱིན་པའི་གན་རྒྱ་ཕྱིར་འཐེན་བྱས་ཆོག་གམ།

སྦྱིན་ཡུལ་གྱི་མིས་ཁྲིམས་འགལ་བྱ་སྤྱོད་སྤེལ་བའི་དབང་གིས་སྦྱིན་མཁན་ཤི་བའམ་དམངས་དོན་གྱི་བྱ་སྤྱོད་སྤེལ་ནུས་ཤོར་བ་ཡིན་ན། སྦྱིན་མཁན་གྱི་ཤུལ་འཛིན་པའམ་ཁྲིམས་བཀོད་ལས་ཚབ་པས་སྦྱིན་པ་ཕྱིར་འཐེན་བྱས་ཆོག

4.སྦྱིན་པའི་གན་རྒྱར་གཞུང་དཔང་བྱེད་དགོས་སམ།

གཞུང་དཔང་བྱ་མི་དགོས། ཁྲིམས་དང་མཐུན་པར་བཞག་པའི་གན་རྒྱ་ཡིན་ཕྱིན། བཞག་པའི་དུས་ནས་ནུས་པ་ཐོན་གྱི་ཡོད། གཞུང་དཔང་དང་ཆོག་མཆན་འགོད་པའམ་ཐོ་འགོད་བྱེད་པའི་འགྲོ་ལུགས་གང་ཡང་གཉེར་མི་དགོས། རྒྱུན་གཏན་གྱི་ལག་ལེན་ཁྲོད་དུ། ཁང་པའི་བདག་དབང་སོགས་ཀྱི་བརྟན་ནོར་གཏའ་མར་བཞག་ནས་ཁག་ཐེག་བྱེད་པར་ངེས་པར་དུ་ཁང་པ་དོ་དམ་ཅུས་སོགས་བརྟན་ནོར་དོ་དམ་སྡེ་ཁག་ཏུ་གཏའ་མ་ཐོ་འགོད་བྱས་ན་ད་གཟོད་《གཏའ་འཛོག་གན་རྒྱ་》ནུས་པ་ཐོན་པའི་གནས་ཚུལ་ཕུད། གཞན་གྱི་གན་རྒྱ་ཡོད་དོ་ཅོག་སྤྱིའི་ཆ་ནས་བཞག་པའི་དུས་ནས

ནུས་པ་ཐོན་གྱི་ཡོད།

ཡིན་ནའང་གན་རྒྱ་བཞག་པའི་དུས་ནས་ནུས་པ་ཐོན་པའི་སྔོན་འགྲོའི་ཆ་རྐྱེན་ནི“ཁྲིམས་ལྟར་བཞག་པ”དེ་ཡིན་ཏེ། གཤམ་གསལ་གྱི་ཆ་རྐྱེན་དང་མཐུན་དགོས།

（1）གན་རྒྱའི་དོ་བདག་ནི་བློ་རིག་གསལ་བའི་མི་དར་མ་ཡིན་དགོས།

（2）གན་རྒྱ་འཛོག་མཁན་དོ་བདག་གི་འདོད་བློ་ངོ་མ་ཡིན་པ་སྟེ། མགོ་སྐོར་དང་བཙན་ཤེད་ཐེབས་པ་སོགས་ཀྱི་གནས་ཚུལ་མེད་པ་དགོས།

（3）གན་རྒྱའི་ནང་དོན་དེ་བཅའ་ཁྲིམས་སམ་སྤྱི་ཚོགས་ཀྱི་སྤྱིའི་ཁེ་ཕན་དང་མི་འགལ་བ་དགོས། དཔེར་ན་མི་ཉོ་ཚོང་བྱེད་པའི་གན་རྒྱར་ནུས་པ་མི་ལྡན།

（4）གན་རྒྱའི་ནང་དོན་ངེས་པར་དུ་གཏན་འཁེལ་ཡིན་པའམ་ཡང་ན་ཡིན་སྲིད་པ་དགོས། དཔེར་ན་ཟླ་བའི་གོ་ལའི་སྟེང་གི་ས་ཞིང་བཙོང་བ་སོགས་ཀྱི་གན་རྒྱའི་རིགས་ལ་ནུས་པ་མི་ལྡན།

གཞན་ཡང་ནུས་པ་ཐོན་པ་ཙམ་གྱིས་རང་ཉིད་ལ་སྲུང་སྐྱོབ་བྱེད་ཐུབ་པ་མ་ཡིན། ནུས་པ་ཐོན་པའི་ཆ་རྐྱེན་དང་མཐུན་དགོས་པ་མ་ཟད། ད་དུང་བཅའ་ཁྲིམས་ཀྱི་རྩུས་འགོད་དང་འཆར་འགོད་བྱས་ན་གཞི་ནས་རྩོད་གཞི་མི་ཡོང་བ་མ་ཟད། རང་ཉིད་ལ་སྲུང་སྐྱོབ་ཀྱང་བྱེད་ཐུབ།

གཉིས། གན་རྒྱའི་ཁྲོད་ཀྱི་ལུགས་མཐུན་མིན་པའི་དོན་ཚན་ངེས་པར་དུ་ལག་བསྟར་བྱེད་དགོས་སམ།

ཚིན་ཆེ་གེ་མོར་མ་དངུལ་མ་འདང་བའི་རྐྱེན་གྱིས་ཧྲང་ཆེ་གེ་མོ་ནས་སྒོར་ཁྲི26གཡར་ཞིང་། གཡར་འཛིན་བྲིས་ནས་རང་ཉིད་ཀྱི་མིང་རྟགས་བཀོད་པ་རེད། གཡར་འཛིན་གྱི་ནང་དོན་གཤམ་གསལ་ཏེ། གཡར་འཛིན། དེ་རིང་ཧྲང་ཆེ་གེ་མོ་ནས་སྒོར་ཁྲི26གཡར་བ་ཡིན། (མཆན། ཟླ་རེའི་ཚེས་བཅུ་ཉིན་ཧྲང་ཆེ་གེ་མོ་ལ་སྐྱེད་ཀ་སྒོར་ཁྲི་གཉིས་སྤྲོད་རྒྱུ་ཡིན། གལ་སྲིད་དུས་ཐོག་ཏུ་མ་སྤྲད་པར། ཟླ་རེ་ནར་འགྱངས་བྱས་ན་སྐྱེད་ཀ་སྒོར5000རེ་ཁ་གསབ་བྱ་རྒྱུ་ཡིན།) དངུལ་བུན་གཡར་མཁན། ཚིན་ཆེ་གེ་མོ། 2016ལོའི་ཟླ×ཚེས×ཉིན།

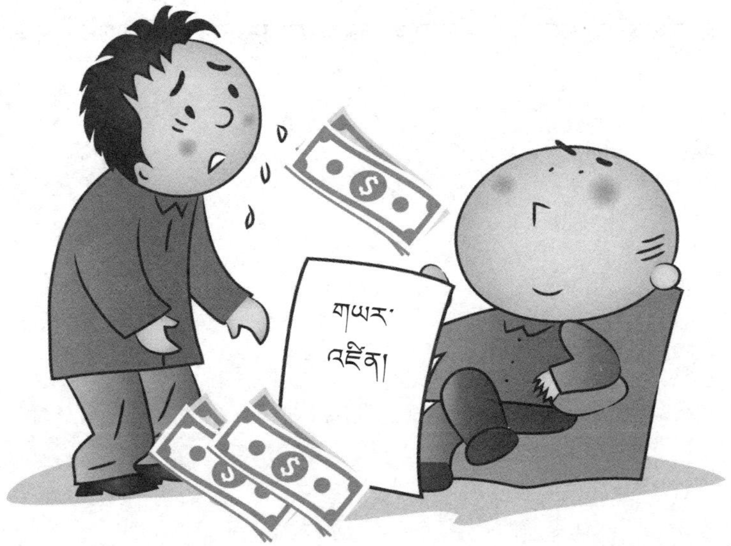

རྗེས་སུ། ཚིན་ཆེ་གེ་མོས་གཅིག་རྗེས་གཉིས་མཐུད་དུ་ཧྲང་ཆེ་གེ་མོ་ལ་དངུལ་བུན་སྒོར་ཁྲི10འཇལ་མོད། འོན་ཀྱང་ཚིན་ཆེ་གེ་མོའི་མ་དངུལ་འཁོར་རྒྱུག་གནད་དོན་གྱི་དབང་གིས་དངུལ་བུན་ལྷག་མ་སྒོར་ཁྲི16དེ་ད་དུང་འཇལ་མ་ཐུབ་པ་རེད། ཧྲང་ཆེ་

གི་མོས་བདའ་འདེད་ཐེངས་མང་བྱས་ཀྱང་འབྲས་བུ་མེད་པས། རྟང་ཆེ་གི་མོས་ཆིན་ཆེ་གི་མོ་ཁྲིམས་ཁང་ལ་སྐྱུར་ནས། ཞུ་སྐྱོར་ཕྱི་མས་དངུལ་བུན་སྒོར་ཁྲི16འཇལ་རྒྱུ་དང་སྐྱིད་ཀ་སྤྲོད་རྒྱུ་མ་ཟད། ད་དུང་གྱོད་དོན་འདིའི་གཏུག་བཤེར་གྲོན་དངུལ་སྤྲོད་རྒྱུའི་རེ་ཞུ་བྱས།

ཆིན་ཆེ་གི་མོས་རྟང་ཆེ་གི་མོ་ནས་དངུལ་གཡར་བ་མ་ཟད། ཞུ་སྐྱོར་སྔ་མ་རྟང་ཆེ་གི་མོར་རང་ཉིད་ཀྱིས་མིང་རྟགས་བཀོད་པའི་གཡར་འཛིན་སྤྲད་པས། ཞུ་སྐྱོར་སྔ་ཕྱིའི་བར་དངུལ་བུན་གཡར་བའི་དོན་དངོས་གྲུབ་པར་ངོས་འཛིན་ཆོག

《ཀྲུང་ཧྭ་མི་དམངས་སྤྱི་མཐུན་རྒྱལ་ཁབ་ཀྱི་དམངས་དོན་ཁྲིམས་གཞུང་》གི་དོན་ཚན་དྲུག་བརྒྱ་དང་དོན་གཅིག་པའི་ནང་དུ་གཏན་འབེབས་བྱས་དོན། དངུལ་བུན་གཏོང་མིས་གྲོས་དན་གྱི་ཆོས་གྲངས་དང་གྲངས་འབོར་ལྟར་དངུལ་བུན་འདོན་སྤྲོད་མ་བྱས་པར་བརྟེན། དངུལ་བུན་ལེན་མི་ལ་སྐྱོང་གུན་བཟོས་པ་ཡིན་ན། སྐྱོང་གུན་སྐྱིན་གསབ་བྱེད་དགོས།

དངུལ་བུན་ལེན་མིས་གྲོས་དན་བཞག་པའི་ཆོས་གྲངས་དང་གྲངས་འབོར་ལྟར་དངུལ་བུན་མ་བླངས་ན། གྲོས་དན་གྱི་ཆོས་གྲངས་དང་གྲངས་འབོར་ལྟར་སྐྱིད་ཀ་སྤྲོད་དགོས།

ཞུ་སྐྱོར་ཕྱི་མ་ཆིན་ཆེ་གི་མོས་དངུལ་གཡར་རྗེས་སྒོར་ཁྲི10བུ་ལོན་འཇལ་ཚར་བ་དང་། ལྷག་མ་ཁྲི16དེ་ད་དུང་བུ་ལོན་འཇལ་འགན་འཁུར་དགོས་པ་རེད། ཞུ་སྐྱོར་སྔ་མ་དང་ཕྱི་མ་གཉིས་ཀྱིས་དངུལ་བུན་གན་རྒྱའི་ནང་དུ་ཟླ་རེར་སྐྱིད་ཀ་སྒོར་ཁྲི2སྤྲོད་རྒྱུ་བྱས་པ་དང་། ཞུ་སྐྱོར་སྔ་མས་ཞུ་སྐྱོར་ཕྱི་མར་སྐྱིད་ཀ་སྤྲོད་དགོས་པའི་རེ་ཞུ་བྱས་པའི་ཐད། འབྲེལ་ཡོད་བཅའ་ཁྲིམས་ནང་གཏན་འབེབས་གཤམ་གསལ་ལྟར་བྱས་ཡོད།

《ཀྲུང་ཧྭ་མི་དམངས་སྤྱི་མཐུན་རྒྱལ་ཁབ་ཀྱི་དམངས་དོན་ཁྲིམས་གཞུང་》གི་དོན་ཚན་དྲུག་བརྒྱ་དང་བརྒྱད་ཅུ་པར་གཏན་འབེབས་བྱས་དོན། སྐྱིད་ཆེའི་དངུལ་བུན་གཏོང་བ་གཏན་འགོག་བྱེད་དགོས་ཤིང་། དངུལ་བུན་གྱི་སྐྱིད་ཚད་ནི་རྒྱལ་ཁབ་ཀྱི་འབྲེལ་ཡོད་གཏན་འབེབས་དང་འགལ་མི་ཆོག

དངུལ་བུན་གྱི་གན་རྒྱའི་ནང་དུ་སྐྱེད་ཀ་སྤྲོད་པའི་སྐོར་ལ་གྲོས་དན་བཞག་མེད་ན། སྐྱེད་ཀ་མེད་པར་རྩི་དགོས།

ཕྱོགས་གཉིས་པོས་བཞག་པའི་གན་རྒྱའི་ནང་གི་སྐྱེད་ཀའི་སྐོར་ལ་བལྟས་ན། གཏན་ཁེལ་བའི་སྐྱེད་ཀའི་ཚད་དེ་དངུལ་ཁང་གི་དུས་མཉམ་གྱི་དངུལ་བུན་གྱི་སྐྱེད་ཀའི་ཚད་ཀྱི་ལྷབ་བཞི་ལས་མཐོ་བ་ཡོད་པ་མངོན་གསལ་རེད། དེར་བརྟེན་མཐོ་དྲགས་པའི་ཆ་ཤས་དེ་ཁྲིམས་ཁང་གིས་རྒྱབ་སྐྱོར་མི་བྱེད། ཞུ་སྐྱོར་ཕྱི་མས་སྐྱེད་ཀ་སྤྲོད་པའི་དུས་ཚད་ནི་དངུལ་བུན་བླངས་པའི་ཉིན་ནས་དངུལ་བུན་ཡོངས་རྫོགས་འཇལ་ཚར་བའི་ཉིན་བར་ཡིན་པ་དང་། སྐྱེད་ཀའི་ཚད་ནི་དུས་མཉམ་གྱི་དངུལ་ཁང་གིས་གཏན་འབེབས་བྱས་པའི་དངུལ་བུན་སྐྱེད་ཀའི་ཚད་ཀྱི་ལྷབ་བཞི་ལྟར་བརྩི་རྒྱུ་ཡིན།

མཇུག་མཐར་ཁྲིམས་ཁང་གིས་ཁྲིམས་ཐག་བཅད་དོན། ཞུ་སྐྱོར་ཕྱི་མ་ཆེན་ཆེ་གེ་མོས་ཁྲིམས་ཐག་བཅད་རྗེས་ཀྱི་ཉིན་བཅུའི་ནང་ཚུན་དུ་ཞུ་སྐྱོར་སྔ་མ་ཧྲང་ཆེ་གེ་མོ་ལ་དངུལ་བུན་སྒོར་ཁྲི16འཇལ་དགོས་པ་མ་ཟད། སྐྱེད་ཀའང་སྤྲོད་དགོས། སྐྱེད་ཀ་སྤྲོད་པའི་དུས་བཅད་ནི2018ལོའི་ཟླ×ཚེས×ཉིན་ནས་དངུལ་བུན་ཡོངས་རྫོགས་འཇལ་ཚར་བའི་ཉིན་བར་ཡིན་པ་དང་། སྐྱེད་ཀའི་ཚད་ནི་དུས་མཉམ་གྱི་དངུལ་ཁང་གིས་གཏན་འབེབས་བྱས་པའི་དངུལ་བུན་སྐྱེད་ཀའི་ཚད་ཀྱི་ལྷབ་བཞི་ལྟར་བརྩི་རྒྱུ་ཡིན། གྱོད་དོན་འདིའི་གཏུག་བཤེར་གྲོན་དངུལ་ཡང་ཞུ་སྐྱོར་ཕྱི་མ་ཆེན་ཆེ་གེ་མོས་སྤྲོད་དགོས།

ཁྲིམས་ལུགས་ཁྱབ་བརྡལ་གྱི་སློབ་ཚན།

དམངས་ཁྲོད་ཀྱི་དངུལ་བུན་གཏོང་ལེན་ཁྲོད་ཀྱི་“གཡར་འཛིན་”“དང”ཆད་འཛིན་”གཉིས་ལ་ཁྱད་པར་གང་ཡོད།

(1) དམངས་ཁྲོད་ཀྱི་དངུལ་བུན་གཏོང་ལེན་གྱི་གྱོད་གཞི་ལྟར་འདྲི་གཅོད་བྱེད་དགོས་མིན་ལ་བལྟ་དགོས།

གཡར་འཛིན་གྱིས་དང་པོ་ཉིད་ནས་དོ་བདག་ཕན་ཚུན་བར་ལ་བུ་ལོན་གཏོང་ལེན་གྱི་

ཁྲིམས་ལུགས་འབྲེལ་བས་རྐྱེན་པས་བུན་དབང་དང་བུ་ལོན་གྱི་འབྲེལ་བ་བྱུང་བ་གསལ་བཤད་བྱེད་ཐུབ་པ་དང་། དེ་ནི་བུན་དབང་དང་བུ་ལོན་གྱི་འབྲེལ་བ་བྱུང་བའི་རྨང་གཞིའི་བཅའ་ཁྲིམས་ཀྱི་དོན་དངོས་ཤིག་ཡིན།

ཆད་འཛིན་ནི་དང་པོ་ཉིད་ནས་དོ་བདག་བར་བུན་དབང་དང་བུ་ལོན་གྱི་འབྲེལ་བ་ཡོད་པ་ཁོ་ན་མཚོན་ཐུབ་པ་མ་གཏོགས། རྨང་གཞིའི་ཁྲིམས་ལུགས་ཀྱི་འབྲེལ་བ་ལས་བུན་དབང་དང་བུ་ལོན་གྱི་འབྲེལ་བ་བྱུང་བ་གསལ་བཤད་བྱེད་མི་ཐུབ།

བུ་ལོན་གཏོང་ལེན་དང་། འགྲིམ་འགྲུལ་དོན་རྐྱེན། རྐང་བཙུགས་ནས་གནོད་འཚེ་གཏོང་བ་སོགས་ཚང་མར་དོ་བདག་གི་བར་དུ་དངུལ་སྒོར་གྱི་བུན་དབང་བུ་ལོན་གྱི་འབྲེལ་བའི་དབང་གིས་ཆད་འཛིན་འབྱུང་ཐུབ་ཅིང་། དངུལ་བུན་གཏོང་ལེན་གྱི་འབྲེལ་བ་ཐད་ཀར་དོ་མཉམ་བྱ་ཐབས་བྲལ།

གཡར་འཛིན་ནི་རྩ་དོན་ཐོག་དམངས་ཁྲིད་ཀྱི་བུ་ལོན་གཏོང་ལེན་གྱི་གྱོད་གཞི་ལྟར་འདྲི་གཅོད་བྱེད་དགོས། འོན་ཀྱང་ཆད་འཛིན་དེ་དང་མི་འདྲ་སྟེ། རྨང་གཞིའི་བཅའ་ཁྲིམས་ཀྱི་འབྲེལ་བ་ལྟར་གཏན་འཁེལ་བྱེད་དགོས།

(2) དངུལ་བུན་འཇལ་བའི་དུས་བཅད་ཁ་ཆད་བྱས་མེད་ཚེ། གཡར་འཛིན་དང་ཆད་འཛིན་གྱི་གཏུག་བཤེར་ཞུ་སྐྱོར་གྱི་ཡུན་ཚད་བརྩི་དུས་མི་འདྲ།

① དངུལ་གཏོང་མཁན་གྱིས་དངུལ་བུན་འཇལ་བའི་དུས་བཅད་ཁ་ཆད་བྱས་མེད་པའི་གཡར་འཛིན་གཞིར་བཟུང་ནས་གཏུག་བཤེར་བྱེད་སྐབས། དངུལ་བུན་གཏོང་མཁན་གྱིས་དངུལ་བུན་ལེན་མཁན་ལ་འོས་འགན་བསྒྲུབ་རྒྱུའི་དུས་ཚོད་ནར་འགྱངས་བྱས་པའི་དུས་ཡུན་ཐིམ་ཉིན་ནས་བཟུང་གཏུག་བཤེར་ཞུ་སྐྱོར་གྱི་ཡུན་ཚད་བརྩི་རྒྱུ་ཡིན།

དངུལ་བུན་འཇལ་བའི་དུས་བཅད་ཁ་ཆད་བྱས་མེད་པའི་གཡར་འཛིན་ནང་དུ། དངུལ་བུན་འཇལ་མཁན་གྱིས་བུན་བདག་ལ་དངུལ་བུན་འཇལ་བའི་དུས་ཚོད་གཏན་འཁེལ་བྱས་མེད་པ་སྟེ། དངུལ་བུན་འཇལ་མཁན་གྱིས་དངུལ་བུན་འཇལ་དགོས་མོད། འོན་ཀྱང་དུས་བཅད་གཏན་འཁེལ་བྱས་མེད་པས་དངུལ་བུན་འཇལ་མཁན་ལ་བཅའ་ཁྲིམས་ཐོག་ཏུ་བུ་ལོན་འཇལ་དགོས་པའི་འོས་འགན་མེད་པ་རེད། དངུལ་བུན་གཏོང་མཁན་གྱིས་དངུལ་བུན་ལེན་མཁན་ལ་འོས་འགན་བསྒྲུབ་རྒྱུའི་དུས་ཚོད་ནར་འགྱངས་བྱས་པའི་དུས་ཡུན་མ་ཐིམ་གོང་། བུན་བདག་གིས་དངུལ་བུན་འཇལ་མཁན་ལ་འཕྲལ་མར་དངུལ་བུན་འཇལ་དགོས་པའི་རེ་འདུན་འདོན་དབང་ཡང་མེད།

② དངུལ་བུན་གཏོང་མཁན་གྱིས་དངུལ་བུན་འཇལ་བའི་དུས་བཀག་གསལ་པོ་བཀོད་མེད་པའི་ཆད་འཛིན་གཞིར་བཟུང་ནས་གཏུག་བཤེར་བྱེད་སྐབས། ཆད་འཛིན་བྲིས་པའི་ཕྱི་ཉིན་

ནས་བཟུང་གཏུག་བཤེར་ཞུ་སྐྱོར་གྱི་ཡུན་ཚད་བརྩི་དགོས་མེད། འོན་ཀྱང་མིང་ལ་ཆད་འཛིན་ཞེས་འབོད་ཀྱང་དོན་དངོས་སུ་གཡར་འཛིན་ཡིན་རིགས་ལ་གོང་གི་དོན་ཚན་གྱི་གཏན་འབེབས་ལྟར་ཐག་གཅོད་བྱེད་དགོས།

ཆད་འཛིན་སྟོན་པའི་ཉིན་ནས་བཟུང་དངུལ་བུན་ལེན་མཁན་ལ་བཙའ་ཁྲིམས་ཐོག་དངུལ་བུན་འཇལ་བའི་འོས་འགན་ཡོད་པ་མཚོན་གྱི་ཡོད། དངུལ་བུན་ལེན་མཁན་གྱིས་ཆད་འཛིན་ཕྱིས་རྗེས་དངུལ་བུན་འཇལ་བའི་འོས་འགན་མ་བསྒྲུབས་ན་བུན་བདག་གི་ཁྲིམས་མཐུན་ཁེ་དབང་ལ་གནོད་འཚེ་ཐོག་གི་ཡོད་པས་གཏུག་བཤེར་ཞུ་སྐྱོར་གྱི་ཡུན་ཚད་བརྩི་དགོས།

གསུམ། སྟོད་ཁང་དུ་གཡར་བའི་ཁང་པའི་ནང་ཀུང་སིའི་ལས་སྒོ་གཉེར་ཆོག་གམ།

ཞའོ་ལིའུ་ཡིས་སྟོད་ཁང་ཁྲུལ་ག་གེ་མོ་ཞིག་གི་ཐོག་ཁང་ནང་དུ་ཁང་པ་ཞིག་གླས། ཁང་བདག་ཀུའུ་ལགས་ལ་ཞའོ་ལིའུ་ཡིས་ཁང་པ་གླ་དགོས་དོན་ནི་རང་ཉིད་ཀྱི་ཨ་མ་དང་མཉམ་དུ་སྡོད་ཁང་བྱེད་ཆེད་ཡིན་ཞིང་། ལོ་ལྟ་གླ་རྒྱུ་ཡིན་ཞེས་བཤད།

འོན་ཀྱང་མཇུག་ཏུ་ཁང་བདག་ཀུའུ་ལགས་ཀྱིས་ཞའོ་ལིའུ་ཁྲིམས་ལ་སྦྱར། རྒྱུ་མཚན་ནི་ཞའོ་ལིའུ་ཡིས་ཁང་པ་དེའི་གནས་ཡུལ་ཞའོ་ལིའུ་ཡི་ཨ་མས་ཁེ་ལས་ཀུང་སིའི་ཁྲིམས་བཀོད་འཐུས་ཚབ་བྱས་པའི་ཀུང་སིའི་ཐ་བའི་ཐོག་ཁྲབ་བསྒྲགས་བྱས་པར་མ་ཟད། ཐ་བ་དང་ཁ་པར་ཐོག་ནས་ཀུང་སིའི་ལས་སྒོ་བསྐྱབས་ཏེ། སྡོད་ཁང་དེ་ཚོང་སྤྱོད་ཀྱི་ངོ་བོར་བསྒྱུར་པ་རེད། དེར་བརྟེན་ཁང་བདག་ཀུའུ་ལགས་ཀྱིས་ཞུ་གཏུག་བརྒྱབ་སྟེ་གན་རྒྱ་དེ་མེད་པར་བཟོ་རྒྱུའི་རེ་ཞུ་བྱས།

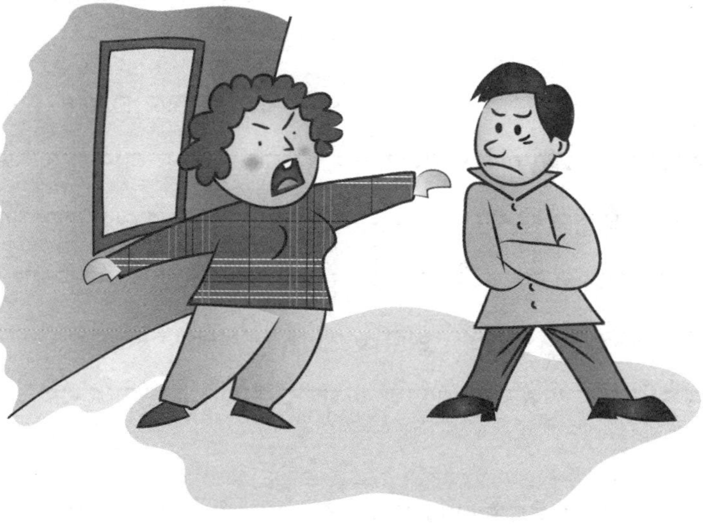

《ཀྲུང་ཧྭ་མི་དམངས་སྤྱི་མཐུན་རྒྱལ་ཁབ་ཀྱི་དམངས་དོན་ཁྲིམས་གཞུང་》གི་དོན་ཚན་བདུན་བརྒྱ་དང་བརྒྱད་པའི་ནང་དུ་གཏན་འཁེབས་བྱས་དོན། བོགས་མ་གཏོང་མིས་

གྲོས་དན་ལྟར་བོགས་མའི་དངོས་པོ་བོགས་མ་ལེན་མི་ལ་རྩིས་སྤྲོད་བྱེད་དགོས་པ་དང་འབྲེལ། བོགས་མའི་དུས་བཀག་ནང་དུ་བོགས་མའི་དངོས་པོ་དེའི་གྲོས་དན་དང་མཐུན་པའི་སྤྱོད་སྒོ་འཛིན་སྐྱོང་བྱེད་དགོས།

《ཀྲུང་ཧྭ་མི་དམངས་སྤྱི་མཐུན་རྒྱལ་ཁབ་ཀྱི་དམངས་དོན་ཁྲིམས་གཞུང་》གི་དོན་ཚན་བདུན་བརྒྱ་དང་དགུ་པའི་ནང་དུ་གཏན་འབེབས་བྱས་དོན། བོགས་མ་ལེན་མིས་གྲོས་དན་གྱི་བྱེད་ཐབས་ལྟར་བོགས་མའི་དངོས་པོ་སྤྱོད་དགོས། བོགས་མའི་དངོས་པོ་བེད་སྤྱོད་བྱེད་ཐབས་ལ་གྲོས་དན་བཞག་མེད་པའམ་གྲོས་དན་གསལ་ངེས་མིན་ལ། བཅའ་ཁྲིམས་འདིའི་དོན་ཚན་ལྔ་བརྒྱ་དང་བཅུ་པའི་གཏན་འབེབས་སྤྱད་ཀྱང་ཐར་མུས་སུ་གཏན་འཁེལ་བྱེད་མི་ཐུབ་པ་ཡིན་ན། བོགས་མའི་དངོས་པོའི་ངོ་བོ་ལྟར་བཀོལ་སྤྱོད་བྱེད་དགོས།

《ཀྲུང་ཧྭ་མི་དམངས་སྤྱི་མཐུན་རྒྱལ་ཁབ་ཀྱི་དམངས་དོན་ཁྲིམས་གཞུང་》གི་དོན་ཚན་ལྔ་བརྒྱ་དང་བཅུ་པའི་ནང་དུ་གཏན་འབེབས་བྱས་དོན། གན་རྒྱར་ནུས་པ་ཐོན་རྗེས། སྒྲུབ་ཀ་དང་། རིན་དངུལ་ལམ་སྣ་ཚ། ལག་བསྟར་གནས་ཡུལ་ལ་སོགས་པའི་ནང་དོན་ལ་གྲོས་དན་བཞག་མེད་པའམ་གྲོས་དན་གསལ་ངེས་བྱུང་མེད་པའི་ཚར་དོ་བདག་གིས་གྲོས་མཐུན་བཞག་ནས་ཁ་གསབ་བྱས་ཆོག ཁ་གསབ་གྲོས་མཐུན་འཛོག་མ་ཐུབ་ན། གན་རྒྱའི་འབྲེལ་ཡོད་དོན་ཚན་ནམ་ཉོ་འཚོང་གི་གོམས་སྲོལ་ལྟར་གཏན་འཁེལ་བྱེད་དགོས།

ཞའོ་ལིའུ་ཡིས་གླས་པའི་ཁང་པ་དེ་གཙོ་བོ་སྡོད་ཁང་བྱས་པ་དང་། དུས་མཚུངས་སུ་རང་ཉིད་ཀྱིས་བོགས་གཡར་ཁང་པ་དེའི་ནང་དྲ་བ་དང་ཁ་པར་བརྒྱུད་དེ་ཀུང་སིའི་ལས་སྒོ་སྒྲུབ་པ་རེད། ཁང་བདག་ཀུའུ་ལགས་ལ་ཁེ་ལས་ཀུང་སིའི་ནང་གི་ཞའོ་ལིའུ་དང་ཁོའི་ཨ་མ་ཕུད་པའི་མི་གཞན་ཁང་པ་དེའི་ནང་གཞུང་དོན་སྒྲུབ་པའམ་ཡང་ན་ཁང་པ་དེ་སྤྱད་ནས་དཔྱད་ཡིག་ཆ་འཕྲིན་གྱི་ཐབས་ལམ་བརྒྱུད་དེ་ཀུང་སིའི་ལས་སྒོ་ཕུད་པའི་ཚོང་གཉེར་གྱི་ལས་སྒོ་གཞན་སྤེལ་བའི་ར་སྤྲོད་དབང་རྟགས་གང་ཡང་མེད་པ་རེད།

དོན་དངོས་རྩད་གཅོད་བྱས་པ་ལ་གཞིགས་ན། ཞའོ་ལིའུ་ཡིས་ཕྱོགས་གཉིས་ཀས་ཁ་ཆད་གསལ་པོ་བཞག་མེད་པའི་གནས་ཚུལ་འོག ཞུ་གཏུག་བྱས་པའི་ཁང་པའི་ས་གནས་དེ་ཀུང་སིའི་དྲ་བའི་ཐོག་ཁྱབ་བསྒྲགས་བྱས་པ་དེ་ཙུང་མི་འགྲིག་ནའང་། ཞུ་

གཏུག་ཐུབ་པའི་ཁང་པའི་བཀོལ་སྤྱོད་ཀྱི་ངོ་བོ་རྩ་བ་ནས་བསྒྱུར་བ་གྲུབ་མེད། ཁང་བདག་ཀུའུ་ལགས་ཀྱིས་ཞའོ་ལིའུ་ཡིས་རྩ་བའི་ཐོག་ནས་གན་རྒྱ་དང་འགལ་བ་ར་སྤྱོད་མ་ཐུབ་པས། ཁང་བདག་ཀུའུ་ལགས་ལ་ཁྲིམས་བཀོད་ཀྱི་གན་རྒྱ་ཕྱིར་འཐེན་བྱེད་པའི་དབང་ཆ་མེད་པ་རེད།

ཁྲིམས་ལུགས་ཁྲབ་གདལ་གྱི་སློབ་ཚན།

1.《དམངས་དོན་ཁྲིམས་གཞུང་》ནང་། གནས་ཚུལ་གང་འདྲའི་སྐབས་སུ་བོགས་མ་གཏོང་མཁན་གྱིས་གན་རྒྱ་ཕྱིར་འཐེན་བྱས་ཆོག

དོན་ཚན་བདུན་བརྒྱ་དང་བཅུ་གཅིག་གི་ནང་དུ་གཏན་འབེབས་བྱས་དོན། བོགས་མ་ལེན་མཁན་གྱིས་ཁ་ཆད་བཞག་པ་ལྟར་རམ་བོགས་མའི་དངོས་པོའི་ངོ་བོ་ལྟར་བོགས་མའི་དངོས་པོ་བེད་སྤྱོད་མ་བྱས་པའི་དབང་གིས། བོགས་མའི་དངོས་པོར་གནོད་འཚེ་བྱུང་བ་ཡིན་ན། བོགས་མ་གཏོང་མཁན་གྱིས་གན་རྒྱ་ཕྱིར་འཐེན་བྱས་ཆོག་པ་མ་ཟད། གྱོང་གུན་གསབ་འཇལ་བྱེད་དགོས་པའི་རེ་འདུན་ཡང་བཏོན་ཆོག

དོན་ཚན་བདུན་བརྒྱ་དང་བཅུ་དྲུག་གི་ནང་དུ་གཏན་འབེབས་བྱས་དོན། བོགས་མ་གཏོང་མཁན་གྱིས་མོས་མཐུན་བྱུང་བ་བརྒྱུད། བོགས་མ་ལེན་མཁན་གྱིས་བོགས་མའི་དངོས་པོ་ཕྱུང་གསུམ་པར་བོགས་མ་བརྒྱུད་གཏོང་བྱས་ཆོག བོགས་མ་ལེན་མཁན་གྱིས་བོགས་མ་བརྒྱུད་གཏོང་བྱས་ཆེ། བོགས་མ་ལེན་མཁན་དང་བོགས་མ་གཏོང་མཁན་བར་གྱི་བོགས་མའི་གན་རྒྱ་མུ་མཐུད་ནས་རྩིས་འགྲོ་ཡོད་ཅིང་། ཕྱུང་གསུམ་པས་བོགས་མའི་དངོས་པོར་གྱོང་གུན་བཟོས་ན། བོགས་མ་ལེན་མཁན་གྱིས་གྱོང་གུན་གསབ་འཇལ་བྱེད་དགོས།

བོགས་མ་གཏོང་མཁན་གྱིས་མོས་མཐུན་མ་བྱས་པར་བོགས་མ་ལེན་མཁན་གྱིས་བོགས་མ་བརྒྱུད་གཏོང་བྱས་ན། བོགས་མ་གཏོང་མཁན་གྱིས་གན་རྒྱ་ཕྱིར་འཐེན་བྱས་ཆོག

དོན་ཚན་བདུན་བརྒྱ་དང་ཉེར་གཉིས་ཀྱི་ནང་དུ་གཏན་འབེབས་བྱས་དོན། བོགས་མ་ལེན་མཁན་ལ་ལུགས་མཐུན་གྱི་རྒྱུ་མཚན་མེད་པར་བོགས་དངུལ་རྩིས་སྤྲོད་མི་བྱེད་པའམ་སྤྲོད་ཡུན་ཕྱིར་འགྱངས་བྱས་ན། བོགས་མ་གཏོང་མཁན་གྱིས་བོགས་མ་ལེན་མཁན་ལ་ལུགས་མཐུན་གྱི་དུས་བཀག་ནང་དུ་རྩིས་སྤྲོད་བྱེད་དགོས་པའི་རེ་འདུན་བཏོན་ཆོག བོགས་མ་ལེན་མཁན་གྱིས་དུས་བཀག་ཡོལ་ཡང་རྩིས་སྤྲོད་མ་བྱས་ན། བོགས་མ་གཏོང་མཁན་གྱིས་གན་རྒྱ་ཕྱིར་འཐེན་བྱས་ཆོག

2.《དམངས་དོན་ཁྲིམས་གཞུང་》ནང་། གནས་ཚུལ་གང་འདྲའི་སྐབས་སུ་བོགས་མ་

★ ★ ★ ★ ★ ★ ★ ★

ལེན་མཁན་གྱིས་གན་རྒྱ་ཕྱིར་འཐེན་བྱས་ཆོག

དོན་ཚན་བདུན་བརྒྱ་དང་ཉེར་བཞིའི་ནང་དུ་གཏན་འབེབས་བྱས་དོན། གཤམ་གསལ་གྱི་གནས་ཚུལ་ལས་རིགས་གཅིག་ཡོད་ཅིང་། བོགས་མ་ལེན་མཁན་ཕྱོགས་ཀྱི་རྒྱུ་རྐྱེན་མིན་པར་བོགས་མའི་དངོས་པོ་སྤྱོད་ཐབས་བྲལ་བ་བྱུང་ན། བོགས་མ་ལེན་མཁན་གྱིས་གན་རྒྱ་ཕྱིར་འཐེན་བྱས་ཆོག

（གཅིག） བོགས་མའི་དངོས་པོ་དེ་ཁྲིམས་འཛིན་ལས་ཁུངས་སམ་ཡང་ན་སྲིད་འཛིན་ལས་ཁུངས་ཀྱིས་བཅའ་ཁྲིམས་ལྟར་སྒོ་ཐེལ་བརྒྱབ་པ་དང་བཀག་ཉར་བྱས་པ།

（གཉིས།） བོགས་མའི་དངོས་དབང་ལ་རྩོད་གཞི་ཡོད་པ།

（གསུམ།） བོགས་མའི་དངོས་པོར་བཅའ་ཁྲིམས་དང་སྲིད་འཛིན་ཁྲིམས་སྲོལ་གྱི་བཀོལ་སྤྱོད་ཆ་རྐྱེན་སྐོར་གྱི་བཙན་ཤེད་རང་བཞིན་གྱི་གཏན་འབེབས་ལས་འགལ་བའི་སྣང་ཚུལ་ཡོད་པ།

དོན་ཚན་བདུན་བརྒྱ་དང་ཉེར་དགུའི་ནང་དུ་གཏན་འབེབས་བྱས་དོན། བོགས་མ་ལེན་མཁན་ལ་ཁག་དགྲི་བྱ་ཐབས་བྲལ་བའི་དབང་གིས་བོགས་མའི་དངོས་པོ་ཆ་ཤས་སམ་ཡང་ན་ཡོངས་རྫོགས་ཆག་སྐྱོན་བྱུང་བ་དང་རྩ་བརླག་ཏུ་སོང་བ་ཡིན་ན། བོགས་མ་ལེན་མཁན་གྱིས་བོགས་དངུལ་གཅོག་པའམ་བོགས་དངུལ་ཇེས་སྤྲོད་མི་བྱེད་པའི་རེ་འདུན་བཏོན་ཆོག བོགས་མའི་དངོས་པོ་ཆ་ཤས་སམ་ཡོངས་རྫོགས་ཆག་སྐྱོན་བྱུང་བ་དང་རྩ་བརླག་ཏུ་སོང་བའི་རྐྱེན་གྱིས་གན་རྒྱའི་དམིགས་ཡུལ་འགྲུབ་མི་ཐུབ་ན། བོགས་མ་ལེན་མཁན་གྱིས་གན་རྒྱ་ཕྱིར་འཐེན་བྱས་ཆོག

དོན་ཚན་བདུན་བརྒྱ་དང་སུམ་བཅུ་པའི་ནང་དུ་གཏན་འབེབས་བྱས་དོན། དོ་བདག་བར་དུ་བོགས་མའི་དུས་བཀག་སྐོར་ཁ་ཆད་བཞག་མེད་པའམ་ཡང་ན་ཁ་གསལ་ཞིག་བཞག་མེད་ཅིང་། བཅའ་ཁྲིམས་འདིའི་དོན་ཚན་ལྔ་བརྒྱ་བཅུ་ཡི་གཏན་འབེབས་གཞིར་བཟུང་ནའང་སྔར་བཞིན་གཏན་འཁེལ་བྱེད་མི་ཐུབ་ན། དུས་ངེས་མེད་ཀྱི་བོགས་མར་རྩི་དགོས། དོ་བདག་གིས་དུས་གང་རུང་དུ་གན་རྒྱ་ཕྱིར་འཐེན་བྱས་ཆོག འོན་ཀྱང་དུས་བཀག་མ་ཐིམ་གོང་ལ་ཕ་རོལ་པོ་ལ་བརྡ་ཐོ་གཏོང་དགོས།

དོན་ཚན་བདུན་བརྒྱ་དང་སོ་གཅིག་གི་ནང་དུ་གཏན་འབེབས་བྱས་དོན། བོགས་མའི་དངོས་པོས་བོགས་མ་ལེན་མཁན་གྱི་བདེ་འཇགས་སམ་བདེ་ཐང་ལ་ཉེན་ཁ་བཟོས་ཡོད་ན། བོགས་མ་ལེན་མཁན་གྱིས་གན་རྒྱ་འཛོག་སྐབས་བོགས་མའི་དངོས་པོ་དེའི་སྤུས་ཚད་མ་ལོངས་པ་ཤེས་ཀྱི་ཡོད་ཀྱང་། བོགས་མ་ལེན་མཁན་གྱིས་སྔར་བཞིན་དུས་གང་རུང་དུ་གན་རྒྱ་ཕྱིར་འཐེན་བྱས་ཆོག

བཞི། སྡེ་ལས་ཀྱིས་གན་རྒྱ་ལྟར་ལག་བསྟར་བྱས་ཟིན་ན། ད་དུང་གྲོང་གསུན་ལ་སྤྲིན་གསབ་འཇལ་དགོས་སམ།

ཞོའོ་ཙང་ནི་སྡེ་ཁྲུལ་ག་གེ་མོའི་ཁང་བདག་ཡིན་པ་དང་། ཁང་པ་རྩིས་ལེན་བྱེད་སྐབས་སྡེ་ཁྲུལ་གྱི་སྡེ་ལས་དང་གན་རྒྱ་བཞག་ནས། ཐོག་ཁང་འོག་ཏུ་སྟག་སྟག་འཛོམ་ས་གཉིས་སླས་ནས། ཟླ་རེར་སྒྲ་དངུལ་སྒོར200སྤྲོད་རྒྱུ་བྱས།

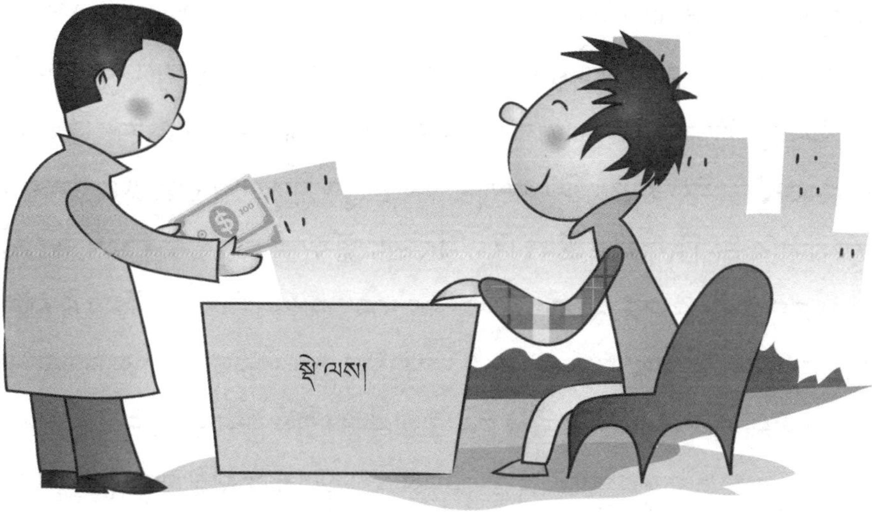

ཉིན་ཞིག ཞོའོ་ཙང་གི་རླངས་འཁོར་འཇོག་གནས་སུ་བཞག་པའི་སྟག་སྟག་ཅིག་བོར་བརླག་ཏུ་སོང་བས། ཁོང་གིས་སྡེ་ཁྲུལ་གྱི་བདེ་སྲུང་མི་སྣར་བཙ་ཐོ་གཏོང་བ་དང་ཆབས་ཅིག སྡེ་བདེ་ལས་ཁུངས་ལ་གྱོད་དོན་དེ་སྙན་སེང་ཞུས། མངའ་ཁོངས་ཀྱི་མངག་གཏོང་ཁང་གིས་གྱོད་དོན་དེ་ཐོ་འགོད་བྱས་ཏེ་མྱུལ་ཞིབ་བྱས་ཀྱང་། ད་བར་རྩད་ཆོད་མ་ཐུབ་པ་རེད།

ཞོའོ་ཙང་གིས་སྡེ་ཁྲུལ་གྱི་སྡེ་ལས་ལའང་འགན་འཁྲི་ཡོད་པ་རེད་སྙམ་ནས་སྡེ་ལས་ཀུང་སི་ཁྲིམས་ལ་སྦྱར། ཞུ་སྐྱོར་སྡེ་མ་ཞོའོ་ཙང་གིས་རྩོས་འཛིན་བྱས་དོན། ཞུ་སྐྱོར་

སྡེ་མ་དང་ཕྱི་མ་གཉིས་བར་གྱི་དོ་དམ་གནད་རྒྱ་ལྟར་ན། ཞུ་སྦྱོར་ཕྱི་མས་སྡེ་ཁུལ་གྱི་དོ་དམ་ལས་དོན་ལ་འགན་འཁུར་དགོས་པས། འགན་འཁྲིའི་ནང་བདེ་འཇགས་ལ་འགན་སྲུང་དང་འཕྲུལ་འཁོར་འགྲོ་འོང་ལ་དོ་དམ་ཤུགས་སྐྱོན་རྒྱག་རྒྱུའང་ཚུད་ཡོད། ད་ཆ་ཞུ་སྦྱོར་ཕྱི་མས་འཕྲུལ་འཁོར་ལ་དོ་དམ་ཡག་པོ་བྱེད་མ་ཐུབ་པའི་རྐྱེན་གྱིས་ཞུ་སྦྱོར་སྔ་མའི་སྡུག་སྡུག་བོར་བརླག་ཏུ་སོང་བས། ཞུ་སྦྱོར་ཕྱི་མས་སྐྱིན་གསབ་སྤྲོད་དགོས་ངེས་རེད་སྙམ།

ཞུ་སྦྱོར་ཕྱི་མ་སྡེ་ལས་ཀུང་སིས་དག་སེལ་བྱས་དོན། ཞུ་སྦྱོར་སྔ་མ་དང་ཕྱི་མའི་བར་ལ་འཕྲུལ་འཁོར་འཇོག་རྒྱུའི་གན་རྒྱའི་འབྲེལ་བ་བཙུགས་ཡོད་པ་ལས། བདག་ཉར་གྱི་གན་རྒྱའི་འབྲེལ་བ་བཙུགས་མེད་སྟབས། ཞུ་སྦྱོར་ཕྱི་མས་ཞུ་སྦྱོར་སྔ་མའི་འཕྲུལ་འཁོར་ལ་སྤྱིར་བཏང་གི་བདེ་འཇགས་འགན་སྲུང་གི་འོས་འགན་སྒྲུབ་པ་ལས་བདག་ཉར་གྱི་འོས་འགན་མེད། དེས་མ་ཚད་སྡེ་ལས་ཀུང་སིས་སྡེ་ཁུལ་གྱི་རྒྱལ་སྐོར་ལྟ་སྲུང་བྱེད་མཁན་བཙུགས་པ་མ་ཟད། ད་དུང་ཆུ་ཚོད24རིང་བདེ་སྲུང་སྐོར་གཡེང་བྱས་ཏེ་དོ་དམ་གནད་རྒྱའི་ནང་ཁ་ཆད་བྱས་པའི་བདེ་འཇགས་འགན་ལེན་དང་། འཕྲུལ་འཁོར་འགྲོ་འོང་། དེ་བཞིན་འཕྲུལ་འཁོར་འཇོག་སར་དོ་དམ་བྱ་རྒྱུར་ཤུགས་སྐྱོན་རྒྱག་པ་བཅས་ཀྱི་འོས་འགན་ཡང་བསྒྲུབས་ཡོད། གཞན་ཡང་ད་དུང་སྤྱི་བདེ་ལས་ཁུངས་ཀྱིས་གྱོད་དོན་རྩད་ཆོད་མ་ཐུབ་གོང་། ཞུ་སྦྱོར་སྔ་མའི་ཞུ་འབུལ་པོ་ནར་གཞིགས་ནས་སྡུག་སྡུག་དེ་སྡེ་ཁུལ་ནང་ཁུལ་ནས་བོར་བརླག་སོང་བའི་དངོས་འཛིན་མཐའ་གཅིག་ཏུ་བྱེད་མི་ཐུབ་ཅེས་བརྗོད་ཀྱང་། དེར་བརྟེན། ཁྲིམས་ཁང་གིས་ཞུ་སྦྱོར་སྔ་མའི་གཏུག་བཤེར་རེ་ཞུ་ཕྱིར་སློག་རྒྱུའི་རེ་འདུན་ཞུ་རྒྱུ་ཡིན་ཟེར།

《ཀྲུང་ཧྭ་མི་དམངས་སྤྱི་མཐུན་རྒྱལ་ཁབ་ཀྱི་དམངས་དོན་ཁྲིམས་གཞུང་》གི་དོན་ཚན་དགུ་བརྒྱ་དང་ཞེ་གཉིས་པའི་ནང་དུ་གཏན་འབེབས་བྱས་དོན། སྡེ་ལས་ཞབས་ཞུ་སྒྲུབ་མིས་གྲོས་དན་དང་སྡེ་ལས་ཀྱི་བཀོལ་སྤྱོད་ངོ་བོ་ལྟར། སྡེ་ལས་ཞབས་ཞུའི་ས་ཁོངས་ནང་གི་ཁང་བདག་གི་སྤྱི་དབང་ཆ་ཤས་ཞིག་གསོ་དང་། བདག་སྐྱོང་། ཕྱི་བཟོ། ལྟོང་སྲུར། གཉེར་སྐྱོང་དོ་དམ་བཅས་འཐུས་པོ་བྱེད་དགོས་པ་དང་། སྡེ་ལས་ཞབས་ཞུའི་ས་ཁོངས་ནང་གི་གཞི་རྩའི་སྒྲིག་ལམ་སྲུང་སྐྱོང་བྱེད་དགོས་ཤིང་། ལུགས་མཐུན་གྱི་བྱེད་ཐབས་སྤྱད་དེ་ཁང་བདག་གི་མི་ལུས་དང་རྒྱུ་ནོར་གྱི་བདེ་འཇགས་སྲུང་སྐྱོབ་བྱེད་དགོས།

སྡེ་ལས་ཞབས་ཞུའི་ས་ཁོངས་ནང་དུ་བདེ་སྲུང་དང་། ཁོར་ཡུག་སྲུང་སྐྱོབ། མེ་འགོག་མེ་གསོད་སོགས་ཀྱི་བཅའ་ཁྲིམས་དང་ཁྲིམས་སྲོལ་དང་འགལ་བའི་བྱ་སྤྱོད་ལ་སྡེ་ལས་ཞབས་ཞུ་སྒྲུབ་མིས་དུས་ཐོག་ཏུ་ལུགས་མཐུན་གྱི་བྱེད་ཐབས་སྤྱད་དེ་བཀག་འགོག་བྱེད་དགོས་པ་དང་། འབྲེལ་ཡོད་ཀྱི་སྲིད་འཛིན་གཙོ་སྐྱོང་སྡེ་ཁག་ལ་སྙན་སེང་ཞུ་དགོས་པ་དང་འབྲེལ་ཐག་གཅོད་བྱེད་པར་གཞོགས་འདེགས་བྱེད་དགོས།

ཁྲིམས་ཁང་གིས་ཞིབ་གཅོད་བྱས་པ་བརྒྱུད་ངོས་འཛིན་བྱས་དོན། ཞུ་སྒྲོར་སྡེ་མ་ཁང་བདག་ཡིན་པའི་ཆ་ནས་ཟླ་རེར་ཞུ་སྒྲོར་ཕྱི་མར་སྡེ་ལས་དོ་དམ་གྲོན་དངུལ་སྤྲོད་པ་དང་། ཞུ་སྒྲོར་ཕྱི་མ་སྡེ་ལས་དོ་དམ་ཀུང་སི་ཡིན་པའི་ཆ་ནས་སྲིད་གཞུང་གིས་གཏན་འབེབས་བྱས་པའི་གྲོན་བསྡུའི་ཚད་གཞི་ལྟར་བབ་མཐུན་གྱི་སྡེ་ལས་དོ་དམ་ཞབས་ཞུ་མཁོ་འདོན་བྱས་པས། ཕྱོགས་གཉིས་པོའི་བར་ལ་སྡེ་ལས་དོ་དམ་ཞབས་ཞུའི་གན་རྒྱའི་འབྲེལ་བ་གྲུབ་ཡོད།

ཞུ་སྒྲོར་ཕྱི་མས་སྡེ་ལས་དོ་དམ་ཞབས་ཞུའི་གན་རྒྱ་ལག་བསྟར་བྱེད་སྐབས། སྡེ་ཁུལ་ནང་ཁུལ་གྱི་འཕྲུལ་འཁོར་སོགས་ཀྱི་རྒྱུ་ནོར་ལ་ལུགས་མཐུན་དང་གཟབ་ནན་གྱིས་དོ་སྣང་བྱེད་པའི་འོས་འགན་འཁུར་དགོས། ཞུ་སྒྲོར་ཕྱི་མས་ལས་རིས་དང་སྐོར་གཡེང་བྱེད་པའི་བདེ་སྲུང་མི་སྣ་བཀོད་སྒྲིག་བྱས་ནས། བདེ་སྲུང་བྱ་ཐབས་ངེས་ཅན་ཞིག་ལག་བསྟར་བྱས་ཡོད་མོད། འོན་ཀྱང་འགྲོ་འོང་བྱེད་མཁན་གྱི་འཕྲུལ་འཁོར་ལ་ཐོ་འགོད་བྱེད་པ་སོགས་ཕན་ནུས་ཅུང་ཆེ་བའི་དོ་དམ་བྱ་ཐབས་སྤྱོལ་མེད་པ་དང་། དོ་སྣང་བྱེད་དགོས་ངེས་ལ་བྱས་མེད་པའི་རྐྱེན་གྱིས། ཞུ་སྒྲོར་སྡེ་མའི་སྣག་སྣག་པོར་བརླག་སོང་བར་འགན་འཁྲི་ངེས་ཅན་ཞིག་འཁུར་དགོས་ལ། དམངས་དོན་གྱི་སྐྱིན་གསབ་འོས་འཚམ་ཞིག་སྤྲོད་དགོས།

ཞུ་སྒྲོར་སྡེ་མས་ཀྱང་རང་ཉིད་ཀྱི་སྣག་སྣག་ལ་བདག་གཉེར་ལེགས་པོ་བྱས་མེད་པའི་རྐྱེན་གྱིས་དེར་འགན་འཁྲི་ངེས་ཅན་ཞིག་འཁུར་དགོས། དེར་བརྟེན། ཞུ་སྒྲོར་སྡེ་ཕྱི་གཉིས་ཀས་འགན་འཁྲི་ཕྱེད་ཀ་འཁུར་རྒྱུ་དང་། ཞུ་སྒྲོར་ཕྱི་མས་ཞུ་སྒྲོར་སྡེ་མར་

དམངས་དོན་གྱི་སྐྱིན་གསབ50%སྤྲོད་རྒྱུ་ཡིན།

ཁྲིམས་ལུགས་ཁྲབ་གདལ་གྱི་སློབ་ཚན།

སྡེ་ཁྲལ་གྱི་སྡེ་ལས་ལ་འཕྲུལ་འཁོར་འཇོག་ས་བཙོང་དབང་ཡོད་དམ།

འཕྲུལ་འཁོར་འཇོག་གནས་ལ་སྐབས་བདེར་རིགས་གཉིས་སུ་དབྱེ་ཆོག་སྟེ། གཅིག་ནི་ཐོན་དབང་འཛིན་ཡིག་ལེན་ཆོག་པ་དང་། གཞན་ཞིག་ནི་ཐོན་དབང་འཛིན་ཡིག་ལེན་མི་ཆོག་པ་ཡིན། ཐོན་དབང་འཛིན་ཡིག་ལེན་ཐུབ་པ་ནི་བཙོང་ཆོག་པ་ཡིན་སྟེ། ཐོན་དབང་འཛིན་ཡིག་ལེན་མི་ཐུབ་པ་ནི་བཙོང་མི་ཆོག་པ་ཡིན། དེར་བརྟེན། འཕྲུལ་འཁོར་འཇོག་གནས་ཉོ་བའི་མིང་རྟགས་བཀོད་སྐབས། ངེས་པར་དུ་དེ་《སྤྱིལ་སྐྱོད་འཕྲུལ་འཁོར་འཇོག་གནས་ཉོ་སྤྲུབ་གྲོས་མཐུན་》རེད་དམ། ཡང་ན་《འཕྲུལ་འཁོར་འཇོག་གནས་ཀྱི་བོགས་གཡར་གྲོས་མཐུན་》རེད་དམ། ཡང་ན་《བཀོལ་སྤྱོད་བྱེད་དབང་བརྒྱུད་སྤྲོད་གྲོས་མཐུན་》རེད་གསལ་པོ་ཤེས་པ་བྱེད་དགོས།

རྒྱུན་མཐོང་གི་ཐོན་དབང་འཛིན་ཡིག་ལེན་མི་ཆོག་པའི་ཐྲངས་འཁོར་འཇོག་གནས་ལ་སྐབས་བདེར་རིགས་གཉིས་སུ་དབྱེ་ཆོག་སྟེ།

རིགས་གཅིག་ནི་སྤྱི་གསེས་རྒྱ་ཁྱོན་དུ་རྩད་པའི་ཐྲངས་འཁོར་འཇོག་གནས་ཡིན། སྤྱི་གསེས་སུ་རྩད་ན་བཅའ་ཁྲིམས་ཐོག་ནས་ཐོན་དབང་འཛིན་ཡིག་ལེན་མི་ཆོག་པ་ཡིན་ཏེ་སྡེ་བདག་ཡོངས་ལ་དབང་བས་སོ། །དེར་བརྟེན། འཕྲུལ་འཁོར་འཇོག་གནས་དེ་རིགས་ཐོན་དབང་ཉོ་མི་ཆོག་ཀྱང་བོགས་མར་བཏང་ཆོག

རིགས་གཞན་ཞིག་ནི་མི་དམངས་མཁའ་ཟློན་གྱི་འཕྲུལ་འཁོར་འཇོག་གནས་ཡིན། མི་དམངས་མཁའ་ཟློན་གྱི་འཕྲུལ་འཁོར་འཇོག་གནས་ནི་འཕྲུལ་འཁོར་འཇོག་གནས་གཞན་དང་མི་འདྲ་བར་དམིགས་བསལ་གྱི་རང་བཞིན་ལྡན་ཡོད། གང་ལགས་ཤེ་ན། མི་དམངས་མཁའ་ཟློན་གྱི་འཕྲུལ་འཁོར་འཇོག་གནས་ཀྱི་རྒྱ་ཁྱོན་དེ་མི་དམངས་མཁའ་ཟློན་གྱི་ཉེན་འགོག་བྱེད་ལས་པའི་ཁོངས་སུ་གཏོགས་པ་དང་། མི་དམངས་མཁའ་ཟློན་གྱི་ཉེན་འགོག་བྱེད་ལས་པ་དེ་ཡང་མི་དམངས་མཁའ་ཟློན་གྱི་ཉེན་འགོག་བྱེད་ལས་པའི་འཛུགས་སྐྲུན་གྱི་ཁོངས་སུ་གཏོགས་ཀྱི་ཡོད་པས། འབྲེལ་ཡོད་གཏན་འབེབས་ལྟར་ན། རྒྱལ་སྲུང་རྒྱུ་ནོར་ནི་རྒྱལ་ཁབ་ལ་དབང་བ་ཡིན། གཞན་ཡང་འཛུགས་སྐྲུན་པུའི་འབྲེལ་ཡོད་སྲོལ་ཡིག་ནང་མི་དམངས་མཁའ་ཟློན་བྱེད་ལས་པའི་ས་འོག་ཁང་པ་སྤྱི་སྤྱོད་བཟོ་སྐྲུན་གྱི་རྒྱ་ཁྱོན་ནང་དུ་མི་བརྩི་རྒྱུའི་གཏན་འབེབས་ཁ་གསལ་བྱས་ཡོད། དེར་བརྟེན། མི་དམངས་མཁའ་ཟློན་གྱི་འཕྲུལ་འཁོར་འཇོག་གནས་དེ་ཐོན་འབྱེད་ཚོང་པར་མི་དབང་པ་མ་ཟད། ཁང་བདག་ཡོངས་ལ་ཡང་མི་དབང་པ་ཡིན། འཕྲུལ་འཁོར་འཇོག་གནས་དེ་རིགས་ལའང་ཐོན་དབང་ཉོ་མི་ཆོག

ལེ་ཚན་བཞི་པ། མི་གཞིའི་ཁེ་དབང་།

གཅིག ཟླ་རྒྱའི་ཐོག་ནང་དོན་རྫུན་མ་བརྒྱུད་སྤེལ་བྱས་ན། ཟླ་རྒྱའི་ལས་སྒོ་གས་ལ་འགན་འཁྲི་ཡོད་དམ།

ལྷུམ་རྫོང་ལགས་ཟླ་བར་ཞུགས་སྐབས། ཟླ་མི་ཞིག་གིས་ཟླ་ཐོག་ཏུ"ལྷུམ་རྫོང་ལགས་ཀྱིས་སློབ་གནས་རྫུན་བཟོ་བྱས་པའི་དོགས་པ་འདུག"ཅེས་པའི་བརྙ་སྙིང་སྙིང་སྒོགས་ཤིག་སྤེལ་ཡོད་པ་མཐོང་། བརྙ་སྙིང་བྱས་པའི་ནང་དོན་དེ་དག་དོན་དངོས་དང་ཡོངས་སུ་མི་མཐུན་ཞིང་། དེས་ལྷུམ་རྫོང་ལགས་ཀྱི་གསང་དོན་དང་མིང་གྲགས་ཀྱི་ཁེ་དབང་ལ་གནོད་འཚེ་ཚབས་ཆེན་བཟོས་ཡོད་པ་རེད།

ལྷུམ་རྫོང་ལགས་ཀྱིས་ཟླ་རྒྱའི་ལས་སྒོགས་ལ་ཁྲིམས་རྩོད་པའི་འཕྲིན་ཡིག་ཅིག་བསྐུར་ཡང་། ལས་སྒོགས་དེས་འཕྲིན་ཡིག་འབྱོར་རྗེས་དཔྱད་གཏམ་ཁུལ་གྱི་དཔྱད་གཏམ་ཁ་ཤས་སུབ་པ་མ་གཏོགས། བརྙ་སྙིང་སྙིང་སྒོགས་རང་སོར་བཞག་ཡོད་པ་རེད། དེས་མ་ཚད་དཔྱད་གཏམ་ཁུལ་གྱི་སྒྲིབ་ཟིན་པའི་ནང་དོན་དག་ཟླ་མི་ཁ་ཤས་ཀྱིས་ཡང་བསྐྱར་དཔྱད་གཏམ་ཁུལ་དུ་སྤེལ་བས་གནད་དོན་དེ་ཐག་གཅོད་རྩ་བ་ནས་ཐུབ་མེད་པ་རེད།

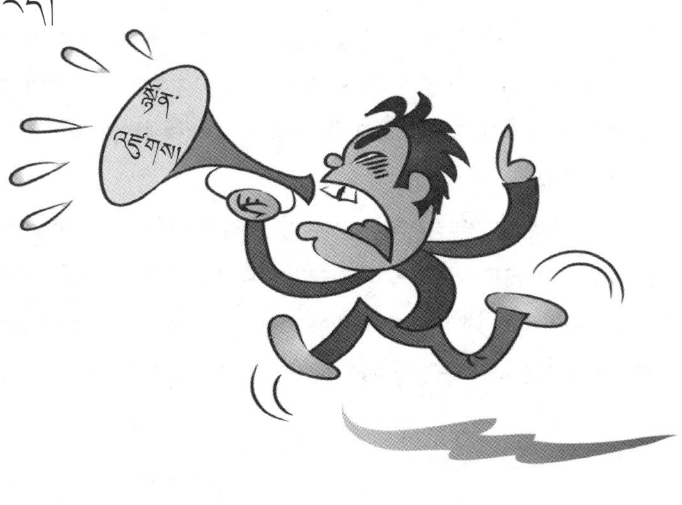

ལྕམ་རྟོང་ལགས་ཀྱིས་གླིང་སྡེགས་ཐོག་རང་ཉིད་ཀྱི་སློབ་རྟགས་དང་འབྲེལ་བའི་ནང་དོན་ཡོད་པས། དེས་མི་སྐོར་གྱི་གསང་དོན་ལ་གནོད་འཚེ་བཏང་ཟིན་པ་མ་ཟད། ད་དུང་གླིང་སྡེགས་ཀྱི་ཁ་བྱང་དེར་བསྣུ་བྲིད་རང་བཞིན་མངོན་གསལ་ལྡན་པས། ཚང་མས་རང་ཉིད་ཀྱི་སྐོར་གསང་ལ་གྲོས་སྡུར་བྱེད་པར་བསྣུ་ཁྲིད་བྱས་ནས། དཔང་རྟགས་སྤུ་ཙམ་ཡང་མེད་པར་ངན་སེམས་ཁོག་བཅངས་ཀྱིས་དམའ་འབེབས་གཏོང་བའི་གཏམ་གླེང་མང་པོ་བྱུང་བ་དེ་དག་གིས། རང་ཉིད་ཀྱི་མཚན་སྙན་ལ་གནོད་འཚེ་ཚབས་ཆེན་བཟོས་འདུག་སྙམ།

ལས་སྡེགས་ཀྱིས་མིང་གྲགས་ཁེ་དབང་ལ་བཙན་གནོད་གཏོང་བའི་སྐྱར་ཡིག་འདི་རིགས་དུས་ཐོག་ཏུ་མ་བསུབ་ན་འགན་འཁྲི་ཡོད་དམ། འགན་འཁྲི་གང་འདྲ་ཞིག་འཁུར་དགོས།

《ཀྲུང་ཧྭ་མི་དམངས་སྤྱི་མཐུན་རྒྱལ་ཁབ་ཀྱི་དམངས་དོན་ཁྲིམས་གཞུང་》གི་དོན་ཚན་ཆིག་སྟོང་དང་ཉེར་ལྔ་པའི་ནང་དུ་གཏན་འབེབས་བྱས་དོན། བྱ་སྤྱོད་སྤེལ་མིས་སྤྱི་པའི་ཁེ་ཕན་གྱི་ཆེད་དུ་གསར་འགྱུར་སྒྲོག་སྤེལ་དང་གླིང་ཐོགས་ཀྱི་ལྟ་སྐུལ་སོགས་སྤེལ་ནས་མི་གཞན་པའི་མིང་གྲགས་ལ་ཤུགས་རྐྱེན་བཟོས་པ་ཡིན་ན། དམངས་དོན་འགན་འཁྲི་འཁུར་མི་དགོས། ཡིན་ན་ཡང་གཤམ་གསལ་གནས་ཚུལ་གྲས་ཤིག་ཡོད་ན་དམངས་དོན་འགན་འཁྲི་འཁུར་དགོས།

(གཅིག) དོན་དངོས་རྫུན་བཟོ་དང་འཁྱོག་བཤད་བྱེད་པ།

(གཉིས།) མི་གཞན་གྱིས་འདོན་སྤྲོད་བྱས་པའི་དོན་དངོས་དང་གཏན་ནས་མི་མཐུན་པའི་བརྗོད་བྱ་ལ་བདེན་བརྟར་ལུགས་མཐུན་བྱེད་པའི་འོས་འགན་མ་སྒྲུབ་པ།

(གསུམ།) སྐད་སྐྱོ་བའི་ངག་ཚིག་སོགས་སྤྱད་ནས་མི་གཞན་པའི་མིང་གྲགས་ལ་དམའ་འབེབས་བྱེད་པ།

《ཀྲུང་ཧྭ་མི་དམངས་སྤྱི་མཐུན་རྒྱལ་ཁབ་ཀྱི་དམངས་དོན་ཁྲིམས་གཞུང་》གི་དོན་ཚན་ཆིག་སྟོང་དང་ཉེར་དྲུག་པའི་ནང་དུ་གཏན་འབེབས་བྱས་དོན། བྱ་སྤྱོད་སྤེལ་མིས་དོན་ཚན་གོང་མའི་ཡང་ཚན་གཉིས་པར་གཏན་འབེབས་བྱས་པའི་བདེན་བརྟར་ལུགས་མཐུན་བྱེད་པའི་འོས་འགན་བསྒྲུབས་ཡོད་མེད་ངོས་འཛིན་བྱེད་ན། གཤམ་གསལ་རྒྱུ་རྐྱེན་ལ་བསམ་

གཞིགས་བྱེད་དགོས།

（གཅིག） བརྗོད་བྱའི་འབྱུང་ཁུངས་ཀྱི་ཡིད་རྟོན་འཕེར་ཚད།

（གཉིས།） རྩོད་གཞི་སློང་སྲིད་ངེས་ཡིན་པའི་བརྗོད་བྱ་ལ་ཉེར་མཁོའི་བརྟག་དཔྱད་བྱས་ཡོད་མེད།

（གསུམ།） བརྗོད་བྱའི་དུས་བཅད་རང་བཞིན།

（བཞི།） བརྗོད་བྱ་དང་སྤྱི་སྒྲིགས་སྲོལ་བཟང་བར་གྱི་དགུས་འབྲེལ་རང་བཞིན།

（ལྔ།） གནོད་འཚེ་ཕོག་མིའི་མིང་གྲགས་ལ་དམའ་འབེབས་འབྱུང་སྲིད་པའི་མཐར།

（དྲུག） བདེན་བརྗར་གྱི་ནུས་པ་དང་བདེན་བརྗར་གྱི་མ་གནས།

《ཀྲུང་ཧྭ་མི་དམངས་སྤྱི་མཐུན་རྒྱལ་ཁབ་ཀྱི་དམངས་དོན་ཁྲིམས་གཞུང་》གི་དོན་ཚན་ཆིག་སྟོང་དང་སོ་བཞི་པའི་ནང་དུ་གཏན་འབེབས་བྱས་དོན། རང་བྱུང་མིའི་མི་སྒེར་གྱི་ཆ་འཕྲིན་ལ་བཅའ་ཁྲིམས་ཀྱིས་སྲུང་སྐྱོབ་བྱེད་པ་ཡིན། མི་སྒེར་གྱི་ཆ་འཕྲིན་ཞེས་པ་ནི་གློག་རྡུལ་ལམ་རྣམ་པ་གཞན་དག་གི་ལམ་ནས་ཟིན་ཐོར་བཀོད་པའི་ཁེར་རྐྱང་ངམ་ཆ་འཕྲིན་གཞན་དང་བསྡེབས་པའི་ཐོག་ནས་ངོས་འཛིན་བྱེད་ཐུབ་པའི་རང་བྱུང་མི་ངེས་ཅན་གྱི་ཆ་འཕྲིན་སྣ་ཚོགས་ལ་ཟེར། དེའི་ཁོངས་སུ་རང་བྱུང་མིའི་རུས་མིང་དང་། སྐྱེས་སྐར། ཐོབ་ཐང་ལག་ཁྱེར་ཨང་གྲངས། སྐྱེ་དངོས་ངོས་འཛིན་ཆ་འཕྲིན། གཞིས་གནས། ཁ་པར་ཨང་གྲངས། གློག་རྡུལ་ཡིག་སྒམ་གྱི་ས་གནས། བདེ་ཐང་གི་ཆ་འཕྲིན། འགྲོ་སྐྱོད་ཀྱི་ཆ་འཕྲིན་སོགས་ཚུད་ཡོད།

མི་སྒེར་གྱི་ཆ་འཕྲིན་ལས་གསང་བའི་ཆ་འཕྲིན་ལ། སྒེར་གསང་གི་ཁེ་དབང་སྐོར་གྱི་འབྲེལ་ཡོད་གཏན་འབེབས་སྤྱད་འཐུས། གཏན་འབེབས་བྱས་མེད་ན། མི་སྒེར་གྱི་ཆ་འཕྲིན་སྲུང་སྐྱོབ་བྱེད་ཕྱོགས་སྐོར་གྱི་གཏན་འབེབས་སྤྱད་འཐུས།

ང་རྒྱའི་སྡེགས་བུས་དྲ་བ་སྤྱོད་མཁན་གྱིས་དྲ་རྒྱའི་ཞབས་ཞུ་སྤྱད་དེ་མི་གཞན་གྱི་ཁེ་དབང་ལ་གནོད་འཚེ་བཏང་བ་ཤེས་རྗེས། ངེས་པར་དུ་དགོས་ངེས་ཀྱི་བྱ་ཐབས་སྤྱད་དེ་ཁེ་དབང་ལ་བཙན་གནོད་ཕོག་མཁན་དེའི་ཁྲིམས་མཐུན་ཁེ་དབང་ལ་སྲུང་སྐྱོང་བྱེད་དགོས།

མི་སྒེར་གྱིས། དྲ་སྦྲེལ་ལས་གཉེར་བྱེད་མཁན་གྱིས་བཅའ་ཁྲིམས་དང་སྲིད་འཛིན་ཁྲིམས་སྲོལ་གྱི་གཏན་འབེབས་སམ། ཡང་ན་ཕྱོགས་གཉིས་པོའི་ཁ་ཆད་དང་

འགལ་ནས་མི་སྒེར་གྱི་ཆ་འཕྲིན་འཚོལ་བསྡུ་དང་བེད་སྤྱོད་བྱས་པ་ཤེས་རྟོགས་བྱུང་ཚེ། དྲ་སྦྲེལ་ལས་གཉེར་བྱེད་མཁན་ལ་མི་སྒེར་དེའི་ཆ་འཕྲིན་གསུབ་རྒྱུའི་རེ་འདུན་འདོན་དབང་ཡོད། དྲ་སྦྲེལ་ལས་གཉེར་བྱེད་མཁན་གྱིས་བསྡུ་ཉར་དང་གསོག་ཉར་བྱས་པའི་མི་སྒེར་གྱི་ཆ་འཕྲིན་ལ་ནོར་འཁྲུལ་ཡོད་པ་ཤེས་ཚེ། དྲ་སྦྲེལ་ལས་གཉེར་བྱེད་མཁན་ལ་དག་བཅོས་བྱེད་དགོས་པའི་རེ་འདུན་འདོན་དབང་ཡོད། དྲ་སྦྲེལ་ལས་གཉེར་བྱེད་མཁན་གྱིས་བྱ་ཐབས་སྤེལ་ནས་ནང་དོན་བསུབ་པའམ་དག་བཅོས་བྱེད་དགོས།

ཁྲིམས་ལུགས་ཁྱབ་གདལ་གྱི་སློབ་ཚན།

མི་སྒེར་གྱི་གསང་དོན་ལ་སྲུང་སྐྱོབ་ཇི་ལྟར་བྱེད་དགོས།

(1) གསང་བ་ལྡན་པའི་དངོས་རྫས་ལ་དོ་དམ་ལེགས་པོ་བྱས་ཏེ། མི་གཞན་གྱིས་གནོད་པ་སྐྱེལ་བའི་གོ་སྐབས་འཚོལ་བར་སྔོན་འགོག་བྱེད་དགོས།

(2) མི་གཞན་ལ་གང་འདོད་དུ་རང་གི་གསང་བ་ཤོད་མི་རུང་ལ། དྲ་རྒྱའི་སྟེང་དུ་དགོས་པ་མེད་ན་རང་གི་ཆ་འཕྲིན་ངོ་མ་མངོན་འདོན་བྱ་མི་རུང་།

(3) མི་གཞན་གྱིས་རང་ཉིད་ཀྱི་གསང་དོན་ལ་སྙོག་ཉན་དང་སྙོག་ལྟ་བྱེད་པར་ཡིད་གཟབ་བྱེད་དགོས།

(4) མི་སྒེར་གྱི་གསང་དོན་དང་འབྲེལ་བའི་བྱ་འགུལ་ནང་ཞུགས་མི་དགོས་པའི་ཐབས་བྱེད་དགོས།

(5) དྲ་ཐོག་གི་བདེ་འཇགས་འཁོར་སྐྱོད་ཀྱི་ཤེས་བྱ་ཁོང་དུ་ཆུད་པ་བྱས་ནས་སྒེར་གྱི་གསང་དོན་ཕྱིར་མི་གྲུར་བ་བྱེད་དགོས།

(6) གལ་ཏེ་རང་ཉིད་ཀྱི་གློག་ཀླད་ལ་བཙན་འཛུལ་ཐེབས་པའི་རྒྱུན་ལྡན་མིན་པའི་གནས་ཚུལ་བྱུང་ན། མྱུར་དུ་དྲ་སྐུད་བཀག་དགོས་པ་དང་། དེ་ནས་ཞིབ་དཔྱད་ཚད་ལེན་དང་ཉམས་གསོ་བྱེད་དགོས།

(7) དུས་བཅད་ལྟར་བཤེར་འཚོལ་ཞིན་ཇི་སྲིད་ནས་རང་ཉིད་ཀྱི་མིང་ཆ་ཚང་བ་བཤེར་འཚོལ་བྱེད་དགོས། གཙོ་བོ་མདུན་གྱི་ཤོག་ངོས་གསུམ་པོའི་ནང་དོན་ལ་ལྟ་ཞིབ་བྱས་ནས་རང་ཉིད་དང་འབྲེལ་བའི་གསང་བའི་ཆ་འཕྲིན་ཡོད་མེད་ལྟ་དགོས།

གཉིས། གློག་བརྙན་ནང་གི་གཟུགས་བརྙན་ལ་བཟོ་བཅོས་བརྒྱབ་ན། འཁྲབ་སྟོན་པའི་འདྲ་བརྙན་གྱི་ཁེ་དབང་ལ་གནོད་འཚེ་བཏང་བ་ཡིན་ནམ།

ཞུས་ཆེ་གེ་མོས་རི་མོ་ལེན་སྟངས་སྐོར་ངོ་སྤྲོད་བྱས་པའི་རྩོམ་ཡིག་ཅིག་སྐད་འཕྲིན་ཐོག་ཏུ་བསྒྲུར་པ་རེད། རྩོམ་ཡིག་ནང་དུ་འཁྲབ་སྟོན་པ་ཞིག་གི་བརྙན་འཕྲིན་གླེས་གར་ཁྲིད་ཀྱི་མི་སྣའི་གཟུགས་བརྙན་གྱི་པར་རིས་བཀོལ་ནས། མཉེན་ཆས་སྤྱོད་སྟངས་གསལ་སྟོན་བྱས་པས། འཁྲབ་སྟོན་པ་དེས"ངའི་འདྲ་བརྙན་གྱི་ཁེ་དབང་ལ་གནོད་འཚེ་བཏང་འདུག"ཅེས་པ་རྒྱུ་མཚན་དུ་བྱས་ནས་ཁྲིམས་ཁང་ལ་ཞུ་གཏུག་བརྒྱབ།

ཞུ་སྐྱོར་སྡེ་མས་ངོས་འཛིན་བྱས་དོན། ཞུ་སྐྱོར་ཕྱི་མ་ཞུས་ཆེ་གེ་མོས་དྲ་ཐོག་གི་ཀུན་གྱིས་དོ་སྣང་བྱེད་པའི་པར་རིས་དང་དེ་བཞིན་ཞུ་སྐྱོར་སྡེ་མའི་སྤྱི་ཚོགས་ཐོག་གི་སྐད་གྲགས་ལ་བརྟེན་ནས་མི་རྣམས་ཀྱི་དོ་སྣང་ཚུར་འགུག་བྱས་པ་མ་ཟད། རང་ཉིད་ཀྱི་གཟུགས་བརྙན་དྲ་རྒྱའི་སྟེགས་བུའི་ཐོག་ཏུ་སྤེལ་ནས། འདྲ་བརྙན་གྱི་ཁེ་དབང་ལ་གནོད་འཚེ་བཏང་འདུག་སྙམ།

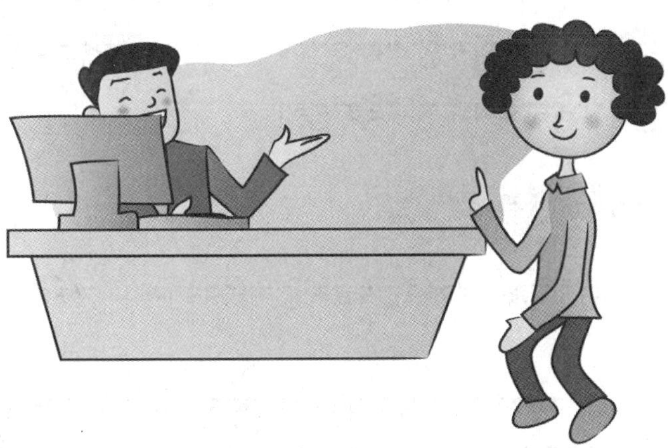

ཞུ་སྐྱོར་ཕྱི་མས་དག་སེལ་བྱས་དོན། བརྙན་རིས་ནི་གློག་བརྙན་གྱི་བརྩམས་ཆོས་ལས་བྱུང་བ་ཡིན་ཞིང་། དྲ་ཐོག་ཏུ་རྒྱ་ཁྱབ་བྱུང་ཟིན་པ་མ་ཟད། ཞུ་སྐྱོར་ཕྱི་མ་དང་

རྩོམ་ཡིག་ཁྲོད་ཀྱི་མཉེན་ཆས་བར་མཉམ་ལས་ཀྱི་འབྲེལ་བ་མེད་པས། ཚོང་ལས་ཀྱི་དམིགས་ཡུལ་གང་ཡང་མེད། དེས་མ་ཚད་རྩོམ་ཡིག་ལ་ལྟ་མཁན་ཉུང་ལ་དོ་ཁུར་བྱེད་ཚད་ཀྱང་མང་པོ་མེད། ཞུ་སྐྱོར་ཕྱི་མས་རང་ངོས་ཐད་དྲན་སེམས་བཅངས་མེད་ལ་ཞུ་སྐྱོར་སྔ་མར་ཚབས་ཆེའི་ཤུགས་རྐྱེན་ཡང་བཟོས་མེད་ཟེར།

《ཀྲུང་ཧྭ་མི་དམངས་སྤྱི་མཐུན་རྒྱལ་ཁབ་ཀྱི་དམངས་དོན་ཁྲིམས་གཞུང་》གི་དོན་ཚན་ཆིག་སྟོང་དང་བཅོ་བརྒྱད་པའི་ནང་དུ་གཏན་འབེབས་བྱས་དོན། རང་བྱུང་མིར་འདྲ་བརྙན་གྱི་ཁེ་དབང་སྤྱོད་རྒྱུ་ཡོད་པ་དང་། ཁྲིམས་ལྟར་རང་ཉིད་ཀྱི་འདྲ་བརྙན་བཟོ་བ་དང་། བཀོལ་སྤྱོད། ཡོངས་བསྒྲགས་བཅས་བྱེད་པའམ་མི་གཞན་གྱིས་བཀོལ་སྤྱོད་བྱེད་པར་ཆོག་འཁྲོལ་སྤྱོད་དབང་ཡོད།

འདྲ་བརྙན་ཞེས་པ་ནི་གཟུགས་བརྙན་དང་། བརྐོས་བརྙན། རི་མོ་སོགས་ཀྱི་རྣམ་པའི་ཐོག་ནས་རྟེན་གཞི་ངེས་ཅན་གྱི་ཐོག་ཏུ་འཆར་བའི་རང་བྱུང་མི་ངེས་ཅན་གྱི་ངོས་འཛིན་བྱེད་ཐུབ་པའི་ཕྱིའི་གཟུགས་བརྙན་ལ་ཟེར།

ཁྲིམས་ཁང་གིས་འཁྲབ་སྟོན་གྱི་གཟུགས་བརྙན་ནི་ངོས་འཛིན་ཐུབ་པའི་ཕྱིའི་གཟུགས་བརྙན་ཡིན་པས། འདྲ་བརྙན་གྱི་ཁེ་དབང་སྲུང་སྐྱོབ་བྱེད་པའི་ཁྱབ་ཁོངས་སུ་ཚུད་ཡོད། དེར་བརྟེན་ཞུ་སྐྱོར་ཕྱི་མས་ཞུ་སྐྱོར་སྔ་མའི་འདྲ་བརྙན་གྱི་ཁེ་དབང་ལ་གནོད་འཚེ་བཏང་བ་རེད་ཅེས་ངོས་འཛིན་བྱས།

ཁྲིམས་ལུགས་ཁྲབ་གདལ་གྱི་སློབ་ཚན།

གནས་ཚུལ་ཅི་འདྲའི་སྐབས་སུ་འདྲ་བརྙན་གྱི་ཁེ་དབང་ལ་གནོད་འཚེ་བཏང་བར་མི་གཏོགས།

《དམངས་དོན་ཁྲིམས་གཞུང་》གི་དོན་ཚན་ཆིག་སྟོང་དང་ཉི་ཤུ་པ། གཤམ་གསལ་བྱ་སྤྱོད་ལུགས་མཐུན་དུ་སྤེལ་བ་ཡིན་ན། འདྲ་བརྙན་དབང་བདག་གི་མོས་མཐུན་མ་ཐོབ་པས་འཐུས།

（གཅིག）མི་སྒེར་གྱིས་སློབ་སྦྱོང་དང་། སྒྱུ་རྩལ་རོལ་སྨོང་། སློབ་ཚན་ཐོག་སློབ་ཁྲིད་བཅས་སམ་ཚན་རིག་ཞིབ་འཇུག་བྱེད་པའི་ཆེད་དུ། ཉེར་མཁོའི་ཁྱབ་ཁོངས་སུ་འདྲ་བརྙན་དབང་བདག

གིས་ཡོངས་བསྒྲགས་བྱས་ཟིན་པའི་འདྲ་བརྙན་བཀོལ་སྤྱོད་བྱེད་པ།

（གཉིས།）གསར་འགྱུར་སྙོག་སྤེལ་གྱི་དོན་དུ་མི་བྱེད་ཀ་མེད་ཀྱིས་འདྲ་བརྙན་དབང་བདག་གི་འདྲ་བརྙན་བཟོ་བ་དང་། བཀོལ་སྤྱོད། ཡོངས་བསྒྲགས་བཅས་བྱེད་པ།

（གསུམ།）ཁྲིམས་ལྟར་འགན་འཁྲི་སྒྲུབ་པའི་དོན་དུ་རྒྱལ་ཁབ་ལས་ཁུངས་ཀྱིས་ཉེར་མཁོའི་ཁྱབ་ཁོངས་ནང་དུ་འདྲ་བརྙན་དབང་བདག་གི་འདྲ་བརྙན་བཟོ་བ་དང་། བཀོལ་སྤྱོད། ཡོངས་བསྒྲགས་བཅས་བྱེད་པ།

（བཞི།）སྤྱི་པའི་ཁོར་ཡུག་ངེས་ཅན་སྟོན་པའི་དོན་དུ་མི་བྱེད་ཀ་མེད་ཀྱིས་འདྲ་བརྙན་དབང་བདག་གི་འདྲ་བརྙན་བཟོ་བ་དང་། བཀོལ་སྤྱོད། ཡོངས་བསྒྲགས་བཅས་བྱེད་པ།

（ལྔ།）སྤྱི་པའི་ཁེ་ཕན་ནམ་འདྲ་བརྙན་དབང་བདག་གི་ཁྲིམས་མཐུན་ཁེ་དབང་སྲུང་སྐྱོང་བྱེད་ཆེད་འདྲ་བརྙན་དབང་བདག་གི་འདྲ་བརྙན་བཟོ་བ་དང་། བཀོལ་སྤྱོད། ཡོངས་བསྒྲགས་བཅས་བྱེད་པའི་བྱ་སྤྱོད་གཞན་དག

དོན་ཚན་ཆིག་སྟོང་དང་ཉེར་གཅིག་པ། འདྲ་བརྙན་བཀོལ་སྤྱོད་ཀྱི་ཆོག་འཁྲོལ་གན་རྒྱའི་ནང་གསལ་འདྲ་བརྙན་བཀོལ་སྤྱོད་སྐོར་གྱི་དོན་ཚན་གོ་བ་ལེན་ཚུལ་ལ་དོ་བདག་བར་རྩོད་གཞི་བྱུང་ཚེ། འདྲ་བརྙན་དབང་བདག་ལ་ཕན་པའི་འགྲེལ་བཤད་རྒྱག་དགོས།

གསུམ། མོས་མཐུན་མ་ཐོབ་པར་གཞན་གྱིས་རང་གི་འདྲ་པར་ལAIགདོང་བརྗེ་བྱས་ན་གང་འདྲ་བྱེད་དགོས།

ཞའོ་ཧྲེང་གིསAIསློབ་ཚན་སྦྱོང་བཞིན་ཡོད་པས་སློབ་ཚན་གྱི་དགོས་མཁོ་ལྟར། གྲོགས་མོ་ལི་ལིའི་གཟུགས་བརྙནAIགདོང་བརྗེ་བྱས་ཏེ་རང་གི་སྦྱོང་ཚན་ལེགས་སྒྲུབ་བྱས་ན་ཆོག་མིན་དྲིས་པས། དེར་ལི་ལི་ཡིས་མོས་མཐུན་བྱས།

འོན་ཀྱང་ཡུན་རིང་མ་སོང་བར་ལི་ལི་ཡིས་གྲོགས་པོ་གཞན་པའི་ས་ནས་ཞའོ་ཧྲེང་གིས"སྦྱོང་ཚན"དེ་དྲ་ཐོག་ཏུ་བསྒྲུར་ཡོད་པ་ཤེས། དེ་སྔོན་ལི་ལིས་ཞའོ་ཧྲེང་གི་སྦྱོང་ཚན་ལེགས་སྒྲུབ་བྱེད་པར་མོས་མཐུན་བྱས་པ་ཙམ་ལས་ཁོའི་བརྩམས་ཆོས་དྲ་རྒྱའི་སྟེགས་བུའི་ཐོག་འཛོག་རྒྱུར་མོས་མཐུན་བྱས་མེད་པས་ཁོའི་བྱེད་སྟངས་དེར་ཁོང་ཁྲོ་ཆེན་པོ་ལངས།

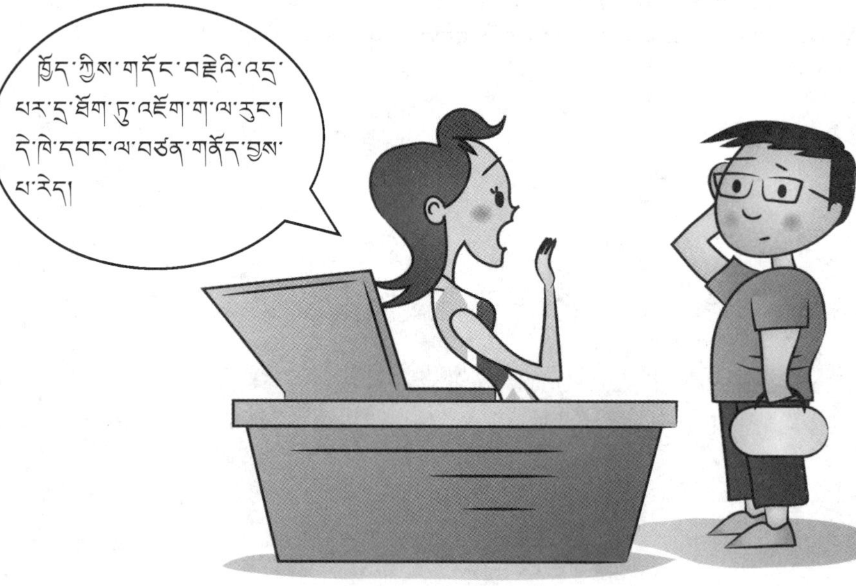

《ཀྲུང་ཧྭ་མི་དམངས་སྤྱི་མཐུན་རྒྱལ་ཁབ་ཀྱི་དམངས་དོན་ཁྲིམས་གཞུང་》གི་དོན་ཚན་ཆིག་སྟོང་དང་བཅུ་དགུ་པའི་ནང་དུ་གཏན་འབེབས་བྱས་དོན། རྩ་འཛུགས་དང་མི་སྒེར་གང་ཡང་རུང་བས་དམའ་འབེབས་དང་བཙོག་སྐྱོན་གཏོང་བའམ། ཡང་ན་ཆ་འཕྲིན་ལག་

རྩལ་གྱི་བྱེད་ཐབས་སྤྱད་ནས་རྫུན་བཟོ་སོགས་ཀྱི་བྱ་ཐབས་སྤྱད་དེ་མི་གཞན་གྱི་འདྲ་བརྙན་གྱི་ཁེ་དབང་ལ་གནོད་འཚེ་བཏང་མི་ཆོག འདྲ་བརྙན་དབང་བདག་གི་མོས་མཐུན་མ་ཐོབ་པར་འདྲ་བརྙན་དབང་བདག་གི་འདྲ་བརྙན་བཟོ་བ་དང་། བཀོལ་སྤྱོད། ཡོངས་བསྒྲགས་བཅས་བྱས་མི་ཆོག ཡིན་ན་ཡང་བཅའ་ཁྲིམས་ཀྱིས་ལོགས་སུ་གཏན་འབེབས་བྱས་ཡོད་པ་འདིའི་ཁོངས་སུ་མི་ཚུད།

འདྲ་བརྙན་དབང་བདག་གི་མོས་མཐུན་མ་ཐོབ་པར་འདྲ་བརྙན་བརྩམས་ཆོས་ཀྱི་དབང་བདག་གིས་སྒྲིག་སྦྱིལ་དང་། འདྲ་བཤུ། འགྲེམ་སྤེལ། ངོགས་གཏོང་། འགྲེམས་སྟོན་སོགས་ཀྱི་བྱེད་སྟངས་ཐོག་ནས་འདྲ་བརྙན་དབང་བདག་གི་འདྲ་བརྙན་བཀོལ་སྤྱོད་དམ་ཡོངས་བསྒྲགས་བྱས་མི་ཆོག

ཞའོ་ཧྲིང་གིས་རང་ཉིད་ཀྱི་བྱེད་སྟངས་མ་འགྲིག་པ་ཤེས་ནས། ལེ་ལེ་ལ་དགོངས་དག་ཡང་ཡང་ཞུས་པ་མ་ཟད། དྲ་ཐོག་གི་བརྩམས་ཆོས་བསུབས་པ་རེད།

ཁྲིམས་ལུགས་ཁྲབ་གདལ་གྱི་སློབ་ཚན།

AIལག་རྩལ་ལ་ཉམས་ལེན་བྱེད་པར་ངོ་སྔང་བྱེད་དགོས་པ་གང་ཡོད།

《དམངས་དོན་ཁྲིམས་གཞུང་》ནང་གི་གཏན་འབེབས་ལྟར་ན། མོས་མཐུན་མ་ཐོབ་གོང་ལAIལག་རྩལ་སྤྱད་ནས་མི་གཞན་གྱི་ངོ་གདོང་བརྗེ་བ་ཚང་མ་ཁེ་དབང་ལ་བཙན་གནོད་བྱས་པར་གྱུབ་སྲིད། མི་མང་ཆེ་བསAIགདོང་བརྗེའི་ལག་རྩལ་སྤྱོད་པ་དེ"རྩེད་མོའི"སེམས་ཁམས་ཤིག་ཁྱེར་བས་ཡིན་སྲིད་མོད། འོན་ཀྱང་རྩེད་མོ་དང་དར་ཁྱབ་ཀྱིས་རྐྱེན་པས། མི་རྣམས་ཀྱིས་རྟག་ཏུ་མཐའ་མཚམས་འདུ་ཤེས་ལ་སྣང་བ་མ་བྱུང་བར། མི་གཞན་གྱི་ཁེ་དབང་ལ་ཐོག་ཐུག་གཏོང་བཞིན་ཡོད་པ་ད་དུང་རང་ཉིད་ཀྱིས་ཚོར་གྱི་མེད། "སྣང་མེད"འདི་རིགས་དྲ་རྒྱའི་དུས་རབས་སུ་ཡོངས་ཁྱབ་ཀྱི་སྣང་ཚུལ་ཞིག་ཡིན་མོད། འོན་ཀྱང་"སྣང་ཚུལ་དེ་རིགས་ཡོད་པ་ལས་དེ་ལུགས་མཐུན་ཡིན"ཞེས་བརྗོད་ན་མི་འགྲིག

མ་ཟད། མིག་སྔར་ཉེས་གསོག་ཚོགས་པས3Dམཉེན་ཆས་སྤྱད་ནས"ངོ་གདོང་རྫུན་མ"མཉམ་སྒྲིག་བྱས་ཏེ། དྲ་རྒྱའི་ལས་སྣེགས་ཀྱི་རྩིས་ཁྲར་དཔང་དངོས་བདེན་པ་ཡིན་པའི་ར་སྤྲོད་བྱས་ནས། གནོད་འཚེ་ཐོག་མཁན་གྱིས་ཏ་མ་གོ་བའི་གནས་ཚུལ་འོག་ཐོ་འགོད་རྫུན་བཟོ་དང་། ཐིན་རྫུ་བྱེད་པ། ཁེ་བཟང་ཟ་བ། ཁ་བསླུས་རྒྱག་པ་སོགས་ཀྱི་ཁྲིམས་འགལ་བྱ་སྤྱོད་སྤེལ་གྱི་ཡོད་པ་རེད། དེ་

དག་ལས་ལག་རྩལ་གསར་པ་བེད་སྤྱོད་བྱས་པ་ལས་མི་རྣམས་ལ་རོལ་རྩེད་དང་ཐ་ན་གསར་གཏོད་ཀྱི་ཉམས་ལེན་སྟར་བས་མང་བ་ཐོབ་པ་དང་དུས་མཚུངས་སུ་གཞན་གྱིས་བརྐུས་ནས་བེད་སྤྱོད་པ་དང་གང་བྱུང་དུ་བེད་སྤྱོད་པར་དོགས་ཞེན་དེ་བས་ཆེན་པོ་བྱེད་དགོས་པ་མཐོང་ཐུབ།

བཞི། འདས་པོར་མིའི་ཐོབ་ཐང་མེད་དམ།

པོད་ཕྲན་གྱི་པོད་བདག་གྲགས་ཅན་ཞིག་གིས་པོད་ཕྲན་ཐོག་ཏུ་"ཆིའུ་ཧྲའོ་ཡུན་མེ་ཕུང་ཁྲིད་དུ་ཁ་སྣུབ་ལོག་ནས་འགྲུལ་ཅམ་ཡང་མ་བྱས་པས། མཐར་འཁོར་མགྲོན་རྣམས་ཀྱིས་ངོས་ཕྱེད་ཀ་ཅམ་ལས་མ་ཚོས་པ་དེ་ཉོ་འདོད་མེད་པར། གཅིག་རྗེས་གཉིས་མཐུད་དུ་དེ་ལས་ལའི་ཉིང་གི་ཤ་བསྲེགས་མ་ཙུང་བཟང་བ་འདུག་ཅེས་བཤད་"ཅེས་པའི་རྩོམ་ཡིག་ཅིག་བཀོད། སྐབས་དེ་དུས་པོད་ཕྲན་དེར་"རྒྱབ་སྐྱོར་བྱེད་མཁན་ཆེན་སི"ཁྲི་600ལྷག་ཙམ་ཡོད་པས། རྩོམ་ཡིག་དེ་བསྒྲགས་རྗེས་མགྱོགས་མྱུར་དང་ལྷ་ཀློག་དང་། བརྒྱུད་བསྒྲགས། དཔྱད་གཏམ་བཅས་སྤེལ་མཁན་མང་པོ་བྱུང་བ་རེད།

ཆིའུ་ཧྲའོ་ཡུན་གྱི་ནུ་བོས་གཉེན་ཉེའི་ངོས་ནས་པོད་བདག་དེ་ཁྲིམས་ཁང་ལ་སྦྱར་སྟེ། ཞུ་སྐྱོར་ཕྱི་མས་པོད་རྩོམ་གྱི་རྣམ་པའི་ཐོག་ནས་སྔོན་གཤེགས་དཔའ་བོར་དམའ་འབེབས་དང་བཙོག་སྦྱུར་བྱས་པས། སྔོན་གཤེགས་དཔའ་བོ་ཆིའུ་ཧྲའོ་ཡུན་གྱི་མིང་གྲགས་ཁེ་དབང་ལ་བཙན་གནོད་བཏང་འདུག་ཅེས་བཤད།

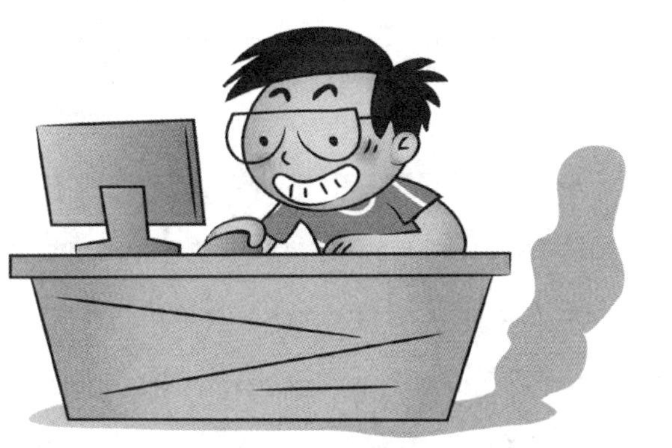

དེ་རྒྱུའི་བཙན་གནོད།

《ཀྲུང་ཧྭ་མི་དམངས་སྤྱི་མཐུན་རྒྱལ་ཁབ་ཀྱི་དམངས་དོན་ཁྲིམས་གཞུང་》གི་དོན་ཚན་ཆིག་སྟོང་དང་ཉེར་བཞི་པའི་ནང་དུ་གཏན་འབེབས་བྱས་དོན། དམངས་དོན་བྱེད་པོ་ལ་མིང་གྲགས་ཀྱི་ཁེ་དབང་སྤྱོད་རྒྱུ་ཡོད། ཙ་འཛུགས་དང་མི་སྒེར་གང་ཡང་རུང་བས་དམའ་

འཕེབས་དང་སྐྱོན་འཛུགས་སོགས་ཀྱི་བྱེད་སྟངས་ཐོག་ནས་མི་གཞན་པའི་མིང་གྲགས་ཀྱི་ཁེ་དབང་ལ་གནོད་འཚེ་བཏང་མི་ཆོག

མིང་གྲགས་ནི་དམངས་དོན་བྱེད་པོའི་ཀུན་སྤྱོད་དང་། སྣན་གྲགས། འཛོན་ཐང་། ཡིད་རྟོན་སོགས་ཀྱི་སྤྱི་ཚོགས་ཀྱི་གདེང་འཇོག་ཡིན།

ཁྲིམས་ཁང་གིས་ཞིབ་གཅོད་བྱས་ནས་ངོས་འཛིན་བྱས་དོན། ཞུ་སྐྱོར་ཕྱི་མས་སྤེལ་བའི་པོད་རྩོམ་ནང་"སྟོན་གཤེགས་དཔའ་བོ་ཆིའུ་ཧྲའོ་ཡུན་གྱིས་མེ་ལྕེ་དྲག་པོའི་ཁྲོད་དུ་དཔའ་ངར་ཆེན་པོས་རང་སྲོག་བློས་བཏང་བ"དེ་"ངོས་ཕྱེད་ཆོས་པའི་ཤ་བསྲེགས་"ཞིག་ཏུ་དཔེར་བཞག་པ་དེ་ནི་སྟོན་གཤེགས་དཔའ་བོ་ཆིའུ་ཧྲའོ་ཡུན་གྱི་མི་གཞི་ལ་དམའ་འཕེབས་དང་སྐྱོན་འཛུགས་བྱས་པ་ཞིག་ཡིན་པས། རྐང་བཙུགས་ནས་ཁེ་དབང་ལ་བཙན་གནོད་བྱས་པ་ཞིག་རེད། དེས་མ་ཚད་གཏམ་བཤད་དེ་སྤྱི་དམངས་ཀྱི་དྲ་རྒྱའི་ལས་སྟེགས་བརྒྱུད་ནས་ཁྱབ་སྤེལ་མགྱོགས་མྱུར་བྱུང་བས། སྤྱི་ཚོགས་ཐོག་ཤུགས་རྐྱེན་ངན་པ་ཚབས་ཆེན་བཟོས་པ་དང་། སྤྱི་ཚོགས་ཐོག་གི་སྤྱི་དམངས་ཀྱི་མི་རིགས་དང་ལོ་རྒྱུས་ཀྱི་བརྩེ་དུང་ལ་གནོད་འཚེ་བཏང་བ་དང་ཆབས་ཅིག་སྤྱི་པའི་ཁེ་ཕན་ལ་གནོད་འཚེ་བཏང་བ་དང་། སྟོན་གཤེགས་དཔའ་བོ་ཆིའུ་ཧྲའོ་ཡུན་གྱི་གཉེན་ཉེར་ཡང་སེམས་ཁམས་ཀྱི་གནོད་འཚེ་བཏང་ཡོད་པ་རེད།

ཁྲིམས་ཁང་གིས་ངོས་འཛིན་བྱས་དོན། ཞུ་སྐྱོར་ཕྱི་མས་ཆིའུ་ཧྲའོ་ཡུན་གྱི་མི་གཞིའི་ཁེ་དབང་ལ་གནོད་འཚེ་བཏང་ཡོད་པས། ཡོངས་བསྒྲགས་སུ་དགོངས་དག་ཞུ་དགོས་པ་མ་ཟད། ཞུ་སྐྱོར་སྔ་མའི་བསམ་པའི་གུན་ཚབ་འཇལ་དགོས།

སྟོན་གཤེགས་དཔའ་བོ་ཆིའུ་ཧྲའོ་ཡུན་སྐུ་གཤེགས་ཟིན་པས། འོ་ན་འདས་པོ་འདི་ཉིད་ཚེ་ལས་མ་འདས་གོང་གི་མི་གཞིའི་ཁེ་ཕན་ལ་ད་དུང་སྲུང་སྐྱོབ་བྱེད་དགོས་སམ། སྲུས་འདས་པོའི་ཚབ་བྱས་ནས་མི་གཞིའི་ཁེ་དབང་གི་རྩོད་གླེང་གཏུག་བཤེར་རྒྱག་དགོས།

རྩ་དོན་ཐོག་ནས་བཤད་ན་མི་གཞིའི་ཁེ་དབང་ནི་དམངས་དོན་གྱི་ཁེ་དབང་ཞིག་ཡིན་ཞིང་། དེ་ནི་སྐྱེས་མ་ཐག་ནས་འགོ་བཙུགས་པ་དང་། ཚེ་ལས་འདས་པ་ནས་མཇུག

འགྲེལ་བ་ཡིན། འོན་ཀྱང་《དམངས་དོན་དབང་གནོད་ཀྱི་བསམ་པའི་གནོད་འཚེའི་གུན་ཚབ་འགན་འཁྲིའི་སྐོར་གྱི་གནད་དོན་འགའ་གཏན་ཁེལ་བྱེད་པའི་ཆེས་མཐོའི་མི་དམངས་ཁྲིམས་ཁང་གི་འགྲེལ་བཤད་》ཀྱི་དོན་ཚན་གསུམ་པའི་ནང་འདས་པོའི་མི་གཞིའི་ཁེ་ཕན་ལ་སྲུང་སྐྱོབ་བྱེད་དགོས་པ་གཏན་ཁེལ་བྱས་ཡོད།

《དམངས་དོན་དབང་གནོད་ཀྱི་བསམ་པའི་གནོད་འཚེའི་གུན་ཚབ་འགན་འཁྲིའི་སྐོར་གྱི་གནད་དོན་འགའ་གཏན་ཁེལ་བྱེད་པའི་ཆེས་མཐོའི་མི་དམངས་ཁྲིམས་ཁང་གི་འགྲེལ་བཤད་》ཀྱི་དོན་ཚན་གསུམ་པ། རང་བྱུང་མི་ཚེ་ལས་འདས་རྗེས། དེའི་གཉེན་ཉེ་ལ་གཤམ་གྱི་དབང་གནོད་བྱེད་ལས་ཀྱིས་རྐྱེན་པས་བསམ་པའི་སྡུག་བསྔལ་མྱངས་ནས། མི་དམངས་ཁྲིམས་ཁང་ལ་གཏུག་བཤེར་བརྒྱབ་སྟེ་བསམ་པའི་གནོད་འཚེ་ལ་གུན་ཚབ་སྤྲོད་རྒྱུའི་རེ་བ་ཞུས་རིགས། མི་དམངས་ཁྲིམས་ཁང་གིས་བཅའ་ཁྲིམས་ལྟར་བདག་སྤྲོད་བྱེད་དགོས་ཏེ།

（གཅིག）དམའ་འབེབས་དང་། སྐྱོན་འཛུགས། བརྙས་བཅོས། བཙོག་སྦྱར་ཡང་ན། སྤྱི་ཚོགས་ཀྱི་ཐུན་མོང་གི་ཁེ་ཕན་དང་སྤྱི་ཚོགས་ཀྱི་ཐུན་མོང་གི་སྤྱོད་བཟང་ལས་འགལ་བའི་བྱེད་སྟངས་གཞན་གྱིས་འདས་པོའི་ཚུལ་མིང་དང་། འདྲ་བརྙན། མིང་གྲགས། མཚན་སྙན་བཅས་ལ་གནོད་འཚེ་བཏང་བ།

（གཉིས།）ཁྲིམས་འགལ་གྱིས་འདས་པོའི་གསང་དོན་ཕྱིར་བསྒྲགས་དང་བེད་སྤྱོད་བྱས་པའམ། སྤྱི་ཚོགས་ཀྱི་ཐུན་མོང་གི་ཁེ་ཕན་དང་སྤྱི་ཚོགས་ཀྱི་ཐུན་མོང་གི་སྤྱོད་བཟང་ལས་འགལ་བའི་བྱེད་སྟངས་གཞན་གྱིས་འདས་པོའི་གསང་དོན་ལ་གནོད་འཚེ་བཏང་བ།

（གསུམ།）ཁྲིམས་འགལ་གྱིས་འདས་པོའི་སྐུ་ཕུང་དང་སྐུ་རུས་བེད་སྤྱོད་པའམ་གནོད་འཚེ་གཏོང་བ། ཡང་ན་སྤྱི་ཚོགས་ཀྱི་ཐུན་མོང་གི་ཁེ་ཕན་དང་སྤྱི་ཚོགས་ཀྱི་ཐུན་མོང་གི་སྤྱོད་བཟང་ལས་འགལ་བའི་བྱེད་སྟངས་གཞན་གྱིས་འདས་པོའི་སྐུ་ཕུང་དང་སྐུ་རུས་ལ་གནོད་འཚེ་བཏང་བ།

《ཀྲུང་ཧྭ་མི་དམངས་སྤྱི་མཐུན་རྒྱལ་ཁབ་ཀྱི་དམངས་དོན་ཁྲིམས་གཞུང་》གི་དོན་ཚན་དགུ་བརྒྱ་དང་གོ་བཞི་པའི་ནང་དུ་གཏན་འབེབས་བྱས་དོན། འདས་པོའི་རུས་མིང་དང་། འདྲ་བརྙན། མིང་གྲགས། མཚན་སྙན། སྒེར་གསང་། བེམ་པོ་སོགས་ལ་གནོད་འཚེ་བཏང་ན། དེའི་བཟའ་ཟླ་དང་། བུ་ཕྲུག ཕ་མ་བཅས་ལ་བྱ་སྤྱོད་སྤེལ་མིས་དམངས་དོན་འགན་འཁྲི་འཁུར་དགོས་པ་ཁྲིམས་ལྟར་རེ་འདུན་འདོན་དབང་ཡོད། འདས་པོ་ལ་བཟའ་ཟླ་དང་བུ་ཕྲུག་མེད་ལ་ཕ་མ་ཡང་འདས་ཟིན་པ་ཡིན་ན། དེའི་གཉེན་ཉེ་གཞན་དག་ལ་བྱ་སྤྱོད་

★ ★ ★ ★ ★ ★ ★ ★

སྤེལ་མིས་དམངས་དོན་འགན་འཁྲི་འཁུར་དགོས་པ་ཁྲིམས་ལྟར་རེ་འདུན་འདོན་དབང་ཡོད།

རང་བྱུང་མི་ཚེ་ལས་འདས་རྗེས། དེའི་གཉེན་ཉེ་ལ་དབང་གནོད་བྱེད་ལས་ཀྱིས་རྐྱེན་པས་བསམ་པའི་སྡུག་བསྔལ་མྱངས་ནས། མི་དམངས་ཁྲིམས་ཁང་ལ་གཏུག་བཤེར་བརྒྱབ་སྟེ་བསམ་པའི་གནོད་འཚེ་ལ་གུན་ཆབ་སྤྲོད་རྒྱུའི་རེ་བ་ཞུས་རིགས། མི་དམངས་ཁྲིམས་ཁང་གིས་བཅའ་ཁྲིམས་ལྟར་བདག་སྐྱོང་བྱེད་དགོས།

ཁྲིམས་ལུགས་ཁྲབ་གདལ་གྱི་སློབ་ཚན།

1. མི་གཞིའི་ཁེ་དབང་གི་ཁོངས་སུ་གང་དག་ཚུད་ཡོད།

《དམངས་དོན་ཁྲིམས་གཞུང་》གི་དོན་ཚན་དགུ་བརྒྱ་དང་དགུ་བཅུ་པའི་ནང་དུ་གཏན་འབེབས་བྱས་དོན། མི་གཞིའི་ཁེ་དབང་ནི་དམངས་དོན་བྱེད་པོར་སྤྱོད་རྒྱུ་ཡོད་པའི་ཚེ་སྲོག་གི་ཁེ་དབང་དང་། ལུས་ཕུང་གི་ཁེ་དབང་། བདེ་ཐང་གི་ཁེ་དབང་། ཟུས་མིང་གི་ཁེ་དབང་། མིང་གི་ཁེ་དབང་། འདྲ་བརྙན་གྱི་ཁེ་དབང་། མིང་གྲགས་ཀྱི་ཁེ་དབང་། མཚན་སྙན་གྱི་ཁེ་དབང་། སྒེར་གསང་གི་ཁེ་དབང་སོགས་ཡིན།

ནང་ཚན་གོང་མར་གཏན་འབེབས་བྱས་པའི་མི་གཞིའི་ཁེ་དབང་ཕུད། རང་བྱུང་མི་ལ་མི་ལུས་རང་དབང་དང་མི་གཞིའི་ལ་རྒྱ་གཞི་བྱས་ཏེ་བྱུང་བའི་མི་གཞིའི་ཁེ་དབང་གཞན་དག་སྤྱོད་རྒྱུ་ཡོད།

དོན་ཚན་དགུ་བརྒྱ་དང་གོ་གཅིག་པའི་ནང་དུ་གཏན་འབེབས་བྱས་དོན། དམངས་དོན་བྱེད་པོའི་མི་གཞིའི་ཁེ་དབང་ལ་བཅའ་ཁྲིམས་ཀྱིས་སྲུང་སྐྱོབ་བྱེད་པ་ཡིན། ཚ་འཛུགས་དང་མི་སྒེར་གང་ཡང་རུང་བས་གནོད་འཚེ་བཏང་མི་ཆོག

2. "མངོན་མིན་སྒྲིག་སྲོལ" གང་དག་ནི་མི་གཞིའི་ཁེ་དབང་ལ་དམའ་འབེབས་བྱས་པའི་ཁོངས་སུ་གཏོགས།

(1) མི་སྒེར་གྱི་འདོད་མོས་དང་འགལ་བའི་རྣམ་པ་འགྱུར་བའི་ལུས་ཚད་དེ། དཔེར་ན། མི་སྤྱོད་ཚན་པས་དཔྱད་ཞིབ་དང་ལས་ཀའི་བྱས་རྗེས་ཚད་ལ་མ་ལོན་པ་སོགས་རྒྱུ་མཚན་དུ་བྱས་ནས། ལས་བཟོ་བར་སྒོ་ངོ་རློན་པ་བཏུང་བཅུག་པ་དང་གསང་སྤྱོད་ཕྲུགས་བཅུག་པ། དགེ་རྒན་གྱིས་ཡིག་ཚད་མ་ལོན་པའི་སློབ་མར་རྒྱུག་ཤར་སློད་བཅུག་པ་དང་། ཡི་གེ་བཤུ་བཅུག་པ། འཁོར་པོར་ལངས་བཅུག་པ། ངལ་རྩོལ་བྱེད་བཅུག་པ་སོགས་ཡིན།

(2) འདོད་སྲེད་བརྙས་བསྐྱོ་བྱེད་པ།

(3) མི་གཞི་ལ་དམའ་འབེབས་བྱེད་པ། དཔེར་ན་སྲུས་མོ་བཙུགས་ནས་དགོངས་དག་ཞུ་བཙུག་པ། ཁྲི་སྐད་རྒྱག་བཙུག་པ། དམའ་འབེབས་གཏོང་བ་སོགས་ཡིན།

(4) བཙན་པོས་བརྙས་བཅོས་བྱེད་པ། དཔེར་ན་ལས་བཟོ་བས་ཚང་རག་མི་བཏུང་བའི་རྐྱེན་གྱིས་འགོ་ཁྲིད་ཀྱིས་གཅར་རྡུང་དང་དམའ་འབེབས་བྱེད་པ་སོགས་ཡིན།

ལེ་ཚན་ལྔ་པ། གཉེན་སྒྲིག་དང་ཁྱིམ་ཚང་།

གཉེན་སྒྲིག

གཅིག གཞེན་སྒྲིག་མ་བྱས་གོང་ནད་གཞི་སྦྲ་གསང་བྱས་ན་གཞེན་སྒྲིག་ཕྱིར་འཐེན་གྱི་རེ་འདུན་ཞུས་ཆོག་གམ།

འཛོ་ལིང་དང་ཞའོ་ལི་གཉིས་མི་གཞན་གྱིས་ངོ་སྤྲོད་བྱས་ནས་ངོ་ཤེས་པ་དང་། གཉེན་སྒྲིག་བྱས་རྗེས་ཁོ་གཉིས་བར་བརྩེ་དུང་ཟབ་པོ་ཡོད་པ་རེད། འོན་ཀྱང་གཉེན་སྒྲིག་བྱས་ནས་ལོ་གཅིག་ཀྱང་མ་འགོར་བར། ཞའོ་ལིང་གིས་ཞའོ་ལི་ནི་མཆིན་ནད་ལྷེམ་བུའི་འགོས་ཁྲབ་ཆེ་བ་གསུམ་ཅན་གྱི་ནད་པ་ཞིག་ཡིན་པ་ཤེས་ནས། གཉེན་སྒྲིག་མ་བྱས་གོང་ལ་ཞའོ་ལིས་ནད་གཞི་སྦྲ་གསང་བྱས་འདུག་སྙམ་ནས་གཉེན་འཐོར་བྱ་རྒྱུའི་རེ་བ་བཏོན། འོན་ཀྱང་ཞའོ་ལིའི་བསམ་པར་རང་ཉིད་ཀྱི་ནད་དེ་ནི་ཁྲིམས་ནང་གཉེན་སྒྲིག་བྱས་མི་ཆོག་པའི་ནད་རིགས་ཀྱི་ཁོངས་སུ་གཏོགས་མེད་སྙམ་ནས། གཉེན་འཐོར་བྱ་རྒྱུར་མོས་མཐུན་མ་བྱས་པས། ཁོ་གཉིས་རྒྱུན་དུ་དོན་དེའི་ཆེད་དུ་རྩོད་པ་མཚམས་མི་ཆད་པ་ཤོར་གྱི་ཡོད་པ་རེད།

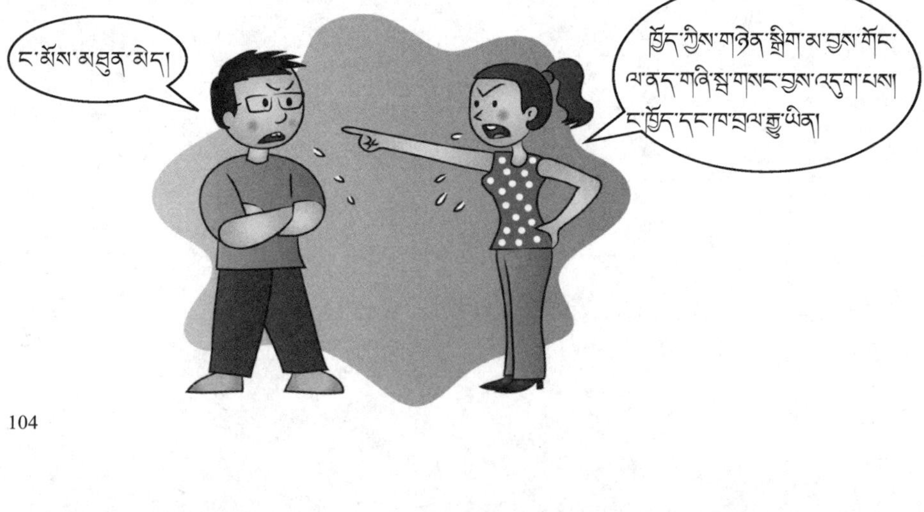

《ཀྲུང་ཧྭ་མི་དམངས་སྤྱི་མཐུན་རྒྱལ་ཁབ་ཀྱི་དམངས་དོན་ཁྲིམས་གཞུང་》གི་དོན་ཚན་ཆིག་སྟོང་དང་ང་གསུམ་པའི་ནང་དུ་གཏན་འབེབས་བྱས་དོན། ཕྱོགས་གཅིག་ལ་ན་ཚ་ཚབས་ཆེན་ཐོག་ཡོད་ན། གཉེན་སྒྲིག་ཐོ་འགོད་མ་བྱས་གོང་དུ་ཅིག་ཤོས་ལ་དྲང་པོར་བཤད་དགོས། དྲང་པོར་མ་བཤད་ན། ཅིག་ཤོས་དེས་མི་དམངས་ཁྲིམས་ཁང་ལ་གཉེན་སྒྲིག་ཕྱིར་འཐེན་བྱེད་དགོས་པའི་རེ་འདུན་ཞུས་ཆོག

གཉེན་སྒྲིག་ཕྱིར་འཐེན་བྱེད་དགོས་པའི་རེ་འདུན་ཞུ་ན། ཕྱིར་འཐེན་བྱེད་དགོས་པའི་དོན་རྐྱེན་ཤེས་པའམ་ཤེས་དགོས་པའི་ཉིན་ནས་བཟུང་ལོ་གཅིག་ནང་ཚུན་དུ་ཞུ་དགོས།

གསོ་བ་རིག་པའི་ཐོག་ནས་གཉེན་སྒྲིག་བྱེད་མི་འོས་པའི་ནད་རིགས་བྱེ་བྲག་གང་དག་ཡོད་མེད་ཐད་རྐྱ་དོན་རང་བཞིན་གྱི་གཏན་འབེབས་འགག་ལས་བཅའ་ཁྲིམས་ཀྱིས་ཞིབ་སྐྱོལ་གྱིས་དབྱེ་བ་ཕྱེས་མེད།

《ཀྲུང་ཧྭ་མི་དམངས་སྤྱི་མཐུན་རྒྱལ་ཁབ་ཀྱི་མ་བུའི་ལུས་ཁམས་བདེ་སྲུང་བཅའ་ཁྲིམས་》ཀྱི་དོན་ཚན་བརྒྱད་པ། གཉེན་སྒྲིག་མ་བྱས་གོང་གི་ལུས་ཁམས་བརྟག་དཔྱད་བྱེད་ཁོངས་སུ་གཤམ་གསལ་གྱི་ནད་རིགས་བརྟག་དཔྱད་བྱ་རྒྱུ་ཚུད་ཡོད།

(གཅིག) རྒྱུད་འདྲེད་རང་བཞིན་གྱི་ནད་རིགས་ཚབས་ཆེན།

(གཉིས།) དམིགས་འཛུགས་ཀྱི་འགོས་ནད།

(གསུམ།) སྨྱོ་ནད་དང་འབྲེལ་བའི་ནད།

གཉེན་སྒྲིག་མ་བྱས་གོང་གསོ་རིག་གིས་བརྟག་དཔྱད་བྱས་རྗེས། སྨན་བཅོས་དང་ལུས་ཁམས་བདེ་སྲུང་ལས་ཁུངས་ཀྱིས་གཉེན་སྒྲིག་མ་བྱས་གོང་གི་གསོ་རིག་གིས་བརྟག་དཔྱད་བྱས་པའི་དཔང་ཡིག་མཁོ་འདོན་བྱེད་དགོས།

《ཀྲུང་ཧྭ་མི་དམངས་སྤྱི་མཐུན་རྒྱལ་ཁབ་ཀྱི་མ་བུའི་ལུས་ཁམས་བདེ་སྲུང་བཅའ་ཁྲིམས་》ཀྱི་དོན་ཚན་སུམ་བཅུ་སོ་བརྒྱད་པ། བཅའ་ཁྲིམས་འདིའི་ནང་གི་གཤམ་གསལ་ཐ་སྙད་ཀྱི་གོ་དོན།

དམིགས་འཛུགས་ཀྱི་འགོས་ནད་ཅེས་པ་ནི། 《ཀྲུང་ཧྭ་མི་དམངས་སྤྱི་མཐུན་རྒྱལ་ཁབ་ཀྱི་འགོས་ནད་འགོག་བཅོས་བཅའ་ཁྲིམས་》ནང་གཏན་འབེབས་བྱས་པའི་ཨེ་ཙི་ནད་དང་། གྲང་གཞི། རེག་དུག མཛེ་ནད། དེ་བཞིན་གསོ་རིག་ཐོག་ནས་གཉེན་སྒྲིག་དང་བུ་བཙའ་ལ་ཤུགས་རྐྱེན་ཐེབས་སྲིད་པར་སྙམ་པའི་འགོས་ནད་གཞན་དག་ལ་ཟེར།

རྒྱུད་འདེད་རང་བཞིན་གྱི་ནད་རིགས་ཚབས་ཆེན་ཞེས་པ་ནི། རྒྱུད་འཛིན་རྒྱུ་ཆའི་རྐྱེན་གྱིས་ལྷན་སྐྱེས་སུ་གྲུབ་པ་དང་། ནད་པས་རང་བཏེན་གྱིས་འཚོ་བ་སྐྱེལ་བའི་ནུས་པ་ཡོངས་སུའམ་ཡང་ན་ཆ་ཤས་ཤིག་ཤོར་ནས། མི་རབས་རྗེས་མར་ཡང་བརྒྱུར་འབྱུང་བའི་ཉེན་ཁ་ཆེ་བས། གསོ་རིག་ཐོག་ནས་ཕྲུ་གུ་བཙའ་མི་འོས་པར་འདོད་པའི་རྒྱུད་འདེད་རང་བཞིན་གྱི་ནད་རིགས་ལ་ཟེར།

སྨྱོ་ནད་དང་འབྲེལ་བའི་ནད་ཅེས་པ་ནི། སྨྱོ་འབོག་དང་། སྟོད་བཙོད་མི་བདེ་བའི་ཡིད་སྨུག་པའི་སྨྱོ་ནད། དེ་བཞིན་སྨྱོ་ནད་ཚབས་ཆེན་རིགས་གཞན་དག་བཅས་ལ་ཟེར།

ཕྲུ་གུ་མ་སྐྱེས་གོང་གི་བརྟག་དཔྱད་ཅེས་པ་ནི། སྦྲུམ་བུར་ལྷན་སྐྱེས་ཀྱི་སྐྱོན་ཆ་དང་རྒྱུད་འཛིན་རང་བཞིན་གྱི་ནད་རིགས་ཡོད་མེད་ལ་བརྟག་དཔྱད་བྱེད་པར་ཟེར།

གོང་གི་དཔེ་ཞིབ་བརྒྱུད་ནས་སྟོམ་ཚིག་ཅིག་ཐོབ་ཐུབ་པ་སྟེ། མཆིན་ནད་ལྷེམ་བུའི་འགོས་ཁྱབ་ཆེ་བ་གསུམ་ཅན་གྱི་ནད་དེ་རིགས་ནད་གཞི་ལྷིད་པོའི་ཁོངས་སུ་མི་གཏོགས་པ་མ་ཟད། མཆིན་ནད་ལྷེམ་བུའི་འགོས་ཁྱབ་ཆེ་བ་གསུམ་ཅན་གྱི་ནད་པ་དེ་དག་ཁྲིམས་བཀོད་གཉེན་སྒྲིག་བྱས་མི་ཆོག་པའི་ཁོངས་སུ་མི་གཏོགས་པས། མཐར་ཁྲིམས་ཁང་གིས་ཞའོ་ལིན་གྱི་གཉེན་སྒྲིག་ཕྱིར་འཐེན་བྱ་རྒྱུའི་རེ་བ་ཕྱིར་སློག་བྱས།

ཁྲིམས་ལུགས་ཁྱབ་གདལ་གྱི་སློབ་ཚན།

1. གནས་ཚུལ་གང་འདྲའི་སྐབས་སུ་ཕྱོགས་གཅིག་གིས་གཉེན་སྒྲིག་ཕྱིར་འཐེན་བྱེད་དགོས་པའི་རེ་འདུན་ཞུས་ཆོག

《དམངས་དོན་ཁྲིམས་གཞུང་》གི་དོན་ཚན་ཆིག་སྟོང་དང་ང་གཉིས་པའི་ནང་དུ་གཏན་འབེབས་བྱས་དོན། བཙན་ཤེད་ཀྱི་དབང་དུ་གཉེན་སྒྲིག་བྱས་པ་ཡིན་ན། བཙན་ཤེད་སྤྱོད་མཁན་ཕྱོགས་ཀྱིས་མི་དམངས་ཁྲིམས་ཁང་ལ་གཉེན་སྒྲིག་ཕྱིར་འཐེན་བྱེད་དགོས་པའི་རེ་འདུན་ཞུས་ཆོག

གཉེན་སྒྲིག་ཕྱིར་འཐེན་བྱེད་དགོས་པའི་རེ་འདུན་ཞུ་ན། བཙན་ཤེད་བྱ་སྤྱོད་མཇུག་བསྒྲིལ་ཉིན་ནས་བཟུང་ལོ་གཅིག་ནང་ཚུན་དུ་ཞུ་དགོས།

མི་ལུས་ཀྱི་རང་དབང་ལ་ཁྲིམས་འགལ་གྱིས་ཚོད་འཛིན་ཐེབས་པའི་དོ་བདག་གིས་གཉེན་སྒྲིག་ཕྱིར་འཐེན་བྱེད་དགོས་པའི་རེ་འདུན་ཞུ་ན། མི་ལུས་རང་དབང་སླར་གསོ་བྱས་ཉིན་ནས

བཟུང་ལོ་གཅིག་ནང་ཚུན་དུ་ཞུ་དགོས།

《ཀྲུང་ཧྭ་མི་དམངས་སྤྱི་མཐུན་རྒྱལ་ཁབ་ཀྱི་དམངས་དོན་ཁྲིམས་གཞུང་》གི་དོན་ཚན་ཆིག་སྟོང་བརྒྱ་མེད་ལྔ་བཅུ་ང་གསུམ་གྱི་ནང་དུ་གཏན་འབེབས་བྱས་དོན། ཕྱོགས་གཅིག་ལ་ན་ཚ་ཚབས་ཆེན་ཕོག་ཡོད་ན། གཉེན་སྒྲིག་མ་འགོད་མ་བྱས་གོང་དུ་ཅིག་ཤོས་ལ་དྲང་པོར་བཤད་དགོས། དྲང་པོར་མ་བཤད་ན། ཕྱོགས་ཅིག་ཤོས་ཀྱིས་མི་དམངས་ཁྲིམས་ཁང་ལ་གཉེན་སྒྲིག་ཕྱིར་འཐེན་བྱེད་དགོས་པའི་རེ་འདུན་ཞུས་ཆོག གཉེན་སྒྲིག་ཕྱིར་འཐེན་བྱེད་དགོས་པའི་རེ་འདུན་ཞུ་ན། ཕྱིར་འཐེན་བྱེད་དགོས་པའི་དོན་རྐྱེན་ཤེས་པའམ་ཤེས་དགོས་པའི་ཉིན་ནས་བཟུང་གི་ལོ་གཅིག་ནང་ཚུན་དུ་ཞུ་དགོས།

2. དེ་དག་ཕུད་པའི་ད་དུང་གཉེན་སྒྲིག་བྱེད་མི་འོས་པའི་མི་གང་དག་ཡོད།

（1）རྒྱུད་འདྲེད་རང་བཞིན་ནམ་ཡང་ན་ལྷན་སྐྱེས་རང་བཞིན་གྱི་ཡ་མ་གཟུགས་ཅན་གྱི་ནད་པ་གཉེན་སྒྲིག་བྱས་མི་ཆོག དཔེར་ན། སྐྱེ་འཕེལ་མ་ལག་ཡ་མ་གཟུགས་དང་། འཁྲིག་སྤྱོད་ནུས་པར་འགོག་རྐྱེན་ཚབས་ཆེན་ལྡན་པ་ལྟ་བུ། ནད་དེ་དག་དྲག་སྐྱིད་མ་བྱུང་གོང་གཉེན་སྒྲིག་བྱེད་མི་འོས།

（2）ཤེས་ནུས་ཤིན་ཏུ་དམའ་བའི་མི་སྣ་ཚོགས། དཔེར་ན། སྙིང་ཚབ་གསར་བྱེད་རང་བཞིན་གྱི་ནད་དང་གླད་ཆེན་གཉན་ཚད་ཀྱི་ནད་བག་ཁ་ཤས་ལྟ་བུ།

（3）དོས་དྲག་གི་འགོས་ནད་དང་ཁྲག་ནད། དེ་བཞིན་སྙིང་དང་མཆིན་པ། མཁལ་མ་སོགས་གལ་ཆེའི་དབང་པོར་ནད་ཚབས་ཆེན་ཕོག་པར། དྲག་སྐྱིད་མ་བྱུང་བའམ་ནད་གཞི་ཇེ་ཡང་དུ་མ་སོང་གོང་（བརྟན་འཛུགས་བྱུང་མ་ཐག་པའི་ནད་པ་ཡང་འདུས་）གནས་སྐབས་སུ་གཉེན་སྒྲིག་བྱེད་མི་འོས།

（4）རྒྱུན་མཐོང་གི་ཚོས་ལེན་རྫས་ཕྲ་མདོན་གྱུར་རྒྱུད་འདྲེད་ནད་ཕོག་པའི་ནད་པ་དང་སྙིག་གྱུར་རྒྱུད་འདྲེད་ནད་ཕོག་པའི་ནད་པ།

（5）ཚོས་ལེན་རྫས་ཕྲ་དོ་མཉམ་གནས་བརྗེའི་ནད་ཕོག་པའི་ནད་པ། དཔེར་ན་ལྷན་སྐྱེས་ཀྱི་སྐྱོན་ཆ་དང་གླེན་ལྐུགས་ལྟ་བུ།

（6）གཞི་རྒྱུ་མང་བའི་རྒྱུད་འདྲེད་ནད་ཡོད་མཁན་གཉེན་སྒྲིག་བྱེད་མི་འོས། དཔེར་ན། སྨྱོ་འཐོག་དང་། སྣོད་བཟོད་མི་བདེ་བའི་སྨྱོ་ནད། ཡིད་མུག་པའི་སྨྱོ་ནད། ལྷན་སྐྱེས་རང་བཞིན་གྱི་སྨྱོ་ནད་ཚབས་ཆེན། ཐོག་མ་ནས་བྱུང་བའི་བརྒྱལ་གཟེར་ལྟ་བུ།

གཉིས། དོན་དངོས་ཀྱི་གཉེན་སྒྲིག་འབྲེལ་བ་ལ་བརྩའ་ཁྲིམས་ཀྱིས་སྲུང་སྐྱོབ་བྱེད་དམ།

ཨ་ལུང་ད་ལོ་ལོ20ཡིན་ཞིང་། ཁྱིམ་མིས་ཕོ་ལ་ཕ་ཡུལ་གཅིག་པའི་ཞའོ་ལྷེས་ངོ་སྤྲོད་བྱས། ཕོ་གཉིས་ཕན་ཚུན་འཆམ་པོ་བྱུང་ནས་ལོ་ཕྱེད་མ་སོང་བར་ཕ་ཡུལ་དུ་གཉེན་སྒྲིག་དགའ་སྟོན་བྱས། འོན་ཀྱང་ཕོ་གཉིས་དེ་དུས་ཁྲིམས་བཀོད་ལོ་ཚད་ལ་སླེབས་མེད་པས་གཉེན་སྒྲིག་ལག་ཁྱེར་ལེན་ཐབས་བྲལ་བ་རེད།

གཉེན་སྒྲིག་བྱས་རྗེས་ཕོ་གཉིས་ཀྱིས་ཕྲུ་གུ་ཞིག་སྐྱེས། ཨ་ལུང་གིས་ཡོང་འབབ་མང་ཙམ་གསོག་ཐུབ་པའི་ཆེད་དུ། ཕ་ཡུལ་ནས་ཁ་བྲལ་ཏེ་གཞན་ཡུལ་དུ་སླ་རྒྱུག་པ་དང་། ཞའོ་ལྷེ་ཡིས་ཁྱིམ་དུ་བསྡད་ནས་རྒན་འཁོགས་དང་ཕྲུ་གུར་ལྟ་སྐྱོང་བྱེད་ཀྱི་ཡོད་པ་རེད།

འཁྲུག་ཙམ་ཞིག་ལ་ལོ་གཉིས་ཕྱིན་སོང་། དེའི་རིང་ལ་ཨ་ལུང་ལོ་གསར་ལ་མ་གཏོགས་ཁྱིམ་དུ་ལོག་ཁོམ་མེད་པ་དང་། ཐེངས་རེར་ལོག་པ་ལའང་ཉིན་གཉིས་གསུམ་ཙམ་ལས་སྡོད་ཁོམ་མེད་པས། གཉེན་སྒྲིག་ལག་ཁྱེར་ལེན་རྒྱུའི་སྐོར་གྲོས་སྡུར་བྱེད་སྐབས་མེད་པ་རེད། བློ་སྟེ་ཕྲ་བའི་ཞའོ་ལྷེས་དོགས་པ་ཟ་ནས་ཕྱོགས་ཏུ་ཨ་ལུང་ལ་དོ་སྣང་བྱེད་འགོ་ཚུགས།

ཞའོ་ལྷེས་ཨ་ལུང་སླ་པ་རྒྱུག་ཡུལ་དུ་ལིང་ལིང་ཞེས་པའི་ཕ་ཡུལ་གཅིག་པའི་བུ་མོ་ཞིག་ཡོད་པ་དང་། དེ་དང་ཨ་ལུང་གི་འབྲེལ་བ་སྤྱིར་བཏང་མིན་པ་ཤེས་ནས་སེམས་མི་བདེ་བར་གྱུར་པས། དེས་ན་མོས་ཁྲིམས་ལུགས་ཀྱི་རོགས་སྐྱོར་ཐོབ་རྒྱུའི་རེ་འདུན་ཞུས་ནས་རང་ཉིད་ཀྱི་ཁྱིམ་ཚང་སྲུང་གང་ཐུབ་བྱས་པ་རེད།

《ཀྲུང་ཧྭ་མི་དམངས་སྤྱི་མཐུན་རྒྱལ་ཁབ་ཀྱི་དམངས་དོན་ཁྲིམས་གཞུང་》གི་དོན་ཚན་ཆིག་སྟོང་དང་ང་གཅིག་པའི་ནང་དུ་གཏན་འབེབས་བྱས་དོན། གཤམ་གསལ་གྱི་གནས་ཚུལ་གྲས་ཤིག་ཡོད་ན་གཉེན་སྒྲིག་ལ་ནུས་པ་མེད་པ་ཡིན།

（གཅིག） གཉེན་སྒྲིག་བརྩེགས་མ་བྱས་པ།

(གཉིས།) གཉེན་སྒྲིག་བྱས་མི་ཆོག་པའི་གཉེན་ཚན་གྱི་འབྲེལ་བ་ཡོད་པ།
(གསུམ།) ཁྲིམས་བཀོད་ཀྱི་གཉེན་སྒྲིག་ལོ་ཚོད་མ་ལོན་པ།

ཨ་ལུང་གི་ཕ་མ་གཉིས་ཀྱི་བསམ་པར། ཨ་ལུང་དང་ཞོའོ་ལྷེ་གཉིས་ཕ་ཡུལ་དུ་གཉེན་སྟོན་བྱས་ཟིན་པ་དང་། ཡུལ་མི་ཚང་མས་ཁོ་གཉིས་གཉེན་སྒྲིག་བྱས་ཟིན་པ་ཤེས་པ་མ་ཟད། ཁོ་གཉིས་ལ་ད་དུང་ཕྲུ་གུ་འང་ཡོད་པས། བཟའ་ཚང་ཡིན་ངེས་རེད་སྙམ་ཏུང་། ད་ཆ་ཕ་མ་གཉིས་ཀྱིས་གཞི་ནས་ཁོ་གཉིས་བར་འགབ་མཐུན་མཉམ་སྡོད་ཀྱི་འབྲེལ་བ་ཡིན་པས་བཅའ་ཁྲིམས་ཀྱིས་སྲུང་སྐྱོབ་མི་བྱེད་པ་ཤེས་ནས། ཞོའོ་ལྷེར་སྙིང་རྗེ་དྲག་པོ་སྐྱེས་པ་དང་ཆབས་ཅིག ཨ་ལུང་དང་ཞོའོ་ལྷེ་གཉེན་སྒྲིག་ལག་ཁྱེར་ལེན་དགོས་པ་དང་། ལེང་ལེང་དང་འབྲེལ་ཐག་གཅོད་དགོས་པའི་བསླབ་བྱ་བྱས།

བཅའ་ཁྲིམས་ཀྱིས་རོགས་སྐྱོར་དང་གྲོང་མི་ཨུ་ཡོན་ལྷན་ཁང་གིས་འདུམ་སྒྲིག་བྱས་པ་བརྒྱུད། ཨ་ལུང་ལ་གནོངས་འགྱོད་ཆེན་པོ་སྐྱེས་ཤིང་། ཁོ་གཉིས་སྲིད་གཞུང་དུ་ཐོ་འགོད་གསབ་སྐྱབ་བྱས་ནས་གཉེན་སྒྲིག་ལག་ཁྱེར་བླངས་ཏེ་བཟའ་ཚང་དངོས་སུ་གྱུར།

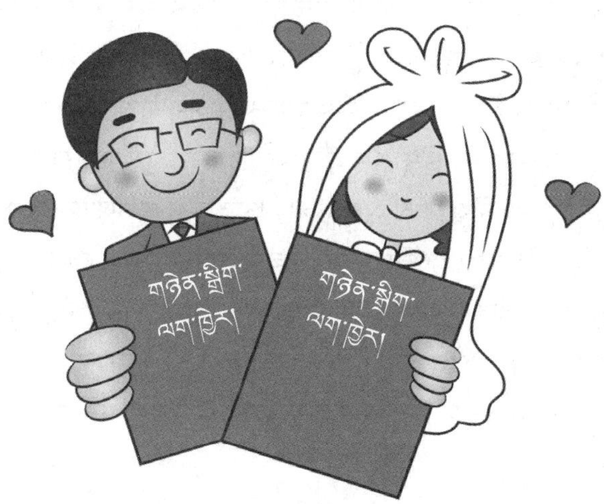

《ཀྲུང་ཧྭ་མི་དམངས་སྤྱི་མཐུན་རྒྱལ་ཁབ་ཀྱི་དམངས་དོན་ཁྲིམས་གཞུང་》གི་དོན་ཚན་ཆིག་སྟོང་དང་ཞེ་དྲུག་པའི་ནང་དུ་གཏན་འབེབས་བྱས་དོན། གཉེན་སྒྲིག་བྱེད་པར་སྐྱེས་པ་དང་བུད་མེད་ཕྱོགས་གཉིས་ཀ་ཞེ་ཐག་རང་མོས་ཡིན་དགོས་པ་དང་། ཕྱོགས་གང་ཡང་རུང་བས་ཅིག་ཤོས་ལ་བཙན་ཤེད་བྱས་མི་ཆོག་ཅིང་། རྩ་འཛུགས་དང་མི་སྒེར་གང་ཡང་རུང་བས་ཐེ་ཇུས་བྱས་མི་ཆོག

དོན་ཚན་ཆིག་སྟོང་དང་ཞེ་བདུན་པའི་ནང་དུ་གཏན་འབེབས་བྱས་དོན། གཉེན་སྒྲིག་གི་ལོ་ཚོད་ནི། སྐྱེས་པ་རང་ལོ་ཉེར་གཉིས་མ་སོན་སྔོན་དང་བུད་མེད་རང་ལོ་ཉི་ཤུ་མ་སོན་སྔོན་དུ་གཉེན་སྒྲིག་བྱས་མི་ཆོག

དོན་ཚན་ཆིག་སྟོང་དང་ཞེ་དགུ་པའི་ནང་དུ་གཏན་འབེབས་བྱས་དོན། གཉེན་སྒྲིག་གི་རེ་འདོད་ཡོད་པའི་སྐྱེས་པ་དང་བུད་མེད་གཉིས་ཀ་གཉེན་སྒྲིག་ཐོ་འགོད་ལས་ཁུངས་ལ་ངོ་བསྐྱོད་ཀྱིས་གཉེན་སྒྲིག་ཐོ་འགོད་བྱེད་པའི་རེ་འདུན་ཞུ་དགོས། བཅའ་ཁྲིམས་འདིའི་གཏན་འབེབས་དང་མཐུན་པ་ཡིན་ན། གཉེན་སྒྲིག་ཐོ་འགོད་བྱེད་ཅིང་གཉེན་སྒྲིག་ལག་ཁྱེར་སྤྲོད་པ་ཡིན། གཉེན་སྒྲིག་ཐོ་འགོད་བྱས་ཚར་ན་ཁྱོ་ཤུག་གི་འབྲེལ་བ་དངོས་སུ་ཚུགས་པ་ཡིན། གཉེན་སྒྲིག་ཐོ་འགོད་མ་བསྒྲུབས་པ་ཡིན་ན། ཐོ་འགོད་གསར་སྒྲུབ་བྱེད་དགོས།

ཁྲིམས་ལུགས་ཁྲབ་གདལ་གྱི་སློབ་ཚན།

1.ནུས་པ་མི་ལྡན་པའི་གཉེན་སྒྲིག་ལ་མཇུག་འབྲས་ཅི་འདྲ་ཡོད་དམ།

《དམངས་དོན་ཁྲིམས་གཞུང་》གི་དོན་ཚན་ཆིག་སྟོང་དང་ང་བཞི་པའི་ནང་དུ་གཏན་འབེབས་བྱས་དོན། ནུས་པ་མི་ལྡན་པའམ་ཕྱིར་འཐེན་བྱས་པའི་གཉེན་སྒྲིག་ལ་ཐོག་མ་ཉིད་ནས་བཅའ་ཁྲིམས་ཀྱི་འཆིང་ནུས་མེད་པ་དང་། ཁོ་བདག་ལ་ཁྱོ་ཤུག་གི་ཁེ་དབང་དང་འོས་འགན་མེད་པ་ཡིན། འགལ་མཐུན་མཉམ་སྤྱོད་བྱེད་རིང་ཐོབ་པའི་རྒྱུ་ནོར་ནི་ཁོ་བདག་བར་དུ་གྲོས་དན་བྱས་ནས་ཐག་གཅོད་བྱེད་དགོས། གྲོས་ཁ་མ་མཐུན་ན། མི་དམངས་ཁྲིམས་ཁང་གིས་ནོར་འཛོལ་མེད་མཁན་ཕྱོགས་ལ་ལྷ་རྟོག་བྱེད་པའི་རྩ་དོན་གཞིར་བཟུང་ནས་དཔྱད་མཚམས་གཏོང་དགོས། གཉེན་སྒྲིག་བརྩིགས་མ་བྱས་པའི་རྐྱེན་གྱིས་ནུས་པ་མི་ལྡན་པར་གྱུར་པའི་གཉེན་སྒྲིག་གི་རྒྱུ་ནོར་ཐག་གཅོད་བྱེད་ཚེ། ཁྲིམས་མཐུན་གཉེན་སྒྲིག་ངོ་བདག་གི་རྒྱུ་ནོར་ཁེ་དབང་ལ་གནོད་འཚེ་བཏང་མི་ཆོག ངོ་བདག་ལ་སྐྱེས་པའི་བུ་ཕྲུག་སྐོར་ལ་བཅའ་ཁྲིམས་འདིའི་ཕ་མ་དང་བུ་ཕྲུག་སྐོར་གྱི་གཏན་འབེབས་སྤྱོད་འཁྱུས།

གཉེན་སྒྲིག་ལ་ནུས་པ་མེད་པའམ་གཉེན་སྒྲིག་ཕྱིར་འཐེན་བྱེད་ཚེ། ནོར་འཛོལ་མེད་མཁན་

ཕྱོགས་ལ་གནོད་རྐྱེན་སྐྱོན་གསབ་བྱེད་དགོས་པའི་རེ་འདུན་འདོན་དབང་ཡོད།

2.གང་དག་ནི་ནུས་པ་མེད་པའི་གཉེན་སྒྲིག་ཡིན།

（1）བཙན་ཤེད་དང་ཉོ་ཚོང་བྱས་པའི་གཉེན་སྒྲིག དེ་ནི་གཉེན་སྒྲིག་རང་དབང་གི་རྩ་དོན་དང་འགལ་བའི་ནུས་མེད་གཉེན་སྒྲིག་ཡིན།

（2）གཉེན་སྒྲིག་སྔ་པོ་བྱས་པ། དེ་ནི་ཕོ་མོ་གཉིས་ཀའམ་ཕྱོགས་གཅིག་ཁྲིམས་བཀོད་ཀྱི་གཉེན་སྒྲིག་ལོ་ཚད་མ་ལོན་པའི་ནུས་མེད་གཉེན་སྒྲིག་ཡིན།

（3）གཉེན་སྒྲིག་བརྩེགས་མ་བྱས་པ། དེ་ནི་ཕོ་མོ་གཉིས་ཀའམ་ཕྱོགས་གཅིག་གིས་ཁྱོ་གཅིག་ཤུག་གཅིག་ལམ་ལུགས་ཀྱི་རྩ་དོན་དང་འགལ་བའི་ནུས་མེད་གཉེན་སྒྲིག་ཡིན།

（4）གཉེན་ཚན་གཉེན་སྒྲིག་བྱས་པ། དེ་ནི་ཕོ་མོ་གཉིས་བར་བཅའ་ཁྲིམས་ཐོག་ནས་གཉེན་སྒྲིག་བྱས་མི་ཆོག་པའི་སྤུན་མཆེད་ཀྱི་འབྲེལ་བ་ཡོད་པའི་ནུས་མེད་གཉེན་སྒྲིག་ཡིན།

（5）ནད་པ་གཉེན་སྒྲིག་བྱས་པ། དེ་ནི་ཕོ་མོ་གཉིས་ཀའམ་ཕྱོགས་གཅིག་ལ་གཉེན་སྒྲིག་བྱས་མི་ཆོག་པའི་ནད་ཕོག་པའི་ནུས་མེད་གཉེན་སྒྲིག་ཡིན།

（6）གཉེན་སྒྲིག་ཐོ་འགོད་མ་བྱས་པ། དེ་ནི་ཕོ་མོ་གཉིས་ཀ་གཉེན་སྒྲིག་གི་ཆ་རྐྱེན་དང་མཐུན་ཀྱང་། གཉེན་སྒྲིག་ཐོ་འགོད་མ་བྱས་པས། གཉེན་སྒྲིག་གི་གོ་རིམ་དང་འགལ་བའི་ནུས་མེད་གཉེན་སྒྲིག་ཡིན།

3. གཉེན་སྒྲིག་ལག་ཁྱེར་ལ་སྤྱོད་སྒོ་གང་དག་ཡོད།

（1）ཕྲུ་གུ་ནར་སོན་རྗེས་ཐེམ་ཐོ་སྤོ་སྒྱུར་བྱེད་པར་ཕ་མའི་གཉེན་སྒྲིག་ལག་ཁྱེར་སྤྱོད་དགོས།

（2）དངུལ་ཁང་ནས་དངུལ་གཡར་བར་གཉེན་སྒྲིག་གི་ལག་ཁྱེར་དགོས།

（3）རང་ཉིད་ཀྱི་ཁང་པ་གཞན་གྱི་མིང་འོག་ཏུ་སྒྱུར་བར་ཁང་ཁོངས་དོ་དམ་སྡེ་ཁག་ཏུ་གཉེན་སྒྲིག་ལག་ཁྱེར་དགོས།

（4）རྒྱ་ནོར་ཤུལ་འཛིན་གྱི་འགྲོ་ལུགས་སྒྲུབ་པར་གཉེན་སྒྲིག་ལག་ཁྱེར་དགོས།

（5）ཡུལ་མི་གནས་སྤོ་བྱེད་པར་གཉེན་སྒྲིག་ལག་ཁྱེར་དགོས།

（6）བཟའ་ཚང་ཁ་བྲལ་བྱེད་པར་ཡང་གཉེན་སྒྲིག་ལག་ཁྱེར་དགོས།

ཁྲིམ་ཚང་གི་འབྲེལ་བ།

གཅིག གང་འདྲ་ཞིག་ལ་ཁྱོ་ཤུག་བར་གྱི་འཚོ་སྐྱོང་བྱེད་པའི་འོས་འགན་ཟེར།

ལིས་ལིས་དང་ཞའོ་ལིའུ་གཉིས་མི་གཞན་གྱིས་ངོ་སྤྲོད་བྱས་ནས་ངོ་ཤེས་རྗེས་དགའ་རོགས་ཀྱི་འབྲེལ་བ་བཙུགས་ཏེ། ལོ་གཅིག་གི་རྗེས་སུ་གཉེན་སྒྲིག་ཐོ་འགོད་བྱས་ཤིང་། གཉེན་སྒྲིག་བྱས་རྗེས་ཀྱི་དུས་འགོར་ཁྱོ་ཤུག་གཉིས་བར་གྱི་འབྲེལ་བ་ཡག་པོ་ཡོད་པ་རེད།

སྐབས་མི་ལེགས་པ་ཞིག་ལ། ཕྱིས་སུ་ལིས་ལིས་ལ་མངལ་ཐེངས་གཉིས་ཤོར་བ་དང་། ལོ་གཉིས་ཀྱི་རྗེས་སུ་མངལ་ཕྲུ་ལ་སྨྲུམ་ཆགས་པས་གཤགས་བཅོས་བྱས་ནས་ཁམས་དམར་འདྲེན་སྒྲུབས་ཞིག་བཀོག་པ་རེད། དོན་དེའི་རྐྱེན་པས་བཟའ་ཚང་བར་འགལ་བ་བྱུང་ནས་འབྲེལ་བ་ཉིན་རེ་བཞིན་སྡུག་ཏུ་སོང་།

དེ་རྗེས་ལོ་ཕྱེད་ཀྱང་མ་འགོར་བར། ལི་ལི་ལ་སྙན་ནད་ཕོག་ནས་ཞིང་ཆེན་གྱི་སྨན་ཁང་ཞིག་ཏུ་གཤག་བཅོས་བྱས་པ་དང་། སྨན་ཁང་དུ་སྤོད་རིང་སྨན་རིན་སྒོར175000ཙམ་བཏང་བ་རེད། སྨན་ཁང་ནས་དོན་རྗེས། ལི་ལི་ཡིས་རང་གི་ཨ་ནེའི་ཁྱིམ་དུ་བསྡད་ནས་སྨན་པའི་བསམ་འཆར་ལྟར་ལུས་གསོ་བྱས།

དེའི་རིང་ལ་ཞའོ་ལིའུ་ཡི་ཨ་ཕས་ལི་ལི་ལ་སྨན་རིན་སྒོར15000སྐྱིལ་པར་ཡོང་བ་ལས། ཞའོ་ལིའུ་ཡིས་ལི་ལི་ལ་ལྟ་བར་ཕྱིན་མེད་པ་རེད། ཕྱིས་སུ་སྨན་བཅོས་འགན་བཅོལ་གྱི་འགྲོ་སོང་རྩིས་ཞུ་སྒོར30600བྱས་པ་དང་། དེ་མིན་གྱི་གྲོན་དངུལ་ཚང་མ་ལི་ལི་ཡིས་རང་ཉིད་ཀྱི་སྒྲུན་མཆེད་དང་གྲོགས་པོའི་ས་ནས་གཡར་བ་རེད།

ཁྱོ་གས་གཡོལ་ཐབས་བྱེད་པའི་བྱ་སྤྱོད་དེར་ལི་ལིའི་ཡིད་དུ་མ་སོང་ནས། མོ་

རང་གིས་ཁྲིམས་ཁང་ལ་ཞུ་གཏུག་བརྒྱབ་སྟེ། ཁོ་གས་རང་ཉིད་ཀྱི་སྨན་བཅོས་འགྲོ་གྲོན་དང་འཚོ་བཅུད་གྲོན་དངུལ་སྤྲོད་དགོས་པའི་རེ་ཞུ་བྱས།

《ཀྲུང་ཧྭ་མི་དམངས་སྤྱི་མཐུན་རྒྱལ་ཁབ་ཀྱི་དམངས་དོན་ཁྲིམས་གཞུང་》གི་དོན་ཚན་ཆིག་སྟོང་དང་ང་དགུ་པའི་ནང་དུ་གཏན་འབེབས་བྱས་དོན། ཁོ་ཤུག་གཉིས་ཀར་ཕན་ཚུན་འཚོ་སྐྱོང་བྱེད་པའི་འོས་འགན་ཡོད།

ཅིག་ཤོས་ཀྱིས་འཚོ་སྐྱོང་འོས་འགན་མི་སྒྲུབ་པའི་སྐབས་སུ། འཚོ་སྐྱོང་བྱེད་དགོས་པའི་ཕྱོགས་ལ་ཅིག་ཤོས་ཀྱིས་འཚོ་སྐྱོང་གྲོན་དངུལ་སྤྲོད་དགོས་པའི་རེ་བ་འདོན་དབང་ཡོད།

ཁྲིམས་རའི་ཐག་ཏུ། ཞུ་སྐྱོར་ཕྱི་མ་ཞའོ་ལིའུ་ཡིས་རང་ཉིད་ལ་བུ་ལོན་སྒོར་ཁྲི30ཙམ་ཡོད་ཅིང་། བུ་ལོན་འཇལ་བའི་ནུས་པ་མེད་པས། འཚོ་སྐྱོང་གི་འོས་འགན་ལག་བསྟར་བྱ་ཐབས་མེད་ཅེས་འགྲེལ་བཤད་བརྒྱབ་མོད། འོན་ཀྱང་བུ་ལོན་གྱི་འབྱུང་རྐྱེན་དང་མ་དངུལ་གྱི་འགྲོ་ཕྱོགས་སྐོར་ལ་ལུགས་མཐུན་གྱི་འགྲེལ་བཤད་གང་ཡང་བྱས་མེད།

ཁྲིམས་ཁང་གིས་བརྟག་དཔྱད་བྱས་པ་བརྒྱུད། ཞུ་སྐྱོར་ཕྱི་མས་ཕྱི་བུན་འཁོར་ཆེན་ཡོད་བཞིན་དུ་ད་དུང་རླངས་འཁོར་ཉོས་ཡོད་པ་དེ། ཁོས་བཤད་པའི་གནས་ཚུལ་དང་རྒྱབ་འགལ་དུ་སོང་བ་རེད། དེར་བརྟེན་ཞུ་སྐྱོར་ཕྱི་མས་ལག་བསྟར་བྱེད་ནུས་མེད་ཅེས་པ་དང་ལེན་མི་བྱེད་རྒྱུ་དང་། ཞུ་སྐྱོར་ཕྱི་མས་སྔ་མར་འཚོ་སྐྱོང་གི་འོས་འགན་འཁུར་དགོས་པ་གསལ་བཤད་བྱས།

ཁྲིམས་ཁང་གིས་ཞིབ་གཅོད་བྱས་པ་བརྒྱུད་ངོས་འཛིན་བྱས་དོན། ཞུ་སྐྱོར་སྔ་མ་ལི་ལི་དང་ཞུ་སྐྱོར་ཕྱི་མ་ཞའོ་ལིའུ་གཉིས་དགའ་རོགས་སྒྲིག་པ་ནས་གཉེན་སྒྲིག་པའི་བར་བཟའ་ཚང་གི་བརྩེ་དུང་ཐོག་མཐའ་བར་གསུམ་དུ་ཙུང་ལེགས་པོ་ཡོད་ཅིང་། ཐུན་མོང་གི་འཚོ་བའི་ཁྲོད་ཕན་ཚུན་སེམས་ཁུར་བྱེད་ཐུབ་ཀྱི་ཡོད་པ་རེད། འོན་ཀྱང་ཞུ་སྐྱོར་སྔ་མར་ནད་གཞི་ཐོག་ནས་སྨན་ཁང་དུ་སྡོད་རིང་དང་། དེ་བཞིན་སྨན་ཁང་ནས་དོན་ཏེ་ལུས་གསོ་བའི་སྐབས་སུ། ཞུ་སྐྱོར་ཕྱི་མས་ཐུག་འཕྲད་བྱེད་མ་སྨོང་ལ།

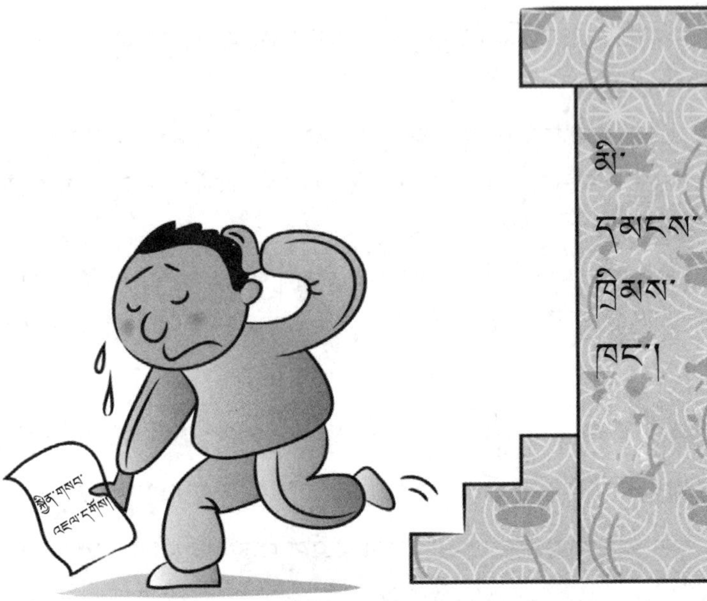

འབྲེལ་ཡོད་ཀྱི་འཚོ་སྐྱོང་འོས་འགན་ཡང་མ་ཁུར་བས། ཞུ་སྤྱོར་ཕྱི་མར་སྐྱོན་བརྗོད་བྱ་རྒྱུ་རེད། ཞུ་སྤྱོར་སྤུ་མ་ལི་ལི་ཡིས་སྨན་བཅོས་བྱ་རྒྱུར་གཡར་བའི་བུ་ལོན་ནི་ཁྱོ་ཤུག་ཐུན་མོང་གི་བུ་ལོན་ཡིན་པས་སྐྱིན་གསབ་འཇལ་དགོས། དེ་དང་ཆབས་ཅིག ཞུ་སྤྱོར་སྤུ་མ་ལི་ལི་ཡི་འགྲོ་གྲོན་དངོས་དང་ཞུ་སྤྱོར་ཕྱི་མ་ཞའོ་ལིའུ་ཡི་ལག་བསྟར་བྱེད་ནུས་གཉིས་ཟུང་འབྲེལ་བྱས་ཏེ། ཞུ་སྤྱོར་ཕྱི་མས་སྤྲོད་རྒྱུའི་གྲོན་དཔྱལ་དེ་འོས་འཚམ་གྱིས་ཞིབ་བཤེར་ཀྱང་འཕྲི་བྱས་ཆོག

《དམངས་དོན་ཁྲིམས་གཞུང་》གི་གཏན་འབེབས་ལྟར། ཁྲིམས་ཁང་གིས་མཐར་ཞུ་སྤྱོར་ཕྱི་མ་ཞའོ་ལིའུ་ཡིས་ཞུ་སྤྱོར་སྤུ་མ་ལི་ལི་ལ་སྨན་བཅོས་འགྲོ་གྲོན་སྒོར80000སྤྲོད་དགོས་པའི་ཁྲིམས་ཐག་བཅད། ཁྲིམས་ཐག་བཅད་རྗེས། ཞུ་སྤྱོར་ཕྱི་མ་ཞའོ་ལིའུ་ཡིས་གོང་གཏུག་མ་བྱས་པས་ཁྲིམས་ཐག་བཅད་པར་ནུས་པ་ཐོན་པ་རེད།

ཁྲིམས་ལུགས་ཁྱབ་གདལ་གྱི་སློབ་ཚན།

གང་འདྲ་ཞིག་ལ་འཚོ་སྐྱོང་གི་འོས་འགན་ཟེར།

སྤྲ་དོག་འཇུག་གི་འཚོ་སྐྱོང་འོས་འགན་ཞེས་པ་ནི་གཙོ་བོ་མི་རབས་གཅིག་པའི་བར་ཕན་ཚུན་འཚོ་སྐྱོང་བྱེད་པར་ཟེར། དཔེར་ན། བཟའ་ཚང་བར་དང་གཅེན་གཅུང་བར་གྱི་འཚོ་སྐྱོང་ལྟ་བུ་ལས་ཕ་མ་དང་བུ་ཕྲུག་བར་གྱི་གསོ་སྐྱོང་གི་འབྲེལ་བ་མ་ཡིན། སྤྲ་ཡངས་འཇུག་གི་འཚོ་སྐྱོང་ཞེས་པར་བསྡི་ཞུ་ཞབས་ཏོག་དང་། འཚོ་སྐྱོང་བྱེད་པ། གསོ་སྐྱོང་བྱེད་པ་བཅས་ཚུད།

བཟའ་ཚོ་ཕྱོགས་གཉིས་ཀའི་འཚོ་སྐྱོང་འོས་འགན་དང་འཚོ་སྐྱོང་ཐོབ་དབང་འདྲ་མཉམ་ཡིན་ཏེ། འཚོ་སྐྱོང་བྱེད་ནུས་ཡོད་པའི་ཕྱོགས་ཀྱིས་ངེས་པར་དུ་རང་རྟོགས་ཀྱིས་འོས་འགན་འདི་བསྒྲུབ་དགོས། ལྷག་པར་དུ་ཕྱོགས་ཅིག་ཤོས་ལ་ནད་ཕོག་པ་དང་། ངལ་རྩོལ་ནུས་པ་ཤོར་བའི་སྐབས་སུ། གལ་ཏེ་ཕྱོགས་གཅིག་གིས་འཚོ་སྐྱོང་གི་འོས་འགན་གཏན་ནས་མ་སྒྲུབ་ན། ཕྱོགས་ཅིག་ཤོས་ཀྱིས་བར་འདུམ་མམ་གཏུག་བཤེར་གྱི་གོ་རིམ་བརྒྱུད་དེ་ཕྱོགས་ཅིག་ཤོས་ལ་འཚོ་རྟེན་སྤྲོད་རོགས་ཞུ་དབང་ཡོད།

ལོ་ན་རྒས་ནས་ནད་ཕོག་པའམ་ཡང་ན་རང་ཚུགས་ཀྱིས་འཚོ་བ་སྐྱེལ་ནུས་བྲལ་པའི་རང་གི་བཟའ་ཟླ་ལ་གལ་ཏེ་འཚོ་སྐྱོང་གི་འོས་འགན་གཏན་ནས་མ་སྒྲུབ་ན། གནས་ཚུལ་ཚབས་ཆེ་བ་ལ། 《ཉེས་ཁྲིམས》ཀྱི་འབྲེལ་ཡོད་གཏན་འབེབས་ལྟར་ཉེས་པ་གསོག་མཁན་གྱིས་འཚོ་འགན་མི་འཁུར་བའི་ཉེས་དོན་འགན་འཁྲི་རྩད་གཅོད་བྱེད་དགོས།

དཔེར་ན་ཞུ་སྦྱོར་སྟ་མ་ལི་ལི་དང་ཞུ་སྦྱོར་ཕྱི་མ་ཞའོ་ལིའུ་གཉིས་གཉེན་སྒྲིག་བྱས་ནས་ལོ་མང་སོང་བ་རེད། ད་ཆ་ཕོ་གཉིས་མཉམ་དུ་སྡོད་ཀྱི་མེད་ན་ཡང་། ཕོ་གཉིས་ཀྱི་གཉེན་སྒྲིག་འབྲེལ་བ་མེད་པར་གྱུར་མེད་པས། གོང་གི་བཅའ་ཁྲིམས་ལྟར་ན། ཕོ་གཉིས་བཟའ་ཚང་བར་ལ་སྤྱར་བཞིན་དཔལ་འབྱོར་ཐད་ཕན་ཚུན་རོགས་སྐྱོར་དང་། འཚོ་བའི་ཁྲོད་ཕན་ཚུན་ལྟ་རྟོག་དང་རོགས་རམ་བྱེད་པའི་ཁེ་དབང་དང་འོས་འགན་ཡོད།

ད་ཆ་ཞུ་སྦྱོར་སྟ་མ་ལི་ལི་ལ་ནད་ཕོག་པའི་དབང་གིས་དཔལ་འབྱོར་ཐད་དཀའ་ངལ་ཆེ་བའི་གནས་སུ་གྱུར་ཡོད་པ་དང་། མོའི་ཁྲོ་ག་ཞའོ་ལིའུ་ལ་དཔལ་འབྱོར་གྱི་གཏོང་སྤྲོད་ནུས་པ་ངེས་ཅན་ཞིག་ལྡན་ཡོད་པས། ཁྲོ་གའི་ངོས་ནས་བཅའ་ཁྲིམས་ལྟར་ཆུང་མར་བབ་མཚུངས་ཀྱི་འཚོ་སྐྱོང་གྲོན་དངུལ་སྤྲོད་དགོས་ངེས་རེད།

གཉིས། གཉེན་སྒྲིག་འབྲེལ་བ་སོར་གནས་རིང་གི་བུ་ཕོན་དེ་ངེས་པར་དུ་བཟའ་ཚང་ཕྱུན་མོང་གིས་འཛལ་དགོས་སམ།

ཞའོ་ཚན་ནི་བུ་མོ་སྙིང་རྗེ་པོ་ཞིག་ཡིན་ཞིང་། སློབ་ཆེན་མཐར་ཕྱིན་མ་ཐག་ལས་ཀ་ཡག་པོ་ཞིག་རག་པས། གླ་ཕོགས་དེ་ཙམ་མང་པོ་མེད་མོད། འོན་ཀྱང་ཕ་ཡུལ་དུ་འཚོ་བ་བདེ་ཞིང་སྐྱིད་པ་ཞིག་རོལ་བཞིན་ཡོད། ལོ་གཉིས་ཀྱི་རྗེས་སུ། ཞའོ་ཚན་གྱིས་ཞའོ་ཀྲིང་དང་གཉེན་སྒྲིག་བྱས། ཞའོ་ཀྲིང་གི་གླ་ཕོགས་མཐོ་པོ་ཡོད་ཅིང་། གཉེན་སྒྲིག་མ་བྱས་གོང་ནས་རླངས་འཁོར་དང་ཁང་པ་ཡང་ཡོད་པས། བཟའ་ཚང་གཉིས་མི་སྨོན་རང་སྐྱིད་ཀྱི་འཚོ་བ་འགྱུར་ཕྱུག་ལྡན་པ་ཞིག་སྐྱེལ་བཞིན་ཡོད།

འོན་ཀྱང་། རིམ་གྱིས་ཞའོ་ཚན་གྱིས་དངུལ་བེད་སྤྱོད་ཇེ་མང་ནས་ཇེ་མང་དུ་སོང་ལ། མིང་རྟགས་གྲགས་ཅན་དང་སྤུས་དག་ཅན་གྱི་འཚོ་བ་ལ་ཡང་ཇེ་དགའ་ནས་ཇེ་དགའ་རུ་སོང་། དུས་ཡུན་རིང་པོ་སོང་རྗེས་མོས་ཞའོ་ཀྲིང་གི་གླ་ཕོགས་གྱ་སྤྱད་པ་དང་། དངུལ་ཁང་གྲ་ནས་འགྲོ་སོང་ཚད་ལས་བརྒལ་ཏེ་བཏང་བ་མ་ཟད། ད་རྒྱའི་སྡིགས་བུ་ཁག་ནས་དངུལ་བུན་གཡར་བ་དང་། གྲོགས་པོ་མང་པོ་ཞིག་གི་ལག་ནས་གྲངས་ཙུང་དངུལ་བུན་གཡར་བ་སོགས་བྱས་པས། བུ་ལོན་ཇེ་མང་དུ་སོང་བ་དང་རང་ཉིད་ཀྱི་དགའ་ངལ་ཡང་ཇེ་ཆེར་ཕྱིན།

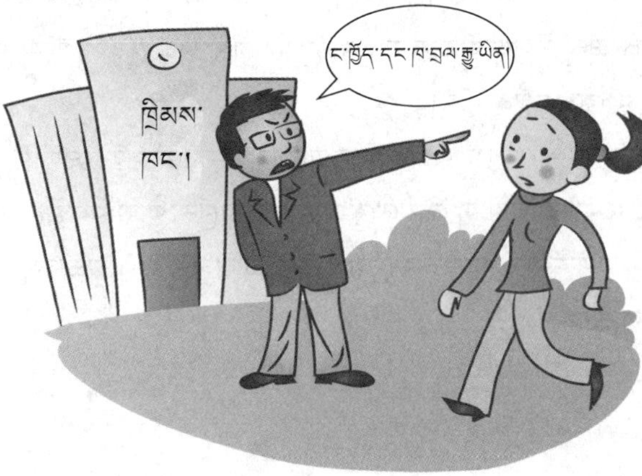

ཞའོ་ཀྲེང་གིས་རྟག་ཏུ་གཏོང་ཡོང་མགོ་མི་ཐུག་པ་ཚོར་ནས། མཐར་བཟོད་ཐབས་བྲལ་ཏེ་ཞའོ་ཆན་ལ་ནན་གྱིས་དྲིས། ཞའོ་ཆན་གྱིས་རང་ཉིད་ཀྱིས་བག་མེད་ལོངས་སྤྱོད་བྱས་རྗེན་བུ་ལོན་སྒོར་ཁྲི15ཡོད་ལུགས་བཤད་པས། ཞའོ་ཀྲེང་ཧང་སངས་བར་གྱུར། འོན་ཀྱང་ཁོའི་བསམ་པར་སྔོན་ལ་བུ་ལོན་དེ་འཇལ་ནས། ཕྱིས་སུ་ཞའོ་ཆན་ལ་སློབ་གསོ་མང་ཙམ་བརྒྱབ་ན་འགྲིག་སྙམ། འོན་ཀྱང་མཇུག་ཏུ་ཞའོ་ཀྲེང་གིས་སྒོར་ཁྲི15དེ་འཇལ་ཚར་རྗེས། ཞའོ་ཆན་ལ་ད་དུང་བུ་ལོན་སྒོར་ཁྲི20ཡོད་པ་ཤེས་པ་རེད། ཞའོ་ཀྲེང་གི་བསམ་པར་རང་གིས་ཆུང་མའི་འཛད་སྤྱོད་ཀྱི་འདོད་པ་སྐོང་མི་ཐུབ་ལ་ཆུང་མའི་བུ་ལོན་ཡང་འཇལ་ནུས་བྲལ་འདུག་སྙམ་ནས་མཐར་གཉེན་འཐོར་བྱ་རྒྱུའི་རེ་བ་བཏོན།

ཞའོ་ཆན་གྱིས་གཉེན་འཐོར་བྱ་རྒྱུར་ཁས་བླངས་སོང་། འོན་ཀྱང་ཞའོ་ཀྲེང་གིས་བུ་ལོན་སྒོར་ཁྲི20དེ་རང་ཉིད་དང་མཉམ་དུ་འཇལ་དགོས་པའི་རེ་བ་བཏོན། ཞའོ་ཀྲེང་གིས་དེར་མོས་མཐུན་མ་བྱས་པ་དང་། ཞའོ་ཆན་གྱི་བུ་ལོན་ཚང་མ་མོ་རང་གིས་བག་མེད་ལོངས་སྤྱོད་བྱས་པ་ཡིན་པས། དེར་བུ་ལོན་མཉམ་དུ་འཇལ་བའི་འགན་འཁྲི་མེད་སྙམ་པ་མ་ཟད། རང་ཉིད་ཀྱིས་མོ་ལ་བུ་ལོན་སྒོར་ཁྲི15འཇལ་རོགས་བྱས་ཟིན་པས། ད་དེ་ལས་ལྷག་པ་བྱ་རྒྱུ་མེད་སྙམ་ནས། ཕོ་གཉིས་ཀྱིས་ཁྲིམས་ཁང་ལ་གཏུག་བཤེར་བརྒྱབ།

《ཀྲུང་ཧྭ་མི་དམངས་སྤྱི་མཐུན་རྒྱལ་ཁབ་ཀྱི་དམངས་དོན་ཁྲིམས་གཞུང་》གི་དོན་ཚན་ཆིག་སྟོང་བརྒྱ་དང་རེ་བཞི་པའི་ནང་དུ་གཏན་འབེབས་བྱས་དོན། ཕྲུ་ཤུག་ཕྱོགས་གཉིས་ཀས་ཐུན་མོང་ཐོག་མིང་རྟགས་བཀོད་པའམ་ཕྱོགས་གཅིག་གིས་རྗེས་སུ་བྱུང་ཁས་ལེན་བྱས་པ་སོགས་ཐུན་མོང་གི་འདོད་བློ་བསྟན་པ་ལས་འབྱུང་བའི་བུན་འགན་དང་། དེ་བཞིན་ཕྲུ་ཤུག་ཕྱོགས་གཅིག་གིས་གཉེན་སྒྲིག་འབྲེལ་བ་སོར་གནས་ཀྱི་རིང་དུ་སྒེར་གྱི་མིང་ཐོག་ནས་ཁྱིམ་ཚང་གི་རྒྱུན་ལྡན་འཚོ་བའི་དགོས་མཁོའི་དོན་དུ་འབྱུང་བའི་བུན་འགན་ནི་ཕྲུ་ཤུག་ཐུན་མོང་གི་བུན་འགན་ཡིན།

ཕྲུ་ཤུག་ཕྱོགས་གཅིག་གིས་གཉེན་སྒྲིག་འབྲེལ་བ་སོར་གནས་ཀྱི་རིང་དུ་སྒེར་གྱི་མིང་

> ཐོག་ནས་ཁྱིམ་ཚང་གི་རྒྱུན་ལྡན་འཚོ་བའི་དགོས་མཁོ་ལས་བརྒལ་ནས་འཕྲུར་བའི་བུན་འགན་ནི་ཕྲུ་གུག་ཐུན་མོང་གི་བུན་འགན་མིན། འོན་ཀྱང་བུན་བདག་གིས་བུན་འགན་དེ་ནི་ཕྲུ་གུག་ཐུན་མོང་གི་འཚོ་བ་དང་། ཐུན་མོང་གི་ཐོན་སྐྱེད་དང་གཉེར་སྐྱོང་ཐད་ལ་སྤྱད་པའམ་ཕྲུ་གུག་ཕྱོགས་གཉིས་ཀའི་ཐུན་མོང་གི་འདོད་བློ་བསྟུན་པ་ལ་གཞི་བཅོལ་བ་ཡིན་པ་བདེན་དཔང་བྱེད་ཐུབ་པ་འདིའི་ཁོངས་སུ་མི་ཚུད།

མཐར་ཁྲིམས་ཁང་གིས་ཞའོ་ཆན་གྱི་བུ་ལོན་ཚང་མ་རང་ཉིད་ཀྱིས་རྒྱུས་སྦྲོས་དངོས་ཟས་ཉོས་པ་དང་རོལ་རྩེད་འཛད་སྤྱོད་ཐད་ལ་སྤྱད་པ་ཡིན་སྐབས། ཕྲུ་གུག་ཐུན་མོང་གི་བུ་ལོན་ལ་མི་གཏོགས་པར་རང་ཉིད་སྒེར་གྱི་བུ་ལོན་ཡིན་ཞེས་ཁྲིམས་ཐག་བཅད།

ཁྲིམས་ལུགས་ཞིབ་གདལ་གྱི་སློབ་ཚན།

1. ཕྲུ་གུག་སྒེར་གྱི་བུ་ལོན་ལ་གཙོ་བོ་རིགས་གང་དག་ཡོད།

གཅིག་ནི་ཕྲུ་གུག་ཕྱོགས་གཅིག་གི་གཉེན་སྒྲིག་མ་བྱས་གོང་གི་བུ་ལོན་ཡིན། དཔེར་ན་ཕྲུ་གུག་ཕྱོགས་གཅིག་གིས་ཁང་པ་ཉོས་པ་སོགས་ཀྱི་རྒྱུ་ནོར་ཁུར་པོའི་བུ་ལོན་ཏེ། གཉེན་སྒྲིག་བྱས་རྗེས་ཁང་པ་དེ་ཕྲུ་གུག་ཐུན་མོང་གིས་འཚོ་བ་སྐྱེལ་ས་བྱས་མེད་ན་མི་སྒེར་གྱི་བུ་ལོན་དུ་ངོས་འཛིན་བྱེད་དགོས།

གཉིས་ནི་ཕྲུ་གུག་གཉིས་པོས་ཁྲིམས་ལྟར་སྒེར་གྱིས་འགན་འཁུར་རྒྱུར་ཁ་ཆད་བཞག་པའི་བུ་ལོན་ཡིན། ཕྲུ་གུག་ཕྱོགས་གཉིས་པོས་མ་གཞི་བྱས་ན་ཐུན་མོང་གི་འཚོ་བའི་ཆེད་དུ་བཏང་བའི་བུ་ལོན་དེ། ཕྱོགས་གཅིག་གིས་འགན་འཁུར་རྒྱུའི་ཁ་ཆད་བཞག་ཡོད་ན། ཕྲུ་གུག་མི་སྒེར་གྱི་བུ་ལོན་དུ་བརྩིས་ཆོག ཁ་ཆད་དེ་རིགས་ཀྱིས་ཙ་དོན་ཐོག་བུན་བདག་ལ་འགྲུབ་ཤོལ་གྱི་ནུས་པ་ཐོན་གྱི་མེད། བུན་བདག་གིས་སྔོན་ནས་ཁ་ཆད་དེ་ཧ་གོ་བའམ་ཡང་ན་རྗེས་སུ་ཁ་ཆད་དེ་ཁས་ལེན་བྱས་པ་ཕུད།

གསུམ་ནི་ཕྲུ་གུག་ཕྱོགས་གཅིག་གིས་མི་སྒེར་གྱི་ལུགས་མཐུན་མིན་པའི་འགྲོ་སོང་སྟེ། དཔེར་ན། རྒྱན་འཛུགས་པ་དང་། དུག་འཐེན་པ། ཆང་རག་བཏུང་བ་སོགས་ལས་བྱུང་བའི་བུ་ལོན་ཡིན།

བཞི་ནི་ཁ་ཆེམས་སམ་སྦྱིན་པའི་གན་རྒྱའི་ཁྲོད་དུ་ཕྲུ་གུག་གཉིས་ལས་ཕྱི་གའམ་ཚུང་མ་ལ་དབང་བ་གཏན་འཁེལ་བྱས་པའི་རྒྱུ་ནོར་ནི་ཕྱོགས་གཅིག་གི་སྒེར་གྱི་རྒྱུ་ནོར་ཡིན། ཁ་ཆེམས་སམ་སྦྱིན་པའི་གན་རྒྱ་དེ་ལས་བྱུང་བའི་བུ་ལོན་ཡང་ཁ་ཆེམས་སམ་སྦྱིན་པ་དང་ལེན་བྱེད་མཁན་གྱི་ཕྱོགས་དེས་རང་ཉིད་ཀྱིས་འགན་འཁུར་དགོས། ཕྱོགས་གཞན་དེ་ལ་བུ་ལོན་གཙང་འཇལ་བྱེད་

པའི་འགན་འཁྲི་མེད།

ལྔ་ནི་ཕྱི་ཤུག་ཕྱོགས་གཅིག་གིས་ཕྱོགས་གཞན་དེའི་མོས་མཐུན་མ་ཐོབ་པར། རང་འདོད་ལྟར་འཚོ་སྐྱོང་འོས་འགན་མེད་པའི་མི་ལ་རོགས་སྐྱོར་བྱས་ནས་ཐུག་པའི་བུ་ལོན་ཡིན།

དྲུག་ནི་ཕྱི་ཤུག་ཕྱོགས་གཅིག་གིས་ཕྱོགས་གཞན་དེའི་མོས་མཐུན་མ་ཐོབ་པར། རང་རྐྱང་གིས་མ་དངུལ་གྲབས་གསོག་བྱས་ནས་ཐོན་སྐྱེད་དམ་གཉེར་སྐྱོང་བྱེད་སྒོ་སྤེལ་ནས་བུ་ལོན་ཐུག་པ་མ་ཟད། དེའི་ཡོང་འབབ་ཐུན་མོང་གི་འཚོ་བར་སྤྱད་མེད་པ་དེ་ཡིན།

བདུན་ནི་བཅའ་ཁྲིམས་ལྟར་མི་སྒེར་གྱིས་འཁུར་དགོས་པའི་བུ་ལོན་གཞན་དག་ཡིན། དེའི་ནང་ཕྱི་ཤུག་ཕྱོགས་གཅིག་གིས་ཁྲིམས་འགལ་ཉེས་གསོག་གི་བྱ་སྤྱོད་དང་། ཁེ་དབང་ལ་གནོད་འཚེ་གཏོང་བའི་བྱ་སྤྱོད་སྤེལ་བ་ལས་ཐུག་པའི་བུ་ལོན་ཚུད་ཡོད།

2. **ཕྱི་ཤུག་ཐུན་མོང་གི་བུ་ལོན་ལ་གཙོ་བོ་རིགས་གང་དག་ཡོད།**

གཅིག་ནི་གཉེན་སྒྲིག་མ་བྱས་གོང་ཕྱོགས་གཅིག་གིས་དངུལ་གཡར་ནས་ཉོས་པའི་རྒྱུ་ནོར་དེ་ཕྱི་ཤུག་ཐུན་མོང་གི་རྒྱུ་ནོར་དུ་གྱུར་ཟིན་ནས། རྒྱུ་ནོར་དེ་དག་ཉོ་ཕྱིར་ཐུག་པའི་བུ་ལོན་ཡིན།

གཉིས་ནི་ཕྱི་ཤུག་གཉིས་པོའི་ཁྱིམ་ཚང་གི་ཐུན་མོང་གི་འཚོ་བའི་ཆེད་དུ་ཐུག་པའི་བུ་ལོན་ཡིན།

གསུམ་ནི་ཕྱི་ཤུག་ཐུན་མོང་གིས་ཐོན་སྐྱེད་དང་གཉེར་སྐྱོང་བྱེད་སྒོ་སྤེལ་ནས་ཐུག་པའི་བུ་ལོན་དང་། ཡང་ན་ཕྱོགས་གཅིག་གིས་ཐོན་སྐྱེད་གཉེར་སྐྱོང་བྱེད་སྒོ་སྤེལ་བ་དང་། གཉེར་སྐྱོང་བྱས་པའི་ཡོང་འབབ་དེ་ཁྱིམ་ཚང་གི་འཚོ་བར་སྤྱོད་པའམ་ཡང་ན་བཟའ་ཟླ་དང་མཉམ་དུ་རོལ་ནས་ཐུག་པའི་བུ་ལོན་ཡིན།

བཞི་ནི་ཕྱི་ཤུག་ཕྱོགས་གཅིག་གམ་ཡང་ན་ཕྱོགས་གཉིས་ཀས་ནད་བཅོས་པ་དང་། དེ་བཞིན་ཁྲིམས་བཀོད་ཀྱི་འོས་འགན་ཡོད་པའི་མི་ལ་ནད་བཅོས་ནས་ཐུག་པའི་བུ་ལོན་ཡིན།

ལྔ་ནི་བུ་ཕྲུག་གསོ་སྐྱོང་བྱས་པ་ལས་ཐུག་པའི་བུ་ལོན་ཡིན།

དྲུག་ནི་ཞབས་ཏོག་ཞུ་འགན་ཡོད་པའི་རྒན་རྒོན་ལ་ཞབས་ཏོག་ཞུས་ནས་ཐུག་པའི་བུ་ལོན་ཡིན།

བདུན་ནི་ཕྱི་ཤུག་ཕྱོགས་གཅིག་གམ་ཡང་ན་ཕྱོགས་གཉིས་ཀའི་སློབ་གསོ་དང་གསོ་སྦྱོང་གི་འགྲོ་གྲོན་ལས་ཐུག་པའི་བུ་ལོན་ཡིན།

བརྒྱད་ནི་སྤྱི་ཚོགས་ཀྱི་དགོས་ངེས་དང་ཚུལ་མཐུན་གྱི་འགྲོ་འཐེང་ཆེད་དུ་གྲོན་དངུལ་བཏང་པ་ལས་ཐུག་པའི་བུ་ལོན་ཡིན།

དགུ་ནི་ཕྱི་ཤུག་གིས་ཐུན་མོང་གི་བུ་ལོན་ཡིན་པར་ཁ་ཆད་བཞག་པའི་བུ་ལོན་ཡིན།

བཙུ་ནི་ཕྱི་ཤུག་ཐུན་མོང་གི་བུ་ཕོན་དུ་ངོས་འཛིན་དགོས་པའི་བུ་ཕོན་གཞན་པ་ཡིན།

3. གང་འདྲ་ཞིག་ལ་གཉེན་སྒྲིག་མ་བྱས་གོང་གི་རྒྱུ་ནོར་ལ་གཞུང་དབང་སྒྲུབ་པ་ཟེར།

གཉེན་སྒྲིག་མ་བྱས་གོང་གི་རྒྱུ་ནོར་ལ་གཞུང་དབང་སྒྲུབ་པ་ཞེས་པ་ནི། གཉེན་སྒྲིག་ཐོ་འགོད་མ་བྱས་གོང་ལ་ཕོ་མོའི་བར་དུ་གྲོས་མཐུན་བྱུང་ནས་གཞུང་དབང་གི་འགྲོ་ལུགས་སྒྲུབ་པ་ལ་ཟེར། གཉེན་སྒྲིག་མ་བྱས་གོང་གི་རྒྱུ་ནོར་ལ་གཞུང་དབང་སྒྲུབ་སྐབས། ང་བདག་གིས་སྡོད་གནས་སམ་ཡང་ན་གྲོས་མཐུན་འཛུགས་སའི་ས་གནས་ཀྱི་གཞུང་དབང་ཁང་དུ་རེ་འདུན་ཞུ་དགོས་པ་དང་། རེ་ཞུ་བྱེད་སྐབས་གཤམ་གསལ་གྱི་ཡིག་ཆ་དག་མཁོ་འདོན་བྱེད་དགོས། རེ་ཞུ་བྱེད་མཁན་གྱི་ཐོབ་ཐང་ལག་ཁྱེར་དང་། གྲོས་ཆིངས（ཁྲིམས་ཛོད་པའི་མཛུབ་སྟོན་འོག་འབྲི་ཆོག）འབྲེལ་ཡོད་ཀྱི་ཐོན་དབང་དཔང་ཡིག（དཔེར་ན་མི་སྒེར་ལ་དབང་བའི་ཁང་ཁོངས་འཛིན་ཡིག་ལྟ་བུ）དེ་མིན་གཞན་གྱི་འབྲེལ་ཡོད་བདེན་དཔང་ཡིག་ཆ་བཅས་དགོས།

འཚོ་བ་དངོས་ཀྱི་ནང་དུ། མི་གཉིས་གཉེན་སྒྲིག་བྱེད་པར་གཉེན་སྒྲིག་མ་བྱས་གོང་གི་རྒྱུ་ནོར་ཚང་མ་ངེས་པར་དུ་གཞུང་དབང་སྒྲུབ་དགོས་པ་ཞིག་མ་ཡིན། སྤྱིར་བཏང་དུ། དབང་རྟགས་འདོན་སླ་བའི་རྒྱུ་ནོར་ལ་གཉེན་སྒྲིག་མ་བྱས་གོང་གི་རྒྱུ་ནོར་གཞུང་དབང་སྒྲུབ་མི་དགོས་པ་དང་། དབང་རྟགས་འདོན་དཀའ་བའི་རྒྱུ་ནོར་ལ་གཉེན་སྒྲིག་མ་བྱས་གོང་གི་རྒྱུ་ནོར་གཞུང་དབང་སྒྲུབ་དགོས། དཔེར་ན། ཁང་པ་ལྟ་བུ་ནི་ཐོ་འགོད་ལམ་ལུགས་ལག་བསྟར་བྱས་པ་ཡིན་པས། ཐོན་དབང་ཁ་གསལ་ཡིན་ཞིང་། གཉེན་སྒྲིག་མ་བྱས་གོང་གི་རྒྱུ་ནོར་གཞུང་དབང་སྒྲུབ་མི་དགོས། འོན་ཀྱང་རྒྱུ་ནོར་གྱི་བདག་དབང་འགྱུར་སླ་བའི་འགུལ་ནོར་ཏེ། དཔེར་ན་བཅོལ་དངུལ་དང་། གཡང་ཏིའི་ཡོ་ཆས། གསེར་དངུལ་རྒྱན་ཆ་ལ་སོགས་པའི་དངོས་པོ་རྩ་ཆེན་དག་བཟའ་ཚང་ཁ་བྲལ་བྱེད་སྐབས་བདག་དབང་ཁ་གསལ་བཤད་མི་ཐུབ་པའི་གནས་ཚུལ་མི་ཡོང་བའི་ཆེད། གཉེན་སྒྲིག་མ་བྱས་གོང་གི་རྒྱུ་ནོར་གཞུང་དབང་སྒྲུབ་དགོས་པ་ཡིན།

དཔེ་ཞིག་བཞག་ན། གལ་ཏེ་ཕྱོགས་གཅིག་ལ་གཉེན་སྒྲིག་མ་བྱས་གོང་དུ་ཁང་པ་ཞིག་ཡོད་ན། གཉེན་སྒྲིག་བྱས་པའི་རིང་ལ་ཁང་པ་བཤིག་ནས་སྒྱུ་དགོས་ཚེ། སྐྱིན་དངུལ་དེ་ནི་མི་སྒེར་གྱི་རྒྱུ་ནོར་ཡིན། སྐྱིན་དངུལ་དེ་ལག་ཏུ་འཕྲོར་རྗེས། གལ་ཏེ་དགོས་གལ་བྱུང་ཚེ། དུས་ཐོག་ཏུ་གཉེན་སྒྲིག་རྒྱུ་ནོར་གཞུང་དབང་སྒྲུབ་དགོས། རྒྱུ་མཚན་ནི་དངུལ་ནི་འགུལ་དངོས་ཡིན་པས། གལ་སྲིད་གཞུང་དབང་མ་སྒྲུབ་ན། རྩོད་པ་བྱུང་ཚེ་དེ་སུའི་ཡིན་པ་བཤད་ཁག་པོ་རེད། ཡོངས་ཁྱུངས་གསལ་པོ་བཤད་མི་ཐུབ་པའི་དངུལ་ནི་ཐུན་མོང་གི་རྒྱུ་ནོར་དུ་བརྩི་གི་ཡོད།

གསུམ། ཐྲུ་གུས་ཕ་མར་ཞབས་ཏོག་ཞུ་བའི་འོས་འགན་མ་བསྒྲུབས་ན་ཇི་ལྟར་བྱེད་དགོས།

སྤྱི་ངོ་ལི་ལགས་དང་རྒྱ་བོ་དབྱང་ལགས་གཉིས་ནི་བཟའ་ཚང་ཡིན་ཞིང་། ཁོང་གཉིས1972ལོར་གཉེན་སྒྲིག་ཐོ་འགོད་བྱས། སྤྱི་ངོ་ལི་ལགས་སྔོན་ཆད་གཉེན་སྒྲིག་ཐེངས་གཅིག་བྱེད་མྱོང་ཡོད་པས་ཁོང་ལ་བུ་གཅིག་དང་བུ་མོ་གཅིག་ཡོད་པ་རེད། སྤྱི་ངོ་ལི་ལགས་ཀྱིས་བཟའ་ཟླ་ཤི་མ་གྲོངས་ནས་ལོ་གཉིས་ཕྱིན་རྗེས་རྒྱ་བོ་དབྱང་ལགས་དང་མཉམ་དུ་འཚོ་བ་བསྐྱལ། སྤྱི་ངོ་ལི་ལགས་དང་རྒྱ་བོ་དབྱང་ལགས་གཉིས་ཀྱིས་དཀའ་སྡུད་འབད་བརྩོན་གྱིས་ཕྲུ་གུ་གཉིས་པོ་གསོ་སྐྱོང་བྱས་ནས་འཚར་ལོངས་བྱུང་བར་མ་ཟད། རྒྱ་བོ་དབྱང་ལགས་ཀྱིས་ཕྲུ་གུ་གཉིས་པོས་རང་ཉིད་ལ་དང་ལེན་བྱས་ནས་དགའ་སྤྲོའི་ངང་འཚོ་བར་རེའུ་ཐུབ་ཆེད་རང་ཉིད་ཀྱིས་ཕྲུ་གུ་སྐྱེས་མེད་པ་རེད།

ཕྱིས་སུ་སྤྱི་ངོ་ལི་ལགས་ཀྱི་བུ་ཕྲུག་གཉིས་པོས་ཁྱིམ་ཚང་བཟུང་བ་དང་ལས་ཀར་ཞུགས་པས། སྤྱི་ངོ་ལི་ལགས་དང་རྒྱ་བོ་དབྱང་ལགས་ཀྱང་དགའ་ཚོར་དང་འདོད་བློ་ཚིམ་པར་གྱུར། འོན་ཀྱང་སྤྱི་ངོ་ལི་ལགས་དང་རྒྱ་བོ་དབྱང་ལགས་དགུང་ལོ་ཇེ་མཐོར་

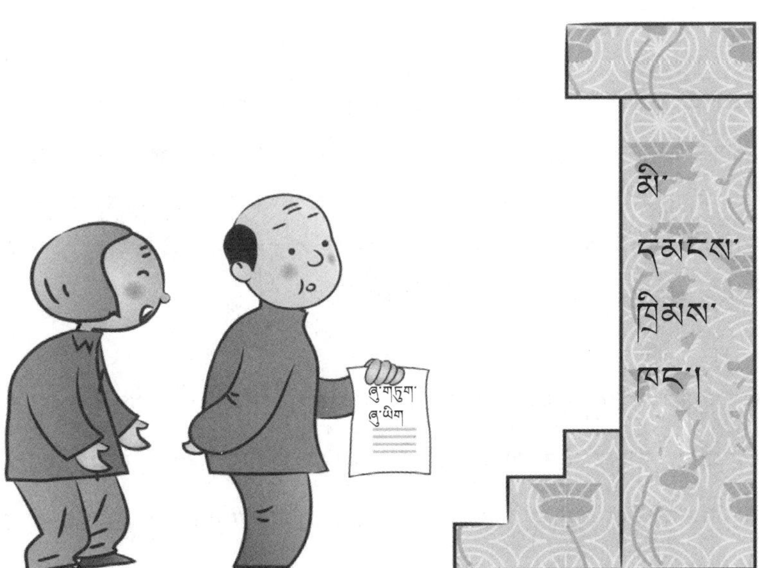

སོང་བ་དང་བསྟུན་ནས་གཟུགས་གཞི་ཡང་ཇེ་སྡུག་ཇེ་སྡུག་ཏུ་སོང་བ་དང་། འཚོ་བ་རང་མགོ་ཐོན་ཐབས་བྲལ་པ་མ་ཟད། རང་ཉིད་ཀྱི་འཚོ་བ་དང་སྨན་བཅོས་ཀྱི་འགྲོ་གྲོན་ཡང་གཏོང་རྒྱུ་མེད་པའི་གནས་སུ་གྱུར།

འོན་ཀྱང་བུ་དང་བུ་མོ་སོ་སོ་གཉེན་སྒྲིག་བྱས་པ་ནས་བཟུང་། སྤོ་བོ་ལི་ལགས་དང་རྨོ་བོ་དབྱང་ལགས་ལ་བསམ་པ་དང་དངོས་པོ་གང་ཅིའང་གི་ཐོག་ནས་ཞབས་ཏོག་ཞུ་བའི་འོས་འགན་གཏན་ནས་སྒྲུབ་མྱོང་མེད་པ་དང་། སྤོ་བོ་ལི་ལགས་དང་རྨོ་བོ་དབྱང་ལགས་གཉིས་སྐྱེན་པའི་དུས་སུའང་ཁོང་གཉིས་སྨན་ཁང་དུ་སྨན་བཅོས་བྱེད་པར་གཏན་ནས་ཁྲིད་མྱོང་མེད་པ་མ་ཟད། ཁོང་གཉིས་སྐྱེན་ནས་སྨན་ཁང་དུ་བསྡད་པའི་རིང་གི་སྨན་བཅོས་འགྲོ་གྲོན་ཡང་གཏོང་མྱོང་མེད་པ་རེད།

རྗེས་སུ་སྤོ་བོ་ལི་ལགས་དང་རྨོ་བོ་དབྱང་ལགས་ཀྱིས་བུ་དང་བུ་མོ་ཁྲིམས་ཁང་ལ་ཞུ་གཏུག་བྱས་ནས། མི་དམངས་ཁྲིམས་ཁང་གིས་སྤོ་བོ་ལི་ལགས་དང་རྨོ་བོ་དབྱང་ལགས་མ་གྲོངས་བར་དུ་ཕྲུ་གུ་རེ་རེས་ཟླ་རེར་སྤོ་བོ་ལི་ལགས་དང་རྨོ་བོ་དབྱང་ལགས་ལ་ཞབས་ཏོག་གྲོན་དངུལ་སྒོར2400སྤྲོད་དགོས་པའི་ཁྲིམས་ཐག་གཅོད་རྒྱུའི་རེ་བ་བཏོན།

《ཀྲུང་ཧྭ་མི་དམངས་སྤྱི་མཐུན་རྒྱལ་ཁབ་ཀྱི་དམངས་དོན་ཁྲིམས་གཞུང་》གི་དོན་ཚན་ཆིག་སྟོང་དང་རེ་བདུན་པའི་ནང་གསེས་གཉིས་པར་གཏན་འབེབས་བྱས་དོན། ནར་སོན་པའི་བུ་ཕྲུག་གིས་ཕ་མར་ཞབས་ཏོག་སྒྲུབ་པའི་འོས་འགན་མི་སྒྲུབ་ན། ངལ་རྩོལ་བྱེད་ནུས་མེད་པའམ་འཚོ་བར་དཀའ་ངལ་ཡོད་པའི་ཕ་མར་ནར་སོན་པའི་བུ་ཕྲུག་གིས་གསོ་རྟེན་གྲོན་དངུལ་སྤྲོད་དགོས་པའི་རེ་བ་འདོན་དབང་ཡོད།

ནར་སོན་པའི་བུ་ཕྲུག་གིས་ཕ་མར་ཞབས་ཏོག་ཞུ་བའི་འོས་འགན་ནི་གཉེན་ཉེའི་ཁེ་དབང་གི་ནང་དོན་གལ་ཆེན་ཞིག་ཡིན། ཞབས་ཏོག་ཞུ་བའི་འོས་འགན་ནི་ཁྲིམས་བཀོད་ཀྱི་འོས་འགན་ཡིན་ལ། ནར་སོན་པའི་བུ་ཕྲུག་གིས་ངེས་པར་དུ་བསྒྲུབ་དགོས་པའི་འོས་འགན་ཡིན། ལྷག་པར་དུ་ངལ་རྩོལ་ནུས་པ་མེད་པའམ་འཚོ་བར་

དཀའ་ངལ་ཡོད་པའི་ཕ་མར་ནར་སོན་པའི་བུ་ཕྲུག་གིས་ངེས་པར་དུ་ཞབས་ཏོག་ཞུ་བའི་འོས་འགན་བསྒྲུབ་དགོས།

མཐར་ཁྲིམས་ཁང་གིས་སྒོ་པོ་ལི་ལགས་ཀྱི་བུ་ཕྲུག་མི་རེ་ངོ་རེས་ཟླ་རེར་སྒོ་པོ་ལི་ལགས་དང་རྨོ་བོ་དབྱང་ལགས་ལ་འཚོ་སྐྱོང་གྲོན་དངུལ་སྒོར1600སྤྲོད་དགོས་པའི་ཁྲིམས་ཐག་བཅད།

ཁྲིམས་ལུགས་ཁྲབ་གདལ་གྱི་སློབ་ཚན།

1. བུ་ཕྲུག་གིས་རྒན་རྒོན་ལ་ཞབས་ཏོག་ཞུས་མེད་པ་ཇི་ལྟར་ར་སྤྲོད་དགོས།

གཅིག་ནི་གཞི་རིམ་རྩ་འཛུགས་ཀྱི་དབང་རྣགས་ཡིན། དཔེར་ན་གྲོང་མིའི་ཨུ་ལྷན་དང་གྲོང་ཚོའི་ཨུ་ལྷན་སོགས་འབྲེལ་ཡོད་རྩ་འཛུགས་ཀྱིས་དབང་ཡིག་བྲིས་པ་ལྟ་བུ།

གཉིས་ནི་ཁེ་གྲོང་གི་འབྲེལ་བ་མེད་པའི་གཉེན་ཉེ་དང་གྲོགས་པོའམ། ཡང་ན་ཁྱིམ་མཚེས་ཀྱི་དཔང་པོ་དང་དཔང་ཚིག་ཡིན།

2. འདྲ་པར་གྱིས་རྒན་རྒོན་ལ་ཞབས་ཏོག་ཞུས་མིན་གྱི་བདེན་དཔང་བྱས་ཚོག་གམ།

འདྲ་པར་ནི་ངོ་བོ་གཏན་འཁེལ་བའི་དཔང་རྟགས་སུ་བརྩི་མི་ཉུང་། འོན་ཀྱང་དཔྱད་གཞི་བྱས་ཆོག

བཞི། གཉེན་སྒྲིག་མ་བྱས་པར་ཕྲུ་གུ་སྐྱེས་ན་དེའི་ཕ་ལ་གསོ་སྐྱོང་འོས་འགན་ཡོད་དམ།

ཞའོ་སུན་དང་དབྱང་དབྱང་ནི་དགའ་རོགས་ཡིན། ཁོ་གཉིས་དགའ་རོགས་ཀྱི་འབྲེལ་བ་བཙུགས་ནས་ལོ་གསུམ་ལྷག་ཕྱིན་ཡོད། འོན་ཀྱང་གཉེན་སྒྲིག་གི་གྲོས་བྱེད་སྐབས་ཕྱོགས་གཉིས་ཀའི་ཕ་མའི་བསམ་མཐུན་བྱུང་མེད། མཐར་ཁོ་གཉིས་ཀྱིས་ཕ་མའི་ཁ་ལ་ཉན་ནས་གཉེན་སྒྲིག་མ་བྱས་པ་རེད། འོན་ཀྱང་ཁ་བྲལ་རྗེས་ཀྱི་ཟླ་བ་གཉིས་པར། དབྱང་དབྱང་གིས་རང་ཉིད་ལ་ཕྲུ་གུ་འཁོར་བ་ཤེས་ནས། ཕྲུ་གུ་དེ་སྐྱེ་རྒྱུའི་སེམས་ཐག་བཅད།

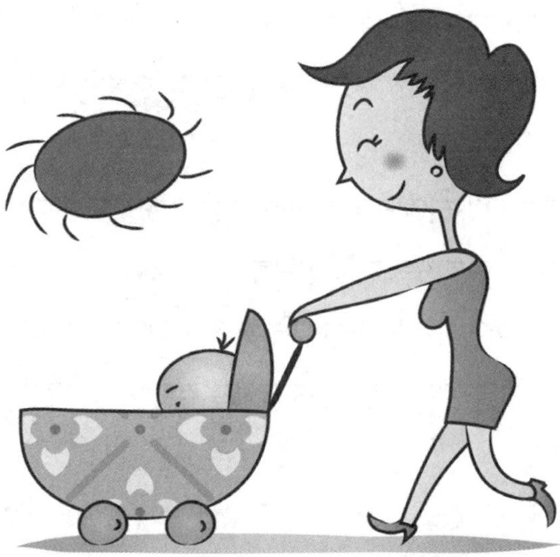

ཡིན་ནའང་ཕྲུ་གུ་གསོ་བ་ནི་ལས་སླ་པོ་ཞིག་ག་ལ་ཡིན། ལོ་གཉིས་ཀྱང་མ་སོང་བར་དབྱང་དབྱང་ཐབས་ཟད་ཅུ་ཐུག་གི་གནས་སུ་གྱུར་ཏེ་ཞའོ་སུན་ལ་ཕྲུ་གུའི་སྐོར་བཤད་པ་རེད། ཞའོ་སུན་ནི་ཟླ་བ་གོང་མར་བུ་མོ་གཞན་པ་ཞའོ་ལིའུ་ཟེར་བ་ཞིག་དང་གཉེན་སྒྲིག་གི་ཐོ་བཀོད་ཟིན་པས། ཁོས་ཞའོ་ལིའུ་ལ་དོན་དེ་ཤེས་སུ་འཇུག་འདོད་མེད། འོན་ཀྱང་དབྱང་དབྱང་མི་གཅིག་པུས་ཕྲུ་གུ་གསོ་སྐྱོང་བྱེད་པ་ལས་སླ

པོ་མིན་པར་ཡང་བསམ་ཤེས་ཐུབ་ནས། ཁོས་ཟླ་རེར་ཕྲུ་གུའི་གསོ་རྟེན་སྒོར3000སྤྲོད་ཀྱི་ཡོད་པ་རེད།

རྗེས་སུ་ཞའོ་ལིའུ་ཡིས་དོན་དག་དེ་ཧ་གོ་ནས་ཁོང་ཁྲོ་ཆེན་པོ་ལངས་ཤིང་། མོའི་བསམ་པར་ཞའོ་སུན་གྱིས་ཁོ་གཉིས་ཀྱི་ཐུན་མོང་གི་རྒྱུ་ནོར་གྱིས་ཁོའི་ཕྱི་ཕྲུག་གསོ་གི་འདུག་བསམས་ནས། དབྱང་དབྱང་ལ་ སྨུ་མཐུད་དུ་གསོ་རྟེན་སྤྲོད་རྒྱུར་བཀག་འགོག་བྱས་པ་རེད།

《ཀྲུང་ཧྭ་མི་དམངས་སྤྱི་མཐུན་རྒྱལ་ཁབ་ཀྱི་དམངས་དོན་ཁྲིམས་གཞུང་》གི་དོན་ཚན་ཆིག་སྟོང་དང་དོན་གཅིག་པའི་ནང་དུ་གཏན་འབེབས་བྱས་དོན། གཉེན་སྒྲིག་བྱས་ནས་སྐྱེས་པ་མིན་པའི་བུ་ཕྲུག་ལ་གཉེན་སྒྲིག་བྱས་ནས་སྐྱེས་པའི་བུ་ཕྲུག་དང་འདྲ་མཉམ་གྱི་ཁེ་དབང་སྤྱོད་རྒྱུ་ཡོད། ཚ་འཇོགས་དང་མི་སྨེར་གང་ཡང་ཉུང་བས་གནོད་པ་དང་མཐོང་ཆུང་བྱས་མི་ཆོག

གཉེན་སྒྲིག་བྱས་ནས་སྐྱེས་པ་མིན་པའི་བུ་ཕྲུག་དངོས་སུ་གསོ་སྐྱོང་མི་བྱེད་པའི་ལུས་སྐྱེན་ཕ་མ་ཡིན་ན། ནར་མ་སོན་པའི་བུ་ཕྲུག་གམ་འཚོ་བ་རང་མགོ་མི་ཐོན་པའི་ནར་སོན་པའི་བུ་ཕྲུག་གི་གསོ་རྟེན་གྲོན་དངུལ་འཁུར་དགོས།

བཅའ་ཁྲིམས་ཀྱི་གཏན་འབེབས་ལྟར་ན། ཞའོ་སུན་ལ་གཉེན་སྒྲིག་མ་བྱས་པར་སྐྱེས་པའི་ཕྲུ་གུར་གསོ་རྟེན་དོད་དངུལ་སྤྲོད་པའི་འོས་འགན་ཡོད། ཞའོ་སུན་གྱིས་སྤྲད་པའི་སྒོར3000ནི་ཁོ་དང་ཞའོ་ལིའུ་ཡི་ཐུན་མོང་གི་རྒྱུ་ནོར་ཡིན་མོད། འོན་ཀྱང་ཁོ་ལ་ཡོང་འབབ་མང་བས། སྒོར3000དེ་ཁོའི་ཁྱིམ་ཚང་གི་ངོས་ནས་བཤད་ན་དཔལ་འབྱོར་གྱི་ཁུར་པོར་གྱུར་མི་སྲིད་པས། ཞའོ་ལིའུ་ཡིས་དེ་བཀག་འགོག་བྱེད་མི་འོས་པ་རེད།

ཁྲིམས་ལུགས་ཁྱབ་གདལ་གྱི་སློབ་ཚན།

《དམངས་དོན་ཁྲིམས་གཞུང་》གི་དོན་ཚན་ཆིག་སྟོང་དང་ཞེ་གསུམ་པའི་ནང་དུ་གཏན་འབེབས་བྱས་དོན། ཁྱིམ་ཚང་གིས་ཁྱིམ་སྲོལ་བཟང་པོ་འཛུགས་སྐྲུན་དང་། ཁྱིམ་ཚང་གི་སྤྱོད་བཟང་དར་སྤེལ། ཁྱིམ་ཚང་གི་ཚུལ་ལུགས་འཛུགས་སྐྲུན་ལ་མཐོང་ཆེན་བཅས་བྱེད་དགོས།

ཁྱོ་ཤུག་ཕན་ཚུན་བློ་དཀར་བ་དང་། ཕན་ཚུན་བརྩི་འཇོག ཕན་ཚུན་སྙིང་ཉེ་བཅས་བྱེད་དགོས་པ་དང་། ཁྱིམ་མིས་རྒན་བཀུར་གཞོན་གཅེས་དང་། ཕན་ཚུན་རོགས་རེས་བྱེད་དགོས་ཤིང་། འདྲ་མཉམ་དང་། འཆམ་མཐུན། ཚུལ་ལྡན་བཅས་ཀྱི་གཉེན་སྒྲིག་དང་ཁྱིམ་ཚང་གི་འབྲེལ་བ་སྲུང་སྐྱོང་བྱེད་དགོས།

ཞའོ་སུན་གྱིས་ཕྲུ་གུའི་གསོ་རྒྱན་གྱི་གནད་དོན་ཐག་གཅོད་བྱེད་སྐབས། བཟའ་ཟླ་ཞའོ་ལིའུ་ལ་སྦྲ་གསང་བྱས་པ་མངོན་གསལ་རེད། བྱེད་སྟངས་དེ་རིགས་དེ་ཙམ་མི་ལེགས། གནད་དོན་ཐོན་ཚེ་དགོས་མེད་ཀྱི་རྙོག་དྲ་འབྱུང་སྲིད་ལ། ཁྱིམ་ཚང་གཉིས་ཀར་ཚད་ངེས་ཅན་གྱི་གནོད་འཚེ་ཕོག་སྲིད།

༤ མིང་སྲིད་རྒྱན་པར་མིང་སྲིད་གཞོན་པ་གསོ་སྐྱོང་བྱེད་པའི་འོས་འགན་ཡོད་དམ།

ཞའོ་ཧྲན་ནི་ད་ལོ་སློབ་ཆེན་ཐོན་མ་ཐག་པ་ཞིག་ཡིན་ལ། པེ་ཅིང་གི་ཀུང་སི་ཞིག་ཏུ་དངོས་སྦྱོང་བྱེད་བཞིན་ཡོད། ལས་གནས་དེ་ཙམ་བརྟན་པོ་མེད་པའི་སྐབས་དེར། ཧྲང་སངས་དགོས་པའི་བཟ་འཕྲིན་ཞིག་འབྱོར་བ་སྟེ། རང་ཉིད་ཀྱི་ཕ་མས་རང་ལ་གཅུང་མོ་ཞིག་སྐྱེས་པ་ཐོས།

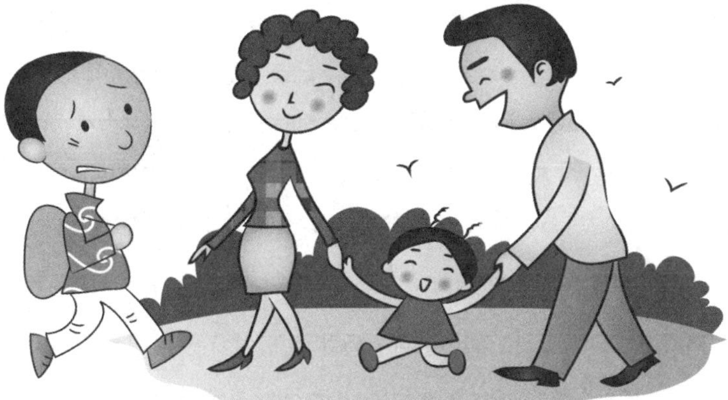

དེ་ཡང་། ཞའོ་ཧྲན་གྱི་ཕ་མར་ཞའོ་ཧྲན་ནར་སོན་རྗེས་རང་ཉིད་ལ་བསྙེན་བཀུར་མི་བྱེད་པའི་སེམས་ཁྲལ་བྱུང་ནས། བཟའ་ཚོ་གཉིས་ཀྱིས་གྲོས་མོལ་བྱས་ཏེ་ཕྲུ་གུ་གཉིས་པ་སྐྱེ་རྒྱུ་ཐག་བཅད་པ་མ་ཟད། ཕྲུ་གུ་འཁོར་རིང་ཞའོ་ཧྲན་ལ་སྦ་གསང་བྱ་རྒྱུའི་གྲོས་མཐུན་ཡང་བྱུང་པ་རེད།

ཕྲུ་གུ་སྐྱེ་སླ་ཡང་གསོ་དཀའ། ད་ཆ་ཕྲུ་གུ་གཅིག་གསོ་བའི་འགྲོ་སོང་འབོར་ཆེན་དེ་འདྲ་ཞའོ་ཧྲན་གྱི་ཕ་མའི་བསམ་ཡུལ་ལས་འདས་པ་རེད། ཕྲུ་གུ་གཉིས་པ་སྐྱེས་རྗེས་ཁྱོ་ཤུག་གཉིས་པོས་གསོ་རྒྱུན་གྱི་འགུར་པོར་བཟོད་ཐབས་བྲལ་ནས། བུ་རྒན་པ་ཞའོ་ཧྲན་ཡིད་ལ་འཁོར་ཏེ། ཁོ་གཉིས་ཀྱིས་ཞའོ་ཧྲན་གྱིས་དངུལ་བསྐུར་ནས་ཕ་མར་གཅུང་མོ་གསོ་རོགས་བྱེད་དགོས་པའི་རེ་བ་བཏོན།

ཡིན་ནའང་། ཞའོ་ཏན་ལས་ཀར་ཞུགས་མ་ཐག་པ་ཡིན་པས་དཔལ་འབྱོར་གྱི་རྨང་གཞི་གང་ཡང་མེད་ལ། པེ་ཅིང་དུ་རྐང་པ་ཚུགས་པར་འཚོ་བའི་གནོན་ཤུགས་དེ་བས་ཆེ་རྒྱུན། ཁོས་ཕ་མའི་རེ་བ་དེ་ཁས་ལེན་མ་བྱས་པ་རེད། བསམ་ཡུལ་ལས་འདས་པ་ཞིག་ལ་ཕ་མ་གཉིས་པོས་ཞའོ་ཏན་ཁྲིམས་ཁང་ལ་སྨྲུར།

《ཀྲུང་ཧྭ་མི་དམངས་སྤྱི་མཐུན་རྒྱལ་ཁབ་ཀྱི་དམངས་དོན་ཁྲིམས་གཞུང་》གི་དོན་ཚན་ཆིག་སྟོང་དང་དོན་ལྔ་པའི་ནང་དུ་གཏན་འབེབས་བྱས་དོན། ཁག་འཁུར་ལེན་ནུས་ཡོད་པའི་གཅེན་པོ་དང་གཅེན་མོ་ཡིན་ན། ཕ་མ་ཤི་བའམ་ཕ་མར་གསོ་སྐྱོང་བྱེད་ནུས་མེད་པའི་ནར་མ་སོན་པའི་རང་གི་གཅུང་པོ་དང་གཅུང་མོ་འཚོ་སྐྱོང་བྱེད་པའི་འོས་འགན་ཡོད།

གཅེན་པོ་དང་གཅེན་མོས་འཚོ་སྐྱོང་བྱས་ནས་འཚར་ལོངས་བྱུང་ཞིང་ཁག་འཁུར་ལེན་ནུས་ཡོད་པའི་གཅུང་པོ་དང་གཅུང་མོ་ཡིན་ན། ངལ་རྩོལ་བྱེད་ནུས་མེད་ལ་འཚོ་རྟེན་ཡོང་ཁུངས་ཀྱང་མེད་པའི་གཅེན་པོ་དང་གཅེན་མོ་འཚོ་སྐྱོང་བྱེད་པའི་འོས་འགན་ཡོད།

ཁྲིམས་ཁང་ནས་མཇུག་མཐར་ཞའོ་ཏན་གྱོད་ཕམ་པར་ཁྲིམས་ཐག་བཅད་ཅིང་། ཞའོ་ཏན་ལ་ཕ་མར་རོགས་བྱས་ནས་བུ་ཕྲུག་གཉིས་པ་འཚོ་སྐྱོང་བྱེད་པའི་འོས་འགན་ཡོད་པས། དཔལ་འབྱོར་ཐད་ནས་རྒྱབ་སྐྱོར་ངེས་ཅན་ཞིག་བྱེད་དགོས་ངེས་ཡིན་པ་ངོས་འཛིན་བྱས།

ཁྲིམས་ལུགས་ཁྱབ་གདལ་གྱི་སློབ་ཚན།

"གསོ་སྐྱོང་"དང་"འཚོ་སྐྱོང་"གཉིས་ལ་ཁྱད་པར་གང་ཡོད།

དང་ཐོག"གསོ་སྐྱོང་"དང་"འཚོ་སྐྱོང་"ནི་གོ་དོན་མི་འདྲ་བ་གཉིས་ཡིན་པ་གསལ་པོར་ཤེས་དགོས། "གསོ་སྐྱོང་"ནི་སློབ་སྐྱོང་དང་སྲུང་སྐྱོབ་བྱེད་པའི་དོན་ཡིན། "འཚོ་སྐྱོང་"ནི་ཕན་ཚུན་རོགས་སྐྱོར་བྱེད་པའི་དོན་ཡིན། དེ་གཉིས་ཕན་ཚུན་གཅིག་ཁོངས་གཅིག་གཏོགས་ཀྱི་འབྲེལ་བ་སྐབས་བདེ་དེ་འདྲ་མིན་ལ་གོ་དོན་གཅིག་མཚུངས་ནི་དེ་བས་མིན།

གསོ་སྐྱོང་ཞེས་པ་སྐབས་བདེའི་སྒོ་ནས་བཤད་ན། "སྲུང་སྐྱོབ་དང་སློབ་སྐྱོང་བྱེད་པ"ལ་ཟེར། གསོ་སྐྱོང་གི་འབྲེལ་བ་ནི་རྒན་རབས་དང་རྗེས་རབས་ཀྱི་བར་ལ་འབྱུང་ཞིང་། རྒན་རབས་ཀྱིས་བྱ་སྤྱོད་སྤེལ

ནུས་མེད་པའི་མིར་(གཙོ་བོ་ནར་མ་སོན་པའི་མི་ཡིན་)སྲུང་སྐྱོབ་དང་སློབ་སྦྱོང་བྱེད་པ་སྟེ། སློབ་གསོ་དང་སྲུང་སྐྱོབ་དམིགས་སུ་བཟུང་བ་དང་། དེའི་དམིགས་ཡུལ་ནི་བུ་ཕྲུག་བདེ་ཐང་ངང་འཚར་ལོངས་ཡོང་བའི་ཆེད་དུ་ཡིན།

འཚོ་སྐྱོང་ཞེས་པ་ནི་སྤྱི་ཚོགས་ཀྱི་འབྲེལ་བའི་ཁྲོད་"ཉམས་ཆུང"་ལ་དཔལ་འབྱོར་དང་འཚོ་བའི་ཐོག་གི་རོགས་སྐྱོར་བྱེད་པ་ལ་ཟེར། དེ་ཡང་ཡོངས་ཁྱབ་ནས་བཤད་ན། དམིགས་བཙུགས་ཀྱི་གཉེན་ཉེ་དང་ཁྱོ་ཤུག་བར་བཅའ་ཁྲིམས་ཀྱི་གཏན་འབེབས་ཁ་གསལ་ལྟར་གནས་པའི་དཔལ་འབྱོར་ཐད་པན་ཚུན་འདོན་སྤྲོད་དང་། འཚོ་བའི་ཐད་ཕན་ཚུན་རོགས་སྐྱོར་བྱེད་པའི་ཁེ་དབང་དང་འོས་འགན་གྱི་འབྲེལ་བར་ཟེར།

ཞའོ་ཏན་ནི་བུ་མོ་ཆུན་པ་ཡིན་པས། མོས་ཕ་མར་རོགས་རམ་བྱས་ནས་སྐྱེས་མ་ཐག་པའི་གཅུང་མོ་འཚོ་སྐྱོང་བྱེད་པའི་འོས་འགན་ཡོད་མོད། འོན་ཀྱང་"འཚོ་སྐྱོང"་གི་འབྲེལ་བ་འདི་རིགས་ནི་རམ་འདེགས་ཙམ་ཡིན།

གཉེར་འཛིན།

གཅིག གཉེན་འཛིན་སྐབས་ནོར་འཁྲུལ་མེད་མཁན་གྱིས་གུན་གསབ་ལེན་ཆོག་གམ།

ཞའོ་ལི་དང་དབྱིང་ཙི་གཉིས་ལོ་བཅུའི་གོང་ལ་གཉེན་སྒྲིག་བྱས་པ་དང་། སྐབས་དེར་བཟའ་ཟླ་གཉིས་བཅོ་དུང་ཡག་ཅིང་ཡུན་རིང་མ་སོང་བར་ཕོ་གཉིས་ལ་བུ་མོ་ཞིག་སྐྱེས། ལོ་གཉིས་ཀྱི་རྗེས་སུ། ཞའོ་ལི་ཕྱི་ལ་ཞོར་ལས་སུ་ཕྱིན་པ་དང་། དབྱིང་ཙི་གཅིག་པུས་ཁྲིམ་དུ་བུ་མོར་གཉོར་སྐྱོང་དང་རྒན་རྒོན་ལ་ལྟ་སྐྱོང་བྱས་ནས་བསྡད་པ་རེད།

དེའི་རྗེས་ཀྱི་ལོ་ཤས་ནང་ཞའོ་ལི་ཁྲིམ་དུ་ལོག་སྔོང་མེད་པས། དབྱིང་ཙིས་ག་དུས་ཁ་པར་བཏང་ཡང་ཞའོ་ལི་ཡིས་ལས་ཀ་བྲེལ་བ་ཆེ་བར་ཁ་གཡར་བ་དང་། དབྱིང་ཙིས་ག་དུས་དངུལ་སློང་ནའང་ཞའོ་ལིས་རྟག་པར་དངུལ་མེད་ཟེར། དབྱིན་ཙིས་ཞའོ་ལི་ལ་དོགས་པ་ཟ་ནས། ཆེད་མངགས་ཞའོ་ལི་སྒྲ་པ་རྒྱུགས་སར་ལྟ་བར་སོང་བས། ཞའོ་ལི་ཡིས་སྐྲས་པའི་ཁང་པའི་ནང་དུ་བུད་མེད་ཀྱི་གྱོན་གོས་མང་པོ་ཡོད་པ་མཐོང་། དབྱིང་ཙིས་ཞའོ་ལིར་འདྲི་རྩད་ཡང་ཡང་བྱས་མཐར། ཞའོ་ལིས་བཟོ་པའི་ནང་གི་ལས་རོགས་བུད་མེད་ཧྭ་ཆེ་གེ་མོ་དང་མཉམ་དུ་འཚོ་བ་ལོ་གཉིས་ཙམ་བསྐྱལ་བའི་སྐོར་ངོས་ལེན་ཞུས་པ་དང་སྦྲགས། ཁོས་དབྱིན་ཙི་ལ་དགོངས་པ་དྲངས་བ་ཡོང་རྒྱུའི་རེ་བ་ཞུས།

དབྱིང་ཙིས་དེ་ཐོས་མྲལ་ཁོང་ཁྲོའི་མེ་ལྕེ་རབ་ཏུ་འབར་ནས། ས་གནས་དེ་གའི་མི་དམངས་ཁྲིམས་ཁང་ལ་གཉེར་འཛིན་བྱ་རྒྱུའི་ཞུ་གཏུག་བཀྱབ་ཅིང་། ཞའོ་ལི་ཡིས་གུན་གསབ་འབོར་ཆེན་འཇལ་དགོས་པའི་རེ་ཞུ་བྱས།

《ཀྲུང་ཧྭ་མི་དམངས་སྤྱི་མཐུན་རྒྱལ་ཁབ་ཀྱི་དམངས་དོན་ཁྲིམས་གཞུང་》གི་དོན་ཚན་ཆིག་སྟོང་དང་བོ་གཅིག་པའི་ནང་དུ་གཏན་འབེབས་བྱས་དོན། གཤམ་གསལ་གྱི་གནས་ཚུལ་གྲས་ཤིག་ཡོད་ནས་གཉེན་འཐོར་བྱས་ན། ནོར་འཇོལ་མེད་མཁན་ཕྱོགས་ལ་གུན་གསབ་འཇལ་དགོས་པའི་རེ་འདུན་ཞུ་དབང་ཡོད།

(གཅིག) གཉེན་སྒྲིག་བརྩེགས་མ་བྱས་པ།

(གཉིས།) མི་གཞན་དང་འགག་མཐུན་མཉམ་སྡོད་བྱས་པ།

(གསུམ།) ཁྱིམ་ཚང་དུ་གདུག་སྤྱོད་སྤེལ་བ།

(བཞི།) ཁྱིམ་མིར་མནར་གཅོད་བཏང་བ་དང་། དབྱུགས་སྐྱུར་བྱས་པ།

(ལྔ།) ནོར་འཇོལ་ཚབས་ཆེན་གཞན་དག་ཡོད་པ།

ཁྲིམས་ཁང་གིས་ཞིབ་བཤེར་བྱས་པ་བརྒྱུད། ཞུ་སྒྲོར་ཕྱི་མ་ཞའོ་ལི་ཡིས་མི་གཞན་དང་འགག་མཐུན་མཉམ་སྡོད་བྱས་པའི་རྐྱེན་གྱིས། ཞུ་སྒྲོར་སྔ་མ་དབྱིང་ཅེ་ལ་གནོད་འཚེ་ཐོག་ནས། ཁྲོ་ཤུག་གི་འབྲེལ་བར་གནོད་འཚེ་བཏང་འདུག་པ་རྟོགས་ནས། ཁྲིམས་ཁང་གིས་ཁོ་གཉིས་གཉེན་འཐོར་བྱ་རྒྱུ་དང་། ཞའོ་ལིས་དབྱིན་ཅེ་ལ་གུན་གསབ་དངས་ཅན་སྤྲོད་རྒྱུའི་ཁྲིམས་ཐག་བཅད་པ་རེད།

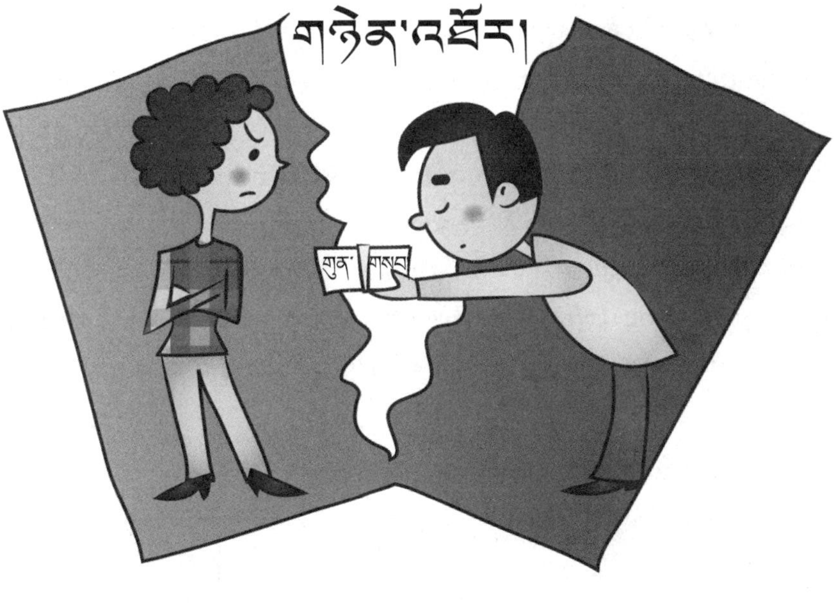

ཁྲིམས་ལུགས་ཁེབ་གདལ་གྱི་སློབ་ཚན།

1. གང་འདྲ་ཞིག་ལ་གཉེན་སྒྲིག་བརྫེགས་མ་བྱས་པ་ཟེར།

གཉེན་སྒྲིག་བརྫེགས་མ་བྱས་པ་ཞེས་པ་ནི་བཟའ་ཟླ་ཡོད་མཁན་གྱིས་ཡང་བསྐྱར་གཉེན་སྒྲིག་བྱས་པའི་བྱ་སྤྱོད་ལ་ཟེར། དེ་ནི་གཉེན་སྒྲིག་གི་འབྲེལ་བ་ཞིག་ཡོད་བཞིན་དུ། ད་དུང་ཡང་མི་གཞན་པ་དང་གཉེན་སྒྲིག་གི་འབྲེལ་བ་གཉིས་པ་བཙུགས་པའི་ཁྲིམས་འགལ་གྱི་བྱ་སྤྱོད་ཡིན།

གལ་ཏེ་ཕ་རོལ་པོས་བཟའ་ཟླ་ཡོད་བཞིན་དུ་གཉེན་སྒྲིག་བྱས་ན། དེའི་ནོར་འཁྲུལ་ལ་སྐྱིན་གསབ་སྤྲོད་དགོས་པའི་རེ་ཞུ་བྱས་ཆོག་ལ། ད་དུང་གཉེན་སྒྲིག་བརྫེགས་མ་བྱས་པའི་བྱས་ཉེས་ལྟར་ཐག་གཅོད་བྱ་རྒྱུའི་རེ་འདུན་ཀྱང་བཏོན་ཆོག གཉེན་སྒྲིག་བརྫེགས་མ་བྱས་པའི་བྱས་ཉེས་ནི་སྒེར་གཏུག་ཞུ་སྐྱོར་གྱི་གྱོད་དོན་ཁོངས་སུ་གཏོགས་པ་སྟེ། དེ་ནི་རང་ཉིད་ཀྱིས་དཔང་རྟགས་བསྡུ་རུབ་བྱས་ཏེ་ཁྲིམས་ཁང་ལ་ཞུ་སྐྱོར་བྱས་ནས། གཉེན་སྒྲིག་བརྫེགས་མ་བྱས་པའི་བྱས་ཉེས་ཀྱི་ཉེས་དོན་འགན་འཁྲི་བདའ་འདེད་གཏོང་རྒྱུའི་རེ་བ་བཏོན་པ་ལ་ཟེར། དེ་དང་ཆབས་ཅིག་ཏུ་གཞུང་ཕྱོགས་ཞུ་སྐྱོར་གྱི་གྱོད་དོན་ཡང་ཡིན་པ་སྟེ། བབ་མཚུངས་ཀྱི་དཔང་རྟགས་མཁོ་འདོན་བྱས་ནས། སྤྱི་བདེ་ལས་ཁུངས་ལ་བརྟག་དཔྱད་ནང་ཞུགས་རྒྱུའི་རེ་བ་བཏོན་ཏེ། གལ་སྲིད་གཉེན་སྒྲིག་བརྫེགས་མ་བྱས་པར་བདེན་དཔང་ཐོབ་ན། ཉེས་དོན་གྱི་གྱོད་གཞི་ལྟར་ཐག་གཅོད་བྱས་ནས་ཞིབ་དཔྱོད་ཁང་གིས་གཞུང་ཕྱོགས་ནས་ཞུ་སྐྱོར་བྱས་ཆོག

2. ཇི་ལྟར་བྱས་ན་མི་གཞན་དང་འགབ་མཐུན་མཉམ་སྡོད་བྱས་པར་བརྩི་ཆོག

མི་གཞན་དང་འགབ་མཐུན་མཉམ་སྡོད་བྱེད་པ་ཞེས་པ་ནི། བཟའ་ཟླ་ཡོད་མཁན་གྱིས་གཉེན་སྒྲིག་བྱེད་རོགས་མིན་པའི་མི་གཞན་དང་བཟའ་ཟླའི་མིང་ཐོག་ནས། རྒྱུན་མཐུད་དང་བརྟན་སྙིང་གི་སྒོ་ནས་མཉམ་སྡོད་བྱས་པའི་ཁྲིམས་འགལ་གྱི་བྱ་སྤྱོད་ལ་ཟེར།

ཀོང་ཀྲུང་ཞིང་ཆེན་གྱི་མཐོ་རིམ་མི་དམངས་ཁྲིམས་ཁང་གི་འབྲེལ་ཡོད་གཏན་འབེབས་ལྟར་ན། མཉམ་དུ་སྡོད་པའི་དུས་ཡུན་ཟླ་གསུམ་ལས་བརྒལ་ན། འགབ་མཐུན་མཉམ་སྡོད་བྱས་པར་བརྩིས་ཆོག ས་གནས་ཁག་གི་ཁྲིམས་ཁང་གིས་ལག་བསྟར་བྱས་པར་བལྟས་ན། འགབ་མཐུན་མཉམ་སྡོད་བྱས་པར་བརྩི་བའི་རྒྱུན་མཐུད་རང་བཞིན་གྱི་དུས་ཡུན་ནི་རེ་བ་ལ་ཟླ་བ་གཅིག་ཡན་ཡིན་པ་དགོས།

3. གང་འདྲ་ཞིག་ལ་ཁྱིམ་ཚང་གི་གདུག་སྤྱོད་ཟེར།

ཁྱིམ་ཚང་གི་གདུག་སྤྱོད་ཅེས་པ་ནི། ཁྱིམ་ཚང་གི་ཁོངས་མིའི་བར་དུ་བྱུང་བ་ཡིན་ཞིང་།

ཉེས་རྟུང་དང་། བསྡམས་བསྒྲིགས། བཀག་སྐྱིལ། གདུག་གསོད་བཅས་སམ་ཡང་ན་བྱ་ཐབས་གཞན་དག་ལ་བརྟེན་ནས་ཁྱིམ་ཚང་གི་ཁོངས་མིའི་ལུས་པོ་དང་། སེམས་ཁམས། འཕྲིག་པ་སོགས་ཀྱི་ཐད་ནས་གནོད་འཚེ་དང་མནར་གཅོད་གཏོང་བའི་བྱ་སྤྱོད་ལ་ཟེར། ཁྱིམ་ཚང་གི་གཏུམ་སྤྱོད་ནི་ཐད་ཀར་གནོད་འཚེ་ཕོག་མཁན་གྱི་ལུས་པོར་གནོད་འཚེ་བཟོས་ནས། གནོད་འཚེ་ཕོག་མཁན་གྱི་ལུས་པོ་དང་ཡང་ན་སེམས་ཁམས་ལ་སྡུག་བསྔལ་གྱི་ཚོར་སྣང་སྐྱེས་པ་མ་ཟད། དེའི་ལུས་པོའི་བདེ་ཐང་དང་མིའི་ཐོབ་ཐང་གི་དབང་བཙན་ལ་གནོད་འཚེ་བཟོས་པའི་ཁྲིམས་འགལ་གྱི་བྱ་སྤྱོད་ཅིག་ཡིན།

4. **གང་འདྲ་ཞིག་ལ་ཁྲིམ་མིར་མནར་གཅོད་བཏང་བ་དང་། ཁྲིམ་མི་དབྱུགས་སྐྱུར་བྱས་པ་ཟེར།**

མནར་གཅོད་བཏང་བ་ཞེས་པ་ནི་བྱ་སྤྱོད་གང་ཞིག་སྤྱིལ་བའམ་མི་སྤྱིལ་པའི་རྣམ་པའི་ཐོག་ནས་ཁྱིམ་མིར་མཐོང་ཆུང་དང་། མནར་གཅོད། གཏོར་སྐྱོན་བཅས་བྱས་ནས། མནར་གཅོད་ཕོག་མཁན་གྱི་སེམས་ཁམས་དང་ལུས་པོར་གནོད་འཚེ་བཟོས་པའི་ཁྲིམས་འགལ་བྱ་སྤྱོད་ལ་ཟེར། དཔེར་ན། རྟུང་རྡེག་དང་འཛིགས་སྐུལ་བྱེད་པ། འབྲུག་ལྟོགས་ཀྱིས་མནར་བ། ནད་ཐོག་པར་སྨན་བཅོས་མི་བྱེད་པ། མི་ལུས་རང་དབང་ལ་བཀག་སྡོམ་བཟོ་བ་སོགས་ཡིན།

དབྱུགས་སྐྱུར་བྱས་པ་ཞེས་པ་ནི། ཁྱིམ་མིའི་ཁྲིད་དུ་ཞབས་ཏོག་ཞུ་བ་དང་། གསོ་སྐྱོང་བྱེད་པ། འཚོ་སྐྱོང་བྱེད་པ་བཅས་ཀྱི་འོས་འགན་ཡོད་པའི་ཕྱོགས་དེས། ཞབས་ཏོག་དང་། གསོ་སྐྱོང་། འཚོ་སྐྱོང་བཅས་བྱ་ཡུལ་ལ་འོས་འགན་མི་སྒྲུབ་པའི་ཁྲིམས་འགལ་བྱ་སྤྱོད་ལ་ཟེར།

གཉིས། ཕ་མ་གཉིས་གཉེན་འགྲོར་བྱེད་སྐབས། ཕྲུ་གུ་སུ་ལ་སྲུད་ན་འཚམ།

ཞའོ་རྗེ་དང་ཁྲོ་ག་གཉིས་ཀ་བྲ་གཞག་ཚན་པར་ལས་ཀ་བྱེད་བཞིན་ཡོད་པ་དང་། གཉེན་སྒྲིག་བྱས་རྗེས་ཁོ་གཉིས་ལ་ཕྲུ་གུ་ཞིག་སྐྱེས། འོན་ཀྱང་དུས་ཡུན་རིང་པོ་མ་འགོར་བར། ཁོ་གཉིས་བར་གྱི་བརྩེ་དུང་ལྟད་སྐྱོན་ཤོར་ནས། ལོགས་སུ་འཚོ་བ་སྐྱེལ་དགོས་བྱུང་བ་རེད། ཡོ་གཉིས་ཀྱི་རྗེས་སུ། ཁྲོ་གས་གཉེན་འགྲོར་བྲ་རྒྱུའི་རེ་བ་བཏོན་པར་ཞའོ་རྗེ་ཡིས་མོས་མཐུན་བྱས།

འོན་ཀྱང་ཕྱོགས་གཉིས་ཀས་ཕྲུ་གུའི་གསོ་དབང་བསྒྱུར་མི་འདོད་སྐབས། ཁོ་གཉིས་ཀྱིས་ཁྲིམས་ཁང་ལ་ཞུ་གཏུག་བརྒྱབ།

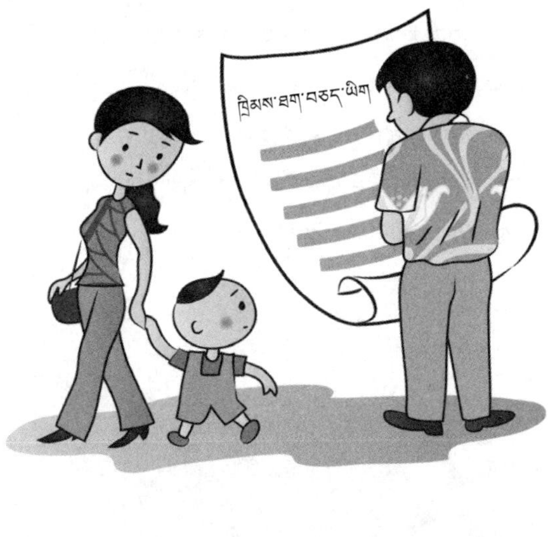

《ཀྲུང་ཧྭ་མི་དམངས་སྤྱི་མཐུན་རྒྱལ་ཁབ་ཀྱི་དམངས་དོན་ཁྲིམས་གཞུང་》གི་དོན་ཚན་ཆིག་སྟོང་དང་གྱ་བཞི་པའི་ནང་གསེས་གསུམ་པའི་ནང་དུ་གཏན་འབེབས་བྱས་དོན། གཉེན་འགྲོར་བྱས་རྗེས། ལོ་འཁོར་མ་གཉིས་མ་ལོན་པའི་བུ་ཕྲུག་ནི་ཨ་མས་དངོས་སུ་གསོ་སྐྱོང་བྱེད་དགོས་པ་རྩ་དོན་དུ་འཛིན་དགོས། ལོ་འཁོར་མ་གཉིས་ལོན་ཟིན་པའི་བུ་ཕྲུག་ནི། སུས་གསོ་སྐྱོང་བྱེད་པའི་ཐད་དུ་ཕ་མ་གཉིས་ལ་གྲོས་ཁ་མ་མཐུན་ན། མི་དམངས་ཁྲིམས་ཁང་གིས་

ཕྱོགས་གཉིས་ཀའི་གནས་ཚུལ་དངོས་གཞིར་བཞག་ནས་ནར་མ་སོན་པའི་བུ་ཕྲུག་ལ་ཕན་ཐོགས་ཆེ་ཤོས་འཐོབ་རྒྱུའི་རྩ་དོན་ལྟར་ཐག་གཅོད་དགོས། ལོ་འཁོར་མ་བརྒྱད་ལོན་ཟིན་པའི་བུ་ཕྲུག་ཡིན་ན་དེའི་འདོད་བློ་ངོ་མར་བརྩི་འཛིན་བྱེད་དགོས།

ཕྲུ་གུ་དེ་ལོ་འཁོར་མོ་གཉིས་ལོན་ཟིན་པའི་རྐྱེན་གྱིས། ཁྲིམས་ཁང་གིས་ཞའོ་རྫི་བཟའ་ཟླ་གཉིས་པོའི་དངོས་ཡོད་གནས་ཚུལ་ལ་གཞིགས་ཏེ་ཐག་བཅད་དོན། ཕྲུ་གུ་དེ་སྐྱེས་རྗེས་རྒྱུན་དུ་ཕྲུ་གུའི་ཨ་མས་ལྟ་སྐྱོང་བྱེད་ཀྱི་ཡོད་པས། ཕྲུ་གུས་ཀྱང་ཨ་མར་བརྩེ་དུང་ཆེ་བ་དང་། ཕྲུ་གུའི་ཨ་མར་ཕྲུ་གུ་གསོ་སྐྱོང་བྱེད་པའི་དཔལ་འབྱོར་གྱི་ནུས་པའང་ཡོད་པས། ཕྲུ་གུའི་གསོ་དབང་ཕྲུ་གུའི་ཨ་མ་ལ་སྤྲོད་རྒྱུ་ཡིན་ཅེས་ཐག་བཅད་པ་རེད།

《ཀྲུང་ཧྭ་མི་དམངས་སྤྱི་མཐུན་རྒྱལ་ཁབ་ཀྱི་དམངས་དོན་ཁྲིམས་གཞུང་》གི་དོན་ཚན་ཆིག་སྟོང་བརྒྱ་དང་གྱ་ལྔ་པའི་ནང་དུ་གཏན་འབེབས་བྱས་དོན། གཉེན་འཐོར་བྱས་རྗེས། བུ་ཕྲུག་ཕྱོགས་གཅིག་གིས་དངོས་སུ་གསོ་སྐྱོང་བྱེད་པ་ཡིན་ན། ཅིག་ཤོས་ཕྱོགས་ཀྱིས་གསོ་རྟེན་གྲོན་དཔྱལ་ཆ་ཤས་སམ་ཆ་ཚང་འགྲུར་དགོས། འགྲུར་བྱའི་གྲོན་དཔྱལ་གྱི་གྲངས་འབོར་དང་དུས་བཀག་ནི་ཕྱོགས་གཉིས་ཀས་གྲོས་དན་འཛོག་དགོས། གྲོས་ཁ་མ་མཐུན་ན་མི་དམངས་ཁྲིམས་ཁང་གིས་དཔྱད་མཚམས་གཏོང་དགོས།

གོང་གསལ་ནང་ཚན་དུ་གཏན་འབེབས་བྱས་པའི་གྲོས་དན་ནམ་དཔྱད་མཚམས་དེས། དགོས་ངེས་ཀྱི་དུས་སུ་བུ་ཕྲུག་གིས་ཕའམ་མ་གང་རུང་གི་ཕྱོགས་ལ་གྲོས་དན་ནམ་དཔྱད་མཚམས་ནང་དུ་གཏན་ཁེལ་བྱས་པའི་སྣ་མའི་གྲངས་འབོར་ལས་བརྒལ་བའི་ལུགས་མཐུན་གྱི་རེ་འདུན་འདོན་པར་འགོག་རྐྱེན་མི་ཐེབས་པ་ཡིན།

མཐར་ཁྲིམས་ཁང་གིས་ཕྲུ་གུ་ཨ་མས་གསོ་རྒྱུ་བྱས་མོད། འོན་ཀྱང་ཕྲུ་གུའི་པ་ཕས་ཕྲུ་གུ་ནར་མ་སོན་བར་དུ་གསོ་རྟེན་དང་སློབ་གསོའི་འགྲོ་གྲོན་ཁག་ཅིག་སྤྲོད་འགན་འཁུར་དགོས་ཞེས་ཁྲིམས་ཐག་བཅད།

《ཀྲུང་ཧྭ་མི་དམངས་སྤྱི་མཐུན་རྒྱལ་ཁབ་ཀྱི་དམངས་དོན་ཁྲིམས་གཞུང་》གི་དོན་

ཚན་ཆིག་སྟོང་དང་གྱ་བཞི་པའི་ནང་དུ་གཏན་འབེབས་བྱས་དོན། ཕ་མ་དང་བུ་ཕྲུག་བར་གྱི་འབྲེལ་བ་དེ་ཕ་མ་གཉིས་གཉེན་འཐོར་བྱས་པའི་རྐྱེན་གྱིས་མེད་པར་མི་འགྱུར་བ་ཡིན། གཉེན་འཐོར་བྱས་རྗེས། བུ་ཕྲུག་ཕའམ་མ་སུས་དངོས་སུ་གསོ་སྐྱོང་བྱེད་ཀྱང་སྔར་བཞིན་ཕ་མ་གཉིས་ཀའི་བུ་ཕྲུག་ཡིན།

གཉེན་འཐོར་བྱས་རྗེས། ཕ་མར་སྔར་བཞིན་བུ་ཕྲུག་གསོ་སྐྱོང་དང་། སློབ་གསོ། སྲུང་སྐྱོབ་བཅས་བྱེད་པའི་ཁེ་དབང་དང་འོས་འགན་ཡོད།

གཉེན་འཐོར་བྱས་རྗེས། ལོ་འཁོར་མ་གཉིས་མ་លོན་པའི་བུ་ཕྲུག་ནི་ཨ་མས་དངོས་སུ་གསོ་སྐྱོང་བྱེད་དགོས་པ་རྩ་དོན་དུ་འཛིན་དགོས། ལོ་འཁོར་མ་གཉིས་ལོན་ཟིན་པའི་བུ་ཕྲུག་ནི། སུས་གསོ་སྐྱོང་བྱེད་པའི་ཐད་དུ་ཕ་མ་གཉིས་ལ་གྲོས་ཁ་མ་མཐུན་ན། མི་དམངས་ཁྲིམས་ཁང་གིས་ཕྱོགས་གཉིས་ཀའི་གནས་ཚུལ་དངོས་གཞིར་བཟུང་ནས། ནར་མ་སོན་པའི་བུ་ཕྲུག་ལ་ཕན་ཐོགས་ཆེ་ཤོས་འཐོབ་རྒྱུའི་རྩ་དོན་ལྟར་ཐག་གཅོད་དགོས། ལོ་འཁོར་མ་བརྒྱད་ལོན་ཟིན་པའི་བུ་ཕྲུག་ཡིན་ན་དེའི་འདོད་བློ་ངོ་མར་བརྩི་འཛུག་བྱེད་དགོས།

ཁྲིམས་ལུགས་ཁྱབ་བསྒྲགས་ཀྱི་སློབ་ཚན།

1.གང་འདྲ་ཞིག་ལ་གསོ་སྐྱོང་ཟེར།

གསོ་སྐྱོང་ཞེས་པ་ནི་གཙོ་བོ་ཕ་མ་དང་། ཕ་རྒྱུད་སྤྱི་བོ་རྨོ་བོ། མ་རྒྱུད་སྤྱི་བོ་རྨོ་བོ་སོགས་ཀྱི་རྒན་རབས་པས་བུ་ཕྲུག་དང་། ཚ་བོ་ཚ་མོ་སོགས་མི་རབས་རྗེས་མར་གསོ་སྐྱོང་དང་བསླབ་གསོན་བྱེད་པར་ཟེར།

2.གང་འདྲ་ཞིག་ལ་ཟློག་མེད་ཀྱི་གསོ་སྐྱོང་འགན་འཁྲི་ཟེར།

ཟློག་ཏུ་མེད་པའི་གསོ་སྐྱོང་འགན་འཁྲི་ཞེས་པ་ནི། ཕ་མས་ནར་མ་སོན་པའི་བུ་ཕྲུག་གསོ་སྐྱོང་བྱ་རྒྱུ་ནི་སྨོས་མི་དགོས་པ་ཞིག་སྟེ། བུ་ཕྲུག་སྐྱེས་པ་ནས་བཟུང་། ཕ་མའི་དཔལ་འབྱོར་ཆ་རྐྱེན་དང་དལ་རྩོལ་ནུས་པ་ཅི་འདྲ་ཞིག་ཡིན་པ་དང་། འདོད་པ་ཡོད་མེད་ཅི་འདྲ་ཡིན་རུང་། ངེས་པར་དུ་ཁྲིམས་ལྟར་གསོ་སྐྱོང་གི་འོས་འགན་འཁུར་དགོས་པ་ལ་ཟེར།

3. གང་འདྲ་ཞིག་ལ་རང་འགུལ་གྱིས་གསོ་སྐྱོང་འོས་འགན་འཁུར་བ་ཟེར།

རང་འགུལ་གྱིས་གསོ་སྐྱོང་འོས་འགན་འཁུར་རྒྱུ་ནི་ཕ་མ་དང་བུ་ཕྲུག་བར་གྱི་འབྲེལ་བའི་དམིགས་བསལ་གྱི་བརྩེ་སེམས་དང་ཁྱིམ་ཚང་གི་ཐུན་མོང་གི་འཚོ་བའི་རྣམ་པ་གཞི་རྩར་འཛིན་དགོས་ཤིང་། ཕ་མས་ནར་མ་སོན་པའི་བུ་ཕྲུག་གསོ་སྐྱོང་བྱེད་པ་ནི་བཙན་ཤེད་ཀྱི་འོས་འགན་ཞིག་ཡིན་མོད། འོན་ཀྱང་མང་ཆེ་བར་ཕ་མས་རང་འགུལ་གྱིས་འོས་འགན་དེ་སྒྲུབ་ཀྱི་ཡོད་པས། བཙའ

ཁྲིམས་དང་སྲི་ཚོགས་ཀྱི་སྲི་ནུས་ཀྱིས་ཐེ་གཏོགས་མང་པོ་བྱེད་མི་དགོས་པ་ཞིག་ཡིན།

འོན་ཀྱང་། དངོས་ཡོད་འཚོ་བའི་ཁྲོད་དུ་མི་ཕུང་ཤས་ཤིག་སྙིར་སེམས་ཆེ་དྲགས་ཏེ་ཕྲུ་གུ་སྐྱེས་ཀྱང་མི་གསོ་བ་དང་། ཕ་མས་འཁུར་དགོས་པའི་འགན་འཁྲི་དང་བཅའ་ཁྲིམས་ཀྱི་འོས་འགན་དང་ཡོངས་སུ་རྒྱབ་འགལ་བྱེད་ཀྱི་ཡོད་པ་རེད། གནས་ཚུལ་དེ་འདྲའི་སྐབས་སུ་ངེས་པར་དུ་སྲི་ཚོགས་ཀྱི་སྲི་ནུས་སྤྱད་ནས། ཕ་མར་བཙན་ཤུགས་ཀྱིས་གསོ་སྐྱོང་གི་འོས་འགན་འཁུར་དུ་འཇུག་དགོས་པ་དང་། ཕྲུ་གུ་དམར་འབྱར་ཆུ་སྐྱུབ་གཏོང་བ་དང་། སྦུར་བ། དེ་མིན་གདུག་གསོད་སོགས་བྱ་སྤྱོད་གཞན་པ་སྲིད་རིགས་གཏན་འགོག་བྱེད་དགོས།

4. གང་འདྲ་ཞིག་ལ་ཡུན་རིང་གསོ་སྐྱོང་ཟེར།

ཡུན་རིང་གསོ་སྐྱོང་ཞེས་པ་ནི། བུ་ཕྲུག་སྐྱེས་པ་ནས་བུ་ཕྲུག་ནར་སོན་ཏེ་རང་ཚུགས་ཀྱིས་འཚོ་བ་སྐྱེལ་ནུས་ཡོད་པའི་བར་དུ། ཕ་མ་གཉིས་ཀས་རང་འགན་གཞན་དགྲིས་མ་བྱས་པར་གསོ་སྐྱོང་གི་འོས་འགན་འཁུར་དགོས་པ་ལ་ཟེར།

5. གསོ་སྐྱོང་ཞེས་པར་ཕྱོགས་གང་དག་ཚུད་ཡོད།

གསོ་སྐྱོང་བྱེད་པར་གཙོ་བོ་ཕྱོགས་བཞི་ཚུད་ཡོད་དེ།

གཅིག་ནས་བུ་ཕྲུག་ལ་སེམས་ཁུར་དང་ལྟ་སྐྱོང་ཞིབ་ཚགས་བྱས་ཏེ། བུ་ཕྲུག་ལ་བདེ་འཇགས་དང་། སྨྲིན་ བྲལ། བདེ་སྐྱིད་བཅས་ལྡན་པའི་འཚོ་བའི་ཆ་རྐྱེན་དང་ཁོར་ཡུག་བསྐྲུན་ནས། བུ་ཕྲུག་གི་ཚེ་སྲོག་ཁེ་དབང་དང་། བདེ་ཐང་ཁེ་དབང་། འཚོ་གནས་ཁེ་དབང་བཅས་འགན་ལེན་བྱེད་དགོས།

གཉིས་ནས་བུ་ཕྲུག་ལ་དགོས་ངེས་ཀྱི་འཚོ་བའི་གྲོན་དངུལ་ཆ་ཚང་མཁོ་འདོན་བྱས་ནས། བུ་ཕྲུག་བདེ་ཐང་ངང་འཚར་ལོངས་དང་འཕེལ་རྒྱས་ཡོང་བར་དཔལ་འབྱོར་གྱི་འགན་སྲུང་བྱེད་དགོས།

གསུམ་ནས་བུ་ཕྲུག་ལ་སློབ་གསོ་དང་སློབ་སྦྱོང་བྱེད་པའི་འགྲོ་གྲོན་མཁོ་འདོན་བྱས་ནས། བུ་ཕྲུག་ལ་འོས་འགན་སློབ་གསོ་དང་ལེན་གང་ལེགས་ཐུབ་པའི་ཁེ་དབང་ལ་ཁག་ཐེག་བྱས་ཏེ། བུ་ཕྲུག་གི་རིག་གནས་བྱང་ཚད་དང་འཚོ་བའི་ནུས་རྩལ་གསོ་སྐྱོང་དང་མཁོ་འདོན་བྱེད་པར་ཆ་རྐྱེན་བསྐྲུན་དགོས།

བཞི་ནས་ངག་སློབ་དཔེ་སྟོན་དང་ཉམས་ལེན་འབད་སྒྲུབ་བྱས་ཏེ། སྨྲིན་བྲལ་གྱི་བསམ་བློ་དང་སྤྱོད་ལམ། ཡང་དག་པའི་བྱ་ཐབས་བཅས་ཀྱི་ཐོག་ནས་བུ་ཕྲུག་ལ་སློབ་གསོ་གཏོང་བ་དང་། འཚོ་བའི་གསོ་སྐྱོང་དང་ཁྱིམ་ཚང་གི་སློབ་གསོ་གཉིས་མཐུན་སྦྱོར་ལེགས་པོ་བྱེད་དགོས།

གསུམ། ཁ་ཆེམས་སུ་དམིགས་འཛུགས་བྱས་པའི་རྒྱུ་ནོར་དེ་ཁྱོ་ཤུག་གི་ཐུན་མོང་གི་རྒྱུ་ནོར་ཡིན་ནམ།

སྐྱ་ཞབས་ཕང་ལགས་གཉེན་སྒྲིག་བྱས་ནས་ལོ་བཅུ་ལྷག་སོང་ཞིང་། འཚོ་བ་བདེ་སྐྱིད་དང་ལྡན་པ་ཞིག་སྐྱེལ་བཞིན་ཡོད། ཉིན་ཞིག་ལ་གློ་བུར་དུ་ཁོང་གི་ཕ་ལགས་ཚེ་ལས་འདས་ནས། ཁོང་ལ་ཤུལ་ནོར་སྒོར་ཁྲི10རག་པ་རེད། ཁོང་གི་ཕ་ལགས་ཀྱི་ཁ་ཆེམས་སུ་རྒྱུ་ནོར་འདི་སྐྱ་ཞབས་ཕང་ལགས་སྐེར་ལ་དབང་བ་ཡིན་ཞེས་བྲིས་ཡོད།

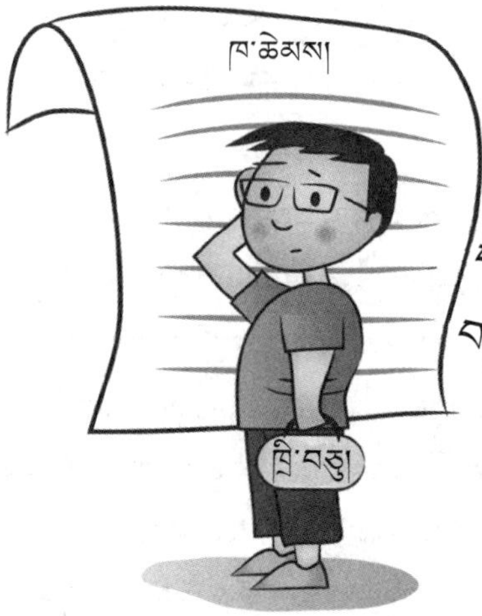

འོན་ཀྱང་ལོ་ཞིག་ལ། སྐྱ་ཞབས་ཕང་ལགས་ཀྱི་ཚུང་མས་མ་རྐང་འཛིན་ཤོག་ཉོས་ནས་གྱོང་གུན་བྱུང་བས། མོས་སྒོར་ཁྲི10དེ་སྤྱད་ནས་མ་དངུལ་ལེན་ཐབས་བྱེད་རྩིས་ཡོད་ཀྱང་། སྐྱ་ཞབས་ཕང་ལགས་ཀྱིས་མོས་མཐུན་མ་བྱས་པ་རེད། དེའི་ཆེད་དུ་བཟའ་ཚང་གཉིས་རྩོད་པ་རྫོགས་མེད་བརྒྱབ་པས་བརྩེ་དུང་ཡང་མེད་པར་གྱུར། དེར་བརྟེན་ཚུང་མས་གཉེན་འཁོར་བྱ་རྒྱུའི་ཞུ་གདུག་བརྒྱབ་པ་མ་ཟད། རྒྱུ་ནོར་དེ་བགོ་བཤའ་རྒྱག་རྒྱུའི་རེ་འདུན་ཡང་བཏོན་པ་རེད།

《ཀྲུང་ཧྭ་མི་དམངས་སྤྱི་མཐུན་རྒྱལ་ཁབ་ཀྱི་དམངས་དོན་ཁྲིམས་གཞུང་》གི་དོན་ཚན་ཆིག་སྟོང་བརྒྱ་དང་རེ་གསུམ་པའི་ནང་དུ་གཏན་འབེབས་བྱས་དོན། གཤམ་གསལ་གྱི་རྒྱུ་ནོར་ནི་ཁྱོ་ཤུག་ཕྱོགས་གཅིག་གི་རྒྱུ་ནོར་ཡིན།

（གཅིག）ཕྱོགས་གཅིག་གི་གཉེན་སྒྲིག་མ་བྱས་གོང་གི་རྒྱུ་ནོར།

（གཉིས།）ཕྱོགས་གཅིག་གི་མི་ལུས་ལ་གནོད་རྐྱེན་ཐེབས་པ་ལས་ཐོབ་པའི་སྐྱིན་གསབ་བམ་གུན་གསབ།

（གསུམ།）ཁ་ཆེམས་སམ་སྦྱིན་པའི་གན་རྒྱའི་ནང་ཕྱོགས་གཅིག་པོ་ནར་དབང་བ་གཏན་ཁེལ་བྱས་པའི་རྒྱུ་ནོར།

（བཞི།）ཕྱོགས་གཅིག་གི་ཆེད་སྤྱོད་འཚོ་བའི་ཉེར་སྤྱད།

（ལྔ།）ཕྱོགས་གཅིག་ལ་དབང་དགོས་པའི་རྒྱུ་ནོར་གཞན་དག

མཇུག་མཐར་ཁྲིམས་ཁང་གིས་རྒྱུ་ནོར་འདི་ནི་སྐྱུ་ཞབས་ལྷང་ལགས་ཀྱི་ཕ་ལགས་ཀྱི་ཁ་ཆེམས་ནང་དུ་སྐྱུ་ཞབས་ལྷང་ལགས་སྒེར་ལ་དབང་བ་ཡིན་ཞེས་གསལ་པོར་བྲིས་ཡོད་པས། ཁོང་གི་ཚུང་མར་བགོ་བཤའ་རྒྱག་དབང་མེད་ཅེས་ཁྲིམས་ཐག་བཅད།

སྐྱུ་ཞབས་ལྷང་ལགས་ཀྱི་ཚུང་མའི་བསམ་པར་བཟའ་ཚང་ཁ་བྲལ་བྱས་རྗེས་སྒོར་ཁྲི10ཡི་ཤུལ་ནོར་དེ་བགོ་བཤའ་བརྒྱབ་ཆོག་སྙམ་མོད། མཐར་མོ་རང་ལ་སྐར་མ་གཅིག་ཀྱང་མ་ཐོབ་པ་རེད།

བཅའ་ཁྲིམས་འདི་ནི་རང་རྒྱལ་གྱིས་ཕྱི་རྒྱལ་གྱི་ཁྲིམས་འཛུགས་ཉམས་མྱོང་དཔྱད་གཞིར་བཟུང་བ་ཞིག་ཡིན་ཏེ། གཉེན་སྒྲིག་བྱས་རྗེས་ཀྱི་ཁ་ཆེམས་སམ་སྦྱིན་པའི་གན་རྒྱའི་ནང་དུ་ཤུལ་འཛིན་པ་གསལ་པོ་གཏན་འཁེལ་བྱས་ཡོད་པའི་རྒྱུ་ནོར་དེ་ཁྱོ་ཤུག་སྒེར་གྱི་རྒྱུ་ནོར་དུ་བརྩིས་ཡོད། དེས་བཅའ་ཁྲིམས་ཀྱིས་ཁ་ཆེམས་འཇོག་མཁན་དང་སྦྱིན་མཁན་གྱི་རེ་འདོད་ལ་བརྩི་འཇོག་བྱས་པ་མཚོན་ཡོད་ལ། ཁྱོ་གའམ་ཚུང་མ་ཕྱོགས་གཅིག་གི་སྒེར་གྱི་ཁེ་ཕན་ལ་ཡང་སྲུང་སྐྱོབ་གང་ལེགས་བྱས་ནས། ཁྱོ་གའམ་ཚུང་མ་ཕྱོགས་གཅིག་གཉེན་སྒྲིག་འཚོ་བའི་ཁྲོད་དུ་རྒྱུ་ནོར་སྟེང་གི་སྒེར་གྱི་ཐོབ

★ ★ ★ ★ ★ ★ ★ ★

ཐང་ཤོར་བར་སྔོན་འགོག་བྱས་ཡོད།

ཁྲིམས་ལུགས་ཁྱབ་གདལ་གྱི་སློབ་ཚན།

1. གཉེན་སྒྲིག་མ་བྱས་གོང་གི་རྒྱུ་ནོར་ནི་གང་དག་ཡིན།

ཕྱོགས་གཅིག་གི་གཉེན་སྒྲིག་མ་བྱས་གོང་གི་རྒྱུ་ནོར་ནི་གཤམ་གསལ་གྱི་རིགས་བཞི་ཊ་དབྱེ་ཆོག་སྟེ།

གཅིག་ནི་སྒེར་བདག་རྒྱུ་ནོར་ཡིན། དཔེར་ན། གླ་ཕོགས་དང་། བྱ་དགའི་དངུལ། ཐོན་སྐྱེད་དང་ཚོང་གཉེར་བྱས་ནས་ཐོབ་པའི་ཡོང་འབབ། ཤེས་བྱའི་ཐོན་དངོས་བདག་དབང་གི་ཡོང་འབབ། ཤུལ་འཛིན་ནམ་སྦྱིན་པའི་རྒྱུ་ནོར། མ་རྩའི་ཡོང་འབབ། དེ་བཞིན་ཁྲིམས་མཐུན་གྱི་ཡོང་འབབ་གཞན་པ་བཅས་ཡིན།

གཉིས་ནི་ཕྱོགས་གཅིག་ལ་གཉེན་སྒྲིག་མ་བྱས་གོང་དུ་ཐོབ་ཟིན་པའི་རྒྱུ་ནོར་གྱི་ཁེ་དབང་སྟེ། དཔེར་ན། གཉེན་སྒྲིག་མ་བྱས་གོང་ལ་ཐོབ་པའི་བུན་དབང་སོགས་ཡིན།

གསུམ་ནི་གཉེན་སྒྲིག་མ་བྱས་གོང་གི་རྒྱུ་ནོར་གྱི་སྐྱེད་འཕེལ་ཡིན། དེའི་ནང་དུ་མི་སྒེར་གྱི་རྒྱུ་ནོར་དེའི་གཉེན་སྒྲིག་མ་བྱས་གོང་གི་སྐྱེད་འཕེལ་དང་། གཉེན་སྒྲིག་མ་བྱས་གོང་གི་སྒེར་གྱི་རྒྱུ་ནོར་དེ་ལས་གཉེན་སྒྲིག་བྱས་རྗེས་སུ་བྱུང་བའི་སྐྱེད་འཕེལ་བཅས་ཚུད་ཡོད།

བཞི་ནི་ཕྱོགས་གཅིག་གི་གཉེན་སྒྲིག་མ་བྱས་གོང་གི་དངུལ་ལོར་དང་། མ་རྐང་འཛིན་དབང་སོགས་ཀྱི་རྣམ་པའི་རྒྱུ་ནོར་དེ་གཉེན་སྒྲིག་བྱས་རྗེས་རྣམ་པ་གཞན་ཞིག་ཏུ་མངོན་པ་དེ་ཡིན།

གཉེན་སྒྲིག་མ་བྱས་གོང་གི་རྒྱུ་ནོར་ཡིན་མིན་གཏན་འབེལ་བྱེད་པའི་དུས་ཚོད་ནི་ཕྱོགས་གཉིས་པོའི་གཉེན་སྒྲིག་ཐོ་འགོད་བྱེད་པའི་ཉིན་མོ་དེ་ཡིན་པ་དང་། གཉེན་སྒྲིག་ཐོ་འགོད་མ་བྱས་གོང་གི་ཕྱོགས་གཉིས་པོ་སོ་སོར་དབང་བའི་རྒྱུ་ནོར་ཚང་མ་ནི་སྒེར་གྱི་རྒྱུ་ནོར་ཡིན། གཉེན་སྒྲིག་ཐོ་འགོད་བྱས་རྗེས་ཕྱོགས་གཅིག་ལ་ཐོབ་པའམ་ཕྱོགས་གཉིས་ཀར་ཐུན་མོང་ལ་དབང་བའི་རྒྱུ་ནོར་དེ། བཅའ་ཁྲིམས་ཀྱིས་ལོགས་སུ་གཏན་འབེབས་བྱས་པའམ་དོ་བདག་གིས་དམིགས་བསལ་ཁ་ཆད་བྱས་པ་ཕུད། ཚང་མ་གཉེན་སྒྲིག་བྱས་རྗེས་ཀྱི་བཟའ་ཚང་ཐུན་མོང་གི་རྒྱུ་ནོར་དུ་བརྩི་དགོས། དེ་ལྟར་གཏན་འབེབས་བྱེད་པའི་དམིགས་ཡུལ་ནི་རྒྱུ་ནོར་གྱི་འབྲེལ་བ་སྟབས་བདེ་ཊ་བཏང་ནས། བཟའ་ཚང་གཉེན་འཁོར་བྱེད་སྐབས་བཟའ་ཟླ་གཉིས་པོའི་ཐུན་མོང་གི་རྒྱུ་ནོར་བགོ་བཤའ་རྒྱག་བདེ་བ་ཡོང་ཆེད་ཡིན།

2. ཕྱོགས་གཅིག་གི་མི་ལུས་ལ་གནོད་འཚེ་ཕོག་ནས་ཐོབ་པའི་སྨན་གསབ་བམ་གུན་

གསབ་གང་དག་ཡོད།

ཕྱོགས་གཅིག་གི་ལུས་པོར་གནོད་འཚེ་ཕོག་ནས་ཐོབ་པའི་སྐྱིན་གསབ་ནི། སྨན་བཅོས་ཀྱི་གྲོན་དངུལ་དང་། དབང་པོ་སྐྱོན་ཅན་གྱི་འཚོ་བའི་ཁ་གསབ་རྩོགས་དངུལ་བཅས་ཡོད། སྐྱིན་གསབ་གྲོན་དངུལ་དེ་རིགས་ལ་མི་ལུས་རང་བཞིན་ནན་པོ་ལྡན་ཡོད་ཅིང་། དེ་ནི་གནོད་འཚེ་ཕོག་མཁན་གྱི་འཚོ་བར་འགན་སྲུང་བྱེད་པའི་གཞི་རྩའི་གྲོན་དངུལ་ཡིན་པས། ཕྱོགས་གཅིག་གི་སྒེར་གྱི་རྒྱུ་ནོར་དུ་བརྩི་དགོས།

3. **ཕྱོགས་གཅིག་གི་ཆེད་སྤྱོད་འཚོ་བའི་མཁོ་ཆས་གང་དག་ཡོད།**

ཕྱོགས་གཅིག་གི་ཆེད་སྤྱོད་འཚོ་བའི་མཁོ་ཆས་ཅེས་པ་ནི་ཁྱོ་གའམ་ཆུང་མ་ཕྱོགས་གཅིག་གི་རྒྱུན་ལྡན་འཚོ་བའི་ཁྲིད་ཀྱི་རང་ཉིད་ཀྱིས་སྤྱོད་པའི་དངོས་ཟླས་ལ་ཟེར། དཔེར་ན། གྱོན་གོས་དང་། ཞྭ་མོ། ལྷམ། མཛེས་བཟོའི་བྱུག་རྫས། དེ་བཞིན་ཆེད་སྤྱོད་དངོས་རྫས་གཞན་དག་སོགས་ཡིན།

4. **ཕྱོགས་གཅིག་ལ་དབང་འོས་པའི་རྒྱུ་ནོར་གཞན་དག་ཅེས་པ་གང་འདྲ་ཞིག་ཡིན།**

འདི་ནི་བཟའ་ཚང་གི་སྒེར་གྱི་རྒྱུ་ནོར་གྱི་མཐིལ་རྟོལ་དོན་ཚན་ཞིག་ཡིན་ལ། བཅའ་ཁྲིམས་ཀྱིས་ཐེ་རྟུས་བྱེད་པ་མི་འཚམ་ལ་བྱས་ཀྱང་དཀའ་བའི་མི་ལུས་རང་བཞིན་གྱི་རྒྱུ་ནོར་ཡིན་པས། བཟའ་ཚང་གི་སྒེར་གྱི་རྒྱུ་ནོར་དུ་གཏོགས་དགོས།

གཙོ་བོ་གཤམ་གྱི་ནང་དོན་དག་ཚུད་ཡོད།

(1) ཕྱོགས་གཅིག་གིས་ལས་རིགས་གཉེར་བར་ངེས་པར་དུ་དགོས་པའི་རྒྱུ་ནོར། འོན་ཀྱང་དེའི་ནང་རིན་ཐང་ཅུང་ཆེ་བ་ལོགས་སུ་བཀར་དགོས།

(2) ཁྱོ་གའམ་ཆུང་མར་ཐོབ་པའི་བྱ་དགའ།

(3) མི་ལུས་རང་བཞིན་ལྡན་པའི་ལུས་ཁམས་བདེ་སྲུང་གྲོན་དངུལ་དང་། ཉེན་འགོག་འགན་ལེན་གྱི་སྐྱིན་གསབ་སྤྲོད་དངུལ་སོགས།

(4) དམག་ཞབས་ཐེམ་ནས་ཕྱིར་ལོག་པའི་དམག་མི་དང་ལས་བསྒྱུར་དམག་མིར་ཐོབ་པའི་དམག་ལོག་གྲོན་དངུལ་དང་། ལས་བསྒྱུར་གྲོན་དངུལ། དམག་ལོག་དམག་མིས་དམག་དཔུང་ནས་ཁྲིར་ཡོང་བའི་སྨན་བཅོས་ཁ་གསབ་གྲོན་དངུལ་དང་། གྲོང་གསེབ་ཏུ་ཕྱིར་ལོག་པའི་ཐོན་སྐྱེད་ཁ་གསབ་གྲོན་དངུལ་སོགས།

(5) རྒྱལ་ཁབ་ཀྱིས་ཕུལ་བྱུང་གི་ཚན་རིག་ལས་སླུབ་མི་སྣར་སྤྲད་པའི་ཚན་རིག་ཞིབ་འཇུག་གི་ཕོགས་སྣོན་རོགས་དངུལ།

(6) ཕྱོགས་གཅིག་གིས་བརྩམས་པའི་ཟིན་བྲིས་དང་། ལག་བྲིས། སྒྲུ་རྩལ་ཐོན་རྫས་ཀྱི་ཧྲུས་འགོད་དཔེ་རིས། རགས་བྲིས་སོགས།

（7）ངལ་རྩོལ་འབྲེལ་བ་མེད་པར་བཟོས་པའི་གསབ་དངུལ་དང་། མི་སྤྱོད་ཚན་པས་སྤྲོད་པའི་ཡང་བསྐྱར་ལས་ཞུགས་ཀྱི་གསབ་དངུལ། ལས་འགྱུར་ངལ་གསོ་སྔོན་ཚུད་ནས་བྱས་པའི་གསབ་དངུལ། ངལ་རྩོལ་ནུས་ཤུགས་བརྒྱ་ལེན་བྱས་པའི་བཀོད་སྒྲིག་གྲོན་དངུལ་སོགས།

བཞི། ཚུར་མས་གཞེན་འཁོར་བྱེད་འདོད་ན། ཁྲིམས་བཀག་ཆོག་གམ།

ཧྲན་ཧྲན་དང་ཏ་ཁྲིན་གཉིས་ནི་མི་གཞན་གྱིས་ངོ་སྤྲོད་བྱས་ནས་གཉེན་སྒྲིག་བྱས་པ་རེད། འོན་ཀྱང་གཉེན་སྒྲིག་བྱས་རྗེས་ཧྲན་ཧྲན་གྱིས་གཞི་ནས་ཏ་ཁྲིན་གྱི་གཤིས་ཀ་རྩུབ་པོ་ཡིན་པ་ཤེས། ཁོ་གཉིས་བར་ཙུང་ཙམ་མ་འཆམ་པ་བྱུང་ན་ཏ་ཁྲིན་གྱིས་མོ་རང་ལ་དམའ་འབེབས་དང་ཉེས་རྡུང་གཏོང་བ་དང་། དེ་མྲལ་ཡང་ནོར་འཁྲུལ་ངོས་ལེན་བྱེད་ཀྱི་ཡོད་པ་རེད། ཧྲན་ཧྲན་གྱིས་ཕྲུ་གུར་ཁྲིམ་ཚང་ཆ་ཚང་བ་ཞིག་ཡོང་བའི་ཆེད་དུ། ཏ་ཁྲིན་གྱི་ཉེས་རྡུང་ལ་ཐོག་མཐའ་བར་གསུམ་དུ་བཟོད་སྒོམ་བྱས། འོན་ཀྱང་དེ་ལས་ལྡོག་སྟེ་ཏ་ཁྲིན་གྱིས་གཏུམ་སྤྱོད་ཇེ་སྟུག་ནས་ཇེ་སྟུག་ཏུ་བཏང་སྐབས། ཧྲན་ཧྲན་གྱིས་ཉེན་རྟོག་པར་ཐེངས་མང་ཞུ་དགོས་བྱུང་བ་དང་། སྤྱི་བདེ་མངགས་གཏོང་ཁང་གིས་ཀྱང་མཐུན་སྦྱོར་གྱིས་ཐག་གཅོད་བྱས་པ་རེད།

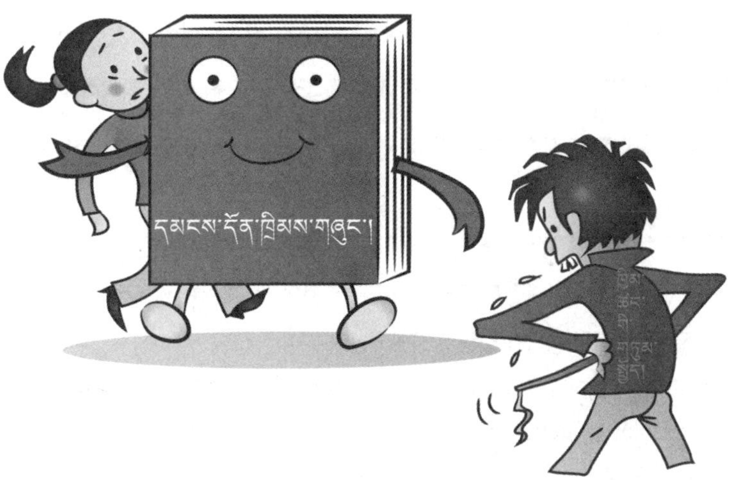

རྗེས་སུ། ཏ་ཁྲུན་ཡང་རྒྱན་རྩེད་ལ་ཞུགས་མགོ་བརྩམས་པ་དང་། ཐ་ན་ཆང་འཐུངས་རྗེས་བུད་མེད་གཞན་པ་བཙལ་ནས་ཁྱིམ་དུ་མི་ལོག་པ་མ་ཟད། ད་དུང་དུག་རྫས་འཐེན་པས་སྤྱི་བདེ་ཅུས་ཀྱིས་ཆད་པ་བཅད་པ་རེད། ཏ་ཁྲུན་གྱིས་ཧྲན་ཧྲན་ཕྱི་རུ་ལས་ཀ་བྱེད་དུ་མི་གཏོང་བ་དང་། འཚོ་བའི་གྲོན་དངུལ་ཡང་མ་སྤྲད། དཔལ་འབྱོར་

གྱི་གནོན་ཤུགས་ཀྱི་དབང་གིས་ཧྲན་ཧྲན་གྱིས་ལས་ཀ་ཅག་ཅིག་བྱེད་པར་ཕྱིན། རྗེས་སུ་ཏ་ཁྲེན་གྱིས་ཧྲན་ཧྲན་དང་མི་གཞན་པའི་བར་འབྲེལ་བ་ཡོད་པར་དོགས་པ་སྐྱེས་ནས། ཁོ་གཉིས་བར་རྒྱུན་དུ་ཁ་རྗོད་ཤོར་གྱི་ཡོད་པ་དང་། ཏ་ཁྲེན་གྱིས་ཆང་འཐུངས་རྗེས་རྒྱུན་དུ་ཧྲན་ཧྲན་ལ་ཉེས་རྡུང་གཏོང་བ་དང་། སྐབས་འགར་ད་དུང་ཕྲུ་གུར་ཡང་རྡུང་གི་ཡོད་པ་རེད།

ཐེངས་ཤིག་ལ་ཏ་ཁྲེན་ཆང་འཐུངས་ནས་ཁྱིམ་དུ་ལོག་རྗེས། ཡང་རྒྱུ་མཚན་ཅི་ཡང་མེད་པར་ཧྲན་ཧྲན་ལ་གཤེ་གཤེ་བཏང་ཞིང་། ཕྲུ་གུའི་མདུན་དུ་ཧྲན་ཧྲན་ལ་ཉེས་རྡུང་བཏང་བ་དང་། ཐ་ན་གྲི་འཕྱར་ནས་ཧྲན་ཧྲན་ལ་ཉེན་རྟོག་པར་ཞུ་མི་ཆོག་ཅེས་འཇིགས་སྐུལ་བྱས། ཕྱིས་སུ་སྨན་ཁང་ནས་བརྟག་དཔྱད་བྱས་པ་བརྒྱུད་ཧྲན་ཧྲན་གྱི་མིག་གཡོན་པ་དང་མགོ་གཡོན་མར་རྨས་སྐྱོན་ཕོག་འདུག་ཅེས་བཤད།

བཟོད་ཐབས་བྲལ་བའི་ཧྲན་ཧྲན་གྱིས་གཉེན་འཐོར་བྱ་རྒྱུའི་རེ་བ་བཏོན་མོད། འོན་ཀྱང་ཏ་ཁྲེན་གྱིས་དང་ལེན་མ་བྱས་པར། གཉེན་འཐོར་བྱ་རྒྱུའི་གྲོས་ཆིངས་ཡི་གེའི་སྟེང་དུ་མིང་རྟགས་མ་བཀོད་པ་རེད། གཉེན་འཐོར་བྱ་བར་མོས་མཐུན་མ་བྱས་སྐབས་ཧྲན་ཧྲན་གྱིས་ཏ་ཁྲེན་ཁྲིམས་ཁང་ལ་སྦྱར་ནས་གཉེན་འཐོར་བྱ་རྒྱུའི་ཞུ་གཏུག་བརྒྱབ།

《ཀྲུང་ཧྭ་མི་དམངས་སྤྱི་མཐུན་རྒྱལ་ཁབ་ཀྱི་དམངས་དོན་ཁྲིམས་གཞུང་》གི་དོན་ཚན་ཆིག་སྟོང་དང་དོན་དགུ་པའི་ནང་གསེས་དང་པོ་དང་། གཉིས་པ། གསུམ་པ་བཅས་ཀྱི་ནང་དུ་གཏན་འབེབས་བྱས་དོན། ཕྱོ་ཤུག་ཕྱོགས་གཅིག་གིས་གཉེན་འཐོར་བྱེད་པའི་རེ་འདུན་ཞུས་པ་ཡིན་ན། འབྲེལ་ཡོད་ཟུ་འཛུགས་ཀྱིས་བར་འདུམ་བྱས་ཆོག་པའམ་ཡང་ན་ཐད་ཀར་མི་དམངས་ཁྲིམས་ཁང་ལ་གཉེན་འཐོར་གཏུག་བཤེར་བྱས་ཆོག

མི་དམངས་ཁྲིམས་ཁང་གིས་གཉེན་འཐོར་སྐྱོད་དོན་འདྲི་ཞིབ་བྱེད་སྐབས་བར་འདུམ་བྱེད་དགོས། གལ་སྲིད་བརྩེ་དུང་མེད་ཚར་ནས་བར་འདུམ་བྱས་ཀྱང་ཕན་ནུས་མ་ཐོན་པ་ཡིན་ན། གཉེན་འཐོར་ཆོག་འཁྲོལ་སྤྲོད་དགོས།

གཤམ་གསལ་གྱི་གནས་ཚུལ་གྲས་ཤིག་ཡོད་པར་བར་འདུམ་བྱས་ཀྱང་ཕན་ནུས་མ་ཐོན་པ་ཡིན་ན། གཉེན་འཐོར་ཆོག་འཁྲོལ་སྤྲོད་དགོས།

（གཅིག） གཉེན་སྒྲིག་བརྩིགས་མ་བྱས་པའམ་མི་གཞན་དང་འགབ་མཐུན་མཉམ་སྡོད་བྱས་པ།

（གཉིས།） ཁྱིམ་ཚང་གི་གདུམ་སྤྱོད་སྤེལ་བའམ་ཁྱིམ་མིར་མནར་གཅོད་བཏང་བ་དང་། ཁྱིམ་མི་དབྱུགས་སྐྱུར་བྱས་པ།

（གསུམ།） རྒྱན་འཛུགས་པ་དང་། དུག་འཛིན་པ་སོགས་ངན་གོམས་ཡོད་ཅིང་སློབ་གསོ་ཡང་ཡང་བཏང་ནའང་ཁ་སྒྱུར་མི་བྱེད་པ།

（བཞི།） སློ་ཁ་མི་མཐུན་པའི་དབང་གིས་ལོགས་བཀར་བསྡད་ནས་ལོ་གཉིས་ལོངས་པ།

（ལྔ།） ཁྱོ་ཤུག་གི་བརྩེ་དུང་མེད་པར་གཏོང་བའི་གནས་ཚུལ་གཞན་དག་ཡོད་པ།

ཁྲིམས་ཁང་གིས་ཞིབ་བཤེར་བྱས་ནས་ངོས་འཛིན་བྱས་དོན། རེ་ཞུ་བྱེད་མཁན་ཧྲན་ཧྲན་གྱི་ཞུ་འབུལ་དང་མཁོ་འདོན་བྱས་པའི་འབྲེལ་ཡོད་བདེན་དཔང་ལ་གཞིགས་ནས། ཧྲན་ཧྲན་ལ་ཁྱིམ་ཚང་གི་གདུམ་སྤྱོད་ཐོག་ཡོད་པ་དང་། ཏ་ཁྲོན་ལ་དུག་འཛིན་པའི་གོམས་གཤིས་ངན་པ་ཡོད་པ་ངོས་འཛིན་བྱས་ཆོག

ཁྲིམས་ཁང་གིས་ཧྲན་ཧྲན་དང་ཏ་ཁྲུན་གཉེན་འཇོར་བྱ་རྒྱུ་དང་། བུ་ཕྲུག་ཧྲན་ཧྲན་གྱིས་གསོ་སྐྱོང་བྱ་རྒྱུ། ཏ་ཁྲུན་གྱིས་ཧྲན་ཧྲན་དང་བུ་ཕྲུག་ལ་སྐྱེད་གཙོར་དང་། རྗེས་སྙེག་འབྲེལ་གཏུག་བཅས་མི་ཆོག་པ། ཧྲན་ཧྲན་གྱིས་གཡར་བའི་སྡོད་གནས་སུ་ཏ་ཁྲོན་འགྲོ་མི་ཆོག་པ་བཅས་ཀྱི་ཁྲིམས་ཐག་བཅད།

《ཀྲུང་ཧྭ་མི་དམངས་སྤྱི་མཐུན་རྒྱལ་ཁབ་ཀྱི་དམངས་དོན་ཁྲིམས་གཞུང་》གི་དོན་ཚན་ཆིག་སྟོང་དང་དོན་དགུ་པའི་ནང་གསེས་བཞི་པ་དང་ལྔ་པའི་ནང་དུ་གཏན་འབེབས་བྱས་དོན། ཁྱོ་ཤུག་ཕྱོགས་གཅིག་གར་སོང་ཆ་མེད་དུ་གྱུར་པར་ཁྲབ་བསྒྲགས་བྱས་རྗེས། ཅིག་ཤོས་ཀྱིས་གཉེན་འཇོར་གཏུག་བཤེར་བྱས་པ་ཡིན་ན། གཉེན་འཇོར་ཆོག་འཕྲོལ་སྤྲོད་དགོས།

མི་དམངས་ཁྲིམས་ཁང་གིས་གཉེན་འཇོར་བྱེད་མི་ཆོག་པའི་དཔྱད་མཚམས་བཏང་རྗེས། ཕྱོགས་གཉིས་ཀ་སླར་ཡང་ལོགས་བཀར་བསྡད་ནས་ལོ་གཅིག་ལོངས་པ་དང་། ཕྱོགས་གཅིག་གིས་ཡང་བསྐྱར་གཉེན་འཇོར་གཏུག་བཤེར་བྱས་པ་ཡིན་ན། གཉེན་འཇོར་ཆོག་འཕྲོལ་སྤྲོད་དགོས།

ཁྲིམས་ལུགས་ཁྱབ་གདལ་གྱི་སློབ་ཚན།

1. ལོགས་དགར་བསྡད་ནས་ལོ་གཉིས་ལོངས་མིན་བདེན་དཔང་ཇི་ལྟར་བྱེད་དགོས།

ཁྲིམས་འཛིན་ལག་ལེན་ཁྲོད་དུ་བཟའ་ཚང་ལོགས་དགར་བསྡད་པའི་དོན་དངོས་བདེན་དཔང་བྱེད་ཐུབ་པའི་རྒྱུན་མཐོང་གི་དཔང་རྟགས་ནི་གཤམ་གསལ་གྱི་རིགས་འགའ་ཡིན།

（1）ཕྱོགས་གཅིག་ཕྱི་རོལ་དུ་བསྡད་པའི་དཔང་རྟགས་ཏེ། དཔེར་ན། ཁང་པ་གཡར་བའི་གན་རྒྱ་ལྟ་བུ།

（2）ཕྱོགས་གཉིས་པོས་བཞག་པའི་བཟའ་ཚང་ལོགས་སྡོད་ཀྱི་གྲོས་ཆིངས།

（3）ཕྱོགས་གཅིག་གིས་ཕ་རོལ་པོར་བསྐུར་བའི་ལོགས་སྡོད་ཡི་གེའམ་ཡང་ན་ཕན་ཚུན་སྐུར་རེས་བྱས་པའི་སྐྲག་རྫས་སོགས་ཀྱིས་ཕྱོགས་གཉིས་པོའི་བརྩེ་དུང་མ་མཐུན་པར་ལོགས་སྡོད་བྱས་པའི་དོན་དངོས་བདེན་དཔང་བྱས་པ།

（4）དཔང་པོའི་ཞུ་ཚིག འོན་ཀྱང་དཔང་པོ་ནི་རྟག་ཏུ་དཔང་པོ་བྱ་ཡུལ་དང་ཁེ་ཕན་གྱི་འབྲེལ་བ་ཡོད་པ་ཡིན་པ་མ་ཟད། གཉེན་འཐོར་བྱེད་པ་ནི་སྐོར་གྱི་གསང་དོན་དང་འབྲེལ་བ་ཡོད་པས། ཁྲིམས་ཁང་གིས་སྤྱིར་བཏང་དུ་དཔང་པོ་ཁེར་རྐྱང་གི་ཞུ་ཚིག་ལ་དང་ལེན་བྱེད་ཀྱི་མེད། ངེས་པར་དུ་དཔང་རྟགས་གཞན་པ་དང་ཟུང་འབྲེལ་བྱས་ནས་ལོགས་དགར་སྡོད་པའི་དོན་དངོས་ངོས་འཛིན་བྱེད་ཀྱི་ཡོད།

（5）གྲོང་ཚོ་ཨུ་ཡོན་ལྷན་ཁང་ངམ་ཡང་ན་གྲོང་མི་ཨུ་ཡོན་ལྷན་ཁང་གིས་བཏོན་པའི་གནས་སྡོད་དཔང་ཡིག

2. བཟའ་ཚང་གཉིས་པོ་ལས་ཀ་དང་སློབ་སྦྱོང་སོགས་ཀྱི་རྐྱེན་པས་ཡུན་རིང་གནས་གཅིག་ལ་མཉམ་དུ་བསྡད་མེད་ན། བཅའ་ཁྲིམས་དོན་སྙིང་ཐོག་གི་"ལོགས་སྡོད"ཀྱི་ཁོངས་སུ་གཏོགས་སམ།

མི་གཏོགས། ས་ཁམས་ཐོག་གི་བཟའ་ཚང་གནས་མི་གཅིག་པར་འཚོ་སྡོད་བྱེད་པ་དེ་བཅའ་ཁྲིམས་ཐོག་གི་"ལོགས་སྡོད"ལ་མི་བརྩི། བཅའ་ཁྲིམས་ཐོག་གི་"ལོགས་སྡོད"ཅེས་པ་ནི་བཟའ་ཚང་བར་གྱི་བརྩེ་དུང་མ་མཐུན་ནས་ཕན་ཚུན་བཟའ་ཚང་གི་འོས་འགན་མ་བསྒྲུབས་ནས་སོ་སོར་འཚོ་བ་སྐྱེལ་བར་ཟེར། གལ་ཏེ་གནས་མི་གཅིག་པར་འཚོ་བ་སྐྱེལ་བཞིན་པའི་བཟའ་ཚང་བར་བརྩེ་དུང་མ་མཐུན་ན། བཅའ་ཁྲིམས་དོན་སྙིང་ཐོག་གི་"ལོགས་སྡོད"གྲུབ་ཀྱང་སྲིད། སྔོན་འགྲོའི་ཆ་རྐྱེན་ནི་བཟའ་ཚང་བར་བརྩེ་དུང་མི་མཐུན་པའི་དཔང་རྟགས་དགོས་པ་ཡིན།

༤ གསོ་རྟེན་མི་སྤྲོད་ན་དེའི་ཕྲུ་གུར་ཐུག་འཕྲད་བྱེད་དབང་འཕྲོག་ཆོག་གམ།

ལྷམ་ཀྲང་ལགས་དང་སྐུ་ཞབས་ཀྲོའུ་ལགས་གཉིས་ཀྱིས་ལོ་བཅུའི་གོང་ལ་གཉེན་སྒྲིག་གི་ཐོ་འགོད་བྱས་པ་དང་། དེའི་ཕྱི་ལོར་ཕྲུ་གུ་ཞིག་སྐྱེས། གཉེན་སྒྲིག་བྱས་རྗེས་ཁོ་གཉིས་ཁྱིམ་ཚང་གི་དོན་དག་རྩག་རྩིག་གི་ཆེད་དུ་རྟག་ཏུ་ཁ་རྩོད་ཤོར་གྱི་ཡོད་པས་བརྩེ་དུང་མི་བཟང་བར་གྱུར། ལོ་གསུམ་གྱི་རྗེས་སུ་བརྩེ་དུང་མེད་པར་གྱུར་ཏེ། ཕྱོགས་གཉིས་ཀས་གཉེན་འཐོར་གྱི་ཐོ་འགོད་བྱས།

གཉེན་འཐོར་གྱི་གྲོས་དོན་ཡི་གེའི་ནང་དུ། སྐུ་ཞབས་ཀྲོའུ་ལགས་ཀྱིས་ཕྲུ་གུ་གསོ་སྐྱོང་བྱ་རྒྱུ་དང་། ལྷམ་ཀྲང་ལགས་ཀྱིས་ཟླ་རེར་གསོ་རྟེན་སྒོར2000སྤྲོད་རྒྱུ་མ་ཟད། གཟའ་འཁོར་རེར་ཉིན1ནས2བར་ཐུག་འཕྲད་བྱེད་དབང་ཡོད་པ་དང་། གཟའ་མཇུག་ཏུ་ཕྲུ་གུའི་སློབ་སྦྱོང་ལ་གནོད་འཚེ་མེད་པའི་གནས་ཚུལ་འོག་ལྷམ་ཀྲང་ལགས་ཀྱིས་ཕྲུ་གུ་ཁྱིམ་དུ་ཞག་གཅིག་ཉར་ཆོག་པ། ཐུག་འཕྲད་བྱེད་སྐབས་ལྷམ་ཀྲང་ལགས་ཀྱིས་ཕྲུ་གུ་སྐྱེལ་བསུའི་འོས་འགན་འཁུར་དགོས་པ་བཅས་ཁ་ཆད་བྱས།

ཁོ་གཉིས་གཉེན་འཐོར་བྱས་རྗེས། ཕྱོགས་གཉིས་ཀས་མི་གཞན་པ་དང་བསྐྱར་དུ་ཁྱིམ་ཚང་བཟུང་པ་རེད། སྐུ་ཞབས་ཀྲོའུ་ལགས་བསྐྱར་དུ་གཉེན་སྒྲིག་བྱས་རྗེས། བྱ་གཞག་ཐད་གྲུབ་འབྲས་ཆེན་པོ་ཐོབ་པ་དང་། ཁྱིམ་ཚང་གི་འཚོ་བ་འབྱོར་ཕྱུག་ལྡན་པར་གྱུར། འོན་ཀྱང་ལྷམ་ཀྲང་ལགས་བསྐྱར་དུ་གཉེན་སྒྲིག་བྱས་རྗེས། འཚོ་བའི་ཆུ་ཚད་སྐྱོ་ཏུ་སོང་ནས་འཚོ་བར་དཀའ་ངལ་ཆེན་པོ་བྱུང་པས། ཕྲུ་གུའི་གསོ་རྟེན་སྤྲོད་པའི་ནུས་པ་མེད་པར་གྱུར། སྐབས་དེ་དང་བསྟུན་ནས། སྐུ་ཞབས་ཀྲོའུ་ལགས་ཀྱིས་ལྷམ་ཀྲང་ལགས་ཀྱིས་ཕྲུ་གུའི་གསོ་རྟེན་མ་སྤྲད་པ་རྒྱུ་མཚན་དུ་བྱས་ནས། ལྷམ་ཀྲང་ལགས་ལ་རང་གི་ཕྲུ་གུར་ཐུག་འཕྲད་བྱས་སུ་མ་བཅུག་པ་རེད།

ལྷམ་ཀྲང་ལགས་ཀྱིས་ཞུ་གཏུག་ཡི་གེ་བྲིས་ནས་སྐུ་ཞབས་ཀྲོའུ་ལགས་ཁྲིམས་ལ་སྦྲུར། ཁྲིམས་ཁང་གིས་ལྷམ་ཀྲང་ལགས་ལ་རང་གི་ཕྲུ་གུ་དང་ཐུག་འཕྲད་བྱེད་

དབང་ཡོད་པ་གཏན་འཁེལ་བྱས་པ་མ་ཟད། སྐྱ་ཞབས་ཀྱིའུ་ལགས་ཀྱིས་དེར་གཞོགས་འདེགས་བྱེད་དགོས་པའི་རེ་བ་བཏོན།

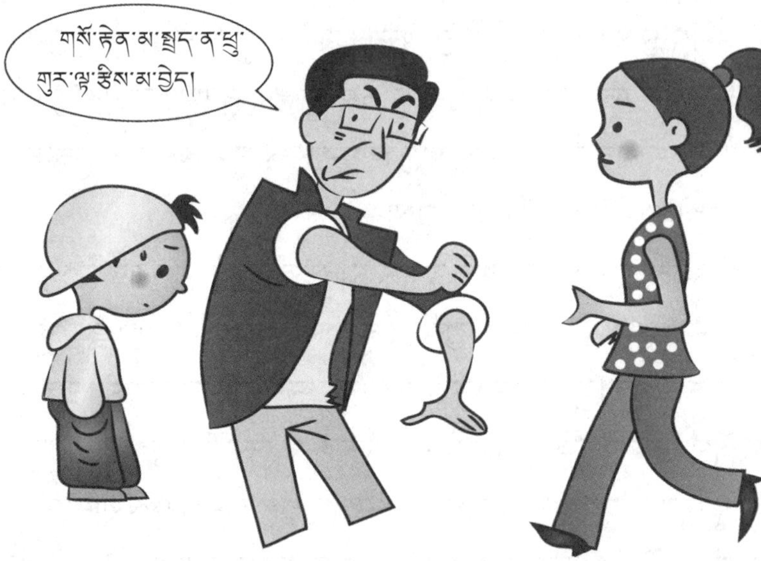

《ཀྲུང་ཧྭ་མི་དམངས་སྤྱི་མཐུན་རྒྱལ་ཁབ་ཀྱི་དམངས་དོན་ཁྲིམས་གཞུང་》གི་དོན་ཚན་ཆིག་སྟོང་དང་གྱ་དྲུག་པའི་ནང་དུ་གཏན་འབེབས་བྱས་དོན། གཉེན་འཁོར་བྱས་རྗེས། བུ་ཕྲུག་དངོས་སུ་གསོ་སྐྱོང་བྱེད་ཀྱི་མེད་པའི་ཕའམ་མར་བུ་ཕྲུག་ལ་ལྟ་བཅར་བྱེད་པའི་ཁེ་དབང་ཡོད་པ་དང་། ཅིག་ཤོས་ལ་གཞོགས་འདེགས་བྱེད་པའི་འོས་འགན་ཡོད།

ལྟ་བཅར་བྱེད་པའི་ཁེ་དབང་སྤྱོད་སྟངས་དང་དུས་ཚོད་ནི་ཕ་མ་བདག་བར་གྲོས་དན་འཇོག་དགོས། གྲོས་མ་མཐུན་ན་མི་དམངས་ཁྲིམས་ཁང་གིས་དཔྱད་མཚམས་གཏོང་དགོས།

ཕའམ་མས་བུ་ཕྲུག་ལ་ལྟ་བཅར་བྱེད་པ་དེས་བུ་ཕྲུག་གི་ལུས་སེམས་བདེ་ཐང་ལ་ཕན་ཐོགས་མེད་པ་ཡིན་ན། མི་དམངས་ཁྲིམས་ཁང་གིས་ལྟ་བཅར་བར་གཅོད་བྱེད་དགོས། བར་གཅོད་བྱེད་པའི་དོན་རྐྱེན་མེད་པར་གྱུར་རྗེས་ལྟ་བཅར་སླར་གསོ་བྱེད་དགོས།

གསོ་རྐྱེན་སྤྲོད་པ་ནི་བུ་ཕྲུག་གི་འཚོ་བ་དང་སློབ་གསོའི་དགོས་མཁོ་སྐོང་ཆེད་ཡིན་ལ། ཁྲུག་འཕྲད་བྱེད་དབང་སྤྱོད་པ་ནི་ཕ་མ་དང་བུ་ཕྲུག་བར་བསམ་བློའི་ཐོག་

འབྲེལ་འདྲིས་དང་སྤེལ་རེས་བྱེད་པའི་དགོས་མཁོ་སྐྱོང་ཆེད་ཡིན་པས། དེ་གཉིས་བར་ཁྱད་པར་ཧ་ཅང་ཆེན་པོ་ཡོད། དེར་བརྟེན། གསོ་རྟེན་སྤྲོད་པ་དང་ཐུག་འཕྲད་བྱེད་དབང་སྤྱོད་པ་གཉིས་ཀྱི་བར་ལ་འབྲེལ་མེད་རང་སོར་གནས་པ་ཡིན་པས། ཕྱོགས་གཅིག་གིས་ཕ་རོལ་པོས་གསོ་རྟེན་མ་སྤྲད་པ་རྒྱུ་མཚན་དུ་བྱས་ནས་ཕ་རོལ་པོའི་ཐུག་འཕྲད་བྱེད་དབང་ལ་བཀག་འགོག་བྱས་མི་རུང་ལ། དུས་མཚུངས་སུ་ཕ་རོལ་པོས་ཀྱང་ཐུག་འཕྲད་བྱེད་དབང་སྤྱོད་མ་བཅུག་པ་རྒྱུ་མཚན་དུ་བྱས་ནས་གསོ་རྟེན་མི་སྤྲོད་པ་བྱས་མི་རུང་།

མཐར་ཁྲིམས་ཁང་གིས་ལྷམ་ཀྲང་ལགས་ལ་ཕྲུ་གུར་ཐུག་འཕྲད་བྱེད་དབང་ཡོད་པ་དང་། སྐྱུ་ཞབས་ཀྲོའུ་ལགས་ཀྱིས་ངེས་པར་དུ་དེར་གཞོགས་འདེགས་བྱེད་དགོས་པའི་ཁྲིམས་ཐག་བཅད།

ཁྲིམས་ལུགས་ཁྱབ་གདལ་གྱི་སློབ་ཚན།

1.གཉེན་འཐོར་བྱས་རྗེས། རྒན་རྒོན་ལ་ཚ་བོ་ཚ་མོ་དང་ཐུག་འཕྲད་བྱེད་དབང་ཡོད་དམ།

འཚོ་བའི་ཁྲོད་དུ་རྒན་རྒོན་དང་ཚ་བོ་ཚ་མོའི་བར་གྱི་བརྩེ་དུང་ལྷག་པར་ཟབ་པ་ནི་ཡོངས་ཁྱབ་ཀྱི་སྣང་ཚུལ་ཞིག་ཡིན་མོད། འོན་ཀྱང་བུ་ཕྲུག་གི་གཉེན་སྒྲིག་ལ་འགྱུར་ལྡོག་བྱུང་རྗེས། རྒན་རྒོན་གྱིས་ཚ་བོ་ཚ་མོར་ཐུག་འཕྲད་བྱེད་པའི་ཁེ་དབང་དེ་ཡང་སྐབས་འགར་ངེས་པར་དུ་བསམ་བློ་གཏོང་དགོས་པའི་གནད་དོན་ཞིག་ཏུ་གྱུར་ཡོད།

བཙའ་ཁྲིམས་ནང་དུ་རྒན་རྒོན་གྱི་ཐུག་འཕྲད་བྱེད་དབང་གི་གནད་དོན་གསལ་པོར་བཀོད་མེད་མོད། འོན་ཀྱང་《དམངས་དོན་ཁྲིམས་གཞུང་》གི་དོན་ཚན་ཆིག་སྟོང་དང་ཞེ་གཅིག་པའི་ནང་དུ། བུད་མེད་དང་། ནར་མ་སོན་པའི་མི། རྒན་རྒོན། དབང་པོ་སྐྱོན་ཅན་བཅས་ཀྱི་ཁྲིམས་མཐུན་ཁེ་དབང་སྲུང་སྐྱོང་བྱེད་པ་ཡིན་ཞེས་གཏན་འབེབས་བྱས་ཡོད།

ཐུག་འཕྲད་བྱེད་དབང་ནི་ཁྲག་རྒྱུན་གྱི་གཉེན་ཉེ་ལས་གྲུབ་པའི་མི་ལུས་ཀྱི་འབྲེལ་བའི་ཐོག་ནས་བཙུགས་པ་ཞིག་ཡིན་ཞིང་། ཐུག་འཕྲད་བྱེད་དབང་གི་ཐོག་མའི་དམིགས་ཡུལ་ནི་བུ་ཕྲུག་གི་ལུས་སེམས་བདེ་ཐང་དང་བརྩེ་སེམས་ཀྱི་དགོས་མཁོ་སྐྱོང་ཆེད་ཡིན། གལ་སྲིད་རྒན་རྒོན་དང་ཕྲུ་གུའི་དབར་གྱི་འབྲེལ་བ་བཅད་ན། ཕྲུ་གུ་བདེ་ཐང་དང་འཚར་ལོངས་ཡོང་བར་ཕན་པ་མེད་ལ། ཐུག་འཕྲད་བྱེད་དབང་འཛུགས་པའི་ཐོག་མའི་དམིགས་ཡུལ་དང་རྒྱབ་འགལ་དུ་སོང་ཡོད་པ་རེད།

དེར་བརྟེན་གང་ལ་གང་འཚམ་གྱིས་བཅའ་ཁྲིམས་ཀྱི་གཏན་འབེབས་བཀོལ་སྤྱོད་བྱས་ནས། ཐུག་འཕྲད་བྱེད་དབང་གི་བྱེད་པོའི་ཁྱབ་ཁོངས་རྒྱ་ཆེ་ རུ་གཏོང་རྒྱུ་ནི་དགོས་གལ་ཤིན་ཏུ་ཆེ་བ་ཞིག་ཡིན། གལ་སྲིད་རྒན་རྒོན་གྱི་ཐུག་འཕྲད་བྱེད་དབང་འཕྲོག་ན། དེ་ནི་ཁྲིམས་འཛིན་མཁྲིགས་པོའི་ཁོངས་སུ་གཏོགས་ཤིང་། རང་རྒྱལ་གྱི་སྲོལ་རྒྱུན་གྱི་ཁྱིམ་ཚང་མི་ཚོས་དང་གོམས་སྲོལ་བཟང་པོ་དང་བརྒྱབ་འགལ་བྱས་པ་རེད།

གོང་གི་རྒྱུ་མཚན་དེ་དག་ལ་གཞིགས་ན། ཁྲིམས་ཁང་གིས་རྒན་རྒོན་ལ་ཐུག་འཕྲད་བྱེད་དབང་ཡོད་པའི་དཔྱད་མཚམས་བཏང་ཆོག

2. ཐུག་འཕྲད་བྱེད་པའི་དུས་ཚོད་ལ་བཅའ་ཁྲིམས་ཀྱིས་གཏན་འབེབས་བྱས་ཡོད་དམ།

བུ་ཕྲུག་གི་ཕ་མ་གཉིས་པོས་ཐུག་འཕྲད་ཀྱི་དུས་ཚོད་ཐད་ལ་གྲོས་སྡུར་བྱས་ཆོག གལ་སྲིད་གྲོས་སྡུར་བྱས་ཀྱང་གྲོས་མཐུན་མ་བྱུང་ན། མི་དམངས་ཁྲིམས་ཁང་གིས་མཐའ་མའི་དཔྱད་མཚམས་བཏང་ཆོག མཐའ་མའི་དཔྱད་མཚམས་བཏང་པའི་དུས་ཚོད་དེ་བུ་ཕྲུག་དངོས་སུ་གསོ་སྐྱོང་བྱེད་མཁན་གྱི་མོས་མཐུན་མེད་ཀྱང་ངེས་པར་དུ་ལག་བསྟར་བྱེད་དགོས་པ་ཞིག་ཡིན།

དེ་མིན་ད་དུང་། སྤྱིར་བཏང་དུ་བུ་ཕྲུག་ནར་མ་སོན་བར་དུ་ཐུག་འཕྲད་བྱས་ནས། བུ་ཕྲུག་ནར་སོན་རྗེས་རང་ཉིད་ཀྱིས་ཐུག་འཕྲད་བྱེད་མིན་ཐག་གཅོད་བྱས་ཆོག སྐབས་བདེར་བཤད་ན། ནར་སོན་པའི་བུ་ཕྲུག་ལ་ཕ་མ་དང་ཐུག་འཕྲད་བྱེད་མིན་གདམ་ག་བྱེད་དབང་ཡོད།

3. ཐུག་འཕྲད་བྱེད་དབང་དང་ལྟ་བཅར་བྱེད་དབང་གཉིས་ལ་ཁྱད་པར་ཡོད་དམ།

ཐུག་འཕྲད་བྱེད་དབང་དང་ལྟ་བཅར་བྱེད་དབང་གཉིས་ཀྱི་ངོ་བོ་གཅིག་མཚུངས་ཡིན་པ་དང་། མིང་གཅིག་པ་མིན་པ་ཙམ་ཡིན། དེར་བརྟེན། ཁྲིམས་ཁང་གིས་ཁྲིམས་ཐག་བཅད་དོན་ཐུག་འཕྲད་བྱེད་དབང་ཡིན་ན་འདྲ། ལྟ་བཅར་བྱེད་དབང་ཡིན་ནའང་འདྲ། ཚ་བའི་དོན་སྙིང་གི་ཐད་ལ་ཁྱད་པར་མེད། དེས་ང་ཚོ་རང་གི་བུ་ཕྲུག་དང་ཐུག་འཕྲད་བྱེད་པ་དང་བུ་ཕྲུག་དང་མཉམ་དུ་གཤིབ་པའི་ཁེ་དབང་ཡོད་པ་མཚོན་གྱི་ཡོད། དེར་བརྟེན། གཉེན་འཐོར་བྱས་རྗེས། ཕྱོགས་གཉིས་ཀས་ཕ་རོལ་པོ་ཕྲུ་གུ་དང་ཐག་རིང་དུ་བྲལ་དགོས་པའི་རེ་བ་འདོན་དབང་མེད།

དྲུག གཉེན་འགྲོར་བྱེད་སྐབས། ཕྱོགས་གཅིག་གིས་ཀུན་གསབ་ཐོལ་པ་ཡིན་ཚོག་གམ།

ཞའོ་ཡུས་ཀྱིས་སློབ་ཆེན་ནང་དུ་རང་ཉིད་ལས་ལོ་རིམ་གཉིས་ཀྱིས་མཐོ་བའི་ཞའོ་ལུང་དང་དགའ་རོགས་བསྒྲིགས་ཤིང་། སློབ་མཐར་ཕྱིན་རྗེས་ཁོ་གཉིས་གྲོང་ཁྱེར་ཆེ་སར་ཕྱིན་ནས་འབད་འཐབ་བྱས། ལོ་གཅིག་ཀྱང་མ་འགོར་བར་ཞའོ་ཡུས་ལ་ཕྲུ་གུ་ཞིག་འཁོར་བས་ཁོ་གཉིས་ཀྱིས་གཉེན་སྒྲིག་ཐོ་འགོད་བྱས་པ་དང་། ཕྲུ་གུ་སྐྱེས་རྗེས་ཕྲུ་གུར་ལྟ་སྐྱོང་བྱེད་ཆེད་ཞའོ་ཡུས་ཀྱིས་ལས་ཁུར་རྩ་དགོངས་ཞུས་ནས་ཁྱིམ་དུ་བདག་མོར་གྱུར།

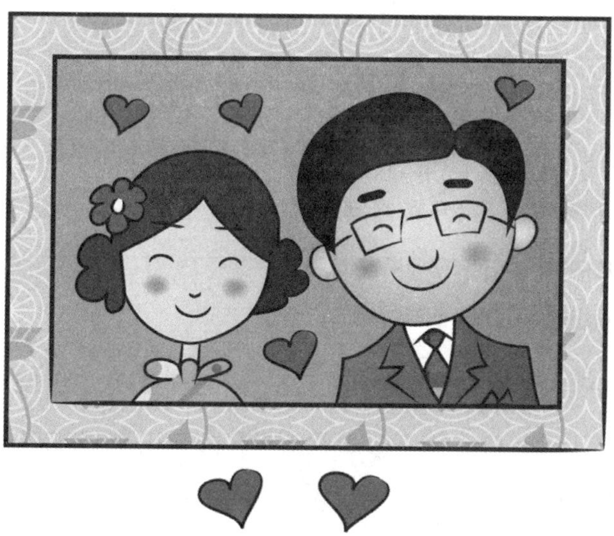

གྲོང་ཁྱེར་ཆེན་པོར་འཚོ་བ་སྐྱེལ་བར་ལས་སླ་པོ་ག་ལ་ཡོད། ཞའོ་ལུང་གིས་རྒྱུན་པར་ཞོགས་སྔ་ལངས་དང་དགོང་ཕྱི་ཉལ་བྱས་ནས་ལས་ཀ་སྒྲུབ་ཀྱི་ཡོད་པ་དང་། ཐ་ན་གཟའ་མཇུག་ལའང་ངལ་གསོ་རྒྱག་ཁོམ་ཕྱིར་བཏང་མེད་པ་རེད། ཞའོ་ཡུས་ཀྱང་དལ་མོར་བསྡད་མེད་པར་ཕྲུ་གུར་ལྟ་སྐྱོང་བྱེད་དགོས་པ་དང་། ཁྱིམ་ལས་བྱེད་དགོས་

ཤིང་། ལོ་གསར་དང་དུས་ཆེན་སྐབས་སུ་ཕ་ཡུལ་དུ་ལོག་ནས་གཅེན་པོ་དང་དེའི་བཟའ་ཟླའི་ཚབ་བྱས་ནས་རྒན་རྒོན་ལ་ལྟ་རྟོག་བྱེད་དགོས་ཀྱི་ཡོད་པ་རེད། འདི་ལྟར་བྱས་ནས་ལོ་དྲུག་ལྷག་རྒྱུན་འཁྱོངས་བྱས།

ལོ་དྲུག་རིང་གི་འཚོ་བར་བྲེལ་འཚུབ་ཤིན་ཏུ་ཆེ་བས། རྒྱུན་དུ་ཁོང་གཉིས་དབར་ཕན་ཚུན་བསམ་བློ་མཐུན་སྒྱུར་བྱེད་ཁོམ་ཡང་ཕལ་ཆེར་མེད་པ་རེད། ཕྲུ་གུ་སློབ་གྲྭར་སྐྱོད་པའི་གནད་དོན་གྱིས་བཟའ་ཚང་གཉིས་བར་ལ་འགལ་ཟླ་དངོས་སུ་བསླངས། ཁོ་གཉིས་ཀྱིས་རང་ཉིད་སོ་སོའི་ལོ་མང་པོའི་རིང་གི་སེམས་སྙིང་གི་དཀའ་ངལ་དང་སྡུག་བསྔལ་ཤོད་བཞིན་དུ་ཕན་ཚུན་སྐྱོན་འཛུགས་བྱེད་རེས་བྱས།

ཞའོ་ལུང་གི་བསམ་པར། རང་ཉིད་ཀྱིས་ཉིན་ལྟར་དཀའ་སྤྱད་འབད་བརྩོན་གྱིས་ལས་ཀ་བྱེད་པ་ནི་ཁྱིམ་ཚང་འདིའི་ཆེད་དུ་ཡིན་ཙང་། ཚུང་མས་རང་ཉིད་ལ་གཞིགས་འདེགས་མི་བྱེད་པར། ད་དུང་འགྲོ་སོང་བག་མེད་གཏོང་རྒྱུ་ལས་ཤེས་ཀྱི་མེད་པས། རང་ཉིད་ཀྱིས་ལས་ཀ་ཧུར་བརྩོན་ལོ་མང་བྱས་ཙང་ད་ཆ་དངུལ་སྐར་མ་གཅིག་ཀྱང་གསོག་ཐུབ་ཀྱི་མེད་པ་དང་། དེས་མ་ཚད་ད་དུང་ཚུང་མས་རང་ཉིད་ལ་བསམ་ཤེས་མི་བྱེད་པར། ངལ་གསོ་ཉིན་གཅིག་ལས་མེད་པ་དེ་ལའང་གཉིད་སྐྱིད་པོ་ཞིག་ཁུག་བཙུག་གི་མི་འདུག་སྙམ།

ཞའོ་ཡུས་ཡི་བསམ་པར། རང་ཉིད་ཀྱིས་ཉིན་ལྟར་ཕྲུ་གུར་ལྟ་སྐྱོང་བྱེད་པ་དང་། གྱོན་གོས་འཁྲུ་བ། ཟ་མ་བཟོ་བ། ཁང་པ་གཙང་སྦྲ་བྱེད་པ་སོགས་བྱས་ནས། ཉིན་རེར་ཉུང་མཐར་ཡང་ལས་ཀ་ཆུ་ཚོད16བྱེད་ཀྱི་ཡོད་པ་མ་ཟད། ལོ་ཧྲིལ་པོར་ངལ་གསོ་ཉིན་གཅིག་ཀྱང་མེད་པ་དང་། དེ་སྔོན་ཞའོ་ལུང་གི་ཨ་མ་ལགས་ཞིང་ཆེན་གྱི་སྨན་ཁང་དུ་ནད་བཅོས་པར་ཡོང་བར་ཡང་། རང་ཉིད་ཀྱིས་ཐོག་མཐའ་བར་གསུམ་དུ་ཕར་རྒྱུགས་ཚུར་རྒྱུགས་བྱས་ནས་ནད་གཡོག་བྱས་པ་ལས། ཁྱོ་གས་ལྟ་ཙམ་ཡང་ཡོང་མྱོང་མེད་པ་རེད། ཁོས་ངལ་གསོའི་སྐབས་སུ་ཟ་རྒྱུ་དང་ཉལ་རྒྱུ་མ་གཏོགས་མི་ཤེས་པར། རང་ཉིད་ཀྱིས་ཟ་མ་བཟོ་བའི་སྐབས་སུའང་ཕྲུ་གུར་ལྟ་རོགས་བྱེད་ཀྱི་མེད་པ་རེད། མི་གསུམ་

ཁང་ཚུང་གཅིག་ཏུ་འཚང་ཁ་བརྒྱབ་ནས་བསྡད་པར་རང་ཉིད་ཀྱིས་འཁང་ར་གཅིག་ཀྱང་བྱས་སྐྱོང་མེད་ཀྱང་། ཞའོ་ལུང་གིས་ད་དུང་རང་ལ་བསམ་ཤེས་བྱེད་ཀྱི་མི་འདུག་རང་ཁྱིམ་རང་བདག་མ་བྱས་ན་འཚོ་བའི་མགོ་ཆས་ཀྱི་རིན་གོང་མཐོ་པོ་ཡོད་པ་མི་ཤེས་པས། ཞའོ་ལུང་གིས་དངོས་ཐོག་གི་རིན་གོང་ལ་མ་བལྟས་པར་རང་ཉིད་ལ་སྐྱོན་འཛུགས་རྒྱང་རྒྱང་བྱེད་ཀྱི་འདུག་སྙམ།

ཉིན་མང་པོ་མ་འགོར་བར་ཁོ་གཉིས་ཀྱིས་གཉེན་འཐོར་བྱ་རྒྱུ་ཁ་ཆད་བྱས།

ཞའོ་ཡུས་སློབ་མཐར་ཕྱིན་རྗེས་ལས་གནས་ཐོག་ལོ་གཅིག་ཀྱང་མ་བསྡད་པར་ཁྱིམ་དུ་ལོག་ནས་ཁྱིམ་འཛིན་མར་གྱུར་བ་དང་། ལོ་དྲུག་གི་རིང་ལ་ཕྱི་རུ་ལས་ཀར་འགྲོ་སྐྱོང་མེད་སྐབས། ད་ཆ་སྤྱི་ཚོགས་འཕེལ་རྒྱས་ཀྱི་གོམས་སྐབས་རྗེས་ཟིན་ཐབས་བྲལ་བས་བསྐྱར་དུ་ལས་ཀ་བཙལ་བ་ནི་ཤིན་ཏུ་ཁག་པོར་གྱུར་ཡོད། དེར་བརྟེན་ཞའོ་ཡུས་ཀྱིས་ཞའོ་ལུང་གིས་རང་ཉིད་ལ་དཔལ་འབྱོར་གྱི་ཀུན་གསབ་སྟེར་དགོས་པའི་རེ་ཞུ་བྱས།

འོན་ཀྱང་ཞའོ་ལུང་གི་བསམ་པར། གཉེན་སྒྲིག་བྱས་རྗེས་རང་ཉིད་གཅིག་པུས་ཁྱིམ་ཚང་ཁ་གསོས་པ་དང་། ཐོག་མཐའ་བར་གསུམ་དུ་རང་ཉིད་ཀྱིས་ཞའོ་ཡུས་ཁ་གསོས་པ་ཡིན་པས། ཞའོ་ཡུས་ཀྱིས་དཔལ་འབྱོར་གྱི་ཀུན་གསབ་ལེན་དབང་མེད་སྙམ།

《ཀྲུང་ཧྭ་མི་དམངས་སྤྱི་མཐུན་རྒྱལ་ཁབ་ཀྱི་དམངས་དོན་ཁྲིམས་གཞུང་》གི་དོན་ཚན་ཆིག་སྟོང་དང་བརྒྱ་བརྒྱད་པའི་ནང་དུ་གཏན་འབེབས་བྱས་དོན། ཁྱོ་ཤུག་ཕྱོགས་གཅིག་གིས་བུ་ཕྲུག་གསོ་སྐྱོང་དང་། བགྲེས་སོང་ལྟ་སྐྱོང་། ཅིག་ཤོས་ཀྱི་ལས་ཀར་གཞོགས་འདེགས་བཅས་བྱེད་པའི་འོས་འགན་མང་ཙམ་བསྒྲུབས་ཡོད་པ་ཡིན་ན། གཉེན་འཐོར་བྱེད་དུས་ཅིག་ཤོས་ཕྱོགས་ལ་སྐྱིན་གསབ་བྱེད་དགོས་པའི་རེ་འདུན་འདོན་དབང་ཡོད་པ་དང་། ཅིག་ཤོས་ཀྱིས་སྐྱིན་གསབ་བྱེད་དགོས། བྱེ་བྲག་གི་བྱེད་ཐབས་སྐོར་ཕྱོགས་གཉིས་ཀས་གྲོས་དན་འཇོག་དགོས། གྲོས་ཁ་མ་མཐུན་ན་མི་དམངས་ཁྲིམས་ཁང་གིས་དཔྱད་མཚམས་གཏོང་དགོས།

ཞའོ་ཡུས་ཀྱིས་རྒྱུན་དུ་ཁྱིམ་ཚང་གི་འོས་འགན་ཅུང་མང་བ་བསྒྲུབས་ཡོད་པས།

ཁྲིམས་ཁང་གིས་བར་འདུམ་བྱས་པ་བརྒྱུད། ཞའོ་ལིུང་གིས་ཞའོ་ཡུས་ལ་དཔལ་འབྱོར་གྱི་གུན་གསབ་ངེས་ཅན་ཞིག་སྤྲད་པ་དང་། ཕོ་གཉིས་གྲོས་མཐུན་དང་གཉེན་འཐོར་བྱས་པ་རེད།

ཁྲིམས་ལུགས་ཁྲབ་གདལ་གྱི་སློབ་ཚན།

ཁྲིམ་ཚང་གི་འཚོ་བའི་ཁྲོད་དུ། རང་ཉིད་ཀྱི་ཁེ་དབང་སྲུང་སྐྱོང་བྱེད་པར་དོ་སྣང་ཅི་འདྲ་བྱེད་དགོས།

ད་ཆ་ཁྲིམ་འཛིན་མཐའམ་ཁྲིམ་འཛིན་པ་མང་པོ་ཞིག་གིས་ཉིན་ལྟར་ཁྲིམ་ཚང་དང་། ཕ་མ། བུ་ཕྲུག་བཅས་ལ་ལྟ་སྐྱོང་བྱ་རྒྱུ་ཁོ་ནར་མགོ་འཁོར་ནས། རིམ་གྱིས་རང་ཉིད་བརླག་འགྲོ་གི་ཡོད་པ་རེད། བཟའ་ཚང་གི་འབྲེལ་བ་རིམ་བཞིན་མི་ལེགས་པར་གྱུར་བཞིན་པའང་མ་ཚོར་ནས། ཉིན་ཁར་འཕྲད་ཀྱང་མགོ་ཐོམ་ནས་སྡོད་ཀྱི་ཡོད་པ་རེད། དུས་མང་པོ་ཞིག་ལ། དངོས་པོ་དང་བརྩེ་བ་ཏ་ཅང་མང་པོ་ཞིག་ཕྱིར་ཟློག་ཐབས་བྲལ་བ་ཡིན་པས། དེ་མ་ཤོར་གོང་ལ། ཚང་མས་སྲུང་སྐྱོབ་ཡག་པོ་བྱེད་པའི་རེ་བ་ཡོད།

བྱས་ན། དུས་རྒྱུན་གྱི་འཚོ་བའི་ཁྲོད་དུ་དོ་སྣང་བྱེད་དགོས་པ་གང་དག་ཡོད།

གཅིག་ནས་རང་ཚུགས་ཀྱི་མི་གཤིས་རྒྱུན་འཁྱོངས་བྱས་ནས། རང་ཉིད་ཀྱི་ལྟ་བ་དང་སྐད་ཆ་ཤོད་དབང་ཡོད་པ་བྱེད་དགོས། ནམ་ཡང་རང་ཉིད་ཕ་རོལ་པོའི་ཟུར་གཏོགས་སུ་བརྩི་མི་རུང་ལ། ཕ་རོལ་པོར་ཡོངས་སུ་བརྟེན་ནས་སྡོད་མི་རུང་།

གཉིས་ནས་བྱ་སྤྱོད་ཁ་ཅིག་ལ་བཟོད་སྒོམ་བྱེད་མི་རུང་། དཔེར་ན། ཟུར་བཟའ་འཚོལ་མཁན་དང་། ཁྲིམ་གྱི་གདུམ་སྤྱོད་སྤེལ་མཁན། དུག་འཐེན་མཁན་ལྟ་བུ། བྱ་སྤྱོད་དེ་དག་ལ་ཐེངས0དང་ཐེངས་གྲངས་མེད་གཉིས་ལས་མེད་པས། ཁྱོད་ཀྱིས་བཟོད་སྒོམ་ཐེངས་གཅིག་བྱས་ཚེ་ཕ་རོལ་པོས་དེ་བས་འཛེམ་བག་མེད་པའི་ངང་ནས་གཅིག་རྗེས་གཉིས་མཐུད་དུ་བྱ་སྤྱོད་འདི་རིགས་སྤེལ་ངེས་དང་། ཕ་རོལ་པོས་བསམ་པར་ཁྱོད་རང་བརྙས་བཅོས་བྱས་ཆོག་ཆོག་ཅིག་རེད་འདུག་སྙམ་ངེས་རེད།

གསུམ་ནས་རྒྱུ་དངུལ་བཀོལ་སྤྱོད་བྱེད་དབང་ངེས་ཅན་ཡོད་པ་བྱེད་དགོས། དཔལ་འབྱོར་ནི་རང་ཉིད་ལ་སྲུང་སྐྱོང་བྱེད་པའི་ཆེས་རྨང་གཞིའི་འགན་ལེན་ཡིན་ལ། ཁྲིམ་ཚང་གི་གནས་བབ་དོ་སྙོམས་ཡོང་བའི་རྨང་གཞིའི་རྗེལ་བུའང་ཡིན། མ་མཐར་ཡང་ཁ་མཆུ་རྒྱག་པའི་དུས་སུ་ཁྲིམས་རོགས་པ་གདན་འདྲེན་ཞུ་མ་ཐུབ་པར་ལུས་མི་དགོས།

བཞི་ནས་དབང་རྟགས་ཀྱི་འདུ་ཤེས་ཡོད་དགོས། འཚོ་བ་བཀྲ་མི་ཤིས་པའི་ཕྱོགས་སུ་ཤོར་བའི་དུས་སུ། བཙའ་ཁྲིམས་ཀྱི་ལག་ཆ་སྤྱད་ནས་རང་ཉིད་ལ་སྲུང་སྐྱོབ་བྱེད་ཤེས་དགོས། དེར་བརྟེན་ངེས་པར་དུ་དབང་རྟགས་ཡོད་དགོས། དུས་རྒྱུན་དུ་རང་ཉིད་ཀྱི་ཁྲིམས་མཐུན་ཁེ་དབང་ལ་གནོད་འཚེ་ཐོག་སྲིད་པའི་དོན་དག་ལ་དབང་རྟགས་ཉར་ཚགས་ཡག་པོ་བྱས་ཏེ། དགོས་མཁོ་ཡོད་དུས་སྟོན་རྒྱུ་ཡོད་པ་བྱེད་དགོས།

བདུན། གཉེན་འཁོར་བྱས་རྗེས། ད་དུང་གུན་ཚབ་སྤྲོད་དགོས་པའི་རེ་ཞུ་བྱས་ཆོག་གམ།

ལྷམ་སྲུའུ་ལགས་དང་སྐུ་ཞབས་ལིའུ་ལགས་ལོ15ཡི་གོང་དུ་གཉེན་སྒྲིག་བྱས་པ་དང་། ཁོང་གཉིས་ཀྱི་འཚོ་བ་ནི་བདེ་སྐྱིད་ལྡན་པ་ཞིག་ཡིན། སྐུ་ཞབས་ལིའུ་ལགས་ཕྲུ་གུ་དགོས་འདོད་མེད་པས། ལྷམ་སྲུའུ་ལགས་ཀྱིས་མོས་མཐུན་བྱས་ནས། ཁོང་གཉིས་ཀྱིས་ད་བར་ཕྲུ་གུ་མ་སྐྱེས་པར་བློ་གཅིག་སེམས་གཅིག་གིས་ལས་དོན་ལ་འབད་བརྩོན་བྱེད་བཞིན་ཡོད་པ་རེད།

ལོ་ཞིག་ལ། སྐུ་ཞབས་ལིའུ་ལགས་ཀྱིས་འཆམ་མཐུན་མེད་པ་རྒྱུ་མཚན་དུ་བྱས་ནས་གཉེན་འཁོར་བྱ་རྒྱུའི་གྲོས་བཏོན་པས། ལྷམ་སྲུའུ་ལགས་ཀྱིས་རྩོད་དྲ་གང་ཡང་མ་བཟོས་པར་མོས་མཐུན་བྱས་པ་དང་། ཁོ་གཉིས་ཀྱིས་མགྱོགས་མྱུར་དུ་གཉེན་འཁོར་ལག་ཁྱེར་སྤྲུལ་པ་རེད། འོན་ཀྱང་གཉེན་འཁོར་བྱས་རྗེས་ཀྱི་ཟླ་བ་གཉིས་པར། སྐུ་ཞབས་ལིའུ་ལགས་མི་གཞན་དང་མཉམ་དུ་ཕྲུ་གུ་ཞིག་སྐྱེས་པ་ལྷམ་སྲུའུ་ལགས་ཀྱིས་ཤེས།

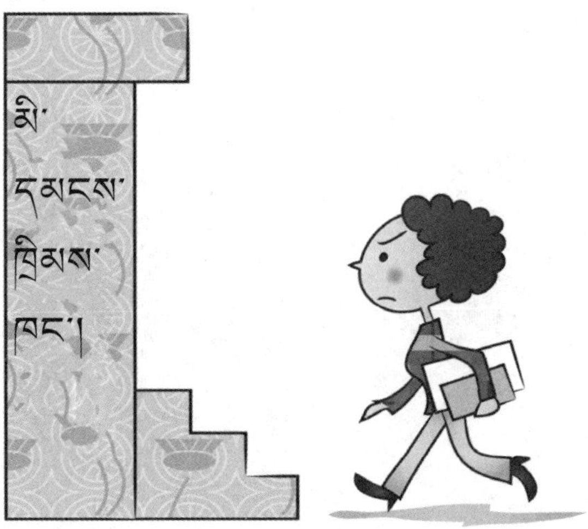

དེ་སྔོན་སྐུ་ཞབས་ལིའུ་ལགས་ཀྱིས་ཕྲུ་གུ་དགོས་འདོད་མེད་པའི་རྐྱེན་གྱིས་རང་ཉིད་ཀྱིས་ཕྲུ་གུ་མ་སྐྱེས་པ་ཡིན། ད་ཆ་རང་ཉིད་ལོ40ལ་སླེབས་ཟིན་པས་ཕྲུ་གུ་སྐྱེ་བའི་

ཡོ་ཚད་ལེགས་ཤོས་དེ་ཤོར་ཚར་བ་རེད། སྐུ་ཞབས་ལེའུ་ལགས་ཀྱིས་མི་གཞན་དང་ཕྲུ་གུ་སྐྱེས་ནས་མཉམ་དུ་བསྡད་པ་དེ་རང་ཉིད་ལ་རྒྱབ་གཏོད་བྱས་པ་རང་རེད་སྙམ་ནས། ལྕམ་སྲུའུ་ལགས་ཀྱིས་ཁྲོ་ག་སྟོན་མ་ལེའུ་ལགས་ཁྲིམས་ལ་སྦྱར་ནས་རང་ཉིད་ལ་གུན་གསབ་སྤྲོད་དགོས་པའི་བསམ་འཆར་བཏོན།

འབྲེལ་ཡོད་བཅའ་ཁྲིམས་ཀྱི་གཏན་འབེབས་ལྟར་ན། དོ་བདག་གིས་གཉེན་སྒྲིག་ཐོ་འགོད་ལས་ཁུངས་སུ་བཟའ་ཚང་ཁ་བྲལ་གྱི་ཐོ་འགོད་བྱས་རྗེས། 《དམངས་དོན་ཁྲིམས་གཞུང་》གི་དོན་ཚན་ཆིག་སྟོང་དང་པོ་གཅིག་པའི་གཏན་འབེབས་རྒྱུ་མཚན་དུ་བྱས་ནས་མི་དམངས་ཁྲིམས་ཁང་ལ་གུན་གསབ་འཇལ་རེ་ཞུས་ན་མི་དམངས་ཁྲིམས་ཁང་གིས་བདག་སྐྱོང་བྱེད་དགོས། འོན་ཀྱང་དོ་བདག་གིས་ཁ་བྲལ་གྱི་གྲོས་མོལ་བྱེད་སྐབས་རེ་འདུན་དེ་བློས་གཏོང་རྒྱུ་ཁ་གསལ་བཤད་པའམ། ཡང་ན་བཟའ་ཚང་ཁ་བྲལ་གྱི་ཐོ་འགོད་འགྲོ་ལུགས་བསྒྲུབས་ནས་ལོ་གཅིག་འགོར་རྗེས་གཞི་ནས་རེ་འདུན་དེ་བཏོན་ན་བཅའ་ཁྲིམས་ཀྱིས་རྒྱབ་སྐྱོར་མི་བྱེད་པ་ཡིན།

《ཀྲུང་ཧྭ་མི་དམངས་སྤྱི་མཐུན་རྒྱལ་ཁབ་ཀྱི་དམངས་དོན་ཁྲིམས་གཞུང་》གི་དོན་ཚན་ཆིག་སྟོང་དང་པོ་གཅིག་པའི་ནང་དུ་གཏན་འབེབས་བྱས་དོན། གཤམ་གསལ་གྱི་གནས་ཚུལ་གྲས་ཤིག་ཡོད་པའི་རྐྱེན་གྱིས་གཉེན་འཐོར་བྱས་པ་ཡིན་ན། ནོར་འཛོལ་མེད་མཁན་ཕྱོགས་ལ་གུན་གསབ་འཇལ་དགོས་པའི་རེ་འདུན་ཞུ་དབང་ཡོད།

(གཅིག) གཉེན་སྒྲིག་བརྗེགས་མ་བྱས་པ།

(གཉིས།) མི་གཞན་དང་འགབ་མཐུན་མཉམ་སྡོད་བྱས་པ།

(གསུམ།) ཁྱིམ་ཚང་དུ་གདུག་སྤྱོད་སྤེལ་བ།

(བཞི།) ཁྱིམ་མིར་མནར་གཅོད་བཏང་བ་དང་། དབྱུགས་སྐྱུར་བྱས་པ།

(ལྔ།) ནོར་འཛོལ་ཚབས་ཆེན་གཞན་དག་ཡོད་པ།

ལྕམ་སྲུའུ་ལགས་ཀྱིས་རེ་འདུན་དེ་བློས་བཏང་མེད་ལ། གཉེན་འཐོར་བྱས་རྗེས་ཀྱི་ལོ་གཅིག་གི་དུས་ཡུན་ལས་ཀྱང་བརྒལ་མེད་པས། ལྕམ་སྲུའུ་ལགས་ཀྱིས་ཞུ་གཏུག་

★ ★ ★ ★ ★ ★ ★ ★

བཀླུབ་ནས་ཀུན་གསལ་འཇལ་དགོས་པའི་རི་ཞུ་བྱས་ཚོག

ཁྲིམས་ལུགས་ཁྱབ་གདལ་གྱི་སློབ་ཚན།

གཉེན་འཐོར་བྱེད་པར་ནོར་འབྲེལ་ཀོར་མཁན་གྱི"ནོར་འབྲེལ"ལ་མཚོན་སྣང་རྣམ་པ་གང་དག་ཡོད།

（1）བློ་གཅིག་སེམས་གཅིག་མིན་པའི་བྱ་སྤྱོད། བློ་གཅིག་སེམས་གཅིག་མིན་པའི་བྱ་སྤྱོད་ཅེས་པ་ནི་སྤྱིར་བཏང་དུ་བཟའ་ཚང་ཕྱོགས་གཅིག་གིས་ཟུར་བཟའ་བཙལ་བའི་བྱ་སྤྱོད་ལ་ཟེར། ཁྱོ་གཅིག་ཤུག་གཅིག་ལམ་ལུགས་ཀྱི་གཞི་རྩའི་རིགས་པ་ལྟར་ན། ཟུར་བཟའ་བཙལ་བ་ནི་བཅའ་ཁྲིམས་ཀྱི་སྙིང་དོན་དང་འགལ་བ་ཡིན། ཕྱོགས་གཅིག་གིས་བློ་གཅིག་སེམས་གཅིག་མིན་པའི་བྱ་སྤྱོད་དེ་ཚད་གང་འདྲ་ཞིག་ལ་སླེབས་ན་ད་གཟོད"བློ་གཅིག་སེམས་གཅིག་མིན་པའི"རྐྱེན་གྱིས་ནོར་འབྲེལ་གྱི་འགན་འཁྲི་འཁུར་དགོས་སམ། དེའི་ཐད་ཁྲིམས་ལུགས་ཁྲོད་དུ་ད་ཡོད་ཀྱི་དྲིས་ལན་མེད། དོན་དངོས་ཀྱི་གྲོད་དཔེར་བལྟས་ན། ཕྱོགས་གཅིག་གིས"ཟུར་བཟའ"བཙལ་ཡོད་ཀྱང་། བདེན་དཔང་མཁོ་འདོན་བྱེད་ཁག་པོ་རེད། རྒྱུ་མཚན་ནི་ཟུར་བཟའ་བཙལ་མཁན་གྱིས་ལྐོག་ལྐོག་སུད་སུད་དུ་བཙལ་གྱི་ཡོད་པས། སྤྱིར་བཏང་དུ་སྤྱི་པའི་ཁོར་ཡུག་ཏུ་མཐོང་དཀོན་པོ་རེད། དེར་བརྟེན། བཟའ་ཟླ་ཕྱོགས་གཅིག་ཤོས་དེའི་ངོས་ནས་བཤད་ན། ཕ་རོལ་པོས་བློ་གཅིག་སེམས་གཅིག་མ་བྱས་པའི་ནོར་འབྲེལ་ལ་བདེན་དཔང་འཚོལ་སྡུད་བྱེད་དགོས་ན་ལྷོས་བཅས་ཀྱིས་ཁག་པོ་ཡོད་པ་རེད།

（2）གཉེན་སྒྲིག་བསྐྱེགས་མ་བྱས་པ། གཉེན་སྒྲིག་བསྐྱེགས་མ་བྱས་པ་ནི་ཉེས་ཁྲིམས་དང་འགལ་བ་ཡིན་པས། ཉེས་དོན་གྱི་འགན་འཁྲི་འཁུར་དགོས། རང་རྒྱལ་གྱི《ཉེས་ཁྲིམས་》ནང་དུ་གཏན་འབེབས་བྱས་དོན། གཉེན་སྒྲིག་བསྐྱེགས་མ་བྱས་པ་ཞེས་པ་ནི་བཟའ་ཟླ་ཡོད་བཞིན་དུ་སླར་ཡང་མི་གཞན་དང་གཉེན་སྒྲིག་བྱས་པའམ། ཡང་ན་མི་གཞན་ལ་བཟའ་ཟླ་ཡོད་པ་ཤེས་བཞིན་དུ་དེ་དང་གཉེན་སྒྲིག་བྱས་པའི་བྱ་སྤྱོད་ལ་ཟེར། 《ཉེས་ཁྲིམས་》ནང་དུ་གཏན་འབེབས་བྱས་དོན། བཟའ་ཟླ་ཡོད་བཞིན་དུ་གཉེན་སྒྲིག་བསྐྱེགས་མ་བྱས་པའམ། ཡང་ན་མི་གཞན་ལ་བཟའ་ཟླ་ཡོད་པ་ཤེས་བཞིན་དུ་དེ་དང་གཉེན་སྒྲིག་བྱས་ན། དུས་བཀག་བཙོན་འཇུག་ལོ་གཉིས་མན་ནམ་ཡང་ན་བཙོན་ཉར་ལས་སྐུལ་གྱི་ཉེས་ཆད་གཅོད་རྒྱུ་རེད།

（3）འགབ་མཐུན་མཉམ་སྡོད་བྱས་པ། འགབ་མཐུན་མཉམ་སྡོད་ལ་ངོས་འཛིན་བྱེད་པའི་རྒྱུ་རྐྱེན་གལ་ཆེན་ཞིག་ནི། མཉམ་དུ་འཚོ་བ་རོལ་བའི་དུས་ཚོད་དེར་རྒྱུན་མཐུད་རང་བཞིན་ལྡན་དགོས་པ་ཞིག་ཡིན་མོད། འོན་ཀྱང་དུས་ཡུན་ག་ཚོད་རྒྱུན་མཐུད་བྱེད་དགོས་པར་གཏན་འཁེལ་

ནན་པོ་བྱས་མེད། ས་གནས་སོ་སོའི་ཁྲིམས་ཁང་གི་ལག་ལེན་ལ་བལྟས་ན། འགག་མཐུན་མཉམ་སྤྱོད་གྲུབ་པའི་དུས་ཡུན་གྱི་རྒྱུན་མཐུད་རང་བཞིན་ནི་ཟླ་གཅིག་ཡན་ཡིན་དགོས།

（4）ཁྱིམ་ཚང་གི་གདུམ་སྤྱོད། མི་རྣམས་ཀྱིས་རྒྱུན་པར་བཟའ་ཚང་ཕྱོགས་གཅིག་གིས་ཉེས་རྡུང་གཏོང་བའི་བྱ་སྤྱོད་ལ་སྤྱི་མིང་དུ "ཁྱིམ་ཚང་གི་གདུམ་སྤྱོད" ཅེས་འབོད་ཀྱི་ཡོད། དཔེར་ན། ཁྱོ་གས་ཆུང་མར་འབུད་རྒྱག་ཐེངས་གཅིག་བརྒྱབ་པའམ། ཡང་ན་ཆུང་མར་རྡོག་རྒྱག་ཐེངས་འགའ་བརྒྱབ་པ། ཡང་ན་བརྒྱབ་ནས་མཉེན་པའི་ཤུང་གྲུབ་ལ་རྨས་པ་ལྟ་བུ། དེ་འདྲའི་བྱ་སྤྱོད་ནི "ཁྱིམ་ཚང་གི་གདུམ་སྤྱོད་" ཡིན་ནམ། འབྲེལ་ཡོད་ཁྲིམས་འཛིན་གྱི་འགྲེལ་བཤད་ལྟར་ན། ཁྱིམ་ཚང་གི་གདུམ་སྤྱོད་ཅེས་པ་ནི་བྱ་སྤྱོད་སྤྱིལ་མཁན་གྱིས་ཉེས་རྡུང་གཏོང་བ་དང་། བསྡམས་བསྐྱིགས་བྱེད་པ། གདུག་གསོད་གཏོང་བ། མི་ལུས་རང་དབང་ལ་བཙན་ཤེད་ཀྱིས་ཚོད་འཛིན་བྱེད་པའམ་ཡང་ན་བྱ་ཐབས་གཞན་དག་སྤྱད་ནས། ཁྱིམ་མིའི་ལུས་པོ་དང་བསམ་བློ་སོགས་ཀྱི་ཐད་ལ་གནོད་འཚེ་ངེས་ཅན་བཟོས་པའི་བྱ་སྤྱོད་ལ་ཟེར། གོང་གསལ་གྱི་གནད་འབེབས་ལ་གཞིགས་ན། ང་ཚོས་བཅའ་ཁྲིམས་ཀྱི་དོན་སྙིང་ཐོག་གི་ཁྱིམ་ཚང་གི་གདུམ་སྤྱོད་དེ་གདུམ་སྤྱོད་བྱས་ཚད་དང་། གནོད་འཚེའི་ཚབས་ཆེའི་རང་བཞིན་ལ་ཚད་གཞི་ངེས་ཅན་ཞིག་ཡོད་པ་མཐོང་ཐུབ། དེར་བརྟེན་རྒྱུན་དུ་ངོས་འཛིན་བྱས་པའི་ཁྱིམ་ཚང་གི་གདུམ་སྤྱོད་དམ། ཡང་ན་ཁ་ཡ་མི་བྱེད་པ་ཚང་མ་བཅའ་ཁྲིམས་ཀྱིས་བཞག་པའི་མཚན་ཉིད་དང་ཁྱད་པར་ཡོད་པ་རེད། བཤད་སྟངས་གཞན་ཞིག་ནས་བཤད་ན། བཅའ་ཁྲིམས་ཀྱི་དོན་སྙིང་ཐོག་གི་ཁྱིམ་ཚང་གི་གདུམ་སྤྱོད་དེ་མང་ཆོགས་ཀྱིས་རྒྱུན་དུ་གོ་བ་ལེན་པའི "ཁྱིམ་ཚང་གི་གདུམ་སྤྱོད" ལས་ཏ་ཅང་གིས་ནན་པ་ཡོད་པ་རེད།

（5）ཁྱིམ་མིར་མནར་གཅོད་བཏང་བ་དང་། དབྱུགས་སྐྱུར་བྱས་པ། རང་རྒྱལ་གྱི་ཉེས་ཁྲིམས་ཀྱི་འབྲེལ་ཡོད་གནད་འབེབས་ལྟར་ན། གལ་ཏེ་ཁྱིམ་མིར་མནར་གཅོད་བཏང་བ་དང་། དབྱུགས་སྐྱུར་བྱས་པའི་གནད་དོན་ཚབས་ཆེན་ཡིན་ན། ཉེས་བསགས་བྱ་སྤྱོད་དུ་གྲུབ་པ་ཡིན་ཞིང་། མཐོ་ཤོས་ལ་དུས་བཀག་བཙོན་འཇུག་ལོ་ལྔ་ཡི་ཁྲིམས་ཆད་གཅོད་ཆོག

（6）སྤྱོད་ངན། དཔེར་ན། ཆང་རག་བག་མེད་དུ་འཐུང་བ་དང་། དུག་འཐེན་པ། རྒྱན་འཛུགས་པ་སོགས་ཀྱི་བྱ་སྤྱོད་ཚང་མ་ནི་སྤྱོད་ངན་གྱི་ཁོངས་སུ་གཏོགས་པ་ཡིན། འོན་ཀྱང་མིག་སྔའི་འབྲེལ་ཡོད་གནད་འབེབས་ལྟར་ན། སྤྱོད་ངན་ཡོད་ན་ངེས་པར་དུ "སློབ་གསོ་ཡང་ཡང་བཏང་ནའང་ཡོ་བསྒྱུར་མི་བྱེད་པ" ཡིན་དགོས་ཤིང་། ད་གཟོད་བཟའ་ཚང་ཁ་བྲལ་རྒྱུའི་དཔྱད་མཚམས་འཛོག་པ་དང་། ཁྲོ་ཤུག་གི་བརྩེ་དུང་ལ་གཏོར་བཤིག་ཐེབས་པར་ངོས་འཛིན་བྱེད་པའི་རྒྱུ་མཚན་དུ་འགྱུར་ཐུབ། དེ་ལྟ་ཡིན་ནའང་། དེ་དང་འདྲ་བའི་གོམས་གཤིས་ངན་པ་ཡོད་ན། ནོར་འབྲུལ་གྱི་ཕྱིའི་མངོན་ཚུལ་ཞིག་ཏུ་བརྩི་ཆོག

ཉར་གསོ།

གཅིག ཕྲུ་གུ་གཉིས་ཡོད་བཞིན་དུ་ད་དུང་ཕྲུ་གུ་གཞན་པ་ཉར་གསོ་བྱས་ཆོག་གམ།

ཞའོ་ཤིན་ད་ལོ་ལོ་དགུ་ཡིན་པ་དང་། ཁོའི་ཨ་ཕ་ལོ་ལྔའི་གོང་ལ་འཁྲིམ་འགྲུལ་དོན་རྐྱེན་ཞིག་གིས་རྐྱེན་པས་ཚེ་ལས་འདས་ཤིང་། ཨ་མ་སྲུན་ལགས་ཀྱང་ལོ་གཉིས་ཀྱི་གོང་ལ་སྨྲུན་ནས་ཚེ་ལས་འདས། ཞའོ་ཤིན་གྱི་ཕ་མ་གཉིས་གྲོངས་རྗེས། གནས་སྐབས་སུ་སྤོ་བོ་དང་རྒན་བོ་གཉིས་དང་མཉམ་དུ་ཁྲུང་པེའི་དུ་འཚོ་བ་སྐྱེལ་བཞིན་ཡོད་པ་རེད། ཞའོ་ཤིན་གྱི་མ་རྒྱུད་སྤོ་བོ་དང་ཞའོ་ཤིན་གྱི་ཨ་ནེ་ནེ་ཤིན་ཅང་དུ་འཚོ་བ་སྐྱེལ་བཞིན་ཡོད་པ་རེད།

འོན་ཀྱང་སྤོ་བོ་དང་རྒན་བོ་ལོ་ན་བགྲེས་པས་ཞའོ་ཤིན་ལ་ལྟ་སྐྱོང་བྱེད་ནུས་བྲལ། ཞའོ་ཤིན་གྱི་ཨ་ཞང་སྲུན་ལགས་ནི་ཁྲིམ་ཚང་གི་འཚོ་བའི་ཆ་རྐྱེན་ཧ་ཅང་བཟང་བས། ཞའོ་ཤིན་རང་གིས་གསོ་སྐྱོང་བྱ་རྒྱུའི་གྲོས་འགོ་བཏོན། དེར་ཞའོ་ཤིན་གྱི་སྤོ་བོ་དང་རྒན་བོའི་མོས་མཐུན་བྱས་པ་རེད།

འོན་ཀྱང་སྐུ་ཞབས་སྲུན་ལགས་ལ་བུ་གཅིག་དང་བུ་མོ་གཅིག་ཡོད་པས། རང་ཉིད་ཀྱིས་ད་དུང་ཞའོ་ཤིན་ཉར་གསོ་བྱས་ཆོག་མིན་མ་ཤེས་ནས་ཁྲིམས་རོགས་པར་འདྲི་རྩད་ཞུས།

《ཀྲུང་ཧྭ་མི་དམངས་སྤྱི་མཐུན་རྒྱལ་ཁབ་ཀྱི་དམངས་དོན་ཁྲིམས་གཞུང་》གི་དོན་ཚན་ཆིག་སྟོང་བརྒྱ་དང་གོ་བརྒྱད་པའི་ནང་དུ་གཏན་འབེབས་བྱས་དོན། ཉར་གསོ་བྱེད་མི་ལ་གཤམ་གསལ་གྱི་ཆ་རྐྱེན་དུས་གཅིག་ཏུ་འཛོམས་དགོས།

(གཅིག) བུ་ཕྲུག་མེད་པའམ་བུ་ཕྲུག་གཅིག་ལས་མེད་པ།

(གཉིས།) ཉར་གསོ་བྱ་ཡུལ་གྱི་མི་གསོ་སྐྱོང་དང་། སློབ་གསོ། སྲུང་སྐྱོབ་བཅས་བྱེད་པའི་ནུས་པ་ཡོད་པ།

(གསུམ།) གསོ་རིག་ལས་བུ་ཕྲུག་ཉར་གསོ་བྱེད་མི་འོས་པར་འདོད་པའི་ན་ཚ་ཕོག་མེད་པ།

(བཞི།) ཉར་གསོ་བྱ་ཡུལ་གྱི་མི་བདེ་ཐང་དང་འཚར་ལོངས་ཡོང་བར་གནོད་པའི་

ཁྲིམས་འགལ་ཉེས་གསོག་གི་ཟིན་ཐོ་མེད་པ།

（ལྔ།）རང་ལོ་སུམ་ཅུ་ལོན་པ།

《ཀྲུང་ཧྭ་མི་དམངས་སྤྱི་མཐུན་རྒྱལ་ཁབ་ཀྱི་དམངས་དོན་ཁྲིམས་གཞུང་》གི་དོན་ཚན་ཆིག་སྟོང་ཆིག་བརྒྱ་པའི་ནང་དུ་གཏན་འབེབས་བྱས་དོན། བུ་ཕྲུག་མེད་པའི་ཉར་གསོ་བྱེད་མིས་བུ་ཕྲུག་གཉིས་ཉར་གསོ་བྱས་ཆོག བུ་ཕྲུག་ཡོད་པའི་ཉར་གསོ་བྱེད་མིས་བུ་ཕྲུག་གཅིག་མ་གཏོགས་ཉར་གསོ་བྱས་མི་ཆོག

དྭ་ཕྲུག་དང་། དབང་པོ་སྐྱོན་ཅན་གྱི་ནར་མ་སོན་པའི་མིའམ་བྱིས་པའི་ཕན་བདེ་ཁང་གིས་གསོ་སྐྱོང་བྱེད་བཞིན་པའི་ལུས་སྒྲིབ་ཕ་མ་མི་རྙེད་པའི་ནར་མ་སོན་པའི་མི་ཉར་གསོ་བྱེད་པ་ལ། གོང་གསལ་ནང་ཚན་དང་བཅའ་ཁྲིམས་འདིའི་དོན་ཚན་ཆིག་སྟོང་དང་པོ་བརྒྱད་པའི་ཡང་ཚན་དང་པོའི་གཏན་འབེབས་ཀྱི་ཚོད་འཛིན་མ་ཐེབས་པས་ཆོག

གོང་གསལ་གྱི་ཆ་རྐྱེན་ལ་བལྟས་ན། སྐུ་ཞབས་སུན་ལགས་ལ་ཕྲུ་གུ་གཉིས་ཡོད་པས་ཕྲུ་གུ་གཞན་པ་ཉར་གསོ་བྱས་མི་ཆོག་པ་རེད། འོན་ཀྱང་ཞའོ་ཤིན་གྱི་ཨ་ཞང་ནི་མི་རབས་གསུམ་ནང་ཚུན་གྱི་རྒྱུད་འབྲེལ་མི་རབས་གཅིག་པའི་ཁྲག་རྒྱུན་གཉེན་ཚན་ཉར་གསོ་བྱེད་པའི་ཁོངས་སུ་ཚུད་པས། ཆ་རྐྱེན་གུ་ཡངས་གཏོང་ཆོག་ཅིང་། ཆ་རྐྱེན་འདིར་བསྟུན་མི་དགོས་པ་རེད།

《ཀྲུང་ཧྭ་མི་དམངས་སྤྱི་མཐུན་རྒྱལ་ཁབ་ཀྱི་དམངས་དོན་ཁྲིམས་གཞུང་》གི་དོན་ཚན་ཆིག་སྟོང་བརྒྱ་དང་པོ་དགུ་པའི་ནང་གསེས་དང་པོའི་ནང་དུ་གཏན་འབེབས་བྱས་དོན། མི་རབས་གསུམ་ནང་ཚུན་གྱི་རྒྱུད་འབྲེལ་མི་ཐོག་གཅིག་པའི་ཁྲག་རྒྱུན་གཉེན་ཚན་གྱི་བུ་ཕྲུག་ཉར་གསོ་བྱེད་པ་ལ། བཅའ་ཁྲིམས་འདིའི་དོན་ཚན་ཆིག་སྟོང་དང་པོ་གསུམ་པའི་ཡང་ཚན་གསུམ་པ་དང་། དོན་ཚན་ཆིག་སྟོང་དང་པོ་བཞི་པའི་ཡང་ཚན་གསུམ་པ། དོན་ཚན་ཆིག་སྟོང་ཆིག་བརྒྱ་དང་གཉིས་པ་བཅས་ཀྱི་གཏན་འབེབས་ཀྱི་ཚོད་འཛིན་མ་ཐེབས་པས་ཆོག

《ཀྲུང་ཧྭ་མི་དམངས་སྤྱི་མཐུན་རྒྱལ་ཁབ་ཀྱི་དམངས་དོན་ཁྲིམས་གཞུང་》གི་དོན་ཚན་ཆིག་སྟོང་ཆིག་བརྒྱ་དང་དང་པོའི་ནང་དུ་གཏན་འབེབས་བྱས་དོན། བཟའ་ཟླ་ཡོད་པའི་མིས་བུ་ཕྲུག་ཉར་གསོ་བྱེད་པར་ཁྱོ་ཤུག་གཉིས་ཀས་ཐུན་མོང་དུ་ཉར་གསོ་བྱེད་དགོས།

《ཀྲུང་ཧྭ་མི་དམངས་སྤྱི་མཐུན་རྒྱལ་ཁབ་ཀྱི་དམངས་དོན་ཁྲིམས་གཞུང་》གི་དོན་ཚན་ཆིག་སྟོང་ཆིག་བརྒྱ་དང་གཉིས་པའི་ནང་དུ་གཏན་འབེབས་བྱས་དོན། བཟའ་ཟླ་མེད་པའི་

མིས་མཚན་མ་མི་གཅིག་པའི་བུ་ཕྲུག་ཉར་གསོ་བྱེད་པ་ལ། ཉར་གསོ་བྱེད་མི་དང་ཉར་གསོ་བྱ་ཡུལ་གྱི་མིའི་བར་དུ་ལོ་བཞི་བཅུ་ཡན་གྱི་ཆེ་ཆུང་ཡོད་དགོས།

《ཀྲུང་ཧྭ་མི་དམངས་སྤྱི་མཐུན་རྒྱལ་ཁབ་ཀྱི་དམངས་དོན་ཁྲིམས་གཞུང་》གི་དོན་ཚན་ཆིག་སྟོང་ཆིག་བརྒྱ་དང་བཞི་པའི་ནང་དུ་གཏན་འབེབས་བྱས་དོན། ཉར་གསོ་བྱེད་མིས་ཉར་གསོ་བྱེད་པ་དང་ཉར་གསོར་སྐྱེལ་མིས་ཉར་གསོར་སྐྱེལ་བར་ཕྱོགས་གཉིས་ཀ་རང་མོས་ཡིན་དགོས། རང་ལོ་འཁོར་མོ་བརྒྱད་ཡན་སོན་པའི་ནར་མ་སོན་པའི་མི་ཉར་གསོ་བྱེད་ཚེ། ཉར་གསོ་བྱ་ཡུལ་གྱི་མིའི་མོས་མཐུན་འཐོབ་དགོས།

གཞན་ཡང་སྐུ་ཞབས་སུན་ལགས་ཀྱིས་ཞའོ་ཤིན་ཉར་གསོ་བྱེད་པར་ལྟ་སྐྱོང་བྱེད་མཁན་ཞའོ་ཤིན་གྱི་སྤོ་བོ་དང་རྨོ་བོ་ཀྱི་མོས་མཐུན་འཐོབ་དགོས་པ་མ་ཟད། ད་དུང་ངེས་པར་དུ་ཞའོ་ཤིན་རང་ཉིད་དང་སྐུ་ཞབས་སུན་ལགས་ཀྱི་བཟའ་ཟླའི་མོས་མཐུན་འཐོབ་དགོས། ཆ་རྐྱེན་འདི་དག་འཛོམས་ན་སྐུ་ཞབས་སུན་ལགས་ཀྱིས་ཞའོ་ཤིན་ཉར་གསོ་བྱེད་པ་གཞི་ནས་ཁྲིམས་མཐུན་ཡིན།

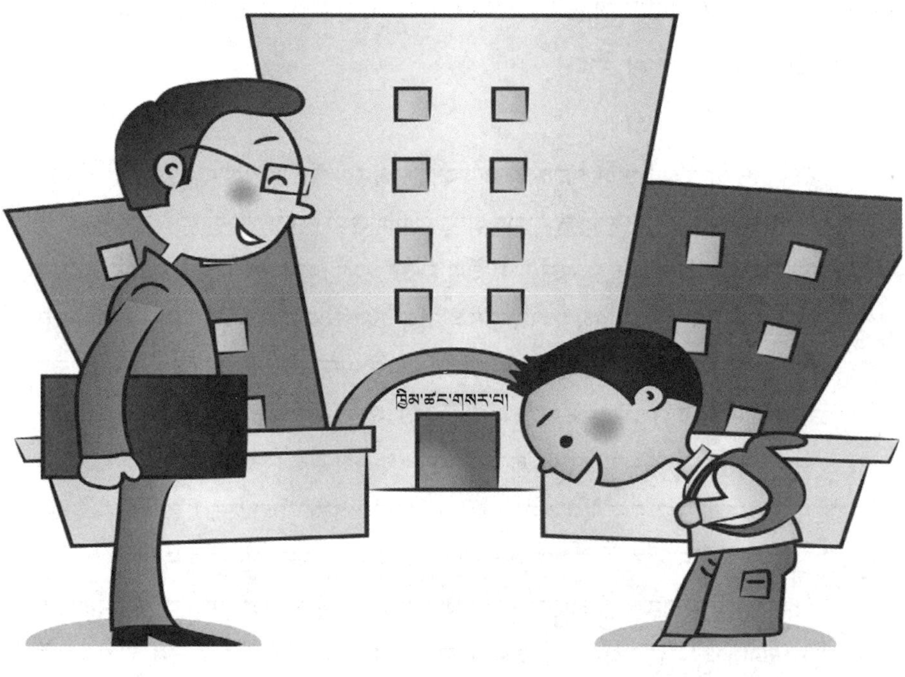

ཁྲིམས་ལུགས་ཁྲབ་གདལ་གྱི་སློབ་ཚན།

1. ཉར་གསོ་བྱེད་མཁན་གྱིས་ནར་མ་སོན་པའི་མི་ཉར་གསོ་བྱེད་པར་ཆ་རྐྱེན་གང་དག་འཛོམས་དགོས།

（1）བུ་ཕྲུག་མེད་པའམ་བུ་ཕྲུག་གཅིག་ལས་མེད་པ། འདིར་བཤད་པའི་"ཉར་གསོ་བྱེད་མཁན་ལ་བུ་ཕྲུག་མེད་པ"ཞེས་པ་ནི་གཤམ་གསལ་ལྟར་ཡིན།

① ཁྱོ་ཤུག་ཕྱོགས་གཉིས་ཀའམ་ཡང་ན་ཕྱོགས་གཅིག་གིས་བུ་ཕྲུག་སྐྱེ་འདོད་མེད་པའམ་ཡང་ན་བུ་ཕྲུག་སྐྱེ་མ་ཐུབ་པས་བུ་ཕྲུག་མེད་པ།

②སྐྱེས་པའི་བུ་ཕྲུག་ཚེ་ལས་འདས་པས་བུ་ཕྲུག་མེད་པ།

③ཉར་གསོ་བྱེད་མཁན་ལ་བཟའ་ཟླ་མེད་པས་བུ་ཕྲུག་མེད་པ།

（2）ཉར་གསོ་བྱ་ཡུལ་གྱི་མི་གསོ་སྐྱོང་དང་། སློབ་གསོ། སྲུང་སྐྱོབ་བཅས་བྱེད་པའི་ནུས་པ་ཡོད་པ། འདི་ནི་གསོ་སྐྱོང་བྱ་ཡུལ་གྱི་མི་བདེ་ཐང་དང་འཚར་ལོངས་ཡོང་བར་ཁག་ཐེག་བྱེད་ཆེད། ཉར་གསོ་བྱེད་མཁན་གྱི་གསོ་སྐྱོང་དང་སློབ་གསོ་གཏོང་བའི་ནུས་པ་ལ་བརྟེན་པའི་རེ་བ་ཡིན།

（3）གསོ་བ་རིག་པ་ལས་བུ་ཕྲུག་ཉར་གསོ་བྱེད་མི་འོས་པར་འདོད་པའི་ནད་ཐོག་མེད་པ།

（4）ཉར་གསོ་བྱ་ཡུལ་གྱི་མི་བདེ་ཐང་དང་འཚར་ལོངས་ཡོང་བར་གནོད་པའི་ཁྲིམས་འགལ་ཉེས་གསོག་གི་ཐོ་འགོད་མེད་པ།

（5）རང་ལོ་སུམ་ཅུ་ལོན་པ། ཉར་གསོ་བྱེད་པའི་དམིགས་ཡུལ་ནི་ཉར་གསོ་བྱེད་མཁན་དང་ཉར་གསོ་བྱ་ཡུལ་བར་ལ་ཕ་མ་བུ་ཕྲུག་གི་འབྲེལ་བ་འཛུགས་རྒྱུ་དེ་ཡིན་པས། ཉར་གསོ་བྱེད་མཁན་དང་ཉར་གསོ་བྱ་ཡུལ་གྱི་བར་ལ་ལོ་ཚོད་ཀྱི་ཧེ་བག་འོས་འཚམ་ཞིག་ཡོད་དགོས།

（6）བཟའ་ཟླ་ཡོད་མཁན་གྱིས་བུ་ཕྲུག་ཉར་གསོ་བྱེད་པར་ངེས་པར་དུ་ཁྱོ་ཤུག་གཉིས་ཀས་ཐུན་མོང་དུ་གསོ་སྐྱོང་བྱེད་དགོས། བཅའ་ཁྲིམས་ཀྱིས་འདི་ལྟར་གཏན་འབེབས་བྱེད་པའི་དམིགས་ཡུལ་ནི། གསོ་སྐྱོང་བྱ་ཡུལ་དེ་འཆམ་མཐུན་དང་དྭ་སྐྱིད་ལྡན་པའི་ཁྱིམ་ཚང་ཞིག་ཏུ་བདེ་ཐང་དང་འཚར་ལོངས་ཡོང་བར་ཁག་ཐེག་བྱེད་ཆེད་དང་། ཁྱོ་ཤུག་ཕྱོགས་གཅིག་པུས་ཉར་གསོ་བྱས་པའི་རྐྱེན་གྱིས་ཕྱོགས་གཞན་དེས་ཕྲུ་གུར་དང་ལེན་མ་བྱས་ནས། ཁྱོ་ཤུག་གི་བཙེ་དུང་འཆམ་མཐུན་ལ་གནོད་པ་དང་། ཉར་གསོའི་བུ་ཕྲུག་གི་ལུས་སེམས་བདེ་ཐང་ལ་གནོད་པ་བཅས་མི་ཡོང་བའི་ཆེད་དུ་ཡིན།

2. ཉར་གསོར་སྤྲེལ་མཁན་ལ་ཆ་རྐྱེན་གང་དག་ཚང་དགོས།

（1）དྭ་ཕྲུག་གི་ལྷ་སྐྱོང་པ། ཉར་གསོ་བྱ་ཡུལ་གྱི་ཕ་མ་ཚེ་ལས་འདས་རྗེས། དྭ་ཕྲུག་དེའི་

ལྟ་སྐྱོང་པས་ཉར་གསོར་སྐྱེལ་མཁན་བྱེད་དགོས། ད་ཕྲུག་གི་ལྟ་སྐྱོང་པ་ལ་མི་སྣ་གཤམ་གསལ་དག་ཡོད་པ་སྟེ། ཕ་རྒྱུད་སྤོ་བོ་རྨོ་བོ་དང་། མ་རྒྱུད་སྤོ་བོ་རྨོ་བོ། གཅེན་པོ་གཅེན་མོ་བཅས་པའི་གཉེན་ཉེ་དག་ཡིན། འབྲེལ་བ་དམ་ཟབ་ཡོད་པའི་གཉེན་ཉེ་དང་གྲོགས་པོ་གཞན་པས་ལྟ་སྐྱོང་པ་བྱེད་འདོད་ན། ནར་མ་སོན་པའི་མིའི་ཕ་མའི་ལས་ཁུངས་སམ་ཡང་ན་ནར་མ་སོན་པའི་མིའི་སྡོད་གནས་ཀྱི་གྲོང་མིའི་ཨུ་ཡོན་ལྷན་ཁང་གི་མོས་མཐུན་འཐོབ་དགོས། མདུན་གྱི་མི་སྣ་དག་མེད་པའི་སྐབས་སུ། ནར་མ་སོན་པའི་མིའི་ཕ་མའི་ལས་ཁུངས་སམ་ཡང་ན་ནར་མ་སོན་པའི་མིའི་སྡོད་གནས་ཀྱི་གྲོང་མིའི་ཨུ་ཡོན་ལྷན་ཁང་ངམ། གྲོང་ཚོའི་ཨུ་ཡོན་ལྷན་ཁང་། ཡང་ན་དམངས་སྲིད་སྡེ་ཁག་བཅས་ཀྱིས་ནར་མ་སོན་པའི་མིའི་ལྟ་སྐྱོང་བ་བྱེད་དགོས།

(2) སྤྱི་ཚོགས་ཀྱི་ཕན་བདེའི་ལས་ཁུངས། སྤྱི་ཚོགས་ཀྱི་ཕན་བདེའི་ལས་ཁུངས་ཞེས་པ་ནི་རིམ་པ་ཁག་གི་མི་དམངས་སྲིད་གཞུང་གི་དམངས་སྲིད་སྡེ་ཁག་གིས་བཙུགས་པའི་དགེ་སྐྱབ་ལས་ཁུངས་ལ་ཟེར། ཕ་མ་གྲོངས་ནས་གཉེན་ཉེ་གཞན་དག་ལ་གསོ་སྐྱོང་བྱེད་ནུས་མེད་པའི་ནུ་ཕྲུག་གམ། ཡང་ན་ཕ་མ་ངོ་མ་འཚོལ་མི་ཐུབ་པའི་དབྱུགས་སྐྱུར་བྱས་པའི་བྱིས་པ་དག 《ནར་མ་སོན་པའི་མི་སྲུང་སྐྱོང་བྱེད་པའི་བཅའ་ཁྲིམས་》ཀྱི་གཏན་འབེབས་ལྟར་སྤྱི་ཚོགས་ཕན་བདེའི་ལས་ཁུངས་ཀྱིས་བསྡུ་ཉར་དང་གསོ་སྐྱོང་བྱེད་ཀྱི་ཡོད་པ་རེད། ཉར་གསོ་བྱེད་མཁན་ལ་ཆ་རྐྱེན་ཚང་ནས་རང་མོས་སྙོམས་སྤྱི་ཚོགས་ཕན་བདེའི་ལས་ཁུངས་ཀྱིས་གསོ་སྐྱོང་བྱས་པའི་ཕྲུ་གུ་ཉར་གསོ་བྱེད་འདོད་བྱས་དུས། སྤྱི་ཚོགས་ཕན་བདེའི་ལས་ཁུངས་དེ་ཉར་གསོ་སྐྱེལ་མཁན་ལ་འགྱུར་ཆོག

(3) དམིགས་བསལ་གྱི་དཀའ་ངལ་ལྡན་ནས་བུ་ཕྲུག་གསོ་བའི་ནུས་པ་བྲལ་བའི་ཕ་མ་ངོ་མ། ཕ་མར་བུ་ཕྲུག་ལ་གསོ་སྐྱོང་དང་སློབ་གསོ་གཏོང་བའི་འོས་འགན་ཡོད་ཅིང་། འོས་འགན་དེ་རིགས་སྤྱིར་བཏང་དུ་དོར་མི་ཆོག འོན་ཀྱང་གལ་སྲིད་ཕ་མར་དངོས་སུ་དམིགས་བསལ་གྱི་དཀའ་ངལ་ཡོད་པ་སྟེ། དཔེར་ན། ནད་གཞི་ལྗིད་མོ་དང་། དབང་པོ་སྐྱོན་ཅན་ཚབས་ཆེན། ངལ་རྩོལ་ནུས་པ་ཤོར་པ་མ་ཟད་དཔལ་འབྱོར་གྱི་ཡོང་ཁུངས་མེད་པ་སོགས་ཀྱི་གནས་ཚུལ་བྱུང་ནས། གསོ་སྐྱོང་གི་འོས་འགན་སྒྲུབ་ནུས་མེད་ན། ཕ་མ་ངོ་མས་རང་གི་བུ་ཕྲུག་མི་གཞན་ལ་གསོ་རུ་འཇུག་པར་བཅའ་ཁྲིམས་ཀྱིས་ཆོག་མཆན་ཡོད།

(4) ལུས་སྦྱིན་ཕ་མས་བུ་ཕྲུག་མི་གཞན་ལ་སྤྲད་ནས་གསོ་རུ་བཅུག་དུས། བཟའ་ཚང་ཁ་བྲལ་བྱས་མིན་གང་ཞིག་ཡིན་རུང་། ངེས་པར་དུ་ཕ་མ་གཉིས་པོས་མཉམ་དུ་ཉར་གསོར་སྐྱེལ་དགོས། ལུས་སྦྱིན་ཕ་མ་གཉིས་ལས་ཕྱོགས་གཅིག་གར་སོང་ཆ་མེད་དུ་གྱུར་པའམ་ཡང་ན་འཚོལ་ཉེད་མ་བྱུང་ཚེ། ད་གཟོད་ཕྱོགས་གཞན་དེས་ཉར་གསོར་བསྐྱལ་ཆོག་པ་དང་། ལུས་སྦྱིན་ཕ་མ་གཉིས་ལས་ཕྱོགས་གཅིག་ཚེ་ལས་འདས་ཚེ། ཚེ་ལས་མ་འདས་པ་དེས་ཉར་གསོར་བསྐྱལ་ཆོག

གཉིས། ཉར་གསོ་བྱ་ཡུལ་གྱིས་ཉར་གསོའི་འབྲེལ་བ་གཅོད་ཆོག་གམ།

བུ་མོ་ལན་ལན་ཁྱིམ་ཚང་ཤིན་ཏུ་དབུལ་ཕོངས་ཞིག་ཏུ་སྐྱེས་ཤིང་། ཁྱིམ་དུ་ད་དུང་གཅུང་པོ་གཉིས་ཡོད། ལན་ལན་གྱི་ཨ་ཁུ་གཉེན་སྒྲིག་བྱས་རྗེས་ཕྲུ་གུ་མེད་སྐབས། ཨ་ཁུས་ལན་ལན་གྱི་ཕ་མ་གཉིས་བཙལ་ནས་སྐབས་དེར་ལོ་ལྔ་ཡིན་པའི་ལན་ལན་དེ་ཉར་གསོ་བྱེད་འདོད་འདུག་ཅེས་བཤད།

ལན་ལན་ཨ་ཁུས་ཉར་གསོ་བྱས་རྗེས། དང་ཐོག་ལོ་གཉིས་ཙམ་ལ་འཚོ་བ་སྐྱིད་པོ་སྐྱེལ་བ་རེད། ཨ་ཁུའི་ཁྱིམ་གྱི་དཔལ་འབྱོར་ཆ་རྐྱེན་སྤྱིར་བཏང་ཙམ་ཡིན་མོད། འོན་ཀྱང་ཨ་ཁུ་དང་ཨ་ནེས་ལན་ལན་ལ་བྱམས་པོ་བྱས་པས་མོ་རང་བློ་ཡིད་ཤིན་ཏུ་ཚིམས། ཡིན་ནའང་། ལན་ལན་ལོ་བརྒྱད་ལ་སླེབས་ལོ་དེར་ཨ་ནེས་བུ་ཞིག་སྐྱེས།

ཁོ་གཉིས་ལ་རང་ཉིད་ཀྱི་བུ་བྱུང་རྗེས། གསོས་ཕྲུག་ལན་ལན་ལ་རྣམ་འགྱུར་ཐད་དེ་བསྒྱུར་བ་རེད། བུ་ཆུང་ཆུང་རིམ་བཞིན་འཚར་ལོངས་བྱུང་བ་དང་ཆབས་ཅིག་ཨ་ཁུའི་ཁྱིམ་གྱི་དཔལ་འབྱོར་ཆ་རྐྱེན་ཡང་དེ་ཙམ་བཟང་རྒྱུ་མེད་པས། ཁོ་གཉིས་ཀྱིས་

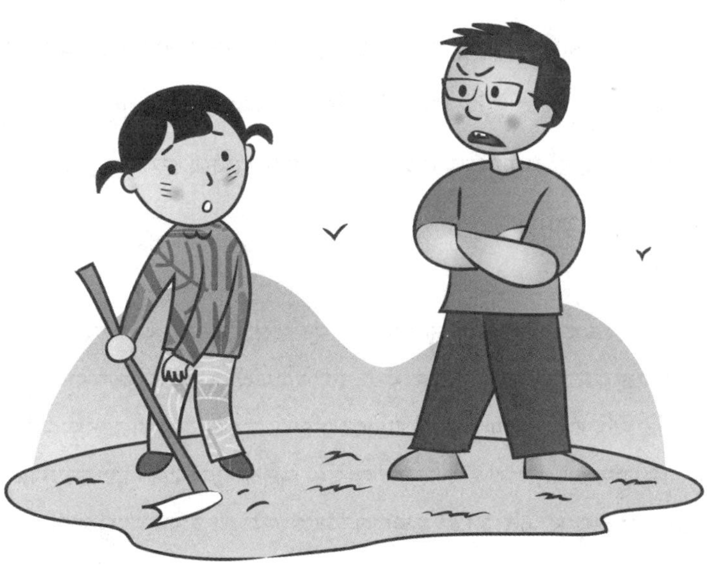

ལན་ལན་སློབ་ཆུང་མཐར་མ་ཕྱིན་གོང་ནས་བཙན་པོའི་སྒོས་སློབ་གྲྭ་ནས་ཕྱིར་འཐེན་ཏེ། ཁྲིམ་དུ་ཞིང་ལས་བྱས་བཏུག་པ་དང་གཉུང་པོ་ལྟ་སྐྱོང་བྱས་བཏུག་པ་རེད།

ལན་ལན་གྱིས་ཟ་མ་བཟོས་པ་ཉུང་དལ་སོང་བའམ། ཡང་ན་དཀར་ཡོལ་གཅིག་བཅག་པ་ལྟ་བུའི་ནོར་འཁྲུལ་ཆུང་ཆུང་ཞིག་ལའང་མ་གཡར་གྱིས་ཁ་རྡུང་གཏོང་བ་དང་། སྐབས་འགར་ད་དུང་ཉེས་རྡུང་གཏོང་བ་དང་ལྟོ་ཆས་མི་སྟེར་བ་སོགས་བྱེད་ཀྱི་ཡོད། ལོ་འགའི་རྗེས་སུ། ཕ་གཡར་མ་གཡར་གྱིས་བཙན་པོའི་ངང་ནས་ལན་ལན་ཕྱི་ཉ་སླ་རྒྱུགས་པར་བཏང་། ལན་ལན་གྱི་སློབ་གནས་དམའ་བས། བཟོ་རར་ལས་བཟོ་བ་བྱས་ནས་ཟླ་ཕོགས་ཕྲན་བུ་ཙམ་ལེན་རྒྱུ་ལས་མ་བྱུང་། དེ་ལྟར་ཡིན་ཉང་ཕ་གཡར་མ་གཡར་གྱིས་ད་དུང་ལན་ལན་ལ་སླ་ཕོགས་ཡོད་ཚད་གོང་འབུལ་ཞུ་བཏུག་པ་མ་ཟད། རང་གི་ཕ་མ་ངོ་མར་ཐུག་འཕྲད་བྱས་མ་བཏུག་པ་རེད།

ལན་ལན་རིམ་གྱིས་ནར་སོན་པ་དང་བསྟུན་ནས། ཕ་གཡར་མ་གཡར་གྱིས་ལན་ལན་ལ་བཙིར་གནོན་བྱེད་ཚད་ཀྱང་ཆེ་ཉ་སོང་། ལན་ལན་གྱིས་ལས་ཀ་ལོ་མང་བྱས་ཀྱང་སོ་རང་ལ་དངུལ་སྐར་མ་གཅིག་ཀྱང་བསགས་མ་ཐུབ་པ་དང་། ཁྲིམ་ཚང་འདི་འདྲ་ཞིག་ཡིན་པ་མཐོང་དུས་ལན་ལན་དང་གཉེན་སྒྲིག་བྱེད་མཁན་ཡང་མ་བྱུང་བ་རེད། ལན་ལན་གྱི་བསམ་པར་རང་ཉིད་ཀྱིས་ཕ་གཡར་མ་གཡར་ལ་འདོན་སྤྲོད་མང་པོ་བྱས་ཡོད་པས། ད་ཆ་ཁོང་ཚོའི་གསོ་སྐྱོང་གི་དྲིན་ལན་ཡོངས་སུ་འཇལ་ཐུབ་ཚོད་ཡིན་སྙམ་ནས། ཕ་གཡར་མ་གཡར་དང་ཉར་གསོའི་འབྲེལ་ཐག་བཅད་དེ་རང་ཉིད་ཀྱི་འཚོ་བ་སྐྱེལ་དགོས་སྙམ།

《ཀྲུང་ཧྭ་མི་དམངས་སྤྱི་མཐུན་རྒྱལ་ཁབ་ཀྱི་དམངས་དོན་ཁྲིམས་གཞུང་》གི་དོན་ཚན་ཆིག་སྟོང་ཆིག་བརྒྱ་དང་བཅོ་ལྔ་པའི་ནང་དུ་གཏན་འབེབས་བྱས་དོན། ཉར་གསོ་བྱེད་མི་ཕ་མ་དང་ནར་སོན་པའི་གསོས་ཕྲུག་བར་གྱི་འབྲེལ་བ་ སྡུག་ཏུ་ཕྱིན་ནས་མཉམ་དུ་འཚོ་བ་སྐྱེལ་ཐབས་མེད་པར་གྱུར་ན། ཉར་གསོའི་འབྲེལ་བ་གྲོལ་འཐེན་བྱེད་པའི་གྲོས་དན་བཞག་ཆོག གྲོས་དན་འཛོག་མ་ཐུབ་པ་ཡིན་ན། མི་དམངས་ཁྲིམས་ཁང་ལ་ཞུ་གཏུག་བྱས་ཆོག

《ཀྲུང་ཧྭ་མི་དམངས་སྤྱི་མཐུན་རྒྱལ་ཁབ་ཀྱི་དམངས་དོན་ཁྲིམས་གཞུང་》གི་དོན་ཚན་ཆིག་སྟོང་ཆིག་བརྒྱ་དང་བཅུ་བདུན་པའི་ནང་དུ་གཏན་འབེབས་བྱས་དོན། ཉར་གསོའི་འབྲེལ་བ་གྲོལ་འཛིན་བྱས་རྗེས། གསོས་ཕྲུག་དང་ཉར་གསོ་བྱེད་མི་ཕ་མ་དང་དེ་བཞིན་གཉེན་ཚན་གཞན་དག་བར་གྱི་ཁེ་དབང་དང་འོས་འགན་གྱི་འབྲེལ་བ་དེ་འཕྲལ་དུ་མེད་པར་གྱུར་པ་དང་། ཕོ་དང་ལུས་སྐྱེན་ཕ་མ་དང་དེ་བཞིན་གཉེན་ཚན་གཞན་དག་བར་གྱི་ཁེ་དབང་དང་འོས་འགན་གྱི་འབྲེལ་བ་རང་ཤུགས་སུ་སླར་གསོ་བྱུང་བ་ཡིན། ཡིན་ན་ཡང་ནར་སོན་པའི་གསོས་ཕྲུག་དང་ལུས་སྐྱེན་ཕ་མ་དང་དེ་བཞིན་གཉེན་ཚན་གཞན་དག་བར་གྱི་ཁེ་དབང་དང་འོས་འགན་གྱི་འབྲེལ་བ་སླར་གསོ་བྱེད་མིན་ནི་གྲོས་མོལ་བྱས་ནས་གཏན་ཁེལ་བྱས་ཆོག

ལན་ལན་གྱིས་ཕུལ་བའི་གཏུག་བཤེར་རྒྱུ་ཆ་དང་ཁྲིམས་ཁང་གིས་བདེན་དཔང་བྱས་པའི་གྲུབ་འབྲས་ལ་གཞིགས་ནས། ཁྲིམས་ཁང་གིས་ཁྲིམས་ཐག་བཅད་དོན། ཉར་གསོ་བྱེད་མཁན་ཕ་མས་ལན་ལན་ལ་མནར་གཅོད་དངོས་སུ་བཏང་འདུག་པས། ལན་ལན་གྱི་རེ་ཞུ་ལ་མོས་མཐུན་བྱས་ནས། ཕྱོགས་གཉིས་པོའི་བར་གྱི་ཉར་གསོའི་འབྲེལ་བ་གཅོད་ཆོག་པ་བྱས།

ཕྱིས་སུ་ལན་ལན་རང་གི་ཕ་མའི་གམ་དུ་ལོག་ནས། གཅུང་པོ་གཉིས་དང་མཉམ་དུ་ཕ་མར་ཞབས་ཏོག་ཞུས་ནས་བསྡད། ལོ་བཅུ་ལྷག་ཙམ་གྱི་སྡུག་བསྔལ་གྱི་འཚོ་བ་གཞི་ནས་མཇུག་འགྲིལ་ནས། ཕ་མ་སྤུན་མཆེད་ཀྱི་བརྩེ་དུང་སླར་ཡང་ཐོབ་པས། ལན་ལན་གྱི་སེམས་ལ་བདེ་སྐྱིད་ཀྱི་ཚོར་སྣང་བྱུང་བ་རེད།

ཁྲིམས་ལུགས་ཁྱབ་གདལ་གྱི་སློབ་ཚན།

གནས་ཚུལ་ཅི་འདྲའི་སྐབས་སུ་ནར་མ་སོན་པའི་མིས་ཉར་གསོའི་འབྲེལ་བ་བཅད་ཆོག

《དམངས་དོན་ཁྲིམས་གཞུང་》གི་དོན་ཚན་ཆིག་སྟོང་ཆིག་བརྒྱ་དང་བཅུ་བཞི་པའི་ནང་དུ་གཏན་འབེབས་བྱས་དོན། ཉར་གསོ་བྱེད་མིས་ཉར་གསོ་བྱ་ཡུལ་གྱི་མི་ནར་མ་སོན་གོང་དུ་ཉར་གསོའི་འབྲེལ་བ་གཅོད་མི་ཆོག ཡིན་ནའང་ཉར་གསོ་བྱེད་མཁན་དང་ཉར་གསོར་སྐྱེལ་མི་ཕྱོགས་གཉིས་ཀས་གྲོས་དན་བཞག་ནས་གཅོད་པ་ཡིན་ན་འདིའི་ཁོངས་སུ་མི་ཚུད། གསོས་ཕྲུག་རང་ལོ

བརྒྱུད་ཡན་ལོན་པ་ཡིན་ན། ཁོའི་མོས་མཐུན་འཐོབ་དགོས།

ཉར་གསོ་བྱེད་མིས་གསོ་སྐྱོང་འོས་འགན་མི་འཁུར་བར་མནར་གཅོད་གཏོང་བ་དང་། དབྱུགས་སྐྱུར་བྱེད་པ་སོགས་ནར་མ་སོན་པའི་གསོས་ཕྲུག་གི་ཁྲིམས་མཐུན་ཁེ་དབང་ལ་གནོད་འཚེ་གཏོང་བའི་བྱ་སྤྱོད་ཡོད་པ་ཡིན་ན། ཉར་གསོར་སྐྱེལ་མི་ལ་ཉར་གསོ་བྱེད་མི་ཕ་མ་དང་གསོས་ཕྲུག་བར་གྱི་ཉར་གསོའི་འབྲེལ་བ་གཅོད་དགོས་པའི་རེ་བ་འདོན་དབང་ཡོད། ཉར་གསོར་སྐྱེལ་མི་དང་ཉར་གསོ་བྱེད་མིའི་བར་དུ་ཉར་གསོའི་འབྲེལ་བ་གཅོད་པའི་ཐད་དུ་གྲོས་ཁ་མ་མཐུན་ན། མི་དམངས་ཁྲིམས་ཁང་ལ་ཞུ་གཏུག་བརྒྱབ་ཆོག

དོན་ཚན་ཆིག་སྟོང་ཆིག་བརྒྱ་དང་བཅོ་བརྒྱད་པའི་ནང་དུ་གཏན་འབེབས་བྱས་དོན། ཉར་གསོའི་འབྲེལ་བ་བཅད་རྗེས། ཉར་གསོ་བྱེད་མི་ཕ་མས་གསོ་སྐྱོང་བྱས་པའི་ནར་སོན་པའི་གསོས་ཕྲུག་ཡིན་ན། ངལ་རྩོལ་བྱེད་ནུས་མེད་ལ་འཚོ་རྟེན་ཡོང་ཁུངས་ཀྱང་ཞན་པའི་ཉར་གསོ་བྱེད་མི་ཕ་མར་འཚོ་བའི་གྲོན་དཔྱལ་སྤྲོད་དགོས། གསོས་ཕྲུག་ནར་སོན་རྗེས་ཉར་གསོ་བྱེད་མི་ཕ་མར་མནར་གཅོད་བཏང་བ་དང་དབྱུགས་སྐྱུར་བྱས་པའི་རྐྱེན་གྱིས་ཉར་གསོའི་འབྲེལ་བ་བཅད་པ་ཡིན་ན། ཉར་གསོ་བྱེད་མི་ཕ་མས་གསོས་ཕྲུག་ལ་ཉར་གསོ་བྱེད་རིང་བཏང་བའི་གསོ་རྟེན་གྲོན་དཔྱལ་གུན་གསབ་བྱེད་དགོས་པའི་རེ་བ་བཏོན་ཆོག

ལུས་སྦྱིན་ཕ་མས་ཉར་གསོའི་འབྲེལ་བ་གཅོད་པའི་རེ་བ་བཏོན་པ་ཡིན་ན། ཉར་གསོ་བྱེད་མི་ཕ་མས་ལུས་སྦྱིན་ཕ་མར་ཉར་གསོ་བྱེད་རིང་བཏང་བའི་གསོ་རྟེན་གྲོན་དཔྱལ་གུན་གསབ་འོས་འཚམ་དགོས་པའི་རེ་བ་བཏོན་ཆོག ཡིན་ན་ཡང་ཉར་གསོ་བྱེད་མི་ཕ་མས་གསོས་ཕྲུག་ལ་མནར་གཅོད་བཏང་བ་དང་དབྱུགས་སྐྱུར་བྱས་པའི་རྐྱེན་གྱིས་ཉར་གསོའི་འབྲེལ་བ་བཅད་པ་འདིའི་ཁོངས་སུ་མི་ཚུད།

གསུམ། ཕྲུ་གུར་ཞར་གསོ་བྱེད་སྐབས་སླ་ཆ་སྤྲེར་རྒྱུའི་གྲོས་ཆིངས་བཞག་ཚོག་གམ།

ལྷེ་ཆེ་གེ་མོ་དང་ཡིན་ཆེ་གེ་མོ་གཉིས་ཀྱིས་གྲོས་མཐུན་བྱུང་ནས་《ཞར་གསོའི་གྲོས་ཆིངས་》བཞག་སྟེ། ཡིན་ཆེ་གེ་མོས་ལྷེ་ཆེ་གེ་མོའི་ལོ6ལ་ལོན་པའི་ཕྲུ་གུ་འདོ་ལྷེ་ཞར་གསོ་བྱ་རྒྱུ་དང་། ལྷེ་ཆེ་གེ་མོས་ཡིན་ཆེ་གེ་མོ་ལ་ཞར་གསོའི་གྲོན་དངུལ་སྒོར་ཁྲི3སྟེབ་གཅིག་ལ་སྤྲོད་རྒྱུ་བྱས། གྲོས་ཆིངས་ཡི་གེའི་ནང་དུ་ད་དུང་ཕྱོགས་གང་གིས་གྲོས་ཡིག་དང་འགལ་ཚེ། གྲོས་འགལ་དངུལ་ཆད་སྒོར་ཁྲི20སྤྲོད་རྒྱུའི་གཏན་འབེབས་ཀྱང་བྱས། ཞར་གསོའི་གྲོས་ཆིངས་བཞག་རྗེས། ཁོ་གཉིས་ཀྱིས་ས་གནས་དེ་གའི་དམངས་སྲིད་སྡེ་ཁག་ནས་ཞར་གསོའི་འགྲོ་ལུགས་བསྒྲུབས་པ་རེད།

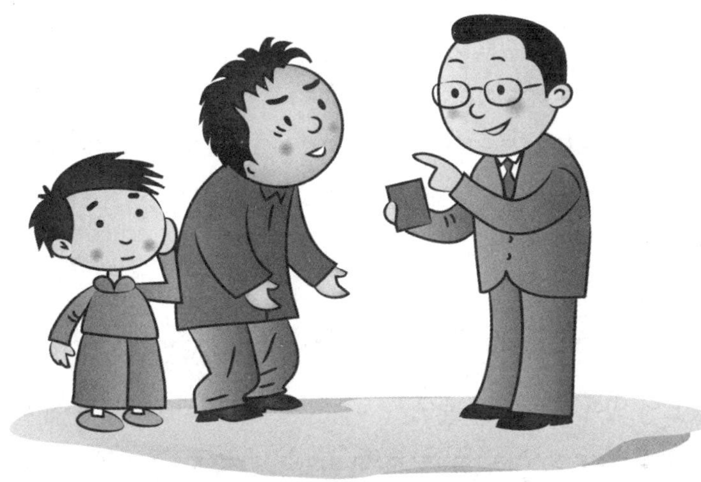

ལོ་གཉིས་ཀྱི་རྗེས་སུ། འདོ་ལྷེ་སློབ་གྲྭར་འགྲོ་བའི་སྐབས་སུ་སློབ་གྲོགས་དང་རྒྱུག་རེས་ཤོར་ནས། སློབ་གྲོགས་ཤིག་གི་མིག་ལ་རྨས་སྐྱོན་བཏང་བས། ཡིན་ཆེ་གེ་མོས་གནོད་འཚོ་ཕོག་མཁན་ལ་སྨན་རིན་སོགས་ཀྱི་གུན་གསབ་སྒོར53000སྤྲད་དགོས་བྱུང་བ་རེད། དོན་དེས་རྐྱེན་པས་ཡིན་ཆེ་གེ་མོས་ཕྲུ་གུ་དེ་གསོ་འདོད་མ་བྱུང་ནས། ཕྲུ་གུའི་

སྤྱོད་པ་རྩུབ་པོ་ཡོད་པར་ཁ་གཡར་ནས་ཉར་གསོའི་གྲོས་ཆིངས་མཚམས་འཇོག་བྱ་རྒྱུའི་རེ་ཞུ་བྱས།

འོན་ཀྱང་ལྷེ་ཆེ་གེ་མོས་དེར་གདན་ནས་དང་ལེན་བྱས་མེད། རྗེས་སུ་ཡང་རང་གི་ཕྲུ་གུ་ལེན་ཆེ་གེ་མོ་དང་མཉམ་དུ་འཚོ་བ་འཁྱོལ་ཐབས་བྲལ་བར་བསམ་ཤེས་ཐུབ་ནས། ཉར་གསོའི་གྲོས་ཆིངས་གྲོལ་འཐེན་བྱ་རྒྱུར་མོས་མཐུན་བྱས་པ་དང་། ལེན་ཆེ་གེ་མོས་རང་ཉིས་ཀྱིས་དེ་སྔོན་སྤྲད་པའི་གསོ་རྔན་ཁྲི3དེ་ཕྱིར་སློག་རྒྱུ་དང་། གྲོས་འགལ་དཔུལ་ཆད་སྒོར་ཁྲི20དེ་འཇལ་རྒྱུའི་རེ་འདུན་བཏོན། ལེན་ཆེ་གེ་མོས་ཞའོ་ལྷེས་མི་གཞན་ལ་ཉེས་རྟུང་བཏང་པའི་གུན་གསབ་སྒོར53000དེ་རང་ཉིད་ཀྱིས་སྤྲད་པས། ལྷེ་ཆེ་གེ་མོར་ད་དུང་གསོ་རྔན་དང་གྲོས་འགལ་དཔུལ་ཆད་འཇལ་མི་དགོས་པ་རེད་ཅེས་བཤད། དེའི་ཆེད་དུ་ལྷེ་ཆེ་གེ་མོས་ལེན་ཆེ་གེ་མོ་ཁྲིམས་ཁང་ལ་ཞུ་གཏུག་བརྒྱབ།

《ཀྲུང་ཧྭ་མི་དམངས་སྤྱི་མཐུན་རྒྱལ་ཁབ་ཀྱི་དམངས་དོན་ཁྲིམས་གཞུང་》གི་དོན་ཚན་ཆིག་སྟོང་ཆིག་བརྒྱ་དང་ལྔ་པའི་ནང་གསེས་གསུམ་པའི་ནང་དུ་གདན་འབེབས་བྱས་དོན། ཉར་གསོའི་འབྲེལ་བའི་དོ་བདག་བར་དུ་ཉར་གསོའི་གྲོས་ཆིངས་འཇོག་མོས་པ་ཡིན་ན། ཉར་གསོའི་གྲོས་ཆིངས་བཞག་ཆོག

འོན་ཀྱང་ཉར་གསོའི་གྲོས་ཆིངས་ནི་ཐོབ་ཐང་གི་འབྲེལ་བ་གཏན་འཁེལ་བྱེད་པའི་གྲོས་ཆིངས་ཡིན་པས། གན་རྒྱའི་བཅའ་ཁྲིམས་ཀྱིས་ཚོད་འཛིན་མི་ཐེབས། དེར་བརྟེན། ལྷེ་ཆེ་གེ་མོ་དང་ལེན་ཆེ་གེ་མོ་གཉིས་ཀྱི་བར་དུ་གྲོས་ཆིངས་བཞག་ཡོད་མོད། འོན་ཀྱང་ཞུ་སྐྱོར་སྔ་མ་ལྷེ་ཆེ་གེ་མོས་གྲོས་ཆིངས་དེ་གཞིར་བཟུང་ནས་ཞུ་སྐྱོར་ཕྱི་མ་ལེན་ཆེ་གེ་མོས་གྲོས་འགལ་འགན་འཁྲི་འཁུར་དགོས་པའི་རེ་བ་བཏོན་མི་ཆོག རྒྱུ་མཚན་ནི་གྲོས་འགལ་འགན་འཁྲི་ཚང་མ་རྒྱུ་ནོར་གྱི་འགན་འཁྲི་ཡིན་པས། དེའི་དམིགས་ཡུལ་ནི་གྲོས་འགལ་མི་བྱེད་མཁན་ཕྱོགས་ལ་རྒྱུ་ནོར་གུན་གསབ་འཇལ་ཆེད་ཡིན། ཉར་གསོའི་གྲོས་ཆིངས་ལ་མི་ལུས་རང་བཞིན་ལྡན་པས། འོས་འགན་དང་

འགལ་ན་ཁྲིམས་བཀོད་མཇུག་འབྲས་འབྱུར་རྒྱུ་རང་ཡིན། དཔེར་ན། ཉར་གསོ་བྱེད་མཁན་གྱིས་གསོ་སྐྱོང་གི་འོས་འགན་མི་འབུར་བའམ་ཡང་ན་ཉར་གསོ་བྱ་ཡུལ་ལ་མནར་གཅོད་གཏོང་བ་དང་། དབྱུགས་སྐྱུར་བྱེད་པ། གནོད་འཚེ་གཏོང་བ་སོགས་བྱས་ན། ཉར་གསོར་སྐྱེལ་མཁན་གྱིས་རང་ཉིད་ནས་གསོ་སྐྱོང་གི་གྲོས་ཆིངས་གྲོལ་འཐེན་བྱས་ནས། དེ་སྔོན་གྱི་ཕ་བུའི་འབྲེལ་བ་སླར་གསོ་བྱས་ཆོག ཡིན་ནའང་ཉར་གསོའི་གྲོས་ཆིངས་ལ་གཞིགས་ནས་གྲུབ་གསབ་འཇལ་དགོས་པའི་རེ་བ་བཏོན་མི་ཆོག

གལ་སྲིད་དབང་གནོད་བྱ་སྤྱོད་དངོས་སུ་གྲུབ་ཡོད་ན། ཉར་གསོ་བྱ་ཡུལ་གྱི་མིང་ཐོག་ནས་དབང་གནོད་འགན་འཁྲི་འབུར་རྒྱུའི་འདོད་ཚུལ་བཏོན་ནས། གྲུབ་གསབ་འཇལ་དགོས་པའི་རེ་ཞུ་བྱས་ཆོག འོན་ཀྱང་དབང་གནོད་འགན་འཁྲི་དང་གསོ་སྐྱོང་གི་གྲོས་དང་འགལ་བའི་འགན་འཁྲི་ནི་གཏན་ནས་མི་འདྲ་བ་ཡིན། དེར་བརྟེན་ཞུ་སྙོར་སྤ་མས་ཉར་གསོའི་གྲོས་ཆིངས་ཀྱི་དོན་ཚན་ལྔར་ཞུ་སྙོར་ཕྱི་མས་གྲུབ་གསབ་སྐོར་ཁྲི20འཇལ་དགོས་པའི་རེ་ཞུ་བྱས་མི་ཆོག

གསོ་རྟེན་སྐོར་ཁྲི3གྱི་གནད་དོན་ཐད་ལ། 《ཉར་གསོའི་གྲོས་ཆིངས་》ནང་དུ་ངོ་བདག་ཕན་ཚུན་གསོ་སྐྱོང་གི་སྣ་ཚའི་གནད་དོན་ལ་ཁ་ཆད་འཇོག་མི་ཆོག་ལ། ཉར་གསོ་བྱེད་མཁན་གྱིས་སྣ་ཚ་ཅི་ཡང་ལེན་མི་ཆོག ངོ་བདག་ཕྱོགས་གཉིས་ཀས་རང་མོས་ཡིན་ནའང་ཁྲིམས་དང་འགལ་བ་དང་སྤྱི་སྒྲིག་སྲོལ་བཟང་དང་འགལ་བ་ཡིན་པས་དེར་ནུས་པ་མི་ལྡན། འོན་ཀྱང་འདི་ཕྱོགས་གཉིས་ཀས་ཁ་ཆད་བྱས་པའི་འགྲོ་སྒྲོན་ནི་སྣ་ཚ་མ་ཡིན་པར། ཉར་གསོ་བྱ་ཡུལ་དང་ཉར་གསོ་བྱེད་མཁན་གྱི་འཚོ་བའི་འགྲོ་སྒྲོན་ཡིན་པ་སྟེ། ཞུ་སྙོར་སྤ་མ་ཕེ་ཆེ་གེ་མོས་ཉར་གསོ་བྱ་ཡུལ་གྱི་འཚོ་བའི་དགོས་མཁོ་དང་དེ་བཞིན་ཉར་གསོ་བྱེད་མཁན་གྱི་དཔལ་འབྱོར་གྱི་གནས་ཚུལ་ལ་བསམ་གཞིགས་བྱས་ནས། རང་མོས་ཀྱིས་ཉར་གསོ་བྱ་ཡུལ་དང་ཉར་གསོ་བྱེད་མཁན་ལ་འཚོ་བའི་འགྲོ་སྒྲོན་ངེས་ཅན་ཞིག་སྤྲོད་པའི་ཁ་ཆད་འདི་རིགས་ནི་ཁྲིམས་དང་མཐུན་པ་ཡིན།

མི་དམངས་ཁྲིམས་ཁང་གིས་ཞིབ་གཅོད་བྱས་རྗེས། ཞུ་སྙོར་སྤ་མའི་སྐོར་

ཁྲི3འཇལ་དགོས་པའི་གཏུག་བཤེར་རེ་ཞུ་དེ་ཕྱིར་སློག་བྱ་རྒྱུ་དང་། ཞུ་སྦྱོར་སྔ་མའི་ཀུན་གསབ་སྐོར་ཁྲི20འཇལ་དགོས་པའི་གཏུག་བཤེར་རེ་ཞུ་དེ་ཕྱིར་སློག་བྱ་རྒྱུའི་ཁྲིམས་ཐག་བཅད།

ཁྲིམས་ལུགས་ཁྱབ་གདལ་གྱི་སློབ་ཚན།

1. ཁྲིམས་མཐུན་གྱི་《ཉར་གསོའི་གྲོས་ཆིངས་》ལ་ཆ་རྐྱེན་གང་དག་ཚང་དགོས།

《ཉར་གསོའི་གྲོས་ཆིངས་》ལ་གཞུང་དབང་བྱས་ཡོད་ན། དམངས་ཁྲོད་ཀྱི་ཉར་གསོའི་གྲོས་ཆིངས་འདིར་བཅའ་ཁྲིམས་ཀྱི་ནུས་པ་ལྡན་ཡོད་པ་སྟེ། ཉར་གསོའི་འབྲེལ་བ་ཁས་ལེན་བྱས་པ་ཡིན། གལ་སྲིད《ཉར་གསོའི་གྲོས་ཆིངས་》ལ་བཅའ་ཁྲིམས་ཀྱི་ནུས་པ་ལྡན་དགོས་ན། ངེས་པར་དུ་བཅའ་ཁྲིམས་ཀྱིས་གཏན་འབེབས་བྱས་པའི་ཆ་རྐྱེན་དང་གོ་རིམ་དང་མཐུན་དགོས་པ་སྟེ། ངེས་པར་དུ་དོ་བདག་རང་མོས་དང་འདྲ་མཉམ་ཡིན་པའི་རྨང་གཞིའི་ཐོག་ནས་ཉར་གསོའི་གྲོས་མཐུན་འཛོག་དགོས། ཕྱོགས་གཉིས་ཀས་མོས་མཐུན་བྱས་པ་ལ་བཅའ་ཁྲིམས་ཀྱི་ནུས་པ་ལྡན་ཡོད་པ་དང་། བཅའ་ཁྲིམས་སྟེང་ནས་ཀྱང་འབྲེལ་བ་འདི་རིགས་ལ་ངོས་འཛིན་བྱེད་ཀྱི་ཡོད།

2. ཉར་གསོའི་བྱ་སྤྱོད་ལ་བཅའ་ཁྲིམས་ཐད་གྲུབ་འབྲས་གང་དག་ཡོད།

ཉར་གསོའི་བྱ་སྤྱོད་ལ་གལ་སྲིད་བཅའ་ཁྲིམས་ཀྱི་ནུས་པ་ཐོན་ན། བཅའ་ཁྲིམས་ཀྱི་གྲུབ་འབྲས་གཉིས་འབྱུང་གི་ཡོད་པ་སྟེ།

གཅིག་ནི་ཉར་གསོ་བྱེད་མཁན་དང་ཉར་གསོ་བྱ་ཡུལ་གྱི་བར་ལ་ཁྲིམས་བཀོད་ཀྱི་ཕ་མ་བུ་ཕྲུག་གི་འབྲེལ་བ་བྱུང་བ་ཡིན།

གཉིས་ནི་ཉར་གསོ་བྱ་ཡུལ་དང་དེའི་ལུས་སྐྱེན་ཕ་མའི་བར་གྱི་ཕ་མ་བུ་ཕྲུག་གི་འབྲེལ་བ་དང་དེ་བཞིན་དེ་ལ་བརྟེན་པའི་གཉེན་ཉེ་གཞན་དག་གི་འབྲེལ་བ་དུས་མཚུངས་སུ་མེད་པར་འགྱུར་བ་ཡིན།

ཉར་གསོའི་བཅའ་ཁྲིམས་བྱ་སྤྱོད་ཀྱི་རྐྱེན་གྱིས་དོ་བདག་གི་མི་ལུས་འབྲེལ་བ་དང་། དམངས་དོན་ཁེ་དབང་དང་འོས་འགན་ལ་འགྱུར་ལྡོག་འབྱུང་བ་ཡིན་པས། བཅའ་ཁྲིམས་ཀྱིས་ཉར་གསོའི་བྱ་སྤྱོད་ལ་སྤྱིར་བཏང་དུ་ཆ་རྐྱེན་ཅུང་ནན་ཙམ་གཏན་འབེབས་བྱས་ཡོད།

ཆ་རྐྱེན་དེ་དག་དང་མཐུན་པའི་དོ་བདག་གིས་རང་མོས་དང་། འདྲ་མཉམ། གྲོས་མོལ་བཅས་ཀྱི་རྨང་གཞིའི་ཐོག་ཉར་གསོའི་གྲོས་མཐུན་བཞག་ནས། བཅའ་ཁྲིམས་ཀྱིས་གཏན་འབེབས་བྱས་པའི་གོ་རིམ་ལྟར་གཙོ་གཉེར་ལས་ཁུངས་སུ་གསོ་ཉར་གྱི་ཐོ་འགོད་བྱས་རྗེས། གསོ་ཉར་འབྲེལ་བར་བཅའ་ཁྲིམས་ཀྱི་ནུས་པ་ཐོན་པ་ཡིན།

ལེ་ཚན་དྲུག་པ། ཤུལ་འཛིན།

ཁྲིམས་བཀོད་ཤུལ་འཛིན།

གཅིག རྒན་གྲོན་ལ་མནར་གཅོད་བཏང་ན་ད་དུང་ཤུལ་འཛིན་བྱེད་དབང་ཡོད་དམ།

ཕ་རྒན་ཀྲང་ལགས་ལས་འཁྱུར་ངལ་གསོ་བྱས་རྗེས་རང་གི་བུ་དང་མནའ་མའི་མཉམ་དུ་འཚོ་བ་སྐྱེལ་བཞིན་ཡོད། འོན་ཀྱང་ཕ་རྒན་ལོ་ན་རྗེ་ཆེར་སོང་བ་དང་བསྟུན་ནས་རིམ་བཞིན་རིག་པ་རྫོངས་རྟུལ་དུ་གྱུར་ནས། ཁོང་གི་བུ་དང་མནའ་མས་ཀྱང་ཁོང་ལ་སུན་སྣང་སྐྱེས་པ་རེད།

ཕ་རྒན་གྱིས་ཟ་མ་ཟ་དུས་ལག་པ་འདར་ནས་ཁུ་བ་གྱོན་གོས་སྟེང་དུ་ཚུང་ཙམ་ཐོར་བ་ལའང་མནའ་མས་ལམ་སེང་ཁ་རྒྱུང་གཏོང་གི་ཡོད། ཕ་རྒན་གྱིས་ནམ་རྒྱུན་དུ་བཟོད་སྒོམ་བྱས་ནས་ཁོ་གཉིས་དང་རྩོད་པ་མ་བརྒྱབ། འོན་ཀྱང་ཐེངས་ཤིག་ཕ་

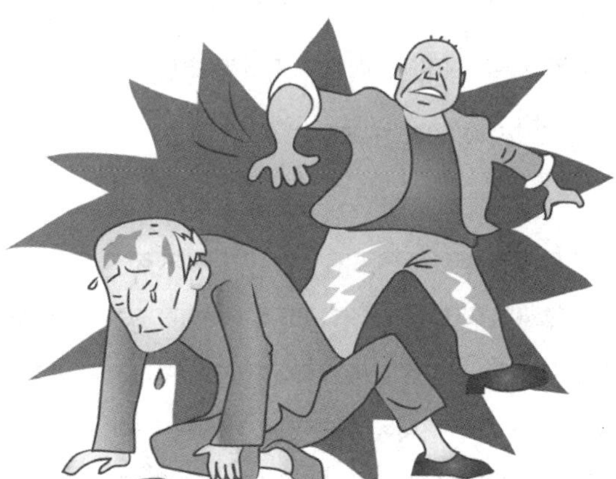

ཏན་ཐབ་ཚང་དུ་ཟ་མ་ཟ་བར་འགྲོ་སྐབས་མནའ་མས་ཁོང་གི་སྐལ་བ་བཟོས་མེད་པ་མཐོང་ནས། དགོང་མོར་ཕ་ཏན་གྱིས་བུ་ལ་དེའི་སྐོར་བཤད་སྐབས་བུས་མ་ཉན་པར་ཕ་ཏན་ལ་བཙན་པོས་འབུད་རྒྱག་བཏང་ནས་ཕ་ཏན་ས་ལ་འགྱེལ་བ་མ་ཟད། ད་དུང་ཕ་ཏན་གྱིས་རྫུན་གཏམ་བཤད་པ་རེད་ཅེས་བཤད། ཕ་ཏན་གྱི་མགོ་ས་ལ་བརྡབ་ནས་ཛ་གདོང་ཁྲག་གིས་ཁེངས་ཀྱང་བུས་དེ་ལ་ཁ་ཡ་མ་བྱས།

ཏན་པོས"ང་ལ་ད་དུང་ལས་འབྱུར་ངལ་གསོའི་དངུལ་ལེན་རྒྱུ་ཡོད། ཁྱོད་ཚོར་མི་དགོས་སམ"ཞེས་བཤད།

བུ་དེས"ཁྱོད་ཀྱི་དངུལ་ཕྲན་བུ་དེས་སོ་བཤང་བྱེད་ཀྱང་མི་ཡོང་བས། སུ་ལ་དགོས་སམ"ཅེས་བཤད། དུས་དེ་ནས་བཟུང་ཕ་ཏན་དེ་འཁྲུག་ལྟོགས་ཀྱིས་མནར་ནས་འཚོ་བ་སྐྱེལ་གྱི་ཡོད།

ཉིན་ཞིག་ཕ་ཏན་གྱི་གཉེན་ཉེ་ཞིག་ཁོང་ལ་ལྟ་རུ་ཡོང་། ཏན་པོས་ལུས་པོའི་སྙིང་གི་སྒོར1000དེ་གཉེན་ཉེའི་ལག་ཏུ་སྤྲད་དེ། "ང་ཚེ་རིང་པོ་སྡོད་ཐུབ་རྒྱུ་མ་རེད། ངའི་ལུས་པོའི་སྙིང་གི་དངུལ་ཕྲན་བུ་འདི་ཁྱེད་ཀྱིས་བདག་ཉར་གནང་རོགས། ང་ཤི་ན་ཁྱོད་ལ་སྤྲད་པ་ཡིན། ངའི་བུ་ལྟས་ངན་དེའི་ལག་ལ་གཏན་ནས་འཇོག་མི་རུང"ཞེས་བཤད།

ཡུན་རིང་མ་འགོར་བར་ཕ་ཏན་ཚེ་ལས་འདས། ཁོང་གི་བུས་སྒོར1000གཉེན་ཉེའི་ལག་ཏུ་ཡོད་པ་ཐོས་ནས་དེ་ལེན་དུ་སོང་། གཉེན་ཉེས་མ་སྤྲད་པས་ཕ་ཏན་ཀྲང་ལགས་ཀྱི་བུ་དེས་གཉེན་ཉེ་ཁྲིམས་ཁང་ལ་སྐྱར།

《ཀྲུང་ཧྭ་མི་དམངས་སྤྱི་མཐུན་རྒྱལ་ཁབ་ཀྱི་དམངས་དོན་ཁྲིམས་གཞུང་》གི་དོན་ཚན་ཆིག་སྟོང་ཆིག་བརྒྱ་དང་ཉེར་ལྔ་པའི་ནང་དུ་གཏན་འབེབས་བྱས་དོན། ཤུལ་འཛིན་པར་གཤམ་གསལ་གྱི་བྱ་སྤྱོད་གྲུས་ཤིག་ཡོད་ན་ཤུལ་འཛིན་ཁེ་དབང་ཤོར་བ་ཡིན།

（གཅིག） ཤེས་བཞིན་དུ་ཤུལ་འཛིན་བྱ་ཡུལ་གྱི་མི་བསད་པ།

（གཉིས།） ཤུལ་ནོར་འཐོབ་རྩོད་བྱེད་པའི་ཆེད་དུ་ཤུལ་འཛིན་པ་གཞན་པ་བསད་པ།

（གསུམ།） ཤུལ་བཞག་ནོར་བདག་དབྱུགས་སྐྱུར་བྱས་པ་དང་། ཡང་ན་མནར་གཅོད་བཏང་བའི་ཉེས་ཚབས་ཆེ་བ།

（བཞི།） ཁ་ཆེམས་རྫུན་བཟོ་དང་། གཡོ་བཅོས། སྦས་སྐྱུང་བཅས་བྱས་པའམ། ཡང་ན་ཁ་ཆེམས་མེད་པར་བཟོས་པའི་ཚབས་ཆེ་བ།

（ལྔ།） མགོ་སྐོར་དང་བཙན་ཤེད་ཀྱི་ཐབས་ལ་བརྟེན་ནས་ཤུལ་བཞག་ནོར་བདག་གིས་ཁ་ཆེམས་འཛུགས་པ་དང་བསྒྱུར་བཅོས་བྱེད་པ་དང་། ཡང་ན་ཕྱིར་འཐེན་བྱེད་པ་བཅས་ལ་བཙན་སྐུལ་བྱས་པའམ་འགལ་རྐྱེན་བཟོས་པའི་ཉེས་ཚབས་ཆེ་བ།

ཤུལ་འཛིན་པར་ནང་ཚན་གོང་མའི་ཡང་ཚན་གསུམ་པ་ནས་ལྔ་པའི་བར་གྱི་བྱ་སྤྱོད་ཡོད་པ་ལ། དངོས་གནས་འགྱོད་བཤགས་ཡག་པོ་བྱས་ཏེ། ཤུལ་བཞག་ནོར་བདག་གིས་ཀྱང་ཡངས་གཏོང་བའམ་ཕྱིས་ཀྱི་ཁ་ཆེམས་ནང་དུ་ཁོ་རང་ཤུལ་འཛིན་པའི་གྲས་སུ་བཞག་ཡོད་ན། ཤུལ་འཛིན་པ་དེའི་ཤུལ་འཛིན་ཁེ་དབང་མི་ཤོར་བ་ཡིན།

ཤུལ་ནོར་སྦྱིན་ཡུལ་གྱི་མིར་དོན་ཚན་འདིའི་ནང་ཚན་དང་པོའི་བྱ་སྤྱོད་ཡོད་པ་ཡིན་ན། ཤུལ་སྦྱིན་ལེན་དབང་ཤོར་བ་ཡིན།

ཁྲིམས་ཁང་གིས་ངོས་འཛིན་བྱས་དོན། ཕ་རྒན་ཀྲང་ལགས་ཀྱི་བུས་ཕ་རྒན་ལ་མནར་གཅོད་དང་ཉེས་རྡུང་བཏང་ཅིང་། གནས་ཚུལ་ཚབས་ཆེ་ལ། ད་དུང་འགྱོད་བཤགས་ཀྱི་རྣམ་འགྱུར་གང་ཡང་མེད་པས། ཤུལ་ནོར་ཤུལ་འཛིན་བྱེད་དབང་ཤོར་ཟིན་པ་རེད། དེར་བརྟེན་རྒན་རྒོན་གྱི་ཤུལ་ནོར་དེའི་གཉེན་ཉེ་ལ་དབང་བ་ཡིན་ཞེས་ཁྲིམས་ཐག་བཅད།

ཁྲིམས་ལུགས་ཁྱབ་གདལ་གྱི་སློབ་ཚན།

1.གང་འདྲ་ཞིག་ལ་བྱ་ཐུག་གི་ཞབས་ཏོག་སྐྱབ་པའི་འོས་འགན་ཟེར།

ཞབས་ཏོག་སྐྱབ་པ་ཞེས་པ་ནི་བུ་ཕྲུག་གིས་དངོས་པོ་དང་བསམ་པའི་ཐོག་ནས་ཕ་མར་དགོས་ངེས་ཀྱི་འཚོ་བའི་ཆ་རྐྱེན་མཁོ་འདོན་བྱེད་པར་ཟེར། ཕྲུ་གུ་ཞབས་ཏོག་སྐྱབ་མཁན་ཡིན་པའི་ཆ་ནས། རྒན་རྒོན་ལ་དཔལ་འབྱོར་ཐད་འཚོ་སྐྱོང་དང་། འཚོ་བའི་ཐད་ལྟ་སྐྱོང་། བསམ་བློའི་ཐད་སེམས་གསོ་བཅས་བྱེད་པའི་འོས་འགན་ཡོད་པ་

དང་། རྒན་རྒོན་གྱི་དམིགས་བསལ་དགོས་མཁོ་ལ་ལྟ་རྟོག་བྱེད་དགོས། བུ་དང་བུ་མོ་ཚང་མར་ཕ་མར་ཞབས་ཏོག་སྒྲུབ་པའི་འོས་འགན་ཡོད།

《རྩ་ཁྲིམས་》ཀྱི་གཏན་འབེབས་ལྟར་ན། ནར་སོན་པའི་བུ་ཕྲུག་ལ་ཕ་མར་ཞབས་ཏོག་སྒྲུབ་པ་དང་ཕ་མར་རོགས་སྐྱོར་བྱེད་པའི་འོས་འགན་ཡོད། 《དམངས་དོན་ཁྲིམས་གཞུང་》ནང་དུའང་གཏན་འབེབས་བྱས་དོན། ནར་སོན་པའི་བུ་ཕྲུག་གིས་ཕ་མར་ཞབས་ཏོག་སྒྲུབ་པའི་འོས་འགན་མ་བསྒྲུབས་ན། ངལ་རྩོལ་ནུས་པ་མེད་པའམ་འཚོ་བར་དཀའ་ངལ་ཡོད་པའི་ཕ་མས་ནར་སོན་པའི་བུ་ཕྲུག་གིས་གསོ་རྟེན་གྲོན་དངུལ་སྤྲོད་རྒྱུའི་རེ་བ་འདོན་དབང་ཡོད།

དཔལ་འབྱོར་གྱི་འགན་འཁུར་ནུས་ཡོད་པའི་ནར་སོན་པའི་བུ་ཕྲུག་ལ། ཕོ་མོ་དང་གཉེན་སྒྲིག་བྱས་མིན་བཅས་མི་དབྱེ་བར། ཕ་མར་ཞབས་ཏོག་སྒྲུབ་དགོས་པའི་ཚེ། ཁྲིམས་ལྟར་གང་ནུས་ཅི་ནུས་ཀྱིས་ཕ་མ་མ་གྲོངས་བར་དུ་འོས་འགན་འདི་བསྒྲུབ་དགོས།

བུ་ཕྲུག་གིས་ཕ་མར་ཞབས་ཏོག་སྒྲུབ་པའི་འོས་འགན་ནི། གཉེན་སྒྲིག་བྱས་ནས་སྐྱེས་པའི་བུ་ཕྲུག་དང་ཕ་མའི་བར་དུ་ཡོད་པ་མ་ཟད། ད་དུང་གཉེན་སྒྲིག་མ་བྱས་པར་སྐྱེས་པའི་བུ་ཕྲུག་དང་ལུས་སྤྲིན་ཕ་མའི་བར་དང་། གསོས་ཕྲུག་དང་ཉར་གསོ་བྱེད་མཁན་ཕ་མའི་བར། སྨ་ཚར་དང་གསོ་སྐྱོང་དང་སློབ་གསོའི་འོས་འགན་ཁུར་བའི་ཕ་གཡར་མ་གཡར་བཅས་ཀྱི་བར་བཅས་སུའང་ཡོད།

2. ཕ་མ་ནས་རྒྱུ་ནོར་ཐུལ་འཛིན་མི་བྱེ་རྒྱུ་གསལ་བསྒྲགས་བྱས་ཚེ། རྒན་རྒོན་ལ་ཞབས་ཏོག་སྒྲུབ་མི་དགོས་སམ།

རྒན་རྒོན་ལ་ཞབས་ཏོག་སྒྲུབ་པ་ནི་མི་སྣེར་གྱི་ཁྲིམས་བཀོད་འོས་འགན་ཡིན། ཐུལ་འཛིན་བྱེད་དབང་བསྒྱུར་བ་དང་རྒན་རྒོན་ལ་ཞབས་ཏོག་སྒྲུབ་པའི་བར་དུ་བཅའ་ཁྲིམས་ཀྱི་འབྲེལ་བ་ཐད་ཀར་མེད། ཐུལ་འཛིན་པས་རྒན་རྒན་གྱི་ཐུལ་ནོར་ཐུལ་འཛིན་མི་བྱ་རྒྱུ་ཁ་གསལ་བཤད་ཡོད་ནའང་། རྒན་རྒོན་ལ་ཞབས་ཏོག་སྒྲུབ་པའི་

ཁྲིམས་བཀོད་འོས་འགན་འཁུར་རྒྱུར་གཡོལ་ཐབས་བྲལ། དེས་མ་ཟད། ཤུལ་འཛིན་པས་སྔ་ས་ནས་རྐན་རྐན་གྱི་ཤུལ་ནོར་ཤུལ་འཛིན་མི་བྱ་རྒྱུ་གསལ་བསྒྲགས་བྱས་པར། རྒྱུ་དངོས་ཤུལ་འཛིན་བྱེད་དབང་བསྐྱུར་བར་བཙའ་ཁྲིམས་ཀྱི་ནུས་པ་མི་ལྡན།

ལག་ལེན་དངོས་ཀྱི་ཁྲོད་དུ། སྲི་ཞུ་བྱེད་མི་འདོད་པའི་བུ་ཕྲུག་ཁ་ཅིག་གིས་ཞབས་ཏོག་སྒྲུབ་དངུལ་སྤྲོད་མི་དགོས་པའི་ཆེད་དུ། ཤུལ་འཛིན་བྱེད་དབང་བསྐྱུར་རྒྱུའི་གསལ་བསྒྲགས་སྔ་ས་ནས་བྱེད་ཀྱི་ཡོད། གལ་སྲིད་ཤུལ་འཛིན་བྱེད་དབང་བསྐྱུར་བ་རྒྱུ་མཚན་དུ་བྱས་ནས་ཞབས་ཏོག་སྒྲུབ་འགན་མི་འཁུར་ན། ཐད་ཀར་ཁྲིམས་ཁང་དུ་ཕ་རོལ་པོར་ཞུ་གཏུག་བརྒྱབ་ནས། ཞབས་ཏོག་སྒྲུབ་དངུལ་དུས་ཐོག་ཏུ་སྤྲོད་དགོས་པའི་རེ་ཞུ་བྱས་ན། ཁྲིམས་ཁང་གིས་ཁྲིམས་ལྟར་འཇལ་དགོས་པའི་དཔྱད་མཚམས་གཏོང་ངེས་རེད།

གཉིས། ཁྲོ་ག་གྲོངས་རྗེས། མནའ་མས་སྨྱུག་པོ་དང་སྨྱུག་མོའི་ཤུལ་ནོར་ཤུལ་འཛིན་བྱས་ཆོག་གམ།

ཞའོ་ཀྲང་དང་ཁོའི་བཟའ་ཟླ་ཅིང་ཅིང་གཉིས་ཞའོ་ཀྲང་གི་ཕ་མ་དང་མཉམ་དུ་བསྡད་ཡོད་པ་མ་ཟད། བཟའ་ཚང་གཉིས་པོས་རྒྱུན་དུ་རྒན་རྒོན་ལ་སྲི་ཞུ་ཡག་པོ་སྒྲུབ་ཀྱི་ཡོད། རྟག་ཏུ་ཞིམ་ཚད་ཡག་ཚད་ཚང་མ་སྔོན་ལ་ཕ་མར་སྤྲད་པ་དང་། ལྷག་མ་རང་ཉིད་ཀྱིས་ཟ་བ། ལོ་གསར་དང་དུས་ཆེན་གྱི་སྐབས་སུ་ཕ་མ་ལ་གྱོན་གོས་གསར་པ་ཉོ་བ་སོགས་བྱེད་ཀྱི་ཡོད།

འོན་ཀྱང་ལོ་ཞིག་ལ་ཆག་སྐྱོ་གནམ་ནས་བབས་པ་སྟེ། ཞའོ་ཀྲང་ལ་འགྲིམ་འགྲུལ་དོན་རྐྱེན་འཕྲད་ནས་དེ་གར་ཚེ་ལས་འདས། ཅིང་ཅིང་སེམས་སྡུག་གིས་མནར་ཏུང་། མི་ཤི་ཚེ་སླར་གསོན་མི་ཐུབ་པས་གནས་ལུགས་ལྟར་འཚོ་བ་ནི་སྔར་བཞིན་སྐྱེལ་དགོས་པ་རེད། དེ་ནས་བཟུང་མོ་རང་གི་འཚོ་བ་སྔར་ལས་དཀའ་ཁག་ཆེ་ཏུ་སོང་མོད། འོན་ཀྱང་མོས་བགྲེས་སོང་གཉིས་པོར་སྲི་ཞུ་རྒྱུན་ལྡན་ལྟར་སྒྲུབ་ཀྱི་ཡོད་པ་རེད། ཁྱིམ་མཚེས་ཚང་མས་ཀྱང་མོ་རང་མནའ་མ་བཟང་པོ་ཞིག་རེད་ཅེས་བསྟོད་བསྔགས་ཡང་ཡང་བཏང་།

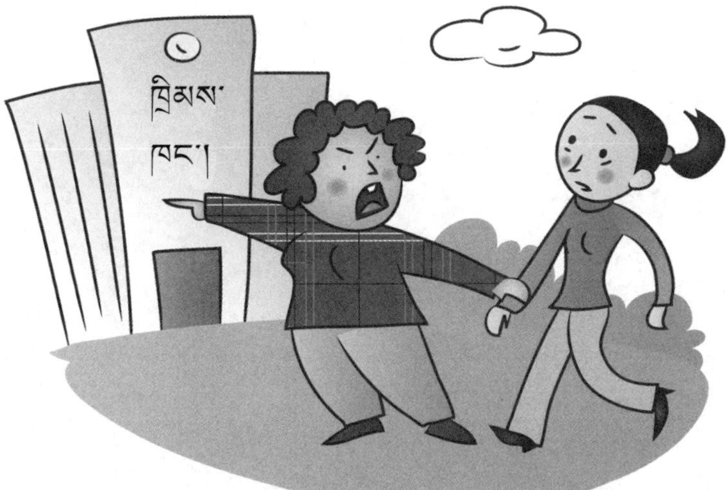

དེ་རྗེས་ཀྱི་ལོ་ཞིག་ལ། སྨྱུག་པོ་དང་སྨྱུག་མོ་སྔ་རྗེས་སུ་ཚེ་ལས་འདས་པས། ཅིང་ཅིང་གིས་གང་ནུས་ཅི་ཐུབ་ཀྱིས་ཁོང་གཉིས་ལ་ཕྱུར་འཛུག་ཡག་པོ་བསྒྲུབས་པ་རེད། ཞའོ་ཀྲང་གི་གཙེན་མོས་ཀྲང་ཚང་ལ་ད་ཆ་ཀྲང་གི་རྒྱུད་པ་མེད་པ་མཐོང་ནས། ཅིང་ཅིང་ཁང་པ་གཞན་དུ་སྤོ་དགོས་པའི་བསམ་འཆར་བཏོན་ཏེ། ཁང་པ་ནི་ཀྲང་ཚང་གི་ཡིན་པས། ཏུས་མིང་གཞན་པ་དེར་བསྡད་མི་ཆོག་ཅེས་བཤད། ཅིང་ཅིང་འགྲོ་ས་མེད་སྟབས་ཁྲིམ་ནས་མ་སྤོས་པ་རེད། ཞའོ་ཀྲང་གི་གཙེན་མོས་དེ་མཐོང་ནས་ཁྲིམས་ཁང་དུ་ཅིང་ཅིང་ཞུ་གཏུག་བརྒྱབ།

《ཀྲུང་ཧྭ་མི་དམངས་སྤྱི་མཐུན་རྒྱལ་ཁབ་ཀྱི་དམངས་དོན་ཁྲིམས་གཞུང་》གི་དོན་ཚན་ཆིག་སྟོང་ཆིག་བརྒྱ་དང་ཉེར་དགུ་པའི་ནང་དུ་གཏན་འབེབས་བྱས་དོན། བཟའ་ཟླ་ཤི་བའི་མནའ་མས་ཕྱི་གཞི་ཕ་མ་དང་། བཟའ་ཟླ་ཤི་བའི་མག་པས་སྨྱུག་པོ་སྨྱུག་མོ་ལ་ཞབས་ཏོག་སྒྲུབ་པའི་འོས་འགན་གཙོ་བོ་ཁུར་བ་ཡིན་ན། གོ་རིམ་དང་པོའི་ཤུལ་འཛིན་པ་བྱེད་དགོས།

དེར་བརྟེན་ཁྲིམས་ཁང་གིས། ཅིང་ཅིང་གིས་ཀྲང་ཚང་དུ་ཐོག་མཐའ་བར་གསུམ་དུ་རྒན་རྒོན་ལ་སྲི་ཞུ་བསྒྲུབས་ཡོད་པས། རྒན་རྒོན་གྱི་ཤུལ་ནོར་གྱི་ཤུལ་འཛིན་པ་གོ་རིམ་དང་པོ་བ་བྱེད་དབང་ཡོད་པ་རེད། རྒན་རྒོན་གྱི་བུ་ཕྲུག་གིས་མནའ་མ་དེ་ཕྱི་མི་ལ་བརྩིས་ནས། མནའ་མ་ལ་བགོ་སྐལ་མི་བགོ་བ་བྱས་མི་ཆོག་ཅེས་ཁྲིམས་ཐག་བཅད།

ཁྲིམས་ལུགས་ཁྲབ་གདལ་གྱི་སློབ་ཚན།

ཤུལ་ནོར་བགོ་བཤའ་རྒྱག་པའི་ཐད་ལ་བཅའ་ཁྲིམས་སུ་ད་དུང་གཏན་འབེབས་གང་དག་ཡོད།

《ཀྲུང་ཧྭ་མི་དམངས་སྤྱི་མཐུན་རྒྱལ་ཁབ་ཀྱི་དམངས་དོན་ཁྲིམས་གཞུང་》གི་དོན་ཚན་ཆིག་སྟོང་ཆིག་བརྒྱ་དང་ཉེར་དྲུག་པའི་ནང་དུ་གཏན་འབེབས་བྱས་དོན། ཤུལ་འཛིན་ཁེ་དབང་ཐད་དུ་ཕོ་མོ་འདྲ་མཉམ་ཡིན།

《ཀྲུང་ཧྭ་མི་དམངས་སྤྱི་མཐུན་རྒྱལ་ཁབ་ཀྱི་དམངས་དོན་ཁྲིམས་གཞུང་》གི་དོན་ཚན་ཆིག་

སྟོང་ཆིག་བརྒྱ་དང་སུམ་ཅུ་པའི་ནང་དུ་གཏན་འབེབས་བྱས་དོན། གོ་རིམ་གཅིག་པ་ཡིན་པའི་ཤུལ་འཛིན་པའི་ཤུལ་འཛིན་ཤུལ་ནོར་གྱི་བགོ་སྐལ་ནི་སྤྱིར་བཏང་དུ་ཆ་མཉམ་ཡིན་དགོས།

འཚོ་བར་དམིགས་བསལ་དཀའ་ངལ་ཡོད་ལ་ངལ་རྩོལ་བྱེད་ནུས་ཀྱང་མེད་པའི་ཤུལ་འཛིན་པ་ཡིན་ན། ཤུལ་ནོར་བགོ་བཤའ་རྒྱག་སྐབས་ལྷ་རྟོག་བྱེད་དགོས།

ཤུལ་བཞག་ནོར་བདག་ལ་འཚོ་སྐྱོང་གི་འོས་འགན་གཙོ་བོ་ཁུར་བའམ་ཤུལ་བཞག་ནོར་བདག་དང་མཉམ་དུ་སྡོད་མཁན་ཤུལ་འཛིན་པ་ཡིན་ན། ཤུལ་ནོར་བགོ་བཤའ་རྒྱག་སྐབས་སྐལ་བ་མང་ཙམ་བགོས་ཆོག

འཚོ་སྐྱོང་བྱེད་ནུས་དང་འཚོ་སྐྱོང་ཆ་རྐྱེན་ཡོད་པའི་ཤུལ་འཛིན་པས་འཚོ་སྐྱོང་འོས་འགན་མ་ཁུར་བ་ཡིན་ན། ཤུལ་ནོར་བགོ་བཤའ་རྒྱག་སྐབས་སྐལ་བ་མི་བགོ་བའམ་ཉུང་ཙམ་བགོ་དགོས།

ཤུལ་འཛིན་པ་ཚོ་གྲོས་མཐུན་ན་བགོ་སྐལ་ཆ་མཉམ་མིན་ཡང་ཆོག

གསུམ། ཁྲག་རྒྱུད་ཀྱི་འབྲེལ་བ་མེད་པའི་མིས་ངོ་ཚབ་བྱས་ནས་ཤུལ་འཛིན་བྱས་ཆོག་གམ།

ལྷམ་ཀྲང་ལགས་མི་རྟེང་ཡིན་ཕྱིར་ཁོང་གིས་བུ་ཞའོ་ཀྲང་ཉར་གསོ་བྱས། ལོ་འགའ་ཕྱིན་རྗེས། ཞའོ་ཀྲང་སྐྱོན་ནས་ཚེ་ལས་འདས་པས། ཁོའི་ཆུང་མ་ཞའོ་ཕྱུའུ་དང་བུ་མོ་ཡུའེ་ཡུའེ་གཉིས་ལུས་པ་རེད། ཡུའེ་ཡུའེ་ལོ་ལྔ་ལ་སོན་པའི་ལོ་དེར་ལྷམ་ཀྲང་ལགས་ཀྱང་འགྲིམ་འགྲུལ་དོན་རྐྱེན་གྱི་རྐྱེན་པས་ཚེ་ལས་འདས་པ་དང་། ཁོང་གིས་ཁང་པ་ཞིག་དང་དངུལ་སྨར་སྒོར་ཁྲི་བཅུ་ལྷག་ལུས་ཡོད་ཀྱང་ཁ་ཆེམས་བཞག་མེད་པ་རེད། ལྷམ་ཀྲང་ལགས་ཀྱི་ཕ་མ་སྔ་ས་ནས་ཚེ་ལས་འདས་ཟིན་པས། གསོས་ཕྲུག་ཚ་མོ་ཡུའེ་ཡུའེ་སྲུད་པས། ད་དུང་ཁྲག་རྒྱུད་ཀྱི་འབྲེལ་བ་ཡོད་པའི་གཙུང་པོ་ཞིག་མ་གཏོགས་མེད་པ་རེད།

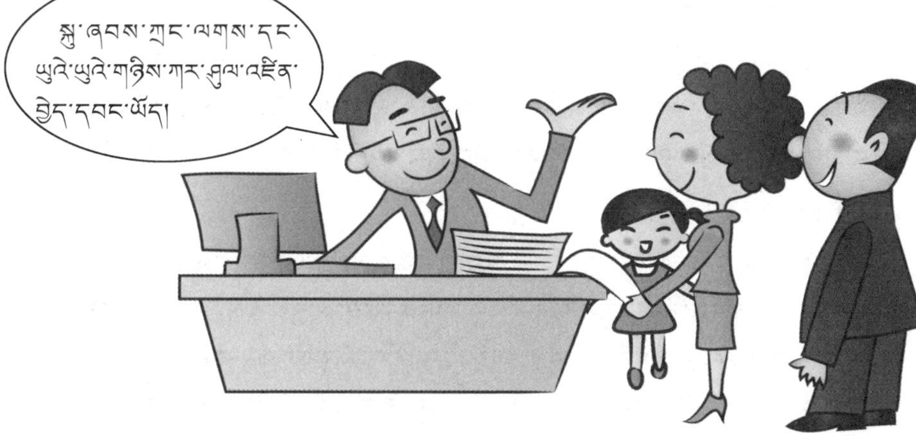

ཚང་མས་ཤེས་གསལ་ལྟར། ཁ་ཆེམས་བཞག་མེད་སྐབས་ཤུལ་ནོར་གྱི་ཤུལ་འཛིན་ཁྲིམས་བཀོད་ལྟར་བསྒྲུབ་དགོས། ཤུལ་འཛིན་ལ་ད་དུང་སྔ་ཕྱིའི་གོ་རིམ་ཡོད་དེ། གོ་རིམ་དང་པོའི་ཤུལ་འཛིན་པ་ནི་བཟའ་ཟླ་དང་། བུ་ཕྲུག་ཕ་མ་བཅས་ཡིན། གོ་རིམ་གཉིས་པའི་ཤུལ་འཛིན་པ་ནི་གཅེན་གཙུང་མིང་སྲིང་དང་། ཕ་རྒྱུད་སྤྱི་བོ་རྨོ་བོ།

★ ★ ★ ★ ★ ★ ★ ★

མ་རྒྱུད་སྤུ་བོ་རྩོ་བོ་བཅས་ཡིན།

ལྷམ་ཀྲང་ལགས་ཀྱི་གོ་རིམ་དང་པོའི་ཤུལ་འཛིན་པ་ཚང་མ་མེད་པར་གྱུར་ཟིན་པས། གོ་རིམ་གཉིས་པའི་ཤུལ་འཛིན་པ་ལྷམ་ཀྲང་ལགས་ཀྱི་གཅུང་པོ་ཀྲང་ལགས་ལས་ལྷག་མེད་པ་རེད། བྱས་ན། ཤུལ་འཛིན་པ་སྐུ་ཞབས་ཀྲང་ལགས་མ་གཏོགས་མེད་པ་རེད་དམ།

《ཀྲུང་ཧྭ་མི་དམངས་སྤྱི་མཐུན་རྒྱལ་ཁབ་ཀྱི་དམངས་དོན་ཁྲིམས་གཞུང་》གི་དོན་ཚན་ཆིག་སྟོང་ཆིག་བརྒྱ་དང་ཉེར་བདུན་པའི་ནང་གསེས་གསུམ་པ་དང་། བཞི་པ། ལྔ་པ་བཅས་ཀྱི་ནང་དུ་གཏན་འབེབས་བྱས་དོན། ལེ་ཚན་འདིར་བརྗོད་བུ་ཕྲུག་ཅེས་པ་ནི་གཉེན་སྒྲིག་བྱས་ནས་སྐྱེས་པའི་བུ་ཕྲུག་དང་། གཉེན་སྒྲིག་བྱས་ནས་སྐྱེས་པ་མིན་པའི་བུ་ཕྲུག གསོས་ཕྲུག འཚོ་སྐྱོང་གི་འབྲེལ་བ་ཡོད་པའི་བུ་གཡར་བཅས་ལ་ཟེར།

ལེ་ཚན་འདིར་བརྗོད་ཕ་མ་ཞེས་པ་ནི་ལུས་སྐྱེན་ཕ་མ་དང་། གསོ་སྐྱོང་བྱེད་མཁན་ཕ་མ། འཚོ་སྐྱོང་གི་འབྲེལ་བ་ཡོད་པའི་ཕ་གཡར་མ་གཡར་བཅས་ལ་ཟེར།

ལེ་ཚན་འདིར་བརྗོད་གཅེན་གཅུང་མིང་སྲིང་ཞེས་པ་ནི་ཕ་གཅིག་མ་གཅིག་གི་གཅེན་གཅུང་མིང་སྲིང་དང་། ཕ་གཅིག་མ་མི་གཅིག་པའམ་མ་གཅིག་ཕ་མི་གཅིག་པའི་གཅེན་གཅུང་མིང་སྲིང་། གསོས་ཕྲུག་གཅེན་གཅུང་མིང་སྲིང་། འཚོ་སྐྱོང་གི་འབྲེལ་བ་ཡོད་པའི་བུ་གཡར་གཅེན་གཅུང་མིང་སྲིང་བཅས་ལ་ཟེར།

《ཀྲུང་ཧྭ་མི་དམངས་སྤྱི་མཐུན་རྒྱལ་ཁབ་ཀྱི་དམངས་དོན་ཁྲིམས་གཞུང་》དོན་ཚན་ཆིག་སྟོང་ཆིག་བརྒྱ་དང་ཉེར་བརྒྱད་པའི་ནང་དུ་གཏན་འབེབས་བྱས་དོན། ཤུལ་བཞག་ནོར་བདག་གི་བུ་ཕྲུག་ཤུལ་བཞག་ནོར་བདག་གི་སྔོན་ལ་ཤི་བ་ཡིན་ན། ཤུལ་བཞག་ནོར་བདག་གི་བུ་ཕྲུག་གི་ཐད་ཀའི་ཁྲག་རྒྱུད་གཉེན་ཚན་མི་རབས་ཕྱི་མས་ངོ་ཚབ་བྱས་ནས་ཤུལ་འཛིན་བྱེད་དགོས།

ཤུལ་བཞག་ནོར་བདག་གི་གཅེན་གཅུང་མིང་སྲིང་ཤུལ་བཞག་ནོར་བདག་གི་སྔོན་ལ་ཤི་བ་ཡིན་ན། ཤུལ་བཞག་ནོར་བདག་གི་གཅེན་གཅུང་མིང་སྲིང་གི་བུ་ཕྲུག་གིས་ངོ་ཚབ་བྱས་ནས་ཤུལ་འཛིན་བྱེད་དགོས།

ངོ་ཚབ་ཤུལ་འཛིན་པས་སྤྱིར་བཏང་དུ་ངོ་ཚབ་བྱ་ཡུལ་ཤུལ་འཛིན་པར་ཤུལ་འཛིན་བྱེད་དབང་ཡོད་པའི་ཤུལ་ནོར་ཐོབ་སྐལ་ཁོ་ན་ཤུལ་འཛིན་བྱས་ཆོག་པ་ཡིན།

བཅའ་ཁྲིམས་ཀྱི་གཏན་འབེབས་ལྟར་ན། ཞའོ་ཀྲང་ནི་ལྷམ་ཀྲང་ལགས་ཀྱི་གསོས་ཕྲུག་ཡིན་པས། ལྷམ་ཀྲང་ལགས་དང་འདྲ་བཟོའི་ཤ་ཁྲག་གི་འབྲེལ་བ་ཡོད་པ་རེད། ཞའོ་ཀྲང་ཚེ་ལས་འདས་མེད། འོན་ཀྱང་ཁོའི་ལུས་སྐྱིད་བུ་མོ་ཡུའེ་ཡུའེ་ཡིས་ངོ་ཚབ་བྱས་ནས་ལྷམ་ཀྲང་ལགས་ཀྱི་ཤུལ་ནོར་རྒྱུན་འཛིན་བྱས་ཆོག འོན་ཀྱང་ངོ་ཚབ་ཤུལ་འཛིན་བྱ་ཡུལ་གྱི་ཤུལ་ནོར་ཐོབ་སྐལ་ཁོ་ན་ཤུལ་འཛིན་བྱས་ཆོག་པ་ཡིན། དེ་མིན་ད་དུང་ཡུའེ་ཡུའེ་ནར་སོན་མེད་པས། ཨ་མ་ཞའོ་ལྷའུ་ཡིས་ཡུའེ་ཡུའེ་ནར་མ་སོན་བར་དུ་ཤུལ་ནོར་དེ་ཚབ་ཉར་བྱེད་པའི་དབང་ཆ་ཡོད།

ཁྲིམས་ལུགས་ཁྲབ་གདལ་གྱི་སློབ་ཚན།

1. ངོ་ཚབ་བྱས་ནས་ཤུལ་འཛིན་བྱེད་པར་ཆ་རྐྱེན་གང་དག་ཚང་དགོས།

དང་པོ། ངོ་ཚབ་བྱ་ཡུལ་ནི་ངེས་པར་དུ་ཤུལ་བཞག་ནོར་བདག་ལས་སྔོན་དུ་ཚེ་ལས་འདས་པ་ཡིན་དགོས།

གཉིས་པ། སྔོན་ལ་ཚེ་ལས་འདས་པའི་ངོ་ཚབ་བྱ་ཡུལ་ནི་ངེས་པར་དུ་ཤུལ་བཞག་ནོར་བདག་གི་བུ་ཕྲུག་གམ་གཅེན་གཅུང་ཡིན་དགོས། ཤུལ་འཛིན་པ་གཞན་པ་སྟེ་དཔེར་ན་ཤུལ་བཞག་ནོར་བདག་གི་བཟའ་ཟླ་དང་། ཕ་མ། ཕ་རྒྱུད་སྤྱི་བོ་སྤྱི་མོ། མ་རྒྱུད་སྤྱི་བོ་སྤྱི་མོ་སོགས་ཤུལ་བཞག་ནོར་བདག་གི་སྔོན་ལ་ཚེ་ལས་འདས་ན་ངོ་ཚབ་ཤུལ་འཛིན་འབྱུང་མི་སྲིད།

གསུམ་པ། ངོ་ཚབ་ཤུལ་འཛིན་པ་ནི་ངེས་པར་དུ་ངོ་ཚབ་བྱ་ཡུལ་གྱི་མི་རབས་རྗེས་མའི་ཐད་ཀའི་ཁྲག་རྒྱུད་གཉེན་ཉེ་ཡིན་དགོས། རྩ་དོན་ཐོག་ཚབ་བྱས་ཤུལ་འཛིན་པ་ལ་རྒྱུད་རབས་ཀྱི་ཚོད་འཛིན་མི་ཐེབས།

ཆེས་མཐོའི་མི་དམངས་ཁྲིམས་ཁང་གི་ཤུལ་འཛིན་བཅའ་ཁྲིམས་ལག་བསྟར་མཐར་ཕྱིན་བྱ་རྒྱུའི་སྐོར་གྱི་བསམ་འཆར་ཁྲོད་དུ་ཡང་སྟར་བས་གསལ་བར་བསྟན་དོན། ཤུལ་བཞག་ནོར་བདག་གི་ཚ་བོ་ཚ་མོ་དང་། ཡང་ཚ་བོ་ཡང་ཚ་མོས་ངོ་ཚབ་བྱས་ནས་ཤུལ་འཛིན་བྱས་ཆོག ངོ་ཚབ་ཤུལ་འཛིན་པར་རྒྱུད་རབས་ཀྱི་ཚོད་འཛིན་མི་ཐེབས།

བཞི་པ། ངོ་ཚབ་བྱ་ཡུལ་གྱི་མིར་མ་འདས་གོང་ལ་ངེས་པར་དུ་ཤུལ་འཛིན་བྱེད་དབང་ཡོད་དགོས། གལ་སྲིད་ངོ་ཚབ་བྱ་ཡུལ་གྱི་ཤུལ་འཛིན་པར་ཁྲིམས་བཀོད་ཀྱི་རྒྱུ་རྐྱེན་གྱིས་རྐྱེན་པས་ཤུལ་འཛིན་བྱེད་དབང་ཤོར་བ་ཡིན་ན། གཅིག་འབྲེལ་གྱིས་ངོ་ཚབ་བྱས་ནས་ཤུལ་འཛིན་བྱེད་པའི་དབང་

ཆའང་མེད་པར་གྱུར་འགྲོ།

ལྔ་པ། ངོ་ཚབ་ཞུལ་འཛིན་དེ་ཁྲིམས་བཀོད་ཞུལ་འཛིན་ཁོ་ནར་སྤྱད་འཐུས་ཡིན་པ་ལས། ཁ་ཆེམས་ཞུལ་འཛིན་ཁྲོད་དུ་སྤྱད་མི་འཐུས། དེ་ནི་ངོ་ཚབ་བྱ་ཡུལ་ཞུལ་འཛིན་པའི་ཁྲིམས་བཀོད་ཞུལ་འཛིན་བྱེད་དབང་ཁོ་ན་ངོ་ཚབ་བྱས་ཆོག་པ་ཡིན་པ་དང་། གལ་སྲིད་དེར་ལོངས་སུ་སྤྱོད་རྒྱུ་ཡོད་པ་ཁ་ཆེམས་ཀྱི་ཞུལ་འཛིན་བྱེད་དབང་ཡིན་ན། ཁ་ཆེམས་དེ་ཞུལ་འཛིན་པ་ཞུལ་བཞག་ནོར་བདག་ལས་སྔོན་ལ་ཚེ་ལས་འདས་པ་དང་བསྟུན་ནས་ནུས་པ་ཐོར་འགྲོ་བས། སྐབས་དེར་ངོ་ཚབ་ཞུལ་འཛིན་འབྱུང་མི་སྲིད།

དྲུག་པ། ངོ་ཚབ་ཞུལ་འཛིན་པའི་མི་གྲངས་མང་ཉུང་ལ་མི་བལྟོས་པར། རྩ་དོན་ཐོག་ངོ་ཚབ་ཞུལ་འཛིན་བྱ་ཡུལ་གྱི་ཞུལ་འཛིན་བྱེད་དབང་ཡོད་པའི་ཐོབ་སྐལ་ལྟར་ཞུལ་འཛིན་བྱེད་པ་ཡིན།

2. **ངོ་ཚབ་ཞུལ་འཛིན་པས་ཞབས་ཏོག་སྒྲུབ་པའི་འོས་འགན་མ་ཁུར་ན་ཞུལ་འཛིན་བྱས་ཆོག་གམ།**

ངོ་ཚབ་ཞུལ་འཛིན་པས་ཞབས་ཏོག་སྒྲུབ་པའི་འོས་འགན་མ་ཁུར་ཆེ། ཞུལ་ནོར་ཉུང་ཙམ་བགོ་བའམ་མ་བགོས་ནའང་ཆོག ཉུང་ཙམ་བགོ་བའི་བསྡུར་ཚད་ནི་ཁྲིམས་བཀོད་གོ་རིམ་དང་པོའི་ཞུལ་འཛིན་མི་སྣས་མཉམ་དུ་གྲོས་མོལ་བྱས་ནས་གཏན་ཁེལ་ཆོག གྲོས་མ་མཐུན་ན་བཙའ་ཁྲིམས་ལ་བརྟེན་ནས་ཐག་བཅད་ཆོག

3. **ངོ་ཚབ་ཞུལ་འཛིན་དང་བརྒྱུད་སྤྲོད་ཞུལ་འཛིན་ལ་ཁྱད་པར་གང་ཡོད།**

(1) ཞུལ་འཛིན་པ་གྲོངས་པའི་དུས་ཚོད་མི་འདྲ་བ། ངོ་ཚབ་ཞུལ་འཛིན་ནི་ཞུལ་འཛིན་པ་ཞུལ་བཞག་ནོར་བདག་ལས་སྔོན་དུ་ཚེ་ལས་འདས་པ་ཡིན་པ་དང་། བརྒྱུད་སྤྲོད་ཞུལ་འཛིན་ནི་ཞུལ་འཛིན་པ་དེ་ཞུལ་བཞག་ནོར་བདག་ཚེ་ལས་འདས་རྗེས་ཞུལ་ནོར་བགོ་བཤའ་མ་བརྒྱབ་གོང་ལ་གྲོངས་པ་ཡིན།

(2) ཞུལ་འཛིན་གྱི་བྱེད་པོ་མི་འདྲ་བ། ངོ་ཚབ་ཞུལ་འཛིན་ཁྲོད་ཀྱི་ཞུལ་འཛིན་པ་ནི་ཞུལ་བཞག་ནོར་བདག་གི་ཐད་ཀའི་རྒྱུད་འབྲེལ་གཉེན་ཚན་ཡིན་པ་དང་། བརྒྱུད་སྤྲོད་ཞུལ་འཛིན་ཁྲོད་ཀྱི་ཞུལ་འཛིན་པ་ནི་ཞུལ་བཞག་ནོར་བདག་གི་ཁྲིམས་བཀོད་ཞུལ་འཛིན་པ་ཆ་ཚང་ཡིན་ཆོག

(3) བཀོལ་སྤྱོད་བྱེད་ཁོངས་མི་འདྲ་བ། ངོ་ཚབ་ཞུལ་འཛིན་ནི་ཁྲིམས་བཀོད་ཞུལ་འཛིན་ལས་ཁ་ཆེམས་ཞུལ་འཛིན་སྤྱད་མི་འཐུས། བརྒྱུད་སྤྲོད་ཞུལ་འཛིན་ནི་ཁྲིམས་བཀོད་ཞུལ་འཛིན་དང་ཁ་ཆེམས་ཞུལ་འཛིན་གཉིས་ཀ་སྤྱད་འཐུས།

ཁ་ཆེམས་ཤུལ་འཛིན་དང་ཤུལ་སྦྱིན།

གཅིག ཁ་ཆེམས་མང་པོ་བཞག་ཡོད་ན། གང་ཞིག་ཚད་གཞིར་འཛིན་དགོས།

བགྲེས་སོང་ཧེ་ལགས་ཀྱི་ཆུང་མ་ཚེ་ལས་འདས་རྗེས། ཧེ་ལགས་ལ་རྒྱུ་ནོར་ཁང་པ་གཅིག་དང་བཅོལ་དངུལ་འགའ་ལྷག་ཡོད། དེའི་རྗེས་སུ་ཁོང་གིས་ཡང་བསྐྱར་གཉེན་དང་གཉེན་སྒྲིག་བྱས་པ་དང་། ཡུན་རིང་མ་སོང་བར་གྲིབ་ནད་ཐོག་ནས་བཟའ་ཟླས་ཁོང་ལ་གང་ནུས་ཅི་ནུས་ཀྱིས་ལྟ་རྟོག་བྱས་པ་རེད། ཁོང་གིས་བཟའ་ཟླར་ཐུགས་རྗེ་ལེགས་འབུལ་ཞུ་ཆེད། རང་བྲིས་ཁ་ཆེམས་ཤིག་བཞག་ནས་རང་ཉིད་གྲོངས་རྗེས་ཁང་པ་དང་བཅོལ་དངུལ་ཚང་མ་བཟའ་ཟླར་དབང་བ་ཡིན་ཞེས་གསལ་བསྒྲགས་བྱས།

འོན་ཀྱང་། བགྲེས་སོང་ཧེ་ལགས་སྙུན་ནས་ཡུན་རིང་ཉལ་ཁྲིར་ལུས་པས། བཟའ་ཟླའི་རྣམ་འགྱུར་ཡང་རིམ་གྱིས་བསྒྱུར། ཧེ་ལགས་ཀྱི་བུས་དེ་ཧ་གོ་རྗེས་ཧེ་ལགས་རང་ཉིད་ཀྱི་ཁྱིམ་དུ་ཁྲིད་ནས་གཉེར་སྐྱོང་བྱས། བུ་ལ་བཀའ་དྲིན་ཞུ་ཆེད། བགྲེས་སོང་གིས་རྒྱུ་ནོར་ཡོད་ཚད་བུ་ལ་འཛོག་རྒྱུ་ཐག་བཅད་པར་མ་ཟད། གཞུང་དཔང་གི་ཁ་ཆེམས་ཀྱང་བཞག

འོན་ཀྱང་ཡུན་རིང་མ་སོང་བར། བུའི་མནའ་མའི་རྣམ་འགྱུར་མི་ལེགས་པ་མཐོང་ནས། བགྲེས་སོང་ཧེ་ལགས་ཀྱིས་ཡང་བུ་མོ་ལ་ཁ་པར་བཏང་སྟེ་སྨན་ཁང་དུ་བསྐྱོད་ནས་སྨན་བཅོས་བྱེད་དགོས་པའི་རེ་བ་བཏོན། སྨན་ཁང་དུ་སྡོད་རིང་ལ་བུ་མོས་ཉིན་ལྟར་ལྟ་རྟ་སོང་བ་རེད། ཚེ་ལས་འདས་ཁར་བགྲེས་སོང་ཧེ་ལགས་ཀྱིས་དཔང་པོ་སྨན་པ་གཉིས་ཀྱི་མདུན་དུ་ངག་ཐོག་ནས་རྒྱུ་ནོར་ཡོད་ཚད་བུ་མོར་འཛོག

★ ★ ★ ★ ★ ★ ★ ★

རྒྱུའི་ཁ་ཆེམས་བཞག

བགྲེས་སོང་ཏེ་ལགས་ཚེ་ལས་འདས་རྗེས་ཁ་ཆེམས་རིགས་གསུམ་བྱུང་བས། ཡང་སྙིང་རྒྱུ་ནོར་དེ་སུས་ཤུལ་འཛིན་བྱེད་དགོས་སམ།

《ཀྲུང་ཧྭ་མི་དམངས་སྤྱི་མཐུན་རྒྱལ་ཁབ་ཀྱི་དམངས་དོན་ཁྲིམས་གཞུང་》གི་དོན་ཚན་ཆིག་སྟོང་ཆིག་བརྒྱ་དང་ཞེ་གཉིས་པའི་ནང་དུ་གཏན་འབེབས་བྱས་དོན། ཁ་ཆེམས་འཇོག་མིས་རང་ཉིད་ཀྱིས་བཞག་པའི་ཁ་ཆེམས་ཕྱིར་འཐེན་དང་བསྒྱུར་བཅོས་བྱས་ཆོག

ཁ་ཆེམས་བཞག་རྗེས། ཁ་ཆེམས་འཇོག་མིས་ཁ་ཆེམས་ཀྱི་ནང་དོན་དང་འགལ་བའི་དམངས་དོན་བཅའ་ཁྲིམས་བྱ་སྤྱོད་སྤེལ་ན། ཁ་ཆེམས་ཀྱི་འབྲེལ་ཡོད་ནང་དོན་ཕྱིར་འཐེན་བྱས་པར་རྩི་དགོས།

ཁ་ཆེམས་དུ་མ་བཞག་ཡོད་པ་དེ་དག་གི་ནང་དོན་ནང་འགལ་ཡིན་ན། ཁ་ཆེམས་མཐའ་མ་བ་ཚད་གཞིར་འཛིན་དགོས།

《དམངས་དོན་ཁྲིམས་གཞུང་》གི་དོན་ཚན་འདིའི་ནང་དུ། དེ་སྔོན་གྱི་《ཤུལ་འཛིན་བཅའ་ཁྲིམས་》ནང་གི་གཞུང་དཔང་ཁ་ཆེམས་ཀྱི་ནུས་པ་སྔོན་ལ་ཐོན་པའི་གཏན་འབེབས་བསུབས་ཡོད། སྔོན་གྱི་《ཤུལ་འཛིན་བཅའ་ཁྲིམས་》ཀྱི་དོན་ཚན་ཉེ་ཤུ་ཐམ་པའི་ནང་དུ་གཏན་འབེབས་བྱས་དོན། ཁ་ཆེམས་འཇོག་མཁན་གྱིས་རང་ཉིད་ཀྱིས་བཞག་པའི་ཁ་ཆེམས་ཕྱིར་འཐེན་དང་བསྒྱུར་བཅོས་བྱས་ཆོག ཁ་ཆེམས་མང་པོ་བཞག་ཡོད་པ་དེ་དག་གི་ནང་དོན་ནང་འགལ་ཡིན་ན། ཁ་ཆེམས་མཐའ་མ་དེ་ཚད་གཞིར་འཛིན་དགོས། རང་བྲིས་ཁ་ཆེམས་དང་། ཚབ་བྲིས་ཁ་ཆེམས། སྒྲ་ཕབ་ཁ་ཆེམས། ངག་ཐོག་ཁ་ཆེམས་བཅས་ཀྱིས་གཞུང་དཔང་ཁ་ཆེམས་ཕྱིར་འཐེན་དང་བསྒྱུར་བཅོས་བྱས་མི་ཆོག འོན་ཀྱང་《དམངས་དོན་ཁྲིམས་གཞུང་》ལག་བསྟར་བྱས་རྗེས། ངག་ཐོག་ཁ་ཆེམས་དེ་བཅའ་ཁྲིམས་ཀྱིས་གཏན་འབེབས་བྱས་པའི་གལ་ཆེའི་ཆ་རྐྱེན་དང་མཐུན་ཚེ། རྗེས་སུ་བཞག་པའི་ངག་ཐོག་ཁ་ཆེམས་ཀྱིས་སྔོན་ལ་བཞག་པའི་གཞུང་དཔང་ཁ་ཆེམས་ཕྱིར་འཐེན་དང་བསྒྱུར་བཅོས་བྱས་ཆོག་པ་ཡིན། 《དམངས་

དོན་ཁྲིམས་གཞུང་》གིས་གཏན་འབེབས་བྱས་པའི་དོན་ཚན་འདི་ནི། འཚོ་བ་དངོས་ཀྱི་ཁྲོད་ཀྱི་མི་རྣམས་ཀྱིས་ཁ་ཆེམས་ཀྱི་བསམ་དོན་ངོ་མ་མཚོན་པའི་ཕྱི་རོལ་ཡུལ་གྱི་བླང་བྱ་དང་མཐུན་ཡོད་ལ། ཁ་ཆེམས་ཕྱིར་འཐེན་དང་བསྒྱུར་བཅོས་བྱེད་པའི་མ་གནས་ཀྱང་གྲོན་ཆུང་བྱས་ཐུབ་ཡོད་ཅིང་། ཁ་ཆེམས་འཛོག་མཁན་གྱིས་རང་ཉིད་ཀྱི་ཤུལ་ནོར་ཐག་གཅོད་བྱེད་པའི་བསམ་དོན་ངོ་མ་དེ་དེ་བས་སྐབས་བདེ་དང་དེ་བས་དངོས་ཡོད་ཀྱི་སྒོ་ནས་མཚོན་ཡོད་པས། ཤུལ་ནོར་བགོ་བཤའ་བརྒྱབ་པ་དེས་སྔར་ལས་ལྷག་པར་ཤུལ་བཞག་ནོར་བདག་གི་འདོད་མོས་ལ་བརྩི་འཛོག་གང་ལེགས་ཐུབ་ཡོད།

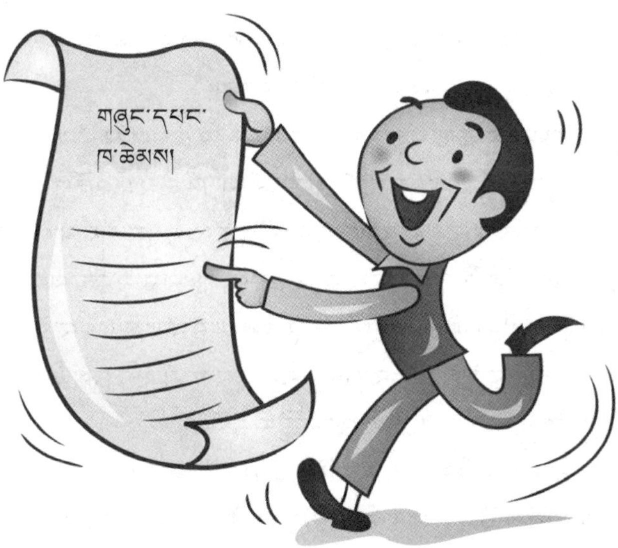

དེར་བརྟེན་གྲོད་དཔེ་འདིའི་ནང་གི་བགྲེས་སོང་ཧེ་ལགས་ཀྱི་ཤུལ་ནོར་ཁོང་གི་བུ་མོས་ཤུལ་འཛིན་བྱེད་དགོས།

ཁྲིམས་ལུགས་ཁྲབ་གདལ་གྱི་སློབ་ཚན།

1. ཁ་ཆེམས་ཀྱི་རྣམ་པ་གང་དག་ཡོད།

《དམངས་དོན་ཁྲིམས་གཞུང་》གི་དོན་ཚན་ཆིག་སྟོང་ཆིག་བརྒྱ་དང་སོ་བཞི་པ་ནས་དོན་ཚན་ཆིག་སྟོང་ཆིག་བརྒྱ་དང་སོ་དགུ་པའི་ནང་གི་གཏན་འབེབས་ལྟར་ན། ཁ་ཆེམས་ལ་རང་བྲིས་ཁ་ཆེམས་དང་། ཚབ་བྲིས་ཁ་ཆེམས། པར་བཤུ་ཁ་ཆེམས། སྒྲ་ཕབ་ཁ་ཆེམས། ངག་ཐོག་ཁ་ཆེམས། གཞུང་དཔང་ཁ་ཆེམས་བཅས་རྣམ་པ6ཡོད།

དོན་ཚན་ཆིག་སྟོང་ཆིག་བརྒྱ་དང་སོ་བཞི་པ། ཁ་ཆེམས་རང་ཉིད་ཀྱིས་འབྲི་ན་ཁ་ཆེམས་འཛོག་མིས་དངོས་སུ་འབྲི་བ་དང་། མིང་རྟགས་དང་ལོ་ཟླ་ཚེས་གསུམ་གསལ་པོར་འགོད་དགོས།

དོན་ཚན་ཆིག་སྟོང་ཆིག་བརྒྱ་དང་སོ་ལྔ་པ། ཁ་ཆེམས་ཚབ་འབྲི་བྱེད་ན་བར་དཔང་མི་གཉིས་ཡན་གྱིས་ཡུལ་དངོས་སུ་དཔང་པོ་བྱེད་དགོས་ཤིང་། དེ་ལས་མི་གཅིག་གིས་ཚབ་འབྲི་བྱེད་པ་དང་འབྲེལ་ཁ་ཆེམས་འཛོག་མི་དང་། ཚབ་འབྲི་བ། བར་དཔང་གཞན་དག་བཅས་ཀྱིས་མིང་རྟགས་དང་ལོ་ཟླ་ཚེས་གསུམ་གསལ་པོར་འགོད་དགོས།

དོན་ཚན་ཆིག་སྟོང་ཆིག་བརྒྱ་དང་སོ་དྲུག་པ། ཁ་ཆེམས་པར་བཤུ་རྒྱག་ན་བར་དཔང་མི་གཉིས་ཡན་གྱིས་ཡུལ་དངོས་སུ་དཔང་པོ་བྱེད་དགོས། ཁ་ཆེམས་འཛོག་མི་དང་བར་དཔང་གིས་ཁ་ཆེམས་ཀྱི་ཤོག་ངོས་རེ་རེར་མིང་རྟགས་དང་ལོ་ཟླ་ཚེས་གསུམ་གསལ་པོར་འགོད་དགོས།

དོན་ཚན་ཆིག་སྟོང་ཆིག་བརྒྱ་དང་སོ་བདུན་པ། སྒྲ་ཕབ་བརྙན་ཕབ་ཀྱི་རྣམ་པའི་ཐོག་ནས་ཁ་ཆེམས་འཛོག་ན་བར་དཔང་མི་གཉིས་ཡན་གྱིས་ཡུལ་དངོས་སུ་དཔང་པོ་བྱེད་དགོས། ཁ་ཆེམས་འཛོག་མི་དང་བར་དཔང་གིས་སྒྲ་ཕབ་བརྙན་ཕབ་ནང་དུ་སོ་སོའི་ཏུས་མིང་ངམ་འདྲ་བརྙན་དང་། དེ་བཞིན་ལོ་ཟླ་ཚེས་གསུམ་བཅས་ནང་འཇུག་བྱེད་དགོས།

དོན་ཚན་ཆིག་སྟོང་ཆིག་བརྒྱ་དང་སོ་བརྒྱད་པ། ཛ་དྲག་ཆེ་བའི་གནས་ཚུལ་འོག་ཏུ་ཁ་ཆེམས་འཛོག་མིས་ངག་ཐོག་ནས་ཁ་ཆེམས་བཞག་ཆོག ངག་ཐོག་ནས་ཁ་ཆེམས་འཛོག་ན་བར་དཔང་མི་གཉིས་ཡན་གྱིས་ཡུལ་དངོས་སུ་དཔང་པོ་བྱེད་དགོས། ཛ་དྲག་ཆེ་བའི་གནས་ཚུལ་འཛགས་རྗེས་ཁ་ཆེམས་འཛོག་མིས་ཡིག་ཐོག་གམ་སྒྲ་ཕབ་བརྙན་ཕབ་ཀྱི་རྣམ་པའི་ཐོག་ནས་ཁ་ཆེམས་འཛོག་ཐུབ་པ་ཡིན་ན། ངག་ཐོག་ནས་བཞག་པའི་ཁ་ཆེམས་དེར་ནུས་པ་མི་ལྡན་པ་ཡིན།

དོན་ཚན་ཆིག་སྟོང་ཆིག་བརྒྱ་དང་སོ་དགུ་པ། གཞུང་དཔང་ཁ་ཆེམས་ནི་ཁ་ཆེམས་འཛོག་མིས་གཞུང་དཔང་ལས་ཁུངས་བརྒྱུད་ནས་སྒྲུབ་དགོས།

2. **ཁ་ཆེམས་དང་འདས་ཡིག་ལ་ཁྱད་པར་གང་ཡོད།**

（1）ཁ་ཆེམས་ནི་བཅའ་ཁྲིམས་ཀྱི་ཚད་ལྡན་ཐ་སྙད་ཡིན་ཞིང་། འདས་ཡིག་ནི་བཅའ་ཁྲིམས་ཀྱི་ཐ་སྙད་མ་ཡིན།

（2）ཁ་ཆེམས་ནི་ཁ་ཆེམས་འཛོག་མཁན་གྱིས་རང་ཉིད་ཀྱི་རྒྱུ་ནོར་ཐག་གཅོད་བྱས་པ་དེ་ཡིག་ཐོག་ཏུ་བཀོད་པ་ཞིག་ཡིན། འདས་ཡིག་ནི་སྤྱིར་བཏང་དུ་འདས་པོས་རང་ཉིད་ཚེ་ལས་འདས་པའི་གསལ་བཤད་དང་རྗེས་འཇུག་བཀོད་སྒྲིག་བྱས་པ་ཞིག་ཡིན། འོན་ཀྱང་སྐབས་འགར་དེའི་ནང་དུ་ཁ་ཆེམས་ཀྱི་ནང་དོན་ཡང་འདུས་ཡོད།

（3）ཁ་ཆེམས་ལ་བཅའ་ཁྲིམས་ཀྱིས་སྲུང་སྐྱོབ་བྱེད་པ་དང་། རྒྱུ་ནོར་ཐག་གཅོད་དང་འབྲེལ་བ་མེད་པའི་འདས་ཡིག་ལ་བཅའ་ཁྲིམས་ཀྱིས་སྲུང་སྐྱོབ་མི་བྱེད།

གཉིས། པར་བཤུའི་ཁ་ཆེམས་ལ་བཅའ་ཁྲིམས་ཀྱི་ནུས་པ་ལྡན་ནམ།

བགྲེས་སོང་ཝི་ལགས་དང་བཟའ་ཟླ་སྔོན་མ་ལ་བུ་ཕྲུག་གཉིས་ཡོད་ཅིང་། བཟའ་ཟླ་སྔོན་མ་ཚེ་ལས་འདས་རྗེས་ཝི་ལགས་ཀྱིས་ཡང་བསྐྱར་གཞན་དང་གཉེན་སྒྲིག་བྱས་ནས། སྡོད་ཁང་ཞིག་ཀྱང་ཉོས། བགྲེས་སོང་ཝི་ལགས་ཚེ་ལས་མ་འདས་གོང་། རང་ཉིད་ཀྱི་གཅེན་པོ་དང་གྲོང་མི་ཞུ་ཡོན་ལྷན་ཁང་གི་ཀྲུའུ་རེན་ཀྲང་ལགས་དཔང་པོར་གདན་དྲངས་ནས། གློག་ཀླད་སྒྱུད་དེ་ཁ་ཆེམས་ཤིག་པར་བཤུ་བྱས། ཁ་ཆེམས་ཀྱི་ནང་དུ་བགྲེས་སོང་གིས་ཁང་པ་འདིའི་ཕྱེད་ཀ་དང་སྤྱི་ཚོགས་ཉེན་སྲུང་སྡེ་ཁག་གིས་བཙིས་བརྒྱབ་པའི་དངུལ་ཚང་མ་ཆུང་མ་སྒྲོ་པོ་ཅང་ལགས་ལ་བཞག་ཡོད་པ་རེད། ཁ་ཆེམས་ཀྱི་མིང་འགོད་སར་བགྲེས་སོང་གིས་རང་ཉིད་ཀྱི་མིང་བྲིས་ནས་མཛུབ་ཐེལ་བརྒྱབ།

བགྲེས་སོང་ཝི་ལགས་སྔོན་ནས་ཚེ་ལས་འདས་རྗེས། བགྲེས་སོང་གི་བུ་དང་བུ་མོ་གཉིས་ཀྱིས་ཁ་ཆེམས་དེ་བདེན་པ་མིན་པར་འདོད་དེ། དེ་ནི་མ་གཡར་གྱིས་བཙན་སྐུལ་བྱས་ནས་བྲིས་པ་ཡིན་སྟབས། བཅའ་ཁྲིམས་ཀྱི་ནུས་པ་མི་ལྡན་པ་དང་། ཁང་པ་ནི་པཱ་ལགས་གཅིག་པུས་མ་དངུལ་བཏོན་ནས་ཉོས་པས། དེ་ཤུལ་ནོར་ལ་བརྩིས་ནས་བཅའ་ཁྲིམས་ཀྱི་བགོ་སྐལ་ལྟར་བགོ་བཤའ་རྒྱག་དགོས་ཞེས་བཤད།

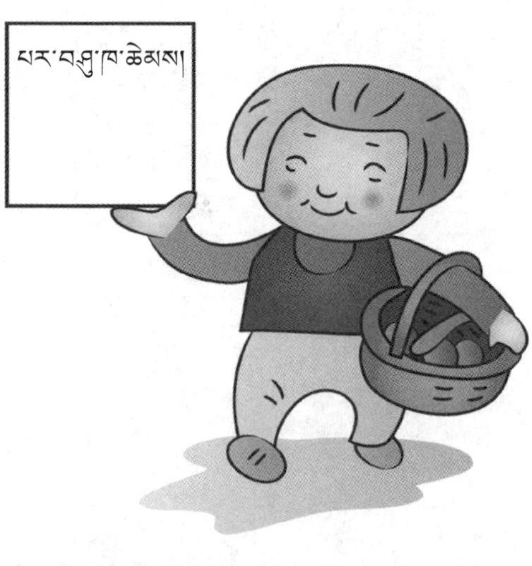

《ཀྲུང་ཧྭ་མི་དམངས་སྤྱི་མཐུན་རྒྱལ་ཁབ་ཀྱི་དམངས་དོན་ཁྲིམས་གཞུང་》གི་དོན་ཚན་ཆིག་སྟོང་ཆིག་བརྒྱ་དང་སོ་དྲུག་པའི་ནང་དུ་གཏན་འཁེལ་བྱས་དོན། ཁ་ཆེམས་པར་བཤུ་རྒྱག་ན་བར་དཔང་མི་གཉིས་ཡན་གྱིས་ཡུལ་དངོས་སུ་དཔང་པོ་བྱེད་དགོས། ཁ་ཆེམས་འཇོག་མི་དང་བར་དཔང་གིས་ཁ་ཆེམས་ཀྱི་ཤོག་ངོས་ཚང་མར་མིང་རྟགས་དང་ལོ་ཟླ་ཚེས་གསུམ་གསལ་པོར་འགོད་དགོས།

ཁྲིམས་ཁང་གིས་ཞིབ་གཅོད་བྱས་རྗེས་ངོས་འཛིན་བྱས་དོན། ཁ་ཆེམས་དེ་ནི་བགྲེས་སོང་གིས་སྒྲིག་ཆས་ལ་བརྟེན་ནས་བཞག་པའི་ཁ་ཆེམས་ཡིན་ལ། ཁོང་རང་ཉིད་ཀྱི་མིང་རྟགས་བཀོད་ཡོད་པ་དང་གོ་ཆོད་ཀྱི་དཔང་མིའང་ཡོད་པས། བཅའ་ཁྲིམས་ཀྱི་གཏན་འཁེལ་དང་མཐུན་ཞིང་། ཁྲིམས་མཐུན་གྱི་ནུས་པ་ལྡན་ཡོད་པ་རེད།

སློབ་ཀླད་ཁྲབ་གདལ་དུ་སོང་བ་དང་བསྟུན་ནས། བགྲེས་སོང་མི་ཉུང་བ་ཞིག་གིས་པར་བཤུ་ཁ་ཆེམས་འཇོག་མགོ་བཙམས། དེ་སྔོན་ཤུལ་འཛིན་བཅའ་ཁྲིམས་ནང་དུ་རང་བྲིས་ཁ་ཆེམས་དང་། ཚབ་བྲིས་ཁ་ཆེམས། སྒྲ་ཕབ་ཁ་ཆེམས། ངག་ཐོག་གི་ཁ་ཆེམས་བཅས་ལ་གཏན་འཁེལ་བྱས་ཡོད་པ་ལས། པར་བཤུའི་ཁ་ཆེམས་སྐོར་གཏན་འཁེལ་བྱས་མེད། 《དམངས་དོན་ཁྲིམས་གཞུང་》གིས་སྟོང་ཆ་འདི་ཁ་གསབ་བྱས་ཤིང་། རང་བྲིས་ཁ་ཆེམས་དང་། ཚབ་བྲིས་ཁ་ཆེམས། སྒྲ་ཕབ་ཁ་ཆེམས། ངག་ཐོག་ཁ་ཆེམས་བཅས་ཕུད་པའི་ད་དུང་པར་བཤུ་ཁ་ཆེམས་དང་བརྙན་ཕབ་ཁ་ཆེམས་ཀྱང་ཁ་ཆེམས་ཀྱི་རྣམ་པའི་ནང་དུ་བཀོད་ཡོད།

ཁྲིམས་ལུགས་ཁྱབ་གདལ་གྱི་སློབ་ཚན།

1.གང་འདྲ་ཞིག་ལ་ཁ་ཆེམས་ཟེར།

ཁ་ཆེམས་ཞེས་པ་ནི་ཁ་ཆེམས་འཇོག་མཁན་གྱིས་རང་ཉིད་ཚེ་ལས་མ་འདས་གོང་ལ་བཅའ་ཁྲིམས་ཀྱིས་ཁས་ལེན་བྱེད་པའི་ཁྱབ་ཁོངས་ནང་དུ། བཅའ་ཁྲིམས་ཀྱིས་གཏན་འཁེལ་བྱས་པའི་བྱ་ཐབས་ལྟར་རང་ཉིད་ཀྱི་ཤུལ་ནོར་རམ་ཡང་ན་ལས་དོན་གཞན་ལ་སྐོར་གྱིས་ཐག་གཅོད་བྱས་པ་མ་ཟད། ཁ་ཆེམས་འཇོག་མཁན་ཚེ་ལས་འདས་ཚེ་ནུས་པ་ཐོན་པའི་བཅའ་ཁྲིམས་ཀྱི་བྱ་སྤྱོད་ལ་ཟེར།

2. ཁ་ཆེམས་ཀྱི་ནུས་པ་ཐོན་པར་ཆ་རྐྱེན་གང་འདྲ་ཞིག་དགོས།

ཁ་ཆེམས་ཀྱི་ནུས་པ་ཐོན་པའི་ཆ་རྐྱེན་ལ་རྣམ་པའི་ཆ་རྐྱེན་དང་དོན་དངོས་ཀྱི་ཆ་རྐྱེན་གཉིས་ཡོད། ཁ་ཆེམས་ཀྱི་ནུས་པ་ཐོན་པའི་རྣམ་པའི་ཆ་རྐྱེན་ཞེས་པ་ནི་ཁ་ཆེམས་ཀྱི་རྣམ་པ་དེ་བཅའ་ཁྲིམས་ཀྱི་གཏན་འབེབས་དང་མཐུན་པ་ལ་ཟེར། ཁ་ཆེམས་ཀྱི་རྣམ་པ་དེ་གལ་ཏེ་བཅའ་ཁྲིམས་ཀྱི་བླང་བྱ་དང་མ་མཐུན་ན་ནུས་པ་མི་ཐོན། འདིར་བཤད་པའི་ཁ་ཆེམས་ཀྱི་ནུས་པ་ཐོན་པའི་ཆ་རྐྱེན་ནི་ཁ་ཆེམས་ཀྱི་དོན་དངོས་ཆ་རྐྱེན་ཁོ་ནར་ཟེར།

（1）ཁ་ཆེམས་འཇོག་མཁན་ལ་ཁ་ཆེམས་འཇོག་ནུས་ཡོད་དགོས།

（2）ཁ་ཆེམས་དེ་ཁ་ཆེམས་འཇོག་མཁན་གྱི་བསམ་ཚུལ་ངོ་མ་ཡིན་དགོས།

（3）ཁ་ཆེམས་ཀྱིས་ངལ་རྩོལ་ནུས་པ་མེད་ལ་འཚོ་རྟེན་ཡོང་ཁུངས་ཀྱང་མེད་པའི་ཤུལ་འཛིན་པའི་ཤུལ་འཛིན་བྱེད་དབང་མེད་པར་བཟོ་མི་ཆོག

（4）ཁ་ཆེམས་ནང་དུ་ཐག་བཅད་པའི་རྒྱུ་ནོར་ནི་ཁ་ཆེམས་འཇོག་མཁན་གྱི་སྒེར་གྱི་རྒྱུ་ནོར་ཡིན་དགོས།

（5）ཁ་ཆེམས་དེ་རིས་པར་དུ་སྤྱི་ཚོགས་ཀྱི་ཐུན་མོང་གི་ཁེ་ཕན་དང་སྤྱི་ཚོགས་ཀྱི་ཐུན་མོང་གི་སྤྱོད་བཟང་དང་འགལ་མི་ཆོག

གསུམ། བགྲེས་སོང་གི་ཁང་པ་ཁྱིམ་ལས་མཁན་ལ་དབང་བའི་རྒྱུ་མཚན་གང་ཡིན།

བགྲེས་སོང་ལྷེ་ལགས་ཀྱིས་ཨ་ཅག་ཀྲའོ་ལགས་ཁྱིམ་དུ་ཁྱིམ་གཡོག་བྱེད་པར་གདན་དྲངས། རང་ཉིད་ལ་ཨ་ཅག་ཀྲའོ་ལགས་ཀྱིས་བློ་བདེ་པོའི་ངང་ནས་ལྟ་རྟོག་རྒྱུན་རིང་བྱེད་ཆེད། བགྲེས་སོང་ལྷེ་ལགས་ཀྱིས་ཨ་ཅག་ཀྲའོ་ལགས་དང་《ཞུལ་སྤྲོད་དང་སྐྱེར་གསོའི་གྲོས་ཆིངས་》ཤིག་བཞག་ནས། གལ་ཏེ་ཨ་ཅག་ཀྲའོ་ལགས་ཀྱིས་རང་ལ་མི་ཚེ་གང་པོར་ཞབས་ཕྱི་ཞུས་ན། རང་ཉིད་ཚེ་ལས་འདས་རྗེས་ཁང་པ་དང་བཅོལ་དངུལ་ཚང་མ་ཨ་ཅག་ཀྲའོ་ལགས་ལ་ཞུལ་འཛིན་བྱེད་དུ་འཇུག་རྒྱུ་ཡིན་ཞེས་བགྲེས་སོང་ལྷེ་ལགས་ཀྱིས་གསལ་བཤད་བྱས་པ་རེད། དེ་རྗེས། ཨ་ཅག་ཀྲའོ་ལགས་ཀྱིས་ཀྱང་ནུས་ཤུགས་གང་ཡོད་བཏོན་ནས་བགྲེས་སོང་ལ་ཞབས་ཕྱི་ཞུས་པ་རེད།

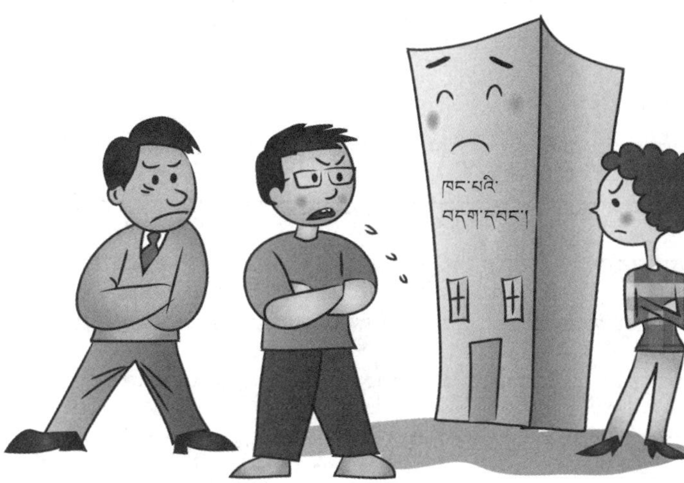

འོན་ཀྱང་ལོ་འགའ་སོང་རྗེས། བགྲེས་སོང་ལྷེ་ལགས་ཀྱིས་ཡང་བསྐྱར་ཁ་ཆེམས་མང་པོ་བྲིས་ནས་གཞུང་དཔང་བྱས་ཏེ། རང་གི་མིང་འོག་གི་ཁང་པ་དེ་བུ་གཉིས་ལ་འཛོག་རྒྱུ་བྱས། བགྲེས་སོང་ལྷེ་ལགས་ཚེ་ལས་འདས་ནས་ཟླ་གཅིག་གི་རྗེས་སུ། ཁོང་

གི་བུ་གཉིས་ཀྱིས་ཨ་ཅག་ཀྲའོ་ལགས་ལ་ཨ་ཕའི་ཁང་པ་ཕྱིར་སློད་དགོས་པའི་རེ་བ་བཏོན།

ཨ་ཅག་ཀྲའོ་ལགས་ཀྱིས་བགྲེས་སོང་ལྷེ་ལགས་ལ་གང་ཐུབ་ཅི་ཐུབ་ཀྱིས་ལྟ་སྐྱོང་ལོ་བཅུ་ལྷག་ཙམ་བྱས་པ་དང་། རང་གི་ལག་ཏུའང་བགྲེས་སོང་ལྷེ་ལགས་ཀྱིས་སྐབས་དེར་བཞག་པའི་《ཤུལ་སྤྲོད་དང་སྐྱེར་གསོ་བྱེད་པའི་གྲོས་ཆིངས་》ཡོད་པས། ཁང་པ་ཕྱིར་སློད་བྱ་རྒྱུར་ཁས་ལེན་མ་བྱས། དོན་དེའི་ཆེད་དུ་ཕྱོགས་གཉིས་པོས་ཁ་མཆུ་བརྒྱབ་པ་རེད།

《ཀྲུང་ཧྭ་མི་དམངས་སྤྱི་མཐུན་རྒྱལ་ཁབ་ཀྱི་དམངས་དོན་ཁྲིམས་གཞུང་》གི་དོན་ཚན་ཆིག་སྟོང་ཆིག་བརྒྱ་ཞེར་གསུམ་པའི་ནང་དུ་གཏན་འབེབས་བྱས་དོན། ཤུལ་འཛིན་བྱེད་འགོ་ཚུགས་རྗེས། ཁྲིམས་བཀོད་ཤུལ་འཛིན་བྱེད་ལུགས་ལྟར་སྒྲུབ་དགོས་པ་དང་། ཁ་ཆེམས་བཞག་ཡོད་པ་ཡིན་ན་ཁ་ཆེམས་ལྟར་ཤུལ་འཛིན་བྱེད་པའམ་ཤུལ་སྤྲོད་བྱེད་དགོས། ཤུལ་ནོར་གྱིས་འཚོ་སྐྱོང་བྱེད་པའི་གྲོས་དན་ཡོད་པ་ཡིན་ན་གྲོས་དན་ལྟར་སྒྲུབ་དགོས།

ཤུལ་སྤྲོད་དང་འཚོ་སྐྱོང་བྱེད་པའི་གྲོས་ཆིངས་ཞེས་པ་ནི། ཤུལ་ནོར་སྤྲོད་མཁན་དང་འཚོ་སྐྱོང་བྱེད་མཁན་བར་གྱི་འཚོ་སྐྱོང་བྱེད་མཁན་གྱིས་ཤུལ་ནོར་སྤྲོད་མཁན་འཚོ་བཞུགས་སྐབས་ཞབས་ཏོག་སྒྲུབ་པ་དང་འདས་རྗེས་སྐུ་ཕུང་དུར་འཇུག་བྱེད་པའི་འོས་འགན་ཁུར་བ་དང་། ཤུལ་ནོར་སྤྲོད་མཁན་འདས་རྗེས་ཁོང་གི་རྒྱུ་ནོར་འཚོ་སྐྱོང་མཁན་ལ་བརྒྱུད་སློད་བྱེད་པའི་གྲོས་ཆིངས་ལ་ཟེར། བཅའ་ཁྲིམས་ཀྱི་ནུས་པ་དང་ལག་བསྟར་གྱི་གོ་རིམ་ནས་བལྟས་ན། ཤུལ་སྤྲོད་དང་འཚོ་སྐྱོང་བྱེད་པའི་གྲོས་ཆིངས>ཁ་ཆེམས་ཤུལ་འཛིན>ཁྲིམས་བཀོད་ཤུལ་འཛིན་ལྟར་ཡིན། མདོར་བསྡུས་ནས་བཤད་ན། ཤུལ་སྤྲོད་དང་འཚོ་སྐྱོང་བྱེད་པའི་གྲོས་ཆིངས་དང་ཁ་ཆེམས་གཞན་པ་དུས་གཅིག་ཏུ་ཡོད་དུས། བཞག་པའི་དུས་ཚོད་སྔ་ཕྱི་ལ་མི་ལྟ་བར། ཤུལ་སྤྲོད་དང་འཚོ་སྐྱོང་བྱེད་པའི་གྲོས་ཆིངས་དེ་ཚད་གཞིར་འཛིན་རྒྱུ་རང་ཡིན།

《ཀྲུང་ཧྭ་མི་དམངས་སྤྱི་མཐུན་རྒྱལ་ཁབ་ཀྱི་དམངས་དོན་ཁྲིམས་གཞུང་》གི་དོན་ཚན་ཆིག་སྟོང་ཆིག་བརྒྱ་དང་ཞེ་བཞི་པའི་ནང་དུ་གཏན་འབེབས་བྱས་དོན། ཁ་ཆེམས་ལྟར་ཤུལ་འཛིན་ནམ་ཤུལ་སྤྲོད་བྱེད་པ་དེར་འོས་འགན་ཟུར་དུ་བཀོད་ཡོད་ན། ཤུལ་འཛིན་པའམ་ཤུལ་སྤྲོད་ལེན་མིས་འོས་འགན་དེ་སྒྲུབ་དགོས། ལུགས་མཐུན་གྱི་རྒྱུ་མཚན་མེད་བཞིན་དུ་འོས་འགན་མི་སྒྲུབ་པ་ཡིན་ན། ཁེ་ཕྱོགས་འབྲེལ་བ་ཡོད་མིའམ་འབྲེལ་ཡོད་རྩ་འཛུགས་ཀྱིས་རེ་འདུན་ཞུས་པ་བརྒྱུད། མི་དམངས་ཁྲིམས་ཁང་གིས་པོ་མོའི་ཟུར་བཀོད་འོས་འགན་གྱི་ཆའི་ཤུལ་ནོར་ལེན་པའི་ཁེ་དབང་ཕྱིར་འཐེན་བྱས་ཆོག

ཨ་ཅག་ཀྲའོ་ལགས་ཀྱི་ལག་ཏུ《ཤུལ་སྤྲོད་དང་སྐྱེར་གསོ་བྱེད་པའི་གྲོས་ཆིངས་》ཡོད་པ་མ་ཟད། གྲོས་ཆིངས་ནང་གཏན་འབེབས་བྱས་པའི་འོས་འགན་ལག་བསྟར་བྱས་ཡོད་པས། མོ་རང་ལ་ཤུལ་སྤྲོད་དང་ལེན་བྱེད་པའི་དབང་ཆ་ཡོད་པ་རེད། མཐར་ཁྲིམས་ཁང་གིས་བགྲེས་སོང་ལྷེ་ལགས་ཀྱི་ཁང་པ་ཨ་ཅག་ཀྲའོ་ལགས་ཀྱིས་བདག་རྒྱུའི་ཁྲིམས་ཐག་བཅད།

ཁྲིམས་ལུགས་ཁྲབ་གཏམ་གྱི་སློབ་ཚན།

1.གང་འདྲ་ཞིག་ལ་ཤུལ་སྤྲོད་ཟེར།

ཤུལ་སྤྲོད་ཞེས་པ་ནི། སྤྱི་དམངས་ཀྱིས་ཁ་ཆེམས་འཛོག་ཐབས་ལ་བརྟེན་ནས། རང་ཉིད་ཀྱི་ཤུལ་ནོར་གྱི་ཆ་ཤས་སམ་ཡོངས་རྫོགས་ཁྲིམས་བཀོད་ཤུལ་འཛིན་མཁན་མ་ཡིན་པའི་མི་སྐེར་རམ་སྤྱི་ཚོགས་རྩ་འཛུགས་ལ་སྤྲད་པ་མ་ཟད། ཁ་ཆེམས་འཛོག་མཁན་ཚེ་ལས་འདས་རྗེས་ཁྲིམས་ལུགས་ནུས་པ་ཐོན་པའི་བྱ་སྤྱོད་ལ་ཟེར།

ཤུལ་སྤྲོད་ནི་ཕྱོགས་གཅིག་པོ་ན་དང་རིན་མེད་ཀྱི་ཁྲིམས་ལུགས་བྱ་སྤྱོད་ཡིན་པས། ཤུལ་སྤྲོད་བྱེད་མཁན་གྱིས་བསམ་ཚུལ་བཤད་ན་ཆོག་པས། ཤུལ་སྤྲོད་ལེན་མཁན་གྱི་མོས་མཐུན་བྱེད་མིན་ལ་བལྟ་མི་དགོས། འོན་ཀྱང་ཤུལ་སྤྲོད་ནི་ཚེ་ལས་མ་འདས་གོང་གི་གནང་སྦྱོད་དང་མི་འདྲ་བར། ངེས་པར་དུ་རྣམ་པ་དང་ནང་དོན་ཐད་ཀྱི་ཁ་ཆེམས་འཛོག་པའི་ཁྲིམས་བཀོད་ཆ་རྐྱེན་ཚང་དགོས།

2. ཤུལ་སྤྲོད་གྱི་ནུས་པ་ཐོན་པའི་ཆ་རྐྱེན་གང་འདྲ་ཞིག་ཡིན།

（1）ཁ་ཆེམས་འཛོག་མཁན་ལ་ཁ་ཆེམས་འཛོག་སྐབས་བྱ་སྤྱོད་ཐེག་ནུས་ཀྱི་ཆ་རྐྱེན་ཡོངས་

སུ་ཚང་དགོས།

(2) ཁ་ཆེམས་འཛོག་སྐབས་ངེས་པར་དུ་དྲང་བཞག་དང་། རང་མོས། ཁྲིམས་མཐུན་བཅས་ཡིན་དགོས་པ་དང་། ཁ་ཆེམས་འཛོག་མཁན་ལ་རྒྱུ་ནོར་ཐག་གཅོད་བྱེད་དབང་ཡོད་དགོས། ཁ་ཆེམས་ནང་དལ་རྩོལ་ནུས་པ་མེད་ལ་འཚོ་རྟེན་ཡོང་ཁུངས་ཀྱང་མེད་པའི་ཤུལ་འཛིན་པར་ཤུལ་ནོར་གྱི་ཐོབ་སྐལ་དགོས་ངེས་ཤིག་འཛོག་དགོས།

(3) ཤུལ་སྦྱིན་ལེན་མཁན་ནི་ངེས་པར་དུ་ཁ་ཆེམས་ནུས་པ་གོ་ཆོད་པའི་དུས་ནང་ཚེ་ལས་མ་འདས་པ་གནས་དགོས། ཤུལ་སྦྱིན་ལ་བཅའ་ཁྲིམས་ཀྱི་ནུས་པ་ཐོན་དགོས་ན། ཤུལ་སྦྱིན་ལེན་མཁན་གྱིས་ཤུལ་སྦྱིན་བྱས་པ་ཤེས་རྗེས་དུས་ཚོད་ཟླ་བ་གཉིས་ཀྱི་ནང་ཚུན་དུ་དང་ལེན་བྱེད་པའི་འདོད་ཚུལ་ཤོད་དགོས། དེ་ལྟར་མ་བྱས་ན་བློས་གཏོང་བྱས་པར་བརྩི་རྒྱུ་ཡིན།

3. **ཁ་ཆེམས་དང་ཤུལ་སྦྱིན་ལ་ཁྱད་པར་གང་ཡོད།**

(1) བྱེད་པོ་མི་འདྲ། ཁ་ཆེམས་བཞག་པའི་ཤུལ་འཛིན་པ་ནི་ཁྲིམས་བཀོད་ཤུལ་འཛིན་པའི་ཁྲོད་ཀྱི་མི་གཅིག་གམ་ཡང་ན་མི་ཁ་ཤས་ཡིན་དགོས། ཤུལ་སྦྱིན་ལེན་མཁན་ནི་རྒྱལ་ཁབ་བམ། ཐུན་མོང་། ཡང་ན་ཁྲིམས་བཀོད་ཤུལ་འཛིན་པ་མིན་པའི་མི་བཅས་ཡིན་ཆོག

(2) བྱེད་པོས་འགྲུར་དགོས་པའི་འོས་འགན་མི་འདྲ། ཁ་ཆེམས་བཞག་པའི་ཤུལ་འཛིན་པར་ཤུལ་ནོར་རྒྱུན་འཛིན་བྱེད་དབང་ཡོད་པ་མ་ཟད། ཤུལ་བཞག་ནོར་བདག་གིས་འཇལ་དགོས་པའི་དཔྱ་ཁྲལ་དང་བུ་ལོན་རྣམས་གཙང་འཇལ་བྱེད་དགོས་པའི་འགན་འཁྲི་ཡང་ཡོད། ཤུལ་སྦྱིན་ལེན་མཁན་གྱིས་སྤྱིར་བཏང་དུ་ཤུལ་ནོར་སྦྱིན་མཁན་གྱི་བུ་ལོན་གཙང་འཇལ་བྱེད་པའི་འོས་འགན་འགྲུར་མི་དགོས། འོན་ཀྱང་ཤུལ་སྦྱིན་ལེན་མཁན་གྱིས་ངེས་པར་དུ་ཤུལ་ནོར་སྦྱིན་མཁན་གྱི་དཔྱ་ཁྲལ་དང་བུ་ལོན་གཙང་འཇལ་བྱས་རྗེས། ད་གཟོད་གཞི་ནས་ཤུལ་སྦྱིན་བྱས་པའི་རྒྱུ་ནོར་དང་ལེན་བྱས་ཆོག གལ་ཏེ་ཤུལ་ནོར་གྱིས་བུ་ལོན་གཙང་འཇལ་བྱེད་མི་ཐུབ་ཚེ། ཤུལ་སྦྱིན་ལེན་མཁན་ལ་ཤུལ་ནོར་ལེན་དབང་མེད་པ་དང་། དུས་མཚུངས་སུ་ཤུལ་སྦྱིན་ལེན་མཁན་ལ་བུ་ལོན་གཙང་འཇལ་བྱེད་པའི་འགན་འཁྲིའང་མེད།

(3) ཤུལ་ནོར་ཐོབ་སྟངས་མི་འདྲ། ཁ་ཆེམས་བཞག་པའི་ཤུལ་འཛིན་པས་ཐད་ཀར་ཤུལ་ནོར་བགོ་བཤའི་ནང་ཞུགས་ནས་རྒྱུ་ནོར་བགོ་སྐལ་ལེན་ཆོག འོན་ཏེ་ཤུལ་སྦྱིན་ལེན་མཁན་གྱིས་སྤྱིར་བཏང་དུ་ཤུལ་ནོར་བགོ་བཤའི་ནང་ཐད་ཀར་མི་ཞུགས་པར། ཁ་ཆེམས་ལག་བསྟར་བྱེད་མཁན་ནམ་ཁ་ཆེམས་ཀྱི་ཤུལ་འཛིན་པ་ནས་ཤུལ་ནོར་ལེན་གྱི་ཡོད།

(4) དང་ལེན་བྱེད་སྟངས་ཐད་རེ་བ་མི་འདྲ། ཁ་ཆེམས་ཤུལ་འཛིན་པས་ཤུལ་ནོར་ཐག་གཅོད་མ་བྱས་གོང་ཤུལ་འཛིན་བྱེད་དབང་བློས་གཏོང་བྱ་རྒྱུའི་གསལ་བཤད་བྱེད་དགོས། གལ་སྲིད་

གློས་གཏོང་བྱ་རྒྱུ་གསལ་བཤད་མ་བྱས་ན་དང་ལེན་བྱས་པར་བརྩི་གི་ཡོད། ཤུལ་སྦྱིན་ལེན་མཁན་གྱིས་ཤུལ་སྦྱིན་བྱས་པ་ཤེས་རྗེས་དུས་ཚོད་ཟླ་གཉིས་ནང་ཚུན་དུ་དང་ལེན་བྱ་རྒྱུའི་གསལ་བཤད་བྱེད་དགོས་ལ། གལ་སྲིད་གསལ་བཤད་མ་བྱས་ན་ཤུལ་སྦྱིན་གློས་གཏོང་བྱས་པར་བརྩི་དགོས།

རྒྱལ་ནོར་ཐག་གཅོད།

གཅིག མངལ་གནས་བུ་ཕྲུག་ལ་ཤུལ་འཛིན་བྱེད་དབང་ཡོད་དམ།

བགྲེས་སོང་ཕང་ལགས་ཀྱི་བཟའ་ཟླ་སྔ་མོ་ནས་ཚེ་ལས་འདས་པ་དང་། ཁོང་གཉིས་ལ་བུ་གསུམ་ཡོད་ཅིང་། གསུམ་ཀ་གཉེན་སྒྲིག་བྱས་ནས་ཁྱིམ་ཚང་ཟུར་ཚར་ཡོད། ལོ་འདིའི་ཟླ5པར་བགྲེས་སོང་ཕང་ལགས་ཀྱི་བུ་ཆུང་བ་ཧྭ་ཆིང་འགྲིམ་འགྲུལ་ལས་འཛོལ་གྱིས་རྐྱེན་པས་ཚེ་ལས་འདས། སྐབས་དེར་ཧྭ་ཆིང་གི་ཆུང་མ་ཐྭ་ཐྭ་ལ་མངལ་འཁོར་ཡོད་པ་རེད། བུ་ཚེ་ལས་འདས་པའི་གནས་ཚུལ་ཐོས་རྗེས། བགྲེས་སོང་ཕང་ལགས་ཀྱང་ནད་གཞི་ཐོལ་སྐྱེས་བྱུང་ནས་ཚེ་ལས་འདས།

འདས་པོ་གཉིས་ཕུར་འཇུག་བྱས་ཚར་རྗེས། བགྲེས་སོང་ཕང་ལགས་ཀྱི་བུ་རྒན་པ་དང་བུ་འབྲིང་བས་བགྲེས་སོང་གི་བཅོལ་དངུལ་དང་ཁང་པ་ཁོ་གཉིས་སོ་སོར་བགོ་བཤའ་བརྒྱབ་པ་དང་། དེས་མ་ཟད་ཐྭ་ཐྭ་ལ་ཏ་ཆིང་གི་ཤུལ་ནོར་ཕྱེད་ཀ་ཚུར་སྤྲོད་དགོས་ཞེས་བཤད། གཅེན་པོ་གཉིས་པོའི་བསམ་པར། གཅུང་པོ་ཚེ་ལས་འདས་

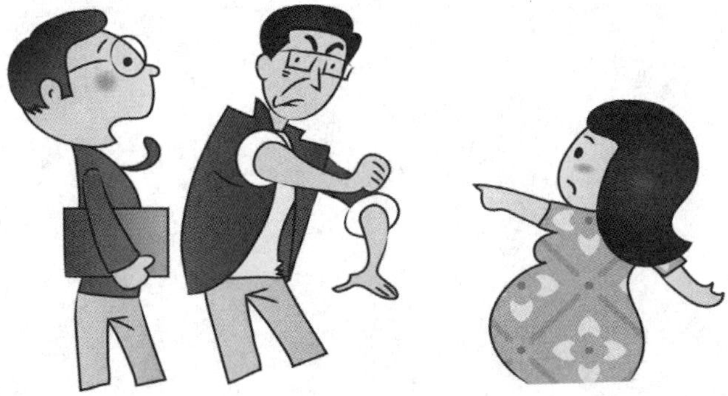

ཟིན་པས། ཅྭ་ཅྭ་ཡི་གྲོད་ཁོག་ནང་གི་ཕྲུ་གུར་ཞུལ་འཛིན་བྱེད་དབང་མེད་ལ། ཅྭ་ཅྭའང་བཟའ་ཟླ་ཡིན་པའི་ངོས་ནས་གཙུང་པོའི་ཞུལ་ནོར་ཕྱེད་ཀ་ལས་ཞུལ་འཛིན་བྱེད་དབང་མེད་པ་དང་། ལྷག་མ་རྣམས་གོ་རིམ་གཉིས་པའི་ཞུལ་འཛིན་པས་ཞུལ་འཛིན་བྱེད་དགོས་པས། ཅྭ་ཅྭ་ལ་ཨ་ཕ་ཕྱང་ལགས་ཀྱི་ཞུལ་ནོར་ཞུལ་འཛིན་བྱེད་དབང་མེད་སྙམ།

ཅྭ་ཅྭ་ཡིས་གནས་ཚུལ་དེ་ཤེས་རྗེས། གཅེན་པོ་གཉིས་ལ་བསམ་འཆར་བཏོན་པ་དང་། མངལ་གནས་ཕྲུ་གུར་ཞུལ་ནོར་བགོ་དགོས་ཞེས་བཤད། དོན་དེའི་ཆེད་དུ་ཅྭ་ཅྭ་ཡིས་ཁྲིམས་ཁང་ལ་ཞུ་གཏུག་བརྒྱབ་པ་དང་། རང་ཉིད་ཀྱི་མངལ་གནས་ཕྲུ་གུའི་ཁྲིམས་མཐུན་ཁེ་དབང་སྲུང་སྐྱོབ་བྱེད་དགོས་པའི་རེ་བ་བཏོན།

《ཀྲུང་ཧྭ་མི་དམངས་སྤྱི་མཐུན་རྒྱལ་ཁབ་ཀྱི་དམངས་དོན་ཁྲིམས་གཞུང་》གི་དོན་ཚན་ཆིག་སྟོང་བརྒྱ་དང་ང་ལྔ་པའི་ནང་དུ་གཏན་འབེབས་བྱས་དོན། ཞུལ་ནོར་བགོ་བཤའ་རྒྱག་སྐབས། མངལ་གནས་ཕྲུ་གུའི་བགོ་སྐལ་སྒྲུར་དགོས་ཤིང་། སྐྱེ་དུས་ཤི་རོ་ཡིན་ན་བསྒྱུར་བའི་བགོ་སྐལ་དེ་ཁྲིམས་བཀོད་ཞུལ་འཛིན་བྱེད་ལུགས་ལྟར་སྒྲུབ་དགོས།

གྲོད་དོན་དེ་མི་དམངས་ཁྲིམས་ཁང་གིས་ཞིབ་གཙོད་བྱས་ནས་ངོས་འཛིན་བྱས་དོན། མངལ་གནས་ཕྲུ་གུའི་ཁྲིམས་མཐུན་ཞུལ་འཛིན་བྱེད་དབང་ངེས་པར་དུ་སྲུང་སྐྱོབ་བྱེད་དགོས་པ་དང་། ཧྭ་ཆིང་གི་ཞུལ་ནོར་ལ་ཅྭ་ཅྭ་དང་མངལ་ཕྲུག་གཉིས་ཀར་ཞུལ་འཛིན་བྱེད་དབང་ཡོད། བགྲེས་སོང་ཕྱང་ལགས་ཀྱི་ཞུལ་ནོར་དེ། བུ་གསུམ་པ་ཧྭ་ཆིང་ཚེ་ལས་འདས་ཀྱང་ཞུལ་ནོར་གྱི་གསུམ་ཆ་གཅིག་སྔར་བཞིན་ཅྭ་ཅྭ་མ་བུ་གཉིས་ལ་ཐོབ་སྐལ་ཡོད་པས། ཁོའི་བཟའ་ཟླ་ཅྭ་ཅྭ་ཡིས་མངལ་གནས་བུ་ཕྲུག་གི་ཚབ་བྱས་ཏེ་ཞུལ་འཛིན་བྱེད་དགོས།

ཁྲིམས་ཁང་གིས་ཁྲིམས་ཐག་བཅད་དོན། ཧྭ་ཆིང་གི་ཞུལ་ནོར་ནི་ཅྭ་ཅྭ་དང་མོའི་མངལ་གནས་ཕྲུ་གུ་གཉིས་པོས་ཞུལ་འཛིན་བྱ་རྒྱུ་དང་། ཞུ་སྦྱོར་ཕྱི་མ་གཉིས་

པོས་བགྲེས་སོང་ཕྱང་ལགས་ཀྱི་ཤུལ་ནོར་ཐོབ་སྐལ་བབ་མཚུངས་ཤིག་ཕྱིར་སློག་བྱེད་དགོས་པ་དང་། དེ་དག་མངལ་གནས་ཕྲུ་གུས་ཤུལ་འཛིན་བྱ་རྒྱུའི་ཐོབ་སྐལ་བྱས་ནས་རང་སོར་འཇོག་དགོས།

ཁྲིམས་ལུགས་ཁྲབ་གདལ་གྱི་སློབ་ཚན།

《དམངས་དོན་ཁྲིམས་གཞུང་》ནང་དུ་མངལ་གནས་ཕྲུ་གུ་ལ་དམངས་དོན་ཁེ་དབང་སྤྱོད་ནུས་ཡོད་མེད་གཏན་འབེབས་བྱས་ཡོད་དམ།

སྤྱི་དམངས་ལ་རང་ཉིད་སྐྱེས་པ་ནས་ཤི་བའི་བར་དུ་དམངས་དོན་ཁེ་དབང་སྤྱོད་ནུས་ཡོད་པ་དང་། ཁྲིམས་ལྟར་དམངས་དོན་ཁེ་དབང་སྤྱོད་ཆོག་པ་དང་། དམངས་དོན་འོས་འགན་འཁུར་དགོས། འོན་ཀྱང་དམིགས་བསལ་གཉིས་ཡོད་དེ། གཅིག་ནི་ཤུལ་འཛིན་ཁྲིད་མངལ་ཕྲུག་ལ་ཐོབ་སྐལ་སོར་འཇོག་དགོས་པ་དང་། གཉིས་ནི་འདས་པོའི་མི་གཞིའི་ཁེ་ཕན་ལ་སྲུང་སྐྱོང་བྱེད་དགོས།

《དམངས་དོན་ཁྲིམས་གཞུང་》གི་དོན་ཚན་བཅུ་དྲུག་པའི་ནང་དུ་གཏན་འབེབས་བྱས་དོན། ཤུལ་ནོར་ཤུལ་འཛིན་དང་སྦྱིན་ནོར་དང་ལེན་སོགས་མངལ་གནས་ཕྲུ་གུའི་ཁེ་ཕན་སྲུང་སྐྱོང་བྱ་རྒྱུ་དང་འབྲེལ་བ་ཡོད་ན། མངལ་གནས་ཕྲུ་གུ་དེར་དམངས་དོན་ཁེ་དབང་སྤྱོད་ནུས་ཡོད་པར་རྩི་དགོས། འོན་ཀྱང་མངལ་གནས་ཕྲུ་གུ་སྐྱེས་དུས་ཤི་རོ་ཡིན་ན་དེར་དམངས་དོན་ཁེ་དབང་སྤྱོད་ནུས་ཐོག་མ་ཉིད་ནས་མེད་པ་ཡིན།

《དམངས་དོན་ཁྲིམས་གཞུང་》གི་གཏན་འབེབས་ལྟར་ན། མངལ་གནས་ཕྲུ་གུ་ལ་ཤུལ་ནོར་ཤུལ་འཛིན་དང་སྦྱིན་ནོར་དང་ལེན་བྱེད་པའི་སྐབས་སུ་དམངས་དོན་ཁེ་དབང་སྤྱོད་ནུས་ཡོད་པར་རྩི་དགོས་པ་དང་། དེ་མིན་པའི་སྐབས་སུ་དམངས་དོན་ཁེ་དབང་སྤྱོད་ནུས་མེད་པ་ཡིན། གལ་སྲིད་མངལ་གནས་ཕྲུ་གུ་སྐྱེ་མ་ཐུབ་ན། དམངས་དོན་ཁེ་དབང་སྤྱོད་ནུས་ཀྱང་རང་བཞིན་གྱིས་མེད་པར་གྱུར་འགྲོ་གི་ཡོད།

གཉིས། ཁྱོ་ཀའི་ཤུལ་ནོར་ཤུལ་འཛིན་མ་བྱས་གོང་གཞན་དང་གཉེན་སྒྲིག་བྱས་ན། ད་དུང་ཤུལ་འཛིན་བྱེད་དབང་ཡོད་དམ།

སྐྱོ་བོ་ཀའོ་ལགས་དང་རྨོ་བོ་སུན་ལགས་བཟའ་ཟླ་ཡིན་པ་དང་། ཁོང་གཉིས་ལ་བུ་ཕྲུག་མེད་པས་གཅིག་གིས་གཅིག་ལ་རྟེན་ནས་འཚོ་བ་སྐྱེལ་གྱི་ཡོད། རྨོ་བོ་སུན་ལགས་དེ་སྔོན་ལས་འགྱུར་ངལ་གསོ་བྱེད་སྔ་བས་ལས་འགྱུར་གླ་ཕོགས་དམའ་པོ་ཡོད། སྐྱོ་བོ་ཀའོ་ལགས་ཀྱི་གཟུགས་པོ་ཡག་པོ་མེད་པས་རྟག་ཏུ་སྨན་ཁང་བསྟེན་རྒྱུ་དང་སྨན་བཟའ་དགོས་སྐབས་འགྲོ་སོང་ཆེན་པོ་ཡོད་པ་དང་། ཁོང་གཉིས་ལ་སྤྱིའི་ཆ་ནས་བཙལ་དངུལ་མེད་པ་རེད། སྐབས་ལེགས་པ་ཞིག་ལ་སྐྱོ་བོ་ཀའོ་ལགས་ལ་ཁང་པ་གཉིས་ཡོད་པས། ཁོང་གཉིས་ཁང་པ་གཅིག་ནང་སྡོད་པ་དང་། ཁང་པ་གཞན་དེ་ཐོགས་མར་བཏང་བས། འགྲོ་སོང་འདང་ཙམ་བྱུང་བ་རེད།

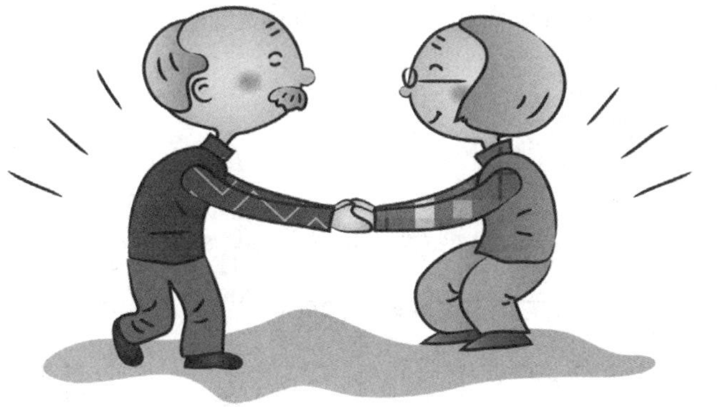

ལོ་དེར་སྐྱོ་བོ་ཀའོ་ལགས་ནད་གཞིའི་རྐྱེན་པས་ཚེ་ལས་འདས། མ་གཞི་བྱས་ན་རྨོ་བོ་སུན་ལགས་ལ་སྐྱོ་བོ་ཀའོ་ལགས་ཀྱི་ཤུལ་ནོར་ཐེད་ཀ་ཐོབ་དགོས་སོད། འོན་ཀྱང་གནས་ཚུལ་གཞན་གྱིས་རྐྱེན་པས་ཤུལ་ནོར་བགོ་བཤའ་དེ་ཙམ་མགྱོགས་པོ་བརྒྱབ་ཐུབ་མེད། སྐབས་དེར་རྨོ་བོ་སུན་ལགས་ཀྱིས་མི་གཞན་དང་གཉེན་སྒྲིག་བྱས་པ་རེད།

རྨོ་བོ་སུན་ལགས་དང་གཉེན་སྒྲིག་བྱེད་མཁན་སྐྱོ་བོ་ལི་ལགས་ཀྱི་ཁྱིམ་ཚང་

ཚ་རྐྱེན་ཧ་ཅང་ཡག་པོ་ཡོད་པ་དང་། ཀའོ་ཚང་དང་བསྡུར་ན་ཁྱད་པར་ཆེན་པོ་ཡོད། ཀའོ་ཚང་གི་བསམ་པར་རྡོ་པོ་སུན་ལགས་ཀྱིས་ཤུལ་ནོར་བགོ་བཤའ་མ་བརྒྱབ་གོང་མི་གཞན་དང་གཉེན་སྒྲིག་བྱས་པས། ཤུལ་ནོར་ཁོང་གིས་ཤུལ་འཛིན་བྱེད་དབང་དེ་རང་བཞིན་དུ་མེད་པར་གྱུར་བ་རེད་སྙམ།

རྡོ་པོ་སུན་ལགས་ཀྱིས་རང་ལ་ཤུལ་འཛིན་བྱེད་དབང་ཡོད་ངེས་རེད་སྙམ། རྒྱུ་མཚན་ནི་སྲོ་པོ་ཀའོ་ལགས་འཚོ་བཞུགས་སྐབས། རང་གིས་གང་ཐུབ་ཅི་ཐུབ་ཀྱིས་སྲོ་པོ་ཀའོ་ལགས་ལ་ལྟ་རྟོག་བྱས་པ་དང་། ཕོ་གཉིས་ཀྱི་བརྩེ་དུང་ཡང་ཟབ་པོ་ཡོད་པས། མོ་རང་གིས་བསྐྱར་དུ་གཉེན་སྒྲིག་བྱས་པའི་རྐྱེན་གྱིས་ཤུལ་འཛིན་བྱེད་དབང་མེད་པར་གྱུར་མི་སྲིད་སྙམ།

《ཀྲུང་ཧྭ་མི་དམངས་སྤྱི་མཐུན་རྒྱལ་ཁབ་ཀྱི་དམངས་དོན་ཁྲིམས་གཞུང་》གི་དོན་ཚན་ཆིག་སྟོང་ཆིག་བརྒྱ་དང་ང་བདུན་པའི་ནང་དུ་གཏན་འབེབས་བྱས་དོན། བཟའ་ཟླ་ཕྱོགས་ཤི་རྗེས་བཟའ་ཟླ་ཅིག་ཤོས་ཀྱིས་ཡང་བསྐྱར་གཉེན་སྒྲིག་བྱས་པ་ཡིན་ན། ཤུལ་འཛིན་བྱས་པའི་རྒྱུ་ནོར་ཐག་གཅོད་བྱེད་དབང་ཡོད་པ་དང་། ཇ་འཛུགས་དང་མི་སྣེར་གང་ཡང་རུང་བས་ཐེ་ཇུས་བྱས་མི་ཆོག

བཅའ་ཁྲིམས་ལྟར་ན། ཤུལ་འཛིན་བྱེད་འགོ་ཚུགས་པའི་དུས་ནས་བཟུང་། ཤུལ་འཛིན་བྱེད་མཁན་ལ་ཤུལ་ནོར་ཤུལ་འཛིན་བྱེད་པའི་དངོས་ཡོད་ཀྱི་ཤུལ་འཛིན་བྱེད་དབང་ཐོབ་ཡོད། མ་གཞི་ཤུལ་ནོར་བགོ་བཤའ་མ་བརྒྱབ་གོང་ལ་རྒྱུ་དངོས་དངོས་སུ་ཐོབ་མེད་མོད། འོན་ཀྱང་རྒྱུ་དངོས་དེ་ཁྲིམས་ལྟར་ཤུལ་འཛིན་པའམ་ཐུན་མོང་ལ་དབང་བ་ཡིན།

བཟའ་ཟླ་ཕྱོགས་གཅིག་ཤི་ལས་འདས་རྗེས། ཤུལ་ནོར་དེ་དངོས་སུ་ཤུལ་འཛིན་དང་བགོ་བཤའ་མ་བརྒྱབ་སྔོན་ལ། ཕྱོགས་གཞན་དེས་ཡང་བསྐྱར་གཉེན་སྒྲིག་བྱེད་པའི་གནས་ཚུལ་ཡོངས་ཁྱབ་ཏུ་ཐོན་གྱི་ཡོད། ལྷག་པར་དུ་ཀན་འཁོགས་ཀྱིས་ཡང་

བསྐྱར་གཉེན་སྒྲིག་བྱེད་པའི་གནས་ཚུལ་མང་པོ་ཡོད། གནས་ཚུལ་དེ་འདྲའི་འོག་འཚོ་གནས་བྱེད་མཁན་ཕྱོགས་དེར་ཚེ་འདས་ཟིན་པའི་བཟའ་ཟླའི་ཤུལ་ནོར་ཤུལ་འཛིན་བྱེད་དབང་སྔར་བཞིན་ཡོད།

ཁྲིམས་ལུགས་ཁྲབ་གདལ་གྱི་སློབ་ཚན།

རྒན་འཁོགས་ཀྱིས་གཉེན་སྒྲིག་ཡང་བསྐྱར་བྱེད་པའི་ཐད་ལ་《དམངས་དོན་ཁྲིམས་གཞུང་》ནང་དུ་གཏན་འབེབས་གང་དག་བྱས་ཡོད།

(1) བཅའ་ཁྲིམས་ནང་དུ་རྒན་འཁོགས་ཀྱི་གཉེན་སྒྲིག་རང་ཐག་གཅོད་དབང་ཐད་གཏན་འབེབས་ཁ་གསལ་བྱས་ཡོད། 《དམངས་དོན་ཁྲིམས་གཞུང་》གི་དོན་ཚན་ཆིག་སྟོང་བརྒྱ་མེད་དྲུག་བཅུ་རེ་དགུའི་ནང་དུ་གཏན་འབེབས་བྱས་དོན། བུ་ཕྲུག་གིས་ངེས་པར་དུ་ཕ་མའི་གཉེན་སྒྲིག་ཁེ་དབང་ལ་བསྙི་འཛོག་བྱེད་དགོས་པ་དང་། ཕ་མ་གཉེན་འཐོར་བྱ་རྒྱུ་དང་། ཡང་བསྐྱར་གཉེན་སྒྲིག་བྱ་རྒྱུ་དེ་བཞིན་གཉེན་སྒྲིག་བྱས་རྗེས་ཀྱི་འཚོ་བ་བཅས་ལ་ཐེ་ཇུས་བྱས་མི་ཆོག

(2) ཡང་བསྐྱར་གཉེན་སྒྲིག་བྱས་པའི་རྒན་འཁོགས་ལ་ཞབས་ཞུ་ཞུ་རྒྱུའི་གནད་དོན་གཏན་འབེབས་ཁ་གསལ་བྱས་ཡོད། 《དམངས་དོན་ཁྲིམས་གཞུང་》གི་དོན་ཚན་ཆིག་སྟོང་བརྒྱ་མེད་དྲུག་བཅུ་རེ་དགུའི་ནང་དུ་གཏན་འབེབས་བྱས་དོན། བུ་ཕྲུག་གིས་ཕ་མར་ཞབས་ཞུ་ཞུ་རྒྱུའི་འོས་འགན་དེ་ཕ་མའི་གཉེན་སྒྲིག་གི་འགྱུར་ལྡོག་བྱུང་བའི་དབང་གིས་མཚམས་འཇོག་བྱས་མི་ཆོག

བུ་ཕྲུག་གིས་ཞབས་ཞུ་ཞུ་རྒྱུ་མཚམས་འཇོག་བྱ་རྒྱུར་ཁ་གཡར་ནས་ཕ་མ་ཡང་བསྐྱར་གཉེན་སྒྲིག་བྱ་རྒྱུར་ཐེ་ཇུས་བྱེད་པ་དང་། འཇིགས་སྐུལ་བྱེད་པའམ། ཡང་ན་ཕ་མ་ཡང་བསྐྱར་གཉེན་སྒྲིག་བྱས་པའི་རྐྱེན་གྱིས་ཞབས་ཞུ་མི་ཞུ་བ་སོགས་དེ་དག་ཚང་མ་ཁྲིམས་འགལ་གྱི་བྱ་སྤྱོད་ཡིན་པས། ངེས་པར་དུ་བབ་མཚུངས་ཀྱི་བཅའ་ཁྲིམས་འགན་འཁྲི་འཁུར་དགོས།

(3) བཟའ་ཚང་ཐུན་མོང་གི་རྒྱུ་ནོར་དང་ཤུལ་ནོར་ཤུལ་འཛིན་ཐད་ཀྱི་གཏན་འབེབས། 《དམངས་དོན་ཁྲིམས་གཞུང་》གི་དོན་ཚན་ཆིག་སྟོང་ཆིག་བརྒྱ་ལྔ་བཅུ་ང་བདུན་གྱི་ནང་དུ་གཏན་འབེབས་བྱས་དོན། བཟའ་ཟླ་ཕྱོགས་གཅིག་ཚེ་ལས་འདས་རྗེས་བཟའ་ཟླ་ཅིག་ཤོས་ཀྱིས་ཡང་བསྐྱར་གཉེན་སྒྲིག་བྱས་ན། ཤུལ་འཛིན་བྱ་རྒྱུའི་རྒྱུ་ནོར་ཐག་གཅོད་བྱེད་དབང་ཡོད་པ་དང་། རྩ་འཛུགས་དང་མི་སྒེར་སུས་ཀྱང་ཐེ་ཇུས་བྱས་མི་ཆོག

གསུམ། ཤུལ་ནོར་ནད་གསོ་ཁང་ལ་བཞག་ན། གཉེན་ཞིས་ངོ་རྒོལ་བྱས་ཆོག་གམ།

རྒྱ་བོ་ཧོ་ལགས་ཀྱིས་ཚེ་མཇུག་ནི་ནད་གསོ་ཁང་དུ་བསྐྱལ་བ་རེད། ཁོང་གིས་ནད་གསོ་ཁང་དང་གྲོས་ཆིངས་བཞག་སྟེ། ནད་གསོ་ཁང་གིས་རྒྱ་བོ་ཧོ་ལགས་ལ་ཟས་གོས་སྡོད་གསུམ་དང་སྨན་བཅོས་སོགས་འཚོ་བའི་འགན་ལེན་འདོན་སྤྲོད་བྱ་རྒྱུ་དང་། རྒྱ་བོ་ཚེ་ལས་འདས་རྗེས་འདས་མཆོད་སྐྱབ་རྒྱུའི་ཁས་ལེན་བྱས་པ་དང་། ཕྱིས་སུ་རྒྱ་བོ་ཧོ་ལགས་ཀྱི་ཤུལ་བཞག་ཚང་མ་ནད་གསོ་ཁང་ལ་བདག་རྒྱུ་བྱས་པ་རེད།

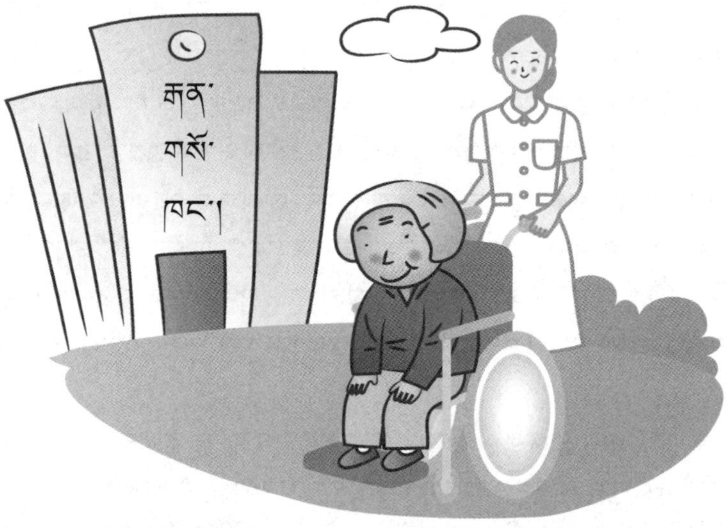

རྒྱ་བོ་ཧོ་ལགས་ཀྱི་གཉེན་ཉེ་གཅིག་པུ་སྟེ་ཁོང་གི་གཅུང་པོས་དོན་དེ་ཤེས་རྗེས་མོས་མཐུན་མ་བྱུང་བར་བཀག་འགོག་བྱས།

རྒྱ་བོ་ཧོ་ལགས་ཀྱིས་བཤད་དོན། ཁོ་མོ་གཅུང་པོ་ལས་ལོ16གིས་ཆེ་བ་ཡོད་པ་དང་། ཕ་མ་གཉིས་ཚེ་ལས་འདས་སྔ་བས། ཁོ་མོས་གཅུང་པོ་འཚར་རྟོག་སྐྱོང་པ་ཡིན། ཕྱིས་སུ་ཁོ་མོའི་ཁྱོ་ག་དང་བུ་ལས་འཇོལ་བྱུང་ནས་ཚེ་ལས་འདས་པ་དང་། རང་ཉིད་

ལ་ཡང་རྒྱས་སྐྱོན་ཆེན་པོ་ཕོག་པ་རེད། འོན་ཀྱང་གཙུང་པོ་དང་གཙུང་པོའི་བཟའ་ཟླས་ཁོ་མོར་ལྷ་སྐྱོང་ཡག་པོ་བྱས་མ་བྱུང་། དེར་བརྟེན་ཁོ་མོ་ལ་ཆགས་ས་བརྟེན་ས་མེད་འདུག་སྐབས་ནས་རྒན་གསོ་ཁང་དུ་བསྐྱད་པ་ཡིན། ད་ཆ་ཁོ་མོའི་འདོད་བློ་དེར་གཙུང་པོར་བཀག་འགོག་བྱེད་དབང་མེད་ཅེས་ཟེར།

《ཀྲུང་ཧྭ་མི་དམངས་སྤྱི་མཐུན་རྒྱལ་ཁབ་ཀྱི་དམངས་དོན་ཁྲིམས་གཞུང་》གི་དོན་ཚན་ཆིག་སྟོང་ཆིག་བརྒྱ་དང་སོ་གསུམ་པའི་ནང་དུ་གཏན་འབེབས་བྱས་དོན། རང་བྱུང་མིས་བཅའ་ཁྲིམས་འདིའི་གཏན་འབེབས་ལྟར་ཁ་ཆེམས་བཞག་ནས་རང་ཉིད་ཀྱི་རྒྱུ་ནོར་ཐག་གཅོད་བྱས་ཆོག་ལ། ཁ་ཆེམས་ལག་བསྐྱར་བྱེད་མི་དམིགས་འཛུགས་ཀྱང་བྱས་ཆོག

རང་བྱུང་མིས་ཁ་ཆེམས་བཞག་ནས་རང་ཉིད་ཀྱི་རྒྱུ་ནོར་དེ་ཁྲིམས་བགོད་ཤུལ་འཛིན་པའི་གྲས་ཀྱི་མི་གཅིག་གམ་དུ་མ་དམིགས་འཛུགས་ཀྱིས་ཤུལ་འཛིན་བྱེད་དུ་བཅུག་ཆོག

རང་བྱུང་མིས་ཁ་ཆེམས་བཞག་ནས་རང་ཉིད་ཀྱི་རྒྱུ་ནོར་དེ་རྒྱལ་ཁབ་དང་། ཐུན་མོང་ངམ་ཁྲིམས་བགོད་ཤུལ་འཛིན་པའི་གྲས་མིན་པའི་རྩ་འཛུགས་དང་མི་སྒེར་ལ་ཤུལ་སྤྲོད་བྱས་ཆོག

རང་བྱུང་མིས་ཁྲིམས་ལྟར་ཁ་ཆེམས་ཡིད་རྟོན་མངག་བཅོལ་བཞག་ཆོག

བཅའ་ཁྲིམས་ལྟར་ན་སྤྱི་བོ་ཧོ་ལགས་ཀྱིས་རྨོ་བོ་ཧོ་ལགས་ཀྱི་གདམ་ག་ལ་ཐེ་ཐུས་བྱེད་པའི་དབང་ཆ་མེད། དེར་བརྟེན་རྨོ་བོ་ཧོ་ལགས་ཀྱིས་བདེ་སྡུག་དང་རྒན་གསོ་ཁང་དང་གྲོས་ཆིངས་ཡི་གེ་འཛོག་ཐུབ་པ་རེད།

འོན་ཀྱང་རྨོ་བོ་ཧོ་ལགས་ཚེ་ལས་འདས་རྗེས། རྒན་གསོ་ཁང་གིས་དངུལ་ཁང་དུ་དངུལ་ལེན་པར་འགྲོ་སྐབས་དངུལ་ལེན་མ་ཐུབ་པས། རྒན་གསོ་ཁང་གིས་དངུལ་ཁང་ཁྲིམས་ཁང་ལ་ཁྲིམས་སྦྱོར་བྱས་པ་རེད།

རྒན་གསོ་ཁང་ལ་རྨོ་བོ་ཧོ་ལགས་ཀྱིས་བཞག་པའི་དངུལ་ཁང་གི་ཉར་འཛིན་གསུམ་ཡོད། དེ་དག་ནི་བཟོ་ཚོང་དངུལ་ཁང་དུ་བཅོལ་དངུལ་སྒོར27000（ཉར་འཛིན་གྱི་མིང་ལ་ཧོ་ཆེ་གེ་མོ་ཟླང་ཟེར་བ་དང་1999ལོར་བཅོལ་ཡོད）ཡོད་པ་དང་། ཞིང་ལས་དངུལ་ཁང་དུ་བཅོལ་དངུལ་སྒོར1500（ཉར་འཛིན་གྱི་མིང་ལ་ཧོ་ཆེ་གེ་མོ་

རྨང་ཟེར་བ་དང1998ལོར་བཅོལ་ཡོད）ཡོད་པ། སྦྲག་སྲིད་གསོག་འཇོག་དངུལ་ཁང་དུ་བཅོལ་དངུལ་སྒོར13000ཡོད་པ་བཅས་ཡིན།

གྲོས་ཆིངས་ཡི་གེའི་ཁ་ཆད་ལྟར་རྒན་གསོ་ཁང་གིས་གྲོས་ཆིངས་ཡི་གེ་འཁྱེར་ནས་དངུལ་ཁང་དུ་དངུལ་ལེན་པར་འགྲོ་སྐབས། སྦྲག་སྲིད་གསོག་འཇོག་དངུལ་ཁང་གི་བཅོལ་དངུལ་དེ་བདེ་བླག་ངང་ལེན་ཐུབ་པ་ལས། དངུལ་ཁང་གཞན་གཉིས་ཀྱིས་འདས་པོའི་མིང་འགྲིག་མེད་པ་རྒྱུ་མཚན་དུ་བྱས་ནས་དངུལ་ལེན་དུ་བཅུག་མེད། དེ་སྔོན་དངུལ་ཁང་དུ་དངུལ་བཅོལ་བར་མིང་ངོ་མ་འགོད་པའི་ལམ་ལུགས་ལག་བསྟར་བྱས་མེད་སྐབས། གསང་བའི་ཨང་གྲངས་སྤྱད་ནས་དངུལ་ལེན་དགོས་ཀྱི་ཡོད་པ་རེད། འོན་ཀྱང་རྒན་གསོ་ཁང་གིས་ཀྱང་གསང་ཨང་ཤེས་ཀྱི་མེད།

《ཀྲུང་ཧྭ་མི་དམངས་སྤྱི་མཐུན་རྒྱལ་ཁབ་ཀྱི་དམངས་དོན་ཁྲིམས་གཞུང་》གི་དོན་ཚན་ཆིག་སྟོང་ཆིག་བརྒྱ་དང་ང་བརྒྱད་པའི་ནང་དུ་གཏན་འབེབས་བྱས་དོན། རང་བྱུང་མིས་ཤུལ་འཛིན་པ་ཕུད་པའི་རྩ་འཛུགས་སམ་མི་སྒེར་ལ་ཤུལ་སྤྲོད་འཚོ་སྐྱོང་གི་གྲོས་དན་བཞག་ཆོག གྲོས་དན་ལྟར་རྩ་འཛུགས་སམ་མི་སྒེར་དེས་རང་བྱུང་མི་དེ་འཚོ་དུས་ཞབས་ཏོག་དང་ཤི་དུས་འདས་འཇུག་བྱེད་པའི་འོས་འགན་འཁུར་དགོས་པ་དང་། ཤུལ་སྤྲོད་ལེན་པའི་ཁེ་དབང་སྤྱོད་རྒྱུ་ཡོད།

ཁྲིམས་ཁང་གིས་ཞིབ་གཅོད་བྱས་རྗེས་ངོས་འཛིན་བྱས་དོན། ཤུལ་ནོར་ཤུལ་འཛིན་བྱེད་པར་ཁ་ཆེམས་མེད་ན་ཁྲིམས་བཀོད་ལྟར་ཤུལ་འཛིན་བྱས་ཆོག་པ་དང་། ཁ་ཆེམས་ཡོད་ན་ཁ་ཆེམས་ལྟར་ཤུལ་འཛིན་བྱས་ཆོག་པ། ཤུལ་སྤྲོད་དང་འཚོ་སྐྱོང་གི་གྲོས་ཆིངས་ཡི་གེ་ཡོད་ན་གྲོས་ཆིངས་ལྟར་ལག་བསྟར་བྱས་ཆོག ཇོ་བོ་ཧོ་ལགས་དང་རྒན་གསོ་ཁང་གིས་བཞག་པའི"ཤུལ་སྤྲོད་དང་འཚོ་སྐྱོང་གི་གྲོས་ཆིངས་ཡི་གེ"ནི་དཔེ་མཚོན་ཅན་ཞིག་ཡིན་པས། ཁྲིམས་ལུགས་ཀྱི་ནུས་པ་ལྡན་ཡོད། དེར་བརྟེན་ཁྲིམས་ཁང་གིས་དངུལ་ཁང་ལ་བཅོལ་དངུལ་རྒན་གསོ་ཁང་ལ་སྤྲོད་དགོས་པའི་ཁྲིམས་ཐག་བཅད་པ་རེད།

ཁྲིམས་ལུགས་ཁྱབ་གདལ་གྱི་སློབ་ཚན།

དངུལ་ཁང་དུ་བཅོལ་བའི་ཤུལ་དངུལ་ཇི་ལྟར་ལེན་དགོས་སམ།

（1）ཤུལ་བཞག་ནོར་བདག་གིས་ཁ་ཆེམས་བཞག་ཡོད་ན། གཞུང་དབང་བྱེད་པའམ་ཁྲིམས་ཁང་གིས་བཀའ་བཅད་བཏང་རྗེས་ཁ་ཆེམས་ལྟར་ཤུལ་བཞག་ཤུལ་འཛིན་བྱས་ཆོག

（2）ཤུལ་འཛིན་པས་ཤུལ་འཛིན་པ་གཞན་དག་ཁྲིམས་སྦྱོར་བྱས་ཆོག་པ་དང་། ཁྲིམས་ཁང་གིས་ཤུལ་འཛིན་ཐོབ་སྐལ་གཏན་ཁེལ་བྱས་ཏེ་ཙོད་མཚམས་འཛོག་རྒྱུ་རེ་ཞུ་བྱས་ཆོག་ལ། ཤུལ་ནོར་སྤྱོད་ཕྱོགས་ཐག་གཅོད་བྱས་ཆོག དངུལ་ཁང་གིས་ཁྲིམས་ཁང་གི་གཏན་འབེབས་སམ་ཁྲིམས་གཅོད་བྱས་པ་གཞིར་བཟུང་བཅོལ་དངུལ་གྱི་རྒྱུ་བདག་བརྗེ་བའི་འགྲོ་ལུགས་གཉེར་དགོས།

（3）འབྲེལ་ཡོད་ཤུལ་འཛིན་པས་གཞུང་དབང་ཁང་དུ་སོང་ནས་ཤུལ་ནོར་གྱི་གཞུང་དབང་འགྲོ་ལུགས་གཉེར་དགོས། དངུལ་ཁང་གི་རྒྱུ་བདག་བརྗེ་བའི་སྟབས་བདེའི་འགྲོ་ལུགས་གཉེར་བ་དང་འདྲ་མོད། འོན་ཀྱང་རེ་བ་དེ་ལས་ནན་པ་ཡོད། འདས་པོས་འཚོ་ཞུགས་སྐབས་རྒྱུ་ནོར་སྐོར་ལ་གསལ་བཤད་བྱས་མེད་ཆེ། ཤུལ་འཛིན་པར་བཅོལ་དངུལ་འཛིན་ཡིག་ལག་སོན་མ་བྱུང་བའམ་ཡང་ན་གསང་ཨང་ཤེས་ཀྱི་མེད། ཤུལ་ནོར་ཤུལ་འཛིན་བྱེད་འགོ་ཚུགས་རྗེས་དང་དངོས་སུ་བགོ་བཤའ་མ་བརྒྱབ་གོང་ལ། ཤུལ་འཛིན་པ་ཐུན་མོང་ལ་དབང་བའི་རྣམ་པ་ཡིན་པས། དངུལ་ཁང་གིས་དངུལ་ལེན་མཁན་དེ་ཁྲིམས་མཐུན་གྱི་ཤུལ་འཛིན་པ་ཡིན་མིན་གཏན་འཁེལ་བྱེད་མ་ཐུབ་ཆེ། བཅོལ་དངུལ་ལེན་རྒྱུ་དང་བོར་ཐོ་བཀོད་ནས་དངུལ་ལེན་འགྲོ་ལུགས་ལས་སླ་པོར་གཉེར་གྱི་མེད། ད་བདག་ལ་ཁྲིམས་མཐུན་གྱི་ཤུལ་འཛིན་གཅིག་པུ་དེ་ཡིན་པའི་ར་སྤྲོད་དཔང་རྟགས་ཡོད་ནའང་། དངུལ་ཁང་གིས་འབྲེལ་ཡོད་སྒྲིག་སྲོལ་ལམ་ལུགས་སོགས་ལ་གཞིགས་ནས། རྒྱུན་དུ་གཞུང་དབང་ཡིག་ཆ་དང་ཁྲིམས་གཅོད་ཡིག་ཆ་མཁོ་འདོན་བྱ་རྒྱུའི་རེ་བ་བཏོན་གྱི་ཡོད།

བཞི། ཤུལ་སྤྲོད་ལེན་མཁན་གྱིས་ཤུལ་སྤྲོད་བྱེད་མཁན་གྱི་བུ་ལོན་འཇལ་དགོས་སམ།

སྒྲོ་བོ་རྟུང་ལགས་ཀྱི་བཟའ་ཟླ་སྔ་ས་ནས་ཚེ་ལས་འདས་ཟིན་པ་དང་། ཁོང་གཉིས་ལ་ཞའོ་རྟུང་ཟེར་བའི་བུ་གཅིག་ཡོད་པ་རེད། སྒྲོ་བོ་རྟུང་ལགས་ལ་ཁང་པ་ཐོག་ཁང་གཅིག་དང་ཐོག་གཅིག་མ་གཅིག་ཡོད་པས། ཁང་པ་ཐོག་ཁང་དེ་བུ་ཞའོ་རྟུང་ལ་སྟོད་དུ་བཙུག་པ་དང་། ཁང་པ་ཐོག་གཅིག་མ་དེར་རང་ཉིད་བསྡད་ཡོད།

སྒྲོ་བོ་རྟུང་ལགས་དགུང་ལོ60ལ་སླེབས་སྐབས། བུ་ཕྲུག་མེད་པའི་ཨ་ཅག་མེན་ལགས་དང་ངོ་ཤེས་པ་དང་ཁོང་གཉིས་མཉམ་དུ་འཚོ་བ་བསྐྱལ་པ་རེད། ཁོ་གཉིས་ལོ་ན་མཐོ་བས་གཉེན་སྒྲིག་ལག་ཁྱེར་ལེན་དུ་འགྲོ་བར་མི་རྣམས་ཀྱིས་བཞད་གད་བྱེད་པར་དོགས་ནས་གཉེན་སྒྲིག་ཐོ་འགོད་མ་བྱས་པ་རེད། ཡིན་ན་ཡང་། སྒྲོ་བོ་རྟུང་ལགས་ཀྱིས་རང་ཉིད་ཚེ་ལས་འདས་རྗེས་རང་གི་ཁང་པ་ཐོག་གཅིག་མ་དེ་ཨ་ཅག་མེན་ལགས་ལ་སྤྲོད་རྒྱུའི་ཁ་ཆེམས་བཞག་ཡོད།

ལོ་ཁ་ཤས་སོང་རྗེས། སྒྲོ་བོ་རྟུང་ལགས་ཀྱིས“སྒོ་རའི་དཔལ་འབྱོར”གཉེར་ན་ཁེ་བཟང་རགས་ཀྱི་ཡོད་པའི་སྐོར་ཐོས་པ་དང་། ཁོང་གིས་ཕྱིག་པ་ར་ཙ་གསོ་ཚགས་བྱས་པ་མ་ཟད། གཉེན་ཉེ་དང་ཡུལ་མི་ཚོར་སྐྱུལ་སློང་བྱས་ཏེ། ཁོ་ཚོ་དང་གྲོས་ཆིངས་བཞག་པ་དང་། སྟོན་ལ་ཆད་འཛིན་བཞག་སྟེ་ཁེ་བཟང་རགས་རྗེས་ཁོ་ཚོར་བགོ་བཤའ་རྒྱག་རྒྱུ་བྱས་པ་རེད། རྗེས་སུ་སྒྲོ་བོ་རྟུང་ལགས་ཀྱིས་དེ་ནི་རང་ཉིད་མགོ་སྐོར་འོག་ཚུད་པ་ཤེས་རྟོགས་བྱུང་བ་རེད།

གཉེན་ཉེ་ཚོས་གཅིག་རྗེས་གཉིས་མཐུད་ཀྱིས་ཁྱིམ་དུ་ཡོང་ནས་སྒྲོ་བོ་རྟུང་ལགས་ལ་དངུལ་ཕྱིར་སློག་བྱ་རྒྱུའི་རེ་བ་བཏོན། འོན་ཀྱང་སྐབས་དེར་སྒྲོ་བོ་རྟུང་ལགས་གློ་བུར་དུ་ཚེ་ལས་འདས། གཉེན་ཉེ་རྣམས་ཀྱིས་མུ་མཐུད་ཆད་འཛིན་འཁྱེར་ནས་སྒྲོ་བོ་རྟུང་ལགས་ཀྱི་བུ་བཙལ་བར་སླེབས། རང་གི་ཕས་བཞག་པའི་ཆད་འཛིན་མཐོང་དུས། ཞའོ་རྟུང་གིས་ཁས་ལེན་མ་བྱེད་ཀ་མེད་བྱུང་། འོན་ཀྱང་སྒྲོ་བོ་རྟུང་ལགས

གྱིས་བཞག་པའི་བུ་ལོན་མང་ཐག་ཆོད་སྐབས་ཞའོ་ཧྲུང་ལ་བསྐྱིས་དངུལ་འཇལ་བའི་ནུས་པ་མེད་པ་རེད།

རྗེས་སུ་མགོ་སྐོར་གཏོང་མཁན་འཛིན་བཟུང་བྱེད་ཐུབ་མོད་མགོ་སྐོར་བཏང་བའི་རྒྱུ་དངུལ་བདའ་འདེད་བཏང་ཐུབ་མེད། ཞའོ་ཧྲུང་གིས་ཨ་ཕའི་ཁང་པ་ཐོག་གཅིག་མའི་ནང་ཡོང་སྟེ། ཨ་ཅག་མེན་ལག་ལ་གནས་སྡོ་བྱ་རྒྱུའི་རེ་བ་བཏོན་པ་དང་། ཁང་པ་བཙོངས་ནས་བུ་ལོན་འཇལ་དགོས་སྙམ། འོན་ཀྱང་ཨ་ཅག་མེན་ལགས་ལ་འགྲོ་ས་གཅིག་ཀྱང་མེད་པས་ཕྱིར་སྡོས་བྱས་མེད། མཇུག་ཏུ་ཞའོ་ཧྲུང་ཐབས་ཟད་ནས་བཙའ་ཁྲིམས་ཀྱི་རོགས་སྐྱོར་ཐོབ་རྒྱུའི་རེ་ཞུ་བྱས།

《ཀྲུང་ཧྭ་མི་དམངས་སྤྱི་མཐུན་རྒྱལ་ཁབ་ཀྱི་དམངས་དོན་ཁྲིམས་གཞུང་》གི་དོན་ཚན་ཆིག་སྟོང་ཆིག་བརྒྱ་དང་རེ་གཉིས་པའི་ནང་དུ་གཏན་འབེབས་བྱས་དོན། ཤུལ་སྤྲོད་ཀྱི་ཁ་ཆེམས་ལག་བསྟར་བྱེད་ཚེ་ཤུལ་སྤྲོད་བྱེད་མིའི་ཁྲིམས་ལྟར་འཇལ་སྤྲོད་བྱེད་དགོས་པའི་ཁྲལ་དངུལ་དང་བུན་འགན་གཙང་འཇལ་བྱེད་པར་འགལ་རྐྱེན་བཟོས་མི་ཆོག

《ཀྲུང་ཧྭ་མི་དམངས་སྤྱི་མཐུན་རྒྱལ་ཁབ་ཀྱི་དམངས་དོན་ཁྲིམས་གཞུང་》གི་དོན་ཚན་ཆིག་སྟོང་ཆིག་བརྒྱ་དང་རེ་གསུམ་པའི་ནང་དུ་གཏན་འབེབས་བྱས་དོན། ཁྲིམས་བཀོད་ཤུལ་འཛིན་པ་ཡོད་ལ་ཁ་ཆེམས་ལྟར་ཤུལ་འཛིན་དང་ཁ་ཆེམས་ལྟར་ཤུལ་སྤྲོད་བྱེད་པ་ཡང་ཡོད་ན། ཁྲིམས་བཀོད་ཤུལ་འཛིན་པས་ཤུལ་འཛིན་བྱ་ཡུལ་གྱི་མིའི་ཁྲིམས་ལྟར་འཇལ་སྤྲོད་བྱེད་དགོས་པའི་ཁྲལ་དངུལ་དང་བུན་འགན་གཙང་འཇལ་བྱེད་དགོས། ཁྲིམས་བཀོད་ཤུལ་འཛིན་ཤུལ་ནོར་གྱི་རིན་ཐང་དངོས་ལས་བརྒལ་བའི་ཆ་ནི། ཁ་ཆེམས་ལྟར་ཤུལ་འཛིན་པ་དང་ཁ་ཆེམས་ལྟར་ཤུལ་སྤྲོད་ལེན་མིས་བསྡུར་ཚད་ལྟར་ཐོབ་པའི་ཤུལ་ནོར་གྱིས་གཙང་འཇལ་བྱེད་དགོས།

ཞའོ་ཧྲུང་ནི་ཁྲིམས་བཀོད་ཤུལ་འཛིན་པ་ཡིན་པས། ཞའོ་ཧྲུང་གིས་སྤོ་བོ་ཧྲུང་ལགས་ཀྱི་བུ་ལོན་འཇལ་རྒྱུའི་འགན་འཁུར་དགོས། འོན་ཀྱང་ཞའོ་ཧྲུང་གིས་རང་གི་བསོལ་དངུལ་བཏོན་པ་དང་རང་ལ་ཐོབ་པའི་ཁང་པ་བཙོངས་ཀྱང་བུ་ལོན་འཇལ་ཐུབ་མེད། དེར་བརྟེན་ཁྲིམས་ཁང་གིས་ཨ་ཅག་མེན་ལགས་ཀྱིས་ཤུལ་ནོར་ཐོབ་པའི་

བསྒྱུར་ཚད་ལྟར། ཞའོ་ཧྲུང་དང་མཉམ་དུ་སྤྱི་བོ་ཧྲུང་ལགས་ཀྱི་བུ་ལོན་འཇལ་དགོས་པའི་ཁྲིམས་ཐག་བཅད་པ་རེད།

ཁྲིམས་ལུགས་ཁྱབ་གདལ་གྱི་སློབ་ཚན།

1. རྒྱལ་བཞག་ནོར་བདག་གི་བུ་ལོན་དེ། རྒྱལ་སྦྱིན་ལེན་མཁན་གྱི་གནས་ཚུལ་མི་འདྲ་བར་ཐག་གཅོད་བྱེད་སྟངས་མི་འདྲ་བ་གང་དག་ཡོད།

（1）གལ་སྲིད་རྒྱལ་བཞག་ནོར་བདག་ལ་རྒྱལ་འཛིན་བྱེད་མཁན་རྒྱལ་སྦྱིན་ལེན་མཁན་དེ་རང་ལས་མེད་ན། རྒྱལ་བཞག་ནོར་བདག་གི་བུ་ལོན་གཙང་འཇལ་བྱེད་པར་རྒྱལ་སྦྱིན་གྱིས་འགོག་རྐྱེན་བཟོས་མི་ཆོག

（2）གལ་སྲིད་རྒྱལ་བཞག་ནོར་བདག་ལ་རྒྱལ་འཛིན་བྱེད་མཁན་ཁྲིམས་བཀོད་རྒྱལ་འཛིན་པ་དང་རྒྱལ་སྦྱིན་ལེན་མཁན་གཉིས་ཀ་ཡོད་ན། ཐོག་མར་ཁྲིམས་བཀོད་རྒྱལ་འཛིན་པས་རྒྱལ་འཛིན་བྱས་པའི་རྒྱལ་ནོར་གྱིས་རྒྱལ་བཞག་ནོར་བདག་གི་བུ་ལོན་འཇལ་དགོས་པ་དང་། བུ་ལོན་འཇལ་ནས་མ་འདང་བའི་ཆ་དེ་རྒྱལ་སྦྱིན་ལེན་མཁན་གྱིས་འཇལ་དགོས།

（3）གལ་སྲིད་ཁྲིམས་བཀོད་རྒྱལ་འཛིན་པ་དང་། ཁ་ཆེམས་རྒྱལ་འཛིན་པ། རྒྱལ་སྦྱིན་ལེན་མཁན་བཅས་གསུམ་ཀ་ཡོད་ན། ཐོག་མར་ཁྲིམས་བཀོད་རྒྱལ་འཛིན་པས་རྒྱལ་འཛིན་བྱས་པའི་རྒྱལ་ནོར་གྱིས་འཇལ་དགོས་པ་དང་། བུ་ལོན་འཇལ་ནས་མ་འདང་བའི་ཆ་དེ་ཁ་ཆེམས་རྒྱལ་འཛིན་པ་དང་རྒྱལ་སྦྱིན་ལེན་མཁན་གྱིས་རྒྱལ་ནོར་རྒྱལ་འཛིན་བྱས་པའི་བསྒྱུར་ཚད་ལྟར་བུ་ལོན་གཙང་འཇལ་བྱེད་དགོས།

（4）གལ་སྲིད་ཁ་ཆེམས་རྒྱལ་འཛིན་པ་དང་རྒྱལ་སྦྱིན་ལེན་མཁན་ལས་མེད་ན། ཁ་ཆེམས་རྒྱལ་འཛིན་པ་དང་རྒྱལ་སྦྱིན་ལེན་མཁན་གྱིས་རྒྱལ་ནོར་རྒྱལ་འཛིན་བྱས་པའི་བསྒྱུར་ཚད་ལྟར་རྒྱལ་བཞག་ནོར་བདག་གི་བུ་ལོན་འཇལ་དགོས།

རྒྱལ་ནོར་རྒྱལ་འཛིན་བྱས་ཚེ་ངེས་པར་དུ་རྒྱལ་བཞག་ནོར་བདག་གིས་བཅའ་ཁྲིམས་ལྟར་འཇལ་སྤྲོད་བྱེད་དགོས་པའི་དཔྱ་ཁྲལ་དང་བུ་ལོན་འཇལ་དགོས། དཔྱ་ཁྲལ་དང་བུ་ལོན་གཙང་འཇལ་བྱ་རྒྱུ་ནི་དེའི་རྒྱལ་ནོར་གྱི་རིན་ཐང་དངོས་ཚད་གཞིར་བཟུང་དགོས། རྒྱལ་ནོར་གྱི་རིན་ཐང་དངོས་ལས་བརྒལ་བའི་ཆ་ནི་རྒྱལ་འཛིན་པས་རང་མོས་ཀྱིས་འཇལ་འདོད་ཡོད་ན་ཚད་གཞི་འདི་འཛིན་མི་དགོས།

རྒྱལ་འཛིན་པས་རྒྱལ་འཛིན་བྱེད་དབང་ གློས་བཏང་ཡོད་ན། རྒྱལ་བཞག་ནོར་བདག་གི་

ཁྲིམས་ལྟར་འཇལ་དགོས་པའི་དཔྱ་ཁྲལ་དང་བུ་ལོན་ཚབ་འཇལ་བྱེད་མི་དགོས།

2. ཤུལ་བཞག་ནོར་བདག་གི་བུ་ལོན་གཙང་འཇལ་བྱ་རྒྱུར་རེ་བ་གང་དག་བཏོན་ཡོད།

（1）ཤུལ་འཛིན་ཚོད་འཛིན་གྱི་རྩ་དོན་སྲུང་དགོས། ཤུལ་འཛིན་ཚོད་འཛིན་ཞེས་པ་ནི་ཤུལ་འཛིན་པས་ཤུལ་བཞག་ནོར་བདག་གི་ཤུལ་ནོར་གྱི་བུ་ལོན་གཙང་འཇལ་བྱེད་པར་ཤུལ་ནོར་གྱི་རིན་ཐང་དངོས་དེ་ཚད་གཞིར་འཛིན་དགོས་པ་དང་། ཤུལ་འཛིན་པས་རང་སོས་ཀྱིས་བུ་ལོན་གཙང་འཇལ་བྱེད་འདོད་པ་ཕུད། ཤུལ་འཛིན་པས་ཤུལ་ནོར་གྱི་རིན་ཐང་དངོས་ལས་བརྒལ་བའི་ཆ་ཤས་ཀྱི་བུ་ལོན་གཙང་འཇལ་བྱེད་འགན་འཁུར་མི་དགོས་པར་ཟེར། ཤུལ་འཛིན་ཚོད་འཛིན་གྱི་རྩ་དོན་གྱིས་ཤུལ་འཛིན་པས་ཤུལ་ནོར་གྱི་བུ་ལོན་གཙང་འཇལ་བྱ་རྒྱུར་ཚད་ཡོད་ཀྱི་འགན་འཁྲི་ལས་འཁུར་མི་དགོས་པ་གཏན་འཁེལ་བྱས་ཡོད། དེ་ནི"ཕའི་བུ་ལོན་བུས་འཇལ་དགོས"ཞེས་པའི་རྩ་དོན་ཁས་ལེན་བྱས་མེད་པ་ཞིག་ཡིན་ལ། འདྲ་མཉམ་རྩ་དོན་གྱི་མཚོན་ཚུལ་ཞིག་ཀྱང་ཡིན།

（2）གོ་རིམ་ལྡན་པའི་སྒོ་ནས་བུ་ལོན་གཙང་འཇལ་བྱ་རྒྱུའི་རྩ་དོན་སྲུང་དགོས། རྩ་དོན་འདི་ཕྱོགས་གཉིས་ནས་མཚོན་ཡོད་དེ།

① ཤུལ་ནོར་ཐོབ་སྟངས་སྣ་ཚོགས་དུས་གཅིག་ཏུ་ཡོད་པའི་སྐབས་སུ། ཐོག་མར་ཁྲིམས་བཀོད་ཤུལ་འཛིན་པས་རང་ལ་ཐོབ་པའི་ཤུལ་ནོར་གྱིས་བུ་ལོན་གཙང་འཇལ་བྱེད་དགོས་པ་དང་། མ་འདང་བའི་སྐབས་སུ། ཁ་ཆེམས་ཤུལ་འཛིན་མཁན་དང་ཤུལ་སྦྱིན་ལེན་མཁན་གཉིས་ཀྱིས་ཤུལ་ནོར་ཐོབ་པའི་བསྡུར་ཚད་ལྟར་བུ་ལོན་འཇལ་དགོས། གལ་སྲིད་ཁ་ཆེམས་ཤུལ་འཛིན་པ་དང་ཤུལ་སྦྱིན་ལེན་མཁན་གཉིས་ལས་མེད་ཚེ། ཁ་ཆེམས་ཤུལ་འཛིན་པ་དང་ཤུལ་སྦྱིན་ལེན་མཁན་གྱིས་ཤུལ་ནོར་ཐོབ་པའི་བསྡུར་ཚད་ལྟར་བུ་ལོན་འཇལ་དགོས།

② ཤུལ་བཞག་ནོར་བདག་ལ་བུ་ལོན་སྣ་ཚོགས་དུས་གཅིག་ཏུ་ཡོད་པའི་སྐབས་སུ། གོ་རིམ་ངེས་ཅན་ལྟར་བུ་ལོན་གཙང་འཇལ་བྱེད་དགོས། ཐོག་མར་སྔོན་ཐོབ་ཁེ་དབང་ཡོད་པའི་བུན་དབང་སྟེ། དཔེར་ན་བཙོ་པའི་གླ་ཕོགས་དང་། ངལ་རྩོལ་ཉེན་འགོག་གྲོན་དངུལ། ཤུལ་ནོར་གྱིས་ཁག་ཐེག་བྱས་པའི་བུ་ལོན་སོགས་འཇལ་དགོས། དེ་རྗེས་གཞི་ནས་སྤྱིར་བཏང་གི་བུ་ལོན་གཙང་འཇལ་བྱེད་དགོས།

（3）ཤུལ་འཛིན་པས་བུ་ལོན་ཁག་བགོས་བྱ་རྒྱུའི་རྩ་དོན་སྲུང་དགོས། དེ་ནི་ཤུལ་འཛིན་པའི་བར་ལ་རང་ལ་ཐོབ་པའི་ཤུལ་ནོར་གྱི་བསྡུར་ཚད་ལྟར་ཤུལ་བཞག་ནོར་བདག་གི་བུ་ལོན་གཙང་འཇལ་བྱེད་པར་ཟེར།

（4）ཤུལ་སྦྱིན་གྱི་ཁ་ཆེམས་ལག་བསྟར་བྱེད་པ་དེས་བུ་ལོན་གཙང་འཇལ་བྱེད་པར་འགོག་རྐྱེན་བཟོ་མི་རུང་། 《དམངས་དོན་ཁྲིམས་གཞུང་》གི་དོན་ཚན་ཆིག་སྟོང་ཆིག་བརྒྱ་དང་

རེ་གཉིས་པའི་ནང་དུ་གཏན་འབེབས་བྱས་དོན། ཤུལ་སྨྱིན་གྱི་ཁ་ཆེམས་ལག་བསྟར་བྱེད་ཚེ་ཤུལ་སྨྱིན་བྱེད་མིའི་ཁྲིམས་ལྟར་འཛལ་སྤྲོད་བྱེད་དགོས་པའི་ཁྲལ་དངུལ་དང་བུན་འགན་གཙང་འཛལ་བྱེད་པར་འགལ་རྐྱེན་བཟོས་མི་ཆོག

（5）བུ་ལོན་གྱིས་སྔོན་བཞག་གི་ཐོབ་སྐལ་ལ་འགོག་རྐྱེན་བཟོས་མི་ཆོག མི་ཆོས་རིང་ལུགས་མཚོན་ཆེད། ངལ་རྩོལ་ནུས་པ་མེད་ལ་འཚོ་རྟེན་ཡོང་ཁུངས་ཀྱང་མེད་པའི་ཤུལ་འཛིན་པར་ཁ་ཆེམས་ནང་དུ་ཤུལ་ནོར་གྱི་ཐོབ་སྐལ་དགོས་ངེས་ཤིག་འཇོག་དགོས། ངལ་རྩོལ་ནུས་པ་མེད་ལ་འཚོ་རྟེན་ཡོང་ཁུངས་ཀྱང་མེད་པའི་ཤུལ་འཛིན་པར་བཞག་པའི་ཤུལ་ནོར་གྱི་ཐོབ་སྐལ་གྱིས་བུ་ལོན་འཛལ་མི་རུང་།

ལེ་ཚན་བདུན་པ། དབང་གནོད་འགན་འཁྲི།

འགན་འཁུར་བྱེད་པོའི་དམིགས་བསལ་གཏན་འབེབས།

གཅིག གཞན་གྱིས་དྲ་ཐོག་ཏུ་རང་ལ་བསྙོན་འཛུགས་བྱས་ན་ཇི་ལྟར་བྱེད་དགོས།

ཉིན་ཞིག་དྲ་མིང་ལ“སྤོ་ལྡང་སྤོང་པོ”དང་། “དྲི་ཞིམ་མེ་ཏོག” “ལྡང་སྨྱུག”“ཁྲི་ཁྲ་ཁྲ”བཅས་ཟེར་བའི་དྲ་རྒྱ་སྤྱོད་མཁན་ཁ་ཅིག་གིས། དྲ་སྒྲིལ་སྡེ་ཚན་བུའི་ཐོག་ནས་ཆེད་མངགས་སྐར་ཆེན་མི་སྣ་ཞིག་གི་ཆ་འཕྲིན་རྫུན་བཟོ་བྱས་ཏེ་སྒྲོག་སྤེལ་བྱས་པ་དང་། དེའི་མཚན་སྙན་དང་གཟུགས་བརྙན་ལ་འཕྱ་སྨོད་དང་དམའ་འབེབས་བྱས་པ་རེད། བཅའ་ཁྲིམས་ཀྱི་གཏན་འབེབས་ལྟར་ཐེངས་མང་བསྐུལ་ཀྱང་། ད་དུང་མུ་མཐུད་དྲ་སྒྲིལ་གྱི་སྡེ་ཚན་བུ་མང་པོའི་ཐོག་ཏུ་དམའ་འབེབས་དང་། སྐྱོན་འཛུགས། དམོད་མོ་བཅས་བྱེད་པའི་སྐད་ཆ་མང་པོ་སྒྲོག་སྤེལ་བྱས་པ་དང་། སྐར་ཆེན་མི་སྣ་དེའི་འདྲ་བརྙན་སྤྱད་ནས་གང་བྱུང་དུ་སྒྲོ་སྐྱུར་བྱས་པའི་པར་རིས་བཟོས་ནས་གང་སར་བརྒྱུད་སྤེལ་བྱས་པ་རེད།

གོང་གསལ་གྱི་བྱ་སྤྱོད་དེས་སྐར་ཆེན་མི་སྣ་དེའི་གཟུགས་བརྙན་ལ་གནོད་འཚེ་བཏང་བ་དང་། གནས་ཚུལ་ངོ་མ་མི་ཤེས་པའི་སྤྱི་དམངས་ཀྱིས་སྐར་ཆེན་མི་སྣ་དེར་གོ་ལོག་ཐེབས་ནས་སྤྱི་ཚོགས་གླིང་ཕྱོགས་དང་གདེང་འཛོག་དམའ་པོ་ཆགས་པ་དང་། སྐར་ཆེན་མི་སྣ་དེའི་རྒྱུན་གཏན་གྱི་ལས་ཀ་དང་འཚོ་བར་འགོག་རྐྱེན་ཤུགས་ཆེན་བཟོས་ནས། གནོད་འཚེ་ཚབས་ཆེན་ཕོག་པ་རེད།

སྐར་ཆེན་མི་སྣ་དེས་མངགས་བཅོལ་བྱས་པ་ལྟར། ཁྲིམས་རྩོད་པས་སྨྲ་སྦྱོར་གྱི་ངོ་བོ་ལྡན་པ་དང་སྐར་ཆེན་མི་སྣ་དེའི་སྐོར་གྱི་ཆ་འཕྲིན་རྫུན་མ་སྤྱི་དམངས་ལ་སྒྲོག

★ ★ ★ ★ ★ ★ ★ ★

སྤྱིལ་བྱེད་མཁན་གྱི་ཨང་རྟགས་དག་བསྒུ་ཐུབ་དང་ལེགས་སྒྲིག་བྱས་པ་མ་ཟད། སྒྲོག་སྤྱིལ་བྱེད་མཁན་གྱི་ཆ་འཕྲིན་དང་སྒྲོག་སྤྱིལ་བྱས་པའི་ནང་དོན་སོགས་དགོས་ངེས་ཀྱི་དཔང་རྟགས་ཆ་ཚང་བསྒུ་ཐུབ་བྱས་ཏེ་ཁྲིམས་སྦྱོར་བྱས་པ་རེད།

《ཀྲུང་ཧྭ་མི་དམངས་སྤྱི་མཐུན་རྒྱལ་ཁབ་ཀྱི་དམངས་དོན་ཁྲིམས་གཞུང་》གི་དོན་ཚན་ཆིག་སྟོང་ཆིག་བརྒྱ་དང་གོ་ལྔ་པའི་ནང་དུ་གཏན་འབེབས་བྱས་དོན། དྲ་སྤྱོད་བདག་པོས་དྲ་བའི་ཞབས་ཞུ་ལ་བརྟེན་ནས་དབང་གནོད་བྱ་སྤྱོད་སྤེལ་བ་ཡིན་ན། ཁེ་དབང་བདག་པོ་ལ་དྲ་སྤྲེལ་ཞབས་ཞུ་མགོ་འདོན་བྱེད་མཁན་གྱིས་བསུབ་འཐེན་བྱེད་པ་དང་། སྒྲིབ་གཡོགས་རྒྱག་པ། སྤྲེལ་མཐུད་གཅོད་པ་སོགས་ཉེར་མཁོའི་བྱེད་ཐབས་སྤྱོད་དགོས་པའི་བརྡ་སྦྱོར་གཏོང་དབང་ཡོད། བརྡ་སྦྱོར་གྱི་ནང་དུ་དབང་གནོད་གྲུབ་པའི་ཐོག་མའི་དཔང་རྟགས་དང་ཁེ་དབང་བདག་པོའི་ཐོབ་ཐང་དངོས་ཀྱི་ཆ་འཕྲིན་ཡོད་དགོས།

དྲ་བའི་ཞབས་ཞུ་མགོ་འདོན་བྱེད་མཁན་གྱིས་བརྡ་སྦྱོར་འབྱོར་རྗེས་སུ་བརྡ་སྦྱོར་དེ་དུས་ཐོག་ཏུ་འབྲེལ་ཡོད་ཀྱི་དྲ་སྤྱོད་བདག་པོ་ལ་བརྒྱུད་གཏོང་བྱེད་དགོས་པར་མ་ཟད། དབང་གནོད་གྲུབ་པའི་ཐོག་མའི་དཔང་རྟགས་དང་ཞབས་ཞུའི་རྣམ་གྲངས་གཞིར་བཟུང་ནས་ཉེར་མཁོའི་བྱེད་ཐབས་ཀྱང་སྤྱོད་དགོས། དུས་ཐོག་ཏུ་ཉེར་མཁོའི་བྱེད་ཐབས་མ་སྤྱད་པ་ཡིན་ན། རྒྱ་ཆེ་རུ་ཕྱིན་པའི་གནོད་རྐྱེན་གྱི་ཆར་དྲ་སྤྱོད་བདག་པོ་དེ་དང་ལྷན་དུ་ཞོར་འདྲུད་འགན་འཁྲི་འཁུར་དགོས།

ཁེ་དབང་བདག་པོས་བརྡ་སྦྱོར་ནོར་འཁྲུལ་ཅན་བཏང་བའི་རྐྱེན་གྱིས་དྲ་སྤྱོད་བདག་པོའམ་དྲ་བའི་ཞབས་ཞུ་མགོ་འདོན་བྱེད་མཁན་ལ་གནོད་རྐྱེན་བཟོས་པ་ཡིན་ན། དབང་གནོད་འགན་འཁྲི་འཁུར་དགོས། བཅའ་ཁྲིམས་ཀྱིས་ལོགས་སུ་གཏན་འབེབས་བྱས་ཡོད་པ་ཡིན་ན། དེའི་གཏན་འབེབས་གཞིར་འཛིན་དགོས།

《ཀྲུང་ཧྭ་མི་དམངས་སྤྱི་མཐུན་རྒྱལ་ཁབ་ཀྱི་དམངས་དོན་ཁྲིམས་གཞུང་》གི་དོན་ཚན་ཆིག་སྟོང་ཆིག་བརྒྱ་དང་གོ་དྲུག་པའི་ནང་དུ་གཏན་འབེབས་བྱས་དོན། དྲ་སྤྱོད་བདག་པོ་ལ་བརྒྱུད་གཏོང་བརྡ་སྦྱོར་འབྱོར་རྗེས། དྲ་བའི་ཞབས་ཞུ་མགོ་འདོན་བྱེད་མཁན་ལ་དབང་གནོད་བྱ་སྤྱོད་སྤེལ་མེད་པའི་གསལ་བསྒྲགས་འདོན་སྤྲོད་བྱས་ཆོག གསལ་བསྒྲགས་ནང་དུ་དབང་གནོད་བྱ་སྤྱོད་སྤེལ་མེད་པའི་ཐོག་མའི་དཔང་རྟགས་དང་དེ་བཞིན་དྲ་སྤྱོད་བདག་པོའི་ཐོབ་ཐང་དངོས་ཀྱི་ཆ་འཕྲིན་ཡོད་དགོས།

དྲ་བའི་ཞབས་ཞུ་མཁོ་འདོན་བྱེད་མཁན་ལ་གསལ་བསྒྲགས་འགྱུར་རྗེས། གསལ་བསྒྲགས་དེ་བརྡ་སྒྱུར་གཏོང་མཁན་གྱི་ཁེ་དབང་བདག་པོ་ལ་བརྒྱུད་གཏོང་བྱེད་དགོས་པར་མ་ཟད། ཁོ་ལ་འབྲེལ་ཡོད་སྡེ་ཁག་ལ་ཞུ་གཏུག་བྱས་ཆོག་པའམ་མི་དམངས་ཁྲིམས་ཁང་ལ་གཏུག་བཤེར་བྱས་ཆོག་པའི་གོ་བརྡ་སྤྲོད་དགོས། ཁེ་དབང་བདག་པོ་ལ་བརྒྱུད་གཏོང་གསལ་བསྒྲགས་དེ་འགྱུར་རྗེས་ཀྱི་ལུགས་མཐུན་དུས་བཀག་ནང་དུ། དྲ་བའི་ཞབས་ཞུ་མཁོ་འདོན་བྱེད་མཁན་ལ་ཁེ་དབང་བདག་པོས་ཞུ་གཏུག་གམ་གཏུག་བཤེར་བྱས་ཟིན་པའི་བརྡ་སྒྱུར་མ་འགྱུར་བ་ཡིན་ན། དུས་ཐོག་ཏུ་བྱེད་ཐབས་གང་སྲིད་སྤྱོད་མཚམས་འཛོག་དགོས།

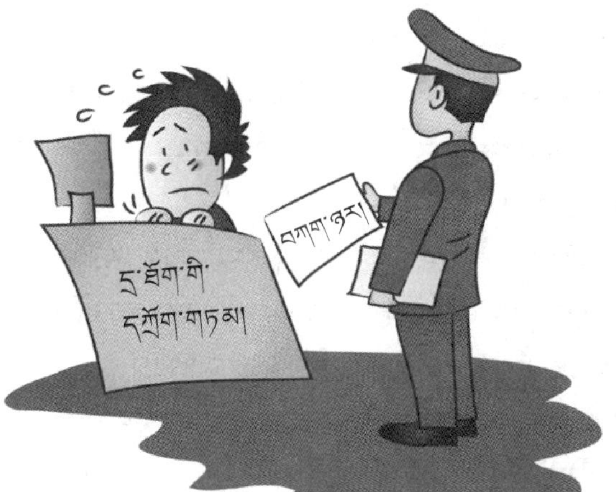

མཐར་ཆ་འཕྲིན་རྫུན་མ་སྤྲོག་སྤེལ་བྱེད་མཁན་དྲ་སྤྱོད་པ་སྤྱི་བདེ་ལས་ཁུངས་ཀྱིས་བཀག་ཉར་བྱས་པ་མ་ཟད། ཁྲིམས་ཁང་གིས་དགོངས་སེལ་ཡི་གེ་ལག་བྲིས་བྱེད་དགོས་པ་དང་། དྲ་རྒྱའི་ཐོག་ནས་ཡོངས་བསྒྲགས་སུ་དགོངས་སེལ་གསལ་བསྒྲགས་སྤེལ་དགོས་པ་ཁྲིམས་གཅོད་བྱས་པ་རེད།

ཁྲིམས་ལུགས་ཁྱབ་གདལ་གྱི་སློབ་ཚན།

1. གང་འདྲ་ཞིག་ལ་དྲ་ཐོག་ཞབས་ཞུ་མཁོ་འདོན་བྱེད་མཁན་ཟེར།

དྲ་ཐོག་ཞབས་ཞུ་མཁོ་འདོན་བྱེད་མཁན་ཟེར་བ་ནི། ཆ་འཕྲིན་དྲ་བ་བརྒྱུད་ནས་སྤྱི་དམངས་ལ་ཆ་འཕྲིན་མཁོ་འདོན་བྱེད་པའམ་ཡང་ན་དྲ་བའི་ཆ་འཕྲིན་ཐོབ་ཆེད་ཞབས་ཞུ་འདོན་སྤྲོད་བྱེད་

པའི་ཚན་པ་ལ་ཟེར། དེའི་ནང་དུ་དྲ་ཐོག་གི་སྒྲིག་བཀོད་དང་། ཆ་འཕྲིན། བར་སྦྲེལ། མཐུད་འདུག་སོགས་ཀྱི་ལག་རྩལ་ཞབས་ཞུ་མཁོ་འདོན་བྱེད་མཁན་གྱི་མི་སྣེར་དང་། དྲ་ཐོག་ཞབས་ཞུའི་ཚོང་པ། དེ་བཞིན་ཁེ་གཉེར་མིན་པའི་རྩ་འཛུགས་བཅས་ཚུད་ཡོད།

2. **དྲ་ཐོག་ནས་དཀྲོག་གཏམ་སྤེལ་བར་ཆད་གཅོད་ཀྱི་ཚད་གཞི་གང་འདྲ་ཡིན།**

(1) 《ཀྲུང་ཧྭ་མི་དམངས་སྤྱི་མཐུན་རྒྱལ་ཁབ་ཀྱི་བདེ་འཇགས་དོ་དམ་ཆད་གཅོད་སྐོར་གྱི་བཅའ་ཁྲིམས་》དོན་ཚན་ཉེར་ལྔའི་ནང་དུ་གཏན་འབེབས་བྱས་དོན། གཤམ་གསལ་གྱི་བྱ་སྤྱོད་ལས་གང་ཞིག་ཡོད་ན། ཉིན་ལྔ་ཡན་ནས་ཉིན་བཅུ་མན་བཀག་ཉར་བྱ་རྒྱུ་དང་། ཉེས་ཆད་སྒོར་ལྔ་བརྒྱ་མན་བཏང་ཆོག ཉེས་ཚབས་ཅུང་ཆུང་བར་ཉིན་ལྔ་མན་གྱི་བཀག་ཉར་བྱ་རྒྱུའམ་ཡང་ན་སྒོར་ལྔ་བརྒྱ་མན་གྱི་དངུལ་ཆད་གཅོད་དགོས།

① དཀྲོག་གཏམ་སྤེལ་བ་དང་། ཉེན་ཆེའི་གནས་ཚུལ་དང་རིམས་ནད་ཀྱི་གནས་ཚུལ། ཉེན་བརྡའི་གནས་ཚུལ་བཅས་རྫུན་ཞུ་བྱས་པའམ། ཡང་ན་བྱ་ཐབས་གཞན་སྤྱད་དེ་སྤྱི་པའི་སྒྲིག་ལམ་རང་བཙུགས་ནས་དཀྲུག་པ།

② འབར་གས་རང་བཞིན་དང་། དུག་སྐྱོན་རང་བཞིན། འཕྲོ་བའི་རང་བཞིན། རྡུལ་བསླད་རང་བཞིན་སོགས་ལྡན་པའི་དངོས་རྫས་རྫུན་མའམ། ཡང་ན་འགོས་ནད་ཀྱི་ནད་དུག་སོགས་དངོས་རྫས་ཉེན་ཁ་ཅན་བཞག་ནས་སྤྱི་པའི་སྒྲིག་ལམ་དཀྲུག་པ།

③ མེ་རྒྱག་པ་དང་། འབར་གས་བཟོ་བ། དངོས་ཟོག་ཉེན་ཁ་ཅན་འཛོག་པ་སོགས་ཀྱི་ཨུད་སྒྲོག་བྱས་ནས་སྤྱི་པའི་སྒྲིག་ལམ་དཀྲུག་པ།

(2)《ཉེས་ཁྲིམས་》ཀྱི་དོན་ཚན་ཉིས་བརྒྱ་དང་གོ་གཅིག་པའི་ནང་དུ་གཏན་འབེབས་བྱས་དོན། ཉེན་ཆེའི་གནས་ཚུལ་དང་། རིམས་ནད་ཀྱི་གནས་ཚུལ། གནོད་འཚེའི་གནས་ཚུལ། ཉེན་བརྡའི་གནས་ཚུལ་བཅས་རྫུན་བཟོ་བྱས་ནས་ཆ་འཕྲིན་དྲ་བའམ་སྨྱུན་སྦྱོར་གཞན་དག་གི་ཐོག་ཏུ་བརྒྱུད་སྤེལ་བྱས་པའམ། ཡང་ན་གོང་གསལ་ཆ་འཕྲིན་རྫུན་མ་ཡིན་པ་ཤེས་བཞིན་དུ་ཆ་འཕྲིན་དྲ་བའམ་སྨྱུན་སྦྱོར་གཞན་དག་གི་ཐོག་ཏུ་བརྒྱུད་སྤེལ་བྱས་ཏེ། སྤྱི་ཚོགས་ཀྱི་སྒྲིག་ལམ་ཚབས་ཆེན་དཀྲུགས་ན། དུས་བཀག་བཙོན་བཅུག་ལོ་གསུམ་མན་དང་། བཙན་ཉར་ལས་བསྒྱུར་བྱ་རྒྱུའམ་རྩིས་སྲོད་དོ་དམ་གྱི་ཉེས་ཆད་གཅོད་རྒྱུ་ཡིན། མཐའ་འབྲས་ངན་པོ་ཚབས་ཆེན་བཟོས་ན་དུས་བཀག་བཙོན་བཅུག་ལོ་གསུམ་ཡན་ནས་ལོ་བདུན་མན་གྱི་ཉེས་ཆད་གཅོད་རྒྱུ་ཡིན།

(3) 《ཉེས་ཁྲིམས་》ཀྱི་དོན་ཚན་ཉིས་བརྒྱ་དང་ཞེ་དྲུག་པའི་ནང་དུ་གཏན་འབེབས་བྱས་དོན། དྲག་ཤུགས་སམ་བྱ་ཐབས་གཞན་ལ་བརྟེན་ནས་འཛེམ་བག་མེད་པར་མི་གཞན་ལ་དམའ་འབེབས་གཏོང་བའམ། ཡང་ན་གནས་ཚུལ་རྫུན་བཟོ་བྱས་ནས་བསྙོན་འཛུགས་བྱས་པ་ཡིན་ན།

ཉེས་ཚབས་ཆེ་བར་དུས་བཀག་བཙོན་བཅུག་ལོ་གསུམ་མན་དང་། བཙན་ཤུར་ལས་བསྒྱུལ། ཐེས་སྐྱོད་དོ་དམ་བཅས་བྱ་རྒྱུའམ་ཡང་ན་ཆབ་སྲིད་ཀྱི་ཁེ་དབང་འཕྲོག་པའི་ཉེས་ཆད་གཅོད་རྒྱུ་ཡིན།

གཉིས། དགེ་རྒན་གྱིས་ལུས་ཆད་གཅོད་པ་དང་ཞེས་རྟུང་བཏང་ན་ཇི་ལྟར་བྱེད་དགོས།

ཉིན་ཞིག་ལོ་བཅུ་བཞི་ལ་སོན་པའི་སློབ་འབྲིང་སློབ་མ་ཞའོ་ཀྱི་ཡིས་རང་སྒྲིང་སློབ་ཚན་སྐབས་སུ་འགྲམ་གྱི་སློབ་གྲོགས་དང་ས་སྨྱུག་འཕྲོག་རེས་བྱས་ནས། གཟབ་གཟབ་མ་བྱུང་བར་སློབ་གྲོགས་དེ་དང་རྟུང་ག་ཤོར་བས་སློབ་གྲོགས་དེའི་སྣ་ནས་ཁྲག་དོན། འཛིན་དཔོན་གྱིས་དོན་དེ་ལོ་རིམ་རིམ་པའི་ཀྲུའུ་རེན་ལི་ལགས་ལ་སྙན་སེང་ཞུས། ལི་ལགས་ཀྱིས་རྒྱུགས་ཡོང་ནས་ཞའོ་ཀྱི་འཇུས་ཏེ་བར་ཁྲམས་སུ་འཁྲིད་ནས། རྐང་རྟུང་ལག་རྟུང་བྱས་པས་ཞའོ་ཀྱི་དེ་གར་ཁ་སུག་ལོག་ནས་མགོ་གྱང་ལ་བརྡུངས།

དེ་རྗེས་དགེ་རྒན་གཞན་ཞིག་གིས་ཞའོ་ཀྱི་ཁྱིམ་དུ་བསྐྱལ་བ་དང་། ཞའོ་ཀྱི་ཁྱིམ་དུ་འཛུལ་མ་ཐག་ཉལ་ཁྲིའི་སྟེང་དུ་དྲན་མེད་དུ་འགྱེལ་བ་རེད། ཉིན་གཉིས་པའི་ཞོགས་པར་ཞའོ་ཀྱི་སྔར་བཞིན་དྲན་པ་མ་སོས་པས་ཕ་མ་དངངས་སྐྲག་སྐྱེས་ཤིང་མྱུར་དུ་བུ་སྨན་ཁང་དུ་བསྐྱལ་ནས་མྱུར་སྐྱོབ་བྱས། སྨན་ཁང་གིས་བརྟག་དཔྱད་བྱས་པ་བརྒྱུད། ཞའོ་ཀྱིའི་མུར་གོང་གཡོན་མ་དང་། ཀ་ལིའི་རྩེ། ལྟག་གོར། སྐྱི་མོ་སྲ་མོའི་ཕྱི་རོལ་བཅས་ལ་ཁྲག་བོར་སྐྱེས་པ་དང་། གཡས་དཔྲལ་དང་། ཀླད་འདབ་ལ་གས་རྨས་ཐེབས་པ། ཀླད་པའི་ནང་དུ་ཁྲག་བོར་སྐྱེས་པ། གཡས་དཔྲལ་གྱི་རུས་རྩེ་ཆག་པ་བཅས་ཤེས་རྟོགས་བྱུང་། མྱུར་སྐྱོབ་བྱས་པ་བརྒྱུད་ཞའོ་ཀྱི་ཡི་ཚེ་སྲོག་མ་ཤོར་ཙམ་བྱུང་བ་རེད།

དེ་རྗེས་ཞའོ་ཀྱི་ཡི་ཕ་མ་གཉིས་པོས་ཁེ་དབང་སྲུང་སྐྱོང་བྱེད་འགོ་ཚུགས་པ་རེད། ཕྱོགས་ཁག་གི་གནོན་ཤུགས་འོག་སློབ་གྲྭས་ལི་ཆེ་གེ་མོར་བཏང་ཁྲལ་སྐྱོན་བརྗོད་དང་ལོ་མཇུག་གི་བྱ་དགའ་མེད་པ་བཟོ་རྒྱུའི་ཆད་པ་བཅད། འོན་ཀྱང་ཞའོ་ཀྱིའི་ཕ་མ་གཉིས་པོས་ཐག་གཅོད་དེར་གདན་ནས་མ་འདོད་པ་རེད། དེ་སྔོན་བཟའ་ཟླ་གཉིས་པོས་སློབ་གྲྭས་གྲོན་དཔྱལ་འགན་འཁུར་དགོས་པའི་རེ་བ་ཐེངས་མང་ཞུས་ཀྱང་འབྲས་བུ་གང་ཡང་བྱུང་མེད།

ཡུན་རིང་མ་སོང་བར། ཞའོ་ཀྱིའི་ཀླད་ཕྱིར་རྨས་སྐྱོན་ཐོག་པའི་ནད་བག་དེ་

ཀླད་རྟུབ་དང་ཀླད་པ་སྙི་འགྱུར་སོགས་སུ་ནད་འགྱུར་བྱུང་སྟེ། ལུས་པོ་རྡིལ་པོ་ཞ་ནས་ཚོར་ཉམས་མེར་གྱུར། ཙ་ཐུག་ཐབས་ཟད་ཀྱི་ཞོའོ་ཀྲིའི་ཕ་མས་སློབ་གྲྭ་དང་ལི་ཆེ་གེ་མོ་གཉིས་མཉམ་དུ་ཁྲིམས་སྐྱོར་བྱས་པ་རེད།

《ཀྲུང་ཧྭ་མི་དམངས་སྤྱི་མཐུན་རྒྱལ་ཁབ་ཀྱི་དམངས་དོན་ཁྲིམས་གཞུང་》གི་དོན་ཚན་ཆིག་སྟོང་ཉིས་བརྒྱ་དང་དང་པོའི་ནང་དུ་གཏན་འབེབས་བྱས་དོན། དམངས་དོན་བྱ་སྤྱོད་སྤེལ་ནུས་མེད་པའི་མིའམ་དམངས་དོན་བྱ་སྤྱོད་སྤེལ་ནུས་ཆོད་འཛིན་བྱས་པའི་མིས་བྱིས་གསོ་ཁང་དང་། སློབ་གྲྭའམ་སློབ་གསོའི་སྒྲིག་གཞི་གཞན་དག་ཏུ་སློབ་སྦྱོང་དང་འཚོ་བ་སྐྱེལ་རིང་དུ། བྱིས་གསོ་ཁང་དང་སློབ་གྲྭའམ་སློབ་གསོའི་སྒྲིག་གཞི་གཞན་དག་བཅས་ལས་གཞན་པའི་ཕྱུང་གསུམ་པས་ཕོའི་མི་ལུས་ལ་གནོད་རྐྱེན་བཟོས་པ་ཡིན་ན། ཕྱུང་གསུམ་པས་དབང་གནོད་འགན་འཁྲི་འཁུར་དགོས་པ་དང་། བྱིས་གསོ་ཁང་དང་སློབ་གྲྭའམ་སློབ་གསོའི་སྒྲིག་གཞི་གཞན་དག་བཅས་ཀྱིས་ཉེ་དམ་བྱེད་འགན་འཁྱོལ་མེད་པ་ཡིན་ན། དེར་མཐུན་གྱི་ཁ་གསབ་འགན་འཁྲི་འཁུར་དགོས། བྱིས་གསོ་ཁང་དང་སློབ་གྲྭའམ་ཡང་ན་སློབ་གསོའི་སྒྲིག་གཞི་གཞན་དག་བཅས་ཀྱིས་ཁ་གསབ་འགན་འཁྲི་ཁུར་རྗེས། ཕྱུང་གསུམ་པར་སྙིན་གསབ་བདའ་འདེད་བྱས་ཆོག

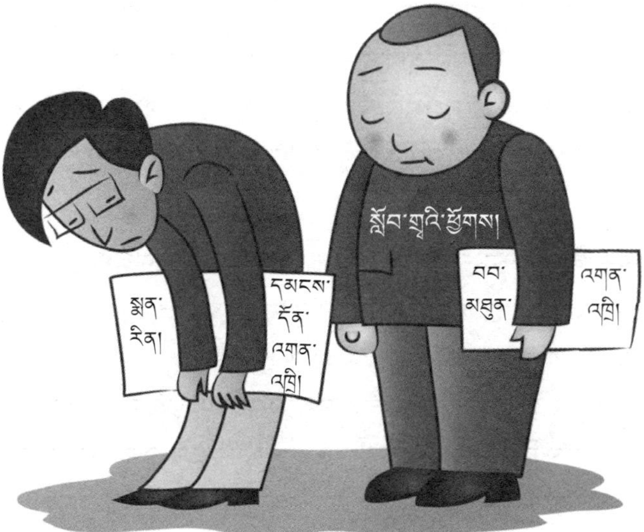

དགོངས་དག་ཐུགས་བདེན།

མཇུག་མཐར་མི་དམངས་ཁྲིམས་ཁང་གིས་ཁྲིམས་ཐག་བཅད་དོན། སློབ་གྲྭ་དང་དགེ་རྒན་ལི་ཆེ་གེ་མོས་ཞའོ་ཀྲི་ལ་སྨན་རིན་དང་། འཚོ་བཅུད་གྲོན་དཔྱ། འཚོ་བའི་གྲོན་དཔྱ་བཅས་ཁྱོན་བསྡོམས་སྒོར་ཁྲི8ལྷག་སྤྲོད་རྒྱུ་བྱས་པ་དང་། དེ་རྗེས་ཡང་དམངས་དོན་སྐྱིན་གསབ་སྒོར་སྟོང་ཕྲག8སྤྲོད་རྒྱུ་ཁ་གསབ་བྱས་པ་རེད།

ལོ་བཅུའི་རྗེས་སུ། ཀན་སུའུ་ཡི་ཁྲིམས་འཛིན་དངོས་དཔང་གསལ་འབྱེད་ཁང་ཞིག་གིས་ཞའོ་ཀྲིའི་རྨས་སྐྱོན་ལ་ཁྲིམས་འཛིན་གསལ་འབྱེད་བྱས་དོན། རྨས་སྐྱོན་ཕོག་ཚད་དེ་རྨས་སྐྱོན་ཚབས་ཆེན་ཁོངས་སུ་གཏོགས་པ་དང་། རིམ་པ་དང་པོའི་རྨས་སྐྱོན་གྱི་ཁོངས་སུ་གཏོགས་ཡོད་པ་རེད། ཞའོ་ཀྲིའི་ཕ་མས་དེར་བརྟེན་ནས་ཡང་བསྐྱར་ཁྲིམས་ཁང་ལ་སློབ་གྲྭ་དང་དགེ་རྒན་ལི་ཆེ་གེ་མོས་སྒོར་ཁྲི200ལྷག་གི་དམངས་དོན་སྐྱིན་གསབ་འཇལ་དགོས་པའི་ཞུ་གཏུག་བཀྱབ་པ་རེད།

ཁྲིམས་ལུགས་ཁྱབ་གདལ་གྱི་སློབ་ཚན།

1. གང་འདྲ་ཞིག་ལ་དམངས་དོན་བྱ་སྤྱོད་སྤེལ་ནུས་མེད་པའི་མི་ཟེར།

《ཀྲུང་ཧྭ་མི་དམངས་སྤྱི་མཐུན་རྒྱལ་ཁབ་ཀྱི་དམངས་དོན་ཁྲིམས་གཞུང་》གི་དོན་ཚན་ཉི་ཤུ་པ་དང་དོན་ཚན་ཉེར་གཅིག་པའི་ནང་དུ་གཏན་འབེབས་བྱས་དོན། ལོ་ཧྲིལ་པོ་བརྒྱད་ལ་སོན་མེད་པའི་ནར་མ་སོན་པའི་མི་ནི་དམངས་དོན་བྱ་སྤྱོད་སྤེལ་ནུས་མེད་པའི་མི་ཡིན་པ་དང་། རང་གི་བྱ་སྤྱོད་ངོས་འཛིན་བྱེད་མི་ཐུབ་པའི་ནར་སོན་པའི་མི་ནི་དམངས་དོན་བྱ་སྤྱོད་སྤེལ་ནུས་མེད་པའི་མི་ཡིན།

2. གང་འདྲ་ཞིག་ལ་དམངས་དོན་བྱ་སྤྱོད་སྤེལ་ནུས་ཚོད་འཛིན་བྱས་པའི་མི་ཟེར།

《ཀྲུང་ཧྭ་མི་དམངས་སྤྱི་མཐུན་རྒྱལ་ཁབ་ཀྱི་དམངས་དོན་ཁྲིམས་གཞུང་》གི་དོན་ཚན་བཅུ་དགུ་པའི་ནང་དུ་གཏན་འབེབས་བྱས་དོན། ལོ་ཧྲིལ་པོ་བརྒྱད་ཡན་གྱི་ནར་མ་སོན་པའི་མི་ནི་དམངས་དོན་བྱ་སྤྱོད་སྤེལ་ནུས་ཚོད་འཛིན་བྱས་པའི་མི་ཡིན་ཞིང་། དེས་དམངས་དོན་བཅའ་ཁྲིམས་བྱ་སྤྱོད་སྤེལ་བར་དེའི་ཁྲིམས་བཀོད་ངོ་ཚབ་པས་ངོ་ཚབ་བྱེད་པའམ་ཡང་ན་དེའི་ཁྲིམས་བཀོད་ངོ་ཚབ་པས་ཁས་ལེན་དང་རྗེས་བྱུང་ཁས་ལེན་བྱེད་དགོས། འོན་ཀྱང་ཁེ་ཕན་འཐོབ་རྒྱུ་ཁོ་ནར་དམིགས་པའི་དམངས་དོན་བཅའ་ཁྲིམས་བྱ་སྤྱོད་དམ་ཡང་ན་དེའི་ན་ཚོད་དང་རིག་སྟོབས

ལ་འཚམ་པའི་དམངས་དོན་བཅའ་ཁྲིམས་བྱ་སྤྱོད་རང་རྩུགས་ཀྱིས་སྤེལ་ཆོག

3. གང་འདྲ་ཞིག་ལ་ཕུང་གསུམ་པ་ཟེར།

ཕུང་གསུམ་པ་ཟེར་བ་ནི་གྱོད་གཞི་དང་ཁེ་གྱོང་གི་འབྲེལ་བ་ཡོད་པའི་མི་ཡིན། ཁེ་གྱོང་གི་འབྲེལ་བ་དེ་རིགས་ལ་གཙོ་བོ་རྣམ་པ་གཉིས་ཡོད་དེ། གཅིག་ནི་ཞུ་སྐྱོར་སྔ་མ་དང་ཞུ་སྐྱོར་ཕྱི་མའི་རྩོད་གླེང་གི་གཏུག་བཤེར་དམིགས་བྱས་ཕུང་གསུམ་པའི་ཁེ་ཕན་ལ་གནོད་འཚེ་ཕོག་པ་དང་། གཉིས་ནི་ཁྲིམས་ཁང་གིས་ཞུ་གཏུག་དེར་ཐག་གཅོད་བྱས་པའི་མཇུག་འབྲས་ཕུང་གསུམ་པར་ཕན་པའམ་གནོད་པའི་ཤུགས་རྐྱེན་ཐེབས་ཀྱི་ཡོད།

4. དོན་རྐྱེན་དེ་རིགས་ལ་ད་དུང་བཅའ་ཁྲིམས་དང་ཁྲིམས་སྲོལ་གྱི་གཞི་འཛིན་ས་གང་དག་ཡོད།

《ཀྲུང་ཧྭ་མི་དམངས་སྤྱི་མཐུན་རྒྱལ་ཁབ་ཀྱི་ནར་མ་སོན་པའི་མི་ལ་སྲུང་སྐྱོབ་བྱེད་ཕྱོགས་སྐོར་གྱི་བཅའ་ཁྲིམས་》ཀྱི་དོན་ཚན་ཉེར་གཅིག་པའི་ནང་དུ་གཏན་འབེབས་བྱས་དོན། སློབ་གྲྭ་དང་། བྱིས་གསོ་ཁང་། བུ་བཙོལ་ཁང་བཅས་ཀྱི་དགེ་རྒན་དང་ལས་བཟོ་པས་ནར་མ་སོན་པའི་མིའི་ཐོབ་ཐང་དང་ལ་རྒྱུར་བརྩི་འཛོག་བྱེད་དགོས་པ་དང་། ནར་མ་སོན་པའི་མིར་ལུས་ཆད་གཅོད་པ་དང་རྣམ་པ་འགྱུར་བའི་ལུས་ཆད་གཅོད་པ། ཡང་ན་མིའི་ཐོབ་ཐང་དང་ལ་རྒྱུར་དམའ་འབེབས་བྱེད་པའི་བྱ་སྤྱོད་གཞན་དག་བཅས་སྤེལ་མི་ཆོག

《སློབ་མར་གནོད་འཚེ་ཕོག་པའི་དོན་རྐྱེན་ཐག་གཅོད་བྱ་ཐབས་》ཀྱི་དོན་ཚན་དགུ་པའི་ཚན་པ་དགུ་པའི་ནང་དུ་གཏན་འབེབས་བྱས་དོན། སློབ་གྲྭའི་དགེ་རྒན་ནམ་ཡང་ན་ལས་མི་གཞན་དག་གིས་སློབ་མར་ལུས་ཆད་གཅོད་པའམ་རྣམ་པ་འགྱུར་བའི་ལུས་ཆད་གཅོད་པ། ཡང་ན་འགན་འཁྲི་ལག་བསྟར་བྱེད་པའི་གོ་རིམ་ཁྲོད་དུ་ལས་དོན་གྱི་བླང་བྱ་དང་། བཀོལ་སྤྱོད་བྱེད་ལུགས། ལས་རིགས་ཀུན་སྤྱོད་དམ་ཡང་ན་འབྲེལ་ཡོད་གཏན་འབེབས་གཞན་བཅས་ནས་འགལ་ན། སློབ་གྲྭས་ཁྲིམས་ལྟར་བབ་མཐུན་གྱི་འགན་འཁྲི་འཁུར་དགོས།

གསུམ། བུ་བཙོལ་ཁང་ནང་དུ་ཕྱི་མིས་གནོད་འཚེ་བཏང་ན་ཇི་ལྟར་བྱེད་དགོས།

ཁྱུང་ཆེ་གེ་མོ་ནི་ལས་སྒྲུག་གཞོན་ནུ་ཞིག་ཡིན་ཞིང་། ཁོ་ཆུང་བའི་དུས་ནས་ཕ་མ་གཉིས་ཁ་བྲལ་བས། ཁྱིམ་ཚང་གི་དྲོ་སྐྱིད་ཡོངས་སྤྱོད་མ་བྱུང་སྟབས་སེམས་ཁམས་སྐྱོན་ཅན་ཞིག་ཆགས་པ་དང་། ད་དུང་ལས་ཀ་ཡང་ཡག་པོ་ཞིག་མ་རྙེད་པས། ཕྱི་ཚོགས་ལ་འཁོན་ལན་སློག་རྒྱུའི་བསམ་བློ་སྐྱེས། ཁོས་དྲ་ཐོག་ནས་རྒྱ་ཆ་ཉོས་པ་དང་ཆིང་དབྱང་ནྲ་རྫས་ཀྱི་གཤེར་གཟུགས་བཟོས།

ཉིན་ཞིག་གི་ཞོགས་པར། ཁྱུང་ཆེ་གེ་མོས་བྱིས་གསོ་ཁང་གི་གྱང་རའི་ལྷུགས་སྐུད་བཅད་ནས་སྒོ་རའི་ནང་དུ་འཛུལ་བ་དང་། གཤེར་གཟུགས་གཡོས་པས་དགེ་སློབ་ཁག་གཅིག་བསྲེག་རྨས་ཐེབས་པ་རེད།

ཉེན་རྟོག་པས་ལམ་སེང་དོན་རྐྱེན་བྱུང་སར་ཡོང་ནས་ཐག་གཅོད་བྱས་པ་དང་། དེ་དང་ཆབས་གཅིག་སྨན་ཁང་ལ་མྱུར་དུ་སྲོག་སྐྱོབ་སྨན་བཅོས་བྱེད་པར་ཡོང་དགོས་པའི་བརྡ་ཐོ་བཏང་བ་རེད། བརྟག་དཔྱད་བྱས་པ་བརྒྱུད། རྨས་སྐྱོན་ཐོག་པའི་དགེ་རྒན3དང་སློབ་མ51ཡོད་པ་དང་། དེའི་ནང་ནད་གཞི་ཡང་བ་མི48དང་། ནད་

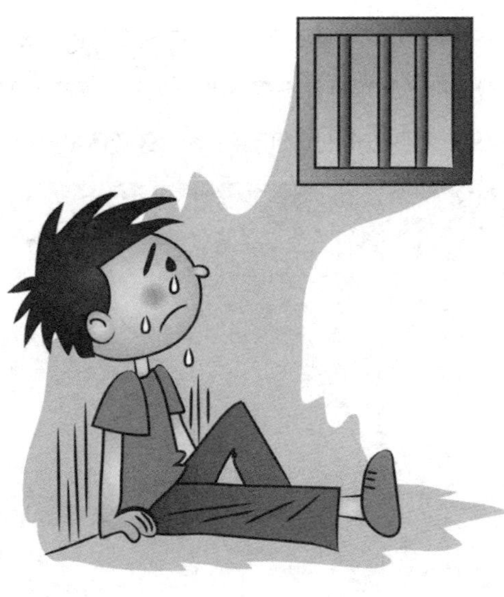

གཞི་འཕྲིད་པ་མི4 ནད་གཞི་ཚབས་ཆེ་བ་མི2བཅས་ཡོད་པ་ཚང་མར་ཚེ་སྲོག་གི་ཉེན་ཁ་མེད་པ་རེད།

《ཀྲུང་ཧྭ་མི་དམངས་སྤྱི་མཐུན་རྒྱལ་ཁབ་ཀྱི་དམངས་དོན་ཁྲིམས་གཞུང་》གི་དོན་ཚན་ཆིག་སྟོང་ཉིས་བརྒྱ་དང་དང་པོའི་ནང་དུ་གཏན་འབེབས་བྱས་དོན། དམངས་དོན་བྱ་སྤྱོད་སྤྱོད་ནུས་མེད་པའི་མིའམ་དམངས་དོན་བྱ་སྤྱོད་སྤེལ་ནུས་ཚོད་འཛིན་བྱས་པའི་མིས་ཕྱིས་གསོ་ཁང་དང་སློབ་གྲྭའམ་སློབ་གསོའི་སྒྲིག་གཞི་གཞན་དག་ཏུ་སློབ་སྦྱོང་དང་འཚོ་བ་སྐྱེལ་རིང་དུ། ཕྱིས་གསོ་ཁང་དང་སློབ་གྲྭའམ་སློབ་གསོའི་ལས་ཁུངས་ཕུད་པའི་ཕྱུང་གསུམ་པས་དེའི་མི་ལུས་ལ་གནོད་འཚེ་བཏང་ན། ཕྱུང་གསུམ་པས་དབང་གནོད་འགན་འཁྲི་འཁུར་དགོས་པ་དང་། ཕྱིས་གསོ་ཁང་དང་སློབ་གྲྭའམ་སློབ་གསོའི་དོ་དམ་བྱེད་འགན་དེར་མཐུན་གྱི་ཁ་གསབ་འགན་འཁྲི་འཁུར་དགོས། ཕྱིས་གསོ་ཁང་དང་སློབ་གྲྭའམ་སློབ་གསོའི་སྒྲིག་གཞི་གཞན་དག་བཅས་ཀྱིས་ཁ་གསབ་འགན་འཁྲི་ཁུར་རྗེས། ཕྱུང་གསུམ་པར་སྐྱིན་གསབ་བདའ་འདེད་བྱས་ཆོག

མཐར་ཁྲིམས་ཁང་གིས་ཁུང་ཆེ་གེ་མོས་དབང་གནོད་འགན་འཁྲི་འཁུར་དགོས་པའི་ཁྲིམས་ཐག་བཅད་པ་དང་དགོས་ངེས་ཀྱི་ཉེས་ཆད་བཅད་པ་རེད།

ཁྲིམས་ལུགས་ཁྱབ་གདལ་གྱི་སློབ་ཚན།

1. གང་ཞིག་ལ་མི་ལུས་ཀྱི་གནོད་འཚེ་ཟེར།

མི་ལུས་ཀྱི་གནོད་འཚེ་ཞེས་པ་ནི་རང་བྱུང་མིའི་ཚེ་སྲོག་དང་། བདེ་ཐང་། ལུས་ཁམས་བཅས་ལ་ཁྲིམས་འགལ་གྱི་གནོད་འཚེ་ཕོག་ནས་རྨས་སྐྱོན་ཕོག་པ་དང་། དབང་པོ་སྐྱོན་ཅན་ཆགས་པ། ཤི་བ། དེ་བཞིན་བསམ་པའི་གནོད་འཚེ་ཕོག་པ་སོགས་ལ་ཟེར།

2. གང་ཞིག་ལ་ཁ་གསབ་ཀྱི་འགན་འཁྲི་ཟེར།

ཁ་གསབ་ཀྱི་འགན་འཁྲི་ཞེས་པ་ནི“འགན་འཁྲི་གཙོ་བོའི་”བསྡོམས་ཟླ་ཡིན་ཞིང་། དེ་ནི་ཁྲིམས་འགལ་གྱི་བྱ་སྤྱོད་སྤེལ་མཁན་གྱིས་སྐྱིན་གསབ་འཛལ་འགན་ཆ་ཚང་འཁུར་མི་ཐུབ་པའི་སྐབས་སུ། དེ་དང་རིས་ཅན་གྱི་འབྲེལ་བ་ཡོད་པའི་དོ་བདག་གིས་ཁྲིམས་ལྟར་རིས་འཛལ་མི་ཐུབ་

པའི་ཆ་དེ་འགག་འགྱུར་བའི་བར་བརྒྱུད་འགག་འཁྲི་ལ་ཟེར།

3. གང་ཞིག་ལ་སྐྱིན་གསབ་བདའ་འདེད་བྱེད་དབང་ཟེར།

སྐྱིན་གསབ་བདའ་འདེད་བྱེད་དབང་ཞེས་པ་ནི་ངེས་གཏན་མེད་པའི་བྱུན་དབང་ཞིག་ཡིན། ཁེ་དབང་དེ་རིགས་ནི་སྔོན་འགྲོའི་ཆ་རྐྱེན་ངེས་ཅན་ཞིག་གི་བཅའ་ཁྲིམས་ཀྱི་འབྲེལ་བ་ལས་བྱུང་བ་ཞིག་ཡིན་པ་དང་། དམངས་དོན་བྱེད་པོ་ངེས་ཅན་ཞིག་ལ་ཆེད་གཏོགས་ཡིན།

འཕྲུལ་སྐྱོལ་འཁོར་ལོའི་འགྲིམ་འགྲུལ་ལས་འཛོལ་གྱི་འགན་འཁྲི།

གཅིག གཞན་གྱི་རླངས་འཁོར་བོགས་གཡར་བྱས་ནས་འགྲིམ་འགྲུལ་ལས་འཛོལ་བྱུང་ཚེ་ཇི་ལྟར་བྱེད་དགོས།

ལིའུ་ཆེ་གེ་མོ་དང་ཞུའི་ཆེ་གེ་མོ་ནི་གྲོགས་པོ་ཡིན་པ་དང་། དཔྱིད་གསར་དུས་ཆེན་གྱི་སྔ་རོལ་དུ། ལིའུ་ཆེ་གེ་མོས་ཞུའི་ཆེ་གེ་མོའི་མིན་པའོ་རླངས་འཁོར་དེ་གཡར་ནས་ཕ་ཡུལ་དུ་ལོག་དགོས་སྐབས། གྲོགས་པོའི་འབྲེལ་བར་བརྟེན་ནས་ཞུའི་ཆེ་གེ་མོས་ཁས་ལེན་བྱས་པ་རེད།

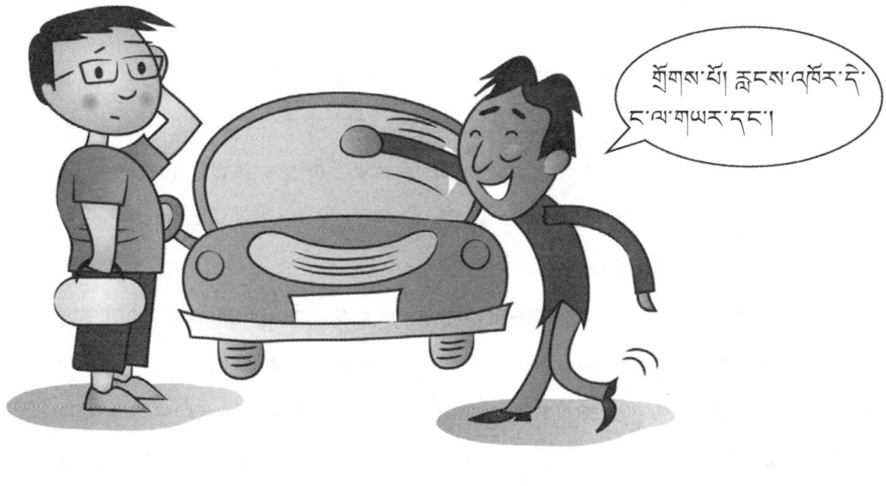

བསམ་ཡུལ་ལས་འདས་པ་ཞིག་ལ་ལིའུ་ཆེ་གེ་མོས་རླངས་འཁོར་བཏང་ནས་ཁྱིམ་དུ་ལོག་པའི་ལམ་བར་དུ། ཁ་སྒྲོད་ནས་ཡོང་བའི་འགྲུལ་སྐྱེལ་རླངས་འཁོར་ཆེན་པོ་ཞིག་དང་རྟུང་ཁ་ཐོར་བ་དང་། ལིའུ་ཆེ་གེ་མོ་དང་བཟའ་ཟླ། བུ་མོ་བཅས་གསུམ་པོ་དེ་གར་རྐྱེན་ལམ་དུ་ཤོར་ཞིང་། ལིའུ་ཆེ་གེ་མོའི་བུ་དང་འགྲུལ་པ་ཁ་ཤས་ལ་རྨས་སྐྱོན་

ཚོག་པ་དང་། རླངས་འཁོར་ཆུང་ཆུང་དེ་ཡང་བེད་མེད་དུ་གྱུར་བ་རེད།

འགྲིམ་འགྲུལ་ཉེན་རྟོག་པས་ངོས་འཛིན་བྱས་དོན། ལས་འཛོལ་བྱུང་སྐབས་ཡིའུ་ཆེ་གེ་མོས་རླངས་འཁོར་བཏང་ནས་ཕ་རོལ་གྱི་འཁོར་ལམ་དུ་བསྐྱོད་པས་འགན་འཁྲི་གཙོ་བོ་འཁུར་དགོས་པ་དང་། འགྲུལ་སྐྱེལ་རླངས་འཁོར་གྱི་ཁ་ལོ་བས་འགན་འཁྲི་ཕལ་པ་འཁུར་དགོས་པ་རེད།

འོན་ཀྱང་ཡིའུ་ཆེ་གེ་མོའི་སྒྱུག་མོ་ལི་ཆེ་གེ་མོས་མེན་པའོ་རླངས་འཁོར་གྱི་བདག་པོ་ཞུའེ་ཆེ་གེ་མོ་ཁྲིམས་ རར་ཞུ་སྐྱོར་བྱས། ཞུའེ་ཆེ་གེ་མོས་འགྲིམ་འགྲུལ་ལས་འཛོལ་དེའི་ཁྲོད་ཀྱི་ཡིའུ་ཆེ་གེ་མོའི་འགན་འཁྲི་འཁུར་དགོས་པ་དང་། ཡིའུ་ཆེ་གེ་མོའི་ཚབ་བྱས་ནས་བཟའ་ཟླ་དང་བུ་མོའི་ཤི་སྐྱོན་གསབ་དངུལ་དང་། འདས་པོའི་རྗེས་འཇུག་གི་འགྲོ་གྲོན། དེ་བཞིན་ལི་ཆེ་གེ་མོའི་འཚོ་བའི་འགྲོ་གྲོན་བཅས་ཁྱོན་བསྡོམས་སྒོར་ཁྲི50ཙམ་འཇལ་དགོས་པའི་རེ་བ་བཏོན་པ་རེད།

《ཀྲུང་ཧྭ་མི་དམངས་སྤྱི་མཐུན་རྒྱལ་ཁབ་ཀྱི་དམངས་དོན་ཁྲིམས་གཞུང་》གི་དོན་ཚན་ཆིག་སྟོང་ཉིས་བརྒྱ་དང་བརྒྱད་པའི་ནང་དུ་གཏན་འབེབས་བྱས་དོན། འཕྲུལ་སྒུལ་འཁོར་ལོར་འགྲིམ་འགྲུལ་ལས་འཛོལ་བྱུང་ནས་གནོད་རྐྱེན་བཟོས་ན་གཞུང་ལམ་འགྲིམ་འགྲུལ་བདེ་འཇགས་སྐོར་གྱི་བཅའ་ཁྲིམས་དང་བཅའ་ཁྲིམས་འདིའི་འབྲེལ་ཡོད་གཏན་འབེབས་ལྟར་སྐྱིན་གསབ་འགན་འཁྲི་འཁུར་དགོས།

《ཀྲུང་ཧྭ་མི་དམངས་སྤྱི་མཐུན་རྒྱལ་ཁབ་ཀྱི་དམངས་དོན་ཁྲིམས་གཞུང་》གི་དོན་ཚན་ཆིག་སྟོང་ཉིས་བརྒྱ་དང་དགུ་པའི་ནང་དུ་གཏན་འབེབས་བྱས་དོན། བོགས་མ་དང་གཡར་བ་སོགས་ཀྱི་གནས་ཚུལ་གྱི་རྐྱེན་གྱིས་འཕྲུལ་སྒུལ་འཁོར་ལོའི་བདག་པོ་དང་དོ་དམ་བྱེད་མི་དང་བཀོལ་སྤྱོད་བྱེད་མི་བཅས་མི་གཅིག་མ་ཡིན་ཚེ། འགྲིམ་འགྲུལ་ལས་འཛོལ་བྱུང་ནས་གནོད་རྐྱེན་བཟོས་ཤིང་། ཁག་འགན་ནི་འཕྲུལ་སྒུལ་འཁོར་ལོའི་ཕྱོགས་ལ་འཁྲི་བ་ཡིན་ན། འཕྲུལ་སྒུལ་འཁོར་ལོ་བཀོལ་སྤྱོད་བྱེད་མིས་སྐྱིན་གསབ་འགན་འཁྲི་འཁུར་དགོས། འཕྲུལ་སྒུལ་འཁོར་ལོའི་བདག་པོ་དང་དོ་དམ་བྱེད་མིར་གནོད་རྐྱེན་བཟོས་པའི་ཐད་དུ་ནོར་འཛོལ་ཡོད་པ་ཡིན་ན། དེར་མཐུན་གྱི་སྐྱིན་གསབ་འགན་འཁྲི་འཁུར་དགོས།

མཐར་ཁྲིམས་ཁང་གིས་ཞུའི་ཆེ་གེ་མོས་སྐྱིན་གསབ་འཇལ་རྒྱུའི་འགན་འཁྲི་འཁུར་མི་དགོས་པའི་ཁྲིམས་ཐག་བཅད་པ་རེད།

ཁྲིམས་ལུགས་ཁྱབ་གདལ་གྱི་སློབ་ཚན།

1. གང་ཞིག་ལ་འཕྲུལ་སྐྱོད་འཁོར་ལོ་ཟེར།

འཕྲུལ་སྐྱུལ་འཁོར་ལོ་ཞེས་པ་ནི་འཕྲུལ་སྐྱུལ་རླངས་འཁོར་གྱི་བསྡུས་མིང་ཡིན། སྤྱིར་བཏང་དུ་རང་ལྡན་སྐྱུལ་ཤུགས་སྒྲིག་ཆས་ཀྱིས་སྐྱུལ་བའམ་འཐེན་པ་དང་། འཁོར་ལམ་མི་དགོས་པར་སྐམ་སའི་ཐོག་ཏུ་བསྐྱོད་ཆོག་པའི་འཁོར་ལོའི་རིགས་ལ་ཟེར། དེའི་ནང་དུ་རླངས་འཁོར་དང་། འདྲུད་འཁོར། ལྕགས་ལམ་མེད་པའི་གློག་འཁོར། ཞིང་སྤྱོད་དབོར་འདྲེན་རླངས་འཁོར། ཐག་ཐག་འཕྲུལ་སྐྱུལ་འཁོར་གསུམ་མ། སྐྱེལ་འདྲེན་བྱེད་པའི་འདྲུད་འཐེན་འཁོར་ལོ། དེ་བཞིན་ཆེད་སྤྱོད་འཕྲུལ་ཆས་འཁོར་ལོ་བཅས་ཚུད་ཡོད།

2. འཕྲུལ་སྐྱུལ་འཁོར་ལོ་ལ་རིགས་གང་དག་ཡོད།

（1）Lརིགས། འཁོར་གཉིས་སམ་འཁོར་གསུམ་གྱི་འཕྲུལ་སྐྱུལ་འཁོར་ལོ།

（2）Mརིགས། ཉུང་མཐར་འཁོར་ལོ་བཞི་ཡོད་ཅིང་། འགྲུལ་པ་ཁུགས་པར་སྤྱོད་པའི་འཕྲུལ་སྐྱུལ་འཁོར་ལོ།

（3）Nརིགས། ཉུང་མཐར་འཁོར་ལོ་བཞི་ཡོད་ཅིང་། དངོས་ཟོག་འདྲེན་པར་བཀོལ་བའི་འཕྲུལ་སྐྱུལ་འཁོར་ལོ།

（4）0རིགས། འདྲུད་འཁོར（འདྲུད་འཁོར་ཕྱེད་ཀའང་ཚུད）

（5）Gརིགས། ཆ་རྐྱེན་ངེས་ཅན་ཚང་བའིMརིགས་དངNརིགས་ཀྱི་བྱེས་བགྲོད་རླངས་འཁོར།

གཉིས། ཚོག་མཚན་མ་ཐོབ་པར་མི་གཞན་གྱི་འཕྲུལ་སྣུལ་འཁོར་ལོ་བཏང་ནས་ལས་འཛོལ་བྱུང་ན། སྲིན་གསབ་སུས་འཇལ་དགོས།

ཉིན་གཅིག་ཞིག་ལ། ལའོ་ཡང་གིས་རླངས་འཁོར་བཏང་ནས་ཁྲིམ་དུ་ཅ་དངོས་སྐྱེལ་བར་སྐྱོད་པ་དང་། ཐོག་ཁང་གི་འོག་ཏུ་རླངས་འཁོར་ཁ་བཀག་རྗེས། ཁོའི་སེམས་ལ་རང་གི་ཁྲིམ་ནི་ཐོག་བརྩེགས་གཉིས་པར་ཡོད་སྟབས། ཅ་དངོས་བསྐྱལ་ནས་ལམ་སེང་མར་བབས་ན་དུས་ཚོད་སྐར་མ་གཉིས་ལས་འགོར་མི་སྲིད་སྙམ་པ་རེད། དེར་བརྟེན་རླངས་འཁོར་གྱི་མེ་བསད་མེད། སྐར་མ་གཉིས་ཀྱི་རྗེས་སུ་ལའོ་ཡང་ཐོག་ཁ་ནས་མར་ཡོང་སྐབས་ཁོ་ཧ་ལས་བརྒྱུག་པ་ཞིག་ལ་རླངས་འཁོར་མཐོང་རྒྱུ་མེད་པར་གྱུར།

ལའོ་ཡང་གིས་ལམ་སེང་ཉེན་ཞུ་བྱས་པས། ཉེན་རྟོག་པས་སྤྱི་ཁྱབ་དང་ལམ་རྒྱུད་ཀྱི་ལྟ་རྟོག་གློག་མིག་ནང་ནས་བཙལ་དཔྱད་བྱས་ཏེ། ལའོ་ཡང་ཐོག་ཁར་འཇོག་མ་ཐག་རླངས་འཁོར་དེ་མི་གཞན་གྱིས་སྤྱི་ཁྱབ་ནས་ཕྱིར་བཏང་བ་དང་། ཉེ་འགྲམ་གྱི་ལམ་བཞི་མདོ་ཁར་གློག་དམར་ལས་བརྒལ་ཏེ་གཡས་ཕྱོགས་ནས་རྒྱུག་ཡོང་བའི་རླངས་འཁོར་ཞིག་དང་རྫུང་ག་ཤོར་ཞིང་། རླངས་འཁོར་གཉིས་ཀ་ལ་སྐྱོན་ཆབས་

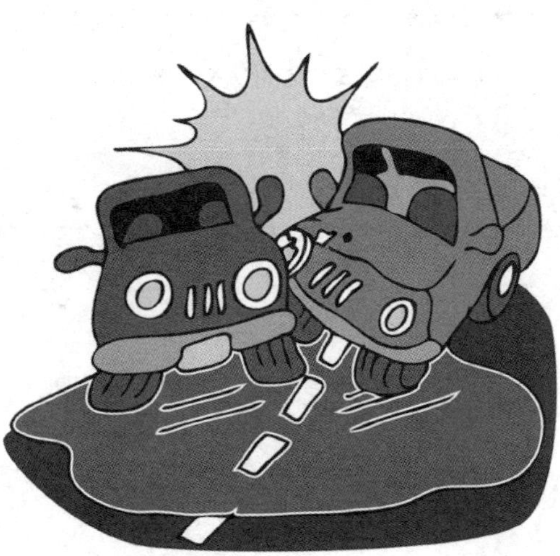

ཆེན་པོ་ཤོར་བ་དང་། ཁ་ཡོ་བ་གཉིས་འཁྲིམ་འགལ་ཉེན་རྟོག་པས་འཁྲིད་སོང་བ་ཞེས་རྟོགས་བྱུང་བ་རེད།

ལའོ་ཡང་གིས་འཁྲིམ་འགལ་ཉེན་རྟོག་ཉ་ཁག་ཏུ་བསྐྱོད་ནས་ལྟ་སྐབས། "རླངས་འཁོར་རྐུ་མཁན"ནི་རང་གི་ངོ་ཤེས་པ་སྡེ་ཁྲུལ་གཅིག་པའི་ཁྲིམ་མཚེས་ཞའོ་ཀྲང་ཡིན་པ་ཤེས། ཞའོ་ཀྲང་ལ་འདྲི་རྩད་བྱས་པས། ཁོས་བཤད་ཚུལ་ལ་རང་ཉིད་ཚལ་ཉོ་བར་འགྲོ་སྐབས། ལའོ་ཡང་གི་རླངས་འཁོར་ཐོག་ཁང་འོག་ཏུ་མི་བསད་མེད་པར་བཞག་པ་དང་དེའི་ནང་མི་མེད་པ་མཐོང་བས། ཁོས་རླངས་འཁོར་གཏོང་ཆོག་པའི་ལག་ཁྱེར་བླངས་མ་ཐག་ཡིན་སྐབས། རླངས་འཁོར་གཏོང་འདོད་ཡོད་པ་དང་། ཚལ་ཉོ་སའི་ཚོང་ར་ཡང་ཐག་མི་རིང་བས། རླངས་འཁོར་བཏང་ནས་གང་མགྱོགས་ཕྱིར་ལོག་དགོས་སྙམ་ནས་རླངས་འཁོར་བཏང་བ་ཡིན་ཟེར། བསམ་ཡུལ་ལས་འདས་པ་ཞིག་ལ་ཁོས་སློག་དམར་ལས་བརྒལ་བ་མ་ཟད། ད་དུང་རླངས་འཁོར་གཞན་དང་རྡུང་ག་ཤོར་བ་རེད།

པན་ཚུན་གྲོས་མོལ་བྱས་ཀྱང་འབྲས་བུ་མ་བྱུང་བས། ཟླ་གཅིག་གི་རྗེས་སུ། གནོད་འཚེ་ཐོག་མཁན་གྱིས་ཞའོ་ཀྲང་དང་ལའོ་ཡང་གཉིས་ཁྲིམས་ཁང་ལ་ཞུ་གཏུག་བརྒྱབ་ནས། ཁོ་གཉིས་ཀྱིས་བཙན་འཁྲི་འགན་བཅོལ་གྱི་སྐྱིན་གསབ་ཕུད་པའི་སྐྱིན་གསབ་གཞན་པ་དག་འཇལ་རྒྱུའི་ཞོར་འབྲུད་འགན་འཁྲི་འཁུར་དགོས་པའི་རེ་བ་བཏོན་པ་རེད།

《ཀྲུང་ཧྭ་མི་དམངས་སྤྱི་མཐུན་རྒྱལ་ཁབ་ཀྱི་དམངས་དོན་ཁྲིམས་གཞུང་》གི་དོན་ཚན་ཆིག་སྟོང་ཉིས་བརྒྱ་དང་བཅུ་གཉིས་པའི་ནང་དུ་གཏན་འབེབས་བྱས་དོན། ཆོག་མཆན་མ་ཐོབ་པར་མི་གཞན་པའི་འཕྲུལ་སྒུལ་འཁོར་ལོ་བཏང་སྟེ་འཁྲིམ་འགལ་ལས་འཛོལ་བྱུང་ནས་གནོད་རྐྱེན་བཟོས་ཤིང་། ཁག་འགན་ནི་འཕྲུལ་སྒུལ་འཁོར་ལོའི་ཕྱོགས་ལ་འཁྲི་བ་ཡིན་ན། འཕྲུལ་སྒུལ་འཁོར་ལོ་བཀོལ་སྤྱོད་བྱེད་མིས་སྐྱིན་གསབ་འགན་འཁྲི་འཁུར་དགོས། འཕྲུལ་སྒུལ་འཁོར་ལོའི་བདག་པོ་དང་དོ་དམ་བྱེད་མིར་གནོད་རྐྱེན་བཟོས་པའི་ཐད་དུ་ནོར་འཛོལ་ཡོད་པ་ཡིན་ན། དེར་མཐུན་གྱི་སྐྱིན་གསབ་འགན་འཁྲི་འཁུར་དགོས། ཡིན་ན་ཡང་ལེའུ་

འདིར་ལོགས་སུ་གཏན་འབེབས་བྱས་ཡོད་པ་འདིའི་ཁོངས་སུ་མི་ཚུད།

ཁྲིམས་ཁང་གིས་ཞིབ་དཔྱོད་བྱས་པ་བརྒྱུད་མཐར་ལའོ་ཡང་གིས་བཙན་འཁྲི་འགན་བཅོལ་གྱི་སྐྱིན་གསབ་འཇལ་རྗེས་ཀྱི་ལྷག་མའི་ཆ་ཤས20%སྐྱིན་གསབ་འཇལ་བའི་འགན་འཁྲི་འཁུར་དགོས་པ་དང་། དེ་བྱིངས་ཞའོ་ཀྲང་གིས་སྐྱིན་གསབ་འཇལ་དགོས་པའི་ཁྲིམས་ཐག་བཅད་པ་རེད།

ཁྲིམས་ལུགས་ཁྲབ་གདལ་གྱི་སློབ་ཚན།

འཕྲུལ་སྐྱུལ་འཁོར་ལོ་བཟོ་བཅོས་རྒྱག་སྐབས་མི་གཞན་གྱིས་གང་ཟུང་དུ་བེད་སྤྱོད་བཏང་ན། སྐྱིན་གསབ་སྤྲོད་རྒྱུར་འགན་ཁུར་མི་སུ་ཞིག་ལ་གཏན་འཁེལ་བྱེད་དགོས།

《དམངས་དོན་ཁྲིམས་གཞུང་》གི་དོན་ཚན་ཆིག་སྟོང་ཉིས་བརྒྱ་བཅུ་མེད་དགུའི་ནང་དུ་གཏན་འབེབས་བྱས་དོན། བོགས་མ་གཏོང་བ་དང་གཡར་བ་སོགས་ཀྱི་གནས་ཚུལ་གྱི་རྐྱེན་པས་འཕྲུལ་སྐྱུལ་འཁོར་ལོའི་བདག་པོ་དང་། དོ་དམ་པ། བཀོལ་སྤྱོད་པ་བཅས་མི་གཅིག་མ་ཡིན་པར། འགྲིམ་འགྲུལ་ལས་འཛོལ་བྱུང་ནས་གྱོང་གུད་ཐོག་པ་དང་། འཕྲུལ་སྐྱུལ་འཁོར་ལོའི་ཕྱོགས་ཀྱི་འགན་འཁྲི་ཡིན་ན། འཕྲུལ་སྐྱུལ་འཁོར་ལོ་བེད་སྤྱོད་བྱེད་མཁན་གྱིས་སྐྱིན་གསབ་འཇལ་རྒྱུའི་འགན་འཁྲི་འཁུར་དགོས། འཕྲུལ་སྐྱུལ་འཁོར་ལོའི་བདག་པོ་དང་དོ་དམ་པར་ལས་འཛོལ་བྱུང་བའི་ཐད་ནོར་འཁྲུལ་ཡོད་ན། དེ་མཚུངས་ཀྱི་སྐྱིན་གསབ་འཇལ་རྒྱུའི་འགན་འཁྲི་འཁུར་དགོས།

འཕྲུལ་སྐྱུལ་འཁོར་ལོ་བཟོ་བཅོས་རྒྱག་སྐབས། གལ་ཏེ་བཟོ་བཅོས་རྒྱག་མཁན་གྱིས་གང་འདོད་དུ་བེད་སྤྱོད་བྱས་པའམ། ཡང་ན་བཟོ་བཅོས་བཟོ་པས་གང་འདོད་དུ་མི་གཞན་ལ་གཡར་ནས་བེད་སྤྱོད་བྱས་པ་སོགས་ཀྱི་གནས་ཚུལ་ལས་བྱུང་བའི་གྱོང་གུད་ཀྱི་སྐྱིན་གསབ་འཇལ་དགོས་ན། འཕྲུལ་སྐྱུལ་འཁོར་ལོའི་བདག་པོས་ཕྱིར་སྐྱིན་གསབ་འཇལ་རྒྱུའི་འགན་འཁྲི་འཁུར་མི་དགོས། རྒྱུ་མཚན་ནི་སྐབས་དེར་བདག་པོས་འཕྲུལ་སྐྱུལ་འཁོར་ལོ་དེར་དོ་དམ་དང་བཀོལ་སྤྱོད་བྱ་ཐབས་གཏན་ནས་མེད་པ་མ་ཟད། འཕྲུལ་སྐྱུལ་འཁོར་ལོའི་བདག་པོ་དེ་འགྲིམ་འགྲུལ་ལས་འཛོལ་བྱུང་སྐབས་འཕྲུལ་སྐྱུལ་འཁོར་ལོ་སྤྱོད་མཁན་གྱི་ཁེ་ཕན་ཐོབ་མཁན་ཀྱང་མ་ཡིན།

གསུམ། གཞན་གྱི་འཕྲུལ་འཁོར་གཡོ་སྐྱོད་བྱས་ཏེ་འཕྲིམ་འགྱུལ་ལས་འཛོལ་བྱུང་ན་ཇི་ལྟར་བྱེད་དགོས།

ཉིན་ཞིག་གི་ཕྱི་དྲོར། ཞི་ཆེ་གེ་མོས་སྟག་སྟག་བཏང་ནས་ཉུབ་ནས་ཤར་དུ་སྐྱོད་སྐབས། སློབ་ཆུང་ཞིག་གི་སྒོ་འགྲམ་དུ་སྟག་སྟག་གཞན་ཞིག་དང་ཐུང་ག་ཤོར་ནས། སྟག་སྟག་གཉིས་ཀར་ཚད་གཞི་མི་འདྲ་བའི་ཆག་སྐྱོན་ཐེབས་པ་རེད། ཆག་སྒོ་སློང་མཁན་སྟག་སྟག་གི་ཁ་ལོ་བས་སྟག་སྟག་བསྐྱུར་ནས་བྲོས་པ་དང་། ཞི་ཆེ་གེ་མོར་རྨས་སྐྱོན་ཕོག་ཡོད་པས་ལམ་འགྲོ་བས་སྨན་ཁང་དུ་བསྐྱལ། གྲོང་ཁྱེར་ག་གེ་མོའི་སྤྱི་བདེ་ཐུས་ཀྱི་འཕྲིམ་འགྱུལ་ཉེན་རྟོག་ཉ་ཆེན་གྱིས་ངོས་འཛིན་བྱས་པ་ལྟར་ན། ཆག་སྒོ་སློང་མཁན་སྟག་སྟག་གི་ཁ་ལོ་བས་ཆག་སྒོ་བསླངས་ནས་བྲོས་ཕྱིན་སྐབས། འཕྲིམ་འགྱུལ་ལས་འཛོལ་གྱི་འགན་འཁྲི་ཆ་ཚང་འཁུར་དགོས་པ་རེད།

འོན་ཀྱང་། ཆག་སྒོ་སློང་མཁན་གྱི་སྟག་སྟག་དེ་ནི་བརྐུས་ཡོང་བ་ཡིན་པ་དང་། སྟག་སྟག་གི་བདག་པོ་ཀྲའོ་ཆེ་གེ་མོས་འཕྲིམ་འགྱུལ་ལས་འཛོལ་བྱུང་བའི་ཉིན་དེའི་སྔ་དྲོར་སྟག་སྟག་བོར་བརླག་སོང་བ་ཤེས་པས། དེ་མ་ཐག་སྤྱི་བདེ་ལས་ཁུངས་ལ་སྙན་སེང་ཞུས་པ་རེད། སྤྱི་བདེ་ལས་ཁུངས་ཀྱིས་གྲོད་གཞི་ཐོ་འགོད་བྱས་ནས་སྨྱུལ་ཞིབ་བྱས་མོད། གྲོད་དོན་དེ་ད་དུང་ཐག་ཆོད་མེད། ཞི་ཆེ་གེ་མོའི་མགོ་ལ་རྨས་སྐྱོན་ཚབས་ཆེན་ཕོག་པས་སྔ་རྗེས་སུ་སྨན་ཁང་དུ་ཐེངས་གཉིས་བསྡད་ནས་སྨན་བཅོས་

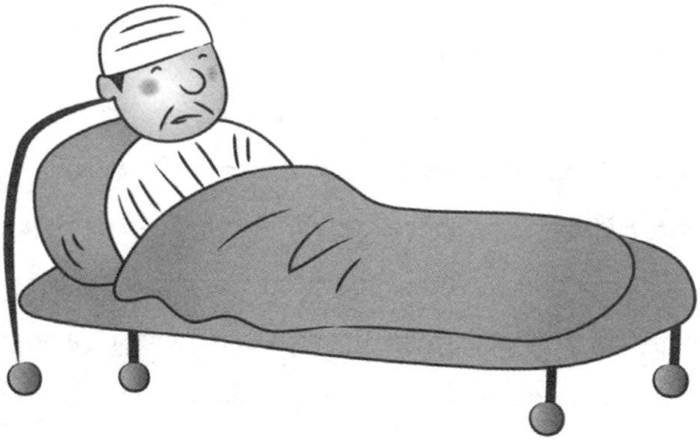

བྱས་པ་དང་། སྨན་རིན་ཏ་ལམ་སྒོར་ཁྲི6ཙམ་ཕྱིན་པ་རེད།

ཞི་ཆེ་གེ་མོས་སྨན་བཅོས་ཡུན་རིང་བྱེད་དགོས་སྐབས། ལས་ཀ་མང་པོ་ཞིག་འཐུས་ཤོར་སོང་ཡོད། དེས་མ་ཟད་ཕྱིས་སུ་ཕོ་ད་ལྟའི་ལས་གནས་ནས་གཞན་ལ་བརྗེ་དགོས་སྲིད་པས། ལས་ཀའི་མདུན་ལམ་ལ་འགོག་རྐྱེན་ཆེན་པོ་བཟོས་སྐབས་ཕོ་བློ་བདེ་པོ་གཏན་ནས་མ་བྱུང་བ་རེད།

ཞི་ཆེ་གེ་མོས་ཆག་སྒོ་སློང་མཁན་གྱི་ཁ་ལོ་བ་མ་རྙེད་སྐབས། ཁྲིམས་ཁང་ལ་ཞུ་གཏུག་བརྒྱབ་ནས་སྦག་སྦག་གི་བདག་པོ་ཀྲའོ་ཆེ་གེ་མོས་ཕོ་ལ་སྨན་ཡོན་སྤྲོད་དགོས་པའི་རེ་བ་བཏོན། ཀྲའོ་ཆེ་གེ་མོའི་བསམ་པར་འཁྲིམ་འགྲུལ་ལས་འཛོལ་དེ་སྦག་སྦག་རྐུ་མཁན་གྱིས་བཟོས་པ་ཡིན་པས། རང་ཉིད་དང་འབྲེལ་བ་མེད་ལ། གནོད་འཚེ་ཕོག་མཁན་ལ་གུན་གསབ་སྤྲོད་རྒྱུའི་འགན་འཁྲི་འཁུར་མི་དགོས་སྙམ།

《ཀྲུང་ཧྭ་མི་དམངས་སྤྱི་མཐུན་རྒྱལ་ཁབ་ཀྱི་དམངས་དོན་ཁྲིམས་གཞུང་》གི་དོན་ཚན་ཆིག་སྟོང་ཉིས་བརྒྱ་དང་བཅོ་ལྔ་པའི་ནང་དུ་གཏན་འབེབས་བྱས་དོན། བརྐུས་པ་དང་འཕྲོག་པའམ་ཐག་བརྒྱབ་པའི་འཕྲུལ་སྒུལ་འཁོར་ལོར་འཁྲིམ་འགྲུལ་ལས་འཛོལ་བྱུང་ནས་གནོད་རྐྱེན་བཟོས་པ་ཡིན་ན། རྐུན་མ་དང་འཕྲོག་མིའམ་ཐག་པས་སྐྱིན་གསབ་འགན་འཁྲི་འཁུར་དགོས། རྐུན་མ་དང་འཕྲོག་མིའམ་ཐག་པ་བཅས་འཕྲུལ་སྒུལ་འཁོར་ལོ་བཀོལ་སྤྱོད་བྱེད་མི་དང་མི་གཅིག་མིན་པ་དང་། འཕྲུལ་སྒུལ་འཁོར་ལོར་འཁྲིམ་འགྲུལ་ལས་འཛོལ་བྱུང་ནས་གནོད་རྐྱེན་བཟོས་ཤིང་། ཁག་འགན་ནི་འཕྲུལ་སྒུལ་འཁོར་ལོའི་ཕྱོགས་ལ་འཁྲི་ན། རྐུན་མ་དང་འཕྲོགས་མིའམ་ཐག་པ་བཅས་དང་འཕྲུལ་སྒུལ་འཁོར་ལོ་བཀོལ་སྤྱོད་བྱེད་མིས་མཉམ་དུ་ཞོར་འདྲུད་འགན་འཁྲི་འཁུར་དགོས།

འགན་བཅོལ་འཛིན་མིས་འཕྲུལ་སྒུལ་འཁོར་ལོའི་བཙན་འཁྲི་འགན་བཅོལ་གྱི་འགན་འཁྲིའི་བཅད་གྲངས་ཀྱི་ཁྱབ་ཁོངས་ནང་དུ་སྔུར་སྐྱོབ་འགྲོ་གྲོན་སྔ་འདོན་བྱས་པ་ཡིན་ན། འཁྲིམ་འགྲུལ་ལས་འཛོལ་གྱི་འགན་འཁྲི་འཁུར་མི་ལ་སྐྱིན་གསབ་བདའ་འདེད་བྱས་ཆོག

《ཀྲུང་ཧྭ་མི་དམངས་སྤྱི་མཐུན་རྒྱལ་ཁབ་ཀྱི་དམངས་དོན་ཁྲིམས་གཞུང་》གི་དོན་ཚན་ཆིག་སྟོང་ཉིས་བརྒྱ་དང་བཅུ་དྲུག་པའི་ནང་དུ་གཏན་འབེབས་བྱས་དོན། འཕྲུལ་སྒུལ་འཁོར་ལོའི་ཁ་ལོ་བ་འཁྲིམ་འགྲུལ་ལས་འཛོལ་བྱུང་རྗེས་བྲོས་བྱོལ་བྱས་པ་དང་། འཕྲུལ་སྒུལ་འཁོར་

ལོ་དེར་བཙན་འབྲི་འགན་བཅོལ་བཞག་ཡོད་ན། འགན་བཅོལ་འཛིན་མིས་འཕྲུལ་སྒྲུལ་འཁོར་ལོའི་བཙན་འབྲི་འགན་བཅོལ་གྱི་འགན་འབྲིའི་བཅད་གྲངས་ཀྱི་ཁྱབ་ཁོངས་ནང་དུ་སྐྱིན་གསབ་བྱེད་དགོས། འཕྲུལ་སྒྲུལ་འཁོར་ལོའི་གནས་ཚུལ་མི་གསལ་བའམ་འཕྲུལ་སྒྲུལ་འཁོར་ལོ་དེར་བཙན་འབྲི་འགན་བཅོལ་བཞག་མེད་པའམ། ཡང་ན་སྨྱུར་སྐྱོབ་འགྲོ་གྲོན་དེ་འཕྲུལ་སྒྲུལ་འཁོར་ལོའི་བཙན་འབྲི་འགན་བཅོལ་གྱི་འགན་འབྲིའི་བཅད་གྲངས་ཀྱི་ཁྱབ་ཁོངས་ལས་བརྒལ་བ་ན། དབང་གནོད་ཕོག་མི་ལ་མི་ལུས་ཤི་རྨས་ཀྱི་སྨྱུར་སྐྱོབ་དང་འདས་འཇུག་སོགས་ཀྱི་འགྲོ་གྲོན་གཏོང་དགོས་པ་ཡོད་ན། གཞུང་ལམ་འགྲིམ་འགྲུལ་དོན་རྐྱེན་གྱི་སྤྱི་ཚོགས་རོགས་སྐྱོབ་ཐེབས་རྩས་སྔ་འདོན་བྱེད་དགོས། གཞུང་ལམ་འགྲིམ་འགྲུལ་ལས་འཛོལ་གྱི་སྤྱི་ཚོགས་རོགས་སྐྱོབ་ཐེབས་རྩས་སྔ་འདོན་བྱས་རྗེས། དེའི་དོ་དམ་ལས་ཁུངས་ཀྱིས་འགྲིམ་འགྲུལ་ལས་འཛོལ་གྱི་འགན་འབྲི་འབྱུར་མི་ལ་སྐྱིན་ཚབ་བདའ་འདེད་བྱས་ཆོག

མི་དམངས་ཁྲིམས་ཁང་གིས་ཞིབ་བཤེར་བྱས་པ་བརྒྱུད་ངོས་འཛིན་བྱས་དོན། ཞེ་ཆེ་གེ་མོའི་རྨས་སྐྱོན་ནི་འགྲིམ་འགྲུལ་ལས་འཛོལ་ལས་བྱུང་བ་དང་། ལས་འཛོལ་བཟོ་མཁན་བྲོས་བྱོལ་དུ་ཕྱིན་པས། ལས་འཛོལ་བཟོ་མཁན་གྱིས་འགྲིམ་འགྲུལ་དོན་རྐྱེན་དེའི་འགན་འབྲི་ཡོངས་རྫོགས་འཁུར་དགོས་ཤིང་། ཞེ་ལགས་ཀྱི་མི་ལུས་ལ་གནོད་འཚེ་བཏང་བར་ཡང་སྐྱིན་གསབ་འཇལ་དགོས། སྦག་སྦག་གི་བདག་པོ་ཀྲའོ་ཆེ་གེ་མོས་དགོས་ངེས་ཀྱི་དོ་སྣང་བྱེད་དགོས་པའི་འོས་འགན་འཁུར་ཟིན་པས། སྦག་སྦག་པོར་བརླག་སོང་བར་འགན་འབྲི་འཁུར་མི་དགོས་ལ། སྦག་སྦག་པོར་བརླག་སོང་རྗེས་འགྲིམ་འགྲུལ་དོན་རྐྱེན་བྱུང་བ་བདག་པོས་ཚོད་འཛིན་མི་ཐུབ་པས། བདག་པོས་དེ་ལ་འགན་འབྲི་འཁུར་མི་དགོས།

ཁྲིམས་ལུགས་ཁྱབ་གདལ་གྱི་སློབ་ཚན།

1. འཕྲུལ་སྒྲུལ་འཁོར་ལོ་གཏོང་རྒྱུའི་ལག་ཁྱེར་ལེན་མི་ཆོག་པའི་རིགས་གང་དག་ཡོད།

（1）དབང་རྟེན་སྙིང་ནད་དང་། བརྒྱལ་གཟེར་ནད། མེ་ཉེར་རྫི་ནད། མགོ་ཡུ་འཁོར་བའི་ནད། སྨྱོ་བྱེད་ནད། ཕ་ཅིན་སེན་ནད། སྙིང་རླུང་ནད། གླིན་ནད། དེ་བཞིན་རྐང་ལག་འགྱུལ་སྐྱོད་བྱེད་མི་བདེ་བའི་དབང་རྩའི་མ་ལག་གི་ནད་སོགས་དང་དེ་བཞིན་འཕྲུལ་འཁོར་བདེ་འཇགས་དང་

གཏོང་བར་འགོག་རྐྱེན་བཟོ་བའི་ནད་བཅས་ཡོད་པ།

（2）དུག་རྫས་འཛིན་པ་དང་། ཁབ་རྒྱག་པ། དུས་ཡུན་རིང་པོར་ཞེན་ཆགས་ཅན་གྱི་ཀླད་རྩའི་སྨན་རྫས་འབྱུང་ནས་དབྱིངས་ཞུགས་ཏེ་གཅོད་མ་ཐུབ་པ།

（3）འཕྲུལ་སྣུལ་འཁོར་ལོ་གཏོང་ཆོག་པའི་ལག་ཁྱེར་ཕྱིར་བསྡུས་བྱས་ནས་དུས་ཡུན་ལོ་གཉིས་མ་ཟིན་པ།

（4）འགྲིམ་འགྲུལ་ལས་འཛོལ་བཟོས་རྗེས་བྲོས་བྱོལ་བྱིན་ནས་འཕྲུལ་སྣུལ་འཁོར་ལོ་གཏོང་བའི་ལག་ཁྱེར་ཕྱིར་བསྡུས་པ།

（5）འཕྲུལ་འཁོར་གཏོང་ཆོག་པའི་ཆོག་མཆན་ཁྲིམས་ལྡར་རྩིས་མེད་དུ་བཏང་ནས་དུས་ཚོད་ལོ་གསུམ་མ་ཟིན་པ།

（6）བཙའ་ཁྲིམས་དང་སྲིད་འཛིན་ཁྲིམས་སྲོལ་གྱིས་གཏན་འབེབས་བྱས་པའི་གནས་ཚུལ་གཞན་དག་ཡོད་པ།

2. **ཏང་བཙུགས་ནས་མི་གཞན་གྱི་རླངས་འཁོར་ལ་གཏོར་བཤིག་བཏང་ན་བཅའ་ཁྲིམས་ཀྱི་འགན་འཁྲི་གང་ཞིག་འཁུར་དགོས།**

མི་གཞན་གྱི་འཕྲུལ་སྣུལ་འཁོར་ལོ་ལ་གཏོར་བཤིག་བཏང་བ་ནི་ཏང་བཙུགས་ནས་མི་གཞན་གྱི་རྒྱུ་ནོར་ལ་གཏོར་བཤིག་གཏོང་བའི་བྱ་སྤྱོད་ཡིན་པས། བཅའ་ཁྲིམས་ཀྱི་འགན་འཁྲི་གཤམ་གསལ་དག་འཁུར་དགོས།

（1）གནོད་འཚེ་ཕོག་མཁན་ལ་དཔལ་འབྱོར་གྱོང་གུན་ཕོག་པར་སྐྱིན་གསབ་སྤྲོད་དགོས། དེའི་ནང་དུ་རླངས་འཁོར་བཟོ་བཅོས་རྒྱག་པའི་འགྲོ་གྲོན་དང་སྐྱེལ་འདྲེན་མཚམས་བཞག་པའི་གྱོང་གུན་སོགས་ཚུད་ཡོད།

（2）སྒྱི་བདེ་ལས་ཁུངས་ཀྱིས་བདེ་འཇགས་དོ་དམ་གྱི་ཆད་པ་གཅོད་ཆོག

（3）གྲངས་འབོར་ཅུང་ཆེ་བ（སྒྱིར་སྒོར5000ཡན）ཡིན་ན། ཉེས་གསོག་དོགས་གཞི་ཡོད་པས། ཁྲིམས་ལྡར་ཉེས་དོན་འགན་འཁྲི་རྩད་གཅོད་བྱེད་དགོས།

ཉེན་ཁ་ཆེན་པོའི་ལགན་འཁྲི།

གཅིག ཚོག་སྡུག་གིས་རྣམ་སྨིན་བཟོས་ན་སྨིན་གསབ་སྒུས་སྤྱོད་དགོས།

ཉེན་གྱུང་ཞིག་ལ། ཞུས་ཆེ་གེ་མོས་ཁང་གསོལ་རྟེན་འབྲེལ་བྱེད་ཆེད། གཉེན་ཉེ་དང་གྲོགས་པོ་གདན་འདྲེན་ཞུས་ནས་ཏུའུ་ཆེ་གེ་མོས་གཉེར་བའི་གསོལ་མགྲོན་ཁང་དུ་སྟོན་མོ་ཆེན་པོ་ཞིག་བཤམས་པ་དང་། གསོལ་མགྲོན་ཁང་གི་སྒོ་འགྲམ་དུ་བཀྲ་ཤིས་མཚོན་བྱེད་ཚོག་སྡུག་ཀྱང་བརྒྱབ་པ་རེད།

སྐབས་དེར་མཐོ་རིམ་གསུམ་པའི་སློབ་མ་སློབ་ཚན་གྲོལ་བ་དང་ཏག་ཏག་སྐབས་འཁེལ་བས། ལོ་བཅོ་བརྒྱད་ལ་སོན་པའི་སུན་ཆེ་གེ་མོ་གསོལ་མགྲོན་ཁང་གི་སྒོ་འགྲམ་བརྒྱུད་ནས་བསྐྱོད་སྐབས་ཚོག་སྡུག་ཁོའི་མིག་ལ་ཡར་ནས་མིག་གཡོན་པར་རྨས་སྐྱོན་ཤོར། ཁོ་དང་མཉམ་དུ་འགྲོ་མཁན་སློབ་གྲོགས་ཚོས་མགྱོགས་མྱུར་སུན་ཆེ་གེ་མོ་ཛོང་མི་དམངས་སྨན་ཁང་དུ་བསྐྱལ་བ་དང་། སྨན་པས་བརྟག་དཔྱད་བྱས་པ་བརྒྱུད། སུན་ཆེ་གེ་མོའི་མིག་སྤྲགས་གཡོན་མར་གས་རྨས་ཐེབས་པ་དང་། ཚུ་བསགས་པ། མིག་སྐྱི་ལ་རྙོག་ཛོབ་ཕྲན་བུ་ཡོད་པ། འཇའ་སྐྱི་རྩ་བ་ཆད་པ། བར་མཚམས་ལ་ཁྲག་བསགས་པ། མིག་གི་གཏིང་གསལ་པོ་མཐོང་གི་མེད་པ་བཅས་རྟོགས་པ་རེད།

ཉིན་གཉིས་པར། སྨན་པའི་བསམ་འཆར་ལྟར། སུན་ཆེ་གེ་མོས་ཞིང་ཆེན་གྱི་ཝེར་གཏོགས་སྨན་ཁང་གཉིས་པར་བསྒྱུར་ནས་སྨན་བཅོས་བྱས་པ་རེད། ཕྱིས་སུ་མིག་གཡོན་མའི་སྐྱ་ཤྲིབ་སྐོགས་ཤུན་བཅད་ལེན་གཤགས་བཅོས་བརྒྱབ་པ་དང་། མིས་བཟོས་ཤེལ་གཟུགས་བཙུག་པ། དེ་མིན་འཇའ་སྐྱིའི་རྩ་བ་སླར་གསོ་བཅས་བྱས་པ་རེད། སྨན་ཁང་ནས་ཕྱིར་ཐོན་སྐབས་མིག་གཡོན་པའི་མཐོང་ནུས0.5ལས་མེད་པ་རེད། སུན་

ལགས་སྨན་ཁང་དུ་ཕྱིན་བསྐོམས་ཉིན34བསྡད་པ་དང་། དེའི་རིང་སྨན་རིན་ཕྱིན་བསྐོམས་སྒོར5660.8དང་། ལམ་གྲོན་སྒོར298གཏོང་དགོས་བྱུང་བ་རེད།

ཁྲིམས་དཔྱད་སྨན་པས་ཞིབ་བཤེར་བྱས་པ་བརྒྱུད། སུན་ཚེ་གེ་མོར་རྨས་སྐྱོན་ཕོག་ཚད་རིམ་པ་བཅུ་པའི་སྐྱོན་ཅན་ཆགས་པ་གསལ་འབྱེད་བྱས།

《ཀྲུང་ཧྭ་མི་དམངས་སྤྱི་མཐུན་རྒྱལ་ཁབ་ཀྱི་དམངས་དོན་ཁྲིམས་གཞུང་》གི་དོན་ཚན་ཆིག་སྟོང་ཉིས་བརྒྱ་དང་སོ་དགུ་པའི་ནང་དུ་གཏན་འབེབས་བྱས་དོན། འབར་སླ་བ་དང་། གས་སླ་བ། དུག་དྲག་པོ། འཕྲོ་འགྱེད་རང་བཞིན་ཆེ་བ། ཉལ་རྐྱེན་ཆེན་པོ་ཅན། ནད་སློང་ཤུགས་ཆེ་བ་སོགས་ཉེན་ཁ་ཆེན་པོ་ལྡན་པའི་དངོས་རྫས་བདག་འཛིན་ནམ་བཀོལ་སྤྱོད་བྱས་ནས་མི་གཞན་ལ་གནོད་རྐྱེན་བཟོས་པ་ཡིན་ན། བདག་འཛིན་བྱེད་མིའམ་བཀོལ་སྤྱོད་བྱེད་མིས་དབང་གནོད་འགན་འཁྲི་འཁུར་དགོས། ཡིན་ན་ཡང་གནོད་རྐྱེན་ནི་གནོད་འཚེ་ཕོག་མིས་བསམ་བཞིན་དུ་བཟོས་པའམ་འགོག་ཐབས་བྲལ་བའི་ཤུགས་རྐྱེན་ལས་བྱུང་བ་ཡིན་པ་བདེན་དཔང་བྱེད་ཐུབ་ན་འགན་འཁྲི་འཁུར་མི་དགོས། དབང་གནོད་ཕོག་མི་ལ་གནོད་རྐྱེན་འབྱུང་བའི་ཐད་དུ་ནོར་འཛོལ་ཚབས་ཆེན་ཡོད་པ་ཡིན་ན། བདག་འཛིན་བྱེད་མིའམ་བཀོལ་སྤྱོད་བྱེད་མིའི་འགན་འཁྲི་ཆག་ཡང་བཏང་ཆོག

མཐར་ཞུས་ཆེ་གེ་མོས་འགན་འཁྲི་གཙོ་བོ་འཁུར་བ་དང་། རུའུ་ཆེ་གེ་མོ་གསོལ་མགྲོན་ཁང་གི་ཚོང་བདག་ཡིན་པའི་ཆ་ནས་དོ་དམ་བྱེད་པའི་ འོས་འགན་ཡོད་པས། དེས་ཀྱང་འགན་འཁྲི་ངེས་ཅན་ཞིག་འཁུར་བ་བྱས་པ་རེད།

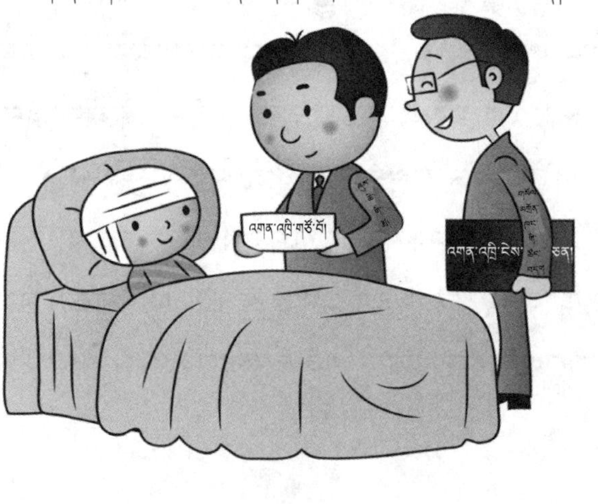

ཁྲིམས་ལུགས་ཁྱབ་གདལ་གྱི་སློབ་ཚན།

1. གང་ཞིག་ལ་གཏོང་འཚོ་ཕོག་མཁན་གྱིས་རྐང་བཙུགས་ནས་བཟོས་པ་ཟེར།

གཏོང་འཚོ་ཕོག་མཁན་གྱིས་རྐང་བཙུགས་ནས་བཟོས་པ་ཞེས་པ་ནི། སྤྱིར་བཏང་དུ་གཏོང་འཚོ་ཕོག་མཁན་གྱིས་རང་ཉིད་ཀྱི་བྱ་སྤྱོད་ཀྱིས་རང་ཉིད་ལ་གཏོང་འཚོ་ཕོག་པའི་ངན་འབྲས་འབྱུང་ངེས་ཡིན་པ་ཤེས་བཞིན་དུ། མཇུག་འབྲས་དེ་རིགས་བྱུང་བར་རེ་བ་བྱེད་པའམ་ཡང་ན་རྒྱ་ཡན་དུ་བཏང་བ་ལ་ཟེར།

2. གང་ཞིག་ལ་འགོག་ཐབས་བྲལ་བའི་ཤུགས་རྐྱེན་ཟེར།

འགོག་ཐབས་བྲལ་བའི་ཤུགས་རྐྱེན་ཟེར་བ་ནི། སྤྱིར་བཏང་དུ་གནའ་རྒྱ་འཛུག་པའི་སྐབས་སུ་མ་འོངས་སྔོན་མཐོང་བྱེད་མི་ཐུབ་པ་དང་། གཡོལ་ཐབས་བྲལ་ཞིང་ཁྱད་བསད་ཀྱང་བྱེད་མི་ཐུབ་པའི་ཕྱི་རོལ་ཡུལ་གྱི་གནས་ཚུལ་ལ་ཟེར།

3. གང་ཞིག་ལ་ནོར་འཛོལ་ཚབས་ཆེན་ཟེར།

ནོར་འཛོལ་ཚབས་ཆེན་ཟེར་བ་ནི། ཁྲིམས་ལུགས་ཀྱིས་བྱ་སྤྱོད་སྤྱེལ་མཁན་ག་གེ་མོར་གནས་ཚུལ་ག་གེ་མོ་ཞིག་འཕྲད་སྐབས་དོ་སྣང་བྱེད་དགོས་པ་དང་དོ་སྣང་བྱེད་ཐུབ་པའི་ཚད་ལ་རེ་བ་ཙུང་མཐོ་ཙམ་བཏོན་ཡོད་ཚེ། བྱ་སྤྱོད་སྤེལ་མཁན་གྱིས་བཅའ་ཁྲིམས་ཀྱི་ཙུང་མཐོ་བའི་བླང་བྱ་ལ་བརྩི་སྲུང་མ་ཞུས་པ་མ་ཟད། ཐ་ན་མི་རྣམས་ཀྱིས་དོ་སྣང་བྱེད་དགོས་ལ་དོ་སྣང་བྱེད་ཐུབ་པའི་སྤྱིར་བཏང་གི་ཚད་གཞི་ལའང་སླེབས་མེད་པའི་ནོར་འཛོལ་ཤོར་བའི་གནས་ཚུལ་ལ་ཟེར།

གཉིས། མཐོ་གནོན་གློག་གིས་རྨས་ན་སྐྱིན་གསབ་སུས་སྤྲོད་དགོས།

ཛོང་ག་གེ་མོའི་གློག་ཤུགས་ཀུང་སིར་ཚོག་མཚན་ཐོབ་ནས་ཁྲིད་པའི་ཟླ་ཁྲི10ཡི་མཐོ་གནོན་གློག་སྐུད་དང་། ཡིའུ་ཆེ་གེ་མོའི་སྣེར་ཁང་ཐོག་གཅིག་མའི་བར་ལ་དྲང་འཕྲེད་བར་ཐག་སྨི4ལས་རིང་བ་ཡོད། ལོ་འགའི་རྗེས་སུ། ཡིའུ་ཆེ་གེ་མོས་ས་ཆ་དེ་གའི་འབྲེལ་ཡོད་སྡེ་ཁག་གི་ཆོག་མཚན་མ་ཞུས་པར་རང་ཁྱིམ་གྱི་ཁང་པ་ཐོག་གཅིག་མའི་ཐོག་ཏུ་ཁང་པ་ཐོག་བརྩེགས་བརྒྱབ་པ་དང་། ཐོག་ཁང་གི་ཤར་ཕྱོགས་ཐོག་བརྩེགས་གསུམ་པའི་ཉེ་ཁྲམས་དང་མཐོ་གནོན་གློག་སྐུད་བར་གྱི་བར་ཐག་ཏ་ཅང་ཉེ་པོ་ཆགས་ནས། ཕལ་ཆེར་ལི་སྨི40ཙམ་ལས་མེད་པ་རེད། ས་གནས་དེ་གའི་གློག་ཤུགས་ཚན་པས་ཡིའུ་ཆེ་གེ་མོས་བསྐྱར་སྐྲུན་བྱས་པར་བཀག་འགོག་བྱས་མེད།

རྗེས་སུ་ཡིའུ་ཆེ་གེ་མོའི་གྲོགས་པོ་སུན་ཆེ་གེ་མོ་ཁོའི་ཁྱིམ་དུ་འཚམས་འདྲིར་སླེབས་པ་དང་། དགོང་མོ་ཉེ་ཁྲམས་ཐོག་གི་བསིལ་གྲིབ་ཏུ་འདུག་སྐབས། མཐོ་གནོན་གློག་སྐུད་ཀྱིས་འཐེན་ནས་གློག་འཕྲུད་དེ་རྨས་སྐྱོན་ཕོག་པ་རེད། ཛོང་མི་དམངས་ཁྲིམས་ཁང་གི་ཁྲིམས་དཔྱད་སྨན་པས་གསལ་འབྱེད་བྱས་པ་བརྒྱུད་རྨས་སྐྱོན་ཚབས་ཆེན་གྱི་ཁོངས་སུ་གཏོགས་ཡོད། ལོ་དེའི་ཟླ9པར། སུན་ཆེ་གེ་མོས་ཛོང་མི་དམངས་ཁྲིམས་ཁང་ལ་ཞུ་གཏུག་བརྒྱབ་ནས། གློག་ཤུགས་ཀུང་སིས་འགན་འཁྲི་འཁུར་དགོས་པའི་རེ་བ་བཏོན་པ་རེད།

《ཀྲུང་ཧྭ་མི་དམངས་སྤྱི་མཐུན་རྒྱལ་ཁབ་ཀྱི་དམངས་དོན་ཁྲིམས་གཞུང་》གི་དོན་ཚན་ཆིག་སྟོང་ཉིས་བརྒྱ་དང་ཞེ་གསུམ་པའི་ནང་དུ་གཏན་འབེབས་བྱས་དོན། ཆོག་འཕྲོལ་མ་ཐོབ་པར་ཉེན་ཁ་ཆེན་པོ་ལྡན་པའི་ལས་ཡུལ་ལམ་ཉེན་ཁ་ཆེན་པོ་ལྡན་པའི་དངོས་ཟོག་ཉར་ཡུལ་དུ་འཛུལ་ནས་གནོད་རྐྱེན་ཕོག་པ་ཡིན་ན། དོ་དམ་བྱེད་མིས་རང་ཉིད་ཀྱིས་བདེ་འཇགས་ཐབས་བཀོད་འདང་ངེས་ཤིག་སྤྱད་ཡོད་པར་མ་ཟད་ཉེན་བརྡ་གང་འཚུས་གཏོང་བའི་འོས་འགན་ཡང་བསྒྲུབས་ཡོད་ཚུལ་བདེན་དཔང་བྱེད་ཐུབ་པ་ཡིན་ན། འགན་འཁྲི་ཆག་ཡང་བཏང་ཆོག་པའམ་འགན་འཁྲི་མ་འཁུར་པས་ཆོག

《ཀྲུང་ཧྭ་མི་དམངས་སྤྱི་མཐུན་རྒྱལ་ཁབ་ཀྱི་དམངས་དོན་ཁྲིམས་གཞུང་》གི་དོན་ཚན་ཆིག་སྟོང་ཉིས་བརྒྱ་དང་ཞེ་བཞི་པའི་ནང་དུ་གཏན་འབེབས་བྱས་དོན། ཉེན་ཁ་ཆེན་པོའི་འགན་འཁྲི་འཁུར་བའི་ཚེ། བཅའ་ཁྲིམས་སུ་སྐྱིན་གསབ་བཅད་གྲངས་གཏན་འབེབས་བྱས་ཡོད་པ་ཡིན་ན། དེའི་གཏན་འབེབས་གཞིར་འཛིན་དགོས། ཡིན་ན་ཡང་བྱ་སྤྱོད་སྤྱིལ་མིས་བསམ་བཞིན་དུ་བྱས་པའམ་ལས་འཛོལ་ཚབས་ཆེན་ཤོར་བ་འདིའི་ཁོངས་སུ་མི་ཚུད།

སློག་ཤུགས་ཀུང་སིས་གློང་གུན་དེ་སུན་ཆེ་གེ་མོས་རྐང་བཙུགས་ནས་བཟོས་ཚུལ་བདེན་དཔང་བྱེད་མ་ཐུབ་པས། ཁྲིམས་ཁང་གིས་སློག་ཤུགས་ཀུང་སིས་སྐྱིན་གསབ་འཇལ་རྒྱུའི་འགན་འཁུར་དགོས་པ་མ་ཟད། ལིའུ་ཆེ་གེ་མོས་ཀྱང་ཁང་པ་བཟོ་སྐྲུན་བྱེད་སྐབས་སྒྲིག་འགལ་གྱི་བྱ་སྤྱོད་ཡོད་པས་འགན་འཁྲི་ངེས་ཅན་ཞིག་འཁུར་དགོས་པའི་ཁྲིམས་ཐག་བཅད་པ་རེད།

ཁྲིམས་ལུགས་ཁྱབ་བསྡལ་གྱི་སློབ་ཚན།

1.གང་ཞིག་ལ་ཉེན་ཁ་ཆེན་པོ་ཟེར།

ཉེན་ཁ་ཆེན་པོ་ཞེས་པ་ནི་ཉེ་འཁོར་གྱི་ཁོར་ཡུག་ལ་ཉེན་ཁ་ཅུང་ཆེ་བའི་བྱེད་སྒོ་ལ་ཟེར།

2. ཉེན་ཁ་ཆེ་བའི་བྱེད་ལས་ལ་རིགས་གང་དག་ཡོད།

ཉེན་ཁ་ཆེ་བའི་བྱེད་ལས་ཀྱི་ཁོངས་སུ་བར་སྣང་མཐོ་པོ་དང་། མཐོ་གནོན། འབར་སྒྲ་བ། གས་སྒྲ་བ། དུག་ཤེད་ཆེ་བ། འཕྲོ་འགྱེད་རང་བཞིན། མྱུར་ཚད་མགྱོགས་པའི་སྐྱེལ་འདྲེན་ཡོ་བྱད་སོགས་ཀྱི་ཉེ་འཁོར་གྱི་ཁོར་ཡུག་ལ་ཉེན་ཁ་ཆེ་བའི་བྱེད་ལས་དག་ཚུད་ཡོད།

3. གང་ཞིག་ལ་སྐྱིན་གསབ་བཅད་གྲངས་ཟེར།

གནོད་འཚེ་ཕོག་མཁན་གྱི་ཁེ་ཕན་ལ་སྲུང་སྐྱོབ་དང་། ཉེན་ཁའི་བྱ་གཞག་གཉེར་མཁན་ཁེ་ལས་ཀྱི་ཁེ་ཕན་ལ་ལྟ་རྟོག་བྱ་རྒྱུ་མ་ཟད། སྐྱིན་གསབ་འཇལ་རྒྱུའི་འགན་འཁྲིའི་ཚད་གཞི་རྩ་བའི་ཆ་ནས་གཅིག་མཐུན་ཡོང་ཕྱིར། ཁེ་དབང་ལ་བཙན་གནོད་བྱས་པའི་དམིགས་བསལ་གྱི་བྱ་སྤྱོད་ཁག་གཅིག་གིས། གནོད་འཚེ་ཕོག་པའི་སྐྱིན་གསབ་ལ་བཅད་གྲངས་མཐོ་ཤོས་ཀྱི་གཏན་འབེབས་བྱས་པར་ཟེར།

4. གྲོང་གསེབ་ཏུ་ཐར་ཡོད་ཀྱི་ཁང་པ་ཐོག་གཅིག་མའི་སྟེང་དུ་ཁང་པ་བརྒྱབ་ན་

★ ★ ★ ★ ★ ★ ★ ★

ཁྲིམས་འགལ་ཡིན་ནམ།

གྲོང་གསེབ་དང་གྲོང་ཁྱེར་གང་དུ་ཡིན་རུང་ཁང་པ་གསར་སྐྲུན་དང་རྒྱ་ཆེར་བཏང་ན་ཞིབ་མཆན་ཐོབ་དགོས། གྲོང་གསེབ་ཏུ་སྔར་ཡོད་ཁང་པའི་སྟེང་དུ་ཁང་པ་བརྒྱབ་པར། གལ་སྲིད་ཁྲིམས་མཐུན་གྱི་ཞིབ་བཤེར་ཆོག་མཆན་ཞུ་བའི་འགྲོ་ལུགས་མ་གཉེར་ན། དེ་ནི་སྒྲིག་འགལ་གྱི་འཛུགས་སྐྲུན་ཁོངས་སུ་གཏོགས་ཀྱི་ཡོད།

《ཀྲུང་ཧྭ་མི་དམངས་སྤྱི་མཐུན་རྒྱལ་ཁབ་ཀྱི་གྲོང་ཁྱེར་དང་གྲོང་གསེབ་ཀྱི་འཆར་གཞི་བཟོ་འགོད་བྱེད་ཕྱོགས་སྐོར་གྱི་བཅའ་ཁྲིམས་》ཀྱི་དོན་ཚན་ཞེ་གཅིག་གི་ནང་དུ་གཏན་འབེབས་བྱས་དོན། ཤང་དང་གྲོང་ཚོའི་འཆར་འགོད་ཁུལ་དུ་ཤང་དང་གྲོང་རྡལ་གྱི་ཁེ་ལས་དང་། ཤང་དང་གྲོང་ཚོའི་སྤྱི་པའི་སྒྲིག་བཀོད། སྤྱི་ཕན་བྱ་གཞག་བཅས་ཀྱི་འཛུགས་སྐྲུན་བྱེད་དགོས་ན། འཛུགས་སྐྲུན་ཚན་པའམ་མི་སྒེར་གྱིས་ཤང་དང་གྲོང་རྡལ་གྱི་མི་དམངས་སྲིད་གཞུང་ལ་རེ་འདུན་ཞུ་དགོས་པ་དང་། ཤང་དང་གྲོང་རྡལ་གྱི་མི་དམངས་སྲིད་གཞུང་གིས་གྲོང་ཁྱེར་དང་རྫོང་མི་དམངས་སྲིད་གཞུང་གི་གྲོང་ཁྱེར་དང་གྲོང་གསེབ་ཀྱི་འཆར་གཞི་གཙོ་སྐྱོང་ཚན་པར། ཤང་དང་གྲོང་ཚོའི་འཛུགས་སྐྲུན་གྱི་འཆར་འགོད་ཀྱི་ཆོག་འཐུས་ལག་ཁྱེར་དཔྱད་སྒྲོད་བྱ་རྒྱུའི་སྙན་ཞུ་འབུལ་དགོས།

གསུམ། མུ་ཐྲིའི་སྒྱུར་ཁྲིས་འཚོག་རྨས་ཐེབས་ན་སྨིན་གསབ་སུས་སྤྲོད་དགོས།

ཧྲིང་ཆེ་གེ་མོས་གྲོང་ནུབ་ཀྱི་སྤོ་ཚལ་ཚོང་ར་ར་མཚོ་ཟས་སོས་པོ་འཚོང་བཞིན་ཡོད། སྐབས་ཤིག་རིང་ཉེ་འགྲམ་དུ་རྟག་ཏུ་རྐུ་མ་ཤོར་གྱི་ཡོད་པ་དང་། གློག་སྒྲུལ་སྤག་སྤག་མང་པོ་ཞིག་རྐུ་ཤོར་སོང་བ་རེད། ཧྲིང་ཆེ་གེ་མོའི་གློག་སྒྲུལ་སྤག་སྤག་ཀྱང་དེ་སྔོན་རྐུ་ཤོར་བ་རེད། རྐུ་མ་ཡང་ཡང་ཤོར་བས་ཁྲིམ་རའི་དོ་དམ་མི་སྣས་རྐུན་མ་འཛིན་བཟུང་བྱ་རྒྱུའི་བློ་ཐག་བཅད།

ཉིན་ཞིག་གི་སྔ་དྲོར། སྤོ་ཚལ་ཚོང་རའི་ལས་བྱེད་མི་སྣས་རྐུན་མ་ལི་ཆེ་གེ་མོ་འཛིན་བཟུང་བྱས་པ་དང་། དེ་སྤོ་ཚལ་ཚོང་རའི་གཞུང་ལས་ཁང་གི་ཐོག་བརྩེགས་གཉིས་པར་བསྐྱལ་བས། རྐུན་མ་འཛིན་བཟུང་བྱས་པའི་གནས་ཚུལ་དེ་ལམ་སེང་སྤོ་ཚལ་ཚོང་རར་ཁྱབ་པ་དང་། ཧྲིང་ཆེ་གེ་མོ་དང་མི་ཁ་ཅིག་གིས་སྤོ་ཚལ་ཚོང་རའི་གཞུང་ལས་ཁང་གི་ཐོག་བརྩེགས་གཉིས་པར་ཕྱིན་ནས་ལྟ་རུབ་བརྒྱབ་པ་རེད།

སྐབས་དེར་ལི་ཆེ་གེ་མོ་ས་སྟེང་ཙོག་པོར་བསྡད་པ་དང་། མི་མང་པོ་ཞིག་གིས་ཁོ་ལ་གཤེ་གཤེ་གཏོང་བཞིན་ཡོད། ཧྲིང་ཆེ་གེ་མོའི་ཡིད་ལ་རང་གི་བོར་བརླག་སོང་བའི་གློག་སྒྲུལ་སྤག་སྤག་དེ་ཡང་ཡང་འཆར་ཡོང་ནས་ཁོང་ཁྲོའི་མེ་ལྕེ་འབར་ཏེ། གཞུང་ལས་ཁང་གི་ཟུར་ཞིག་ཏུ་ཡོད་པའི་ཤེལ་དམ་དེ་བཟུང་ནས་རྐུན་མའི་མགོ་ལ་ཞུས།

ཤེལ་དམ་དེ་རྐུན་མའི་ལུས་སྟེང་དུ་ཕོག་ནས་ཆག་པ་དང་། ཤེལ་དམ་ནང་གི་གཤེར་གཟུགས་ཀྱང་རྐུན་མ་དང་ཉེ་འགྲམ་གྱི་མིའི་ལུས་སྟེང་དུ་ཐོར། ཟུར་དུ་ལངས་བསྡད་པའི་སྐུ་ཞབས་སུང་གིས་དང་ཐོག་དེ་ཆུ་ཁོལ་རེད་སྙམ་མོད། འོན་ཀྱང་ལམ་སེང་དེ་འདྲ་མིན་པ་ཤེས། ཁོའི་ལུས་ལ་ཚ་ཤར་བརྒྱབ་པ་དང་། སྨོད་གོས་བཀྲོགས་ནས་ཁྱུང་བུ་འགག་འབིགས་ཤིང་། གཞུང་ལས་ཁང་གི་ཙོག་ཙེ་དང་རྐུབ་སྟེགས་ཀྱང་བསྲེགས་ནས་ནག་ཐིག་འགག་ཆགས་པ་རེད།

ངོ་དམ་མི་སྣས་ཤེལ་དམ་ནང་སུ་ཟེའི་སྦྱར་བླུགས་ཡོད་པ་བཤད་པས། ཚང་མ་གཅིག་རྗེས་གཉིས་མཐུད་ཀྱིས་ཐོག་ཁང་ནས་བབས་ཏེ་ཆུ་གྲང་མོས་འཁྲུས་པ་དང་། འཚོག་རྣམ་ཚབས་ཆེ་བ་ལམ་སེང་སྨན་ཁང་དུ་བསྐྱལ།

རྫིང་ཆེ་གེ་མོ་བཞིད་ཐག་ཆོད་པ་དང་། ཁོའི་མ་གཞི་བྱས་ན་ཤེལ་དམ་ནང་གི་གཤེར་གཟུགས་དེ་ཆུ་རེད་སྙམ་པས། ད་ཆ་ཁོ་ཧོན་ཐོར་དགོས་པ་ཆགས། ཉིན་དེའི་དགོང་མོར་ཁོས་སྤྱི་བདེ་ལས་ཁུངས་སུ་ངོས་ལེན་ཞུ་པར་ཕྱིན་པ་རེད།

སྨན་པས་གསལ་འཇེད་བྱས་པ་ལྟར་ན། ཀུན་མ་ཡིས་ཆེ་གེ་མོའི་མགོ་དང་། ངོ་གདོང་། ལག་པ། བརླ་ཤ་བཅས་སུ་འཚོག་རྣམ་ཤོར་ནས། རྣམ་སྐྱོན་ཆུང་གྲས་བཟོས་པ་དང་། ལྟ་ཊུབ་རྒྱག་མཁན་མི་ཞིག་ལ་ཡང་རྣམ་སྐྱོན་ཆུང་གྲས་བཟོས་ཡོད་པ་རེད། དེ་མིན་མི་ལྔ་ལ་ཡང་རྣམ་སྐྱོན་ཕྲན་ཙམ་ཕོག་ཡོད་པ་རེད།

དེ་རྗེས་ལི་ཆེ་གེ་མོས་ཞེར་འདུད་དམངས་དོན་གཏུག་བཤེར་བྱས།

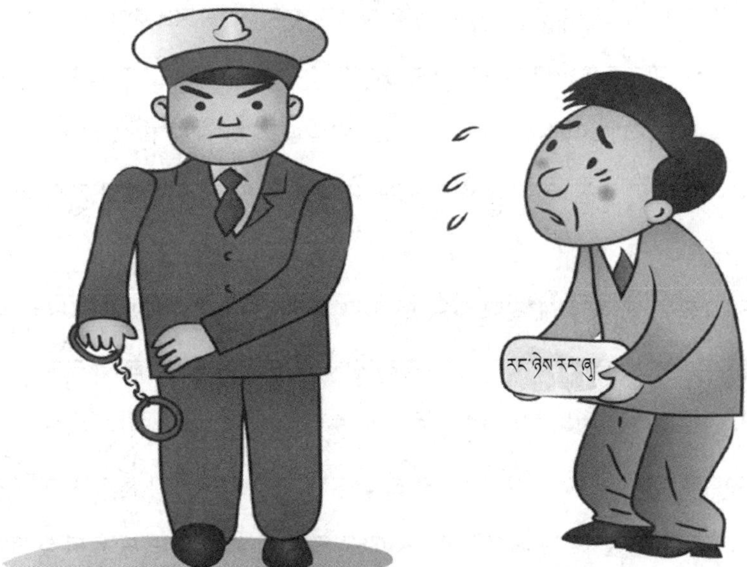

《ཀྲུང་ཧྭ་མི་དམངས་སྤྱི་མཐུན་རྒྱལ་ཁབ་ཀྱི་དམངས་དོན་ཁྲིམས་གཞུང་》གི་དོན་ཚན་ཆིག་སྟོང་ཉིས་བརྒྱ་དང་ཞེ་གཅིག་པའི་ནང་དུ་གཏན་འབེབས་བྱས་དོན། ཉེན་ཁ་ཆེན་པོ་ལྡན་པའི་དངོས་རྫས་བོར་བ་དང་དབྱུགས་ནས་མི་གཞན་ལ་གནོད་རྐྱེན་བཟོས་ན། དེའི་བདག་པོས་དབང་གནོད་འགན་འཁྲི་འཁུར་དགོས། བདག་པོས་ཉེན་ཁ་ཆེན་པོ་ལྡན་པའི་དངོས་རྫས་མི་གཞན་ལ་སྤྲད་ནས་དོ་དམ་བྱེད་དུ་བཅུག་ན། དོ་དམ་བྱེད་མིས་དབང་གནོད་འགན་འཁྲི་འཁུར་དགོས། བདག་པོར་ནོར་འཛོལ་ཡོད་ན་དོ་དམ་བྱེད་མི་དང་མཉམ་དུ་ཞོར་འདྲུད་འགན་འཁྲི་འཁུར་དགོས།

《ཀྲུང་ཧྭ་མི་དམངས་སྤྱི་མཐུན་རྒྱལ་ཁབ་ཀྱི་དམངས་དོན་ཁྲིམས་གཞུང་》གི་དོན་ཚན་ཆིག་སྟོང་ཉིས་བརྒྱ་དང་ཞེ་གཉིས་པའི་ནང་དུ་གཏན་འབེབས་བྱས་དོན། ཉེན་ཁ་ཆེན་པོ་ལྡན་པའི་དངོས་རྫས་ཁྲིམས་དང་མི་མཐུན་པར་བདག་འཛིན་བྱས་ནས་མི་གཞན་ལ་གནོད་འཚེ་བཟོས་པ་ཡིན་ན། ཁྲིམས་དང་མི་མཐུན་པར་བདག་འཛིན་བྱེད་མིས་དབང་གནོད་འགན་འཁྲི་འཁུར་དགོས། བདག་པོ་དང་དོ་དམ་བྱེད་མིས་ཁྲིམས་དང་མི་མཐུན་པར་བདག་འཛིན་བྱེད་པ་སྔོན་འགོག་བྱེད་པར་དོ་སྣང་ཆེན་པོ་བྱེད་པའི་ འོས་འགན་འཁྱོལ་ཡོད་ཚུལ་བདེན་དཔང་བྱེད་མི་ཐུབ་པ་ཡིན་ན། ཁྲིམས་དང་མི་མཐུན་པར་བདག་འཛིན་བྱེད་མི་དང་མཉམ་དུ་ཞོར་འདྲུད་འགན་འཁྲི་འཁུར་དགོས།

ཁྲིམས་ཁང་གིས་བར་འདུམ་བྱས་པ་བརྒྱུད། ཕྱོགས་གཉིས་ཀས་གྲོས་མཐུན་བྱུང་ནས། རྡིང་ཆེ་གེ་མོས་ལི་ཆེ་གེ་མོར་སྒོར་ཁྲི10.5སྤྲོད་གསབ་འཇལ་རྒྱུ་བྱས།

ཁྲིམས་ལུགས་ཁྱབ་གདལ་གྱི་སློབ་ཚན།

1. དབང་གནོད་བྱ་སྤྱོད་ཀྱི་འགན་འཁྲི་འཁུར་རྒྱུའི་རྩ་དོན་གང་དག་ཡོད།

དབང་གནོད་བྱ་སྤྱོད་ཀྱི་འགན་འཁྲི་འཁུར་རྒྱུའི་རྩ་དོན་ལ་རིགས་གསུམ་ཡོད་དེ། ནོར་འཛོལ་གྱི་འགན་འཁྲི་འཁུར་རྒྱུའི་རྩ་དོན་དང་། འདྲ་མཉམ་གྱི་འགན་འཁྲི་འཁུར་རྒྱུའི་རྩ་དོན། ནོར་འཛོལ་མེད་པའི་འགན་འཁྲི་འཁུར་རྒྱུའི་རྩ་དོན་བཅས་ཡིན།

2. གང་ཞིག་ལ་ནོར་འཛོལ་ཡོད་པའི་འགན་འཁྲིའི་རྩ་དོན་ཟེར།

ནོར་འཛོལ་གྱི་འགན་འཁྲིའི་རྩ་དོན་ལ་ལས་འཛོལ་གྱི་འགན་འཁྲིའི་རྩ་དོན་ཡང་ཟེར། དེ་ནི་བྱ་སྤྱོད་སྤྱེལ་མཁན་གྱི་རང་ངོས་ཐད་ཀྱི་ནོར་འཁྲུལ་དེ་དམངས་དོན་འགན་འཁྲི་འཁུར་བའི་གཞི

རྩའི་ཆ་རྐྱེན་དུ་འཛིན་པའི་འགན་འཁྲི་ངོས་འཛིན་བྱེད་པའི་ཚད་གཞི་ཞིག་ཡིན། ནོར་འཛོལ་གྱི་འགན་འཁྲིའི་རྩ་དོན་ལྟར་ན། བྱ་སྤྱོད་སྤེལ་མཁན་གྱིས་ནོར་འཛོལ་ཡོད་པའི་སྐབས་སུ་དམངས་དོན་འགན་འཁྲི་འཁུར་དགོས་པ་ལས། ནོར་འཛོལ་མེད་ཚེ་དམངས་དོན་འགན་འཁྲི་འཁུར་མི་དགོས།

ནོར་འཛོལ་གྱི་འགན་འཁྲིའི་རྩ་དོན་ནང་གཤམ་གསལ་གྱི་ནང་དོན་དག་ཚུད་ཡོད།

དང་པོ། བྱ་སྤྱོད་སྤེལ་མཁན་གྱི་ནོར་འཛོལ་དེ་འགན་འཁྲིའི་གྲུབ་ཆ་གལ་ཆེན་དུ་བརྩི་བ་དང་། བྱ་སྤྱོད་སྤེལ་མཁན་གྱིས་རྐང་བཙུགས་ནས་སམ་ཡང་ན་ལས་འཛོལ་ཤོར་ཚེ་ད་གཟོད་དབང་གནོད་འགན་འཁྲི་འཁུར་དགོས་ཀྱི་ཡོད།

གཉིས་པ། བྱ་སྤྱོད་སྤེལ་མཁན་གྱི་ནོར་འཛོལ་ཤོར་ཚད་དེ་འགན་འཁྲིའི་རྣམ་པ་དང་འགན་འཁྲིའི་ཁྱབ་ཁོངས་གཏན་འཁེལ་བྱེད་པའི་གཞི་འཛིན་ས་བྱེད་ཀྱི་ཡོད།

3. གང་ཞིག་ལ་འདྲ་མཉམ་གྱི་འགན་འཁྲིའི་རྩ་དོན་ཟེར།

འདྲ་མཉམ་གྱི་འགན་འཁྲིའི་རྩ་དོན་དེ་འགན་འཁྲི་བགོ་བཤའ་རྒྱག་པའི་རྩ་དོན་ཞིག་ཡིན་པའི་ཆ་ནས། དེའི་འགན་འཁྲི་བགོ་བཤའ་རྒྱག་པའི་ཚད་གཞི་ནི་བྱ་སྤྱོད་མིན་ལ། དམིགས་བསལ་གྱི་དོན་རྐྱེན་འབྱུང་རྐྱེན་ཡང་མིན་པར། དེ་ནི་སྤྱི་མཚན་གྱི་རིན་ཐང་འདུ་ཤེས་ཏེ་དྲང་གཞག་ཅེས་པ་དེ་ཡིན། སྤྱིར་བཏང་དུ་བཅའ་ཁྲིམས་ཀྱི་ཚད་ལྡན་སྲིག་གཞིའི་ཁྲོད་དུ། རིན་ཐང་འདུ་ཤེས་ལ་ཐད་ཀར་བཀོལ་སྤྱོད་རང་བཞིན་མེད་པས། རིན་ཐང་འདུ་ཤེས་དེ་བྱེ་བྲག་གི་སྤྱི་ཚོགས་འབྲེལ་བ་ལེགས་སྒྲིག་བྱེད་པའི་བཀོལ་སྤྱོད་ལག་ཆ་ཞིག་ཏུ་བརྩི་བ་ནི་དམིགས་བསལ་གྱི་བཅའ་ཁྲིམས་སྣང་ཚུལ་ཞིག་ཡིན།

4. གང་ཞིག་ལ་ནོར་འཛོལ་མེད་པའི་འགན་འཁྲིའི་རྩ་དོན་ཟེར།

ནོར་འཛོལ་མེད་པའི་འགན་འཁྲིའི་རྩ་དོན་ཟེར་བ་ནི་དམངས་ཁྲིམས་ནང་གི་འགན་འཁྲི་འཁུར་རྒྱུའི་རྩ་དོན་ཁྲོད་ཀྱི་དམིགས་བསལ་གྱི་རྩ་དོན་ཞིག་ཡིན། ནང་དོན་གཙོ་བོ་ནི་བྱ་སྤྱོད་སྤེལ་མཁན་གྱིས་མི་གཞན་ལ་གནོད་འཚེ་བཏང་བ་དེ་དོན་དངོས་ཡིན་པ་དང་། བྱ་སྤྱོད་སྤེལ་མཁན་གྱི་བྱེད་སྒོ་དང་དེ་དམ་བྱ་ཡུལ་གྱི་མི་དང་དངོས་པོའི་ཉེན་ཁའི་ངོ་བོ་དེ་ཕྱོང་གུན་བཟོས་པའི་མཇུག་འབྲས་དང་རྒྱུ་འབྲས་ཀྱི་འབྲེལ་བ་ཡིན་སྐབས། དེའི་འགན་འཁྲི་ལྷག་པར་དུ་ཆེ་བས། བྱ་སྤྱོད་སྤེལ་མཁན་ལ་གནོད་འཚེ་བཏང་བའི་མཇུག་འབྲས་དེར་ཁྲིམས་ལུགས་ཀྱི་འགན་འཁྲི་འཁུར་དགོས།

གསོ་ཆགས་སྒྲོག་ཆགས་ཀྱི་གནོད་རྐྱེན་གྱི་འགན་འཁྲི།

གཅིག ཁྱི་གང་གིས་རྒྱུགས་པ་མ་ཤེས་ན་གང་འདྲ་བྱེད་དགོས།

ཞའོ་ལིན་རང་ཁྱིམ་གྱི་སྒོ་ཁར་སླེབས་དུས། རང་གི་ཕ་མས་གསོས་པའི་ཁྱི་ཕྲུག་དེས་ཞའོ་ལིན་གྱི་འགྲམ་དུ་རྒྱུགས་ནས་རྩེད་མོ་བརྩེས། རང་ཁྱིམ་གྱི་ཁྱི་དེའི་རྗེས་སུ་ཁྱིམ་མཚེས་ཧྲི་ཆེ་གེ་མོའི་ཁྱིམ་གྱི་ཁྱི་ཆུང་ཆུང་ཞིག་ཀྱང་རྒྱུགས་ཡོང་ནས་མཉམ་དུ་རྩེ་མོ་བརྩེས། ཁྱི་གཉིས་པོ་རྩེད་མོ་རྩེ་བཞིན་པའི་སྐབས་སུ། ས་སྟེང་དུ་ཅོག་པོར་བསྡད་པའི་ཞའོ་ལིན་གྱི་ལག་གཡས་པའི་མཛུབ་མོ་ནས་སྙོ་བུར་དུ་ཁྱིས་རྒྱུགས་ནས་ཁྲག་ཐོན། རང་གི་ལག་པར་རྒྱ་བཟོ་མཁན་གྱི་ཁྱི་དེ་སུ་ཡིན་མིན་ཞའོ་ལིན་གྱིས་གསལ་པོ་མཐོང་མེད། ཁོའི་སེམས་ལ་རྒྱ་ཁ་ཆེན་པོ་མི་འདུག་སྙམ་པས། རྒྱ་རས་སྐྱབས་བདེ་ཞིག་དགྲིས་ནས་སྨན་བཅོས་བྱེད་པར་ཕྱིན་མེད།

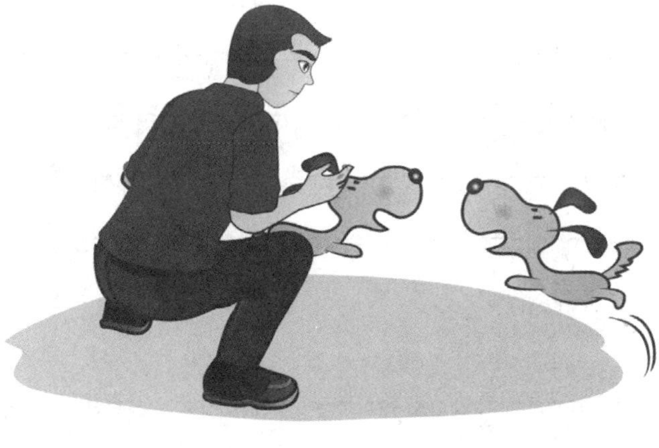

འོན་ཀྱང་ཡུན་རིང་མ་སོང་བར། ཞའོ་ལིན་གྱི་བྲང་ཁར་དབུགས་སུབ་ཐེབས་པའི་ཚོར་སྣང་ཞིག་བྱུང་བ་དང་། ཁ་ནས་ལྷུ་བ་སོབ་སོབ་ཐོན། ཉིན་གཉིས་པར་ཁོ་གྲོང་ཚོའི་སྨན་བཅོས་ཁང་དུ་ཕྱིན་ནས་ཁབ་བརྒྱབ་པ་དང་སྨན་བླངས་ཀྱང་སྔར་བཞིན་དྲག་སྐྱིད་བྱུང་མེད། ཉིན་གསུམ་པར། ཞའོ་ལིན་གྱི་ཕས་ཞའོ་ལིན་རྫོང་མི་དམངས་སྨན་ཁང་དུ་བསྐྱལ་ནས་བརྟག་དཔྱད་བྱས་པས་ཕྱི་སློན་ནད་ཐོག་ཡོད་པ་ཤེས་པ་དང་། མྱུར་སྐྱོབ་བྱས་ཀྱང་བཅོས་ཐབས་བྲལ་ལ། ཉིན་དེའི་དགོང་མོར་ཞའོ་ལིན་ཚེ་ལས་འདས།

ཞའོ་ལིན་གྱི་ཨ་ཕས་ཧྲི་ཚང་གི་ཁྱིས་རང་གི་བུ་ལ་རྨུགས་ནས་བུ་ཤི་བ་དང་། སྐབས་དེར་ཁྱིམ་མཚེས་ལའོ་ལི་ཡང་ཉེ་འགྲམ་དུ་ཡོད་པས། ཧྲི་ཚང་གི་ཁྱིས་ཞའོ་ལིན་ལ་རྨུགས་པ་དངོས་སུ་མཐོང་ཡོད་སྙམ། ཞའོ་ལིན་གྱི་ཨ་ཕས་ཁྲིམས་ཁང་ལ་ཞུ་གཏུག་བརྒྱབ་པ་དང་། ཧྲི་ཆེ་གེ་མོས་སྨན་རིན་དང་། དུར་འཇུག་འགྲོ་གྲོན། ཚེ་འདས་གསབ་དངུལ། གཉེར་སྐྱོང་གྲོན་དངུལ་སོགས་ཁྱོན་བསྡོམས་མི་དམངས་ཤོག་སྒོར་ཁྲི3འཇལ་དགོས་པ་ཐག་གཅོད་བྱ་རྒྱུའི་རེ་བ་བཏོན།

ཁྲིམས་ཁང་གིས་ངོས་འཛིན་བྱས་དོན། ཡུལ་དངོས་ལ་བརྟག་དཔྱད་བྱས་ཏེ་དབྱེ་ཞིབ་བྱེད་སྐབས། ལའོ་ལི་ནི་ཁྱིས་མི་ལ་རྨུགས་ས་དང་བར་ཐག་སྨི5ཡན་ཡོད་པ་དང་། ས་གཞི་ལའོ་ལིས་ཞའོ་ལིན་དང་ཁྱི་གཉིས་དེར་ཡོད་པ་མཐོང་བར་ཆ་བཞག་ནའང་། ཁྱིས་མི་ལ་རྨུགས་པ་ནི་འཕྲུག་ཙམ་ནང་ཡིན་པས། ཞའོ་ལིན་ལ་རྨུགས་མཁན་ཁྱི་དེ་གང་ཡིན་མིན་ངོས་འཛིན་བྱེད་པའི་དཔང་རྟགས་འདང་གི་མེད་པ་རེད། དེར་བརྟེན་ཞའོ་ལིན་གྱི་ལག་པར་རྨུགས་མཁན་ཁྱི་གང་ཞིག་ཡིན་མིན་ངོས་འཛིན་བྱ་ཐབས་བྲལ་བས། ཁྱི་དེ་གཉིས་ཀྱི་བདག་པོས་མཉམ་དུ་དམངས་དོན་འགན་འཁྲི་འཁུར་དགོས་པར་ངོས་འཛིན་བྱས།

《ཀྲུང་ཧྭ་མི་དམངས་སྤྱི་མཐུན་རྒྱལ་ཁབ་ཀྱི་དམངས་དོན་ཁྲིམས་གཞུང་》གི་དོན་ཚན་ཆིག་སྟོང་ཉིས་བརྒྱ་དང་ཞེ་ལྔ་པའི་ནང་དུ་གཏན་འབེབས་བྱས་དོན། མི་གཞན་ལ་གནོད་

རྐྱེན་བཟོས་པ་ཡིན་ན། སྲོག་ཆགས་གསོ་མིའམ་དོ་དམ་བྱེད་མིས་དབང་གནོད་འགན་འཁྲི་འཁུར་དགོས། ཡིན་ན་ཡང་གནོད་རྐྱེན་ནི་གནོད་འཚེ་ཕོག་མིས་བསམ་བཞིན་དུ་བཟོས་པའམ་ཁོའི་ལས་འཛོལ་ཚབས་ཆེན་གྱི་དབང་གིས་བཟོས་པ་བདེན་དཔང་བྱེད་ཐུབ་ན་འགན་འཁྲི་འཁུར་མི་དགོས་པའམ་འགན་འཁྲི་ཆག་ཡང་བཏང་ཆོག

《ཀྲུང་ཧྭ་མི་དམངས་སྤྱི་མཐུན་རྒྱལ་ཁབ་ཀྱི་དམངས་དོན་ཁྲིམས་གཞུང་》གི་དོན་ཚན་ཆིག་སྟོང་ཉིས་བརྒྱ་དང་ཞེ་དྲུག་པའི་ནང་དུ་གཏན་འབེབས་བྱས་དོན། དོ་དམ་སྐོར་གྱི་གཏན་འབེབས་དང་འགལ་ནས་སྲོག་ཆགས་ལ་ཉེན་མེད་བྱེད་ཐབས་མ་སྤྱད་པས་མི་གཞན་ལ་གནོད་རྐྱེན་བཟོས་ན། སྲོག་ཆགས་གསོ་མཁན་ནམ་དོ་དམ་བྱེད་མིས་དབང་གནོད་འགན་འཁྲི་འཁུར་དགོས། ཡིན་ན་ཡང་གནོད་འཚེ་དེ་ནི་གནོད་འཚེ་ཕོག་མཁན་གྱིས་ཧམ་བཙུགས་ནས་བཟོས་པ་ཡིན་པ་ར་སྤྲོད་བྱེད་ཐུབ་ན་འགན་འཁྲི་ཆག་ཡང་བཏང་ཆོག

མཐར་ཁྲིམས་ཁང་གིས་ཧྲི་ཆེ་གེ་མོས་ཞའོ་ལིན་ལ་ཕོག་པའི་གྱོང་གུན་གྱི་འགན་འཁྲི50%འཁུར་དགོས་པ་དང་། སྨན་གསབ་སྒོར15000སྤྲོད་དགོས་པའི་ཁྲིམས་ཐག་བཅད་པ་རེད།

སྲོག་ཆགས་ཀྱི་གནོད་འཚེ་ཕོག་པ་ནི་ནོར་འཁྲུལ་མེད་པའི་འགན་འཁྲིའི་ཁོངས་སུ་གཏོགས་པས། སྲོག་ཆགས་ཀྱི་བདག་པོའམ་ཡང་ན་གསོ་ཉར་བྱེད་མཁན་གྱིས་དབང་གནོད་འགན་འཁྲི་འཁུར་དགོས། སྲོག་ཆགས་ཀྱིས་རྩེད་མོའི་ཁྲོད་དུ་མི་གཞན་གྱི་ལུས་ལ་གནོད་འཚེ་བཏང་ན། གནོད་འཚེ་གཏོང་མཁན་གྱིས་གསལ་པོ་མི་ཤེས་པའི་ཁོངས་སུ་གཏོགས་པས། མཉམ་དུ་ཉེན་ཁའི་བྱ་སྤྱོད་སྤེལ་བའི་འགྲོ་ལུགས་སྤྱོད་དགོས་ཏེ། མཉམ་དུ་ཉེན་ཁའི་བྱ་སྤྱོད་སྤེལ་མཁན་གྱིས་ཞོར་འདྲུད་འགན་འཁྲི་མཉམ་དུ་འཁུར་དགོས།

ཁྲིམས་ལུགས་ཁྲབ་གདལ་གྱི་སློབ་ཚན།

ཡ་རབས་རྩལ་ལྡན་གྱིས་སྲོག་ཆགས་གསོ་ཉར་བྱེད་དགོས་ན། གང་དག་སྒྲུབ་ཐུབ་དགོས།

(1) བདེ་འཇགས་འགོག་སྲུང་ལེགས་པོ་བྱས་ཏེ། གཅེས་ཉར་སྲོག་ཆགས་ཀྱི་བདེ་ཐང་ལ་འགན་འཁུར་དགོས། དེ་འདྲ་བྱེད་པ་ནི་གཅེས་ཉར་སྲོག་ཆགས་ལ་འགན་འཁུར་བ་ཡིན་ལ། ཆབས་གཅིག་རང་ཉིད་དང་ནང་མིར་ཡང་འགན་འཁུར་བ་ཞིག་ཡིན། དེར་བརྟེན། དགོས་ངེས་ཀྱི་རིམས་འགོག་སྨན་ཁབ་རྒྱག་པ་དང་གཅེས་ཉར་སྲོག་ཆགས་ལ་དགོས་ངེས་ཀྱི་སྤྱོད་བཟར་བྱས་ཚེ་སྲོག་ཆགས་ཀྱིས་མིའི་རིགས་ལ་གནོད་འཚེ་གཏོང་རྒྱུ་ཉུང་དུ་འགྲོ་ཐུབ།

(2) རང་འགུལ་གྱིས་སྲོག་ཆགས་ཀྱི་སྐྱག་གཙིན་གཙང་སེལ་བྱེད་དགོས། ཁྱིམ་ཚང་གི་ཁོར་ཡུག་གཙང་མ་ཞིག་རྒྱུན་འཁྱོངས་བྱེད་དགོས་པ་མ་ཟད། གཅེས་ཉར་སྲོག་ཆགས་ཕྱི་ཏུ་ཁྲིད་སྐབས། སྤྱི་པའི་ཁོར་ཡུག་གི་གཙང་སྲུར་རང་འགུལ་གྱིས་དོ་སྣང་བྱས་ཏེ་གཅེས་ཉར་སྲོག་ཆགས་ཀྱི་སྐྱག་གཙིན་དུས་ཐོག་ཏུ་གཙང་སེལ་བྱེད་དགོས།

(3) ཕྱི་ཏུ་ཁྲིད་དུས་འདྲུད་འཛིན་ཐག་པ་བསྟམས་དགོས། མ་གཞི་གཅེས་ཉར་བདག་པོས་སྒྲིར་བཏང་དུ་གཅེས་ཉར་ཁྱིས་མི་གཞན་ལ་གནོད་འཚེ་ཆེན་པོ་བཟོ་མི་སྲིད་སྙམ་མོད། འོན་ཀྱང་སྐབས་འགར་སྲོག་ཆགས་ཀྱིས་ཚོད་འཛིན་མི་ཐུབ་པ་དང་། ཐ་ན་མི་གཞན་ལ་རྒྱུགས་པའི་གནས་ཚུལ་ཡང་ཐོན་གྱི་ཡོད།

(4) གཅེས་ཉར་སྲོག་ཆགས་ཕན་ཚུན་འཛིང་རེས་བྱེད་པར་བཀག་འགོག་བྱེད་དགོས། གཅེས་ཉར་སྲོག་ཆགས་ཀྱི་གཤིས་རྒྱུད་འདྲ་གི་མེད། ཁ་ཤས་གཤིས་རྒྱུད་རྩུབ་ལ། ཁ་ཤས་འཇམ་པོ་ཡོད། དེར་བརྟེན་མི་གཞན་དང་མཉམ་དུ་ཁྱི་ཁྲིད་ནས་སྐོར་གཡེང་བྱེད་སྐབས། གཅེས་ཉར་སྲོག་ཆགས་ཕན་ཚུན་འཛིང་རེས་བྱེད་པར་བཀའ་འགོག་བྱེད་དགོས། གཤིས་རྒྱུད་རྩུབ་པའི་གཅེས་ཉར་སྲོག་ཆགས་ལ་ཁོང་ཁྲོ་བླངས་ན་དགོས་མེད་ཀྱི་རྙོག་དྲ་དང་རྩོད་གཞི་བཟོ་སྲིད།

(5) གནད་དོན་འཕྲད་ཚེ་མཐུན་སྒྲིར་ཧུར་ཐག་བྱེད་དགོས། གནས་ཚུལ་ཁ་ཤས་དངོས་སུ་བྱུང་སྐབས། རང་ཉིད་ཀྱིས་སེམས་ལྷོད་ལ་བབས་ནས་མཐུན་སྒྲིར་ཧུར་ཐག་བྱས་ཏེ། བློ་རིག་གསལ་བའི་སྒོ་ནས་ཐག་གཅོད་བྱ་ཐབས་འཚོལ་དགོས་པ་ལས། རང་གི་འདོད་པ་ལྟར་བྱས་ན་ནོར་འཁྲུལ་ཆེན་པོ་ཤོར་སྲིད།

(6) གཅེས་ཉར་སྲོག་ཆགས་ལ་འགན་འཁུར་དགོས། སྲོག་ཆགས་གསོ་ཉར་བྱ་རྒྱུའི་ཐག་བཅད་རྗེས། དེ་ཚེ་གང་གསོ་རྒྱུའི་བསམ་བློ་གཏོང་དགོས་པ་ལས། གང་འདོད་དུ་བསྐྱུར་ནས་འགྲོ་ས་མེད་པ་བཟོ་མི་རུང་། ཁྱོད་ཀྱི་སྐབས་འཕྲལ་གྱི་དགའ་མོས་ཀྱིས་དེའི་ཚེ་གང་ལ་སྡུག་བསྔལ་བཟོ་སྲིད།

གཉིས། ཁྱི་རྒོད་པོས་མི་ལ་རྒྱུགས་ནས་རྨུས་ན་ཇི་ལྟར་བྱེད་དགོས།

ཉིན་ཞིག ཨ་ཅག་ལི་ལགས་ཀྱིས་ཚ་མོ་ཆུང་ཆུང་དེ་ཁྲིད་ནས་ཁྱིམ་གྱི་ཉེ་འགྲམ་དུ་ཉི་མ་ལྡེ་བཞིན་བསྡད། སྐབས་དེར་ལོ་བཅུ་ལྷག་ཙམ་ཟིན་པའི་བུ་མོ་ཆུང་ཆུང་ཞིག་གིས་ཁྱི་ཞིག་ཁྲིད་ནས་འགྲོ་བ་མཐོང་ཞིང་། སྔ་ལྟས་གང་ཡང་མེད་པར་ཁྱི་དེས་སྒོ་བུར་དུ་རྒྱུགས་ཡོང་ནས་ཨ་ཅག་ལི་ལགས་ཀྱི་ཚ་མོ་ལ་རྒྱུགས་པས། ཨ་ཅག་ལི་ལགས་ཞེད་ཐག་ཆོད་པ་དང་ལམ་སེང་ལག་ཆ་འཚོལ་བར་ཕྱིན། ཕོང་གིས་དབྱུག་པ་འཁྱེར་ནས་ཡོང་སྐབས་མཐའ་འཁོར་གྱི་མི་དེ་དག་གིས་ཀྱང་ལམ་སེང་རོགས་པ་བྱེད་དུ་རྒྱུག་ཡོང་བ་རེད།

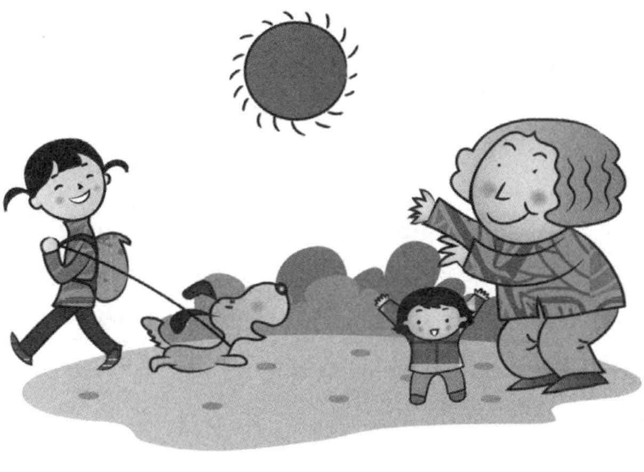

མི་རྣམས་ཉུབ་ནས་སྐར་མ20ལྷག་ཙམ་ཤུགས་ཀྱིས་འཐེན་པ་བརྒྱུད་གཞི་ནས་ཁྱི་དེ་ཨ་ཅག་ལི་ལགས་ཀྱི་ཚ་མོའི་ལུས་སྟེང་ནས་འཐེན་ཐུབ་ཙམ་བྱུང་བ་རེད། འོན་ཀྱང་སྐབས་དེར་བུ་མོའི་གདོང་ལ་ཁྱིས་རྨུགས་ནས་རྨ་བཟོས་ཡོད་པ་དང་། གདོང་ངོས་ལ་ཤ་ཉུས་མཉམ་འདྲེས་བཟོས་ཡོད་པ་རེད།

གནས་ཚུལ་དེ་ལྟག་རྗེས་ཨ་ཅག་ལི་ལགས་ཀྱི་ནང་མི་ཚོས་དབུགས་ཆད་ལ་ཁད་

ཀྱི་ཚ་མོ་དེ་མྱུར་དུ་སྨན་ཁང་དུ་བསྐྱལ་ནས་མྱུར་སྐྱོབ་བྱས་པ་དང་། ཚ་མོའི་གདོང་ལ་འཚེམ་ཁབ་བརྒྱ་ལྷག་ཙམ་བརྒྱབ་དགོས་བྱུང་བ་རེད། བརྟག་དཔྱད་བྱས་པའི་མཇུག་བསྡོམས་ནི་ཕྲུ་གུའི་མགོ་ཡི་གནས་ལྔ་ཙམ་ལ་རྨས་པ་ཆག་གྲུག་བཟོས་འདུག་ཟེར། གཟའ་འཁོར་གཅིག་རིང་སྨན་བཅོས་བྱས་པ་བརྒྱུད་ཚ་མོ་ཆུང་ཆུང་དེའི་ཚེ་སྲོག་གནས་སྐབས་བསྐྱབས་ཐུབ་ཀྱང་། རྗེས་སུ་ད་དུང་གཤགས་བཅོས་ཐེངས་མང་བྱེད་དགོས་པ་དང་དེ་བཞིན་དབང་པོ་གསོ་བཅོས་སོགས་སྨན་བཅོས་ཐེངས་མང་བྱེད་དགོས་ཀྱི་ཡོད་པ་རེད།

རྗེས་སུ་ཉེན་རྟོག་པས་བརྟག་དཔྱད་བྱས་པ་དང་། མི་ལ་གནོད་འཚེ་གཏོང་མཁན་གྱི་ཁྱི་དེ་བཀག་སྡོམ་བྱས། བརྟག་དཔྱད་བྱས་པ་ལྟར་ན། ཁྱི་དེ་ནི་རོ་ཝེ་ན་ཁྱིའི་ཁོངས་སུ་གཏོགས་པ་དང་། འཛམ་གླིང་ཐོག་གི་སྟོབས་ཤུགས་ཆེ་ཤོས་ཀྱི་ཁྱིའི་གྲས་ཤིག་ཡིན་ཞིང་། དེའི་ལུས་སྟོབས་ཆེ་ལ་བདེ་ལྷག་འཁྱུག་པས། ས་ཁུལ་མང་པོ་ཞིག་ཏུ་རོ་ཝེ་ན་ཁྱི་གསོ་ཉར་བྱེད་མི་ཆོག་པའི་མིང་ཐོར་བཀོད་ཡོད་པ་རེད།

《ཀྲུང་ཧྭ་མི་དམངས་སྤྱི་མཐུན་རྒྱལ་ཁབ་ཀྱི་དམངས་དོན་ཁྲིམས་གཞུང་》གི་དོན་ཚན་ཆིག་སྟོང་ཉིས་བརྒྱ་དང་ཞེ་བདུན་པའི་ནང་དུ་གཏན་འབེབས་བྱས་དོན། གསོ་ཆགས་བྱེད་མི་ཆོག་པའི་ཁྱི་རྒོད་པོ་སོགས་ཉེན་ཁ་ཆེ་བའི་སྲོག་ཆགས་ཀྱིས་མི་གཞན་ལ་གནོད་རྐྱེན་བཟོས་པ་ཡིན་ན། སྲོག་ཆགས་གསོ་མཁན་ནམ་དོ་དམ་བྱེད་མིས་དབང་གནོད་འགན་འཁྲི་འཁུར་དགོས།

ཁྱིའི་བདག་པོས་མིག་སྔར་སྨན་རིན་ཚང་མ་སྤྲད་ཟིན་པ་དང་། རྗེས་མཐུད་ཀྱི་ཞིབ་ཕྲའི་གནས་ཚུལ་ཕྱོགས་གཉིས་པོས་ད་དུང་གྲོས་མོལ་བྱེད་བཞིན་ཡོད།

ཁྲིམས་ལུགས་ཁྲབ་གདལ་གྱི་སློབ་ཚན།

1. ཁྱི་རྒོད་པོ་ཟེར་བ་ནི་གང་འདྲ་ཡིན།

ཁྱི་རྒོད་པོ་ཟེར་བ་ནི་གཤིས་ཀ་རྩུབ་ལ་ཕར་རྒོལ་གྱི་ནུས་པ་ཆེ་བའི་ཁྱིའི་རིགས་ལ་ཟེར།

2. ཁྱི་ནད་པོ་ལ་རིགས་གང་དག་ཡོད།

དེའི་ཁོངས་སུ་བོད་ཁྱིའི་རིགས་དང་། སྐྱང་འཛིན་ཁྱིའི་རིགས། རྗེ་ཁྱིའི་རིགས། རྗོན་ཁྱིའི་རིགས། དེ་མིན་གྱི་ཁྱི་ཆེན་པོའི་རིགས་གཞན་དག་བཅས་ཚུད་ཡོད།

3. རང་རྒྱལ་གྱིས་གཏན་འཁེལ་བྱས་པའི་ཁྱི་ནད་པོའི་རིགས་གང་དག་ཡོད།

བོད་ཁྱི་དང་། དབྱི་ཐ་ལིའི་ཉེའུ་ཕོ་ལི་ཏུན་ཁྱི། པར་ཙིར་གྱི་རྡེ་ལ་ཁྱི། རྡ་རན་སེའི་པོར་ཏུའོ་ཁྱི། ཨ་ཀེན་ཐིན་གྱི་ཏུའུ་ཀའོ་ཁྱི། དབྱིན་ཇིའི་མ་སི་ཐེ་ཧྥུ་ཁྱི། ཁྱོན་རྗི་ཁྱི། ཏུའུ་པིན་ཁྱི། ཉེའུ་རྡིན་ལན་ཁྱི། ཁོ་མེང་ཁྱི། རོ་ཝེ་ན་ཁྱི། ལེང་ཏི་ཁྱི། འཇར་མན་གྱི་རྗེ་ཁྱི། ཨ་རྷུ་ཏན་གྱི་རྗོན་ཁྱི། སུའུ་ཤུའི་རྗེ་ཁྱི། ཧྲ་པེ་ཁྱི། ལེ་ལུ་ཁྱི། ཝེ་མ་རྗོན་ཁྱི། པོ་དབྱིང་ཏ་རྗོན་ཁྱི་སོགས་རིགས50ཙམ་ཡོད།

4. གལ་ཏེ་ལམ་དུ་ཁྱི་ནད་པོ་དང་འཕྲད་ན་གང་འདྲ་བྱེད་དགོས།

（1）སྐད་ཆེན་པོ་རྒྱག་མི་རུང་ལ། ཁྱིའི་མིག་ལ་ཐད་ཀར་བལྟ་མི་རུང་ཞིང་། ཁ་ཁྲུ་སིམ་པོས་རྒྱང་ཐག་གཅོད་དགོས།

（2）གལ་ཏེ་ཚུར་འཇབ་རྒོལ་བྱས་ན། རང་གི་ལག་ཏུ་ཡོད་པའི་ལག་ཆ་སྒྱིད་དེ་འགོག་སྲུང་གང་ཐུབ་བྱེད་དགོས་པ་དང་། དུས་མཚུངས་སུ་སྐད་ཆེན་པོ་བརྒྱབ་ཏེ་སྐྱབས་རེ་ཞུ་དགོས།

བཟོ་སྐྲུན་དངོས་པོ་དང་དངོས་ཆས་ཀྱི་གནོད་རྐྱེན་གྱི་འགན་འཁྲི།

གཅིག བཟོ་སྐྲུན་དངོས་པོ་ཞིལ་ནས་གནོད་འཚེ་ཕོག་ན་ཇི་ལྟར་བྱེད་དགོས།

ཞའོ་ལི་དང་ཞའོ་ལིང་གིས་ཞའོ་ཧྲང་དང་གྲོང་ཚོ་གཅིག་པའི་ཞའོ་མིན། ཞའོ་ཅི། ཞའོ་པིང་བཅས་མི་བཞི་པོ་བཙལ་བ་དང་། ཞའོ་ལི་ཚང་གི་བྱང་ངོས་ཀྱི་ཁང་མིག་གསུམ་བཤིག་རྒྱུའི་གྲོས་མོལ་བྱས་པ་རེད། ངག་ཐོག་ནས་གྲོས་མོལ་བྱས་པ་བརྒྱུད་ཁང་པ་བཤིག་རིན་སྒོར240སྒྲོད་རྒྱུའི་གཏན་འཁེལ་བྱས། དེ་རྗེས་ཞའོ་ཧྲང་བཅས་མི་བཞི་པོས་ཉིན་དང་པོར་ཞའོ་ལི་ཚང་གི་ཆུའི་སྦུ་གུ་གཙང་བཤེར་དང་ལས་ཀ་རྩག་རྩིག་དག་བྱས་ཤིང་། ཉིན་གཉིས་པ་ནས་བཟུང་ཁང་པ་བཤིག་འགོ་ཚུགས་པ་རེད།

ཉིན་གསུམ་པའི་ཕྱི་དྲོར། ཞའོ་ཧྲང་གིས་ཁང་པའི་རྩིག་རྨང་གཙང་སེལ་བྱེད་སྐབས། ཞའོ་ལི་ཚང་གི་ཁྱིམ་མཚེས་ཞའོ་ཡུས་ཚང་གི་སྒོ་ཁ་ནས་མཐོ་ཚད་ལ་སྨི་གཉིས་ཙམ་ཡོད་པའི་སྒོ་ལྕོག་ཅིག་གློ་བུར་དུ་ཉིལ་ནས། ཞའོ་ཧྲང་གི་མགོ་ལ་འཁེལ་བ་དང་། ཞའོ་ལི་དང་རོགས་པ་ཚོས་མྱུར་དུ་ཁོ་སྨན་ཁང་དུ་བསྐྱལ་ནས་མྱུར་སྐྱོབ་དང་སྨན་བཅོས་བྱས། CTབརྟག་དཔྱད་བྱས་རྗེས་ཁོའི་མགོ་ལ་རྨས་སྐྱོན་ཕོག་པ་དང་རྐང་པ་གཡས་པའི་རུས་པ་ཆག་པ་ཤེས། གཤག་བཅོས་དང་སྨན་བཅོས་བྱས་ཏེ། ཞའོ་ཧྲང་སྨན་ཁང་ནས་དོན་རྗེས། ཞའོ་ལི་དང་ཞའོ་ལིང་གཉིས་ཁྲིམས་ཁང་ལ་ཞུ་གཏུགས་བརྒྱབ།

《ཀྲུང་ཧྭ་མི་དམངས་སྤྱི་མཐུན་རྒྱལ་ཁབ་ཀྱི་དམངས་དོན་ཁྲིམས་གཞུང་》གི་དོན་ཚན་ཆིག་སྟོང་ཉིས་བརྒྱ་དང་ང་གཉིས་པའི་ནང་དུ་གཏན་འབེབས་བྱས་དོན། བཟོ་སྐྲུན་དངོས་པོ་དང་། ཨར་སྐྲུན་དངོས་པོའམ་སྒྲིག་བཀོད་གཞན་དག་ཉིལ་བ་དང་བརྡིབས་པའི་རྐྱེན་གྱིས་

མི་གཞན་ལ་གནོད་རྐྱེན་བཟོས་པ་ཡིན་ན། འཛུགས་སྐྲུན་སྡེ་ཚན་པ་དང་ཨར་ལས་སྡེ་ཚན་གྱིས་མཉམ་དུ་ཁོར་འདྲུད་འགན་འཁྲི་འཁུར་དགོས། ཡིན་ན་ཡང་འཛུགས་སྐྲུན་སྡེ་ཚན་དང་ཨར་ལས་སྡེ་ཚན་གྱིས་ སྲུས་ཚད་ལ་སྐྱོན་ཆ་མེད་པ་བདེན་དཔང་བྱེད་ཐུབ་པ་འདིའི་ཁོངས་སུ་མི་ཚུད། འཛུགས་སྐྲུན་སྡེ་ཚན་དང་ཨར་ལས་སྡེ་ཚན་གྱིས་སྐྱིན་གསབ་བྱས་རྗེས། འགན་འཁྲི་འཁུར་མི་གཞན་ཡོད་ན་དེར་སྐྱིན་གསབ་བདའ་འདེད་བྱེད་དབང་ཡོད།

བདག་པོ་དང་དོ་དམ་བྱེད་མི་བཀོལ་སྤྱོད་བྱེད་མིའམ་ཕུང་གསུམ་པ་བཅས་ཀྱི་རྒྱུ་རྐྱེན་གྱིས་བཟོ་སྐྲུན་དངོས་པོ་དང་། ཨར་སྐྲུན་དངོས་པོའམ་སྒྲིག་བཀོད་གཞན་དག་ཉིལ་པ་དང་བརྡིབས་ནས་མི་གཞན་ལ་གནོད་རྐྱེན་བཟོས་པ་ཡིན་ན། བདག་པོ་དང་དོ་དམ་པ་བྱེད་མི་བཀོལ་སྤྱོད་བྱེད་མིའམ་ཕུང་གསུམ་པ་བཅས་ཀྱིས་དབང་གནོད་འགན་འཁྲི་འཁུར་དགོས།

མཐར་ཁྲིམས་ཁང་གིས་ཞུ་སྐྱོར་ཕྱི་མ་ཞའོ་ལི་ཡིས་ཞུ་སྐྱོར་ནང་མ་ཞའོ་ཕང་ལ་སྒོར5300ཡི་སྐྱིན་གསབ་འཇལ་དགོས་པ་དང་། ཞུ་སྐྱོར་ཕྱི་མ་ཞའོ་ལིང་གིས་ཞུ་སྐྱོར་ནང་མ་ཞའོ་ཕང་ལ་སྐྱིན་གསབ་སྒོར5300འཇལ་དགོས་པའི་ཁྲིམས་ཐག་བཅད་པ་རེད།

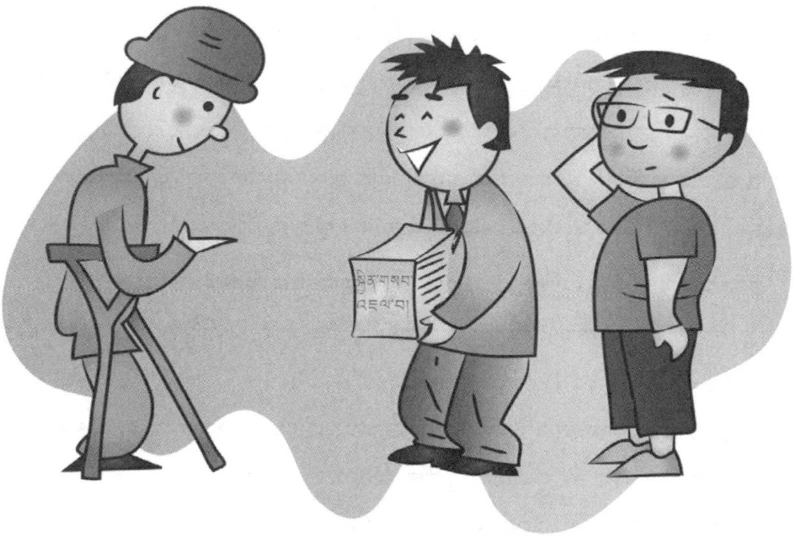

ཁྲིམས་ལུགས་ཁྱབ་གདལ་གྱི་སློབ་ཚན།

1. གང་འདྲ་ཞིག་ལ་འཇོགས་སྐྱོན་ཚན་པ་ཟེར།

འཇོགས་སྐྱོན་ཚན་པ་ཟེར་བ་ནི་རྒྱལ་ཁབ་ཀྱི་གཞི་རྩའི་འཇོགས་སྐྱོན་གྱི་འཆར་གཞི་ལག་བསྟར་བྱེད་པ་དང་། གཞི་རྩའི་འཇོགས་སྐྱོན་གྱི་ལས་ཀ་སྒྲིག་འཇོགས་དང་སྐྱུལ་འདེད་བྱེད་པ། གཞི་རྩའི་འཇོགས་སྐྱོན་གྱི་མ་དངུལ་བཀོད་སྒྲིག་དང་བཀོལ་སྤྱོད་བྱེད་པའི་གཞི་རིམ་ཚན་པ་ལ་ཟེར།

2. གང་འདྲ་ཞིག་ལ་ཨར་ལས་ཚན་པ་ཟེར།

ཨར་ལས་ཚན་པ་ལ་“ཨར་ལས་འགན་ལེན་ཚན་པ་”ཡང་ཟེར། དེ་ནི་ཨར་པོའི་སྒྲིག་སྦྱོར་ལས་གྲྭའི་ཨར་ལས་ཚན་པའི་བསྡུས་མིང་ཡིན། དེས་གཞི་རྩའི་འཇོགས་སྐྱོན་ལས་གྲྭའི་ཨར་ལས་འགན་འཁུར་བ་དང་། རང་ཚུགས་ཀྱི་རྩ་འཇོགས་ལས་ཁུངས་ཡོད་པ་མ་ཟད་རང་ཚུགས་ཀྱིས་དཔལ་འབྱོར་ཞིབ་རྩིས་བྱེད་པའི་ཚན་པར་ཟེར།

3. གང་ཞིག་ལ་ཞོར་འདྲུད་འགན་འཁྲི་ཟེར།

ཞོར་འདྲུད་འགན་འཁྲི་ལ་“ཞོར་འདྲུད་བུ་ལོན་”ཡང་ཟེར། དེ་ནི་དམངས་དོན་འགན་འཁྲིའི་རིགས་ཤིག་ཡིན་ཏེ། བུ་ལོན་འཇལ་མཁན་མང་པོས་བུ་ལོན་ཞིག་ལ་སོ་སོས་ཆ་ཚང་འཇལ་བའི་འགན་འཁྲི་འཁུར་བའི་རྣམ་པ་ཞིག་ཡིན། དེ་ཡང་བུན་བདག་གིས་བུ་ལོན་འཁུར་མཁན་ཁྲོད་ཀྱི་མི་གཅིག་གམ་མི་ཁ་ཤས། ཡང་ན་མི་ཡོངས་རྫོགས་ལ། དུས་གཅིག་གམ་ཡང་ན་སྔ་མཇུག་ཏུ་བུ་ལོན་ཚང་མའམ་ཆ་ཤས་ཤིག་འཇལ་རྒྱུའི་རེ་འདུན་ཞུས་པའི་བུ་ལོན་གྱི་རྣམ་པ་ཞིག་ཡིན། དཔེར་ན་མཉམ་སྡེབ་ཏུ་བུ་ལོན་འཁུར་བའི་བུན་བདག་གིས་མཉམ་སྡེབ་ཁོངས་མིའི་མི་གཅིག་གམ། མི་ཁ་ཤས། ཡང་ན་མི་ཡོངས་རྫོགས་ལ་དུས་གཅིག་གམ། ཡང་ན་སྔ་མཇུག་ཏུ་བུ་ལོན་ཆ་ཤས་སམ་ཡང་ན་ཚང་མ་འཇལ་དགོས་པའི་རེ་འདུན་ཞུ་ཆོག་པའི་མཉམ་སྡེབ་བུ་ལོན་ལྟ་བུའོ། །

4. ཞོར་འདྲུད་འགན་འཁྲི་གྲུབ་པའི་ཆ་རྐྱེན་དང་ཁྱད་ཆོས་གང་ཡིན།

(1) ཞོར་འདྲུད་འགན་འཁྲི་འཁུར་མཁན་ངེས་པར་དུ་མི་གཉིས་དང་གཉིས་ཡན་ཡིན་དགོས།

(2) ཞོར་འདྲུད་འགན་འཁྲི་འཁུར་མཁན་དང་བུན་བདག་བར་དུ་བུ་ལོན་གྱི་འབྲེལ་བ་ཡོད་དགོས་པ་མ་ཟད། བགོ་མི་ཐུབ་པའི་བུ་ལོན་ཡིན་དགོས།

(3) ཞོར་འདྲུད་འགན་འཁྲིས་ཁྱོགས་གཏད་པའི་བུ་ལོན་དེ་ངེས་པར་དུ་བགོ་མི་ཆོག་པ་ཡིན་དགོས།

（4）ཉོར་འདྲུད་འགན་འཁྲི་བྱ་ཡུལ་ནི་ངེས་པར་དུ་རིགས་གཅིག་པའི་དངོས་པོ་ཡིན་དགོས།

（5）ཉོར་འདྲུད་འགན་འཁྲི་འཁུར་བར་ངེས་པར་དུ་བཅའ་ཁྲིམས་ཀྱི་གཏན་འབེབས་སམ་ཡང་ན་དོ་བདག་གིས་ཁ་ཆད་གསལ་པོ་བཞག་ཡོད་དགོས།

5. **མིག་སྔར་བཅའ་ཁྲིམས་ཀྱིས་གཏན་འབེབས་ཁ་གསལ་བྱས་པའི་ཉོར་འདྲུད་འགན་འཁྲིའི་རིགས་གང་དག་ཡོད།**

（1）ཐུན་མོང་གི་དབང་གནོད་བྱ་སྤྱོད་ཀྱི་ཉོར་འདྲུད་འགན་འཁྲི།

（2）ཐུན་མོང་གི་ཉེན་ཆེའི་བྱ་སྤྱོད་ཀྱི་ཉོར་འདྲུད་འགན་འཁྲི།

（3）ཁང་བཙུགས་ནས་འབྲེལ་འདྲིས་མེད་པར་སོ་སོས་དབང་གནོད་བྱས་པའི་ཉོར་འདྲུད་འགན་འཁྲི།

（4）དྲ་སྦྲེལ་ཞབས་ཞུ་མཁོ་འདོན་བྱེད་མཁན་གྱིས་དྲ་སྦྲེལ་སྤྱོད་མཁན་ལ་དབང་གནོད་བྱས་པའི་ཉོར་འདྲུད་འགན་འཁྲི།

（5）ལྷུ་བསྐྱིགས་བྱས་པའི་འཕྲུལ་སྣུལ་འཁོར་ལོ་དང་བེད་མེད་དུ་བཏང་པའི་འཕྲུལ་སྣུལ་འཁོར་ལོ་ཉོ་ཚོང་བྱས་པའི་ཉོར་འདྲུད་འགན་འཁྲི།

（6）ཉེན་ཁ་ཏ་ཅང་ཆེ་བའི་དངོས་རྫས་ཀྱིས་གནོད་འཚེ་བཏང་བའི་ཉོར་འདྲུད་འགན་འཁྲི།

（7）སྐྱེ་པའི་བསྐྱོད་ལམ་དུ་ཤར་བསྐྱོད་བྱེད་པར་འགོག་རྐྱེན་བཟོས་ནས་གནོད་འཚེ་བཏང་བའི་ཉོར་འདྲུད་འགན་འཁྲི།

（8）སླ་པར་གནོད་འཚེ་ཕོག་ནས་སླ་བདག་གིས་སྐྱིན་གསབ་འཇལ་བའི་ཁྲིད་ཀྱི་ཉོར་འདྲུད་འགན་འཁྲི་མེད་པར་བཟོས་ཟིན།

གཉིས། ཐོག་ཁ་ནས་ཕྱིར་དངོས་པོ་གཡུགས་ནས། མཐོ་གནོན་གློག་གི་གློག་རྒྱུན་ལ་ཐད་ཐུག་བྱས་ན། སྐྱིན་གསབ་ཇི་ལྟར་འཇལ་དགོས།

སྐུ་ཞབས་ཀྲང་ལགས་ཀྱིས་ཁང་པ་སྡོ་སྐབས་ཁྲ་ཡོལ་དཀར་སའི་ཁྲ་རྒྱུག་དེ་རིང་དྲག་སྟབས། བར་ཁྲམས་ནས་བབ་ན་རྟོག་དྲ་ཚ་བར་འཛེམ་ནས་ཁོས་སྐེའུ་ཁྱུང་གི་ཕྱི་ནས་མར་གཡུགས་པ་རེད། བསམ་ཡུལ་ལས་འདས་པ་ཞིག་ལ། དེས་ཆགས་སྒོ་ཆེན་པོ་ཞིག་བླངས་པ་སྟེ། རྒྱ་ཆ་ལྕུགས་ལས་གྲུབ་པའི་ཁྲ་རྒྱུག་དེ་ཁོའི་འདོད་བློ་ལྟར་ས་ལ་མ་ཟགས་པར། དེ་ལས་ལྡོག་ཏེ་མཐོ་གནོན་གློག་གི་གློག་སྐུད་གཉིས་ཀྱི་སྟེང་དུ་ཟགས་པ་དང་གློག་སྐུད་ཐད་ཐུག་བྱུང་སྟེ། ཉེ་འཁོར་གྱི་གྲོང་ཚོ་བཅུ་ལྷག་གི་དུད་ཚང་བརྒྱ་ཙམ་གྱི་ཁྱིམ་སྤྱོད་གློག་ཆས་ཐོག་བརླག་ཤོར་བ་རེད།

ལས་འཛོལ་དེ་བྱུང་རྗེས། གློག་འདོན་ཀུང་སིས་དུས་ཐོག་ཏུ་གློག་ལམ་ཉམས་གསོ་བྱས་པ་མ་ཟད། གནོད་འཚེ་ཕོག་པའི་གྲོང་མིའི་ཁྱིམ་སྤྱོད་གློག་ཆས་ཉམས་གསོའི་འགྲོ་གྲོན་སྒོར་ཁྲི24ལྷག་ཙམ་སྐྱིན་གསབ་འཇལ་བ་དང་། ཀྲང་གིས་འགན་འཁྲི་འཁུར་འདོད་མེད་པས། གློག་འདོན་ཀུང་སིས་ཁོ་ཁྲིམས་ཁང་ལ་ཞུ་གཏུགས་བརྒྱབ་པ་རེད།

《ཀྲུང་ཧྭ་མི་དམངས་སྤྱི་མཐུན་རྒྱལ་ཁབ་ཀྱི་དམངས་དོན་ཁྲིམས་གཞུང་》གི་དོན་ཚན་ཆིག་སྟོང་ཉིས་བརྒྱ་དང་ང་བཞི་པའི་ནང་དུ་གཏན་འབེབས་བྱས་དོན། བཟོ་སྐྲུན་དངོས་པོ་ལས་དངོས་རྫས་ཕྱི་ལ་འཕེན་མི་ཆོག བཟོ་སྐྲུན་དངོས་པོ་ལས་དངོས་རྫས་ཕྱི་ལ་འཕངས་པའམ་བཟོ་སྐྲུན་དངོས་པོའི་སྟེང་ནས་མར་ལྷུངས་པའི་དངོས་རྫས་ཀྱིས་མི་གཞན་ལ་གནོད་རྐྱེན་བཟོས་པ་ཡིན་ན། དབང་གནོད་གཏོང་མིས་ཁྲིམས་ལྟར་དབང་གནོད་འགན་འཁྲི་འཁུར་དགོས། བརྟག་དཔྱད་བྱས་པ་བརྒྱུད་དབང་གནོད་གཏོང་མི་གཏན་འཁེལ་བྱེད་དཀའ་བ་ཡིན་ན། རང་ཉིད་དབང་གནོད་གཏོང་མི་མིན་པ་བདེན་དཔང་བྱེད་ཐུབ་པ་ཕུད། གནོད་རྐྱེན་གཏོང་སྲིད་པའི་བཟོ་སྐྲུན་དངོས་པོ་བཀོལ་སྤྱོད་བྱེད་མིས་སྐྱིན་གསབ་སྤྲོད་དགོས། གནོད་རྐྱེན་གཏོང་སྲིད་པའི་བཟོ་སྐྲུན་དངོས་པོ་བཀོལ་སྤྱོད་བྱེད་མིས་སྐྱིན་གསབ་སྤྲད་རྗེས། དབང་གནོད་གཏོང་མི་ལ་སྐྱིན་གསབ་བདའ་འདེད་བྱེད་དབང་ཡོད།

སྡེ་ལས་ཞབས་ཞུ་ཁེ་ལས་སོགས་བཟོ་སྐྲུན་དངོས་པོ་དོ་དམ་བྱེད་མིས་ངེས་པར་དུ་

དགོས་ངེས་ཀྱི་བདེ་འཇགས་ཐབས་བཀོད་སྒྲུད་དེ་གོང་གསལ་ནང་ཚན་དུ་གཏན་འབེབས་བྱས་པའི་གནས་ཚུལ་འབྱུང་བ་བཀག་འགོག་བྱེད་དགོས། དགོས་ངེས་ཀྱི་བདེ་འཇགས་ཐབས་བཀོད་མ་སྒྲུད་པ་ཡིན་ན། ཁྲིམས་ལྟར་བདེ་འཇགས་འོས་འགན་མ་བསྒྲུབས་པའི་དབང་གནོད་འགན་འཁྲི་འཁུར་དགོས།

དོན་ཚན་འདིའི་ནང་ཚན་དང་པོར་གཏན་འབེབས་བྱས་པའི་གནས་ཚུལ་བྱུང་བ་ཡིན་ན། སྤྱི་བདེ་ལས་ཁུངས་སོགས་ཀྱིས་ཁྲིམས་ལྟར་དུས་ཐོག་ཏུ་བརྟག་དཔྱད་བྱས་ནས་འགན་འཁྲི་འཁུར་མི་རྩད་གཅོད་མཐའ་གསལ་བྱེད་དགོས།

ཁྲིམས་ཁང་གིས་ངོས་འཛིན་བྱས་དོན། སློག་འདོན་ཀུང་སིས་སློག་འདོན་གན་རྒྱ་ལྟར་གནོད་འཚེ་ཕོག་པའི་གྲོང་མིར་སྐྱིན་གསབ་འཇལ་རྗེས། སློག་འདོན་དོན་རྐྱེན་བཟོ་མཁན་ལ་སྐྱིན་གསབ་བདའ་འདེད་བྱེད་དབང་ཡོད། དེར་བརྟེན། ཞུ་སྦྱོར་ཕྱི་མ་སྐུ་ཞབས་ཀྲང་གིས་སློག་འདོན་ཀུང་སིར་སྐྱིན་གསབ་སྒོར་ཁྲི24འཇལ་དགོས་པའི་ཁྲིམས་ཐག་བཅད་པ་རེད།

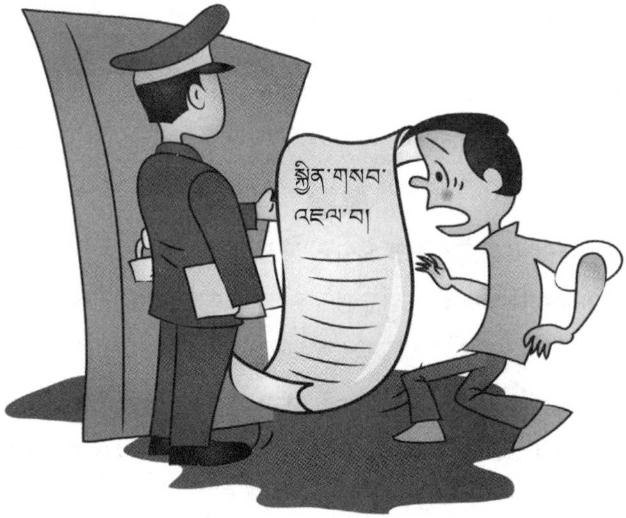

ཁྲིམས་ལུགས་ཁྲབ་གདལ་གྱི་སློབ་ཚན།

1. གང་འདྲ་ཞིག་ལ་དབང་གནོད་གཏོང་མཁན་ཟེར།

དབང་གནོད་གཏོང་མཁན་ཟེར་བ་ནི་མི་གཞན་གྱི་ཁེ་དབང་ལ་གནོད་འཚེ་གཏོང་བའི་བྱ་སྤྱོད་སྤེལ་མཁན་ལ་ཟེར།

2. དབང་གནོད་གཏོང་མཁན་ལ་རིགས་གང་དག་ཡོད།

དབང་གནོད་གཏོང་མཁན་ལ། ཐད་ཀར་དབང་གནོད་གཏོང་མཁན་དང་། བར་བརྒྱུད་དབང་གནོད་གཏོང་མཁན། ཐུན་མོང་གིས་དབང་གནོད་གཏོང་མཁན་བཅས་སུ་དབྱེ་ཆོག

3. དབང་གནོད་གཏོང་མཁན་གྱིས་དབང་གནོད་འགན་འཁྲི་འཁུར་སྟངས་གང་དག་ཡོད།

དབང་གནོད་གཏོང་མཁན་གྱིས་དབང་གནོད་འགན་འཁྲི་འཁུར་སྟངས་ལ། དབང་གནོད་གཏོང་མཚམས་འཇོག་པ་དང་། འགོག་རྐྱེན་སེལ་བ། ཉེན་ཁ་སེལ་བ། རྒྱུ་ནོར་ཕྱིར་སློག་པ། སྔར་རྣམ་སླར་གསོ་བྱེད་པ། སྐྱིན་གསབ་འཇལ་བ། དགོངས་དག་ཞུགས་བདེན་ཞུ་བ། ཤུགས་རྐྱེན་སེལ་བ། མཚན་སྙན་སླར་གསོ་བྱེད་པ་བཅས་ཀྱི་བྱ་ཐབས་ཡོད།

དབང་གནོད་འགན་འཁྲི་འཁུར་སྟངས་རིགས་གཅིག་སྤྱད་ཆོག་ལ་དུ་མ་མཉམ་དུ་སྤྱད་ཀྱང་ཆོག

4. གང་འདྲ་ཞིག་ལ་དབང་གནོད་གཏོང་མཚམས་འཇོག་པ་ཟེར།

དབང་གནོད་གཏོང་མཚམས་འཇོག་པ་ཞེས་པ་ནི་དབང་གནོད་བྱ་སྤྱོད་སྤེལ་བཞིན་པ་དེ། སྤེལ་མཚམས་འཇོག་པ་ལ་ཟེར།

5. གང་འདྲ་ཞིག་ལ་རྒྱུ་ནོར་ཕྱིར་སློག་པ་ཟེར།

རྒྱུ་ནོར་ཕྱིར་སློག་པ་ཞེས་པ་ནི་བྱ་སྤྱོད་སྤེལ་མཁན་གྱིས་ཁྲིམས་འགལ་གྱིས་ཏམ་བཟུང་བྱས་པའི་མི་གཞན་གྱི་རྒྱུ་ནོར་དེ་ཕྱིར་སློག་བྱེད་ཐུབ་ན་སློག་དགོས་པ་ལ་ཟེར།

6. གང་འདྲ་ཞིག་ལ་སྔར་རྣམ་སླར་གསོ་ཟེར།

སྔར་རྣམ་སླར་གསོ་ཞེས་པ་ནི་མི་གཞན་གྱི་རྒྱུ་ནོར་ལ་གནོད་འཚེ་བཟོས་ཚེ། ཉམས་གསོ་བྱེད་ཆོག་པར་ཉམས་གསོ་བྱེད་པ་ལ་ཟེར།

7. དབང་གནོད་འགན་འཁྲིའི་བཅའ་ཁྲིམས་ཀྱི་ཁྱད་ཆོས་མཚོན་རྟུལ་གང་དག་ཡོད།

（1）དབང་གནོད་འགན་འཁྲི་ནི་དམངས་དོན་བྱེད་པོས་བཅའ་ཁྲིམས་ཀྱིས་གཏན་འཁེལ་བྱས་པའི་ངོས་འགན་དང་འགལ་བའི་དབང་གིས་འགྱུར་དགོས་པའི་བཅའ་ཁྲིམས་ཀྱི་མཇུག་འབྲས་ཤིག་ཡིན།

དམངས་དོན་གྱི་ངོས་འགན་ལ་ཁྲིམས་བཀོད་ངོས་འགན་དང་ཁ་ཆད་བཞག་པའི་ངོས་འགན་གཉིས་ཡོད། ཁྲིམས་བཀོད་ངོས་འགན་ནི་བཅའ་ཁྲིམས་ཀྱི་བཙན་ཤེད་རང་བཞིན་གྱི་ཚད་གཞི་དང་གཏན་འཁེལ་རང་བཞིན་གྱི་ཚད་གཞི་ལྟར་གཏན་འཁེལ་བྱས་པའི་ངོས་འགན་ཡིན། ངོས་འགན་དེ་རིགས་ནི་རང་བྱུང་མི་དང་ཁྲིམས་མི་ཚང་མར་ཡོངས་ཁྱབ་ཏུ་སྤྱོད་གོ་ཆོད་པའི་རང་བཞིན་ལྡན་པས། ངོས་འགན་དེ་རིགས་དང་འགལ་ན་དབང་གནོད་བྱ་སྤྱོད་ཀྱི་འགན་འཁྲི་གྲུབ་ཡོད། ཁ་དན་བཞག་པའི་ངོས་འགན་ནི་དམིགས་བཙུགས་ཀྱི་དོ་བདག་བར་དུ་གཏན་འཁེལ་བྱས་པའི་ངོས་འགན་ཞིག་ཡིན་པས། ཁ་དན་བཞག་པའི་ངོས་འགན་དང་འགལ་ན་ཁ་ཆད་དང་འགལ་བའི་འགན་འཁྲི་གྲུབ་ཡོད།

（2）དབང་གནོད་འགན་འཁྲིས་དབང་གནོད་བྱ་སྤྱོད་དེ་སྟོན་འགྲོའི་ཆ་རྐྱེན་གཙོ་བོ་བྱེད་ཀྱི་ཡོད།

དབང་གནོད་འགན་འཁྲི་བྱུང་བའི་རྨང་གཞི་ནི་དབང་གནོད་བྱ་སྤྱོད་ཡིན་ལ། དབང་གནོད་བྱ་སྤྱོད་མེད་ན་དབང་གནོད་འགན་འཁྲི་འགྱུར་བའི་གནད་དོན་འབྱུང་མི་སྲིད། དབང་གནོད་འགན་འཁྲི་ནི་བྱ་སྤྱོད་སྤེལ་མཁན་གྱིས་དབང་གནོད་བྱ་སྤྱོད་སྤེལ་ནས་འགྱུར་དགོས་པའི་ཁྲིམས་ལུགས་ཀྱི་མཇུག་འབྲས་ཡིན།

（3）དབང་གནོད་འགན་འཁྲིའི་རྣམ་པ་ནི་སྣ་མང་རང་བཞིན་ཡིན།

དབང་གནོད་འགན་འཁྲིའི་བྱ་སྤྱོད་སྤེལ་མཁན་ནམ་འགན་འཁྲི་འགྱུར་མཁན་གྱིས་སྐྱིན་གསབ་འཇལ་རྒྱུ་དང་རྒྱུ་ནོར་ཕྱིར་སློག་བྱ་རྒྱུ་སོགས་རྒྱུ་ནོར་གྱི་འགན་འཁྲི་འགྱུར་དགོས་པ་མ་ཟད། གནས་ཚུལ་མང་པོའི་སྐབས་སུ་ད་དུང་དུས་མཚུངས་སུ་དབང་གནོད་གཏོང་མཚམས་འཛོག་རྒྱུ་དང་། མཚན་སྙན་སླར་གསོ་བྱ་རྒྱུ། ཤུགས་རྐྱེན་སེལ་རྒྱུ། དགོངས་དག་ཐུགས་བདེན་ཞུ་རྒྱུ་སོགས་རྒྱུ་ནོར་གྱི་རྣམ་པ་མིན་པའི་འགན་འཁྲི་འགྱུར་དགོས།

གསུམ། མཐོ་ས་ནས་ཟགས་པའི་དངོས་པོའི་བདག་པོ་སུ་ཡིན་མིན་མ་ཤེས་ན། སྐྱིན་གསབ་སྲུས་འཇལ་དགོས།

ལོ10ལ་སོན་པའི་ཡིའང་ཆེ་གེ་མོ་སློབ་ཚན་གྲོལ་ནས་ཁྱིམ་ལ་ལོག་པའི་ལམ་བར་དུ། ཐོག་ཁང་ནས་ཤེལ་སྒོ་ཞིག་ཁོའི་མགོ་ལ་ཟགས་ནས་ཁོ་ལ་སྨན་བཅོས་བྱས་ཀྱང་དྲག་སྐྱིད་མ་བྱུང་བར་རྐྱེན་ལམ་དུ་ཤོར། ཉེན་རྟོག་པས་དོན་རྐྱེན་དེར་བརྟག་དཔྱད་ཞིབ་པ་མང་པོ་བྱས་ཀྱང་རྩད་ཆོད་མ་ཐུབ། ཡིའང་ཆེ་གེ་མོའི་ཕ་མས་ཐོག་ཁང་དེའི་ཐོག་བརྩེགས་གཉིས་པའི་ཡན་གྱི་ཁང་བདག་བཅུ་གྲངས་དང་ཐོག་ཁང་གི་སྡེ་ལས་ཀུང་སི་ཁྲིམས་ཁང་ལ་ཞུ་གཏུགས་བརྒྱབ་ཏེ། མི་ལུས་ལ་གནོད་འཚེ་ཕོག་པའི་དམངས་དོན་སྐྱིན་གསབ་འཇལ་བའི་འགན་འཁྲི་ཞུ་སྐྱོར་ཕྱི་མ་ཚང་མས་མཉམ་དུ་འཁུར་དགོས་པའི་རེ་ཞུ་བྱས།

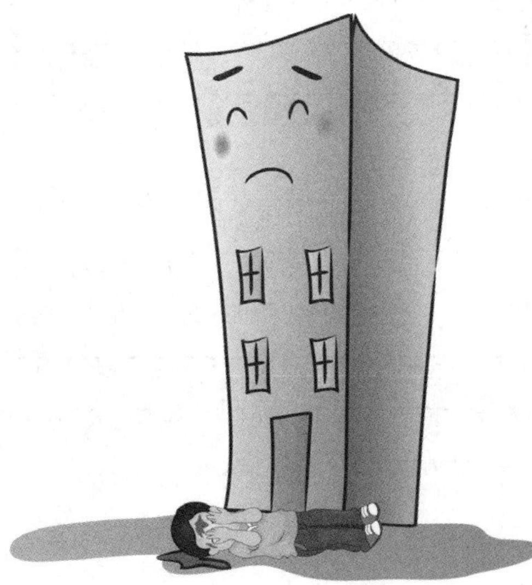

《ཀྲུང་ཧྭ་མི་དམངས་སྤྱི་མཐུན་རྒྱལ་ཁབ་ཀྱི་དམངས་དོན་ཁྲིམས་གཞུང་》གི་དོན་ཚན་ཆིག་སྟོང་ཉིས་བརྒྱ་དང་ང་གསུམ་པའི་ནང་དུ་གཏན་འབེབས་བྱས་དོན། བཟོ་སྐྲུན་དངོས་པོ་

དང་། ཨར་སྐྲུན་དངོས་པོའམ་སྒྲིག་བཀོད་གཞན་དག་དང་དེ་དག་གི་ཟུར་བརྟེན་དངོས་པོ་དང་བཀལ་འཁྱིང་དངོས་པོ་ས་ལ་ལྷུངས་པའམ་ཟགས་ནས་མི་གཞན་ལ་གནོད་རྐྱེན་བཟོས་པ་ལ། བདག་པོ་དང་དོ་དམ་བྱེད་མིའམ་བཀོལ་སྤྱོད་བྱེད་མིས་རང་ཉིད་ལ་ནོར་འཛོལ་མེད་པ་བདེན་དཔང་བྱེད་མི་ཐུབ་པ་ཡིན་ན་དབང་གནོད་འགན་འཁྲི་འཁུར་དགོས། བདག་པོ་དང་དོ་དམ་བྱེད་མིའམ་བཀོལ་སྤྱོད་བྱེད་མིས་སྐྱིན་གསབ་བྱས་རྗེས། འགན་འཁྲི་འཁུར་མི་གཞན་དག་ཡོད་པ་ཡིན་ན། འགན་འཁྲི་འཁུར་མི་གཞན་དག་ལ་སྐྱིན་གསབ་བདའ་འདེད་གཏོང་ཆོག

《ཀྲུང་ཧྭ་མི་དམངས་སྤྱི་མཐུན་རྒྱལ་ཁབ་ཀྱི་དམངས་དོན་ཁྲིམས་གཞུང་》གི་དོན་ཚན་ཆིག་སྟོང་ཉིས་བརྒྱ་དང་ང་བཞི་པའི་ནང་དུ་གཏན་འབེབས་བྱས་དོན། བཟོ་སྐྲུན་དངོས་པོ་ལས་དངོས་རྫས་ཕྱི་ལ་འཕེན་མི་ཆོག བཟོ་སྐྲུན་དངོས་པོ་ལས་དངོས་རྫས་ཕྱི་ལ་འཕངས་པའམ་བཟོ་སྐྲུན་དངོས་པོའི་སྟེང་ནས་མར་ལྷུངས་པའི་དངོས་རྫས་ཀྱིས་མི་གཞན་ལ་གནོད་རྐྱེན་བཟོས་པ་ཡིན་ན། དབང་གནོད་གཏོང་མིས་ཁྲིམས་ལྟར་དབང་གནོད་འགན་འཁྲི་འཁུར་དགོས། བརྟག་དཔྱད་བྱས་པ་བརྒྱུད་དབང་གནོད་གཏོང་མི་གཏན་འཁེལ་བྱེད་དཀའ་བ་ཡིན་ན། རང་ཉིད་དབང་གནོད་གཏོང་མི་མིན་པ་བདེན་དཔང་བྱེད་ཐུབ་པ་ཕུད། གནོད་རྐྱེན་གཏོང་སྲིད་པའི་བཟོ་སྐྲུན་དངོས་པོ་བཀོལ་སྤྱོད་བྱེད་མིས་སྐྱིན་གསབ་སྤྲོད་དགོས། གནོད་རྐྱེན་གཏོང་སྲིད་པའི་བཟོ་སྐྲུན་དངོས་པོ་བཀོལ་སྤྱོད་བྱེད་མིས་སྐྱིན་གསབ་སྤྲད་རྗེས། དབང་གནོད་གཏོང་མི་ལ་སྐྱིན་གསབ་བདའ་འདེད་བྱེད་དབང་ཡོད།

ཞིས་ལས་ཞབས་ཞུ་ཁེ་ལས་སོགས་བཟོ་སྐྲུན་དངོས་པོ་དོ་དམ་བྱེད་མིས་ངེས་པར་དུ་དགོས་ངེས་ཀྱི་བདེ་འཇགས་ཐབས་བཀོད་སྤྱད་དེ་གོང་གསལ་ནང་ཚན་དུ་གཏན་འབེབས་བྱས་པའི་གནས་ཚུལ་འབྱུང་བ་བཀག་འགོག་བྱེད་དགོས། དགོས་ངེས་ཀྱི་བདེ་འཇགས་ཐབས་བཀོད་མ་སྤྱད་པ་ཡིན་ན། ཁྲིམས་ལྟར་བདེ་འཇགས་འོས་འགན་མ་བསྒྲུབས་པའི་དབང་གནོད་འགན་འཁྲི་འཁུར་དགོས།

དོན་ཚན་དེའི་ནང་ཚན་དང་པོར་གཏན་འབེབས་བྱས་པའི་གནས་ཚུལ་བྱུང་བ་ཡིན་ན། སྤྱི་བདེ་ལས་ཁུངས་སོགས་ཀྱིས་ཁྲིམས་ལྟར་དུས་ཐོག་ཏུ་བརྟག་དཔྱད་བྱས་ནས་འགན་འཁྲི་འཁུར་མི་རྩད་གཅོད་མཐའ་གསལ་བྱེད་དགོས།

ཁྲིམས་ཁང་གིས་ངོས་འཛིན་བྱས་དོན། སྡེ་ལས་ཀུང་སི་དེ་ཐོག་བརྩེགས་ཁང་ཆེན་གྱི་སྡེ་ལས་དོ་དམ་པ་ཡིན་པའི་ངོས་ནས། སྡེ་ལས་ཞབས་ཞུའི་གན་རྒྱའི་ཁ་ཆད་

ལྟར་ཁང་པ་དང་། དེ་བཞིན་ལེ་ལག་ཚང་བའི་སྒྲིག་བཀོད་དང་འབྲེལ་ཡོད་ས་ཆར་ཉམས་གསོ་དང་། བདག་སྐྱོང་། དོ་དམ་བཅས་བྱ་རྒྱུ་དང་། འབྲེལ་ཡོད་ས་ཁོངས་ཀྱི་ཁོར་ཡུག་འཕྲོད་བསྟེན་དང་སྒྲིག་ལམ་སྲུང་སྐྱོང་བྱེད་དགོས་ཀྱི་ཡོད། གྲོད་དོན་དེའི་ནང་གི་དོན་རྐྱེན་དེ་མ་བྱུང་གོང་གི་ཆུ་ཚོད་གཅིག་ལྷག་གི་སྔོན་རོལ་དུ། ས་ཁོངས་དེའི་ཉེ་འགྲམ་ལ་མཐོ་ས་ནས་དངོས་རྫས་ལྷུང་བའི་དོན་རྐྱེན་ཞིག་བྱུང་ཟིན་པ་དང་། ཞུ་སྐྱོར་ཕྱི་མས་རང་གིས་དུས་ཐོག་ཏུ་འགན་འཁྲི་བསྒྲུབས་པ་བདེན་དཔང་བྱས་མེད་པས། ཞུ་སྐྱོར་སྔ་མའི་གྲོང་གུན་ལ་སྐྱིན་གསབ་འཇལ་བའི་འགན་འཁྲི་ངེས་ཅན་ཞིག་འཁུར་དགོས། དེར་བརྟེན་མི་དམངས་ཁྲིམས་ཁང་གིས་བབ་བལྟས་ཁྲིམས་ཐག་བཅད་དོན། སྔ་ལས་ཀུང་སིས་ཞུ་སྐྱོར་སྔ་མའི་གྲོང་གུན་ལ་སྐྱིན་གསབ་སྤྲོད་པའི་འགན་འཁྲི་ཆ་ཤས་ཤིག་འཁུར་དགོས་པ་དང་། ཞུ་སྐྱོར་སྔ་མ་ལ་སྐྱིན་གསབ་སྐོར་ཁྲི20འཇལ་དགོས་པ་རེད།

ཁྲིམས་ལུགས་ཁྱབ་གདལ་གྱི་སློབ་ཚན།

1. གང་འདྲ་ཞིག་ལ་བདག་པོ་ཟེར།

བདག་པོ་ཟེར་བ་ནི་སྤྱིར་བཏང་དུ་ཁེ་དབང་འཛིན་མཁན་ལ་ཟེར། དེ་ནི་ཁྲིམས་ལྟར་དངོས་རྫས་གང་རུང་ཞིག་གི་བདག་དབང་དང་། འཛིན་དབང་། བཀོལ་དབང་བཅས་ཡོད་པའི་ཁྲིམས་མི་དང་། རྩ་འཛུགས་གཞན་དག་གམ་རང་བྱུང་མི་བཅས་ལ་ཟེར།

2. གང་འདྲ་ཞིག་ལ་དོ་དམ་བྱེད་མཁན་ཟེར།

དོ་དམ་བྱེད་མཁན་ལ"མངག་བཅོལ་དང་འོས་འགན་མེད་པར་དོ་དམ་བྱེད་མཁན་"ཡང་ཟེར། བཅའ་ཁྲིམས་ཐོག་གམ་གན་རྒྱའི་ཐོག་གི་འོས་འགན་མེད་པར། མི་གཞན་གྱི་ཁེ་ཕན་ལ་གྲོང་གུན་མི་ཡོང་བའི་ཆེད་དུ་རང་སེམས་ཀྱིས་མི་གཞན་ལ་ལས་དོན་དོ་དམ་བྱེད་པ་དང་། བཅའ་ཁྲིམས་ལྟར་རང་ཉིད་ལ་བུན་དབང་ཡོད་པ་མ་ཟད་བུ་ལོན་ཡང་ཡོད་པའི་དོ་བདག་ལ་ཟེར།

3. མཐོ་ས་ནས་དངོས་རྫས་གཡུགས་པའམ་ལྷུང་ན་ཁྲིམས་ཆད་གཅོད་སྲིད་དམ།

2019ལོའི་ཟླ11པའི་ཚེས14ཉིན། ཆེས་མཐོའི་མི་དམངས་ཁྲིམས་ཁང་གིས《བར་སྣང་ནས་དངོས་རྫས་གཡུགས་པ་དང་ལྷུང་བའི་གྲོད་དོན་ཁྲིམས་ལྟར་ཞིབ་གཅོད་འོས་འཚམ་བྱ་རྒྱུའི་

སྐོར་གྱི་བསམ་འཆར་》(གཤམ་དུ་བསྡུས་མིང་ལ་《བསམ་འཆར་》ཞེས་བརྗོད་རྒྱུ་)ཁྱབ་བསྒྲགས་བྱས་ནས། མཐོ་ས་ནས་དངོས་ཛས་གཡུགས་པ་དང་ལྷུངས་པ་བཅས་ཀྱིས་མཇུག་འབྲས་ཚབས་ཆེན་བཟོས་ན། རྐང་བཙུགས་ནས་མིར་རྨས་སྐྱོན་གཏོང་བ་དང་རྐང་བཙུགས་ནས་མི་བསད་པའི་བྱས་ཉེས་ལྟར་བྱས་ཉེས་གཏན་འཁེལ་བྱས་ནས་ཉེས་ཆད་གཅོད་རྒྱུ་ཡི་བསྒྲགས་བྱས་ཡོད།

《བསམ་འཆར་》ནང་དུ་དུས་མཚུངས་སུ་གཏན་འབེབས་བྱས་དོན། གཤམ་གསལ་གྱི་གནས་ཚུལ་ལས་རིགས་གཅིག་བྱུང་ན་ཉེས་ཆད་ལྗི་པོ་གཅོད་དགོས་ཤིང་། ཕྱིར་བཏང་དུ་ཉེས་ཆད་ཕྱིར་འགྱངས་བྱས་མི་ཆོག་པ་སྟེ། ཐེངས་མང་ལག་བསྟར་བྱས་པ་དང་། བཀག་སྡོམ་བསླབ་བྱ་བྱས་ཀྱང་སྔར་བཞུས་སུ་ལག་བསྟར་བྱས་པ། ཉེས་དོན་གྱི་ཆད་པ་ཐོག་མྱོང་བའམ་སྲིད་འཛིན་གྱི་ཆད་པ་ཐོག་མྱོང་རྗེས་སླར་ཡང་ལག་བསྟར་བྱས་པ། མི་མང་འདུས་སར་ལག་བསྟར་བྱས་པ། ཉེས་ཚབས་ཆེ་བའི་གནས་ཚུལ་གཞན་དག་བཅས་ཡིན། དུས་མཚུངས་སུ་སྔེ་ལས་ཞབས་ཞུའི་ཁེ་ལས་ཀྱི་འགན་འཁྲི་ཁ་གསལ་བཀོད་ཡོད།

《དམངས་དོན་ཁྲིམས་གཞུང་》ནང་དུའང་བར་སྣང་ནས་དངོས་ཛས་གཡུགས་པའི་སྐོར་ལ་ཆེད་མངགས་གཏན་འབེབས་བྱས་ཡོད།

《ཀྲུང་ཧྭ་མི་དམངས་སྤྱི་མཐུན་རྒྱལ་ཁབ་ཀྱི་ཉེས་ཁྲིམས་》ཀྱི་དོན་ཚན་བརྒྱ་དང་བཅུ་བཞིའི་ནང་དུ་གཏན་འབེབས་བྱས་དོན། ཉེན་ཁ་ཆེ་བའི་བྱ་ཐབས་ལ་བརྟེན་ནས་སྤྱི་པའི་བདེ་འཇགས་ལ་གནོད་འཚེ་བཏང་བའི་བྱ་སྤྱོད་ལ་ཉེན་ཆེའི་བྱ་ཐབས་ལ་བརྟེན་ནས་སྤྱི་པའི་བདེ་འཇགས་ལ་གནོད་འཚེ་བཏང་བའི་བྱས་ཉེས་ལྟར་དེའི་ཉེས་དོན་གྱི་འགན་འཁྲི་བདའ་འདེད་གཏོང་རྒྱུ་དང་། དུས་བཙོན་ལོ་གསུམ་ཡན་ནས་ལོ་བཅུ་མན་བར་གྱི་ཉེས་ཆད་གཅོད་རྒྱུ་ཡིན། གལ་སྲིད་མི་ལ་རྨས་སྐྱོན་ཚབས་ཆེན་བཟོས་ནས། མི་དེ་ཤི་བའམ་གཞུང་སྒེར་གྱི་རྒྱུ་ནོར་ལ་གྱོང་གུན་ཚབས་ཆེན་བཟོས་ན། 《ཉེས་ཁྲིམས་》ཀྱི་དོན་ཚན་བརྒྱ་དང་བཅོ་ལྔ་པའི་གཏན་འབེབས་དང་འགལ་ནས། དུས་བཙོན་ལོ་བཅུ་ཡན་དང་། ཚེ་བཙོན་ནམ་ཡང་ན་སྲོག་ཁྲིམས་བཅས་ཀྱི་ཉེས་ཆད་གཅོད་རྒྱུ་ཡིན།

དམངས་དོན་ཁྲིམས་གཞུང་། ཉེར་སྤྱོད་དེབ་གཅིག་ཀུན་འདུས།

གཙོ་སྒྲིག་པ།	ཀུའོ་ཞའོ་མིང་།
ཡིག་སྒྱུར་བ།	བཀྲ་ཤིས་བཟང་མོ།
རྩོམ་སྒྲིག་འགན་འཁུར་བ།	སྒྲོལ་མ་འཚོ།
ཁ་ཤོག་རྣམ་འགོད།	ལི་ཧྲིང་།
པར་འདེབས་འགན་འཁུར་བ།	ལྷ་མོ་ཆོས་སྒྲོན།
དཔེ་སྐྲུན་འགྲེམས་སྤེལ་ཚན་པ།	བོད་ལྗོངས་མི་དམངས་དཔེ་སྐྲུན་ཁང་། (ལྷ་ས་གླིང་སྐོར་བྱང་ལམ་སྒོ་ཨང་20པ།)
པར་འདེབས་ཚན་པ།	བོད་ལྗོངས་ཞིན་ཧྭ་པར་འདེབས་ཚད་ཡོད་མཐུན་གཉེར་ཁང་།
དེབ་ཚད།	787×960 1/16
དཔར་ཤོག	17
བར་འཇུགས་ཤོག་གྲངས།	7
ཡིག་གྲངས།	ཁྲི་16
པར་གཞི་སྒྲིག་ཐེངས།	2023ལོའི་ཟླ་11པར་པར་གཞི་1བསྒྲིགས།
དཔར་ཐེངས།	2023ལོའི་ཟླ་11པར་དཔར་ཐེངས་1བཏབ།
དཔར་གྲངས།	01—1，000
དཔེ་རྟགས།	ISBN 978-7-223-07505-3
བཅད་གོང་།	སྒོར་76.00

པར་དབང་འདི་གར་ཡོད་པས་པར་སློག་བརྒྱབ་ཚེ་ཁྲིམས་ཆད་ཕོག་ངེས་ཡིན།